本书出版得到

国家重点文物保护专项补助经费资助

龙泉大窑枫洞岩窑址 上

浙江省文物考古研究所
北京大学考古文博学院
龙泉青瓷博物馆 编著

文物出版社

图书在版编目（CIP）数据

龙泉大窑枫洞岩窑址 / 浙江省文物考古研究所, 北京大学考古文博学院, 龙泉青瓷博物馆编著.— 北京：文物出版社，2015.12

ISBN 978-7-5010-4465-8

Ⅰ.①龙⋯　Ⅱ.①浙⋯　②北⋯　③龙⋯　Ⅲ.①龙泉窑—瓷窑遗址—研究　Ⅳ.①K878.54

中国版本图书馆CIP数据核字（2015）第285305号

龙泉大窑枫洞岩窑址

编　　著：浙江省文物考古研究所　北京大学考古文博学院　龙泉青瓷博物馆

责任编辑：谷艳雪　王　媛
封面设计：张希广
责任印制：张道奇

出版发行：文物出版社
社　　址：北京市东直门内北小街2号楼
邮　　编：100007
网　　址：http://www.wenwu.com
邮　　箱：web@wenwu.com
经　　销：新华书店
印　　刷：北京鹏润伟业印刷有限公司
开　　本：889mm×1194mm　1/16
印　　张：47.5
插　　页：5
版　　次：2015年12月第1版
印　　次：2015年12月第1次印刷
书　　号：ISBN 978-7-5010-4465-8
定　　价：980.00元（全二册）

Dayao Fengdongyan Kiln Site in Longquan

(with an Englishi abstract)

Zhejiang Provincial Institute of Cultural Relics and Archaeology
School of Archaeology and Museology, Beijing University
Longquan Celadon Museum

(I)

Cultural Relics Press
Beijing · 2015

编辑说明

◎ 本书为大窑枫洞岩窑址 2006~2007 年考古发掘报告。

◎ 遗迹和遗物均各自分类报告。遗迹全面报道，遗物则是从 16 万多件出土品中遴选了 1665 件标本。除尽量选择原生地层标本外，器形、纹样完整也是一个重要原则。

◎ 遗物分为民用瓷器、官用瓷器、窑具和制瓷工具四部分，各自分型定式介绍。型式划分，除器形外，装饰和装烧也是重要指标。

◎ 全部 1665 件遗物标本，在标本编号之前，另加流水编号。流水编号有两组，一组 1~1461，另一组 4000~4198，中间有销号和加号，销号直接跳过，加号以插入位置前一号加 "+" 标示，如 637+ 位于 637 后。流水号与标本号间隔以 "】"，如 1】TN8W3 ③ N ： 56、1461】TN16W3 ⑥ a ： 35。

◎ 线图和照片统编图号，全部插入正文混排。

◎ 全书图号编排有三套系统：

1）第一至第三章、第五章，按章节编图号。

2）第四章线图、照片均直接采用流水号 + 标本号 + 器类，未另给章节图号，如 1】TN8W3 ③ N ： 56（A Ⅰ 碗）、1461】TN16W3 ⑥ a ： 35（C 火照）。

3）第六章线图、照片用流水号 + 标本号 + 纹样，如 4000】TN14W7 ⑦ ：1（贴龙纹）；线图另给了章节图号。

◎ 器物标本以流水号为序编索引作为附录二。

前　言

　　龙泉窑是中国瓷业史上最重要也是最著名的窑场之一，其文化内涵丰富，生产规模壮观，是南北两大瓷业文化交流与融合的典范，是中国青瓷工艺发展的历史总成。龙泉青瓷在国内有广泛的分布，既为宫廷贵族所喜爱，也被普通百姓广泛使用，同时还大量销往世界其他国家和地区，为世界文化传播与交流做出了重大贡献，对世界文明产生过深远的影响。2009年9月，龙泉青瓷传统技艺被正式列入《人类非物质文化遗产代表作名录》，成为全球唯一入选"非遗"的陶瓷类项目。

　　龙泉窑窑址分布广泛，其中龙泉市境内最为密集。

一

　　龙泉市位于浙江省西南部的浙、闽、赣三省交界处，介于北纬27°42′~28°20′、东经118°42′~119°25′之间，东接云和、景宁县，南毗庆元县，北邻遂昌、松阳县，西与福建省浦城县接壤，是温州、丽水进入闽、赣两省的通道之一，自古为闽、浙、赣毗邻地区商业重镇，素有"瓯婺八闽通衢"、"驿马要道、商旅咽喉"之称。（图一）

　　龙泉市域东西宽70.25千米，南北长70.80千米，总面积3059平方千米。地势西南高、东北低。境内溪流密布，峰峦起伏，到处峡谷深沟、悬崖峭壁，海拔千米以上的山峰有730余座，其中凤阳山主峰黄茅尖海拔1929米，为江浙第一高峰。山带总面积达69.17%，丘陵占27.92%，河谷平原仅占2.91%，故有"九山半水半分田"之称。龙泉境内河流分属瓯江、钱塘江（上游称乌溪江）、闽江三江水系，西、南、北有20多条小溪流向中部，汇入龙泉溪（瓯江上游），流向温州；龙泉市西北部住溪、碧龙溪是乌溪江上游，流向杭州；西部宝溪流入福建省属闽江水系，流向福州，所以有"水流三州"的称谓。其中龙泉溪由西南向东北贯穿全境。

　　龙泉位于中亚热带气候区，四季

图一　龙泉市的地理位置

图二　金村片区窑址分布图

图三　大窑片区窑址分布图

图四　枫洞岩窑址位置图

分明，雨量充沛，冬不严寒，夏无酷暑，春早夏长，温暖湿润，生态环境优越，动植物资源丰富，森林覆盖率达 79.9%。境内有各类矿产 20 余种，生产瓷器的原料——瓷土、紫金土储量尤为丰富，且品质极为优良，为瓷业生产提供了得天独厚的条件。

龙泉历史悠久，新石器时代就有人类在这块土地上劳动生息。龙泉名始于唐，东晋太宁元年（323）置龙渊乡，属永嘉郡松阳县。唐武德三年（620），因避高祖李渊讳，改龙渊乡为龙泉乡。唐乾元二年（759），建龙泉县，属江南东道括州，县治地黄鹤镇（今龙渊镇）。宋徽宗宣和三年（1121），诏天下县镇凡有龙字者皆避，因改名为剑川县。宋绍兴元年（1131），复名龙泉县。宋庆元三年（1197），析龙泉之松源乡及延庆乡部分地置庆元县。明洪武三年（1370），庆元县并入，洪武十三年（1380）十一月复置庆元县。1958 年，庆元县复并入，1973 年复析出。1990 年 12 月 26 日，经国务院批准，龙泉撤县设市（县级）。

大窑村位于龙泉市西南 35 千米的琉华山下，明以前称琉田，是龙泉窑的起源地和中心产区。大窑窑址群目前能确定的窑址数量超过 80 处，在宋元及明初都是龙泉青瓷的中心窑区。1988 年 1 月，被国务院列为全国重点文物保护单位。

二

龙泉窑以瓯江上游龙泉溪为轴线，窑址主要分布在龙泉溪的两岸，古时就有“瓯江两岸，瓷窑林立，烟火相望，江上运瓷船舶来往如织”的记述。20 世纪 50 年代开始至今的调查表明，窑址在龙泉、庆元、云和、景宁、丽水、遂昌、松阳、缙云、青田、永嘉、泰顺、文成、武义以及福建浦城、松溪等地均有发现，数量达 600 余处，形成一个窑场众多、分布范围很广的瓷窑体系，其中以龙泉市窑址最为密集。据第三次全国文物普查统计，龙泉市境内有青瓷窑址将近 400 处，分布在小梅、查田、安仁、道太、宝溪等 10 个乡镇（街道）47 个行政村；现有国家重点文物保护单位 1 处——大窑龙泉窑遗址，省级重点文物保护单位 2 处——源口窑址和安仁窑址，县（市）级重点文物保护单位 16 处（按行政村为单位）。（图二~图四）

按习惯，通常把龙泉境内的窑址分为南区和东区两个区域。（图五）

南区指龙泉市区以南的小梅、查田、兰巨、剑池 4 个乡镇 23 个行政村，共有窑址近 200 处。产品精细，代表龙泉窑制作的最高水平，供应宫廷和贵族的高等级用瓷均在这一区域生产。

东区指龙泉市区以东的龙渊、安仁、道太 3 个乡镇（街道）

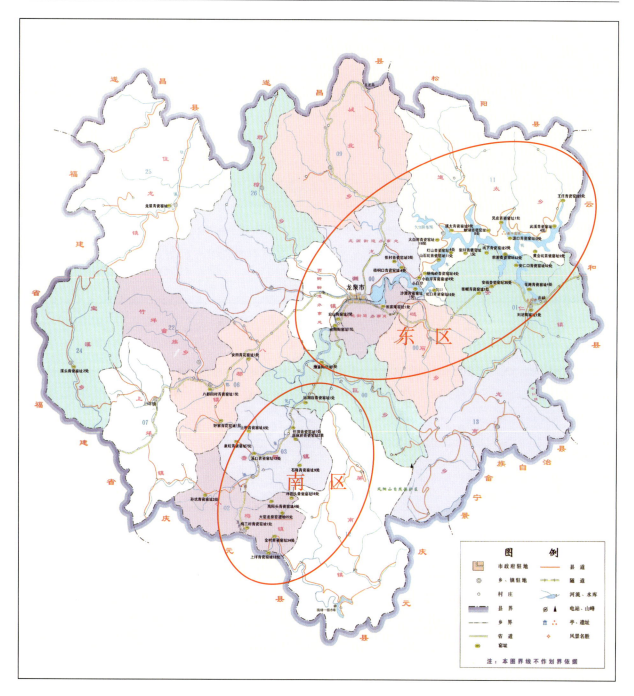

图五　龙泉市境内窑址分区

24 个行政村，共有窑址 200 多处，以烧制民间用瓷和外销瓷为主。另外，习惯上把云和县境内与龙泉连成一片的窑址也归入龙泉东区窑址。20 世纪 70 年代至 80 年代初因为紧水滩水电站工程建设需要，对窑址进行了全面调查和重点发掘，现整个东区窑址大部分被紧水滩水库淹没。

三

　　近现代关于龙泉窑青瓷的研究可以追溯到 20 世纪 20 年代。陈万里从 1928 年开始作龙泉窑考古调查，之后他"九下龙泉、八上大窑"，通过多次实地考察，对龙泉窑窑场的分布、龙泉窑生产品种、文献中有关"章生一、章生二兄弟"的记载以及龙泉青瓷的原料产地、窑炉窑具、销售市场等问题有了初步的认识[1]。随后他在大窑村完成中国第一部瓷窑址田野考察报告《瓷器与浙江》[2]。该书于1946 年10 月出版，是早期最好的关于龙泉青瓷的研究专著。

20 世纪40 年代，徐渊若在担任龙泉县长期间[3]，曾"亲炙瓷片，翻阅载籍，亲历窑址，遍观藏家珍品，并与斯道之权威相往来"，终成其作——《哥窑与弟窑》[4]。内容共分为三部分：第一部分主要探讨哥弟窑的生产年代、生产地点、窑址瓷片发掘经过以及哥弟窑产品之鉴别等；第二部分分别从胎质、釉色、纹片、纹饰和款式等几个方面对龙泉青瓷进行探讨；第三部分描述大窑龙泉窑遗址概况和文献中龙泉窑的相关记载。随后徐家珍对宋代龙泉窑作出简单叙述，发表《宋龙泉窑的青瓷》[5]一文。这些论著是从传统金石学的角度对龙泉青瓷进行的研究。

新中国成立以后，周恩来总理对恢复我国历代名窑非常重视，指示首先恢复濒临绝迹的龙泉窑青瓷。1959 年至1960 年，浙江省文物管理委员会组成龙泉窑调查发掘组，对龙泉古代瓷窑进行了反复的调查，并对大窑和金村的数处窑址进行了发掘，总计发掘面积600 余平方米，获得了场房、砖池、住宅、窑炉等遗迹和大量瓷器、窑具等标本，包括少量的黑胎青瓷标本，通过地层叠压关系初步了解了龙泉窑主要的发展脉络。[6]这是最早建立在地层学基础上的对龙泉窑的科学发掘，是正式利用科学方法考古发掘龙泉窑的开始。中国科学院硅酸盐化学与工学研究所、国家轻工业部硅酸盐研究所、浙江省轻工业厅等部门对发掘所得的历代龙泉青瓷标本从原料、胎釉配方及着色机理等方面进行了科学的分析研究，并编辑出版了《龙泉青瓷》图录[7]和《龙泉青瓷研究》文集[8]，从考古、艺术、科技等角度全面研究龙泉窑青瓷。

20 世纪70 年代至80 年代初，由于紧水滩水电站建设的需要，于1974 年对水库淹没区内的瓷窑址进行了专题调查，发现龙泉窑窑址近200 处。1979 年至1981 年，国家文物局组织中国社会科学院考古研究所、中国历史博物馆、故宫博物院、上海博物馆、南京博物院、浙江省博物馆、浙江省文物考古研究所（浙江省文物考古研究所最早是浙江省博物馆的一个部门，1979 年独立建制后，相关工作由浙江省博物馆转到省考古所进行）共同组成紧水滩工程考古队，分组、分地区地对水库淹没区内的古窑址进行调查、发掘，主要发掘有山头窑、大白岸[9]、安仁口[10]、安福[11]、上严儿[12]和源口林场[13]等地窑址（图六）。通过发掘，了解其产品质量次于南区，主要的生产时间为元末到明代中期，并对龙泉窑东区的窑场布局、地层堆积、产品类型及器物演变分期等有了较为深入的认识。发掘简报均已发表，并于2005 年出版《龙泉东区窑址发掘报告》[14]，对紧水滩水库主要发掘所得进行了系统阐述。

[1] 陈万里：《龙泉青瓷史略》，人民出版社，1962 年。

[2] 陈万里：《瓷器与浙江》，中华书局，1946 年。

[3] 徐渊若先生于民国三十二年至三十五年（1943~1946 年）间担任龙泉县县长。

[4] 徐渊若：《哥窑与弟窑》，龙吟出版社，1945 年。

[5] 徐家珍：《宋龙泉窑的青瓷》，《文物周刊》1947 年7 月，41 页。

[6] 朱伯谦、王士伦：《浙江省龙泉青瓷窑址调查发掘的主要收获》，《文物》1963 年第1 期。对溪口窑址也进行了调查和小规模的试掘，参见金祖明：《龙泉溪口青瓷窑址调查纪略》，《考古》1962 年第10 期。

[7] 《龙泉青瓷》，文物出版社，1966 年。

[8] 浙江省轻工业厅编：《龙泉青瓷研究》，文物出版社，1989 年。

[9] 紧水滩工程考古队浙江组：《山头窑与大白岸——龙泉东区窑址发掘报告之一》，《浙江省文物考古所学刊》，文物出版社，1981 年。

[10] 上海博物馆考古部：《浙江龙泉安仁口古瓷窑址发掘报告》，《上海博物馆集刊》第三期，上海古籍出版社，1986 年。

[11] 中国社会科学院考古研究所浙江工作队：《浙江龙泉县安福龙泉窑址发掘简报》，《考古》1981 年第6 期。

[12] 中国历史博物馆考古部：《浙江龙泉青瓷上严儿村窑址发掘报告》，《中国历史博物馆馆刊》总第8 期，1986 年。

[13] 参见任世龙：《浙江瓷窑址考古十年论述》，《浙江省文物考古研究所学刊》（建所十周年纪念专刊），科学出版社，1993 年。

[14] 浙江省文物考古研究所编：《龙泉东区窑址发掘报告》，文物出版社，2005 年。

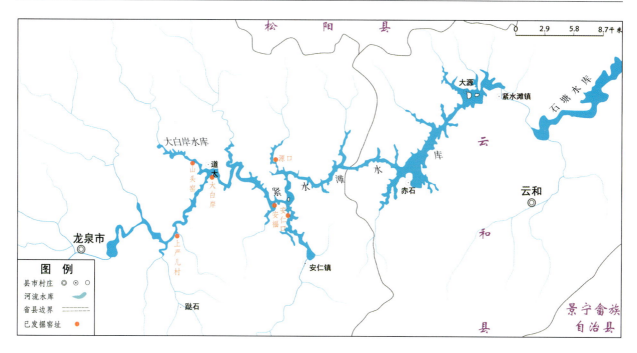

图六　紧水滩地区已发掘窑址

四

随着考古调查发掘工作的进行和资料的日益积累，对龙泉窑的认识也越来越深入，但仍存在着很多的未解之谜。

1.龙泉窑始烧年代问题

关于龙泉窑的始烧年代，国内外有多种观点。一是认为从南朝开始，以丽水地区目前已知时代最早的吕步坑窑址为起始点。事实上，吕步坑窑址的烧造年代在唐代，主要传承越窑的生产技艺，其产品质量差，与后代龙泉窑产品风格不同。二是认为从五代开始。龙泉本地相传曾发现五代时期纪年遗物，惜无从考证。三是认为从北宋开始。因为从目前已知的龙泉金村考古调查发掘资料判断，从北宋开始生产的产品才具有了独特的龙泉窑风格，但具体是北宋早期还是北宋中期尚有争议，且该时期的产品与越窑、瓯窑有着怎样的关联等也不清楚。

2.北宋晚期"禁庭制样须索"问题

龙泉窑在北宋末年即已进入官府视野。成书于绍兴三年（1133）的《鸡肋编》"龙泉佳树与秘色瓷"条："处州龙泉县多佳树，地名豫章，以木而著也。山中尤多古枫木……又出青瓷器，谓之'秘色'，钱氏所贡，盖取于此。宣和中，禁庭制样须索，益加工巧。"[1]说明北宋末年，龙泉窑应该有按照"禁庭制样"生产的瓷器。

3.宋代黑胎青瓷问题

黑胎青瓷历来是龙泉窑中备受关注的产品，其小巧的器形、规整的造型、接近南宋官窑的胎釉特点以及多仿青铜礼器造型的审美取向，表明了其功用和使用对象的特殊性。这类产品的性质一向有官窑、仿官和哥弟窑的争论，对其生产年代也没有一个明确的说法，更遑论全面了解这类产品的器物特

---

[1]（宋）庄绰：《鸡肋编》，中华书局，1983年。

点与组合、工艺特征乃至生产管理方式等等。

4. 元代祭器问题

元代宫廷曾在江浙行省烧造祭器。《元史》卷七十四《祭器三》记载："中统以来，杂宋金祭器而用之。至治初，始建新器于江浙行省，其旧器悉置几阁。"《元史》卷七十二《祭器志》第二十三《郊祀上》中列举的祭器就有"青瓷牺盘"、"青瓷盘"。元末明初江浙行省生产青瓷的以龙泉窑最为有名，故此专家学者认为龙泉窑承担了为元代宫廷烧造青瓷祭器的任务。那么，元代祭器究竟是什么形制，那时烧造祭器的窑场呢？

5. 明代处州官窑问题

处州从洪武时期即开始承担为宫廷烧造瓷器的任务。《大明会典》卷一百九十四《工部十四》"陶器"条记载："洪武二十六年定，凡烧造供用器皿等物，须定夺样制，计算人工物料……行移饶、处等府烧造。"说明处州（龙泉）和饶州（景德镇）一样承担了为宫廷烧造瓷器的任务。又，《明宪宗实录》"天顺八年正月条"记载："江西饶州府，浙江处州府，见差内官在彼烧造磁器，诏书到日，除已烧完者照数起解，未完者悉皆停止，差委官员，即便回京，违者罪之。"说明天顺八年之前，浙江龙泉有宫廷内官监制烧造宫廷用瓷。朝廷下样、内官督陶是景德镇御器厂的建制，那么，同样是朝廷下样且内官督陶的"处州官窑"究竟何在呢？

五

2004 年以后开始的考古工作，就是以上述龙泉窑的未解之谜为切入点展开的。

大窑是龙泉窑的起源地和中心产区，产品质精量大。明代陆容《菽园杂记》卷十四载："青瓷初出于刘（琉）田，去县六十里，次有金村窑，与刘（琉）田相去五里余。外则白雁（大白岸一带）、梧桐、安仁、安福、绿绕（道太一带）等处皆有之，然泥油精细，模范端巧，俱不若刘（琉）田。"而龙泉南区近 200 处窑址中，属大窑龙泉窑遗址保护范围的就有 150 多处，包括小梅镇大窑片区 80 多处、金村片区 50 多处（含庆元县上垟 18 处）以及查田镇溪口片区 20 余处。大窑无疑是研究龙泉青瓷的最重要地区，龙泉窑诸多未解之谜的谜底可能就藏在这里。（图七~图九）

为探讨明代处州官窑问题，2006 年 9 月至 2007 年 1 月，浙江省文物考古研究所、北京大学考古文

图七　垟岙头村

图八　垟岙头保护范围及建设控制地带碑

图一〇　大窑枫洞岩窑址发掘全貌（西—东）

图九　杉树莲山窑址旁的老路　　　　　　图一一　瓦窑垟窑址发掘出土的两条窑炉遗迹

博学院以及龙泉青瓷博物馆联合对大窑枫洞岩窑址进行了发掘。发掘揭露出大规模的窑炉和生产作坊遗迹（图一〇），出土了数十吨的瓷片。虽然未能完满解开处州官窑之谜，但获得了一系列新的认识，取得了重大的成果：研究确认，该窑场的烧成年代主要为明代，出土物中包括了大量与清宫旧藏造型和装饰相同或相似的具有"官器"特征的器物，"官器"中许多器物的造型和纹样与景德镇珠山出土明代早期宫廷御用瓷器相同——说明两者使用了共同的"样"。研究还认定，该窑场虽然烧造宫廷用瓷，但还不是官窑。同时因为出土了丰富的明代早期遗物和有明确纪年的堆积层，明晰了龙泉窑明代早、中期的器物特征，并基本确定了元、明龙泉窑青瓷的分期和技术传承路径。2009 年出版了《龙泉大窑枫洞岩窑址出土瓷器》图录，发表了部分出土瓷器精品和初步的研究成果。

　　为了解龙泉黑胎青瓷问题，2010 年 11 月至 2011 年 9 月，浙江省文物考古研究所联合北京大学考古文博学院发掘了瓦窑垟遗址。虽然瓦窑垟遗址历经半个多世纪的盗扰，但我们还是寻找到了一些珍贵的资料。发掘表明，瓦窑垟遗址实际上由两处窑址构成（图一一），其中一处窑址仅在南宋时期烧造兼烧黑胎青瓷；另一处窑址中，元代的两条叠压窑炉打破了南宋的两条叠压窑炉，在南宋的窑炉中发现黑胎青瓷。在发掘期间，对龙泉溪口片的 12 处窑址也进行了详细的专题调查，调查表明，仅有 3 处南宋时期的窑场烧造黑胎青瓷。这表明龙泉黑胎青瓷的生产并不普及，只是小范围、小规模的生产，说明黑胎青瓷的烧造技术和服务对象具有特殊性，其性质可能与宫廷有关。另外，在龙泉县大窑遗址保护区大窑片区和金村片区的中间空白地段——小梅镇瓦窑路发现了专烧黑胎青瓷的窑址，其产品制作工整，开片坆碎精美，和大窑、溪口出土的黑胎青瓷风格有所不同。

六

对龙泉窑的考古调查、发掘与研究工作做得越多，对龙泉窑的了解和认识越深入，就越发现龙泉青瓷文化的博大精深。我们目前所知的不过是龙泉窑的冰山一角，要了解龙泉窑生产的总体面貌，进而对龙泉窑遗址进行有效而充分的保护，进一步加强不同时期龙泉窑代表性窑址的调查、发掘与研究是我们的华山一条路。而上述关于龙泉窑悬而未决的历史谜案，可能正是我们认识龙泉窑生产总体面貌的钥匙。

基于这样的认识，我们计划在以往工作的基础上，继续围绕关于龙泉窑悬而未决的诸多问题开展工作，在未来重点做好以下几项工作。

1. 进一步理清宋代黑胎青瓷和哥窑、官窑的关系

据现有成果，龙泉黑胎青瓷不仅在溪口和大窑地区有生产，小梅瓦窑路窑址的新发现说明其在大窑和溪口以外地区也有生产，甚至以前从未有相关信息的龙泉东区也有发现；其年代也不仅仅是之前所认知的南宋中晚期，而是从南宋初年到元代持续烧造的不断发展变化的漫长过程。

我们希望在溪口瓦窑垟窑址和小梅镇瓦窑路窑址的基础上，进一步在大窑片区内找到这类器物比较明确的地层以及窑炉、作坊等遗迹，从而对其产生和发展情况有一个较为全面的认识，为研究龙泉窑黑胎青瓷的产生、发展奠定基础，也使我们对龙泉窑面向宫廷和士大夫阶层审美取向的产品有更为深入的认识。我们希望通过探索龙泉溪口窑区和小梅镇瓦窑路窑址的生产性质以及宋代龙泉窑与宫廷之间的关系，进而研究宋代黑胎青瓷与传世哥窑和南宋官窑之间的关系，丰富对宋元时期龙泉窑生产总体情况的认识，并期望通过地层叠压关系解决宋元时期龙泉窑生产的具体分期问题。

2. 探索元代为宫廷烧造瓷器的线索和资料

龙泉窑为元代朝廷烧造青瓷祭器。从目前的考古调查发掘资料看，这个烧制的实际地点很有可能在大窑片区岙底窑址群内。该片区内有很多明代窑址叠压于宋元窑址之上，湮没在农田山林之中。计划通过对该地区窑址小规模的试掘和重点窑址的发掘，以期发现与元代青瓷祭器相关的线索和资料。

3. 继续寻找明代处州官窑窑场

2006 年发掘的枫洞岩窑址，初步解决了龙泉窑 "定夺样制" 为明代宫廷烧造瓷器的问题，同时也明确枫洞岩窑场不是御窑厂。那么，内官督陶的处州官窑在哪里呢？从目前的考古调查发掘资料看，这个烧制的实际地点也很可能在大窑岙底窑址群内。现今在大窑岙底尚有名为"官厂"的故址（图一二）存在，其地也出土过类似枫洞岩窑址官器风格的产品。故计划通过对该地区窑址小规模的试掘和重点窑址的发掘，发现与明代中期官用瓷器生产相关的线索和资料，进一步解决处州官窑问题。

4. 探索龙泉窑始烧时间以及北宋晚期"禁庭制样须索"问题

龙泉市金村位于龙泉南部，与

图一二　大窑岙底名为"官厂"的故址

庆元县竹口镇上垟村接壤，隶属小梅镇。龙泉窑金村窑址与上垟村窑址连成一片，是瓯江上游最南端的窑址群。窑址主要分布在瓯江上游梅溪两岸，北至金村下坑窑址，南达上垟村洋圩店窑址，在长约4千米的峡谷地带共有窑址58处（庆元县辖8处）。据最新调查成果，金村窑址年代最早可以到晚唐，从北宋开始生产的产品具有了独特的龙泉窑风格。龙泉窑始烧年代以及北宋晚期"禁庭制样须索"问题的答案很可能就着落在这里。

我们计划在对该地区窑址和大窑窑址进行全面调查和小规模试掘的基础上选择一处重点窑址进行全面发掘，以期解决龙泉窑的始烧年代和北宋晚期"禁庭制样须索"问题。

5. 确立一个代表龙泉窑实际发展状况的可靠的年代学发展序列

通过上述对龙泉窑遗址的详细调查、试掘，我们将寻找解决这些龙泉窑焦点问题的线索，根据学术意义的大小，分别进行专题调查以及不同规模的发掘，从而得到不同时期最具代表性的窑址的发掘资料，并最终确立一个代表龙泉窑实际发展状况的可靠的年代学发展序列。

6. 有针对性地在龙泉东区开展考古调查与发掘工作

龙泉窑的烧制时间如果从晚唐时期算起，到明代中后期，时间长达六七百年，不同时期的生产规模和中心窑场都有变化。除了龙泉南区核心区域以外，对龙泉东区尽管也做了许多工作，大致了解了其基本生产状况，但还有不少内涵有待进一步发现，其中就包括黑胎青瓷。据此，依托以往的考古资料，有目的的重点复查一些主要区域和重点窑场，进一步补充以前的发现，在充分掌握各个窑址的特征和烧制时代后，明确宋、元、明各个时代的生产范围、规模和中心窑场，对各窑址的资料进行细致的整理、公布，是我们今后几年工作的重点。

7. 做好龙泉窑的考古资料的整理和出版工作

考古资料的整理和刊布也是考古研究工作的重要组成部分。我们计划结合上述调查发掘和研究工作，及时整理龙泉窑考古调查发掘和研究成果，并以龙泉窑研究系列丛书的形式予以出版，以便广大读者查阅。

目　录

插图目录

附图目录

第一章　窑址位置与发掘概况

一　窑址的位置与环境

　　大窑村（图1-1）位于龙泉市西南35千米的琉华山下，明以前称琉田。明代进士陆容在《菽园杂记》卷十四"青瓷条"对此即有记载："青瓷初出于刘田，去县六十里。次则有金村窑，与刘田相去五里余。外则

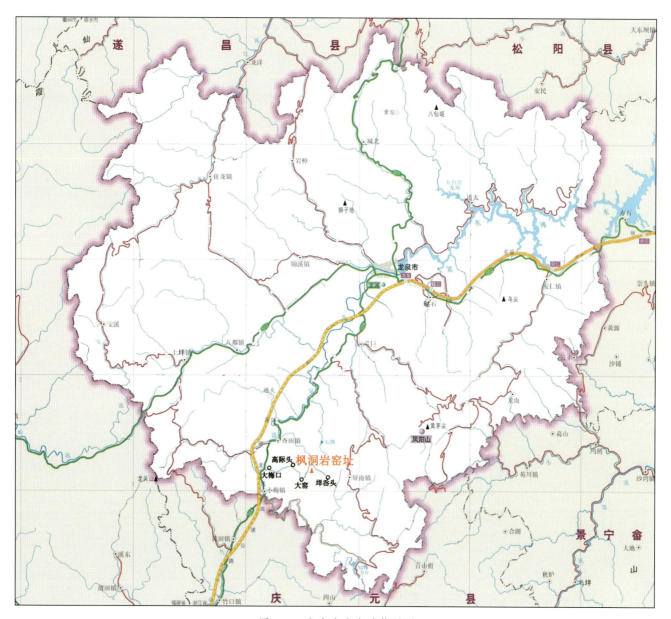

图1-1　龙泉大窑窑址位置图

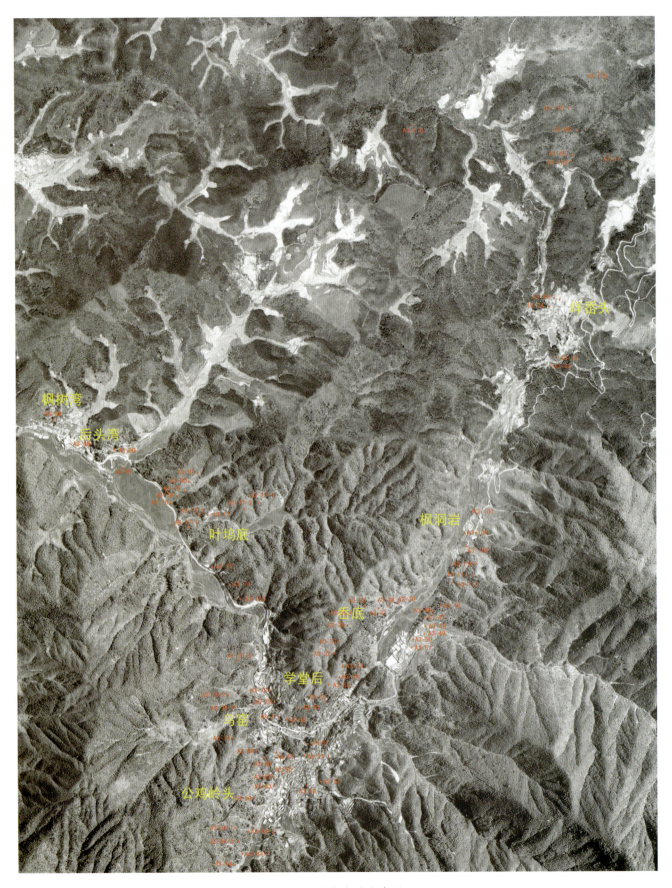

图 1-2 大窑窑址分布图

白雁、梧桐、安仁、安福、绿绕等处皆有之。然泥油精细，模范端巧，俱不若刘田。"[1]大窑村北有古瓷窑址 69 处，在宋元及明初都是龙泉青瓷的中心窑区。1988 年 1 月，被国务院列为全国重点文物保护单位。

　　大窑龙泉窑遗址所处地形主要为丘陵和山地，海拔 280~650 米。遗址主要分布在平缓山坡和山间谷地上，茂密山林、长流溪水、优质瓷土为窑业的发展提供了丰富的燃料和原料，大窑地区可见明显的瓷土采集地痕迹。地形地貌和植被特征基本保持原状，保存有大量的古树名木。

　　遗址区内主要河流为梅溪、南溪（属龙泉溪），其为瓯江上游，属瓯江水系。其他溪流，如大梅坑、石塘坑、大坑底等支流都注入梅溪。梅溪、瓯江是古代龙泉青瓷外运的主要水运通道。现河网水系格局走向基本保持原状，梅溪边尚可辨少量码头遗迹，如金村码头。河道宽度、河岸形态多有变化，河床淤塞抬高，水流方向变化，特别是金村片区人工堤坝抬高水位，导致部分遗址浸泡水中。

　　枫洞岩窑址位于龙泉县小梅镇大窑村北部约 1500 米的峡谷中，在大窑村北约 2 千米（图 1-2）。峡谷俗名"岙底"，谷底有小溪潺潺流过，小溪名"岙底溪"，也称"大窑溪"。窑址下小溪上有水碓故址，名"双碓"。窑址编号 A-108，海拔高度 500 余米，东西两侧有高山，山中林木茂盛，瓷土矿丰富。发掘区域为现在的大窑村至垟岙底村公路西侧。地形上看，公路西侧有多个阶梯式台地。（图 1-3~1-6）

图 1-3　大窑村

图 1-4　岙底

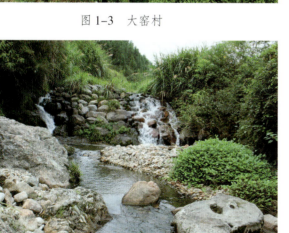

图 1-5　岙底溪

图 1-6　枫洞岩地貌

[1]［明］陆容：《菽园杂记》，中华书局，1985 年。

图1-7　大窑枫洞岩窑址发掘全貌（西—东）

二　发掘概况

2006年9月至2007年1月，浙江省文物考古研究所和北京大学考古文博学院、龙泉青瓷博物馆联合对大窑枫洞岩窑址进行了发掘。

发掘共布探方（沟）26个，并扩方多处，发掘面积1700余平方米（图1-7）。揭露了窑炉、作坊、住房、储泥池等遗迹，出土瓷器（包括较大的残片等）总数达16万3千多件，重量50余吨，并采集了大量的匣钵、窑具等标本。

发掘领队沈岳明。工作人员有：浙江省文物考古研究所徐军、祝利英，龙泉青瓷博物馆杨冠富、胡小平，北京大学考古文博学院教授秦大树和研究生申浚（韩国）、施文博、项坤鹏，北京师范大学考古专业研究生张米以及技工许印旗、李全保、李文艺等。

整理工作自2007年3月至2009年1月，前后参与的工作人员有沈岳明、徐军、祝利英、申浚、张米、项坤鹏、胡小平，技工许印旗、李全保、李文艺、吴学功、齐东林、李玲巧等。

第二章　地层堆积

一　探方编号和分布

本次发掘采用全站仪定点布方。探方编号采用象限编号，以全站仪定点为基点，通过基点的南北向基线为纵轴，通过基点的东西向基线为横轴，将需要布方的区域划分为四个象限区块，分别以东南西北英文第一个字母大写表示，即 E、S、W、N。以 5×5 米为一个标准探方，临近基点的探方编号为 1，编号数字依次向基点外递增，若需要布 10×10 米或 5×10 米或其他规格探方时，编号按西南角标准探方编号，并以"Z"字母注明探方西南角和基点位置的垂直落差。例如 TN12W3Z-10.2 即表示该探方西南角在基点北面 60 米、西面 15 米的位置，并且比基点低 10.2 米。有些探方的扩方也有探方号，但没有测量西南角与基点的高差，如 TN8W3Z-10.2 的扩方 TN8W4 等。具体探方分布及编号如图 2-1 所示。为叙述简便起见，探方编号省略高差，如 TN12W3Z-10.2 简写为 TN12W3。

通过对遗址的发掘和整理，可以明确各探方内的地层和遗迹的相对年代，据此可以将发掘区域分为南部、东部、西部、中部和东北部五个部分。

1. 南部探方

包括 TN10W3Z-10.2 南半部，TN9W3Z-10.2 及西扩方、东扩方，TN8W3Z-10.2、TN8W4、TN7W3Z-10.2、TN7W4、TN6W3Z-10.2、TN6W4 及周边的局部扩方。主要出土南宋末期元代早期产品，遗迹 F2、储泥池 CH1 等年代为南宋。

2. 东部探方

包括 TN7W1Z-5.5 及扩方（TN7W2、TN8W1、TN7E1、TN7W1 南扩）、TN8E3Z-5.5、TN10W1Z-8.1。主要遗迹 F1，F1 的年代为明代中期之后。探方地层多有扰乱，宋元明器物混杂。

3. 西部探方

包括 TN10W6Z-14.1、TN14W7Z-15.6、TN16W8Z-17.3、TN19W6Z-15.7，主要出土元代器物。

4. 中部探方

TN10W3Z-10.2 北部及东扩方、TN12W3Z-10.2、TN14W3Z-10.2、TN16W3Z-10.2、TN18W3Z-10.2。主要出土明代早期器物，局部有元代器物混杂。主要遗迹 F4，F4 的年代为元代。TN18W3 中有元明叠压地层。

5. 东北部探方

TN18E3Z-5.4、TN15E4Z-5.5、TN18E4Z-5.5、TN18E5Z-5.5、TN20E4Z-5.5、TN19E7Z-5.5、TN20E5Z-5.5、TN20E7Z-5.5、TN17E5Z-3.6、TN18E9Z-1.8 等，TN17E5Z 东部曾编探方号 TN18E7，其中 TN17E5Z-3.6 和 TN18E9Z-1.8 按窑炉方向布方。主要遗迹有 y1、y2、y4、y5 和 F3 等，大量出土明代中期器物。TN15E4 中有明代早期和中期的叠压地层。

二　地层堆积概况

窑址发掘通常都要面临地层高差大，出土物容易混杂等问题。大窑岙底窑址密布，地域狭窄，同一地方

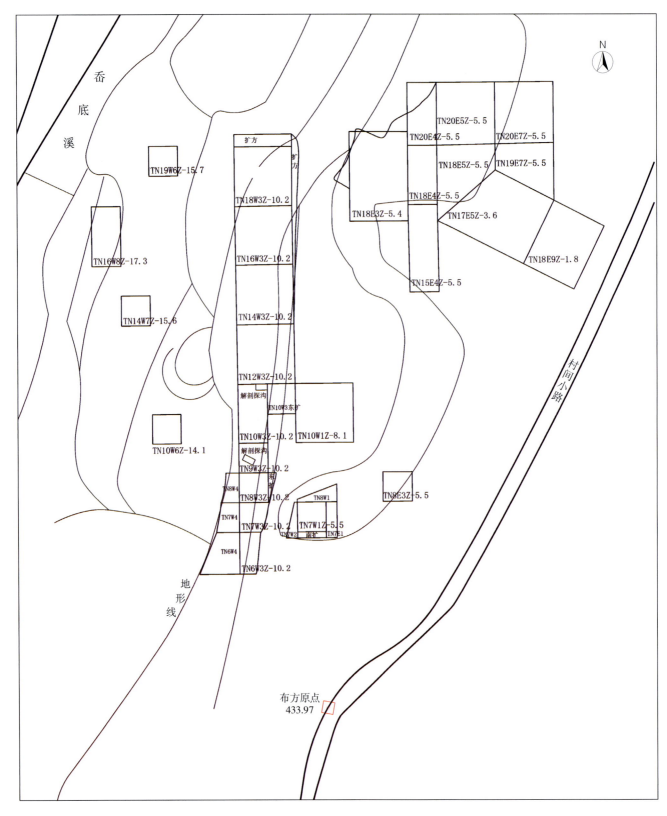

图 2-1 探方分布图

各时代反复建窑烧造，废品堆积扰乱较严重。从枫洞岩窑址的发掘情况看，早期废品堆积由于人为搬运、清理、筑墙等活动所形成的地层扰乱现象相当复杂。下面以典型地层为例说明发掘区域各部分的地层叠压情况。以下叙述中若没有特别说明的，各探方的第①层都是现代耕土层，第②层都是现代造田时为防止水土流失而夯筑的硬土层，下面一般不再赘述这两层堆积的情况。同一探方内不同位置没有直接叠压关系的地层分别以 N（代表位于探方北部）、S（代表位于探方南部）、W（代表位于探方西部）表示。例如 TN12W3 探方中③ N、③ S、③ W 之间没有直接的叠压关系，但是③ W 与④ W 之间有直接叠压关系，以此类推。

1. 南部探方

以 TN8W3 北壁以及 TN9W3 中解剖的小探沟南壁为例说明南部探方的地层叠压关系。（图 2-2、图 2-3）

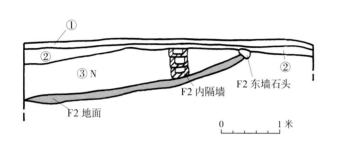
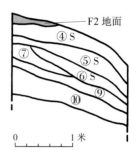

图 2-2　TN8W3 北壁地层图　　　　图 2-3　TN9W3F2 下探沟南壁地层图

第①层：西边为田坎，东边为断崖，第①层下发现遗迹石路 L1。TN6W3 和 TN7W3 南部第①层下为生土。

第②层：该层下有遗迹储泥池 CH1、水沟 G4、石路 L7 和墙 Q12，并露出 F2 东壁匣钵墙一角和路 L8 表面。Q12 叠压 L4。

第③ N 层：灰褐色土，土质疏松，含大量垫具和瓷片，还有部分匣钵残片等。深 10~95 厘米，厚 0~100 厘米。分布于 TN8W3、TN9W3 以及 TN8W3 和 TN9W3 西扩方中。窑具有粗砂质和瓷质垫饼垫圈、碟形托具等，瓷器主要有高足杯、洗、碗、盘、炉、瓶、罐和执壶等，较残破，数量较多，典型器有双鱼洗、四爪龙纹罐残片等。还出土一枚"皇宋通宝"铜钱。

第③ N 层下叠压 F2 地面。F2 地面土层土色粉红，有黏性，土质较纯净。

第③ W 层：灰中泛褐色土，土质疏松，含大量碎匣钵、少量垫具和瓷片。深 20~100 厘米。未清理到底，厚度不详。分布于 TN6W4 东南部。该层下为 G9 和 L8。

第④ N 层：黄褐色土，土质较硬，含窑业堆积。深 50~140 厘米。未清理到底，厚度不详。分布于 TN9W3 北部。

第⑤ N 层：灰褐色土，土质疏松。包含大量碎匣钵，少量的垫具和瓷片等。距离地表约 20~140 厘米，厚 50~70 厘米。分布于 TN9W3 中部，位于 Q13 与 F2 北部挡墙 Q14 之间。该层下叠压遗迹路 L5。

为了解 F2 遗迹下的地层堆积情况，在 N9W3 中顺着 F2 北墙布 1×2 米解剖探沟 1 条，地层情况如下：

第④ S 层：褐色土，土质疏松，含垫饼、大块匣钵片和少量瓷片等。深 45~95 厘米，厚 0~75 厘米。

第⑤ S 层：灰褐色夹炭屑土，土质稍具黏性，无包含物。深 50~100 厘米，厚 5~50 厘米。

第⑥ S 层：粉黄色黏土，无包含物。深 70~150 厘米，厚约 0~45 厘米。

第⑦层：褐色土，土质疏松，含大量垫饼、匣钵片和少量的瓷片等，土中还夹杂少量生烧胎和窑底烧结物，并夹杂一薄层乳白色黏性土。深 95~180 厘米，厚约 0~50 厘米。

第⑧层：灰褐色土，土质疏松，含大垫饼和瓷片等。深 100~200 厘米，厚约 0~60 厘米。

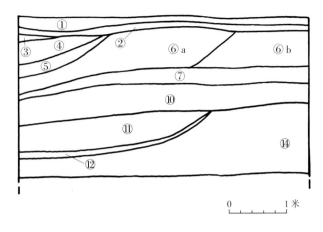

图 2-4　TN8E3 北壁地层图

第⑨层：青灰色土，土质黏性，较为纯净，无包含物。深 120~210 厘米，厚 10~20 厘米。

第⑩层：浅褐色土，土质较硬，中间夹杂石头碎块。深 130~230 厘米，厚 10~50 厘米。

2. 东部探方

以 TN8E3 北壁为例。（图 2-4）

第③层：灰褐色土，土质较松，包含有少量瓷片和垫具、匣钵残片。距离地表约 30 厘米，厚 0~20 厘米。仅分布于探方西北角。匣钵大小不等，其残片较小。垫具有粗砂质和瓷质，以粗砂质为主。瓷器有碗、盘等。

第④层：黄色土，土质疏松，包含有较少量的瓷片、窑具片、几块石头。距离地表约 30~45 厘米，厚 0~35 厘米。仅分布于探方西北角。匣钵大小不等，其残片较小。垫具有粗砂质和瓷质，以粗砂质为主。瓷器有碗、盘等。

第⑤层：灰褐色土，土质较细而硬，包含有较少量的瓷片、窑具片。距离地表约 33~80 厘米，厚 0~45 厘米。仅分布于探方西北角。匣钵大小不等，其残片较小。垫具有粗砂质和瓷质，以粗砂质为主。瓷器有碗、盘、洗等。

第⑥层：分为⑥a 和⑥b 两层。

⑥a 层：黄褐色土，土质疏松，包含较多的瓷片、窑具片。距离地表约 20~39 厘米，厚 30~90 厘米。分布于探方西面。匣钵片有筒形和 M 形，以 M 形为多。垫具有粗砂质和瓷质，两者数量差不多。瓷器有碗、盘、洗、炉等，重要器物有"福"字炉、"福"字碗、飞马过海纹碗、格盘、"陈"字盘、"陈"字炉等。

⑥b 层：深褐色土，包含较多的瓷片、窑具片。距离地表约 20~35 厘米，厚 35~60 厘米。分布于探方东面。匣钵片有筒形和 M 形，以 M 形为多。垫具有粗砂质和瓷质，二者数量相当。瓷器有碗、盘、洗、炉、盏、器座等，重要器物有"卐"字双鱼盘、八思巴文小盘、格盘等。

第⑦层：浅褐色土，土质较硬。西南角的层面上多含有木炭，没有其他包含物。距离地表约 65~145 厘米，厚 0~15 厘米。分布于探方西南面。

第⑧层：褐色土，土质较松，包含较多的瓷片、窑具片。距离地表约 75~145 厘米，厚 0~50 厘米。分布于探方西南面。匣钵片较大，有筒形和 M 形，以 M 形为多，大的直径约为 45、高 13、壁厚 2~3 厘米。垫具多为瓷质，也有一定数量的粗砂质垫具。瓷器有碗、盘、瓶、盏、炉等，重要器物有印花牡丹"山中人"字香炉、贴露胎梅花的盏、"陈"字盘。

第⑨层：青黑色土，土质较致密且坚硬，含炭量较多，没有其他包含物。距离地表约 90~148 厘米，厚 7~40 厘米。分布于探方中南部。

第⑩层：褐色土，土质较松，包含有小块木炭和少量的瓷片、窑具片。距离地表约 105~125 厘米，厚约 10~50 厘米。遍布全方。匣钵片较小。瓷器有碗、盘等，重要器物有花口碗的内模。釉色主要是青色，胎色较白。

第⑪层：褐色土，土质较松，包含较多的瓷片、窑具片。距离地表约 14~185 厘米，厚 0~80 厘米。分布于探方西面。匣钵片有筒形和 M 形，筒形匣钵较小，较大的直径约为 23、壁厚约为 1 厘米上下，比 M 形匣钵薄。M 形匣钵大的直径约为 43、高 14、壁厚 2 厘米。垫具多为瓷质，也有一定数量的粗砂质垫具。瓷器有洗、盘、盏、壶等，重要器物有小南瓜壶、双鱼洗。釉色主要是青色，胎色较白。

第⑫层：红褐色土，土质较硬，包含有很少量的瓷片、垫具、红烧土和木炭。距离地表约 165~240 厘米，厚 0~17 厘米。分布于探方西面。

第⑬层：黄色土，土质较硬较黏，包含有几块小瓷片、少量的垫具、小石头。距离地表约135~230厘米，厚0~97厘米。分布于探方南面。瓷器有洗、盘等。

第⑭层：褐色土，土质较硬较黏，多含有石头，包含有好几块小瓷片和1块瓦片、1块匣钵片、1根铁钉。距离地表约145~255厘米，厚20~115厘米。分布于探方北面。瓷器主要是碗，内壁饰篦划纹，外壁饰折扇纹。

⑭层下为生土。

3. 西部探方

以TN10W6南壁为例。（图2-5）

第③层：在发掘中分为③a和③b两层（堆积情况并述，但器物号仍以③a和③b地层编号）。含少量褐色土，疏松，含瓷片较多，有少量垫具。距离地表约22厘米，厚约30厘米。分布在探方西南部，由东向西、由北向南，倾斜堆积。瓷器有盘、碗、洗等，重要遗物有"天"字垫具、双鱼洗等。

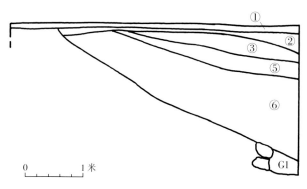

图2-5　TN10W6南壁地层图

第④层：含少量黄褐色土，疏松，主要包含瓷片，也有垫具。距离地表约25厘米，厚65~90厘米。分布在探方西北角，由东向西、由北向南，倾斜堆积。出土遗物较少。

第⑤层：含有较多灰土，泥土湿润，沙性重，有的泥土发红色，疏松，包含物以瓷片为主。在探方北边距离地表30厘米，南面距地表最深60厘米，地层厚约30厘米。除探方东部，皆有分布，由东向西、由北向南，倾斜堆积。出土有碗、盘、洗、火照等，重要遗物有双鱼洗、双凤纹盘、"式号"洗、"贵"字洗等。

第⑥层：局部含有较多灰土，疏松，包含物丰富，出土大量瓷片。距离地表30~90厘米，由东向西加深，堆积很厚，有80~135厘米。除西北和东南角，遍布全方，由东向西、由北向南，倾斜堆积。出土有碗、盘、洗、荡箍、碾钵、火照等，重要遗物有双鱼洗、鹿纹洗、指套形火照等。

⑥层下叠压水沟G1，G1西部为红烧土块层，为保留G1因此未发掘，G1东部打破生土层。

4. 中部探方

以TN12W3东壁、TN14W3东壁、TN16W3东壁和南壁、TN18W3东壁以及TN10W3解剖沟西壁为例。（图2-6~2-10）

②层下叠压墙Q1、Q2、Q3、Q7、Q11。

（1）TN12W3（图2-6）[1]

②层下分为西、南、北三个区域。

西部指Q1以西，Q7以东，TN12W3、TN14W3、TN16W3连贯相同，发掘有3个地层：

第③W层：灰褐色土，土质较松，颗粒状沙性土，含大量匣钵残片、窑具和较少青瓷片。深35~130厘米，厚0~75厘米。东高西低倾斜分布。

第④W层：红褐色土，土质较松，含大量红烧土块和较少匣钵残片、窑具、青瓷片等。深175~200厘米，厚85~135厘米。东高西低倾斜分布。

第⑤W层：红褐色土，土质疏松，沙性土，含少量青瓷片、窑具等。深225~250厘米，厚35~75厘米。东高西低倾斜分布。

---

[1] 绘制的TN12W3东壁地层距探方实际东壁1米。Q3：位于TN12W3南部，东西向微曲，西接Q2，东接Q1。②层下出露，叠压在④层上。Q4：位于TN12W3南部和TN10W3北部，南北向，北接Q9，南接Q2。TN12W3④S层下出露，叠压在TN10W3⑥N层上。

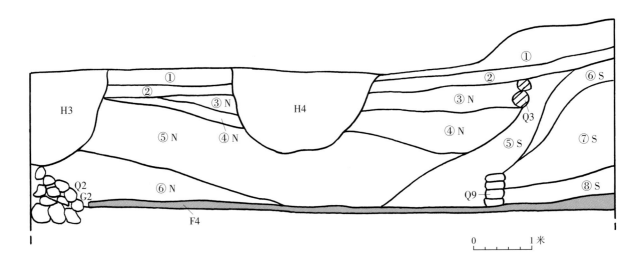

图 2-6　TN12W3 东壁地层图

⑤ W 层下为石路遗迹，编号 L6。

南部指 Q3 以南、Q1 以东，发掘有 6 个地层。

第③S 层：青灰色土，土质较坚，含大量匣钵残片、窑具和大量青瓷片。深 40~100 厘米，厚 0~85 厘米。不完全分布，仅分布于探方南部 Q3 以南、Q1 以东、Q2 以西之间，西南厚东部薄倾斜状分布。

第④S 层：红褐色土，土质较松，含大量窑具和青瓷片等。深 30~160 厘米，厚 0~125 厘米。不完全分布，仅分布于探方南部 Q3 以南、Q1 以东、Q2 以西，倾斜状分布。出土窑具主要是粗砂质垫饼垫圈和圆柱形支柱等。重要遗物有纪年器物"永乐□年……初十日志……置用，坐西方……"。

④S 层下有匣钵墙 Q4，以下几层为 Q4 以东、Q2 以西的地层。

第⑤S 层：红褐色土，土质疏松，沙性土，含大量的匣钵残件和较少青瓷片、窑具等。深 55~165 厘米，厚 0~105 厘米。不完全分布，仅分布于探方南部 Q4 以东、Q2 以西之间，西北向东南倾斜状分布。出土器物有炉、碗、盘、高足杯等，大型匣钵残件直径 65~75、高 25、厚 6 厘米，重要遗物大型菱花口刻划牡丹纹盘直径达 62 厘米。

第⑥S 层：黄褐色土，土质较黏，含大量的粗砂质垫饼和较多的青瓷器。深 100~220 厘米，厚 0~35 厘米。不完全分布，仅分布于探方南部 Q4 以东、Q2 以西之间，东高西南低扇状分布。

第⑦S 层：灰褐土，土质较疏松，含较多的匣钵残片、垫具及较少青瓷片。深 235~255 厘米，厚 25~135 厘米，不完全分布，仅分布于探方南部 Q4 以东、Q2 以西之间，东高西南倾斜分布。

⑦S 下有东西向匣钵墙遗迹，编号 Q9。

第⑧S 层：红褐色土，土质疏松，含大量匣钵残片、窑具和较少的青瓷片。深 225~295 厘米，厚 25~75 厘米。不完全分布，仅分布于探方南部 Q9 以南以东、Q2 以西之间，东南高西部低倾斜分布。

北部指 Q3 以北、Q1 以东，发掘有 4 个地层。

第③N 层：青灰色土，土质较坚，含大量匣钵残片、窑具和大量青瓷片。深 80~150 厘米，厚 0~50 厘米。不完全分布，分布于探方中北部 Q3 以北、Q1 以东、Q2 以西之间，东北向西南倾斜状分布，东北薄、西南厚。

第④N 层：黄褐色土，土质较疏松，含土量大，有少量匣钵残片、窑具和青瓷片等。深 55~215 厘米，厚 0~65 厘米。不完全分布，分布于探方东北部，北高南低倾斜状分布。

第⑤N 层：黑褐色土，土质疏松，沙性土，含大量的匣钵残件和较多青瓷片、窑具等。深 100~305 厘米，厚35~125厘米。不完全分布，分布于探方东北部，北高西南低倾斜状分布。重要遗物有模印双鱼纹碗、"李用记号"灯盏等。

第⑥N层：红褐色土，土质疏松，含少量红烧土块、匣钵残片、窑具和较多青瓷片。深230~240厘米，厚0~80厘米。不完全分布，仅分布于探方北部，南高北低倾斜状分布。重要遗物有"永乐九年"纪年刻花印模。

⑤S、⑤N、⑥N、⑧S层下叠压房址F4遗迹面。

（2）TN14W3（图2-7）

因为匣钵墙、石墙和扰坑的隔断使本方②层下分为西、南、北三个不同的堆积层区域。扰乱坑范围很大，打破F4，仅探方东北角未经扰乱。

西部指Q1以西、Q7以东，发掘有3个地层，与TN12W3连贯一致，不赘述。

南部指扰乱坑以南地层，发掘有2个地层。

第③S层：红褐色土，土质较黏，含少量匣钵残片、窑具和青瓷片。深75~210厘米，厚0~100厘米。被扰乱坑打破，仅断续分布于探方南部Q2以西。

第④S层：红褐色土，土质疏松，含少量红烧土块、匣钵残片、窑具和大量青瓷片。深80~220厘米，厚0~100厘米。不完全分布，局部被扰乱坑打破，仅分布于探方南部。重要遗物有玉壶春瓶、执壶、梅瓶等残片。

第④S层下为F4遗迹面。

北部区域指扰乱坑以北地层，发掘有9个地层。

第③N层：黄褐色土，土质疏松，含大量匣钵残片、窑具和少量青瓷片、砖块、石块、红烧土颗粒等。深23~90厘米，厚0~110厘米。分布于探方东北部，东北向西南倾斜分布。

第④N层：黄色土，土质疏松，含大量窑具和较少匣钵残片、石块、砖块和青瓷片。深33~130厘米，厚10~50厘米。分布于探方东北部，东北向西南倾斜分布。

第⑤N层：黄褐色土，土质疏松，含大量匣钵残片、窑具和较少砖块、青瓷片等。深0~50厘米，厚25~135厘米。不完全分布，分布于探方东北部，东北向西南倾斜分布。

第⑥N层：黄褐色土，土质疏松，含大量匣钵残片和较少粗砂质垫具、红烧土颗粒、青瓷片等。深20~160厘米，厚0~90厘米。分布于探方东北部，东北向西南倾斜分布。

第⑦N层：黄色土，土质疏松，含大量匣钵残片、窑具和少量红烧土颗粒、石块、砖块、青瓷片等。深15~190厘米，厚0~165厘米。分布于探方东北部，东北向西南倾斜分布。

第⑧N层：黄色土，土质疏松，含大量匣钵残片、窑具、红烧土块和较少石块、青瓷片等。深50~200厘米，

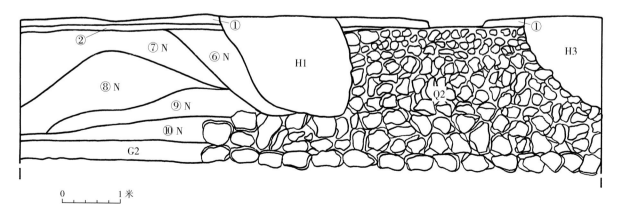

图2-7　TN14W3东壁地层图

厚 0~100 厘米。分布于探方东北部，东北向西南锥柱形分布。

第⑨ N 层：黄褐色土，土质疏松，含大量青瓷片，其他杂物相对很少。深 123~190 厘米，厚 0~45 厘米。分布于探方东北部，东北向西南倾斜分布。

第⑩ N 层：褐色土，土质较黏，含较少量青瓷片。深 170~240 厘米，厚 0~50 厘米。分布于探方东北部。

第⑩ N 层下为 F4 和 G2。

（3）TN16W3（图 2-8、图 2-9）

第③层：黄褐色土，土质较松，含较多青瓷片和窑具、匣钵等。深 30~135 厘米，厚 0~55 厘米。不完全分布于探方西部，东向西倾斜。

第④层：灰褐色土，土质较松，含少量瓷片和窑具等。深 35~70 厘米，厚 0~50 厘米。分布于探方西北部，东向西倾斜。

第⑤层：黄褐色土，土质松，含较多碎砖、窑具和匣钵和青瓷片。深 35~165 厘米，厚 0~30 厘米。分布于探方西北部，东向西倾斜。出土器物主要有碗、盘、炉、罐、执壶、梅瓶、高足碗、大墩碗、高足杯、盏托、盅、玉壶春瓶等。

第⑥层：发掘时分 a、b 两层。

第⑥ a 层：灰褐色土，土质疏松，含土量高，含较多碎砖、匣钵和窑具，瓷片较少。深 10~155 厘米，厚 0~75 厘米。分布于西北部，东向西倾斜。出土器物主要有碗、盘、高足杯、火照等，重要遗物有"官"字款指套形火照。

第⑥ b 层：红褐色土，土质疏松，含土量高，含较多碎砖、匣钵和窑具，瓷片较少。深 15~165 厘米，厚 0~30 厘米。分布于东南部，东向西倾斜。出土器物主要有碗、盏、灯盏、罐、刮刀、洗等。

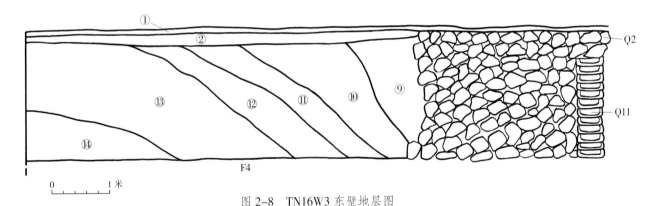

图 2-8　TN16W3 东壁地层图

图 2-9　TN16W3 南壁地层图

第⑦层：基本不含泥土，只含大量的青瓷片，窑具垫具也很少。深60~180厘米，厚0~60厘米。分布于探方西南部，东向西南倾斜。出土器物有碗、盘、罐、炉、高足杯、玉壶春瓶、梅瓶、大墩碗、高足碗、大盘等。

第⑧层：黄褐色土，土质较黏，含少量窑具、匣钵和大量瓷片等。深20~170厘米，厚0~40厘米。分布于探方西北部。

第⑨层：发掘时分a、b两层。

第⑨a层：黄色土，土质较软，含大量窑具、匣钵和少量瓷片等。深15~175厘米，厚0~175厘米。分布于探方东南部。

第⑨b层：黄褐色土，土质较黏，含较多窑具、匣钵和大量瓷片等。深175~215厘米，厚0~20厘米。分布于探方东南部。

第⑩层：红烧土层，土质疏松，含大量碎窑砖，较多窑具、匣钵和大量瓷片等。深25~195厘米，厚0~135厘米。分布于探方东北部。

第⑪层：灰褐色土，土质疏松，含较多窑具、匣钵和少量瓷片等。深20~230厘米，厚0~160厘米。分布于探方东北部。

第⑫层：黄褐色土，土质疏松，含较多窑具、匣钵和少量瓷片等。深20~225厘米，厚0~60厘米。分布于探方东北部。

第⑬层：黄色土，土质疏松，含较多窑具、匣钵和少量瓷片等。深18~220厘米，厚0~140厘米。分布于探方东北部。

第⑭层：黄色土，土质较黏，含较多窑具、匣钵和少量瓷片等。深140~225厘米，厚0~85厘米。分布于探方东北部。

⑭层下为F4地面。

（4）TN18W3（图2-10）

2008年年底为配合窑址保护规划而补充发掘了本探方。

TN18W3为保留遗迹F4而未发掘到底，受Q2西弯影响，探方可分南北两个区块。

Q2以北发掘有2个地层。

第③N层：灰褐色土，微泛黄，颗粒状黏性土，土质结构疏松，包含有大量匣钵残片、垫饼和少量垫具、瓷片、瓦片、砖块、木炭颗粒等。堆积层深20~65厘米，厚0~130厘米。东南向西北倾斜分布于探方北部。出土器物主要有碗、盘、炉、执壶、高足杯等。

第④N层：灰褐色土，块状黏性土，土质结构致密，包含有大量匣钵残片、垫饼、垫具残块和少量瓷片、瓦片、砖块、木炭颗粒等。堆积层深30~180厘米，厚0~65厘米。东南向西北倾斜分布于探方北部。出土器

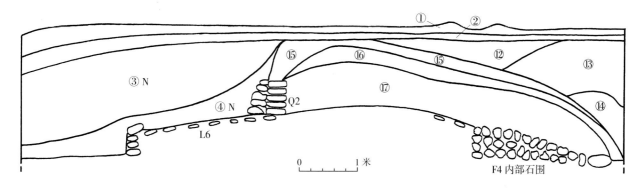

图2-10　TN18W3东壁地层图

物主要有碗、盘、高足杯等。

④ N 层下为石路遗迹 L6 的台阶。

Q2 以南以西发掘有 12 个地层，地层按 TN16W3 地层对应编号。

第③S 层：黄褐色土，土质较黏，含较多青瓷片和窑具、匣钵等。深 30~135 厘米，厚 0~55 厘米。不完全分布于探方中西部。出土器物主要是高足杯、碗、盘、炉、罐等。和 TN16W3 第③层对应。

第⑤层：黄褐色土，土质松，含较多碎砖、窑具、匣钵和青瓷片。深 35~165 厘米，厚 0~30 厘米。分布于探方西南部，东向西倾斜。出土器物主要有碗、盘、炉、罐、执壶、高足杯等。

第⑥a 层：灰褐色土，土质疏松，含土量高，含较多碎砖和窑具，瓷片很少。深 20~155 厘米，厚 0~75 厘米。呈带状分布于探方西部。出土器物主要有碗、盘、高足杯、炉、罐、梅瓶残片、双面刻划花盘残片等。

第⑧层：黄褐色土，土质较黏，含少量窑具、匣钵和大量瓷片等。深 20~170 厘米，厚 0~45 厘米。分布于探方西南部。主要器形有碗、盘、高足杯等。

第⑩层：红烧土层，土质疏松，含大量碎窑砖、较多窑具和匣钵、大量瓷片等。深 25~195 厘米，厚 0~85 厘米。分布于探方西南部。主要器形有碗、盘等。

第⑪层：灰褐色土，土质疏松，含较多窑具、匣钵和少量瓷片等。深 20~230 厘米，厚 0~160 厘米。分布于探方西南部。主要器形有碗、盘、罐、洗等。

第⑫层：黄褐色土，土质疏松，含较多窑具、匣钵和少量瓷片等。深 20~225 厘米，厚 0~70 厘米。分布于探方中部、东部。主要器形有碗、盘、罐等。

第⑬层：黄色土，土质疏松，含较多窑具、匣钵和少量瓷片等。深 20~220 厘米，厚 0~140 厘米。分布于探方东北部。主要器形有碗、盘、高足杯、炉、壶等。

第⑭层：灰褐色土，类似青胶泥，土质较黏，含较多窑具、匣钵和少量瓷片等。深 140~225 厘米，厚 0~85 厘米。分布于探方东南角。主要器形有碗、盘、洗、钵等。

第⑮层：灰褐色黏性土，土质较疏松，包含有大量的大块匣钵残片，少量木炭、瓷片、瓷质垫具等。深 20~150 厘米，厚 0~70 厘米。分布于探方东部。主要器形有碗、盘、洗、钵等。

第⑯层：黄褐色土，颗粒状黏土，土质疏松，含有较多匣钵残块、砖块、垫具和少量瓷片。深 30~225 厘米，厚 0~30 厘米。分布于探方东部。主要器形有碗、盘、炉、钵、高足杯等。

第⑰层：灰褐色土，块状黏性土，土质结构致密，含有大量匣钵残块、砖瓦块和少量瓷片、木炭颗粒等。深 60~220 厘米。厚 0~75 厘米。分布于探方东部。主要器形有碗、盘、高足杯、瓶等。

⑰层下为 F4 遗迹面。

（5）TN10W3 探方解剖沟（图 2-11）

TN10W3 中，F4 遗迹面下布 1 米 ×2 米的解剖探沟一条，其地层如下：

第⑦N 层：青灰色土，土质较黏稠，含少量瓷片和青黑色瓦片。厚约 12~30 厘米，距地表深度约为 179~216 厘米。在 F4 遗迹面都有分布。瓷片的年代有元代和明代。

第⑧N 层：灰黄色土，土质疏松，含少量瓷片和很多垫具，垫具多数为瓷质，少量泥质。厚约 5~30 厘米，距地表深度约为 210~241 厘米。分布于整个探沟。瓷片和垫具的年代为元代。

第⑨N 层：红黄相杂的五花土，土质坚硬。无瓷片以及垫具出土。厚约 0~14 厘米，距地表深度约为 218~276 厘米。分布于探沟西北部。

第⑩N 层：灰黑色土，土质坚实。无瓷片以及垫具出土。厚约 3~18 厘米，

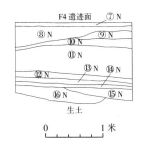

图 2-11　TN10W3 解剖探沟西
壁地层图

距地表深度约为 228~273 厘米。分布于整个探沟。

第⑪N 层：灰褐色土，土质较松，带有少许褐色炉渣。含少量碎瓷片以及垫具。厚约 35~57 厘米，距地表深度约为 241~297 厘米。分布于整个探沟。

第⑫N 层：灰褐色土，土质较黏。含少量的垫饼和瓷片。厚约 6~10 厘米，距地表深度约为 285~332 厘米。分布于整个探沟。

第⑬N 层：黄色土，略夹杂白色斑点，土质较硬。含少量瓷片。厚约 2~4 厘米，距地表深度约为 302~339 厘米。分布于整个探沟。瓷片年代为南宋。

第⑭N 层：灰黑色土，土质较黏。无出土物。厚约 4~10 厘米，距地表深度约为 306~343 厘米。分布于整个探沟。

第⑮N 层：黄色土，土质黏稠。无出土物。厚约 0~19 厘米，距地表深度约为 308~347 厘米。分布于探沟西北部。

第⑯N 层：灰色土，土质黏稠。含少量瓷片。厚约 0~21 厘米，距地表深度约为 331~373 厘米。分布于探沟西南部。瓷片年代为南宋。

第⑯N 层下为生土。

（6）中部探方地层的对应

由于 TN12W3 南北地层不连贯，和 TN10W3、TN14W3 分别对应。TN12W3 南部和 TN10W3 北部的地层对应如表 2-1；TN12W3 北部和 TN14W3 南部的地层对应如表 2-2；TN14W3 北部和 TN16W3 的地层由于 Q11 的隔断不能连贯对应，TN18W3 发掘时已参照 TN16W3 地层编层位。

表 2-1　TN10W3 和 TN12W3 地层对应表

TN10W3	TN12W3
①	①
②	②
③N、④N	③S
⑤N	④S
无	⑤S
无	⑥S
无	⑦S
⑥N	⑧S
F4	F4

表 2-2　TN12W3 和 TN14W3 地层对应表

TN12W3	TN14W3
①	①
②	②
③N	无
④N	无
⑤N	③S
⑥N	④S
F4	F4

5. 东北部探方

以 TN15E4 东壁为例。（图 2-12）

第①层：灰色土，土质疏松，包含有很多瓷片和窑具。厚约 5~45 厘米。遍布全方。匣钵主要为 M 形，垫具以粗砂质为主。器类有碗、盘、香炉、高足杯、执壶、罐、器座等，重要器物有八思巴纹折腹碗、"顾氏"碗、飞马过海纹碗、"王氏"盘、"吉"字小狮子、"金玉满堂"盘、"金玉满堂"香炉等。

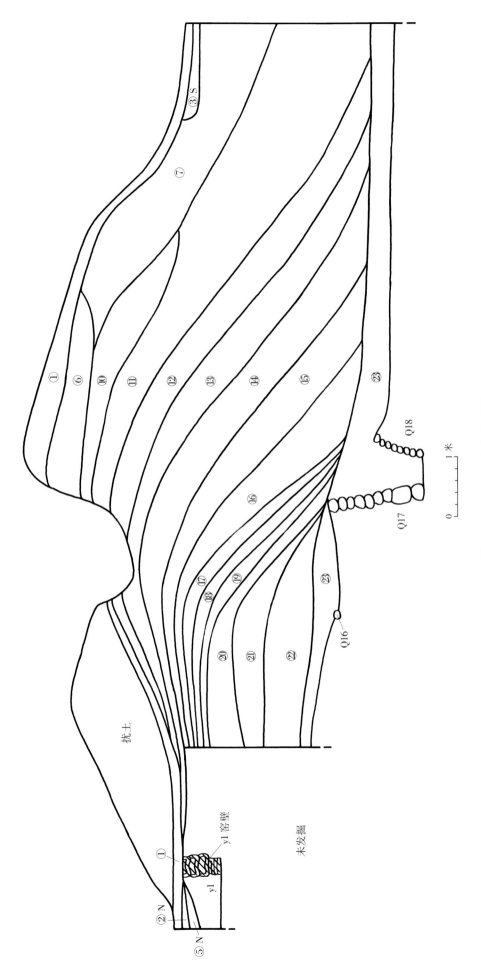

图 2-12　TN15E4 东壁地层图

　　TN15E4 北部为窑炉遗迹 y1，以 y1 南壁为间隔，探方可分为南北两个区块。北部①层下有 4 个地层。

　　第②N 层：黄褐色土，土质坚硬，多含有砂质颗粒、小石头、窑具片。包含有少量瓷片和窑具。距离地表约 5~13 厘米，厚约 0~10 厘米。分布于探方北部。器类以碗、盘为主。

　　第③N 层：黄褐色土，土质较坚硬，包含有少量瓷片和窑具。距离地表约 13~20 厘米，厚 0~23 厘米。分布于探方西北角。器类以碗、盘为主，重要器物有"顾氏"碗。

　　第④N 层：褐色土，土质疏松，包含有少量瓷片和窑具片。距离地表约 13~40 厘米，厚 0~47 厘米。分布于探方西北角。器类有碗、盘、瓶、器盖等，重要器物有"顾氏"盘、八思巴文碗、狮子状烛台等。

　　第⑤N 层：黑色土，土质疏松，包含有少量瓷片、窑具片。距离地表约 10~97 厘米，厚 0~35 厘米。分布于探方北部。器类以碗、盘为主，重要器物有八思巴文碗等。

　　南部①层下有 23 个地层。

　　第②S 层：黄褐色土，夹杂水锈、红烧土等杂质，土质坚硬，包含有少量瓷片和窑具。距离地表约 10~20 厘米，厚约 0~22 厘米。分布于探方南部。器类以碗、盘为主。

　　第③S 层：灰黄色土，土质较硬，包含有瓷片和窑具。距离地表约 15~37 厘米，厚 0~20 厘米。分布于探方西南部。匣钵以 M 形为主，垫具以粗砂质为主。器类以碗、盘为主，重要器物有"金玉满堂"盘等。

　　第④S 层：褐色土，土质疏松，包含有瓷片和窑具。距离地表约 33~38 厘米，厚 0~45 厘米。分布于探方西南部。匣钵以 M 形为主，垫具以粗砂质为主。器类有碗、盘、香炉、执壶、器盖、器座等，重要器物有"顾氏"碗、飞马过海纹碗、"金玉满堂"盘等。

　　第⑤S 层：黑色土，土质很松，包含有较多的瓷片和窑具。距离地表约 28~80 厘米，厚 0~60 厘米。分布于探方西南部。匣钵片很小，匣钵以 M 形为主，垫具以粗砂质为主。器类有碗、盘、香炉、高足杯、执壶、罐、器座等，重要器物有"金玉满堂"香炉等。

　　第⑥层：深褐色土，土质很松，含土量较高，包含有少量瓷片和窑具。距离地表约 20~48 厘米，厚 0~60 厘米。分布于探方中部。匣钵片较小，以 M 形为主，垫具以粗砂质为主。器类有碗、盘、香炉、执壶、器座等，重要器物有"陈"字牡丹纹盘、烛台等。

　　第⑦层：灰褐色土，土质疏松，包含有大量的瓷片和窑具。距离地表约 20~135 厘米，厚 0~142 厘米。分布于探方南部。匣钵以 M 形为主，该层的匣钵表面因发霉多呈白色，垫具以粗砂质为主。瓷器有碗、盘、香炉、高足杯、执壶、福寿瓶、罐、器盖、器座等，重要器物有爵、"山中人"字牡丹纹盘、露胎狮子纽盖等。

　　第⑧层：黄褐色土，土质较松，包含有少量瓷片和窑具。距离地表约 15~182 厘米，厚 0~68 厘米。分布于探方西南部。匣钵以 M 形为主，垫具以粗砂质为主。器类有碗、盘、香炉、高足杯、执壶、器盖、器座等。

　　第⑨层：浅黄色土，土质较松，含土量高，包含有少量瓷片和窑具。距离地表约 15~260 厘米，厚 0~63 厘米。分布于探方西南部。匣钵以 M 形为主，垫具以粗砂质为主。器类有碗、盘、香炉、福寿瓶、梅瓶、器盖、器座等。

　　第⑩层：黄褐色土，土质疏松，多包含垫具小碎片的土层，包含有少量瓷片、匣钵片和大量的小块垫具片、匣钵之间接上的泥条片。距离地表约 78~155 厘米，厚 0~60 厘米。分布于探方中部。匣钵以 M 形为主，垫具以粗砂质为主。器类有碗、盘、香炉、高足杯、执壶、器盖、器座等，重要器物有菩萨塑像、铭文碗、"上"字碾钵、露胎狮子纽盖等。

　　第⑪层：黄褐色土，土质疏松，包含有大量的瓷片和窑具，堆积高处的匣钵片比低处小。距离地表约 17~157 厘米，厚 0~185 厘米。分布于探方中南部。匣钵以 M 形为主，垫具有粗砂质和瓷质。器类有碗、盘、香炉、高足杯、执壶、福寿瓶、罐、器座、爵等，重要器物有爵、"山中人"字牡丹纹盘、"福"字莲瓣纹、"陈"字牡丹纹碗、露胎狮子纽盖等。

　　第⑫层：灰褐色土，土质疏松，包含有瓷片和窑具。距离地表约 13~213 厘米，厚 0~80 厘米。分布于探方中部。

匣钵以 M 形为主，垫具有粗砂质和瓷质。器类有碗、盘、香炉、高足杯、执壶、福寿瓶、罐、器座、花盆等，重要器物有露胎狮子纽盖、笔架等。

第⑬层：褐色土，土质疏松，包含有瓷片和窑具。距离地表约 13~363 厘米，厚 0~80 厘米。分布于探方中部。西北角多发现规整地打掉口沿部的碗片。匣钵以 M 形为主，垫具有粗砂质和瓷质。器类有碗、盘、香炉、高足杯、福寿瓶、罐、器座、俑等，以碗、盘为主。重要器物有扁瓶、露胎狮子纽盖、佛像、俑等。

第⑭层：黄、黑、黄色土依次堆积，土质疏松，含土量较高，包含有较少的瓷片和窑具，窑具主要是小块垫具片。距离地表约 22~438 厘米，厚 0~80 厘米。分布于探方中北部。匣钵以 M 形为主，垫具有粗砂质和瓷质，多为粗砂质垫具。器类有碗、盘、香炉、高足杯、瓶、罐、器盖、壶等，以碗、盘为主。

第⑮层：灰黑色土，土质较松，包含有大量的瓷片和窑具。距离地表约 35~500 厘米，厚 0~95 厘米。分布于探方中北部。匣钵大小不等，较⑭层的大，垫具有粗砂质和瓷质，以粗砂质垫具为主。器类有碗、盘、执壶、罐、器盖等，以碗、盘为主。碗主要为侈口曲腹。重要器物有"陈"字菊花印纹素烧盘、"陈"字牡丹纹露胎狮子纽盖、露胎纽盖、刻字瓷质垫具、印花牡丹纹瓷质垫具等。

第⑯层：黑色土，土质疏松，约为 10 厘米，包含有不少瓷片和窑具。距离地表约 40~538 厘米，厚 0~100 厘米。分布于探方中北部。匣钵片较大，垫具有粗砂质和瓷质，以粗砂质垫具为主。器类有碗、盘、器盖等，以碗、盘为主。碗主要是侈口曲腹。重要器物有狮形纽盖等。

第⑰层：黄褐色土，土质较松，含土量高，包含有少量窑具，没有瓷片。距离地表约 50~555 厘米，厚 0~35 厘米。分布于探方中北部。出有直径 60 厘米的大型匣钵，垫具有粗砂质和瓷质，以粗砂质垫具为主。

第⑱层：灰黑色土，土质疏松，含少量的水分，包含有瓷片和窑具。距离地表约 55~548 厘米，厚 0~40 厘米。分布于探方中北部。器类有碗、盘、器盖等，以碗、盘为主。重要器物有模印凤凰纹碗和狮子纽盖。

第⑲层：灰褐色土，土质疏松。该层的层面土约厚 4~8 厘米，为间隔层，灰褐色土，土质较松。包含有瓷片和窑具。距离地表约 65~543 厘米，厚 0~70 厘米。分布于探方中北部。匣钵以 M 形为主，垫具有粗砂质和瓷质，有不少较粗糙的瓷质垫具。器类有碗、盘、香炉、器盖等，以盘为最多。香炉主要是樽式炉。重要器物有模印牡丹纹洗。

第⑳层：浅褐色土，土质疏松。该层的层面土约厚 2~5 厘米，为间隔层，褐色土。包含有较少的瓷片和窑具。距离地表约 75~530 厘米，厚 0~63 厘米。分布于探方东北部。匣钵主要为 M 形，垫具有粗砂质和瓷质，多为粗砂质垫具。瓷器有碗、盘、香炉等。碗主要为侈口曲腹，奁式炉的外底没有向外凸。

第㉑层：浅褐色土，土质疏松。该层的层面土约厚 3~4 厘米，为间隔层，褐色土，土质较松。包含有少量瓷片和窑具。距离地表约 138~375 厘米，厚 0~63 厘米。分布于探方东北部。匣钵主要为 M 形，垫具有粗砂质和瓷质。器类有碗、盘、洗等，重要器物有模印牡丹纹洗等。

第㉒层：灰褐色土，土质较松。该层的层面土约厚 10 厘米，灰褐色土，土质较硬，可能是活动面，该层土和遗物堆积层之间含有不少素烧片。包含有瓷片和窑具。距离地表约 170~460 厘米，厚 0~73 厘米。分布于探方北部。匣钵主要为 M 形，垫具有粗砂质和瓷质。瓷器有碗、盘等，重要器物有素烧笔架山、荷叶盖等。

第㉓层：灰黑色土，土质较细较黏，包含有不少瓷片和窑具。距离地表约 243~555 厘米，厚 10~190 厘米。遍布全方。匣钵主要为 M 形，垫具有粗砂质和瓷质。瓷器有碗、盘、樽式炉、执壶、高足杯、器座、人物塑像等，重要器物有镂空装饰的盘和器座、人物塑像等。

㉓层下有墙 Q16、Q17、Q18 和井 J1 以及活动面。活动面呈黑色，土质细而硬，表面上有不少素烧片，分布于 Q18 以南。从探方里的整体遗迹现象看，Q17、Q18、J1、活动面为同一时期的遗迹。因为发掘面积所限，Q16 没清理到墙基。

图 3-1A　大䆒戙洞岩窑址发掘全貌（西—东）

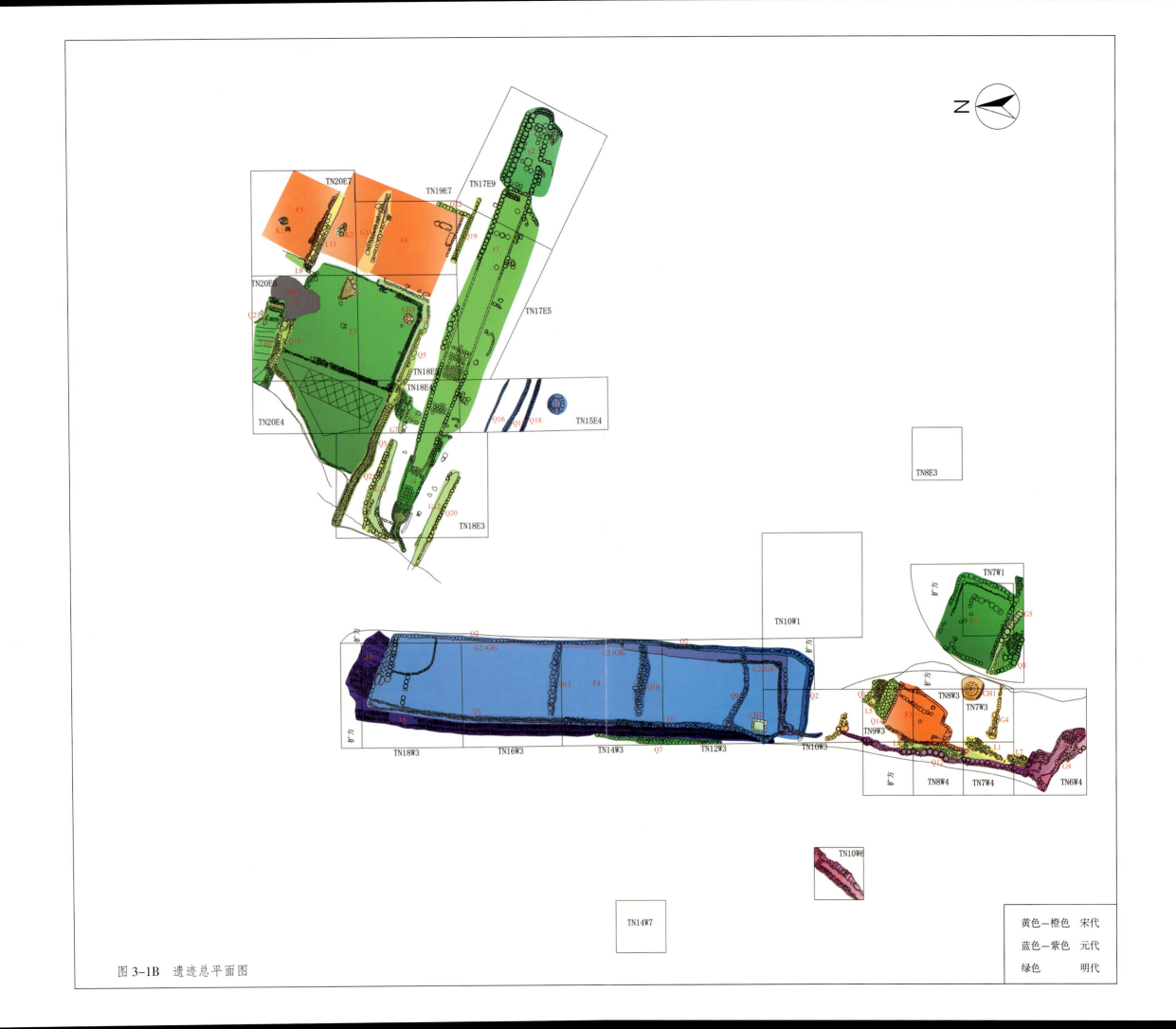

图 3-1B 遗迹总平面图

黄色—橙色 宋代
蓝色—紫色 元代
绿色 明代

第三章 遗 迹

本次发掘共揭露至少包括有 7 次叠压打破关系的龙窑窑炉遗迹 1 处、素烧炉 1 处、储泥池 3 处、房址遗迹 6 处、井 1 处，以及与房址配套的卵石路 11 处、排水沟 12 条、石墙和匣钵墙体 23 处。（图 3-1）

一 窑炉遗迹

窑炉遗迹首先发现于 TN18E4 探方内，窑炉编号 y1，随后按窑炉窑壁方向布方三个，分别为 TN18E3、TN17E5、TN18E9。在 TN18E9 内发现 y1 尾部排烟室，其建构在另一条窑炉 y2 的窑床内；在 TN18E3 中发现 y1 火膛，其建构在另一条窑炉 y4 的窑床内；而 y4 亦建构在另一条窑炉 y5 内。y1 中段早期被毁，断面上可见上下叠压窑床 7 条，自上而下编号为 y1、y6、y7、y8、y9、y10、y11，为保留 y1，未进行解剖，故窑头窑尾未能一一对应，因此窑炉遗迹分别给予编号，而实际目前所见叠压的窑炉是 7 条（图 3-2~3-6）。

在窑炉遗迹火膛附近两侧还保留有挡墙和排水沟，南侧编号 Q20、G12，北侧编号 Q21、G11，应是与窑炉有关的墙体和排水设施。

另外，F3 内发现一座馒头窑火膛遗迹，方向朝南，被 F3 打破，编号 y3。

（一）y1

y1 为斜坡式平焰龙窑，全长 29.6 米，火膛方向 282°，坡度 13°，头尾高差 6.05 米。由火膛、窑床和排烟室组成。

1. 火膛

由风门、投柴孔、火膛底、火膛后壁、炉箅、火膛侧壁、火膛外侧墙组成。（图 3-7~ 图 3-9）

风门：内窄外宽，上窄下宽。底部内宽 0.2、外宽 0.25 米，顶部内宽 0.17、外宽 0.23 米。顶部残，残高 0.15 米。中间竖置一匣钵片。

投柴孔：在风门之上，残。和风门一起构成火膛口。

火膛底：进深 0.68 米，略前倾，倾角约 5°。

火膛后壁：即挡火墙，宽 1.25 米，高 0.33 米。

图 3-2 窑炉中段剖面（北—南）

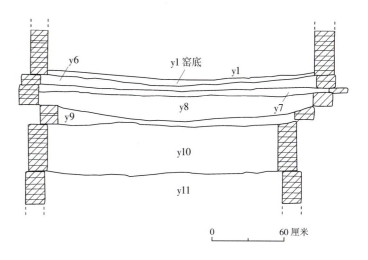

图 3-3 窑炉叠压关系图

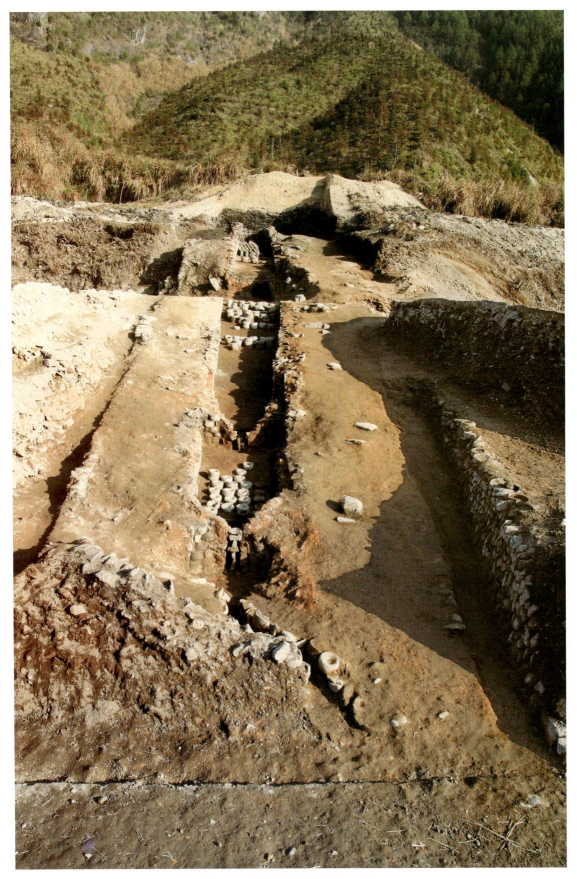

图 3-4　窑炉遗迹全貌（西—东）

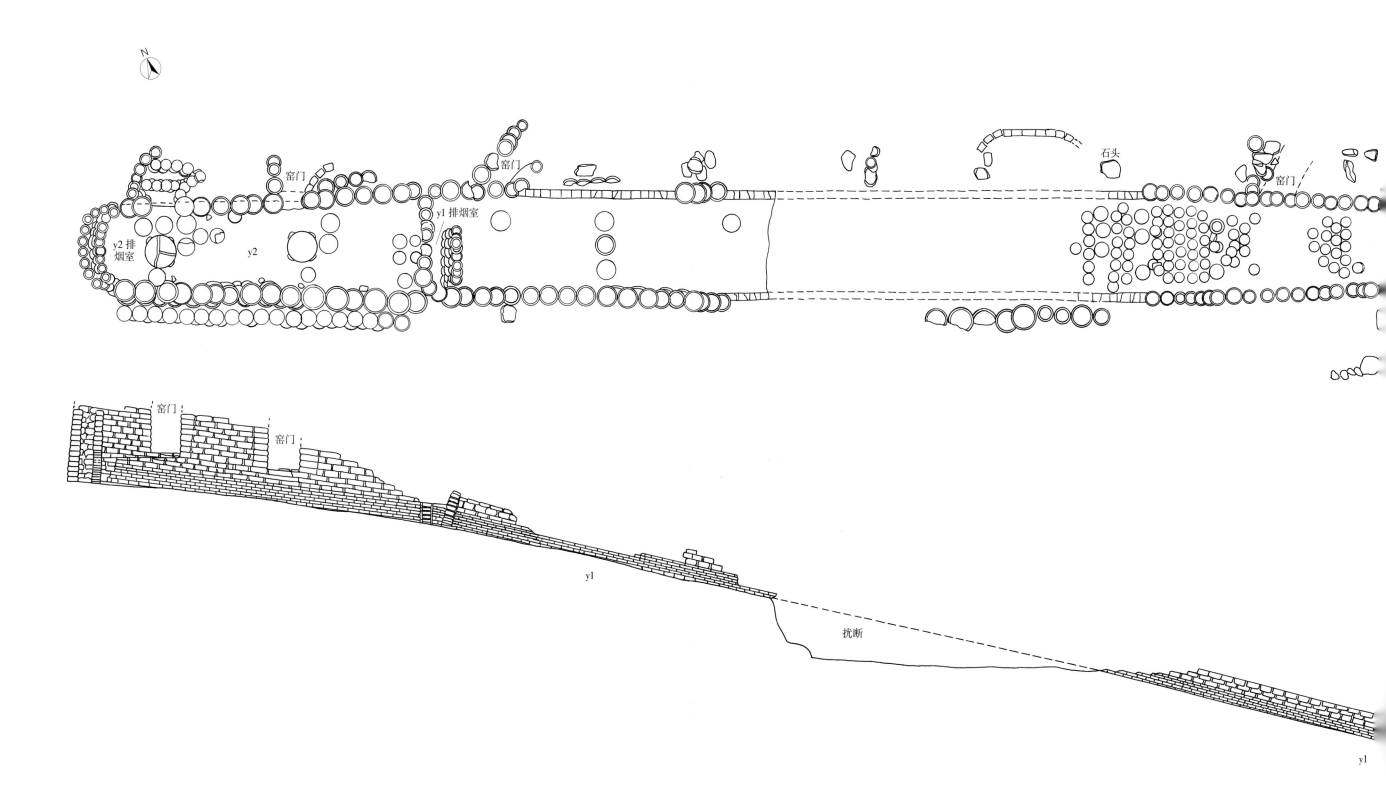

窑门　　窑门　　y1 排烟室　　y2 排烟室　　y2　　石头　　窑门

窑门　　窑门　　y1　　扰断　　y1

图 3-5　y1 窑床平剖面图

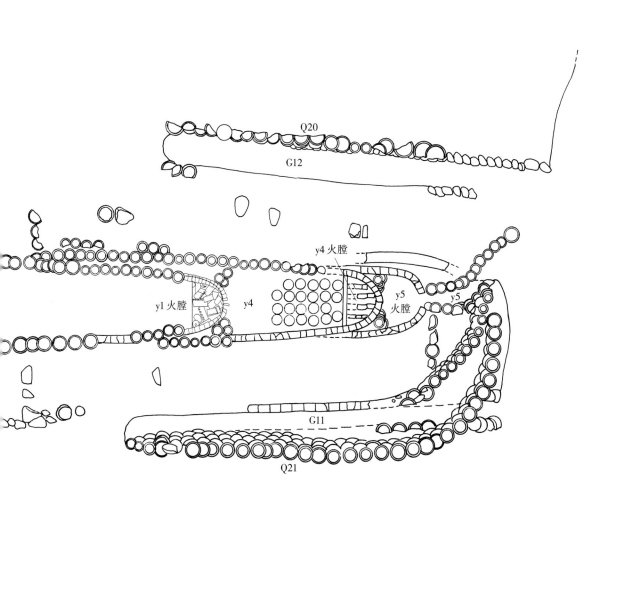

Q20

G12

y4 火膛

y1 火膛

y4

y5
火膛

y5

y5

G11

Q21

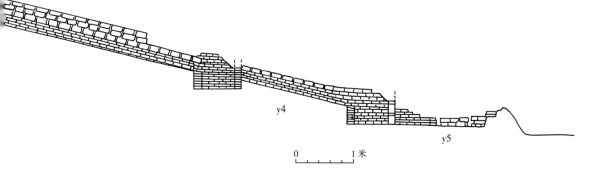

y4

y5

0 ———— 1 米

图 3-7　y1 火膛（东—西）

图 3-6　y1 火膛及窑床（西—东）

图 3-8　y1 火膛（西—东）

炉箅：用匣钵圈竖置组成，沿火膛侧壁呈放射形放置 6 个，中间垂直于火膛后壁放置 1 个，弧面斜向在上，顶部覆以匣钵片、略低于火膛后壁高度。

火膛侧壁：残高 0.2~0.5 米，厚 0.12~0.16 米，单砖错缝平砌，上部内弧。

火膛外侧墙：火膛口外壁两侧各有挡墙，各宽 0.2~0.3 米，残高 0.5~0.6 米，止于 y4 窑壁，由匣钵构成。

2. 窑床

（1）窑床前段

火膛后壁至残处，长 12.8 米，窑底宽 1.25~2.25 米，窑壁残高 0.2~0.6 米，南北窑壁结构相似，底部以窑砖错缝平砌三四层，其上以匣钵错缝平砌，上下层间和匣钵缝隙以黏土填实。值得注意的是，接近火膛的约 3 米长的窑壁都是用超小型凹底匣钵 [1] 砌成，后约 2.5 米下层用超小型凹底匣钵、上层用中型凹底匣钵，其后似都用中型凹底匣钵。

窑底残留匣钵柱 20 排，匣钵柱最高残留 3 个匣钵，前后排错缝排列，每排 3~8 个匣钵不等。其中一排

---

[1] 窑炉遗迹中所提及的大小匣钵分类如下：超小型凹底匣钵，直径 16~20 厘米，高 14~15 厘米；小型凹底匣钵，直径 20~24 厘米，高 12~14 厘米；中型凹底匣钵，直径 32~40 厘米，高 8~12 厘米；大型凹底匣钵，直径 40~50 厘米，高 9~13 厘米；超大型凹底匣钵，直径 70 厘米左右，高 14 厘米。其凹底形态可分两种，一种是弧凹型，一种是平凹型。中型平底匣钵，直径 33~36 厘米，高 10 厘米。

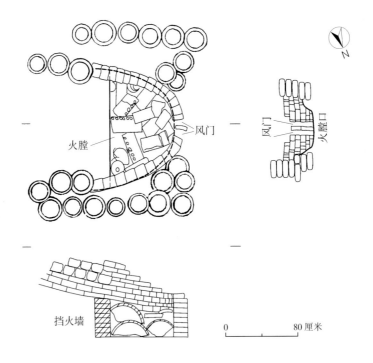

图 3-9　y1 窑头平剖图

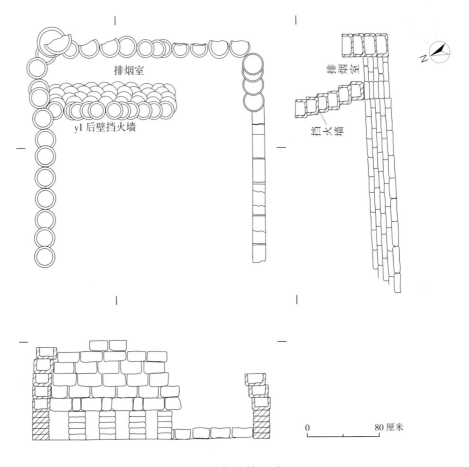

图 3-10　y1 尾部平剖面图

图 3-11 y1 后壁挡火墙（西—东）

图 3-12 y1 排烟室（东—西）

5~7 个的为小型匣钵；一排 8 个的是超小型凹底匣钵；一排 3 个的，除有一排为中型平底匣钵外，余皆是中型凹底匣钵。

南侧窑壁残留 2 个窑门，间距 5 米，均已残，仅见窑门底部烧结面，距窑底高 0.6 米，窑门外两侧残留匣钵挡墙局部，略呈曲尺形。窑门附近发现有投柴孔塞。

（2）窑床中段

残，长 7.5 米，剖面可见其窑底厚约 0.1 米。

（3）窑床后段

长 7.9 米，窑壁残高 0.2~1 米，窑底宽 2.25 米，底下 4 层砖错缝平砌，其上用中型匣钵错缝平砌，上下层间和匣钵缝隙以黏土填实。窑底残留匣钵柱为大型凹底匣钵。南侧窑壁残留 1 个窑门，仅残留局部，窑门外过道呈曲尺形，并向下坡方向微拐。

后壁挡火墙宽 2.25 米，残宽 1.56 米，残高 0.6~0.95 米，略向前倾，底部残留烟道 5 个，以砖柱间隔。砖柱宽、厚各 0.16~0.18 米，呈方柱形，高 0.33 米。北侧烟道宽 0.2 米，中间烟道宽 0.14~0.16 米。烟道上砌有匣钵墙，使用超小型凹底匣钵，缝隙以泥填实，残留 6 层。（图 3-10、图 3-11）

3. 排烟室

进深 0.3 米，宽 2.25 米，残高 0.2~0.9 米。后壁使用中型匣钵错缝平砌，上下层间和匣钵缝隙以黏土填实，残高 0.2~0.85 米，厚 0.3~0.4 米，宽 2.4 米，利用 y2 窑炉建成。（图 3-10、图 3-12）

窑炉两边护土破坏较严重，发现有若干石块，应是该窑窑外大棚柱础。

（二）y2

斜坡式平焰龙窑，被 y1 打破，仅遗留窑床后段和排烟室。残长 8 米，方向 284°，平均坡度 6°。后壁挡火墙保存较完好。（图 3-4、图 3-13~ 图 3-20）

窑床 被 y1 叠压，窑底宽 2.3~2.4 米，残留顶部宽 1.5~2 米。窑炉北壁残高 1~1.7 米，底部有 6~7 层砖块错缝平砌，上部使用中型匣钵错缝平砌，上下层间和匣钵缝隙以黏土填实；可以观察到投柴孔下因投柴产生的凹痕，上宽下尖，凹痕残存 7 处，间距 0.6~0.8 米。窑炉南壁残高 0.6~1.7 米，底部有四五层砖块错缝平砌，上部使用中型匣钵错缝平砌，上下层间和匣钵缝隙以黏土填实；南壁留有 2 处窑门，窑门之间间距 2.4 米。中间窑壁可以观察到投柴孔下的痕迹，残存 3 处，间距 0.6~0.7 米。窑门底部距离窑底高 0.6 米，窑门宽 0.4~0.7、残高 0.6~1 米，窑门外有匣钵墙构成的过道，微呈外八字形，下坡方向匣钵墙倾斜度较大，过道是内斜坡。

窑炉两壁内侧窑汗很厚，有 4 厘米以上。

图 3-13　y1、y2 打破关系（东—西）

图 3-15　y2 窑门（南—北）

图 3-14　y2 窑门（北—南）

图 3-16　y2 窑门（南—北）

图 3-17　y2 窑尾（西—东）

　　后壁挡火墙宽 1.56~2.4 米，残高 1.52 米，略向前倾，底部烟道 7 个，以砖柱间隔。砖柱宽、厚各 0.16~0.18 米，呈方柱形，高 0.36 米。两侧烟道宽 0.2 米，中间烟道宽 0.12~0.15 米。烟道上先错缝平砌 11 层砖，砖上再错缝平砌 5 层匣钵，使用超小型匣钵，上下层间和匣钵缝隙以泥填实，顶部有窑汗，顶部两侧略内弧。

　　排烟室　进深 0.3 米，后侧壁残高 1.52~1.7 米，宽 1.56~2.4 米，后侧壁以匣钵错缝平砌。

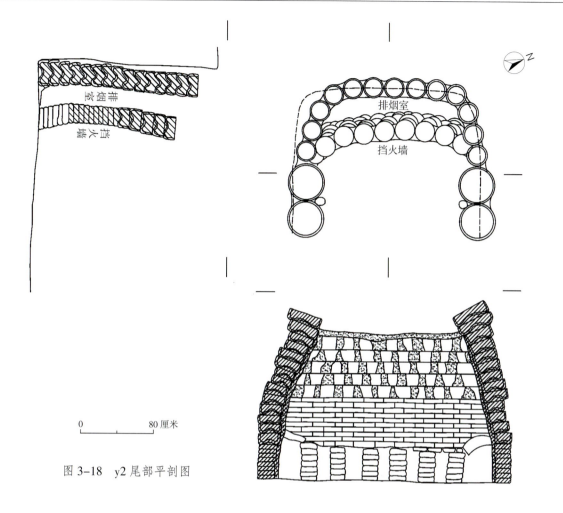

图 3-18　y2 尾部平剖图

0　　　　　80 厘米

图 3-19　y2 后壁挡火墙（西—东）

图 3-20　y2 排烟室（东—西）

（三）y4

残留火膛和局部窑床。（图 3-21~ 图 3-23）

窑床：中后段被 y1 叠压，残长 3.05 米，宽 1.45 米。侧壁残高 0.25~0.45 米，南北窑壁结构相似，底部以窑砖错缝平砌 3~4 层，其上以匣钵错缝平砌，上下层间和匣钵缝隙以黏土填实。

图 3-21　大窑枫洞岩 y4 火膛（西—东）　　　图 3-22　大窑枫洞岩 y4 火膛（东—西）

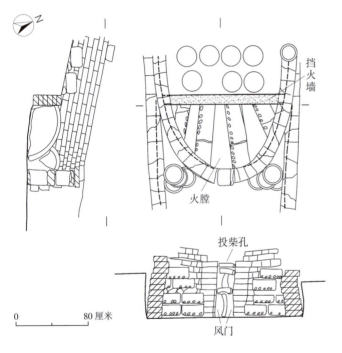

图 3-23　y4 窑头平剖面图

火膛：遗迹保存较好，由风门、投柴孔、火膛底、火膛后壁（挡火墙）、炉箅、火膛侧壁、火膛外侧墙组成。

风门：内窄外宽，上窄下宽，高 0.6 米。有上下两个通风口。上口中间竖置 1 块匣钵残片，匣钵片厚 5、高 15、深 20 厘米。其上平置 2 块匣钵残片。上口底部内宽 0.18、外宽 0.23 米，顶部内宽 0.15、外宽 0.2 米。下口中间竖置 1 块匣钵残片，匣钵片厚 5、高 28、深 20 厘米。顶部平置 1 块匣钵残片。下口底部内宽 0.21、外宽 0.25 米；顶部内宽 0.18、外宽 0.23 米。

投柴孔：在风门之上，已残缺。

火膛底：进深 0.7 米，略前倾约 5°。

火膛后壁：即挡火墙，宽 1.44 米，高 0.36 米。

炉箅：半个匣钵竖置组成，纵向放置 4 列，每列前后 2 个，弧面斜向在上，中间平搁匣钵残片，顶部低于火膛后壁高度，每列间隔 0.1~0.15 米，均高约 0.26 米。

火膛侧壁：残高 0.6~0.8 米，厚 0.14~0.16 米，单砖错缝平砌，上部内弧。

火膛外侧墙：火膛口外壁两侧各有挡墙，各宽 0.2~0.3、残高 0.5~0.6 米，止于 y5 火膛侧壁，由匣钵构成。

（四）y5

残留火膛局部，被 y4 叠压，残留进深 0.9 米。（图 3-24、图 3-25）

风门：宽约 0.2、残高 0.2、进深 0.9 米。

火膛后壁：被 y4 打破，侧壁残高 0.1~0.6 米，用砖错缝平砌，砖宽 0.14 米，内弧。

通风道：在风门外，呈"S"形。残存曲长 2.9、底宽 0.15~0.25、残高 0.2~0.4 米。用中小形匣钵砌成，缝隙中间没有填泥。

图 3-25 y5 火膛（东—西）

图 3-24 y5 通风道（西—东）

图 3-26 y3（南—北）

（五）y3

被 F3 打破，仅残存火膛和前端风门，平面呈三角形。火膛后壁宽 2、残高 0.3、进深 1 米。底部烧结面明显。风门呈 "U" 形，中间有一个小匣钵。按火膛结构看，应是馒头窑素烧炉的火膛。（图 3-26）

（六）护墙和排水沟

Q20：开口于 TN18E3 ①层下。位于 y5 南，东西向长条形护墙。垒石筑成。残长约 13 米，高 0.2~1.6 米。

Q21：开口于 TN18E3 ①层下。位于 y5 北，东西向 L 形护墙。垒石筑成。曲长约 15 米，高 0.4~0.8 米。

G12：开口于 TN18E3 ⑥ S 层下。紧贴 Q20 北侧。残长约 13 米，宽约 0.3~0.4 米，深 0~0.2 米。

G11：开口于 TN18E3 ⑥ S 层下。紧贴 Q21 南侧。残长约 15 米，宽约 0.2~0.4 米，深 0~0.4 米。

二 房址及相关墙、道路、水沟遗迹

（一）F1

位于 TN7W1。叠压在⑥层下。平面呈方形。东墙有内外两道，内墙长 4.85 米，残高 0.2~0.5 米，方向 206°，由匣钵残片斜砌而成，匣钵片是加工过的，大小比较均匀；墙外另有一道匣钵砌成的墙体，即外墙，较内墙高，残高（距房址底部）0.8 米（外墙为原墙，内墙是因为外墙倾斜而用匣钵圈加筑）。南墙残长 5.5 米，下部由石块砌成、高 0.4 米，上部由匣钵构成、残高 0.4~0.7 米，西部已残缺。西墙仅见一排匣钵墙，南北均有残缺，残高仅为 0.3 米。北墙残高 0.1~0.45 米，同样是由较均匀的匣钵残片构成，西部残缺；墙外也有匣钵墙，底部完全由加工过的凹底匣钵底片铺成，匣钵内面朝上，呈向上凸起的底面，匣钵底和匣钵底之间安放有石

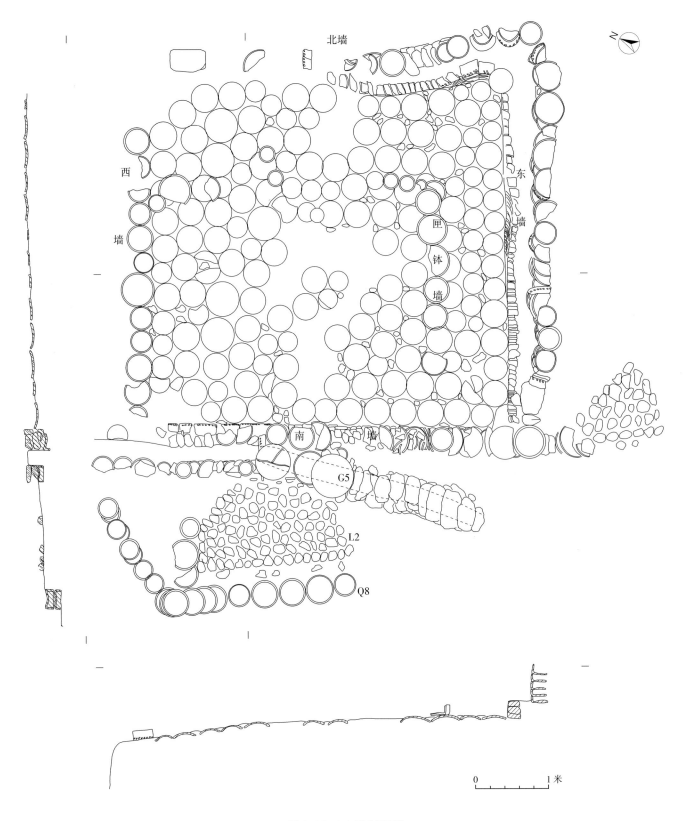

图 3-27 F1 平剖面图

块，中间有两处残缺。东墙、北墙转角处用匣钵垒柱，残高 0.45 米，东墙和南墙之间有一不规则大石块，高 0.5 米，上接匣钵。房址内距东墙约 1 米处有垒起的匣钵墙，残长 2.7 米，房址其他部位也有零星放置的匣钵。此可能为窑工住房。

南墙外有 G5 和 L2。从 F1 与 G5、L2 的关系看，F1 的门应在南墙西端残缺部位。（图 3-27~ 图 3-29）

L2：未完全发掘。由不规则石块铺成，北紧靠 G5，南侧有一堵匣钵墙。东西残长 1.6~2.4、南北宽为

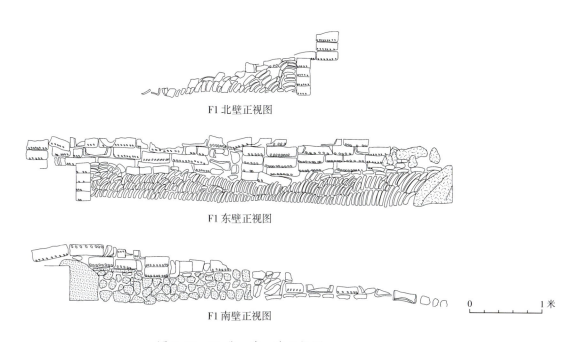

F1 北壁正视图

F1 东壁正视图

F1 南壁正视图

0　　　　　1 米

图 3-28　F1 北、东、南正视图

图 3-29　F1（北—南）

1.4~1.6 米。路面向西倾斜，倾角约 10°。

G5：未完全发掘。基本走向为东南—西北，东南方向地势高，延伸至扩方外。发掘部分长 6 米。沟底内宽 0.25~0.3 米。沟两侧由石块和匣钵砌成，沟上部铺以石块和匣钵底。沟西部紧贴 F1，东段逐渐拐离 F1 南墙。紧贴 F1 的沟顶铺有 3 个大型的匣钵底，匣钵直径达 80 厘米。拐离南墙的部分沟顶用不规则的大石块置顶。

Q8：石路 L2 之南挡墙。未完全发掘。

（二）F2

位于 TN8W3 和 TN9W3。叠压在③N 层下。平面形状略呈梯形。房内长约 4.7 米，宽约 4.2 米。发现门道，方向朝南。房子方向 206°。墙壁由夯土和匣钵砌成。地面覆盖一层黏土，厚约 5~15 厘米。房子仅为单间，没有发现柱础和柱洞。（图 3-30、图 3-31）

四壁除南壁外，仅留下墙基部分。

北墙由匣钵垒砌而成，上下共三排，长约 4.3、宽约 0.22~0.3、残高约 0.4 米。东墙北部为石头和匣钵垒砌，南部为夯土筑成，长约 5.6、厚约 0.3、残高约 0.2 米。西墙只残存一排石头，应为基石，长约 6.2、厚约 0.2~0.4、残高约 0.15~0.75 米。南墙的东部墙壁由石头和匣钵垒起，长约 1.3、厚约 0.3、残高约 0.5 米，中部为门，西部仅存几块石头。

房子内东北部残有一段隔墙，除两处分别为两个匣钵和三个匣钵叠压外，其他仅存一层匣钵。残长约 3.6、厚约 0.3、高约 0.12 米。

门位于 F2 南壁中部，宽约 1.2 米，长度和高度不明。门向朝南。

门道长约 1.8 米，宽约 1.2 米。门道东边护墙（自门内侧至台阶之间部分）长约 1、厚约 0.34、残高约 0.4

图 3-30　F2（东—西）

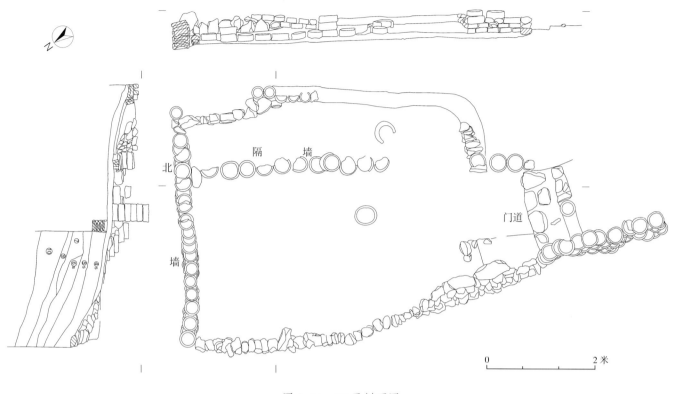

图 3-31 F2 平剖面图

米，下面两层用小型凹底匣钵垒砌，上面两层用中型凹底匣钵和石头垒砌，共残留 4 层。

门道南接台阶，用匣钵和石头垒筑而成，残留两级，台阶之间高差约 6 厘米，台阶面自南向北略向下倾斜。

台阶西侧为一道中型匣钵垒成的挡墙，与西壁墙基相连，上下共 11 层，长约 2.4、残高约 1.3 米。

F2 北侧有 Q14、L5、Q13，西侧有 Q12、L4（发掘时原编为 G6，经再三观察，可能与 L1、L7、L5 有一定的联系，所以更改为石路编号），南侧有 L1、L7、G4，东南部有储泥池遗迹 CH1。

（三）F3

位于 TN18E3、TN18E4、TN18E5、TN20E4 和 TN20E5。叠压在表土层下。打破 F5、F6、y3、L11、G10、G14、CH3。由台基和石铺院落构成。（图 3-32~ 图 3-36）

台基呈长方形，方向 10°。南北长 11.8 米，东西宽 9 米，面积约 106.2 平方米，局部残。台基东南、南、西部残存卵石包边，卵石包边宽 0.65、高 0.3~0.4 米。中间有不规则柱础。西北角和东北角似有门道，西北角门道残宽 1.2 米，东北角门道残宽 1 米，两门道中间被现代扰坑（编号 H5）打破。西北角门道北侧有台阶 L10，L10 南北侧垒砌的石墙，分别编为 Q15 和 Q23，L10 台阶里侧顺着 Q15，门道外有石铺道路 L9，有 G13。

石铺院落地面呈梯形，南墙（Q5 西段）长 12、高 0.4~0.7 米；北墙（Q15 东段）长 2、高 0.3~0.6 米，曲拐向西南；西南壁（Q15 西南段）长 6.5、高 0.6~0.7 米；西部已残。残存面积约 82.6 平方米。

距台基西壁 0.65 米、距离 Q5 北壁 0.5 米处，向西 5 米、向北 15 米范围内，石子砌成网格状，每个网格略呈菱形，边长 0.65~0.7 米。

石铺院落东南有门道，长 1.5、宽 0.65 米。门外有台阶 L3，门道两侧为石墙 Q5。

L3：东西最宽 1.2 米，南北最宽 2.4 米，有不规则台阶，阶高约 6~7 厘米。

L9：开口于 TN20E7 ①层下。位于东北角门道外。残存石块平整，北部仅存较整齐排列的石路边缘。叠压 L11。

图 3-32　F3 平剖面图

图 3-33 F3（东—西）

图 3-34 F3（西—东）

图 3-35　F3 石铺院落地面（西北—东南）

图 3-36　L10 局部（西—东）

L10：位于 F3 北，用石块垒砌而成。残长约 8、宽约 1.4~3 米，共清理十级台阶，高差 2.4 米，台阶宽度为 0.3、0.4、0.6 和 0.9 米不等。自上而下，第二级台阶斜铺，宽约 2 米，中间有一道砖条，第三和第四级台阶之间有两道砖条。门道以西、L10 南侧为 Q15，L10 北侧为 Q23。

Q5：东部局部残长 22、宽 0.4~0.6、高 0.2~0.7 米，双墙结构，北墙部分为 G7 南壁。

Q15：位于 L10 台阶南侧。石块垒砌。残高约 0.9 米。

Q23：位于 L10 台阶北侧。石块垒砌。残高约 0.5 米。

G7：现存 G7 从东部台基中部开始，贴台基边缘向南向西，从门东侧的 Q5 墙体中穿过，沿 L3 边向南向西，L3 西消失不见。

G13：位于 L10 第二级台阶最里侧，残长约 1.4、宽约 0.15、深约 0.1 米，沟底用石块平铺。G13 顺着 Q15 底部向下延伸。

（四）F4

位于 TN10W3 北部、TN12W3、TN14W3、TN16W3、TN18W3。东北角叠压在 TN18W3 ⑰层下，大部叠压在 TN10W3 ⑥ N—TN12W3 ⑧ S、⑥ N—TN14W3 ④ S、⑩ N—TN16W3 ⑭—TN18W3 ⑭层下。长方形，长 45 米，宽 7 米，南北向。北墙、东墙、南墙编号 Q2，西墙编号 Q1。东墙上有匣钵砌成的柱子，是用于单面坡架梁用的。房中有三道挡墙，由南至北分别编号为 Q9、Q10、Q11。北部有半圆形包边石围，石围内未清理。紧靠 Q2 有排水沟，北段和南段错时发现，所以有两个编号 G8 和 G2。西墙 Q1 中间似有门槛过道，北部底下有一条暗沟。房屋南部有一砖砌方池，编号 CH2。西墙 Q1 西部有一条石铺道路，编号 L6。L6 西侧为匣钵墙 Q7。（图 3-37~ 图 3-43）

经局部解剖，F4 地面青黄色土下有厚约 12~30 厘米的青灰泥层，青灰泥下为红黄夹杂的花硬土（T10W3 解剖沟局部在青灰泥和花硬土之间还有一层文化堆积层，厚约 5~30 厘米）。

Q1：F4 西墙。长 40 米，石墙长 36、宽 0.4~0.6、高 0.2~0.5 米，墙体南段下部为石墙、上部为匣钵墙，有匣钵墙部分墙体总残高 2.3 米。石墙为双石墙。

Q2：F4 的南、东、北墙。由不规则石块垒砌而成。南墙长 6.5 米，西边直角南拐约 2.5 米，东边曲角向北拐；

图 3-38 F4 局部（北—南）

图 3-39 F4（南—北）

图 3-40　L6 局部（北—南）

图 3-41　L6 北部台阶和 F4 北壁 Q2（西—东）

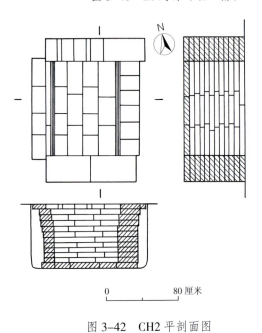

图 3-42　CH2 平剖面图

图 3-43　CH2（西—东）

东墙长 42 米，中间有匣钵柱，局部残缺。北墙长约 5、宽 0.7~1.5、高 0.8~2 米。东墙和南墙实际上是披坡墙，墙体均向 F4 外侧倾斜，残破处出露。北墙北部为石砌，南部为匣钵垒砌，西部和西墙 Q1 之间有门槛石三块，长 1.35、宽 0.35、高约 0.3 米。

Q7：位于 L6 西侧，由匣钵错缝垒砌，残长 12.5 米。Q7 西部、南部未发掘。从地层叠压关系看，Q7 其实晚于 F4 使用年代。

Q9：全用匣钵建成，曲线形，曲长 7.5 米，西边直角南拐 4 米，再向东南拐 1 米，残高 0.4~0.95 米。

Q10：残留石墙石块，已被现代扰乱坑扰乱。

Q11：底部为石墙，局部双墙体，高 0.4~0.6 米；上面是匣钵墙，残高 0.6~1.7、宽 0.4~0.7 米。

G2：长 15、宽 0.2~0.4、深 0.2~0.3 米，北部贴着 Q2 墙角，南部直角西拐，西部呈 "S" 形，向西向北的沟边用石块垒砌，南边用匣钵垒砌，南边距 Q2 有 1~2 米，西端沟上残留石块、水碓头沟盖。

G8：土沟壁，长 27、宽 0.2~0.4、深 0.2 米。南部和 G2 接，为同一条水沟。

在 Q10 两侧，西墙 Q1 中可观察到两个门槛，分别宽 0.4 米、0.5 米，相距 2.5 米。Q1 和 Q10 之间有门，但已被破坏；Q1 和 Q11 之间残留门槛，宽 0.8、高 0.2 米，靠 Q11 侧用匣钵柱建筑门框，残高 0.4 米。

L6：石铺路面，曲尺形。西部南北向部分位于 Q1 西，宽 1.2~1.5 米，残长 41.5 米。至 Q1 北端曲拐向东紧贴 Q2 北壁，变宽且有台阶，宽 2.4~2.55 米，发掘长度 6.8 米，高差 1.45 米，有 4 层台阶。台阶以上东部未发掘。（参见图 3-40、图 3-41）

CH2：长方形，池口长 0.9、宽 0.8 米，池底长约 0.8、宽约 0.7 米，池深约 0.56 米。用青砖砌成，其中南边和东北角处青砖较宽大，长约 50、宽约 30、厚 4 厘米，其余青砖大小相似，长约 24、宽约 15、厚 3 厘米。在西壁向内凸出约 5 厘米，并且低于口部 5 厘米，应为池口放盖板而设置。池壁向下依次有少许凸出，池底亦全用青砖铺成。池内有黄色发白黏质泥土，土中夹杂炭灰、青瓦（推测为 F4 棚顶青瓦）和少许瓷片。推测为茶炉坑。（图 3-42、图 3-43）

Q1、Q9、Q10、Q11 中，Q9 基本全由匣钵做墙；Q10 大部被现代扰乱坑扰乱，只留部分石墙；Q11 底部石墙较凌乱，上面是匣钵墙，且较多残匣钵；Q1 底部石墙规整，是双石墙结构，上部有匣钵墙。从各探方堆积的堆积相看，匣钵墙很可能是在 F4 逐渐废弃过程中所砌建。其废弃过程是由北向南逐间逐间废弃。而在废弃过程中仍旧在使用 L6，故 Q1 上也用匣钵做墙。Q9 叠压着 L6，说明 Q9 晚于 F4 的使用年代，是 F4 废弃时砌的挡墙。Q10 和 Q11 同样是 F4 废弃后砌成的挡墙，Q10 晚于 Q11，Q9 晚于 Q10。最后才有 L6 的废弃和 L6 西边匣钵墙 Q7 的修筑。

（五）F5

位于 TN20E7，在 F3 东北，紧邻 L11 和 G14。叠压在①层下，西部被 F3 叠压，该遗迹仅存南部石子面一段和房内的辘轳坑 K1。大致范围参见图 3-1。

K1 呈圆形，中部轮轴留下的孔洞痕直径为 9 厘米，周围用匣钵填实，坑径约 0.66~0.7 米。东北约 0.2 米处有一直径约 0.8 米的石子铺成的圆形存泥面。

（六）F6

位于 TN19E7，F3 东部。叠压在①层下，西部被 F3 打破，该遗迹仅存南部石墙一段和辘轳坑 K2。具体范围已无存，大致范围参见图 3-1。东部的 Q22 可能为该房址的一部分。（参见图 3-47）

K2 为不规则形，南北宽约 0.8 米，东西长约 1.4 米，中部残存轮轴，孔径约 14 厘米，周边用石块填充。（图 3-44）

图 3-44　K2

三　零散的墙、道路和水沟遗迹

除了窑炉、房址周围与房址相关的墙、道路和水沟遗迹外，还发现有多处墙、道路和水沟遗迹。

（一）墙

Q3 位于 TN12W3 南部，东南向微曲，西接 Q2，东接 Q1。②层下出露，叠压在④S 层上。

Q4 位于 TN12W3 南部和 TN10W3 北部，南北向，北接 Q9，南接 Q2。TN12W3 ④S 层下出露，叠压在 TN10W3 ⑥N 层上。

Q6：开口于 TN10W6 ③a 层下。未完全发掘。

Q12：开口于 TN8W3 ②层下。平面呈不规则弯曲长条形，南北走向，南高北低，南部东拐。墙南北长约 17 米，南部东拐 3 米，宽约 0.2~0.6 米，高约 0.1~1.5 米。Q12 南段上部由三排直径约 45 厘米的匣钵堆砌而成，匣钵下有垒砌石块。中段上部由两排大匣钵垒砌，匣钵下有垒砌石块，北段残存垒砌石块。Q12 叠压 L4，打破 G3、L1、L7，和 L8 相连。（图 3-45）

Q13：开口于 TN9W3 ④N 层下。未完全发掘。由多层匣钵堆砌而成。发掘长度约 5.1 米，宽约 0.2~0.35 米，高约 0.15~0.6 米。

Q14：开口于 TN9W3 ②层下。未完全发掘。由多层匣钵堆砌而成。南北有四排，呈阶梯状排列。发掘长度约 3.8 米，宽约 1.1~1.4 米，高约 0.6 米。上部匣钵与 F2 北墙相近。

Q16：开口于 TN15E4 ㉓层下，西北—东南向，用石头垒筑而成。未完全发掘。残高 0.1~0.7 米，宽约 0.16 米。墙壁较直。（图 3-46）

图 3-45　Q12 和 L4（南—北）

图 3-46　Q16、Q17、Q18、J1（南—北）

图 3-47　F6 东南角的 Q19、Q22（西北—东南）

　　Q17：开口于 TN15E4 ㉓层下，西北—东南向，距 Q16 约为 1.3~1.4 米。石头垒筑而成。未完全发掘。残高约 1.35~1.85 厘米，宽约 0.25 米。墙壁向南倾斜。（图 3-46）

　　Q18：开口于 TN15E4 ㉓层下，西北—东南向，距 Q17 约为 0.9~1.2 米。石头垒筑而成。未完全发掘。残高约 0.8~0.85 米，宽约 0.15 米。墙壁向北倾斜。（图 3-46）

　　Q19：开口于 TN17E5 ①层下。位于 y1 窑尾北部。长 6.5 米，宽 0.4 米，高 0.4~1.8 米。两排石块垒筑。东向西倾斜，落差较大。西部残。（图 3-47）

　　Q22：开口于 TN17E5 ①层下。与 Q19 北壁垂直相接处石块咬合，应是同时垒筑。北部残。残长 3.5 米，宽 0.25 米，高 0.5~1.1 米。（图 3-47）

　　（二）道路

　　L1：开口于 TN8W3 ①层下。呈南北向，平面为不规则长条形，北宽南窄。残长约 3.8 米，宽 0.11~1.3 米，厚度约 0.05~0.2 米。路面自东向西稍向下倾斜，倾斜度约为 10°。由一层卵石铺成，卵石大小不一，排列较为紧密。东部边缘有整齐排列的卵石。L1 南部打破 L7。（图 3-48）

　　L4：开口于 TN8W3 西扩探方③N 层下。平面呈略弯的长条形，南北走向，略向东倾斜。残长约 6.3 米，宽 1.1~1.7 米。路面由一层小石块铺成，石块排列较为疏松。北部缺。被 F2 西墙叠压。（参见图 3-45）

　　L5：开口于 TN9W3 ⑤N 层下。未完全发掘。L5 路面由一层石块铺成，石块排列较为疏松。东西方向发掘长度约 5.3 米，宽约 0.35~0.7 米。叠压于 Q13 下。（参见图 3-30）

　　L7：开口于 TN6W4 ②层下。呈南北向，平面基本呈长方形，但东北残缺。残长约 1.9 米，宽约 0.4~1.1 米，厚约 0.05~0.25 米。路面自东北向西南，稍向下倾斜，倾斜度约为 10°。路面由一层石块铺砌，石块排列较为紧密，大小不一。中间南北方向有较整齐排列的较大石块。L7 南部被 L8 打破，北部被 L1 打破，西部被 Q12 打破。（图 3-48）

L8：开口于 TN6W4③W 层下。呈东西向台阶。台阶由石块铺砌而成，平面接近长方形，长约 3 米，宽约 1.7 米。上下共为五级，每级台阶之间高度落差约 0.15 米。台阶表面平整，较为光滑，略向下倾斜。西端被现代石坎打破。北部护墙和 Q12 相连，L8 叠压 G9。（图 3-49）

L11：开口于 TN20E7①层下。残长 7.5 米，宽 0.9 米，南部边缘铺大石块。被 L9 叠压。

图 3-48 L1 和 L7（南—北）

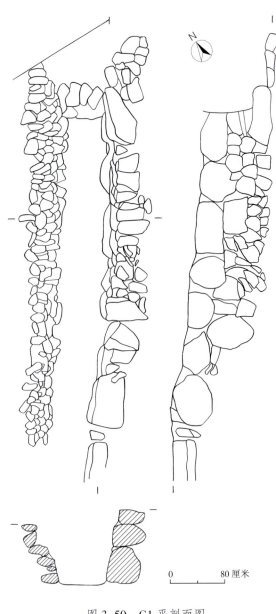

0   80 厘米

图 3-50 G1 平剖面图

图 3-49 L8（西—东）

（三）水沟

G1：贯通 TN10W6 全探方。叠压在 TN10W6 ⑥层下，打破生土。呈长条形，东北高西南低。在探方里全长约 5.3 米，上宽 0.8~0.95、底部宽 0.4~0.6 米，口大底小，沟深 0.94~1.06 米。（图 3-50）

G3：位于 TN10W3 南部。叠压在③S 层下。弯曲。沟长约 3.4 米，沟口宽约 0.21~0.62 米，沟底宽约 0.19~0.4 米，深 0.42 米。已揭露部分上下高差达 1.85 米。南边沟壁多由碎匣钵和石块垒成，而北边沟上端由较完整的匣钵垒成。部分沟口盖有匣钵和较大块的石头，其中在拐角处盖一件很大的匣钵，南部拐角有匣钵柱。（图 3-51、图 3-52）

G4：位于 TN7W3 中。叠压在②层下，打破生土。较直。残长约 6.8 米，沟深约 0.35 米，距地表约 0.15~0.6 米。由东南向西北倾斜，倾斜度约 10°。沟底砌以表面较为平整的石块，可以看出经过修整。分为三段：自东端起向西北至 2.75 米处为东段，自 2.75 米至 4.9 米处为中段，自 4.9 米至 6.8 米处为西段。东段仅存沟底，较平直，长约 2.75 米，宽约 0.1~0.25 米，中间缺一段；西段和中段沟底倾斜度加大，约 15°，两侧砌以不规则石块，沟口宽约 0.5~0.9，沟底宽约 0.1~0.18 米，沟长约 4.05 米，沟深约 0.1~0.35 米。西段沟上盖有上面较平整的大石块，由于压在 L1 之下，仅清理出东部的第一个大石块。（图 3-53）

G9：位于 TN6W4 中。叠压在③W 层下。稍弯曲。根据结构不同，可分为三段：自东端向西约 1.6 米处为东段，自 1.6 米处至 3.8 米处为中段，自 3.8 米处至 6.65 米处为西段。沟壁由石块堆砌而成，西段沟壁已残。

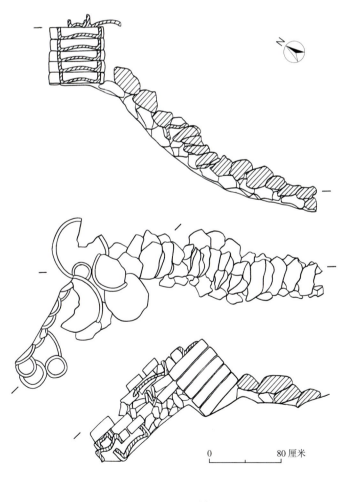

图 3-51　G3 局部（西—东）　　　　　　　　　图 3-52　G3 平剖面图

沟底没有经过加工。东段较直，上宽下窄，沟宽约 0.1~0.25、深约 0.3~0.5 米，东端继续向东南延伸，暂未清理。中段沟上盖以匣钵和石块（其中有 4 个石质水碓头），沟内没有清理，从沟口覆盖物结构推测在中段的中部，向下有个落差，落差约 0.4 米。中段和西段之间，又有个落差，落差约 0.3 米。西段两侧沟壁仅残留部分石块，

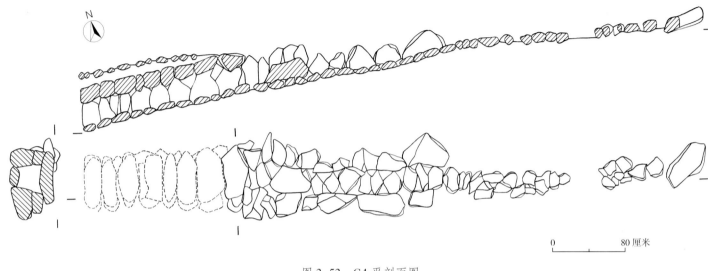

0 _____ 80 厘米

图 3-53　G4 平剖面图

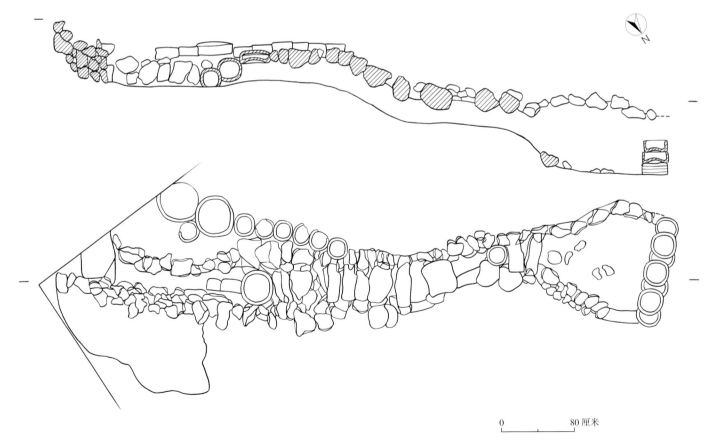

0 _____ 80 厘米

图 3-54　G9 平剖面图

沟口稍阔，西部被一排三层叠压的匣钵挡墙打破，沟口宽约 0.4~1.1 米，沟深约 0.6~0.8 米。东段和中段南侧，6 个小型匣钵和 2 个大型匣钵连成一排，可能是沟侧挡墙。（图 3-54、图 3-55 ）

G10：位于 TN19E7 北部和 TN20E7。叠压在①层下。西段伸入 F3 下，未发掘。石块垒砌而成。残长约 6.44、宽约 0.27、深约 0.35 米。东段底部铺有石块。（图 3-56 ）

G14：开口于 TN20E7 ① 层下。位于 L11 北侧，北部是 F5 卵石包边。残长 7.5 米，宽约 0.25 厘米，深约 0.2 米。沟底铺石块。

图 3-55　G9（西—东）

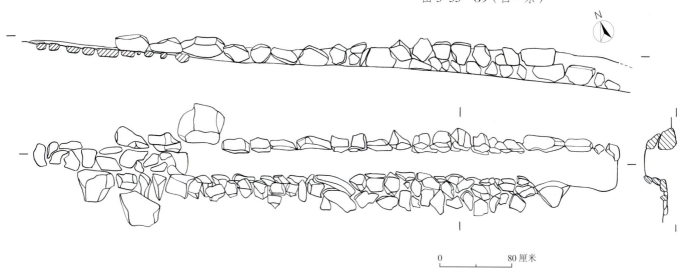

图 3-56　G10 平剖面图

四　储泥池

2 处。编为 CH1 和 CH3。

CH1：位于 TN7W3。叠压在②层下。平面呈不规则椭圆形，东宽西窄。池口长 2.1 米，宽 1.5~2.1 米，池底长 1.9 米，宽 1.2~2 米，深 0.95 米。（图 3-57、图 3-58 ）

CH3：位于 TN18E5，F3 的东南角。叠压在①层下，被 F3 打破。平面呈圆形，开口直径 1.05 米，深 0.65 米，壁面全部用匣钵底部组成，最大的匣钵底径有 60 多厘米。（图 3-59 ）

五　水井

J1 位于 TN15E4。叠压在㉓层下，打破生土。圆口，直壁，圜底，纵剖面形状呈 U 字形。井口南北长 0.96、东西宽 1.02 米，井底南北长 1、东西宽 1.02 米，总深度为 1.42~1.56 米。从井口到井底用石块叠筑，井口以 15 个大块石头砌成，井内壁和底部的石头较小。（图 3-60、图 3-61 ）

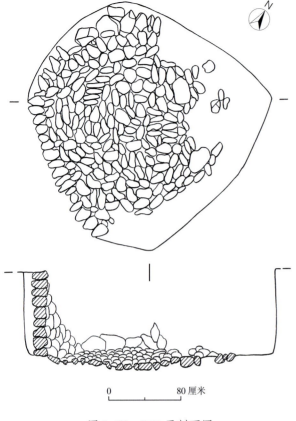

0　　　　　80厘米

图 3-57　CH1 平剖面图

图 3-58　CH1（北—南）

图 3-59　CH3（东—西）

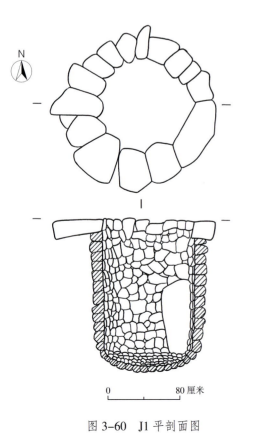

0　　　　　80厘米

图 3-60　J1 平剖面图

图 3-61　J1（东—西）

第四章　遗　物[*]

窑址内出土大量各类瓷器及窑具，另有少量制瓷工具等。以下所选取的一些标本虽然不是原生地层的标本，但都是可以和原生地层出土残片对照的可复原器标本。其中有一类瓷器的胎釉特征、刻划工艺、纹饰题材等都有别于一般的瓷器，经对比研究确定为官用瓷器，单列一节介绍。相应的，未归入官用瓷器的普通瓷器都暂归为"民用瓷器"，以示区别。

第一节　民用瓷器

均是青釉瓷器，器物类型有碗、盏、盅、盘、洗、盆、碟、钵、盏托、高足杯、爵杯、三足炉（包括三足花盆和三足盆托）、执壶、罐、瓶、器盖、器座、盒、砚台、砚滴、笔架、卷缸、投壶、塑像等多种。

一　碗

按口沿腹部造型不同可分为14型。其中A、B、C、D型为侈口碗，E、F、G、H、J、K、L、M、N型为敞口碗，P型为直口盖碗。

A型　侈口曲弧腹碗。圈足。按圈足宽窄、器底厚薄、足端是否裹釉、支烧方式等的不同可分6式。

Ⅰ式　圈足窄，足壁斜，足端窄尖。足端刮釉，垫烧于足端。胎色较白，胎壁较薄，釉层较厚。

①外壁刻划莲瓣纹，莲瓣中凸脊，碗内光素无纹。

1】TN8W3③N：56，釉色青绿。口径16、足径4.8、高6.8厘米。

2】TN9W3③N：26，外底心微凸。釉色青黄。口径16、足径4.8、高6.4厘米。

②内壁刻划牡丹纹，内底心刻划花卉，外壁光素无纹。

3】TN10W3采：22，

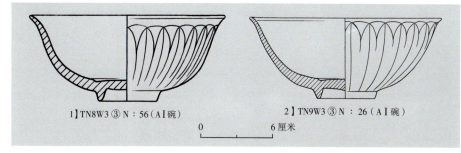

1】TN8W3③N：56（AⅠ碗）　　2】TN9W3③N：26（AⅠ碗）

0　　　　　6厘米

1】TN8W3③N：56（AⅠ碗）

2】TN9W3③N：26（AⅠ碗）

---

* 考虑到瓷器手工业产品的特点，本报告的型式划分，在考虑造型的同时，特别注意了其装饰方法及装烧方式等特征。因为相对于并非那么标准化的造型，装饰和装烧更具时代特性。

3 】TN10W3 采：22（A I 碗）　　　　　　　7 】F2：1（A III 碗）

3】TN10W3 采：22（A I 碗）

4】TN12W3 ⑤ N：16（A II 碗）

5】TN8E3 ⑪：10（A II 碗）

8】TN14W7 ⑦：19（A III 碗）

0　　　　　6 厘米

7】F2：1（A III 碗）

釉色粉青。口径 15、足径 4.6、高 6.8 厘米。

Ⅱ式　足端较宽平。主要为垫烧于足端。胎色灰白，胎壁较厚，釉层较薄。

①素面。

4】TN12W3 ⑤ N：16，内底凹。足端和外底无釉。釉色青黄。口径 18.4、足径 6.4、高 7.1 厘米。

②内外壁刻划花。

5】TN8E3 ⑪：10，内壁刻划卷叶纹，口外侧刻斜回纹，外壁下腹刻划莲瓣纹。釉色青黄，内底无釉。口径 20.4、足径 8.2、高 8.8 厘米。

Ⅲ式　圈足较窄，足壁较直，足端平。足端裹釉，外底有一圈刮釉，支烧于外底。胎色较白，胎壁较厚，釉层较厚。内壁、底一般有刻划花，外壁光素。

7】F2：1，外底微尖凸。内壁刻划牡丹纹，内底心刻划花卉。釉色青绿。口径 20.8、足径 7.6、高 7.7 厘米。

8】TN14W7 ⑦：19，内壁刻划卷叶纹。釉色黄。口径 16.9、足径 6.3、高 6.4 厘米。

5 】TN8E3 ⑪：10（AⅡ碗）

8 】TN14W7 ⑦：19（AⅢ碗）

12 】TN15E4 ⑳：4（AⅣ碗）

13 】TN15E4 ㉑：4（AⅣ碗）

16 】TN14W3 ④ W：1（AV碗）

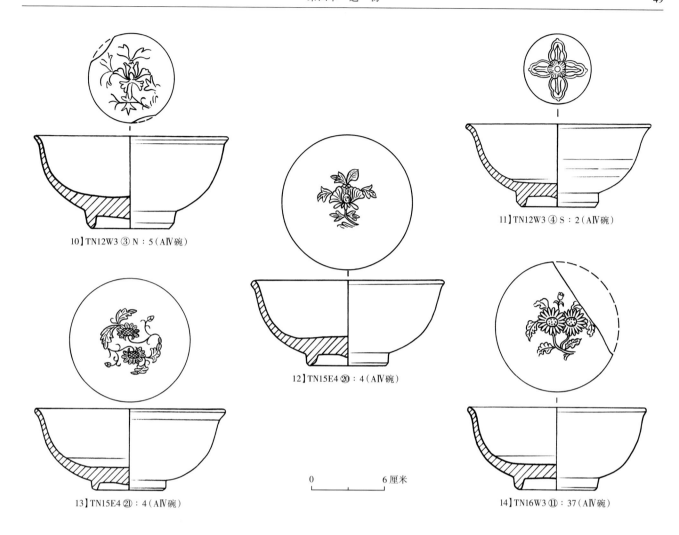

10】TN12W3③N：5（AⅣ碗）

11】TN12W3④S：2（AⅣ碗）

12】TN15E4⑳：4（AⅣ碗）

13】TN15E4㉑：4（AⅣ碗）

14】TN16W3⑪：37（AⅣ碗）

0　　　　　　6厘米

Ⅳ式　圈足较宽，足壁内侧斜，内底有凹圈，外底心尖凸。一般外底和足内壁及足端无釉，垫烧于外底。胎色较白，胎壁较厚，釉层较厚。

①素面。

②内底心印花纹，内外壁光素。

10】TN12W3③N：5，内底心阳印牡丹纹。釉色青灰。口径16、足径6.5、高7.4厘米。

11】TN12W3④S：2，内底心戳印金刚杵纹。釉色青绿。口径15.4、足径6.2、高6.6厘米。

12】TN15E4⑳：4，内底心阴印牡丹纹。釉色青灰。口径16、足径6.4、高6.8厘米。

13】TN15E4㉑：4，内底心阴印双菊花纹。釉色黄。口径15.6、足径5.4、高6.5厘米。

14】TN16W3⑪：37，内底心阴印双菊花纹。釉色青黄。口径15、足径6.4、高6.6厘米。

Ⅴ式　圈足宽，足壁较直，足端斜削裹釉。一般外底无釉，内底有凹圈，支烧于外底。胎色较白，胎壁厚，釉层普遍较厚、少数较薄。

①素面。

②内底心印花，内外壁光素无纹。

15】TN16W3②：20，内底心阴印牡丹纹。釉色青绿。口径15.4、足径6.6、高6.9厘米。

16】TN14W3④W：1，内底心阴印牡丹纹。釉色青灰。口径15、足径6.4、高6.5厘米。

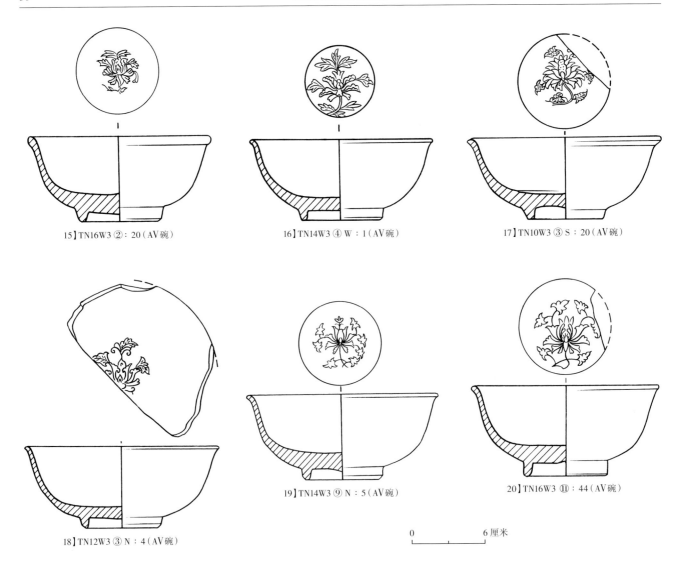

15】TN16W3②：20（AV碗）　　16】TN14W3④W：1（AV碗）　　17】TN10W3③S：20（AV碗）

18】TN12W3③N：4（AV碗）

19】TN14W3⑨N：5（AV碗）

20】TN16W3⑪：44（AV碗）

0　　　　　　6厘米

17】TN10W3③S：20，内底心阴印勾叶牡丹纹。釉色青灰。口径16、足径6.2、高6.6厘米。

18】TN12W3③N：4，内底心阴印勾叶牡丹纹。釉色青黄。口径16、足径5.8、高6.6厘米。

19】TN14W3⑨N：5，内底心阴印勾叶牡丹纹。釉色灰青。口径15.6、足径6.2、高6.8厘米。

20】TN16W3⑪：44，内底心阴印勾叶牡丹纹。釉色青黄。口径15.5、足径6.4、高7.2厘米。

21】TN10W3③S：19，内底心阴印勾叶牡丹纹。釉色青中泛灰，釉面开片，外底心点釉。口径15.8、足径6.4、高7.6厘米。

23】TN16W3⑥a：40，内底心阴印荷花莲叶纹。釉色青灰。外底粘一垫具。口径16、足径6.6、高6.8厘米。

24】TN12W3④W：3，内底心阴印荷花莲叶纹。釉色青绿，釉面冰裂。口径15、足径6、高7厘米。

25】TN12W3⑥S：8，内底心阴印荷花莲叶纹。釉色青绿，外底心点釉。口径19、足径7.2、高8.8厘米。

26】TN16W3①：14，内底心阴印荷花莲叶纹。釉色青中泛灰。口径17.6、足径7.4、高8.3厘米。

27】TN16W3⑥b：6，内底心阴印仰莲纹，内心有一"贵"字，莲瓣内有杂宝纹。釉色青灰。外底粘一垫具。口径15.2、足径6、高6.9厘米。

28】TN16W3⑧：3，内底心阴印仰莲纹。釉色青黄。口径16.4、足径6.5、高7.2厘米。

29】TN14W3⑤N：12，内底心阳印仰莲纹，花芯有一"中"字。釉色青灰泛蓝。口径15、足径6、高7.4

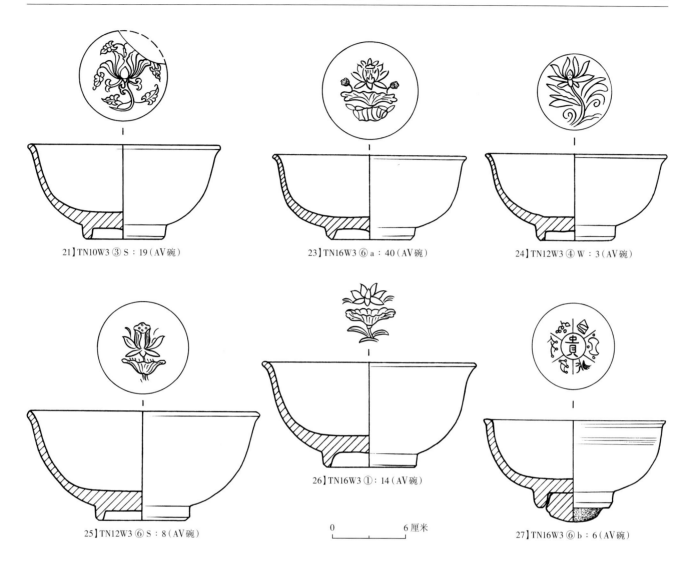

21】TN10W3③S：19（AV碗）   23】TN16W3⑥a：40（AV碗）   24】TN12W3④W：3（AV碗）

25】TN12W3⑥S：8（AV碗）   26】TN16W3①：14（AV碗）   27】TN16W3⑥b：6（AV碗）

0   6厘米

厘米。

30】TN10W3 东扩⑤a：8，内底心戳印仰莲纹。釉色青绿。外底粘有一瓷质垫具。口径22、足径7.4、高8.7厘米。

31】TN14W3⑧N：1，内底心戳印仰莲纹。釉色青绿，釉面冰裂。口径16、足径6.2、高7厘米。

32】TN14W3④N：17，内底心阴印菊花纹。釉色青绿，釉质微玻化，足壁有流釉。口径21、足径8、高11厘米。

33】TN15E4⑯：11，内底心阳印菊花纹。釉色青绿。口径20.2、足径8、高10.2厘米。

34】G8：1，内底心阴印菊花纹。釉色青黄。口径15.6、足径6.2、高6.6厘米。

35】TN12W3④S：10，内底心阴印菊花纹。釉色淡青绿。口径16.3、足径6.2、高6.4厘米。

36】TN16W3⑦：17，内底心阴印菊花纹，纹饰一侧有一"吉"字。釉色青绿。口径15.6、足径6.2、高6.5厘米。

37】TN18E4③N：7，内底心阴印菊花纹。釉色青绿。口径16.8、足径6.2、高7.2厘米。

38】TN12W3⑥S：9，内底心阳印菊花纹。釉色青灰，釉面冰裂。口径14.4、足径6、高7.1厘米。

39】TN10W3 东扩⑥c：5，内底心阴印茶花纹。釉色青灰，釉面开片。口径15.2、足径6.4、高6.5厘米。

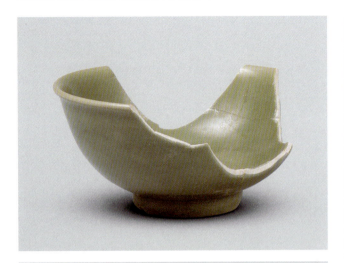

29】TN14W3⑤N：12（AV碗）

25】TN12W3⑥S：8（AV碗）

27】TN16W3⑥b：6（AV碗）

30】TN10W3 东扩⑤a：8（AV碗）

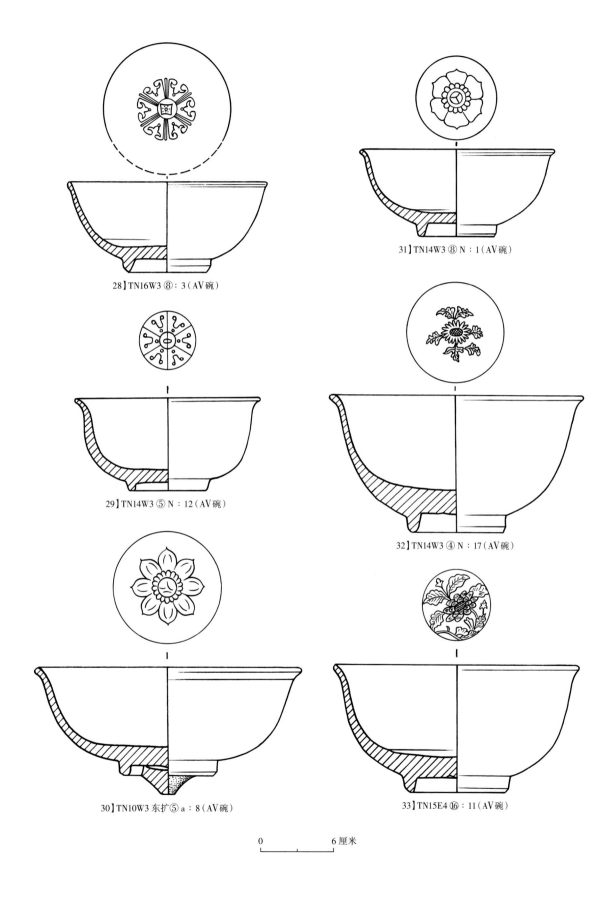

28】TN16W3 ⑧：3（AV 碗）

31】TN14W3 ⑧ N：1（AV 碗）

29】TN14W3 ⑤ N：12（AV 碗）

32】TN14W3 ④ N：17（AV 碗）

30】TN10W3 东扩⑤ a：8（AV 碗）

33】TN15E4 ⑯：11（AV 碗）

0　　　　　　　6 厘米

33〕TN15E4⑯：11（AV碗）

32〕TN14W3④N：17（AV碗）

34〕G8：1（AV碗）

40〕TN12W3④W：25，内底心阴印茶花纹。釉色青绿。口径15.2、足径6.2、高6.2厘米。

41〕TN12W3⑤N：27，内底心阴印茶花纹。釉色青灰。口径15、足径6.4、高6.2厘米。

42〕TN12W3⑤N：29，内底心阴印茶花纹。釉色青黄。口径15.8、足径6.4、高7.1厘米。

43〕TN12W3⑤N：30，内底心阴印茶花纹。釉色淡青绿。口径16、足径6、高6.2厘米。

44〕TN16W3⑤：44，内底心阴印茶花纹。釉色青灰。口径15.6、足径5.8、高7.5厘米。

45〕TN16W3⑧：5，内底心阴印茶花纹。釉色青绿。口径15.8、足径5.8、高6.8厘米。

46〕TN12W3⑥S：10，内底心阴印茶花纹及一卦文符号。釉色青绿。口径15.2、足径6.4、高7厘米。

47〕TN14W3⑥N：4，内底心阴印茶花纹。釉色青灰黄。口径15.2、足径6.2、高8.2厘米。

48〕TN10W3③N：18，内底心阴印茶花纹。釉色青绿。口径21.2、足径8、高9厘米。

49〕TN14W3⑤N：15，内底心戳印葵花纹。釉色青绿。口径18、足径7.4、高9厘米。

34】G8：1（AV碗）

37】TN18E4 ③ N：7（AV碗）

40】TN12W3 ④ W：25（AV碗）

35】TN12W3 ④ S：10（AV碗）

38】TN12W3 ⑥ S：9（AV碗）

41】TN12W3 ⑤ N：27（AV碗）

36】TN16W3 ⑦：17（AV碗）

39】TN10W3 东扩⑥ c：5（AV碗）

42】TN12W3 ⑤ N：29（AV碗）

0　　　　　　6厘米

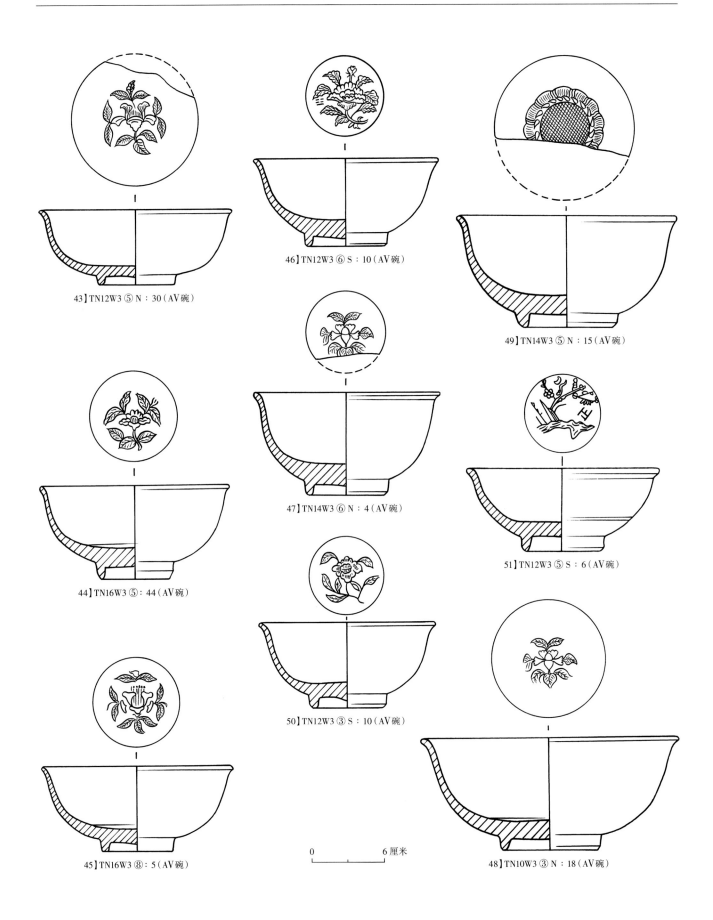

43〕TN12W3⑤N：30（AV碗）

46〕TN12W3⑥S：10（AV碗）

49〕TN14W3⑤N：15（AV碗）

44〕TN16W3⑤：44（AV碗）

47〕TN14W3⑥N：4（AV碗）

51〕TN12W3⑤S：6（AV碗）

45〕TN16W3⑧：5（AV碗）

50〕TN12W3③S：10（AV碗）

0　　　　　　6厘米

48〕TN10W3③N：18（AV碗）

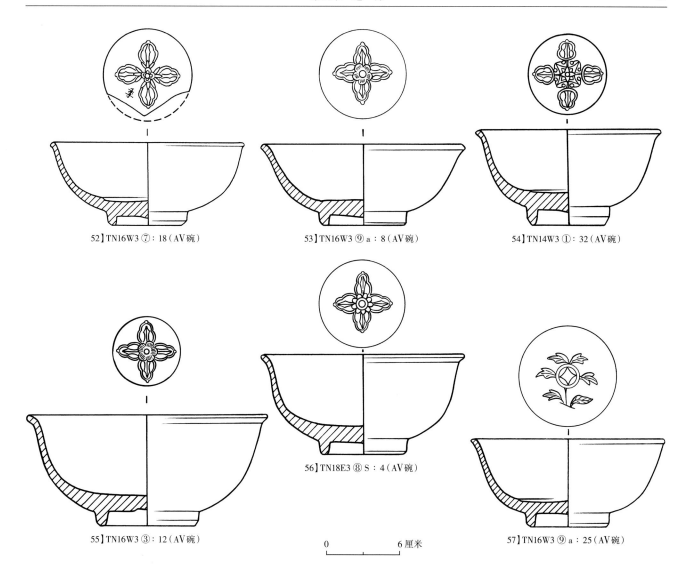

52〗TN16W3⑦：18（AV碗） 53〗TN16W3⑨a：8（AV碗） 54〗TN14W3①：32（AV碗）

56〗TN18E3⑧S：4（AV碗）

55〗TN16W3③：12（AV碗） 57〗TN16W3⑨a：25（AV碗）

0　　　　　6厘米

50〗TN12W3③S：10，内底心阴印海棠花纹。釉色青灰。口径14.6、足径5.8、高6.8厘米。

51〗TN12W3⑤S：6，内底心阴印梅花及一"正"字。釉色青灰。口径15.8、足径6.2、高6.4厘米。

52〗TN16W3⑦：18，内底心戳印金刚杵纹，纹间有一"季"字。釉色青灰。口径16、足径6、高6.6厘米。

53〗TN16W3⑨a：8，内底心戳印金刚杵纹。釉色青绿。口径16.8、足径6.8、高6.5厘米。

54〗TN14W3①：32，内底心戳印金刚杵纹。釉色青绿。口径15.2、足径6、高7.6厘米。

55〗TN16W3③：12，内底心戳印金刚杵纹。釉色青中泛灰，釉面冰裂。口径19.6、足径7.8、高9厘米。

56〗TN18E3⑧S：4，内底心戳印金刚杵纹。釉色青绿，外底心点釉。口径16.6、足径6.7、高8厘米。

57〗TN16W3⑨a：25，内底心阴印摇钱树纹。釉色青黄。口径16、足径6.4、高7.1厘米。

58〗TN16W3⑬：48，内底心阴印团凤卷草纹。釉色青绿，釉面开片。口径19.8、足径7、高8.5厘米。

59〗TN16W3③：14，内底心阴印"福"字鹿纹。釉色青绿。口径14.6、足径5.4、高6.6厘米。

60〗TN12W3⑥S：32，内底心阳印祥云、鹿纹。釉色青绿。口径14.4、足径6.2、高6.4厘米。

61〗TN16W3⑥a：6，内底心阴印四鱼莲纹。釉色青黄。口径15、足径6.1、高6.4厘米。

62〗TN12W3⑤N：23，内底心阴印双鱼纹。釉色青绿，口唇泛黄，釉面冰裂。口径15.4、足径6.8、高6.6厘米。

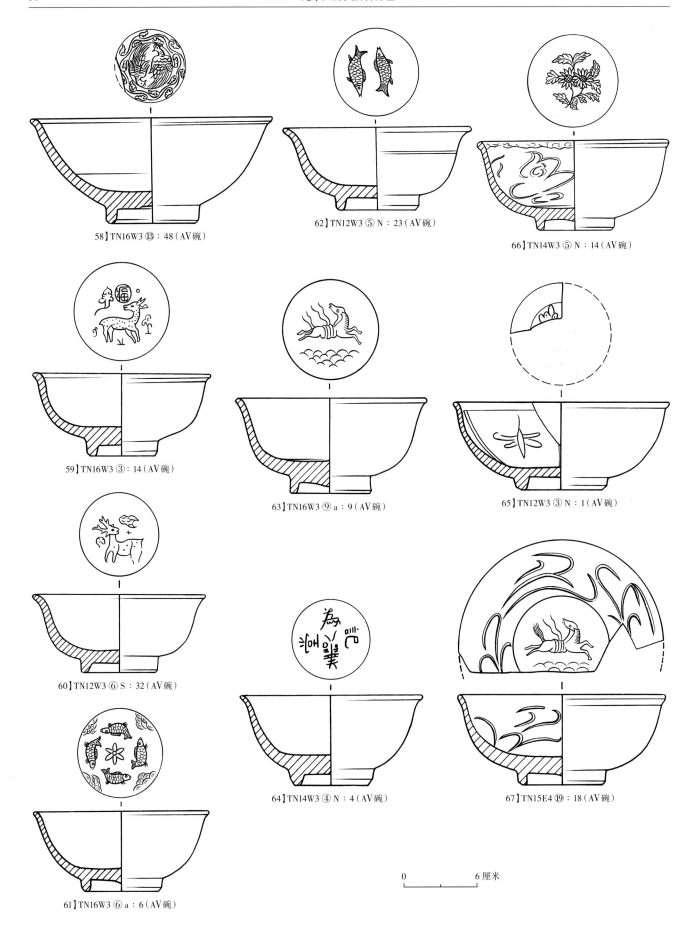

58〕TN16W3⑬：48（AV碗）

62〕TN12W3⑤N：23（AV碗）

66〕TN14W3⑤N：14（AV碗）

59〕TN16W3③：14（AV碗）

63〕TN16W3⑨a：9（AV碗）

65〕TN12W3③N：1（AV碗）

60〕TN12W3⑥S：32（AV碗）

64〕TN14W3④N：4（AV碗）

67〕TN15E4⑲：18（AV碗）

61〕TN16W3⑥a：6（AV碗）

0　　　　　　6厘米

51】TN12W3⑤S：6（AV碗）

53】TN16W3⑨a：8（AV碗）

59】TN16W3③：14（AV碗）

62】TN12W3⑤N：23（AV碗）

63】TN16W3⑨a：9，内底心阳印飞马过海纹。釉色青绿，釉面开片。口径 15.8、足径 6.7、高 7.6 厘米。

64】TN14W3④N：4，内底心阳印"为善堂记"四字。釉色青绿，釉面冰裂。口径 15.2、足径 6.2、高 7.2 厘米。

③内底心印花，内壁刻划花，外壁光素。

65】TN12W3③N：1，内底心戳印花卉，内沿下刻划弦纹一道，其下划直线和写意花纹。釉色黄。口径 17.6、足径 6.6、高 7 厘米。

66】TN14W3⑤N：14，内底心阴印菊花纹，内壁刻划花纹。釉色青中泛灰。口径 15.4、足径 6.3、高 7.2 厘米。

67】TN15E4⑲：18，内底心阳印飞马过海纹，内壁刻划花纹。釉色青绿。口径 17、足径 6.6、高 7.2 厘米。

68】TN16W3⑪：38，内底心戳印葵花纹，内壁刻划花纹。釉色青绿。口径 16.6、足径 6.6、高 7.4 厘米。

63】TN16W3⑨a：9（AV碗）

64】TN14W3④N：4（AV碗）

65】TN12W3③N：1（AV碗）

69】TN16W3⑨a：40（AV碗）

④内底心印花，外壁刻划花，内壁光素。

22】TN16W3⑥b：9，内底心阴印勾叶牡丹纹，外壁刻划仰莲瓣纹。釉色青绿。口径18.2、足径7.2、高8.1厘米。

69】TN16W3⑨a：40，内底心阴印牡丹纹较模糊，外壁下腹刻划弦纹和莲瓣纹。釉色青绿，釉面有裂纹。口径17.8、足径7、高8.2厘米。

70】TN16W3⑥b：10，内底心阴印菊花纹，口外侧有折点弦纹，中腹壁双弦纹下刻划莲瓣纹。釉色青绿，釉面冰裂。口径18、足径7、高8厘米。

⑤内底心印花，内外壁刻划花。

71】F1：13，内底阴印荷花纹，内壁近沿处刻划卷草纹，外壁刻划仰莲纹瓣。釉色青绿，外底心点釉。口径14.4、足径5.6、高8厘米。

72】TN12W3⑤N：22，内底心戳印纹饰不清晰，内外壁刻划莲瓣纹。釉色青灰，釉面开片。口径

68】TN16W3⑪：38（AV碗）

22】TN16W3⑥b：9（AV碗）

69】TN16W3⑨a：40（AV碗）

70】TN16W3⑥b：10（AV碗）

71】F1：13（AV碗）

0　　　　　　6厘米

72】TN12W3⑤N：22（AV碗）

16.2、足径 6.4、高 6.9 厘米。

73】TN16W3①：6，内底心阴印菊花纹，内壁刻划缠枝花卉，外壁刻划大莲瓣。釉色青绿，外底心点釉。口径 16.4、足径 6.4、高 7.6 厘米。

74】TN12W3①：7，内底心阴印菊花纹较模糊，内壁外壁刻划两层菊瓣纹。釉色青灰，外底心点釉。口径 17.6、足径 8、高 8.4 厘米。

⑥外壁刻划花，内壁、底光素。

75】F1：12，外壁刻划大莲瓣纹。釉色青绿。口径 16.8、足径 6.8、高 8 厘米。

76】TN16W3⑤：41，内底残。外壁刻划花。釉色青绿。口径 18.4、足径 7、高 7.4 厘米。

Ⅵ式　足壁宽厚，足端斜削较明显，一般外底无釉支烧。胎色灰白，器胎厚重，釉层多数较薄。

①素面。

77】G7：1，釉色青黄，外底心点釉。口径 15.2、足径 6、高 6.7 厘米。

78】TN15E4③S：2，釉色青绿。口径 14.4、足径 5.8、高 6.6 厘米。

②内底心印花纹，内外壁光素。

79】TN15E4④S：4，内底心阴印牡丹纹。釉色黄。口径 15.6、足径 6.6、高 7 厘米。

80】TN15E4⑪：29，内底心阴印牡丹纹。釉色青黄。口径 14.4、足径 6、高 6.7 厘米。

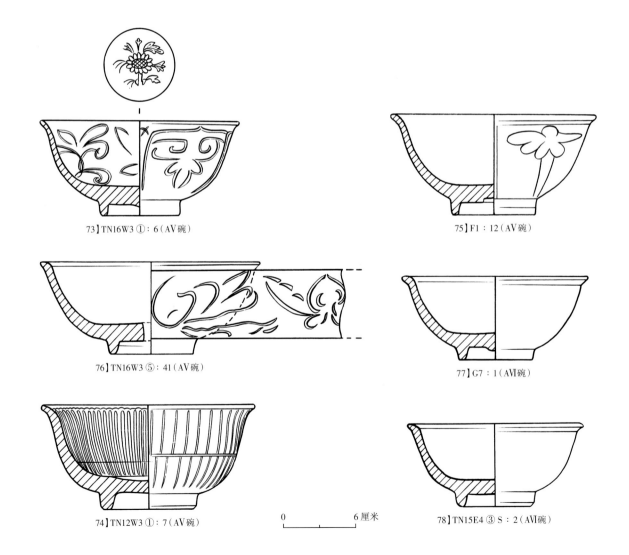

73】TN16W3①：6（AⅤ碗）　　75】F1：12（AⅤ碗）
76】TN16W3⑤：41（AⅤ碗）　　77】G7：1（AⅥ碗）
74】TN12W3①：7（AⅤ碗）　0　6厘米　78】TN15E4③S：2（AⅥ碗）

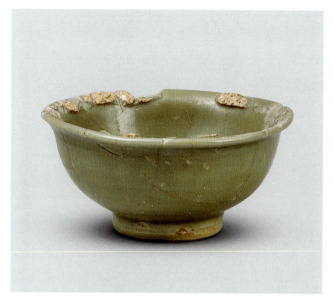
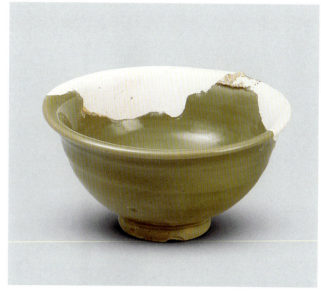

78】TN15E4③S：2（AⅥ碗）

81】TN15E4⑪：5（AⅥ碗）　　　　　　　82】TN10W1⑥：1（AⅥ碗）

81】TN15E4⑪：5，内底心阴印"陈"字勾叶牡丹纹。釉色青黄，釉面开片。口径15.6、足径6.2、高7.2厘米。

82】TN10W1⑥：1，内底心阴印"吉"字勾叶牡丹纹。釉色青绿斑驳。口径15、足径5.4、高7.2厘米。

83】TN15E4⑯：8，内底心阴印勾叶牡丹纹。釉色青中泛黄。口径14.2、足径5.8、高6厘米。

84】TN14W3②：1，内底心阴印荷花纹。釉色青绿。口径14.8、足径5.4、高7.2厘米。

85】TN15E4⑩：16，内底心阴印荷花纹。釉色青灰，外底粘有垫饼。口径14.4、足径5.6、高7厘米。

86】TN15E4⑯：7，内底心阴印荷花纹。釉色青灰。口径14.8、足径4.6、高6.9厘米。

87】TN18E3⑥S：26，内底心阴印荷花纹。釉色青绿。口径15.6、足径6.2、高7厘米。

88】TN12W3④W：4，内底心阴印双菊花纹。釉色青灰，釉面冰裂。口径14.8、高6.2、足径6.2厘米。

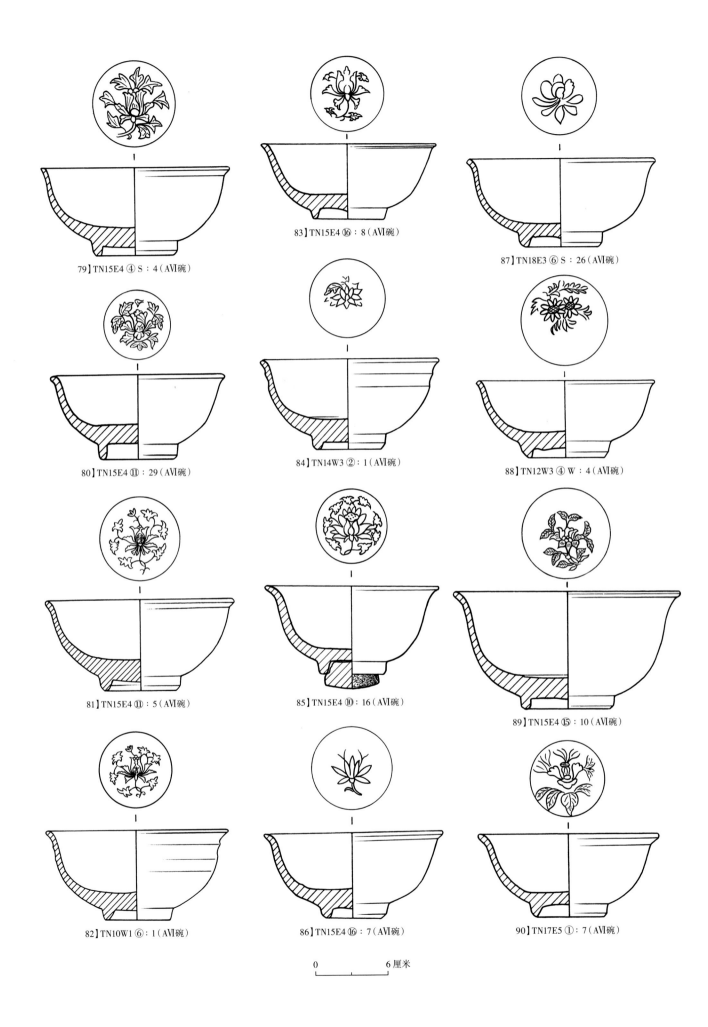

79〕TN15E4 ④ S：4（AVI碗）

80〕TN15E4 ⑪：29（AVI碗）

81〕TN15E4 ⑪：5（AVI碗）

82〕TN10W1 ⑥：1（AVI碗）

83〕TN15E4 ⑯：8（AVI碗）

84〕TN14W3 ②：1（AVI碗）

85〕TN15E4 ⑩：16（AVI碗）

86〕TN15E4 ⑯：7（AVI碗）

87〕TN18E3 ⑥ S：26（AVI碗）

88〕TN12W3 ④ W：4（AVI碗）

89〕TN15E4 ⑮：10（AVI碗）

90〕TN17E5 ①：7（AVI碗）

0　　　　　6厘米

89】TN15E4⑮：10，内底心阴印茶花纹。釉色青中泛黄。口径18.4、足径7、高9.3厘米。

90】TN17E5①：7，内底心阳印茶花纹。釉色青绿。口径14.8、足径5.8、高6.7厘米。

91】TN15E4⑦：9，内底心阳印海棠花纹。釉色青黄。口径14、足径5.5、高6.5厘米。

92】TN15E4⑪：23，内底心阴印红豆纹。釉色淡青绿。口径14、足径5.8、高6.6厘米。

93】TN15E4⑩：15，内底心阴印双鱼莲纹，内沿下有弦纹两道。釉色淡青。口径14.4、足径6、高6.6厘米。

94】TN18E3③S：6，内底心阴印荷下卧童纹。釉色青灰。口径15.2、足径5.8、高6.8厘米。

95】Q12：8，内底心戳印金刚杵纹，一侧有一"大"字。釉色青。外底粘有垫饼。口径14.6、足径6.2、高7厘米。

96】TN17E5①：12，内底心戳印金刚杵纹及"□字"二字。釉色青黄。外底粘有垫饼。口径15.6、足径6.3、高6.3厘米。

97】y2：31，内底心戳印金刚杵纹。釉色青绿。口径14.4、足径5.8、高7.2厘米。

98】y1：15，内底心阴印杂宝纹。釉色青灰。口径15、足径6.2、高7.2厘米。

99】TN18E4⑥S：3，内底心阳印"颖川祠堂"四字。釉色青灰。口径16、足径6、高7.5厘米。

③内底心印花，外壁刻划花，内壁光素。

100】TN10W1⑤：5，内底心阴印茶花纹，外壁刻仰莲纹瓣。釉色青绿，釉面冰裂。口径17.2、足径6.8、高8.6厘米。

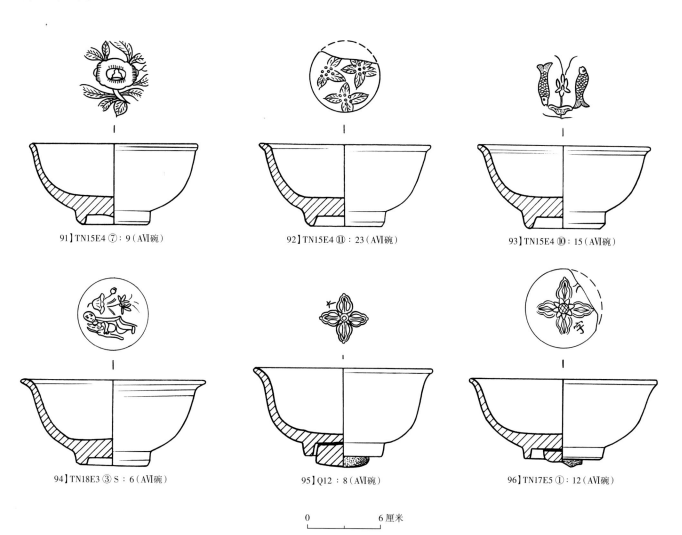

91】TN15E4⑦：9（AⅥ碗）　　92】TN15E4⑪：23（AⅥ碗）　　93】TN15E4⑩：15（AⅥ碗）

94】TN18E3③S：6（AⅥ碗）　　95】Q12：8（AⅥ碗）　　96】TN17E5①：12（AⅥ碗）

0　　　　6厘米

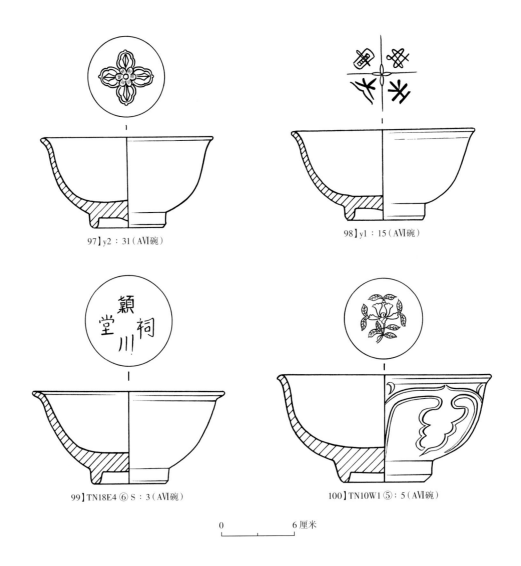

97】y2：31（AVI碗）　　　　　　　　　98】y1：15（AVI碗）

99】TN18E4⑥S：3（AVI碗）　　　　　100】TN10W1⑤：5（AVI碗）

0　　　　　6厘米

④内底心印花，内外壁刻划花。

101】TN18E3⑥S：24，内底阳印"王氏"菊花纹，口内侧刻划一圈回纹，内外壁刻划缠枝牡丹纹。釉色青绿，釉层较厚，釉面冰裂。口径15.6、足径6.4、高8.8厘米。

102】TN15E4①：54，内底阴印纹饰不清，沿面有三道弦纹，沿下刻回纹，内壁刻划缠枝花卉，口外侧刻划一圈卷草纹，外壁刻划缠枝花卉。釉色青绿，釉面开片，外底心点釉。口径16.6、足径7、高8.6厘米。

103】TN15E4⑬：6，内底阴印纹饰不清晰，内壁近沿处刻划回纹一周，其下刻划缠枝花卉，口外侧刻划卷草纹一周，其下刻划缠枝花卉，下腹刻划仰莲纹。灰黄胎，胎质较疏。釉色青黄，釉面开片，外底心点釉。口径16.6、足径6.8、高8.6厘米。

104】TN18E3⑥S：27，内底阴印菊花纹，内壁刻划四道竖线，竖线间刻划杂宝纹样，外壁刻划仰莲瓣纹。釉色青绿，外底心点釉。口径16、足径6.6、高8厘米。

⑤内壁刻划花，内底、外壁光素。

105】TN18E3④S：4，内壁刻划缠枝牡丹纹。釉色青黄，外底心点釉。口径17.6、足径7、高7.8厘米。

⑥外壁刻划花，内壁、底光素。

106】TN17E5①：1，外壁刻划缠枝牡丹纹。釉色青绿，外底心点釉。口径18、足径7、高8.4厘米。

94】TN18E3 ③ S：6（AⅥ碗）

100】TN10W1 ⑤：5（AⅥ碗）

101】TN18E3 ⑥ S：24（AⅥ碗）

0   6厘米

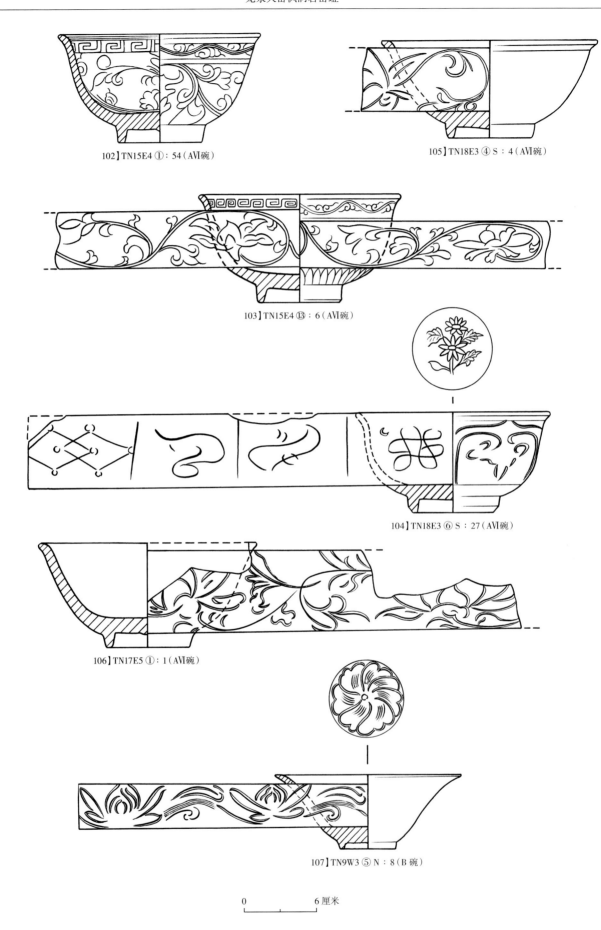

102】TN15E4 ①：54（AⅥ碗）

105】TN18E3 ④ S：4（AⅥ碗）

103】TN15E4 ⑬：6（AⅥ碗）

104】TN18E3 ⑥ S：27（AⅥ碗）

106】TN17E5 ①：1（AⅥ碗）

107】TN9W3 ⑤ N：8（B 碗）

0   6 厘米

101】TN18E3 ⑥ S：24（AⅥ碗）

104】TN18E3 ⑥ S：27（AⅥ碗）

102】TN15E4 ①：54（AⅥ碗）

106】TN17E5 ①：1（AⅥ碗）

B 型　侈口斗笠碗。

107】TN9W3 ⑤ N：8，外底心微凸，内底有凹圈。底心刻划荷花纹，内壁刻划缠枝牡丹纹及篦划纹。釉色青绿。口径 15.6、足径 4.5、高 6 厘米。

C 型　侈口斜腹碗。胎色灰白，胎壁较厚，釉层较薄，半釉叠烧。按器足不同可分 2 式。

Ⅰ式　圈足较宽，足壁较直。素面。

108】TN8W3 ③ N：48，釉色青灰，内外半釉。口径 17、足径 5、高 6 厘米。

Ⅱ式　饼底。素面。

109】TN18E5 ②：22，外底内凹。釉色青灰，内外壁施半釉，釉面开片。口径 17、足径 5.4、高 5.4 厘米。

D 型　菱口曲腹碗。菱口外侈，沿面刻划双菱线纹，内外壁刻双棱线纹将其均分为八瓣，瓣内刻划牡丹纹，下腹刻划一道弦纹及仰莲瓣纹。

110】TN14W7 ②：2，釉色青灰，外底心点釉。口径 16.8、足径 6.8、高 8 厘米。

107】TN9W3⑤N：8（B碗）

108】TN8W3③N：48（CⅠ碗）　　　　　　　　　　109】TN18E5②：22（CⅡ碗）

110】TN14W7②：2（D 碗）

111】TN8W3②：12（E 碗）

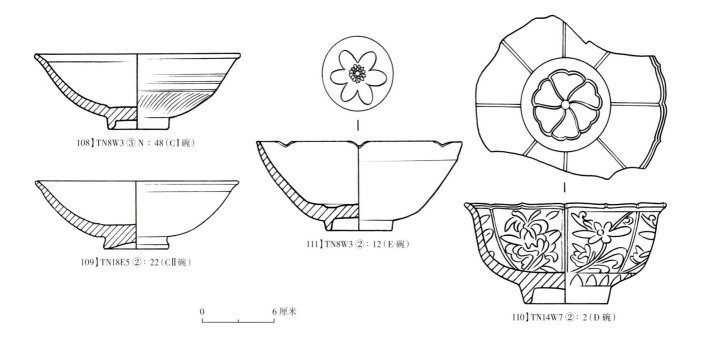

108】TN8W3③ N：48（CⅠ碗）

109】TN18E5②：22（CⅡ碗）

111】TN8W3②：12（E 碗）

0　　　　　6厘米

110】TN14W7②：2（D 碗）

E 型　葵口贴花碗。敞口，口沿有五到六出压凹成葵花口型，斜弧腹，内底心平，外底心微凸。胎色白，胎壁较薄，釉层较厚。

111】TN8W3②：12，内底心贴梅花。釉色青绿。口径 17、足径 5.3、高 7.1 厘米。

F 型　敞口弧腹碗。按圈足宽窄、器底厚薄、足端是否裹釉、支烧方式等特点的不同，可分 4 式。

Ⅰ式　圈足窄，深斜腹，内底心凹，外底心微凸。足端刮釉，垫烧于外底。胎色较白，胎壁薄，釉层较厚。①外壁浮雕莲瓣，莲瓣中凸脊，莲瓣外刻单线，内壁、底光素。

112】G2：2，釉色粉青，釉面冰裂，釉层微玻化。口径 18.6、足径 4.5、高 8 厘米。

113】TN9W3④S：6，釉色青绿。粘有垫具。口径 21、足径 7.2、高 11.8 厘米。

114】TN10W3③S：16，釉色粉青，釉面冰裂。口径 23、足径 6.2、高 10.6 厘米。

115】TN10W3⑧N：3，釉色青绿。口径 11.2、足径 3、高 5.7 厘米。

112】G2：2（FⅠ碗）

115】TN10W3 ⑧ N：3（FⅠ碗）

117】TN9W3 ③ N：2（FⅠ碗）

116】TN14W7 ⑧：8（FⅠ碗）

118】TN18E4 ③ N：10（FⅡ碗）

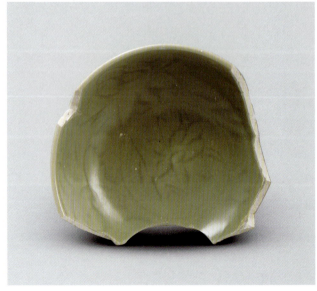

119】TN12W3 ④ S：15（FⅢ碗）

112〕G2：2（FⅠ碗）

113〕TN9W3④S：6（FⅠ碗）

114〕TN10W3③S：16（FⅠ碗）

116〕TN14W7⑧：8（FⅠ碗）

117〕TN9W3③N：2（FⅠ碗）

115〕TN10W3⑧N：3（FⅠ碗）

118〕TN18E4③N：10（FⅡ碗）

0　　　　　　　　6厘米

116〕TN14W7⑧：8，釉色青黄。口径 17.4、足径 4.7、高 6.7 厘米。

②内壁刻划花，内底贴花，外壁光素。

117〕TN9W3③N：2，内壁刻划牡丹纹，内底心贴梅花。釉色粉青，釉面有开片，上腹有流釉。口径18、足径 4.8、高 8 厘米。

　Ⅱ式　饼底。外底内凹，垫烧于外底。

①外壁刻划莲瓣纹，莲瓣中凸脊，外侧双线，内壁、底光素。

118〕TN18E4③N：10，釉色淡青，外底有三个泥点痕。口径 17、底径 5.6、高 5.5 厘米。

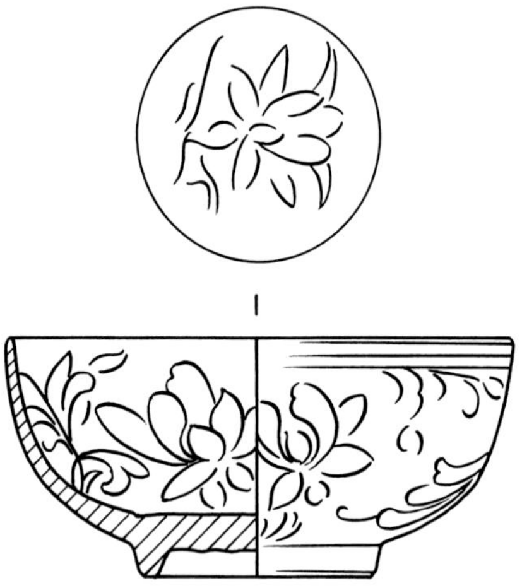
119】TN12W3④S：15（FⅢ碗）

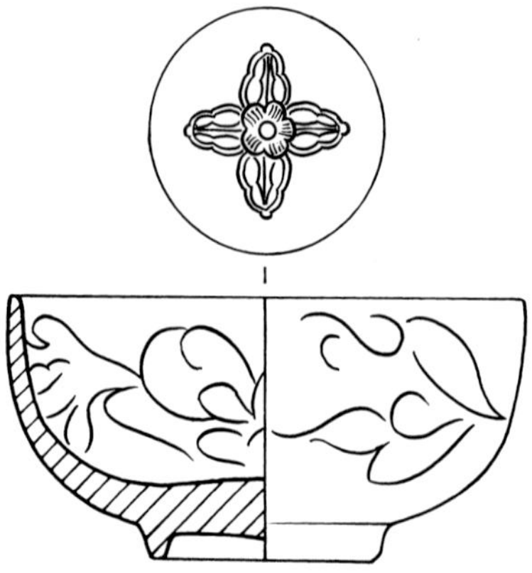
120】TN12W3⑤N：26（FⅢ碗）

0　6厘米

Ⅲ式　圈足较宽，足端斜削裹釉，外底刮釉不净，支烧于外底。

①内外壁刻划缠枝花，内底心刻划花。

119】TN12W3④S：15，内外壁刻划缠枝牡丹纹，内底心刻划荷花纹。釉色青绿，外底心点釉。口径16.8、足径7.6、高7.6厘米。

②内外壁刻划缠枝花，内底心印花。

120】TN12W3⑤N：26，内外壁刻划缠枝花卉，内底心戳印金刚杵纹。釉色青灰，外底心点釉。口径15.2、足径6.8、高7.4厘米。

Ⅳ式　足壁厚，器胎厚重。足端斜削裹釉，外底刮釉，外底心多数有点釉，支烧于外底。胎色灰白，釉层多数较薄。

①素面。

121】TN18E3⑥S：52，釉色青绿。口径14.4、足径5.7、高8.3厘米。

②内底心印花，内外壁光素。

122】TN15E4⑮：11，内底心阳印勾叶牡丹纹。釉色青灰。口径16.4、足径6.4、高7.3厘米。

123】TN15E4④S：12，内底心阴印海棠花纹。釉色青黄，釉层较薄。口径15、足径6、高7.4厘米。

124】TN15E4⑤S：3，内底心阳印荷花莲叶纹。釉色青黄。口径15.8、足径5.8、高7厘米。

125】TN15E4⑦：8，内底心阴印仰莲纹。釉色青中泛灰。口径14、足径6、高7.7厘米。

126】y5：1，内底心阴印仰莲纹。釉色青中泛灰。口径11.6、足径4.9、高6.4厘米。

127】TN18E3④S：5，内底心阳印葵花纹。釉色淡青绿，釉层较薄。口径14.6、足径6、高7.8厘米。

128】TN15E4④S：11，内底心戳印金刚杵纹。釉色青绿。口径15.6、足径5.9、高8厘米。

129】TN18E3⑥S：21，内底心戳印金刚杵纹。釉色青绿，外底心点釉。口径14.4、足径6、高7.8厘米。

130】TN15E4⑬：8，内底心阴印一符号。釉色青黄。口径14.2、足径6.2、高6.8厘米。

131】TN15E4①：53，内底心阳印“福”字。釉色淡青。口径14.2、足径6、高7.6厘米。

132】TN18E4③N：5，内底心阳印楷体“顾氏”二字。釉色青绿，外底心点釉。口径16.1、足径6.2、高7.7厘米。

121】TN18E3 ⑥ S：52（FⅣ碗）

125】TN15E4 ⑦：8（FⅣ碗）

130】TN15E4 ⑬：8（FⅣ碗）

122】TN15E4 ⑮：11（FⅣ碗）

126】y5：1（FⅣ碗）

131】TN15E4 ①：53（FⅣ碗）

123】TN15E4 ④ S：12（FⅣ碗）

127】TN18E3 ④ S：5（FⅣ碗）

132】TN18E4 ③ N：5（FⅣ碗）

124】TN15E4 ⑤ S：3（FⅣ碗）

128】TN15E4 ④ S：11（FⅣ碗）

0   6厘米

121〗TN18E3⑥S：52（FⅣ碗）

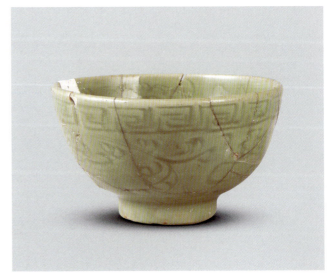

129〗TN18E3⑥S：21（FⅣ碗）

133〗TN18E3③S：16（FⅣ碗）

134〗TN7W2③：1（FⅣ碗）

③内底心印花，内外壁刻划花。

133】TN18E3③S：16，内底心阳印海棠花纹，内壁刻划缠枝牡丹纹，外壁刻划三角尖形莲瓣。釉色青绿。口径12、足径5.2、高6.2厘米。

134】TN7W2③：1，内底心阳印篆体"顾氏"，内壁刻划缠枝牡丹纹，口外侧刻划回纹，外壁刻划缠枝牡丹纹。釉色青绿，外底心点釉。口径12.4、足径5、高6.8厘米。

G型 菊花形敞口深腹大碗。敞口，圆唇，深弧腹，外底心洞凹，圈足宽，足壁较直，足端平，足端无釉。胎壁厚，胎色较白，釉层较薄。内外壁多刻划菊瓣，内底多贴胎。

135】TN10W6③a：25，内外壁刻划菊瓣纹，内底心贴团菊。釉色淡青绿。口径34、足径8、高13.4厘米。

133】TN18E3③S：16（FⅣ碗）

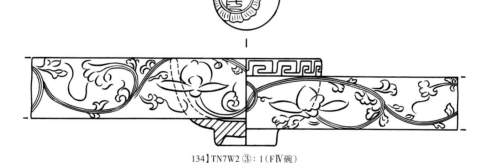

134】TN7W2③：1（FⅣ碗）

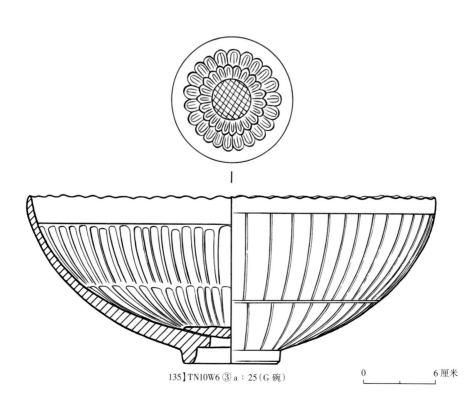

135】TN10W6③a：25（G碗）

0   6厘米

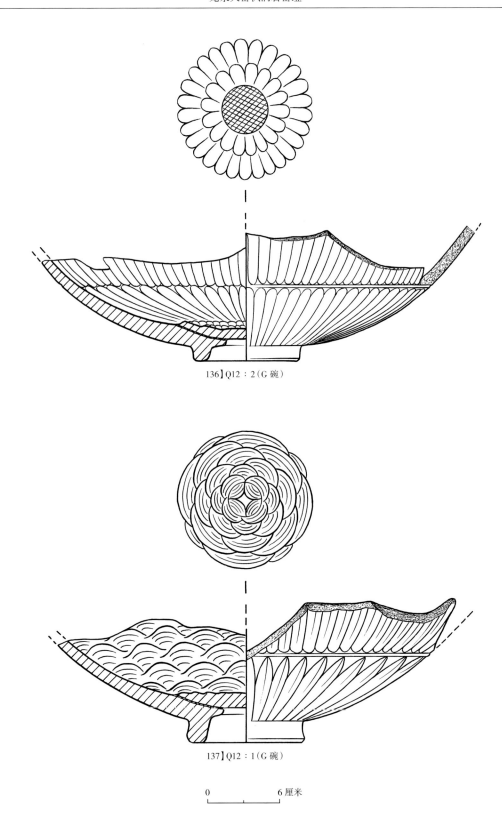

136】Q12：2（G 碗）

137】Q12：1（G 碗）

0　　　　　　6厘米

136】Q12：2，口残。内外壁刻划菊瓣纹，内底心贴团菊。釉色淡青灰。足径 8.8、残高 10.2 厘米。

137】Q12：1，口残。内壁刻划波浪纹，外壁上部刻菊瓣纹，下腹刻划莲瓣纹，内底心贴片，模印波浪纹。釉色淡绿。足径 9.2、残高 12 厘米。

136】Q12：2（G 碗）

135】TN10W6 ③ a：25（G 碗）

137】Q12：1（G 碗）

H型　敞口浅腹碗。内底平凹。胎色灰白，胎壁较厚，釉层薄。多半釉叠烧。按底足可分2式。

Ⅰ式　宽圈足，足壁较直，足端或斜削。素面。

138】L4：1，生烧。口径16.6、足径5、高6.6厘米。

139】TN9W3④N：2，釉色黄。足端和外底无釉。口径13、足径4.8、高5.6厘米。

Ⅱ式　饼底，外底内凹，底端斜削。胎质较疏松。

①内底心印花，内外壁光素。

140】TN10W6③a：20，内底心阴印荷花莲叶纹。釉色青黄。口径18.4、底径6.2、高6.1厘米。

②内底心印花，内壁刻划花，外壁光素。

141】TN14W7⑦：35，内底心阴印一"卍"，内壁刻划卷叶纹及篦划纹。下腹有明显跳刀痕。釉色青黄。口径17.6、足径5.4、高6厘米。

J型　菊花形敞口弧腹碗。菊花形敞口，浅弧腹，圈足。足端外侧斜削，足端挂釉，外底无釉。

142】TN10W1⑨：1，内壁刻划菊瓣纹，外壁刻划直线纹，内底刻团花。釉色淡青。口径10.5、足径4、高4.5厘米。

K型　敞口深腹小碗。腹部较直，下腹急收。足壁厚，足端斜削裹釉，外底刮釉，外底心多数有点釉。胎色灰白，釉层多数较薄。内底心印花，内外壁光素。

143】TN18E3④N：6，内底心阴印勾叶牡丹纹。釉色淡青。外底心点釉。口径11.6、足径4.4、高6.9厘米。

144】TN18E3②：2，内底心阴印海棠花纹。釉色淡青绿。外底心点釉。口径11.2、足径4.4、高6.3厘米。

145】TN18E3③N：1，内底心阴印仰莲纹。釉色青绿。外底心点釉。口径12、足径5、高7.2厘米。

146】TN18E3③S：17，内底心阴印仰莲纹。釉色青绿。口径11.4、足径4.8、高6.4厘米。

147】TN18E3⑦S：3，内底心阳印八思巴文。釉色青绿。外底心点釉。口径12、足径5.6、高6.8厘米。

148】TN18E5①：1，内底心阳印篆体"顾氏"纹。釉色青绿。外底心点釉。口径11.8、足径4.8、高7厘米。

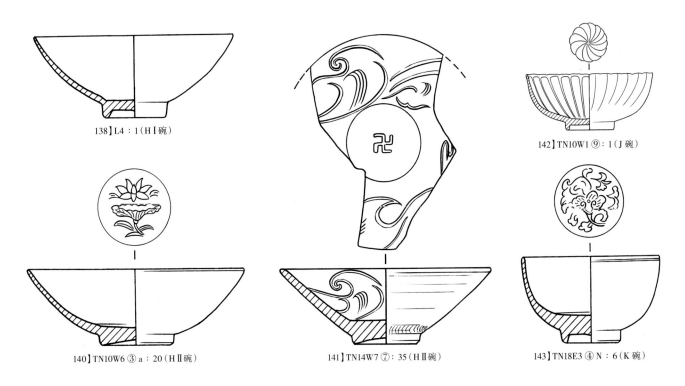

138】L4：1（HⅠ碗）　　142】TN10W1⑨：1（J碗）

140】TN10W6③a：20（HⅡ碗）　　141】TN14W7⑦：35（HⅡ碗）　　143】TN18E3④N：6（K碗）

0　　　6厘米

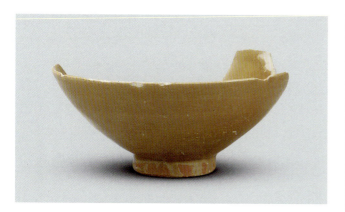

139】TN9W3 ④ N：2（H I 碗）

140】TN10W6 ③ a：20（H II 碗）

141】TN14W7 ⑦：35（H II 碗）

142】TN10W1 ⑨：1（J 碗）

143】TN18E3 ④ N：6（K 碗）

147】TN18E3 ⑦ S：3（K 碗）

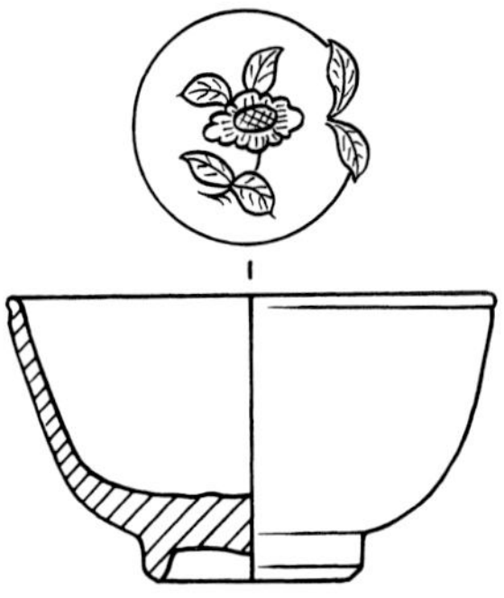

144】TN18E3②：2（K碗）

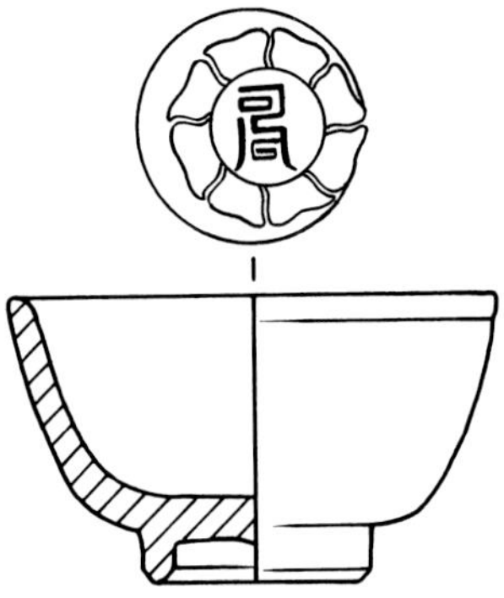

147】TN18E3⑦S：3（K碗）

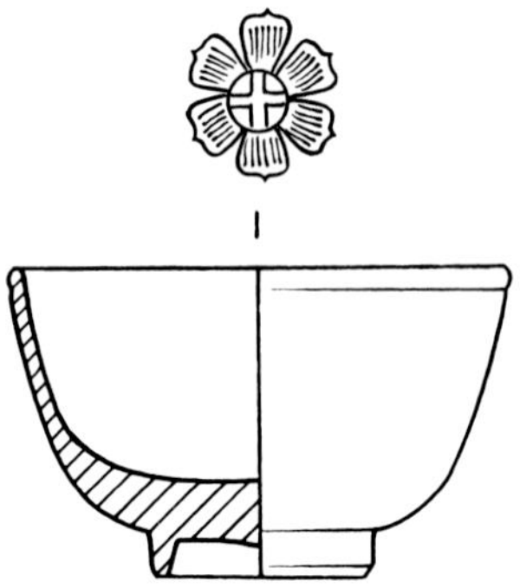

145】TN18E3③N：1（K碗）

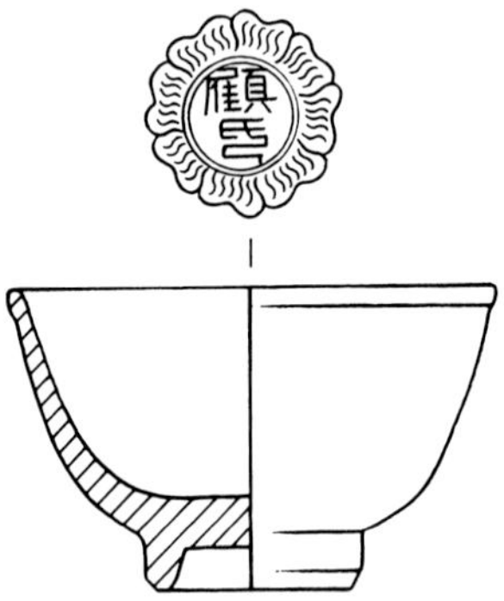

148】TN18E5①：1（K碗）

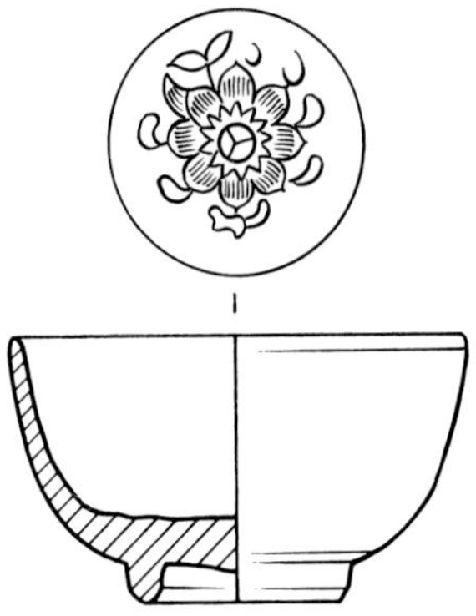

146】TN18E3③S：17（K碗）

0 6厘米

L型　敞口深腹大碗。圆唇，弧腹，腹壁较斜，下腹弧收，圈足。足端裹釉，足端斜削明显，外底刮釉、中心或有凹窝。胎色灰白，胎壁厚，釉层较薄。装饰题材多样且较随意。

①内外壁刻划花，内底或有刻划花。

149】TN6W4③W：7，内壁刻划波浪纹，内底心残，口外侧刻划回纹一周，外壁刻划缠枝牡丹纹。釉色青绿。口径30.3、足径12.1、高13.7厘米。

150】TN7W1④：30，内外壁刻划缠枝牡丹纹，口外侧刻划席纹。釉色青灰。口径28.2、足径12.4、高14.6厘米。

151】TN15E4⑨：1，内壁刻划缠枝牡丹纹，口外侧有交叉刻划纹和两道弦纹，腹部剔刻花纹及篦划纹，腹下残。釉色青绿。口径约28.6厘米。

152】TN15E4⑥：3，内外壁刻划缠枝牡丹纹，口外侧刻划一圈回纹，内底心刻划牡丹纹。釉色青绿。口径31.2、足径12.8、高14.6厘米。

153】TN15E4⑪：15，内壁刻划缠枝牡丹纹，内底心刻划团花，外壁刻划尖形莲瓣纹。釉色青灰，外底心内凹点釉。口径26.4、足径11.6、高12.8厘米。

154】TN17E5①：16，内壁刻划缠枝牡丹纹，内底心刻划团花，口外侧刻划一圈回纹，外壁刻划尖形莲瓣纹。釉色青灰。外底心内凹点釉。口径29.4、足径11.6、高13.2厘米。

②内外壁刻划花，内底印花。

155】TN15E4⑮：16，内壁刻划缠枝牡丹纹，内底心阴印牡丹纹，纹饰中有倒“陈”字，口外侧刻划一圈回纹，外壁刻划尖形莲瓣纹。釉色青灰，外底心点釉。口径23.2、足径8.4、高11.4厘米。

156】TN15E4⑪：34，内外壁刻划缠枝牡丹纹，内底心阴印牡丹纹，口外侧刻划一圈回纹。釉色青绿。口径29.8、足径12.6、高13.4厘米。

157】TN15E4⑪：31，内壁刻划缠枝花卉，内底心阴印茶花纹，口外侧刻划卷草纹，外壁刻划尖形莲瓣纹。釉色淡青绿。口径21.6、足径8.4、高11.2厘米。

158】TN15E4⑮：18，内壁刻划缠枝牡丹纹，内底心阴印纹饰不清晰，口外侧刻划一圈回纹，外壁刻划尖形莲瓣纹。青绿色釉，外底心内凹点釉。口径23、足径9.2、高10.9厘米。

159】TN18E7①：3，内外壁刻划缠枝牡丹纹，内底心阴印牡丹纹，纹饰中有“山中人”字样，口外侧刻划一圈卷草纹。釉色青绿，外底心内凹点釉。口径29.2、足径13、高10.6厘米。

160】TN15E4⑤S：5，内壁刻划缠枝花卉，内底心阳印菊花纹，口外侧刻划一圈卷草纹，外壁刻划缠

149 TN6W4 ③ W：7（L 碗）

150 TN7W1 ④：30（L 碗）

151 TN15E4 ⑨：1（L 碗）

6 厘米

0

152〕TN15E4⑥：3（L 碗）

153〕TN15E4⑪：15（L 碗）

0 ⊢—⊢—⊢—⊣ 6厘米

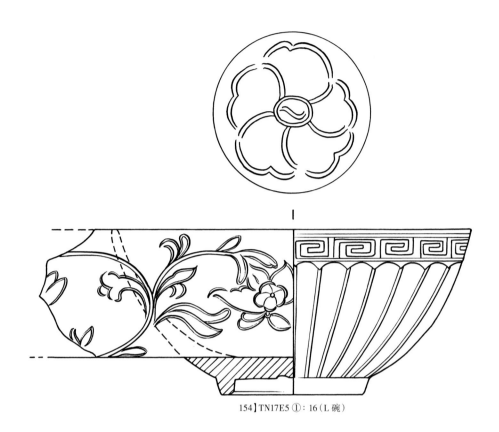

154】TN17E5 ①：16（L 碗）

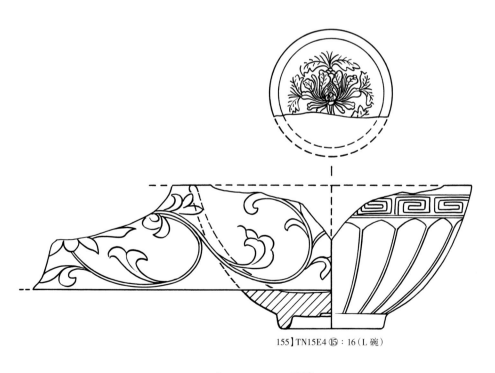

155】TN15E4 ⑮：16（L 碗）

0   6厘米

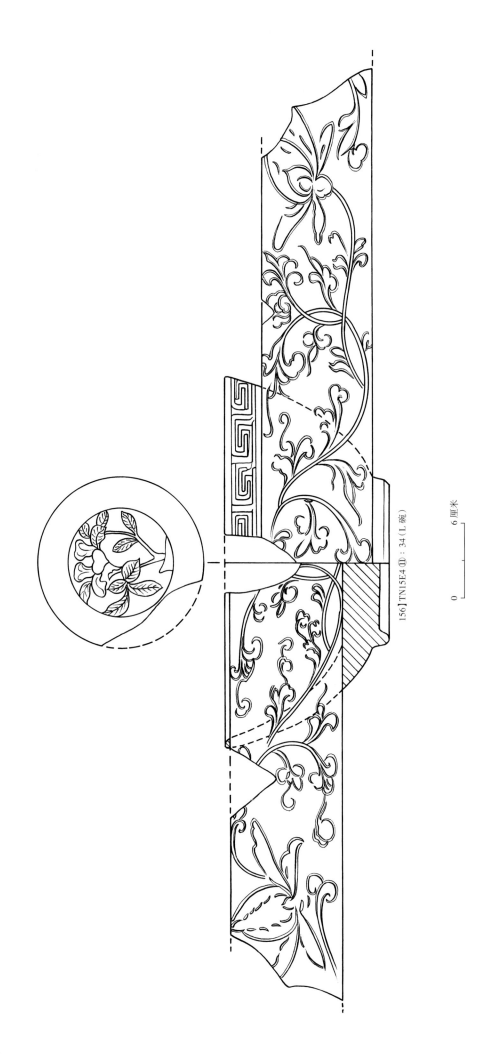

156]TN15E4①：34（L 碗）

0 —————— 6 厘米

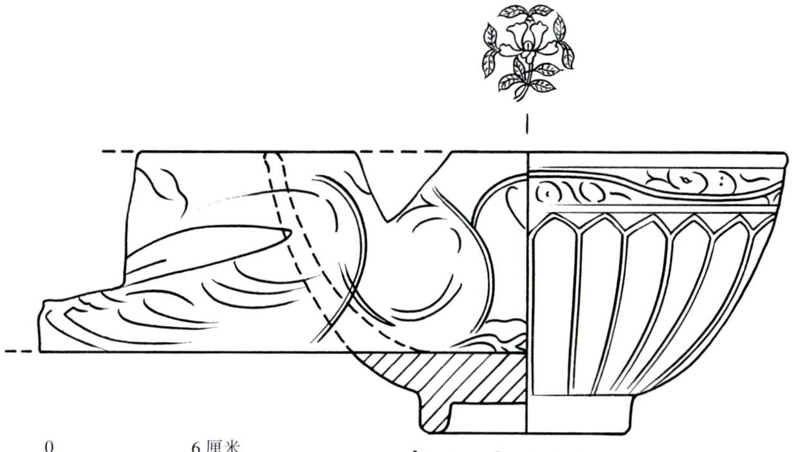

157】TN15E4 ⑪：31（L 碗）

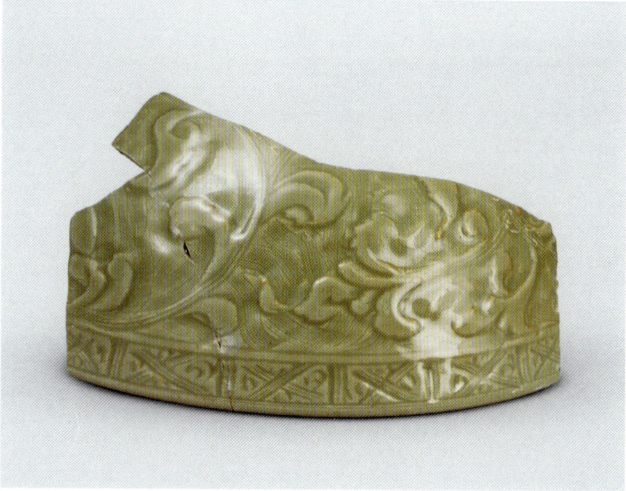

151】TN15E4 ⑨：1（L 碗）

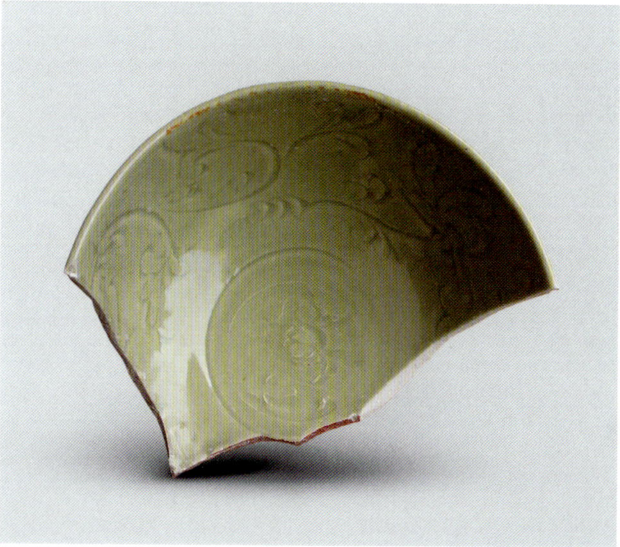

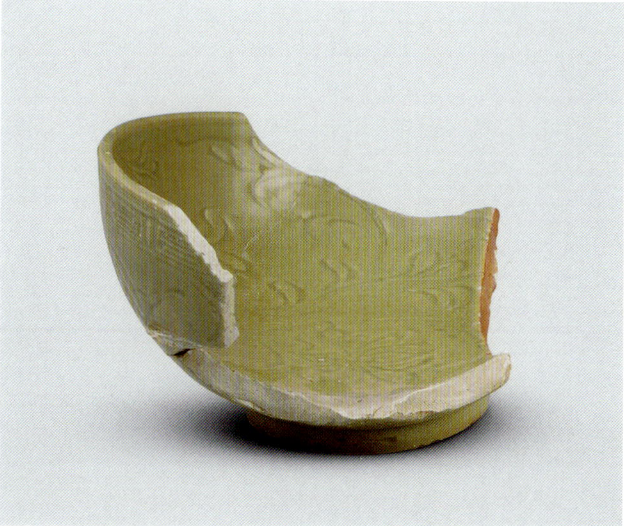

152】TN15E4 ⑥：3（L 碗）

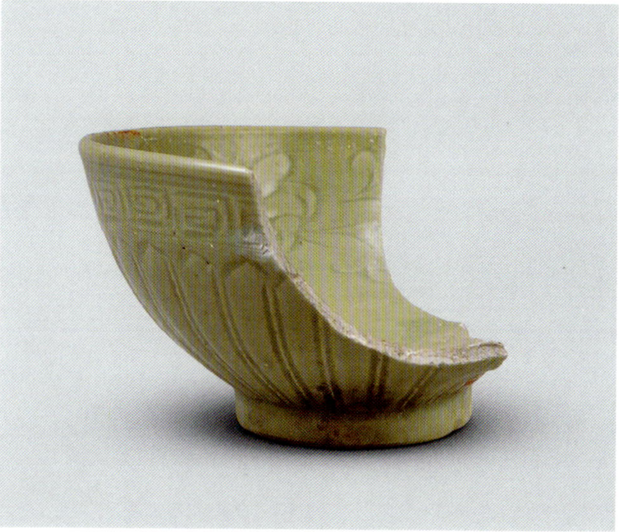

158】TN15E4 ⑮：18（L 碗）

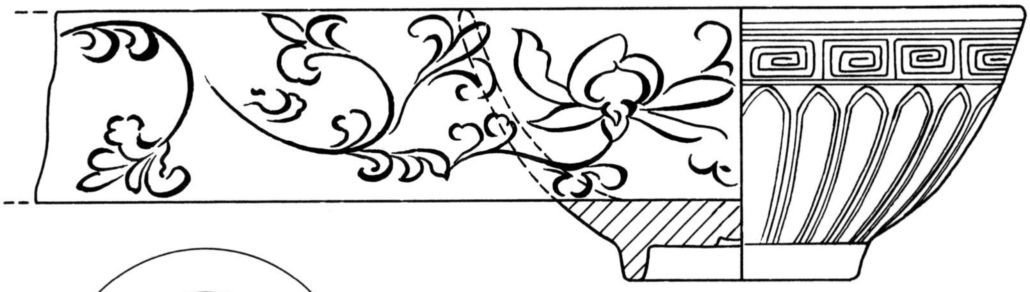

158】TN15E4⑮：18（L 碗）

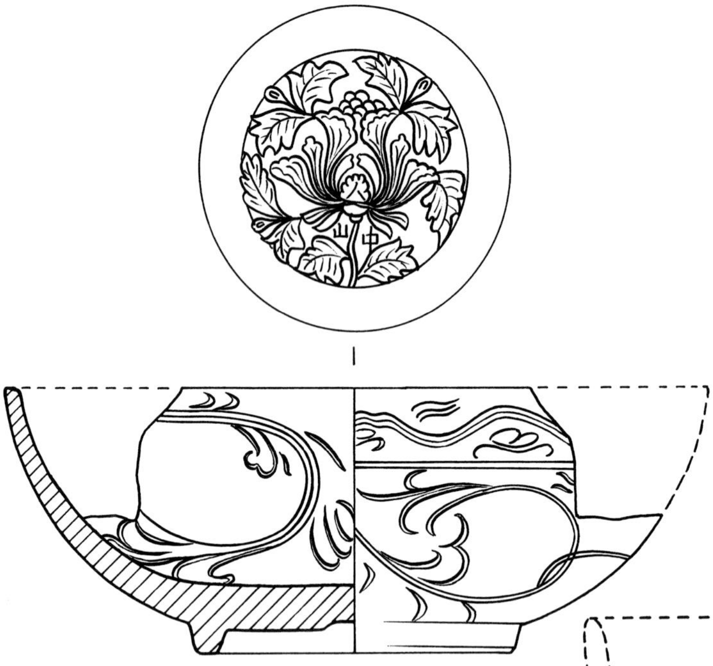

159】TN18E7①：3（L 碗）

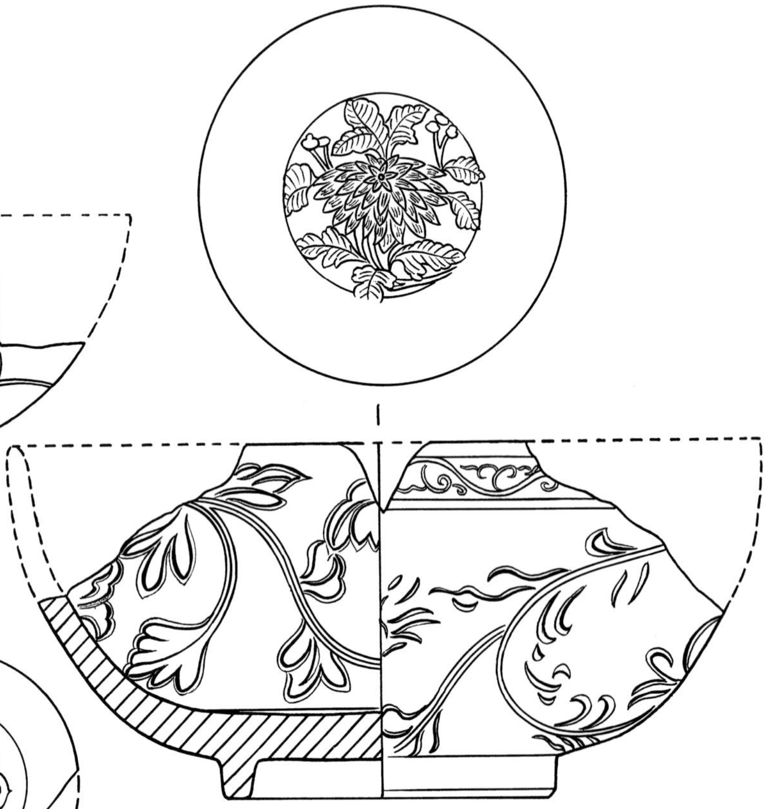

160】TN15E4⑤S：5（L 碗）

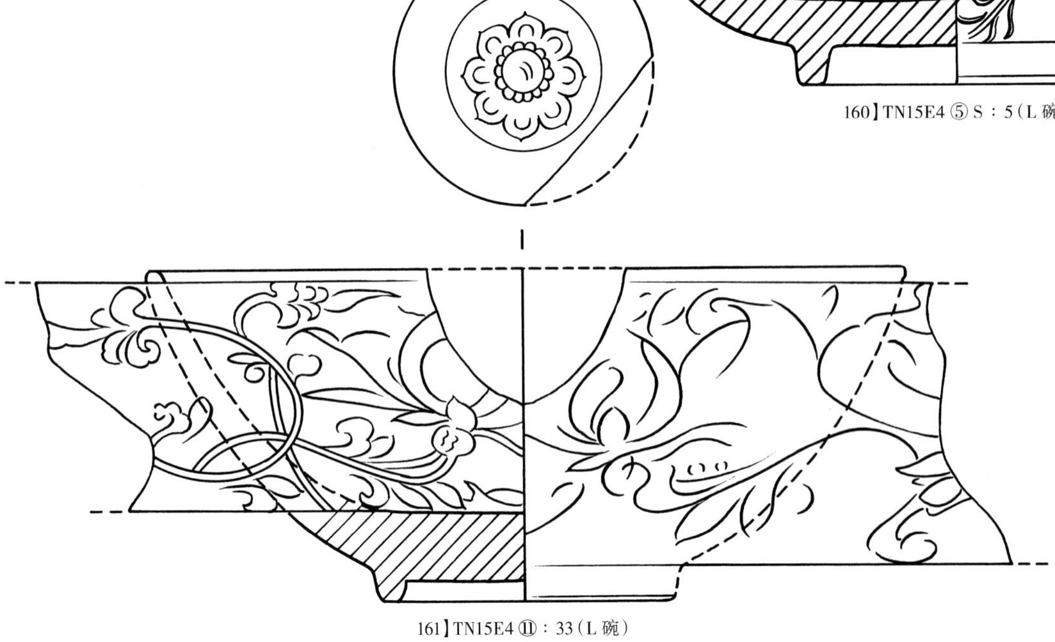

0 6厘米

161】TN15E4⑪：33（L 碗）

枝牡丹纹。釉色青绿。口径约 30.8、足径 13.6、高 14.2 厘米。

161】TN15E4⑪：33，内外壁刻划缠枝牡丹纹，内底心阴印仰莲纹。釉色青黄。口径 31.2、足径 11.8、高 13.3 厘米。

M 型　菱口深腹大碗。菱花形敞口，器形腹、底同 L 型。

162】TN7W1④：28，菱口，外壁压凹直线分瓣，并刻划缠枝花卉。釉色青灰。口径 20.8、足径 8.4、高 10.4 厘米。

N 型　敞口斜腹碗。斜腹微弧。足壁较宽，足端裹釉较平，外底刮釉，多数有点釉。胎色灰白，胎壁较厚，釉层较薄。外壁多数刻菊瓣纹，内壁纹饰多样。

①外壁刻划菊瓣纹，内壁、底光素。

163】TN7W1④：27，釉色青绿，釉面开片。外底心点釉。口径 14.8、足径 6、高 8.4 厘米。

②外壁刻划菊瓣纹，内壁、底刻划花。

164】TN15E4④N：15，内底刻划团花。釉色淡青灰，釉面冰裂。外底心点釉。口径 14.8、足径 5.6、高 8.9

162】TN7W1④：28（M 碗）

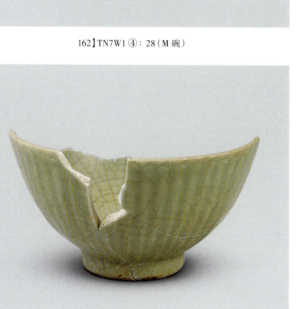

163】TN7W1④：27（N 碗）

164】TN15E4④N：15（N 碗）

厘米。

165】TN15E4④N：14，内壁上刻划网状纹饰，内底刻划团花。釉色青绿，釉面冰裂。外底心点釉。口径 12.8、足径 5.2、高 7.2 厘米。

166】y1：5，内底刻划团花。釉色青黄，釉层较薄。外底心点釉。口径 12.2、足径 5.2、高 6.7 厘米。

167】TN18E3⑥S：23，口内侧刻划菱形花格纹，内底刻团花，口外侧刻划折线纹。釉色青绿，釉层较厚。外底心点釉。口径 12.4、足径 5.4、高 6.8 厘米。

162】TN7W1④：28（M 碗）

163】TN7W1④：27（N 碗）

165】TN15E4④N：14（N 碗）

167】TN18E3⑥S：23（N 碗）

164】TN15E4④N：15（N 碗）

166】y1：5（N 碗）

168】TN6W4③W：4（N 碗）

0　　　　　　6 厘米

169】TN18E3⑤S：24（N 碗）

165】TN15E4 ④ N：14（N 碗）

166】y1：5（N 碗）

167】TN18E3 ⑥ S：23（N 碗）

169】TN18E3 ⑤ S：24（N 碗）

③外壁刻划菊瓣纹，内壁、底刻划花，并戳印文字。

168】TN6W4③W：4，内壁底刻划花，内底心戳印"石林"字样，外壁刻菊瓣纹。釉色青绿，釉面冰裂，釉层较厚玻化。口径12.8、足径4.4、高7.2厘米。

④外壁下腹刻划莲瓣纹，内壁刻划花。

169】TN18E3⑤S：24，内壁刻划花卉，纹饰不清晰，外壁下腹刻划莲瓣纹。釉色青灰，釉层较厚，釉面开片。外底心点釉。口径17、足径6.8、高8.5厘米。

P型　直口盖碗。

（一）碗

口微敛，直腹微弧，圆唇，下腹急收，圈足。按圈足不同可分3式。

Ⅰ式　圈足窄，足壁斜，外底心尖凸。胎色白，胎壁较薄，釉层较厚，口唇和足端无釉。内壁光素，外壁刻划莲瓣纹，莲瓣中凸脊，外划单线。

170】TN8W3③N：13，釉色淡青绿，釉面局部冰裂。口径12.2、足径7.2、高8.6厘米。

171】TN9W3⑤N：9，釉色青绿。口径13.6、足径10、高10.2厘米。

Ⅱ式　圈足较Ⅰ式宽厚，足壁直，外底平。胎色灰白，胎壁较厚，釉层较薄，足端和外底无釉。内壁光素，外壁多刻划花。

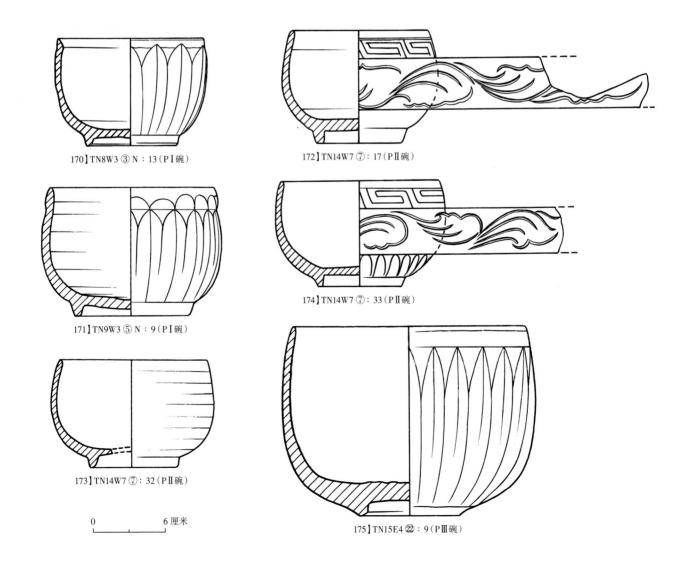

170】TN8W3③N：13（PⅠ碗）

172】TN14W7⑦：17（PⅡ碗）

171】TN9W3⑤N：9（PⅠ碗）

174】TN14W7⑦：33（PⅡ碗）

173】TN14W7⑦：32（PⅡ碗）

0　　　　　　6厘米

175】TN15E4㉒：9（PⅢ碗）

170】TN8W3 ③ N：13（PⅠ碗）

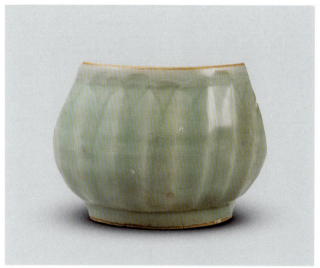

171】TN9W3 ⑤ N：9（PⅠ碗）

172】TN14W7 ⑦：17（PⅡ碗）

173】TN14W7 ⑦：32（PⅡ碗）

174】TN14W7 ⑦：33（PⅡ碗）

175】TN15E4 ㉒：9（PⅢ碗）

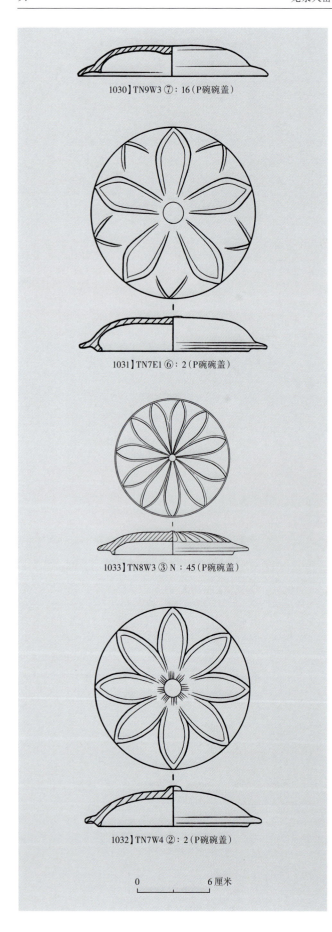

1030〗TN9W3 ⑦：16（P碗碗盖）

1031〗TN7E1 ⑥：2（P碗碗盖）

1033〗TN8W3 ③ N：45（P碗碗盖）

1032〗TN7W4 ②：2（P碗碗盖）

0　　　　　　6厘米

1031〗TN7E1 ⑥：2（P碗碗盖）

1032〗TN7W4 ②：2（P碗碗盖）

1033〗TN8W3 ③ N：45（P碗碗盖）

172】TN14W7⑦：17，口外侧刻划一圈斜回纹，外壁刻划卷叶纹。釉色青灰。口径 11.4、足径 7、高 8.9 厘米。

173】TN14W7⑦：32，外壁有轮旋痕。釉色青绿。口径 12.4、足径 7、高 8.6 厘米。

174】TN14W7⑦：33，外壁口下侧刻划一圈斜回纹，腹壁刻划卷叶纹，下腹刻划莲瓣纹。釉色青绿。口径 13.2、足径 7、高 8.4 厘米。

Ⅲ式　圈足，足外壁内斜，口唇和足端无釉。胎色灰白，胎壁较厚，釉层较厚。

175】TN15E4㉒：9，口外侧一道凸弦纹，外壁浮雕莲瓣纹，莲瓣中凸脊。釉色青黄，釉面局部有裂纹。口径 19.3、足径 8.3、高 15 厘米。

（二）碗盖

圆边，窄缘，弧顶，内口敛。胎色灰白，胎壁较薄，釉层较薄。

1030】TN9W3⑦：16，无纽。釉色粉青。内口径 11.6、直径 15.6、高 2.4 厘米。

1031】TN7E1⑥：2，小圆纽。盖面刻划重莲瓣纹。釉色淡青绿。盖内施釉。内口径 12.6、直径 15.6、高 2.7 厘米。

1032】TN7W4②：2，小圆纽。盖面刻划重莲瓣纹。釉色淡青绿。盖内施釉。内口径 12.6、直径 14.8、高 3.2 厘米。

1033】TN8W3③N：45，小圆纽。盖面刻划莲瓣纹。釉色青。盖内施釉。内口径 10、直径 12.8、高 1.8 厘米。

二　盏

按口腹部不同可分为 9 型。

A 型　侈口斜腹盏。按圈足变化可分 2 式。

Ⅰ式　圈足窄，略翻沿，内底凹，外底心尖凸，足端刮釉。胎色白，胎壁薄，釉层较厚。

176】H5：6，外壁刻划莲瓣纹，莲瓣中凸脊。釉色粉青。口径 9.2、足径 2.6、高 4.2 厘米。

Ⅱ式　厚圈足，足端斜削，外底心尖凸，足端无釉。胎色灰白，胎壁较厚，釉层较厚。

177】TN10W1④：2，内底心有一圆凸。内外壁素面。釉色青灰。口径 11.8、足径 3.2、高 5.6 厘米。

B 型　荷花形侈口斜腹盏。圈足，足端刮釉。胎色白，胎壁较薄，釉层较厚。

178】TN10W3③S：9，内底心凹。内壁刻划莲瓣纹。釉色青绿。口径 11.8、高 5.4、足径 4.2 厘米。

C 型　敞口斜腹盏。圈足，足端刮釉。胎色白，胎壁较厚，釉层较厚。

179】TN16W3⑤：40，釉色青灰。口径 14.8、足径 4.8、高 6.2 厘米。

D 型　侈口束腹盏。圈足，足端刮釉。胎色白，胎壁较薄，釉层较厚。

180】TN14W7⑦：18，釉色青绿。口径 11.4、足径 3.4、高 5 厘米。

E 型　侈口曲腹盏。圈足，多数外底刮釉。胎色灰白，胎壁较厚，釉层较厚。按圈足变化可分 4 式。

Ⅰ式　足壁窄直，足端刮釉。

181】TN10W3③N：34，釉色青绿。口径 11.6、足径 4.7、高 6 厘米。

Ⅱ式　圈足足壁内侧较斜。

①素面。

182】TN16W3⑦：7，釉色青绿。口径 10.4、足径 5、高 5.6 厘米。

②外壁刻划缠枝牡丹纹，内壁、底光素。

183】TN16W3⑨a：20，釉色青绿。口径 9.2、足径 4、高 5.2 厘米。

176〕H5：6（AⅠ盏）

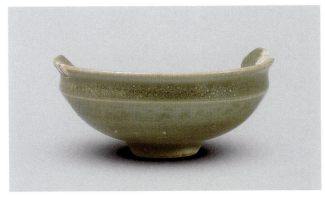

180〕TN14W7⑦：18（D盏）

177〕TN10W1④：2（AⅡ盏）

181〕TN10W3③N：34（EⅠ盏）

178〕TN10W3③S：9（B盏）

179〕TN16W3⑤：40（C盏）

182〕TN16W3⑦：7（EⅡ盏）

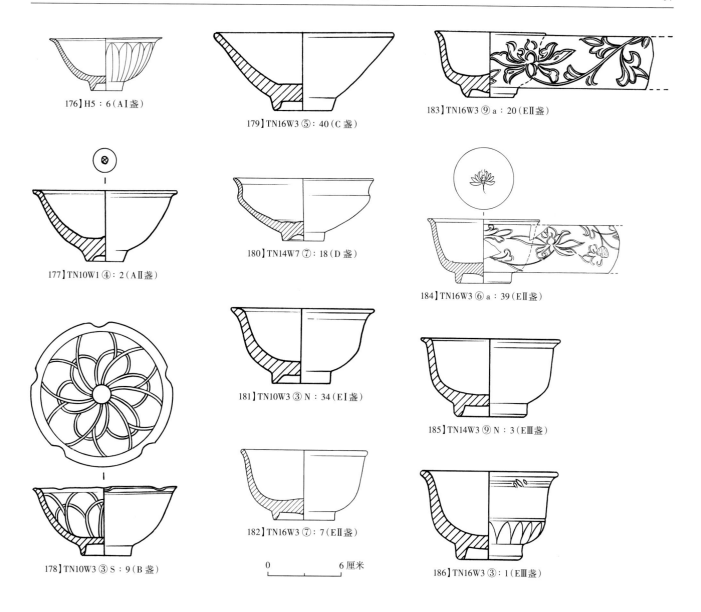

176〕H5：6（AⅠ盏）

179〕TN16W3⑤：40（C盏）

183〕TN16W3⑨a：20（EⅡ盏）

177〕TN10W1④：2（AⅡ盏）

180〕TN14W7⑦：18（D盏）

184〕TN16W3⑥a：39（EⅡ盏）

181〕TN10W3③N：34（EⅠ盏）

185〕TN14W3⑨N：3（EⅢ盏）

178〕TN10W3③S：9（B盏）

182〕TN16W3⑦：7（EⅡ盏）

0　　　　　6厘米

186〕TN16W3③：1（EⅢ盏）

③外壁刻划缠枝牡丹纹，内底心印花，内壁光素。

184〕TN16W3⑥a：39，内底心阴印荷花纹。釉色青绿。口径9.2、足径4.4、高5.2厘米。

Ⅲ式　足壁较厚直，足端斜削裹釉。多数外壁下腹有莲瓣纹。

①素面。

185〕TN14W3⑨N：3，釉色青绿。口径11.6、足径5.6、高6.2厘米。

②外壁下腹有弦纹和莲瓣纹，内壁、底光素。

186〕TN16W3③：1，口外侧刻划折点弦纹。釉色深青绿，釉层玻化有气泡。口径11.6、足径5.6、高7厘米。

Ⅳ式　圈足足壁厚，足端斜削明显，外底刮釉，多数外底心点釉。胎色灰白，胎壁较厚，釉层较薄。

①素面。

187〕TN10W1⑥：4，釉色淡青绿。口径12.4、足径5.8、高6.4厘米。

②外壁刻划缠枝牡丹纹，内壁、底光素。

188〕TN16W3①：5，釉色青绿。口径12、足径5.6、高6.4厘米。

183】TN16W3 ⑨ a：20（EⅡ盏）

185】TN14W3 ⑨ N：3（EⅢ盏）

186】TN16W3 ③：1（EⅢ盏）

187】TN10W1 ⑥：4（EⅣ盏）

187〗TN10W1⑥：4（EⅣ盏）

190〗TN10W3⑥N：4（F盏）

192〗TN12W3⑤N：21（G盏）

189〗TN12W3④N：11（EⅣ盏）

191〗TN12W3④N：8（F盏）

193〗TN17E5①：2（H盏）

188〗TN16W3①：5（EⅣ盏）

194〗TN18E3⑥S：22（J盏）

0   6厘米

③外壁中下腹有弦纹和莲瓣纹，内底印花，内壁光素。

189〗TN12W3④N：11，内底心阴印双鱼莲纹。釉色淡青绿，外底心点釉。口径12.4、足径5.9、高6.1厘米。

F型 侈口斜腹盏。圈足，外底刮釉。胎色灰白，胎壁厚，釉层较厚。

①外壁中下腹刻划弦纹和莲瓣纹。

190〗TN10W3⑥N：4，釉色泛蓝。口径14.4、足径5.6、高6.8厘米。

②外壁刻划莲瓣纹，内底戳印双鱼纹。

191〗TN12W3④N：8，釉色青绿。外底心点釉。口径12.4、足径5.8、高5.4厘米。

G型 侈口直腹盏。圈足，外底刮釉。胎色灰白，胎壁较厚，釉层较厚。外壁刻划缠枝牡丹纹。

192〗TN12W3⑤N：21，釉色青绿。口径10.1、足径6、高6.2厘米。

H型 菊瓣口曲腹盏。圈足，外底刮釉。胎色灰白，胎壁厚，釉层较厚。菊瓣形侈口，内沿面有三道曲线纹，内外壁刻划菊瓣，中间都有弦纹，内底心刻划团菊纹。

188】TN16W3 ①：5（EⅣ盏）

189】TN12W3 ④ N：11（EⅣ盏）

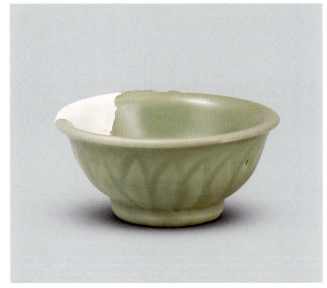

191】TN12W3 ④ N：8（F 盏）

193】TN17E5 ①：2（H 盏）

194】TN18E3 ⑥ S：22（J 盏）

193】TN17E5 ①：2，釉色青绿，釉面冰裂。口径 12.6、足径 5.4、高 7 厘米。

J 型　菱口翻沿折腹盏。圈足足端斜削明显，外底刮釉，外底心多点釉。胎色灰白，胎壁较厚，釉层较薄。

194】TN18E3 ⑥ S：22，内沿有一圈菱形线，内壁刻划几何线，内底有菱花形外圈，外壁上腹刻划缠枝牡丹纹，下腹刻划莲瓣纹。釉色青绿。口径 12.4、足径 5.2、高 6.4 厘米。

三　盅

比盏小巧，按口部不同可分 4 型。

A 型　敛口弧腹卧足盅。按内底不同可分 4 式。

Ⅰ式　内底较平宽，外底心尖凸，外底刮釉。胎色灰白，胎壁较厚，釉层较厚。

195】TN8E3 ⑧：4，内底贴露胎双鱼。釉色青绿，釉层较厚，釉面开片。口径 6.3、足径 3.3、高 3.4 厘米。

Ⅱ式　内底平凹有一凸圈，外底心尖凸，外底刮釉。胎色灰白，胎壁较厚，釉层较厚。

①素面。

196】TN16W3 ⑤：13，釉色青黄，釉层玻化有气泡。口径 7.3、足径 3.5、高 3.5 厘米。

②内底心印花，内外壁光素。

197】TN18E3 ②：38，内底心阴印六瓣花纹。釉色青黄。口径 7.2、足径 4.2、高 4 厘米。

Ⅲ式　内底平。胎色灰白，胎壁较厚，釉层较厚。

198】TN16W3 ⑦：87，釉色青黄。足端及外底无釉。口径 7、足径 4.2、高 3.9 厘米。

199】TN16W3 ⑦：86，釉色青灰。足端及外底无釉。口径 7.4、足径 4.4、高 3.5 厘米。

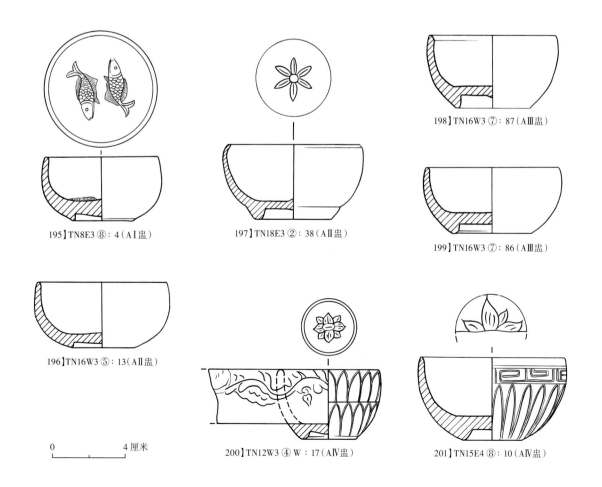

198】TN16W3 ⑦：87（AⅢ盅）

195】TN8E3 ⑧：4（AⅠ盅）　　197】TN18E3 ②：38（AⅡ盅）

199】TN16W3 ⑦：86（AⅢ盅）

196】TN16W3 ⑤：13（AⅡ盅）

0　　　　　4 厘米

200】TN12W3 ④ W：17（AⅣ盅）　　201】TN15E4 ⑧：10（AⅣ盅）

195】TN8E3⑧：4（AⅠ盏）　　　200】TN12W3④W：17（AⅣ盏）　　　206】TN15E4①：81（BⅣ盏）

201】TN15E4⑧：10（AⅣ盏）

196】TN16W3⑤：13（AⅡ盏）　　　202】TN8W3③N：59（BⅠ盏）　　　203】TN10W3③S：13（BⅠ盏）

Ⅳ式　内底小微凹，足端及外底无釉。胎色灰白，胎壁较厚，釉层较厚。内底及内外壁刻划花。

200】TN12W3④W：17，内壁刻划卷草纹，内底心刻划仰莲纹，外壁刻划莲瓣纹，中间有弦纹。釉色青绿。口径5.4、足径3、高3.7厘米。

201】TN15E4⑧：10，内底心刻划仰莲纹，外壁沿下刻划一圈回纹，下腹刻划莲瓣纹。釉色青灰。口径8、足径3.4、高4.4厘米。

B型　敛口弧腹圈足盏。按圈足不同可分4式。

Ⅰ式　圈足窄，外底心微凸，足端无釉。胎色灰白，胎壁较薄，釉层较厚。

①素面。

202】TN8W3③N：59，釉色青绿，釉面开片。口径8.4、足径3.3、高4.6厘米。

②内底印花，内外壁光素。

203】TN10W3③S：13，内底阳印梅花纹。釉色淡青绿。口径7.6、足径2.8、高4.4厘米。

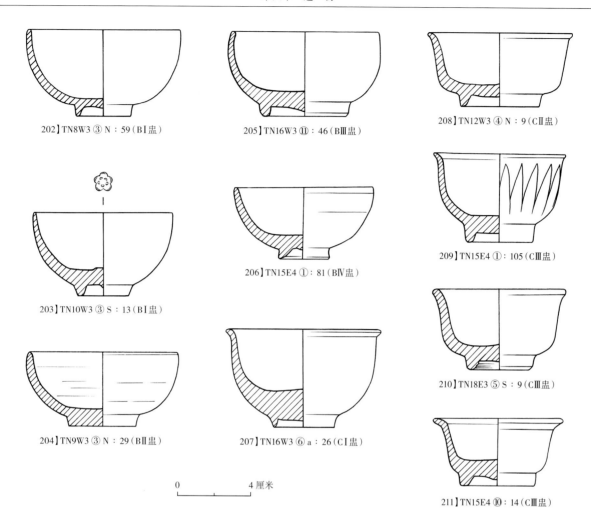

202】TN8W3③N：59（BⅠ盅）　　205】TN16W3⑪：46（BⅢ盅）　　208】TN12W3④N：9（CⅡ盅）

206】TN15E4①：81（BⅣ盅）

209】TN15E4①：105（CⅢ盅）

203】TN10W3③S：13（BⅠ盅）

210】TN18E3⑤S：9（CⅢ盅）

204】TN9W3③N：29（BⅡ盅）　　207】TN16W3⑥a：26（CⅠ盅）

0　　　　　　4厘米

211】TN15E4⑩：14（CⅢ盅）

Ⅱ式　假圈足，外底无釉。胎色灰白，胎壁较厚，釉层较薄。

204】TN9W3③N：29，釉色青灰。口径8.2、足径3.6、高3.9厘米。

Ⅲ式　圈足足端斜削。胎色灰白，胎壁较厚，釉层较厚。

205】TN16W3⑪：46，外底心微凸，内底划圈，足端和外底无釉。釉色青黄，釉面开片。口径8、足径4.6、高4.5厘米。

Ⅳ式　圈足足端斜削，内足壁斜，外底心凸，外底无釉。胎色灰白，胎壁较厚，釉层较薄。

206】TN15E4①：81，釉色青灰，釉面冰裂。口径7.4、足径2.8、高3.8厘米。

C型　侈口圈足盅。上腹较直，下腹微收。按底足不同可分3式。[1]

Ⅰ式　足内壁斜，足端斜削，足端和外底刮釉。胎色灰白，胎壁较厚，釉层厚。

207】TN16W3⑥a：26，釉色深青绿。口径8.6、足径3.3、高5.2厘米。

Ⅱ式　足端斜削较宽，足内侧微斜，外底心内凹，足端和外底无釉。胎色灰白，胎壁较厚，釉层较厚。

208】TN12W3④N：9，釉色青绿。口径8、足径4.4、高3.9厘米。

Ⅲ式　圈足足壁较直，足端斜削明显，外底心尖凸。胎色灰白，胎壁较厚，釉层较薄。

---

[1] 该型和盏E型相似但较小，且分式切入点略有区别，故列入盅。

207〗TN16W3⑥a：26（CⅠ盏）　　　209〗TN15E4①：105（CⅢ盏）　　　210〗TN18E3⑤S：9（CⅢ盏）

①外壁刻划莲瓣纹，内壁、底光素。

209〗TN15E4①：105，釉色青绿，足端无釉。口径7.2、足径3.7、高4.7厘米。

②素面。足端和外底无釉。

210〗TN18E3⑤S：9，内底心尖凸。釉色青绿。口径7.2、足径3.6、高4.3厘米。

211〗TN15E4⑩：14，釉色淡青绿，釉层较薄。口径7.2、足径4、高3.6厘米。

D型　敛口弧腹平底盏。按足部不同可分3式。

Ⅰ式　近足处有凹圈，外底无釉。胎色灰白，胎壁较薄，釉层较薄。

212〗TN9W3⑤N：34，外底心微凹。素面。釉色青灰，釉面冰裂。口径8.4、足径3、高3厘米。

Ⅱ式　平底微凹，外底无釉。胎色灰白，胎壁较薄，釉层较厚。

213〗TN10W3⑤N：5，花口棱腹。釉色青灰。口径5.4、足径3.2、高3厘米。

Ⅲ式　平底，外底无釉。胎色灰白，胎壁较薄，釉层较厚。

214〗TN17E5①：100，口残。外壁刻划大莲瓣。釉色青灰。足径4、残高4厘米。

211〗TN15E4⑩：14（CⅢ盏）

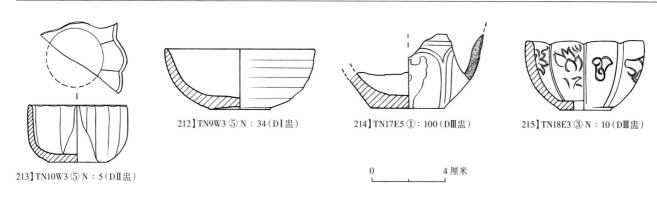

213〗TN10W3⑤N：5（DⅡ盅）

212〗TN9W3⑤N：34（DⅠ盅）　　214〗TN17E5①：100（DⅢ盅）　　215〗TN18E3③N：10（DⅢ盅）

0　　　　　　4厘米

215〗TN18E3③N：10，花口棱腹。内壁刻划荷花纹，外壁有印纹。釉色淡青。口径6.4、足径2.8、高3.7厘米。

四　盘

多为斜弧腹，圈足。共分7型。其中A、B、C型为折沿盘，D、E、F、G型为无沿盘。

A型　圆口折沿盘。厚圆唇，斜折沿，斜弧腹，圈足。按器形大小、圈足形状、支烧方式、口腹形状不同可分7式。

Ⅰ式　器形较小，沿面微凹，圈足窄，足壁内侧较斜，外底心尖凸。足端刮釉，垫托托于足端烧制。胎色白，胎壁薄，釉层厚。外壁刻划莲瓣纹中凸脊，莲瓣叶外为单线，内底素面或贴双鱼、四鱼，也有贴卷云纹的。

216〗TN8W3④S：20，灰黄胎，胎壁薄。釉色灰黄。口径22.8、足径10.4、高5.9厘米。

217〗G2：6，内底贴双鱼。釉色黄，釉面冰裂。口径18、足径8.4、高4.5厘米。

218〗TN9W3④S：2，内底贴双鱼，所贴位置有移动痕迹。釉色青绿，釉面开片。口径22.2、足径11.4、高7厘米。

219〗TN8W3③N：19，内底贴四鱼。釉色粉青，局部青黄。口径30、足径14、高6厘米。

220〗TN9W3②：10，内底贴卷云纹。釉色青灰，釉面开片。口径22.4、足径11、高5.7厘米。

Ⅱ式　圈足较窄，内外足壁直，足端平，足端无釉，垫烧于足端。胎壁较薄，釉层较薄。内底多阳印鱼纹或贴鱼，外壁素面或刻莲瓣纹，莲瓣中脊微凸，莲瓣叶外多为双线。

①外壁刻划莲瓣纹，莲瓣中脊微凸，莲瓣叶外为双线，内底贴鱼。

221〗TN10W6⑥：1，内底贴单鱼。釉色青黄。口径20.4、足径8、高4.2厘米。

②内底贴鱼，内外壁光素。

222〗TN14W7⑦：38，内底贴双鱼。釉色青绿。口径约21、足径8.2、高4.8厘米。

Ⅲ式　圈足较宽，内外足壁直，足端平，足端无釉，垫烧于外底。胎壁较厚，釉层较薄。内底多阳印鱼纹，双鱼纹饰内有的含有"吉"、"式号"、"卐"等字符。

①素面。

223〗TN10W6③a：34，釉色淡青。足端外底无釉。口径20、足径7.6、高4.8厘米。

②内底印花，内外壁光素。

224〗TN14W7⑥：1，内底阳印双鱼，中间有八思巴纹。釉色青灰。器底有跳刀痕。口径约21、足径8.2、高约4.2厘米。

225〗TN10W6⑤：1，内底阳印双鱼，中间有"式号"字样。釉色青灰。器底有跳刀痕。口径约20.2、足径7.8、高约4.6厘米。

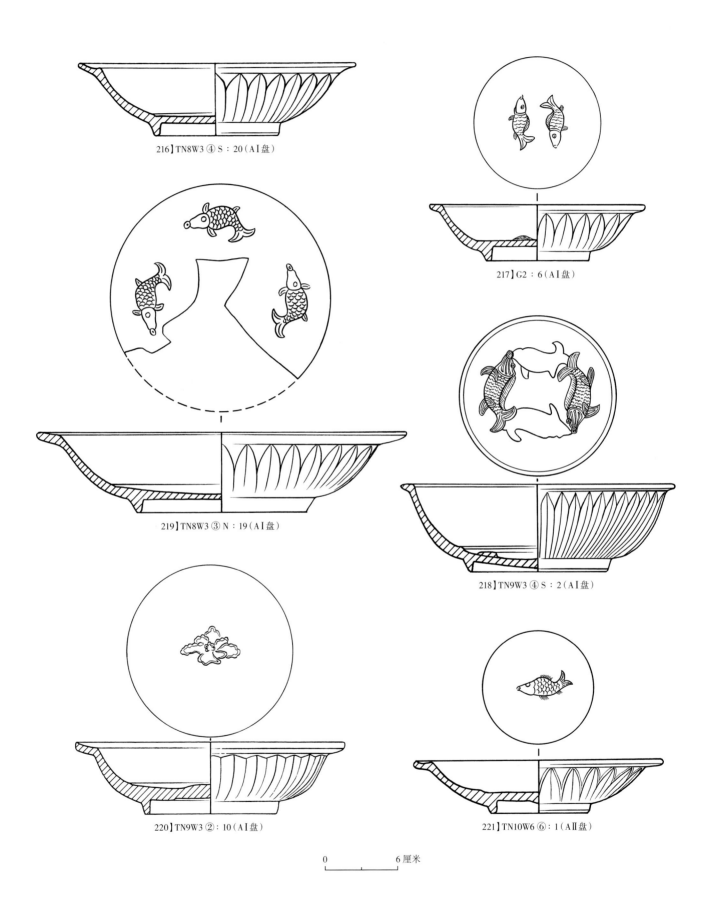

216〕TN8W3 ④ S：20（A I 盘）

217〕G2：6（A I 盘）

219〕TN8W3 ③ N：19（A I 盘）

218〕TN9W3 ④ S：2（A I 盘）

220〕TN9W3 ②：10（A I 盘）

221〕TN10W6 ⑥：1（A II 盘）

0　　　　　　　6厘米

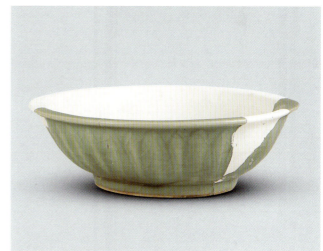

217】G2：6（AⅠ盘）

219】TN8W3 ③ N：19（AⅠ盘）　　　　　　　　218】TN9W3 ④ S：2（AⅠ盘）

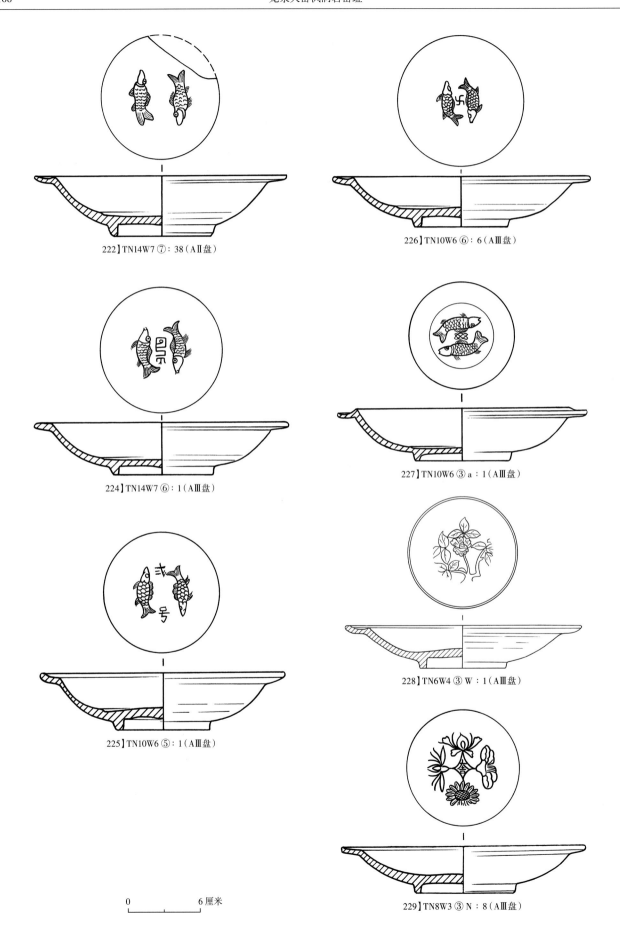

222〕TN14W7⑦：38（AⅡ盘）

226〕TN10W6⑥：6（AⅢ盘）

224〕TN14W7⑥：1（AⅢ盘）

227〕TN10W6③a：1（AⅢ盘）

225〕TN10W6⑤：1（AⅢ盘）

228〕TN6W4③W：1（AⅢ盘）

0　　　　　　6厘米

229〕TN8W3③N：8（AⅢ盘）

220】TN9W3②：10（AI盘）

221】TN10W6⑥：1（AⅡ盘）

222】TN14W7⑦：38（AⅡ盘）

224】TN14W7⑥：1（AⅢ盘）

226】TN10W6⑥：6，内底阳印双鱼，中间有"卐"字样。釉色青绿。口径约21、足径7.6、高约4厘米。

227】TN10W6③a：1，内底阳印双鱼，双鱼间有盘肠结纹饰。釉色青绿。口径20.4、足径7.6、高4厘米。

228】TN6W4③W：1，内底心阳印茶花纹。釉色青灰。器底有跳刀痕。口径约19.3、足径7.1、高约3.4厘米。

229】TN8W3③N：8，内底阴印四季花卉（菊、莲、牡丹、茶花），中间有"大吉"二字。釉色青。足端及外底无釉。口径20、足径8、残高3.8厘米。

Ⅳ式 器形较大，沿面微凹，卧圈足。足端无釉，垫烧于足端。胎色灰白，胎壁较厚，釉层较薄。外壁刻划莲瓣纹，莲瓣一般凸脊外划双线。

225〕TN10W6 ⑤：1（AⅢ盘）

229〕TN8W3 ③ N：8（AⅢ盘）

226〕TN10W6 ⑥：6（AⅢ盘）

227〕TN10W6 ③ a：1（AⅢ盘）

230〕TN14W7 ⑧：2（AⅣ盘）

230] TN14W7 ⑧：2（AⅣ盘）

0 　　　　　6厘米

①内壁、底刻划花。

230] TN14W7 ⑧：2，内壁刻划卷叶纹，内底刻划荷花纹。釉色淡青绿。口径约 35.8、足径 14、高约 7.6 厘米。

②内壁刻划花，内底贴花。

231] G10：1，内壁刻划卷叶纹，内底贴戏珠四爪龙纹。釉色黄，釉面开片。口径约 35.4、足径 16、高约 7.4 厘米。

③内底贴花，内壁光素。

232] TN8E3 ⑪：7，内底贴双鱼。釉色淡青绿。口径约 26、足径 8.8、高约 6 厘米。

　　Ⅴ式　器形较大，圈足。内外足壁较直，足端外侧斜削，外底刮釉一圈，刮釉部分较窄近圈足，支烧于外底。胎色灰白，釉层较薄。

231】G10∶1（AⅣ盘）

232】TN8E3 ⑪∶7（AⅣ盘）

0　　　　　　6厘米

231】G10：1（AⅣ盘）

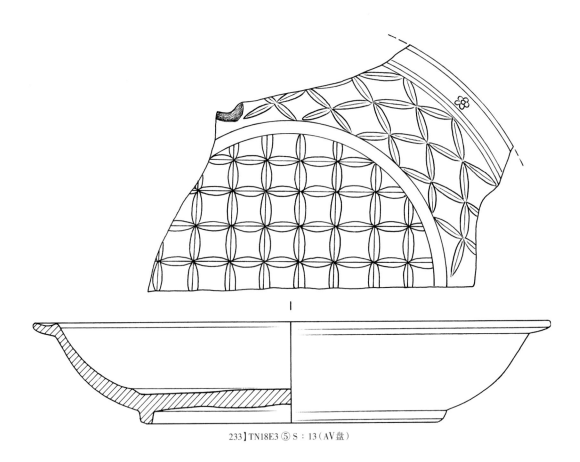

233〕TN18E3 ⑤ S：13（AV盘）

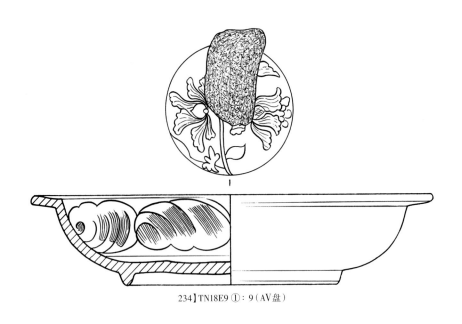

234〕TN18E9 ①：9（AV盘）

0　　　　　6厘米

232】TN8E3⑪：7（AⅣ盘）

233】TN18E3⑤S：13（AⅤ盘）

①内壁、底刻划花。

233】TN18E3⑤S：13，沿面贴梅花，内壁底刻划叠钱纹。釉色淡青绿。口径43、足径24、高8厘米。

②内壁刻划花，内底印花。

234】TN18E9①：9，内壁刻划卷叶纹，内底心阳印双牡丹纹。釉色青灰。口径33.4、足径18、高7.2厘米。

Ⅵ式　器形有大有小。外底心微凹，圈足较宽，足端裹釉圆润，外底刮釉一圈较规整。胎色白，胎壁较厚，釉层较凝厚。

①沿面刻划不连续曲线纹或连枝卷草纹，内壁刻花，内底刻划花，外壁下腹刻划弦纹、莲瓣纹。

237】TN10W3②：13，沿面有不连续曲线纹，内壁刻菊瓣，内底刻划牡丹纹。釉色青绿。口径约46.3、足径24.6、高7.2厘米。

238】TN10W3东扩⑤a：5，沿面有不连续曲线纹，内壁刻菊瓣，内底纹饰不清晰。釉色青绿，釉面开片。有垫具粘连。口径约44.8、足径25.2、高8.4厘米。

239】TN12W3③N：22，口沿上刻划连枝卷草纹，内壁刻划波涛纹，内底刻划纹饰不清晰，外壁上腹刻划卷草纹。釉色深青绿，釉面冰裂。口径27.2、足径14.2、高6.8厘米。

②内壁刻菊瓣，内底印花，外壁下腹刻划弦纹、莲瓣纹。

240】TN12W3⑤N：40，内底心阳印牡丹纹。釉色青绿。口径33.4、足径17.6、高6.6厘米。

③内壁刻菊瓣，内底刻划荷花莲叶纹，外壁光素。

241】TN10W3③N：39，釉色青绿。口径27.6、足径15.6、高5.8厘米。

242】TN12W3③W：7，釉色青绿，釉面开片。口径28、足径15.4、高6厘米。

④内底印花，内外壁光素。

243】TN16W3⑨a：28，内底心阴印牡丹纹。釉色青黄，釉面开片。口径24.2、足径13.8、高4.2厘米。

Ⅶ式　器形有大有小。弧腹较斜，沿面较宽，圈足足端斜削或扁圆，足壁宽。足端裹釉，外底刮釉一圈、外底心留点釉或无釉或是外底心刮釉。胎色灰白，胎壁厚，釉层较薄。内底多戳印花卉文字等。

①沿面刻划不连续双曲线或对叶纹，内外壁刻划缠枝莲纹，内底刻划花。

244】TN15E4⑮：23，沿面刻划不连续双曲线，内底心刻划斜方格叠钱纹。釉色青绿。口径30.8、足径12.8、高6.5厘米。

245】TN15E4⑥：4，外底心微凹。沿面刻划不连续双曲线，内底刻划斜方格叠钱纹。釉色青绿。口径37.2、足径17.2、高6.4厘米。

237】TN10W3 ②：13（AⅥ盘）

238】TN10W3 东扩⑤ a：5（AⅥ盘）

241】TN10W3 ③ N：39（AⅥ盘）

242】TN12W3 ③ W：7（AⅥ盘）

244】TN15E4 ⑮：23（AⅦ盘）

237】TN10W3 ②：13（AⅥ盘）

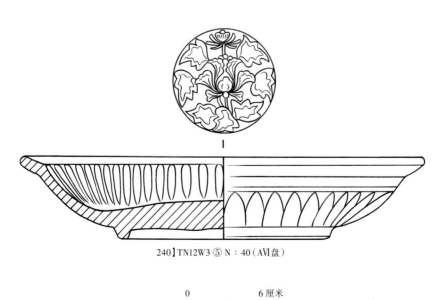

240】TN12W3 ⑤ N：40（AⅥ盘）

0   6 厘米

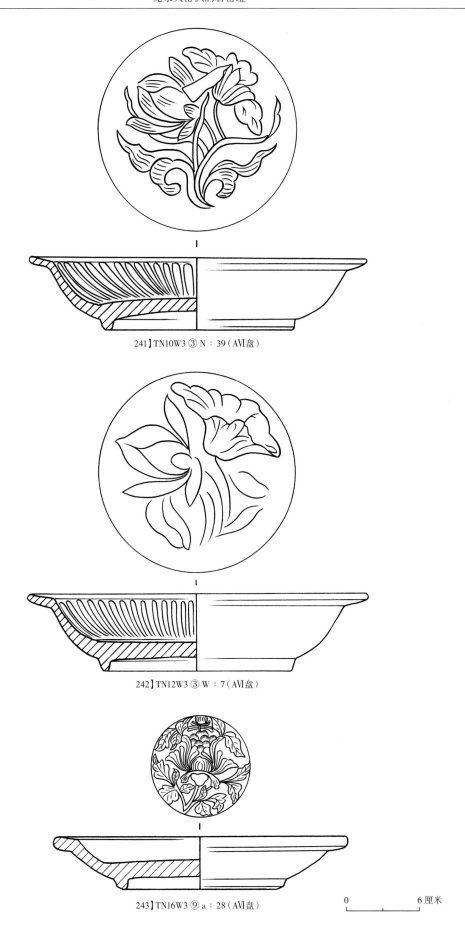

241〗TN10W3 ③ N：39（AⅥ盘）

242〗TN12W3 ③ W：7（AⅥ盘）

243〗TN16W3 ⑨ a：28（AⅥ盘）

0　　　　　　　　6厘米

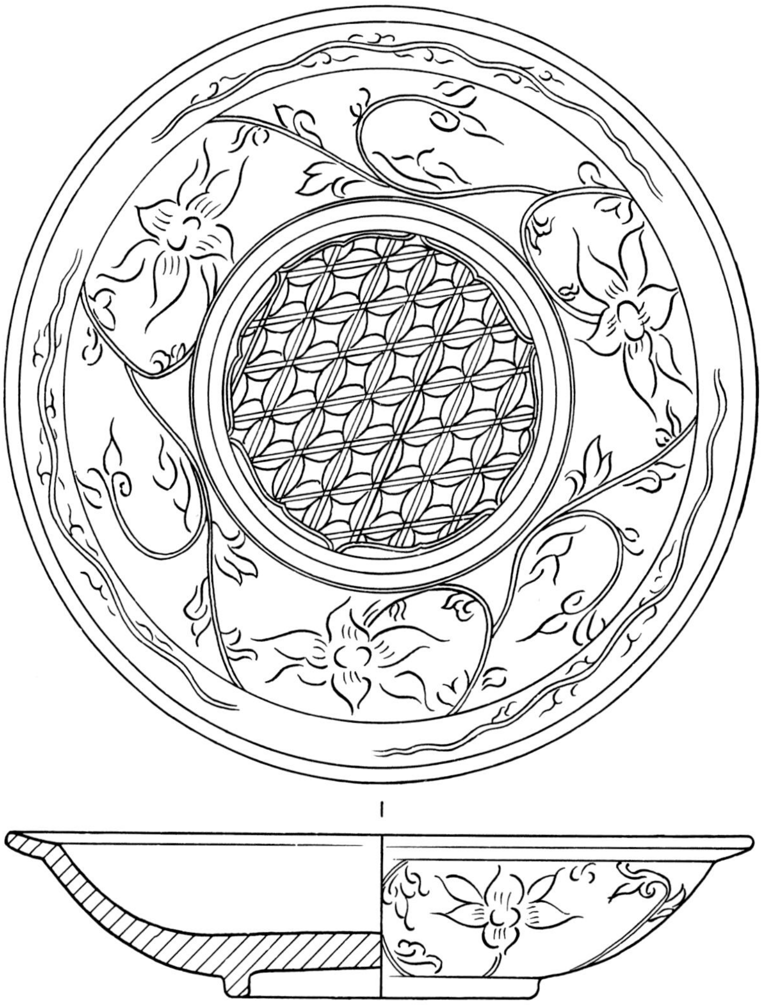

244】TN15E4⑮：23（AⅦ盘）

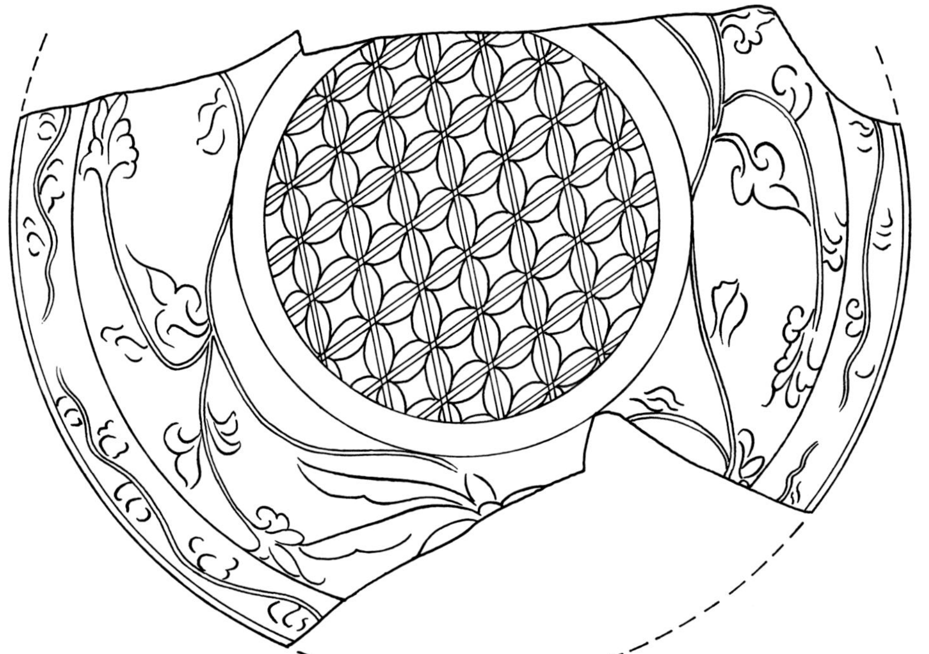

245】TN15E4⑥：4（AⅦ盘）

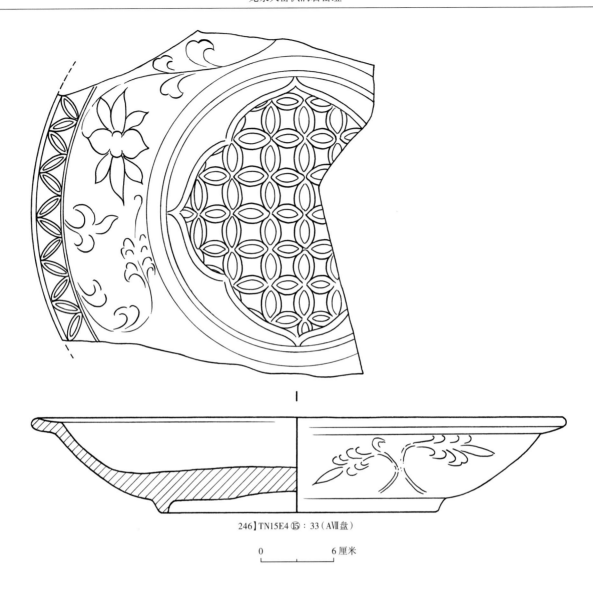

246〕TN15E4⑮：33（AⅦ盘）

0　　　　　　　6厘米

246〕TN15E4⑮：33，沿面刻划对叶纹，内底菱形圈内刻划方格叠钱纹。釉色青绿。口径43.8、足径22.6、高7.6厘米。

②沿面刻划不连续曲线，内壁、底刻划花，外壁光素。

247〕y1：19，内底刻划荷花纹。釉色青黄。口径43、足径25、高5.8厘米。

③沿面多数刻划不连续曲线或连枝卷草纹，内壁刻划缠枝莲纹，内底印花。

248〕TN15E4⑤S：11，内底有菱形外圈，内底心阴印牡丹花纹。釉色青绿。口径31.6、足径14.8、高6厘米。

249〕TN7W1⑤：1，外沿有斜线纹，内底心阳印牡丹纹。釉色青绿。口径33.6、足径14、高5.6厘米。

250〕TN15E4⑦：20，内底心阴印牡丹纹。釉色青绿。外底刮釉。口径34、足径15.2、高6.2厘米。

251〕TN15E4⑪：43，内底心阳印牡丹纹，纹饰中有"山中囚"。釉色青绿泛黄。外底心刮釉。口径31.2、足径13.6、高6厘米。

252〕TN10W1②：9，内底心阴印菊花纹。釉色青绿。外底心刮釉。口径34.4、足径15.2、高6.6厘米。

253〕TN10W1②：10，内底心阴印菊花纹。釉色青黄。外底心刮釉。口径28、足径10.8、高5.6厘米。

254〕TN15E4⑮：20，内底心戳印"福"字葵花纹。釉色青绿。口径29.6、足径14.2、高6厘米。

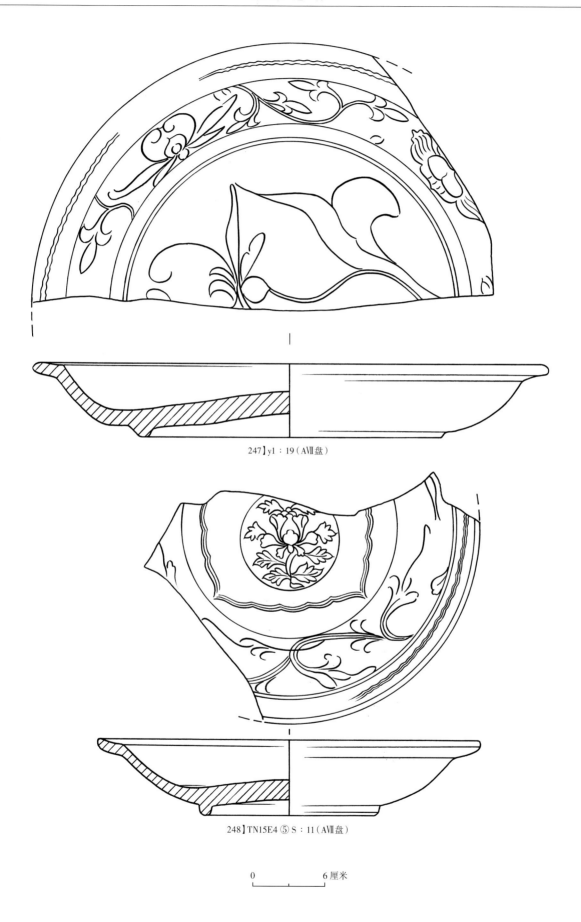

247】y1：19（AⅦ盘）

248】TN15E4 ⑤ S：11（AⅦ盘）

0   6厘米

248〗TN15E4⑤S：11（AⅦ盘）

249〗TN7W1⑤：1（AⅦ盘）

249〗TN7W1⑤：1（AⅦ盘）

0　　　　　　6厘米

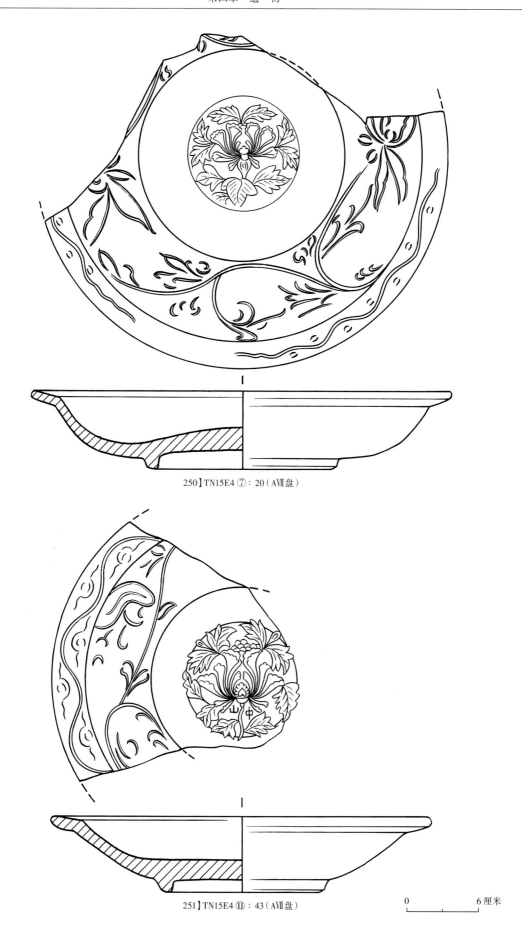

250】TN15E4 ⑦：20（AⅧ盘）

251】TN15E4 ⑪：43（AⅧ盘）

0　　　　　　　6厘米

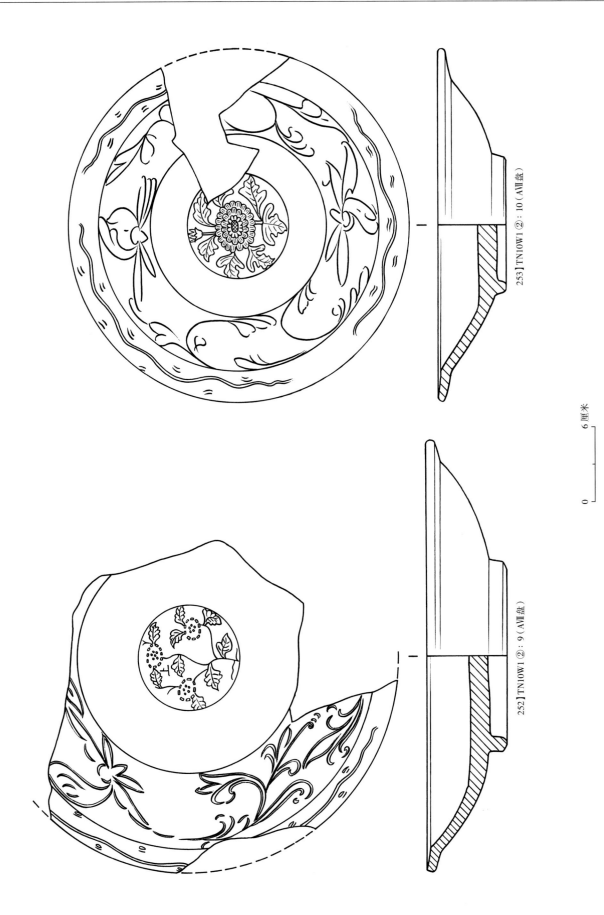

253　TN10W1②：10（AⅧ盘）

252　TN10W1②：9（AⅧ盘）

0 　　　　　 6厘米

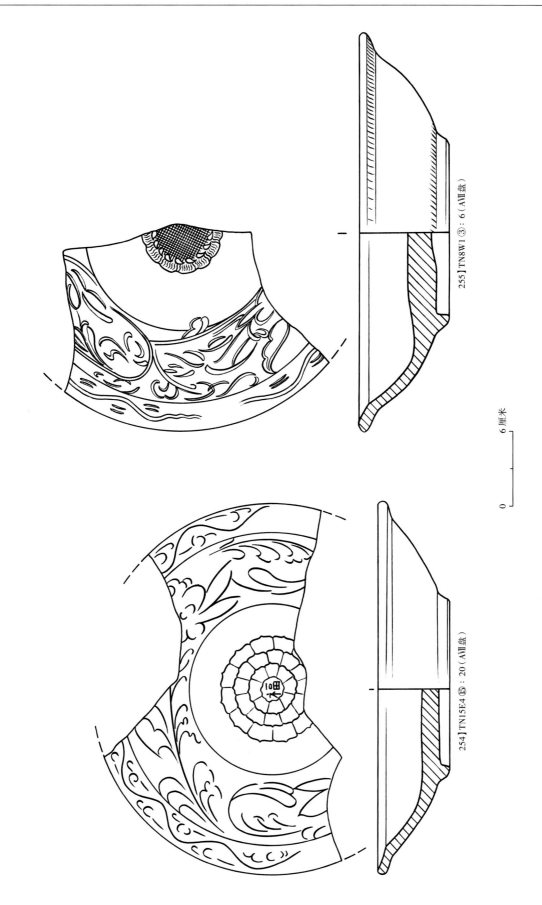

255] TN8W1 ③：6（AⅧ盘）

254] TN15E4 ⑤：20（AⅧ盘）

6 厘米

0

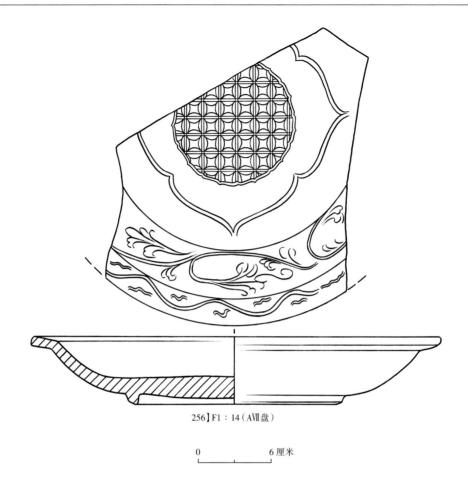

256】F1：14（AⅦ盘）

0　　　　　6 厘米

255】TN8W1③：6，外沿有斜线纹，内底心戳印葵花纹。釉色青灰。外底刮釉。口径 32、足径 15、高 7.4 厘米。

256】F1：14，内底有菱形外圈，底心戳印方格叠钱纹。釉色淡青灰。口径 33.6、足径 17.6、高 5.4 厘米。

257】TN17E5①：174，内底心阳印"金玉满堂"字样。釉色淡青绿。外底心刮釉。口径 26.4、足径 12.2、高 5.6 厘米。

258】TN15E4⑮：49，沿面划不连续双曲线，内底心阳印牡丹纹，纹饰中有倒"陈"字。釉色青绿，釉层玻化。外底粘有垫具。口径 31、足径 14.2、高 6.8 厘米。

259】TN15E4⑮：24，沿面刻划连枝卷草纹，内底心阳印海棠花纹。釉色青绿。口径 31、足径 14、高 6.4 厘米。

④沿面划不连续双曲线纹，内壁刻细菊瓣，内底心印花，外壁光素。

260】TN15E4⑮：21，内底心阴印杂宝纹。釉色青绿，釉面开片。口径 30、足径 14、高 5.7 厘米。

261】TN15E4⑮：32，内底心阳印菊花纹。釉色青绿。口径 29.6、足径 12、高 5.6 厘米。

⑤内壁刻细菊瓣，内底心印花，外壁光素。

262】TN10W1⑥：7，内底心阳印牡丹纹，内有"大吉大利"字样。釉色淡青绿。外底心刮釉。口径 26.4、足径 11.2、高 5 厘米。

263】TN15E4⑥：6，内底心阳印牡丹纹，内有倒"陈"字。釉色青灰。外底心刮釉。口径 27.5、足径 11.4、高 5.8 厘米。

264】TN15E4⑪：45，内底心阴印牡丹纹。釉色淡青绿。口径 29.4、足径 12.4、高 6.2 厘米。

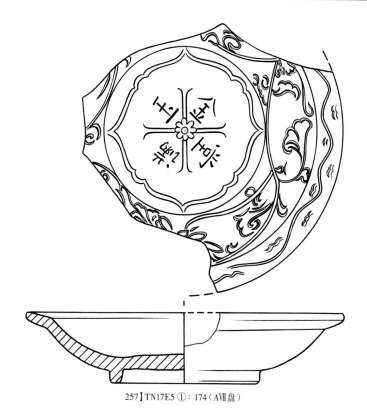

257】TN17E5 ① : 174（AⅦ盘）

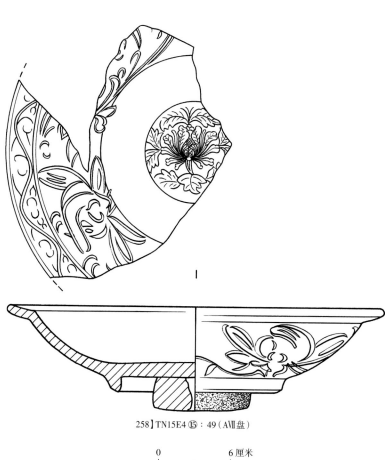

258】TN15E4 ⑮ : 49（AⅦ盘）

0　　　　　　6厘米

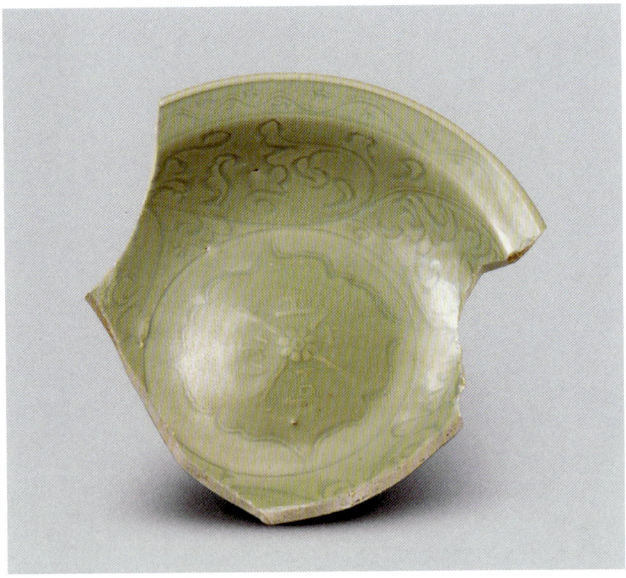

257】TN17E5 ①：174（AⅦ盘）

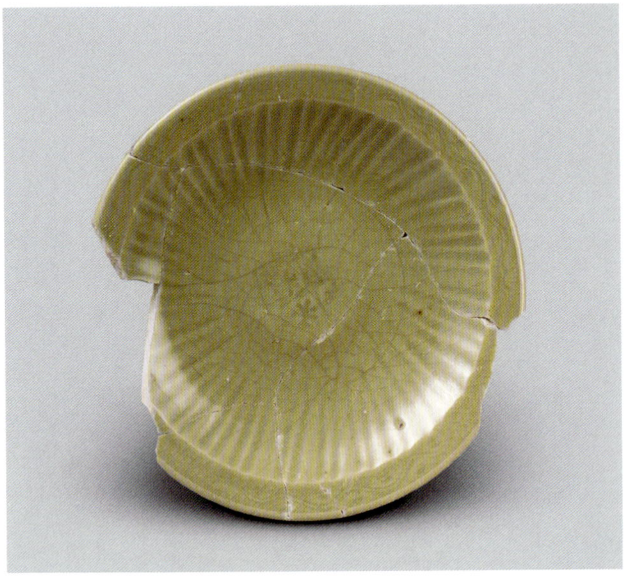

260】TN15E4 ⑮：21（AⅦ盘）

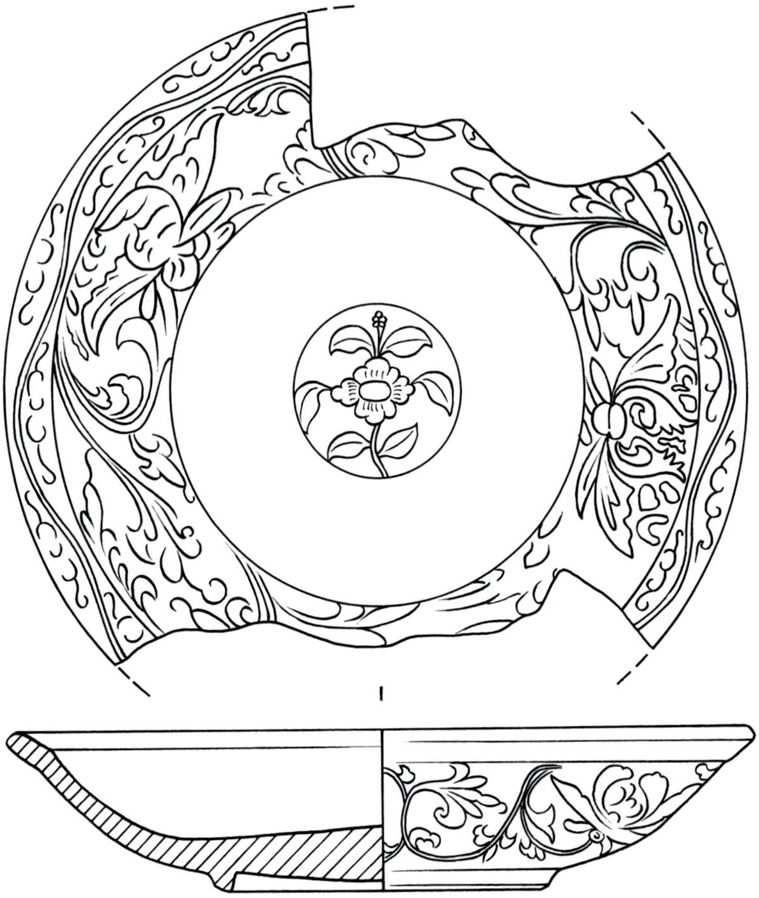

259】TN15E4 ⑮：24（AⅦ盘）

264】TN15E4 ⑪：45（AⅦ盘）

269】TN15E4 ⑬：16（AⅦ盘）

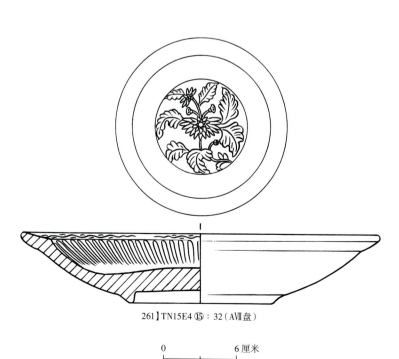

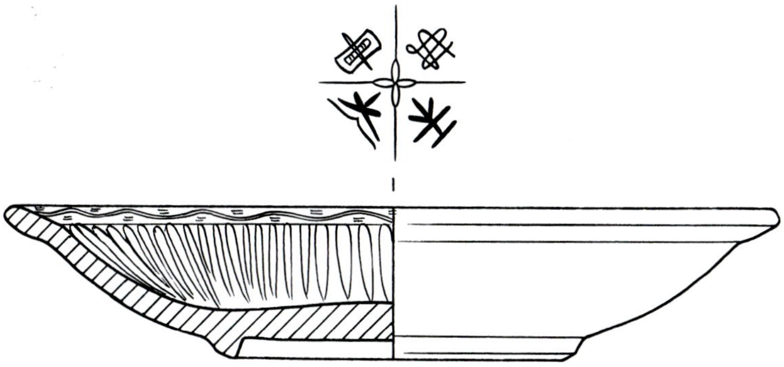

260】TN15E4 ⑮：21（AⅦ盘）

261】TN15E4 ⑮：32（AⅦ盘）

0　　　　　　6厘米

265】TN15E4⑬：14，外底心微凹。内底心阳印牡丹纹，其中有"山中人"字样。釉色青绿。口径28.4、足径12.6、高5.8厘米。

266】TN17E5①：66，内底心阳印牡丹纹。釉色青绿。口径29、足径12.8、高5.4厘米。

267】TN15E4⑬：15，内底心阴印牡丹纹。釉色淡青绿。口径28.6、足径13.2、高5.6厘米。

268】TN18E3③S：56，内底心阴印牡丹纹。釉色青黄。外底心刮釉。口径30.4、足径13.2、高6厘米。

269】TN15E4⑬：16，内底心阳印双菊花纹，纹饰外有"尚"字。釉色淡青绿。口径26.8、足径10.4、高5.4厘米。

270】TN18E3③S：28，内底心阴印菊花纹。釉色青黄。外底心刮釉。口径26、足径10.8、高6.4厘米。

271】F1：15，内底心阴印菊花纹饰不清晰。釉色淡青。外底心刮釉。口径28.2、足径11.6、高5.4厘米。

272】TN15E4⑪：37，内底心阳印茶花纹。釉色淡青绿。口径28.8、足径12、高5.6厘米。

273】TN18E5②：13，内底心阳印海棠花纹。釉色青灰。口径26、足径11.4、高5.2厘米。

274】TN15E4⑩：18，内底心阴印红豆纹。釉色淡青绿。外底心刮釉。口径24.4、足径10.8、高5.8厘米。

275】TN15E4①：60，内底心戳印金刚杵纹，并有"金玉满堂"吉语。釉色淡青绿。口径29.6、足径13.2、高5.6厘米。

276】TN17E5①：24，内底心戳印金刚杵纹。釉色淡青绿。外底无釉。口径25.2、足径10.8、高5厘米。

277】TN18E5②：12，内底有菱形圈，内底心戳印方格叠钱纹。灰黄胎，釉色黄。口径32.8、足径15.6、高6.2厘米。

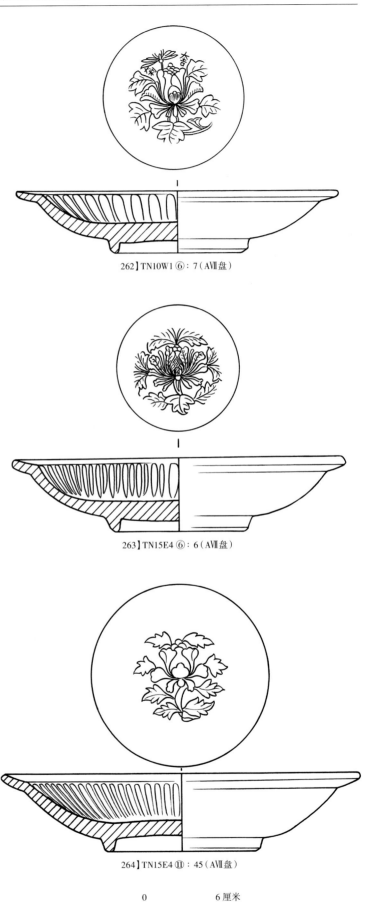

262】TN10W1⑥：7（AⅦ盘）

263】TN15E4⑥：6（AⅦ盘）

264】TN15E4⑪：45（AⅦ盘）

0　　　　　6厘米

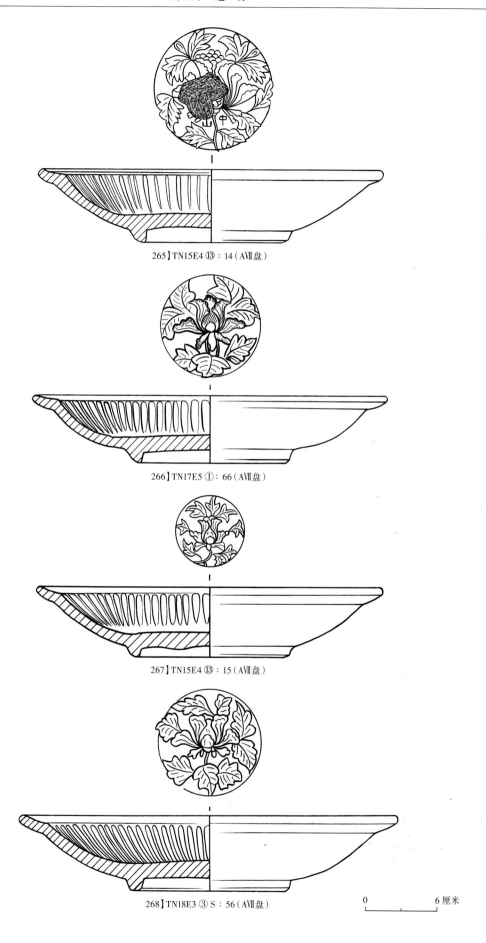

265】TN15E4 ⑬：14（AⅦ盘）

266】TN17E5 ①：66（AⅦ盘）

267】TN15E4 ⑬：15（AⅦ盘）

268】TN18E3 ③ S：56（AⅦ盘）

0　　　　　　6 厘米

269】TN15E4 ⑬：16（AⅦ盘）

270】TN18E3 ③ S：28（AⅦ盘）

271】F1：15（AⅦ盘）

272】TN15E4 ⑪：37（AⅦ盘）

274】TN15E4 ⑩：18（AⅦ盘）

0　　　　　　6厘米

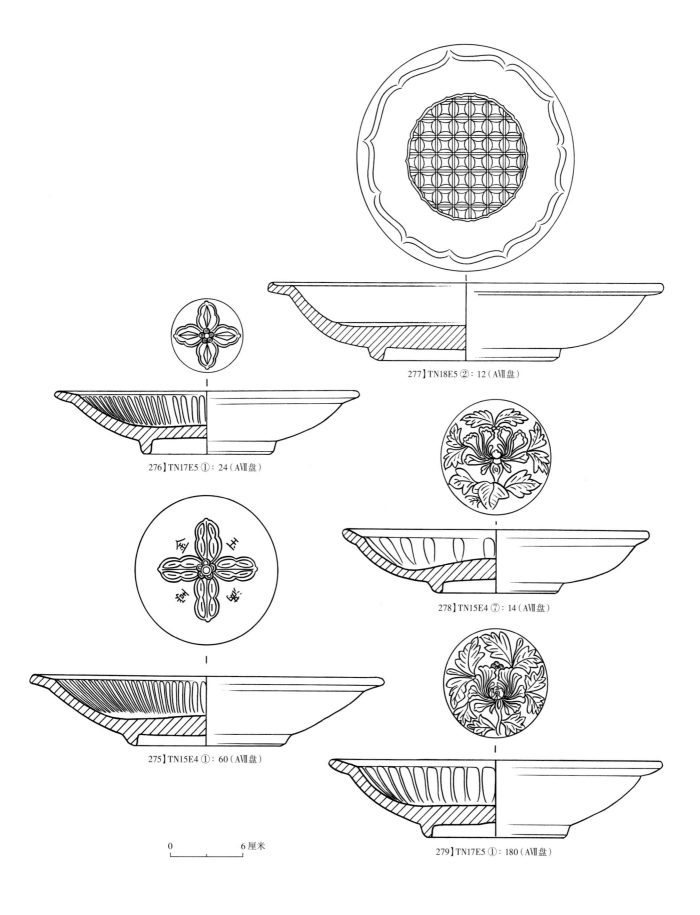

277〕TN18E5 ② : 12（AⅦ盘）

276〕TN17E5 ① : 24（AⅦ盘）

278〕TN15E4 ⑦ : 14（AⅦ盘）

275〕TN15E4 ① : 60（AⅦ盘）

0　　　　　6 厘米

279〕TN17E5 ① : 180（AⅦ盘）

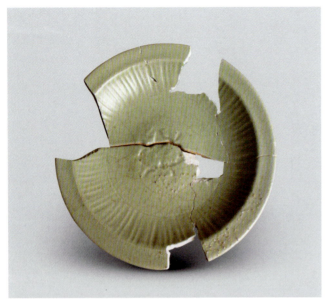

273】TN18E5②：13（AⅦ盘）

⑦内壁刻粗菊瓣，内底心印花，外壁光素。器形大小不一，多数较小。

278】TN15E4⑦：14，内底心阳印牡丹纹。釉色青灰。外底无釉。口径25.6、足径10.4、高5厘米。

279】TN17E5①：180，内底心阳印牡丹纹，纹饰中有"陈"字。釉色淡青绿。口径27.6、足径12.2、高6.2厘米。

280】TN18E3④S：13，内底心阴印牡丹纹。釉色淡青绿局部黄。外底心刮釉。口径26、足径11.4、高4.6厘米。

281】CH3：2，内底心阳印菊花纹。釉色青绿。口径23、足径10.2、高5.4厘米。

282】TN18E3④S：14，内底心阳印菊花纹。釉色青绿。外底无釉。口径25.4、足径10.4、高6.2厘米。

283】TN15E4⑪：3，内底心戳印"福"字葵花纹。釉色黄。外底无釉。口径28、足径12.8、高5.8厘米。

284】TN18E3②：8，内底心戳印金刚杵纹。釉色淡青。外底心刮釉。口径22、足径10.4、高4.4厘米。

285】TN18E3⑥S：30，内底心阴印人物牵马纹。灰黄胎，釉色黄。外底无釉。口径26.4、足径11.6、高5.4厘米。

⑧内外壁光素，内底心印花。

286】TN18E3③S：27，内底心阴印牡丹纹，纹饰中有"上"字。釉色淡青绿。口径24.8、足径10.6、高4.4厘米。

287】TN17E5①：168，内底心阳印葵花纹，中间有八思巴文字。釉色淡青绿。外底无釉。口径22、足径8.4、高5厘米。

288】TN10W3③N：16，内底心阴印仰莲纹。釉色青灰。外底刮釉不均。口径21.2、足径9.4、高4厘米。

289】TN18E5③N：3，内底心阴印三个仰莲纹。釉色淡青绿，釉层玻化。口径31.6、足径15.2、高5.4厘米。

290】TN15E4⑤S：6，内底心阴印飞马过海纹。釉色黄，釉面有冰裂。外底心刮釉。口径22、足径9.2、高4厘米。

291】L10：3，内底心阳印篆体"顾氏"纹。釉色黄。外底心刮釉。口径25.2、足径10、高5厘米。

280】TN18E3 ④ S：13（AⅦ盘）

283】TN15E4 ⑪：3（AⅦ盘）

281】CH3：2（AⅦ盘）

284】TN18E3 ②：8（AⅦ盘）

282】TN18E3 ④ S：14（AⅦ盘）

0　　　　　　6 厘米

285】TN18E3 ⑥ S：30（AⅦ盘）

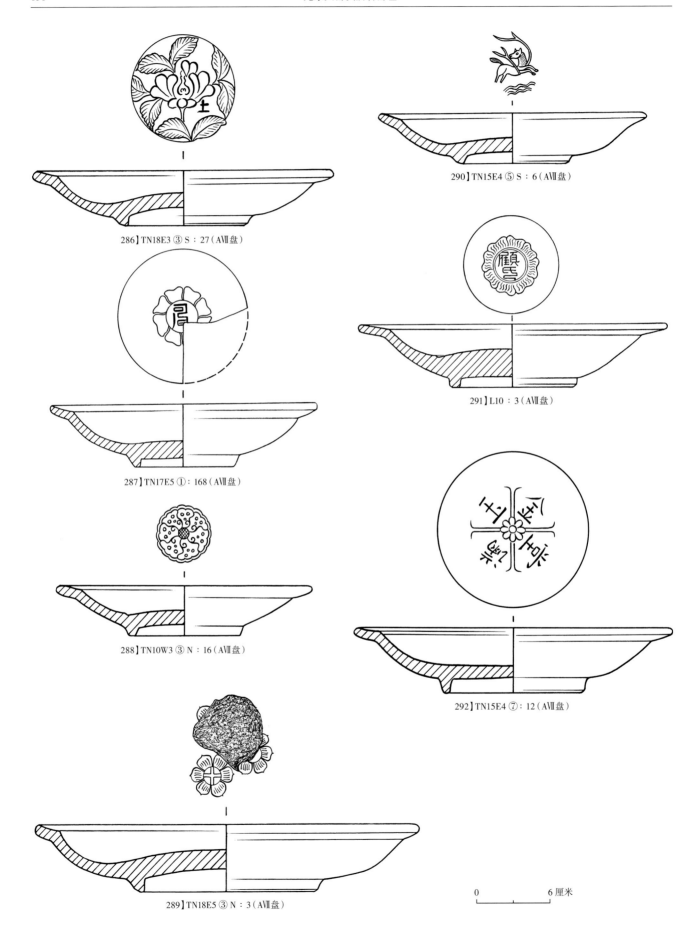

286】TN18E3 ③ S：27（AⅧ盘）

287】TN17E5 ①：168（AⅧ盘）

288】TN10W3 ③ N：16（AⅧ盘）

289】TN18E5 ③ N：3（AⅧ盘）

290】TN15E4 ⑤ S：6（AⅧ盘）

291】L10：3（AⅧ盘）

292】TN15E4 ⑦：12（AⅧ盘）

0　　　　　　6厘米

292】TN15E4⑦：12，内底心阳印"金玉满堂"字样。釉色青绿。外底刮釉。口径 26、足径 11.6、高 5.2 厘米。

B 型　花口折沿盘。可分为菊花口折沿盘和菱口折沿盘 2 亚型。

Ba 型　菊花口折沿盘。

①唇口压成花瓣状，口沿和内外壁刻菊瓣，内底光素。

235】TN8E3⑥b：12，釉色青绿。口径 33.2、足径 16、高 6 厘米。

②沿面刻曲线纹，内壁刻菊瓣，内底印花，外壁光素。

236】TN18E3⑧S：11，内底心阳印茶花纹，中有一"王"字。釉色青黄，釉层玻化开片。口径 24.4、

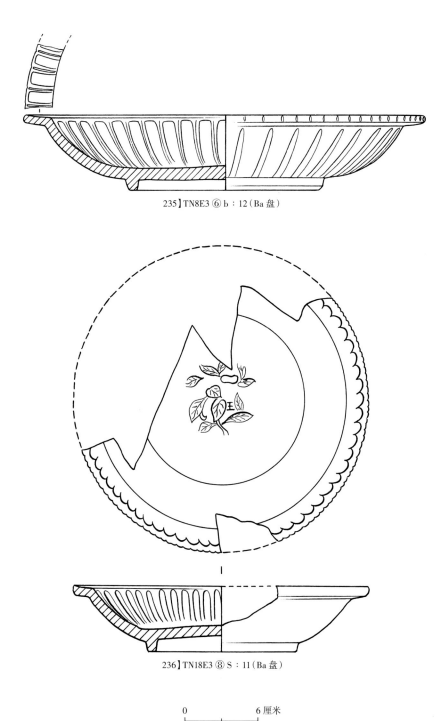

235】TN8E3⑥b：12（Ba 盘）

236】TN18E3⑧S：11（Ba 盘）

0　　　　6 厘米

足径 12.4、高 5.2 厘米。

Bb 型　菱口折沿盘。凸唇，宽折沿，斜弧腹。按口沿、腹壁及圈足之变化分为 3 式。

Ⅰ式　沿面较宽，腹壁弧曲，圈足扁而宽，足端斜削，棱角分明，内足壁直，外底刮釉一圈较窄近足。胎色灰白，釉层较薄。内外壁刻菊瓣见菊棱，多数内底心印花。

①内底心刻字。

293〗TN10W6 ③ a：21，内底心刻"长命富贵"。釉色青绿，局部青黄。外底粘有垫具。口径 33.6、足径 17.3、高 6.5 厘米。

②内底心印花。

294〗TN8E3 ⑥ b：15，内底心阳印牡丹纹。釉色青绿。内底有叠涩圈。口径 31.2、足径 16、高 5.8 厘米。

295〗TN12W3 ⑤ N：60，内底心阳印牡丹纹。釉色青绿。口径 33.8、足径 16、高 7 厘米。

296〗TN18E3 ②：35，内底心阳印三朵菊花纹。釉色青绿。口径 34.2、足径 15.8、高 7.2 厘米。

297〗TN10W6 ③ a：14，内底心阳印茶花纹。釉色青绿。口径 34.2、足径 17.6、高 6.4 厘米。

Ⅱ式　器形大小不一，沿边较窄，腹部较斜，圈足，足端斜削裹釉，外底刮釉一圈。胎色灰白，胎壁较厚，釉层较厚。沿面多无纹饰，内底心印花。

①内外壁刻菊瓣有菊棱，内底心印花。

298〗TN16W3 ⑦：84，内底心阳印牡丹纹。釉色青黄，釉面冰裂。口径 29.6、足径 14.4、

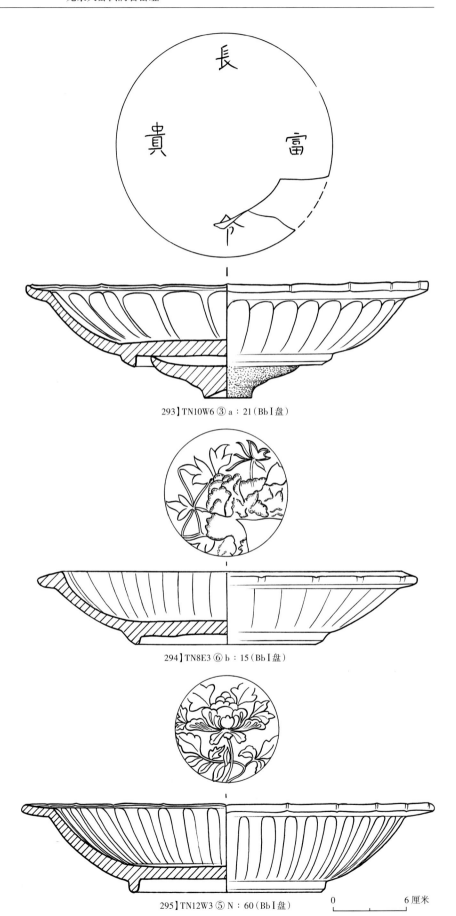

293〗TN10W6 ③ a：21（Bb Ⅰ 盘）

294〗TN8E3 ⑥ b：15（Bb Ⅰ 盘）

295〗TN12W3 ⑤ N：60（Bb Ⅰ 盘）　　0　　　　6 厘米

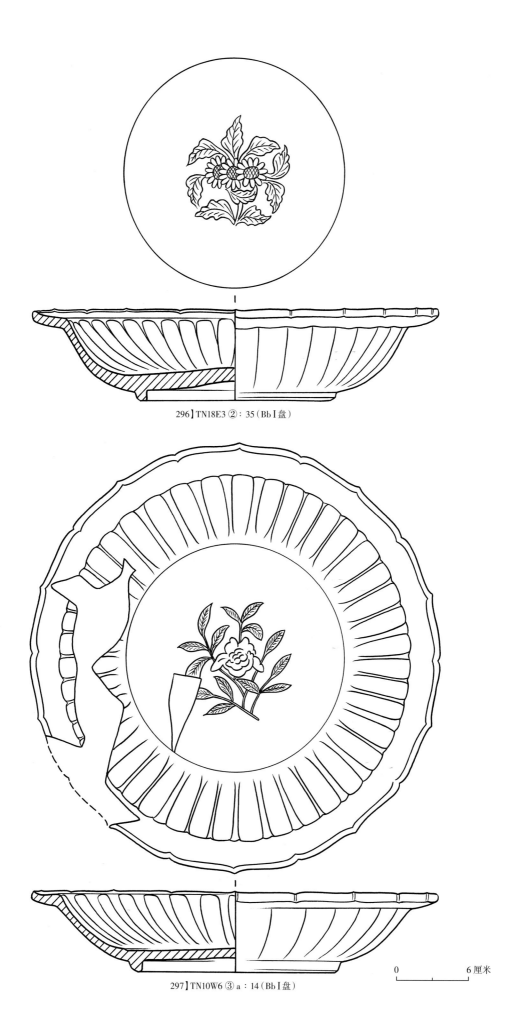

296】TN18E3 ② ： 35（Bb Ⅰ 盘）

297】TN10W6 ③ a ： 14（Bb Ⅰ 盘）

0   6 厘米

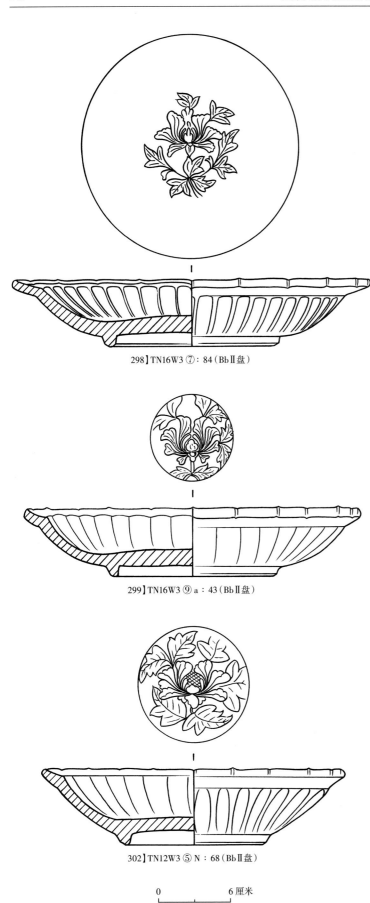

298】TN16W3⑦：84（BbⅡ盘）

299】TN16W3⑨a：43（BbⅡ盘）

302】TN12W3⑤N：68（BbⅡ盘）

0　　　　　　6厘米

高5.6厘米。

299】TN16W3⑨a：43，内底心阴印牡丹纹。釉色淡青绿。口径28、足径14、高5.4厘米。

300】TN14W3⑥N：6，内底心阳印牡丹纹。釉色青绿，釉面开片。口径33.4、足径18、高6.2厘米。

301】TN16W3⑥a：32，内底心阳印牡丹纹。釉色青绿。口径30.8、足径14.2、高5.6厘米。

302】TN12W3⑤N：68，内底心阳印牡丹纹。釉色淡青绿。口径约25.2、足径12、高6厘米。

303】TN16W3⑦：32，内底心阳印双牡丹纹。釉色淡青绿。口径29.2、足径14、高6厘米。

304】TN16W3④：71，内底心阳印双牡丹纹。釉色青黄。口径31.2、足径16.4、高6.2厘米。

305】TN10W3东扩⑥a：10，内底心阳印勾叶牡丹纹。釉色青灰。口径约25.2、足径12.8、高5.2厘米。

306】TN14W3⑤N：31，内底心阳印双勾叶牡丹纹。釉色青绿。口径26、足径13.4、高4.8厘米。

307】TN12W3③S：29，内底心阳印菊花纹。釉色青绿。口径31.4、足径14、高5.4厘米。

308】TN16W3⑦：31，内底心戳印葵花纹。釉色淡青绿。口径32、足径16、高7.2厘米。

309】TN16W3⑥a：22，外底心微凹。内底心阴印团凤卷草纹。釉色淡青绿。口径29.8、足径13.5、高6.3厘米。

②内外壁有菊棱并刻划花，内底心印花。

310】TN18E9①：14，沿面有菱形曲线，内壁分组刻菊花纹，外壁刻莲瓣纹，内底心阳印牡丹纹。釉色淡青绿。口径

293】TN10W6 ③ a：21（BbⅠ盘）

296】TN10W6 ③ a：14（BbⅠ盘）

300】TN14W3 ⑥ N：6（BbⅡ盘）

301】TN16W3 ⑥ a：32（BbⅡ盘）

约 25.6、足径 12.2、高 5.2 厘米。

③内壁刻菊瓣有菊棱，内底心印花，外壁光素。

311】TN16W3 ⑥ a：81，阳印牡丹纹。釉色青黄，釉面开片。外底粘留垫具。口径 27、足径 13、高 6.6 厘米。

312】TN17E5 ①：44，内底心阳印双鱼纹。釉色青绿。外底心刮釉。口径约 32、足径 13.6、高 5.6 厘米。

Ⅲ式 窄斜折沿，斜坦腹，圈足，足端斜削明显，外底刮釉一圈。胎色灰白，胎壁较厚，釉层较薄。

①内外壁有菊棱，内壁刻划缠枝牡丹纹，内底心刻划花。

313】TN15E4 ⑩：34，内底心刻荷花纹。釉色青黄。口径约 35.4、足径 15.8、高 7.6 厘米。

②内外壁有菊棱并刻划缠枝牡丹纹，内底心刻划花。

314】TN15E4 ⑮：25，内底有菱形外圈，内刻划叠钱纹。釉色青绿。口径约 49.2、足径 26、高 7.8 厘米。

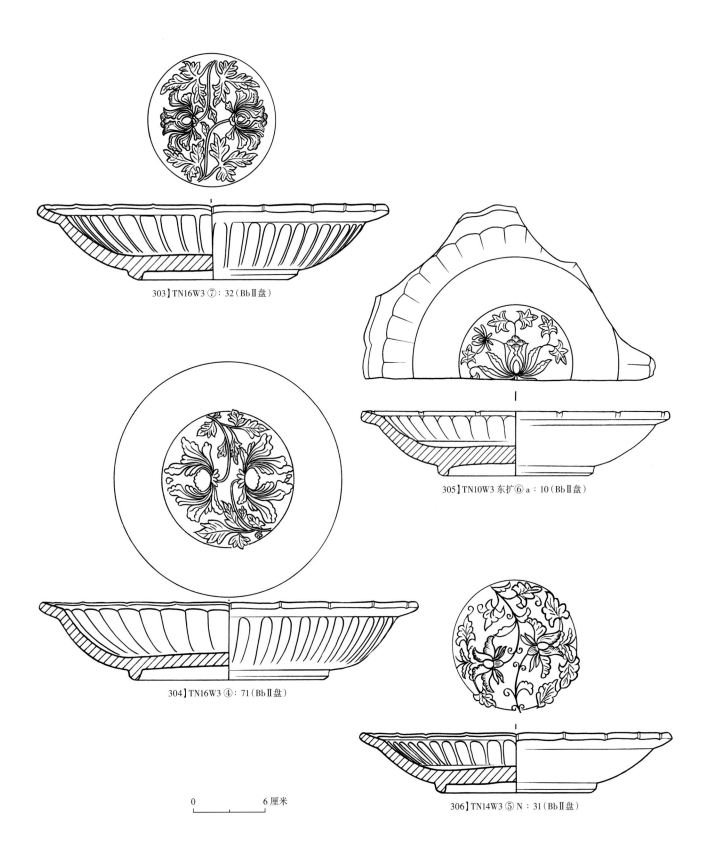

303】TN16W3 ⑦：32（BbⅡ盘）

305】TN10W3 东扩⑥ a：10（BbⅡ盘）

304】TN16W3 ④：71（BbⅡ盘）

306】TN14W3 ⑤ N：31（BbⅡ盘）

0 　　　　　　 6厘米

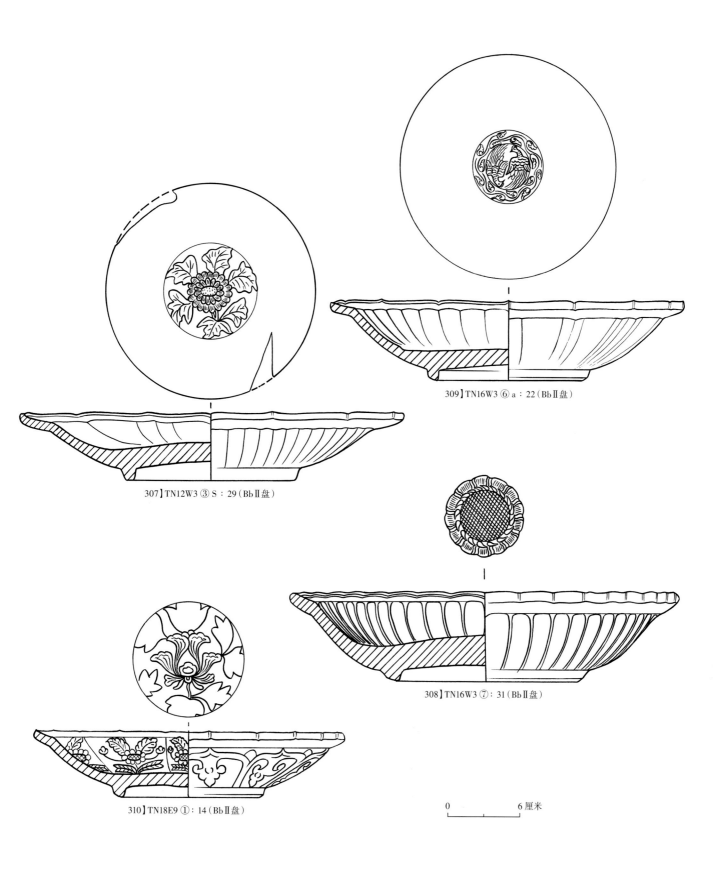

309】TN16W3 ⑥ a：22（BbⅡ盘）

307】TN12W3 ③ S：29（BbⅡ盘）

308】TN16W3 ⑦：31（BbⅡ盘）

310】TN18E9 ①：14（BbⅡ盘）

0　　　　　6厘米

311】TN16W3 ⑥ a：81（BbⅡ盘）

313】TN15E4 ⑩：34（BbⅢ盘）

0   6厘米

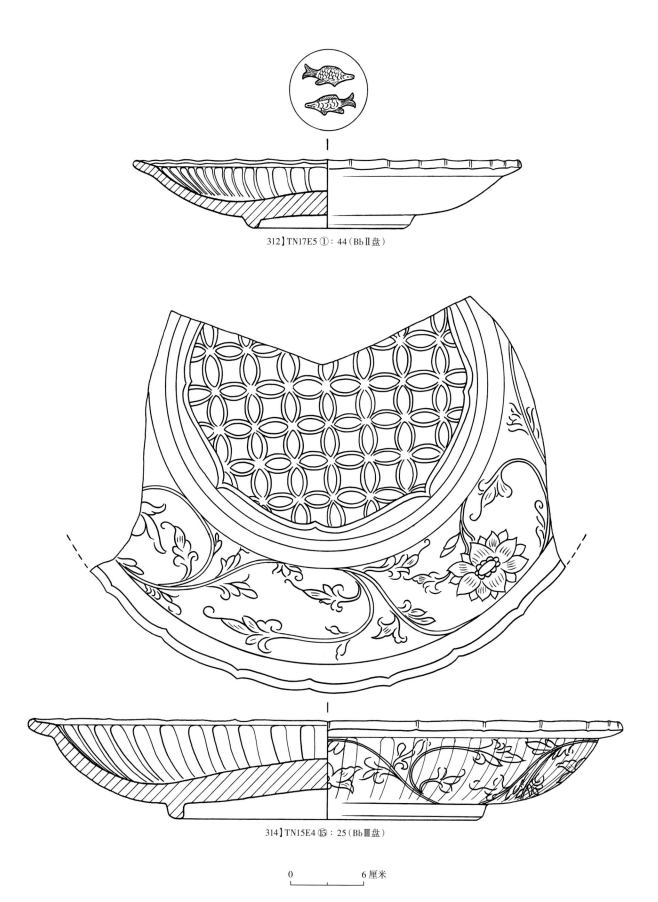

312】TN17E5 ①：44（BbⅡ盘）

314】TN15E4 ⑮：25（BbⅢ盘）

0　　　　　　6厘米

310】TN18E9 ①：14（BbⅡ盘）　　　　　　　　315】TN18E3 ②：14（BbⅢ盘）

317】TN15E4 ⑦：13（BbⅢ盘）

③内外壁有菊棱，内壁刻划缠枝牡丹纹，内底心印花。

315〕TN18E3②：14，沿面有三条连续菱形曲线。内底心阳印牡丹纹。釉色青绿。口径约29.6、足径12.8、高5.3厘米。

316〕CH3：6，内底心阳印牡丹纹。釉色青绿。口径30、足径13.8、高6.2厘米。

317〕TN15E4⑦：13，内底心阳印牡丹纹。釉色青绿。口径约38、足径17.2、高7.2厘米。

318〕TN15E4⑪：39，内底心阳印双菊纹。釉色淡青绿。口径约33、足径14.2、高8厘米。

319〕TN18E3④S：11，内底有菱花形外圈，内阳印"金玉满堂"字样。釉色青绿。口径32.4、足径15.6、高7厘米。

④内外壁有菊棱并刻划缠枝牡丹纹，内底心印花。

320〕TN15E4⑪：40，内壁菊棱不明显，内底心阳印牡丹纹，纹饰内有"山"字样。釉色青绿。口径约26.8、足径11.5、高7厘米。

321〕TN15E4④S：16，内底心阳印牡丹纹。釉色青绿。口径约31.2、足径14.6、高6.4厘米。

322〕TN15E4①：107，内底心阳印菊花纹。釉色青绿。外底刮釉。口径约32.8、足径13.8、高6.4厘米。

323〕TN15E4⑧：5，内底心阳印茶花纹。釉色青绿。口径约31.2、足径14、高7厘米。

315〕TN18E3②：14（BbⅢ盘）

0   6厘米

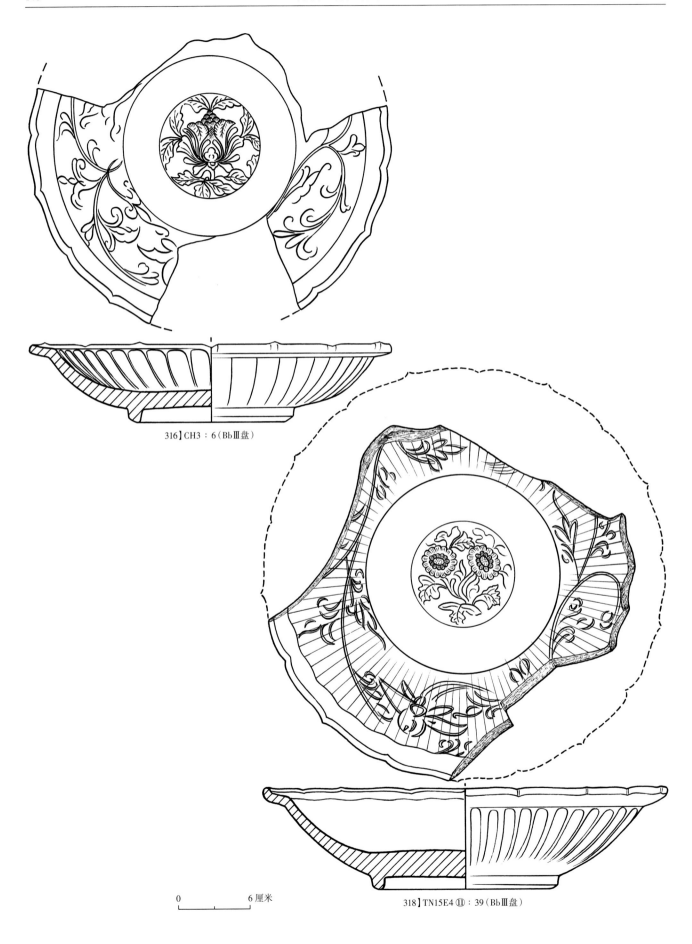

316 CH3 : 6（BbⅢ盘）

0　　　　6厘米

318 TN15E4 ⑪ : 39（BbⅢ盘）

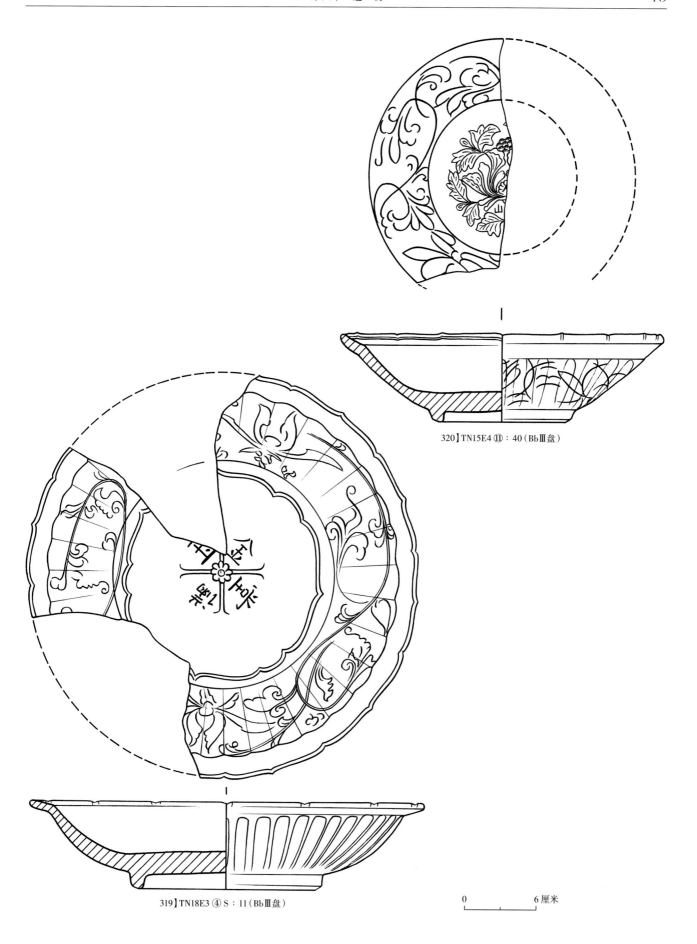

320】TN15E4⑪：40（BbⅢ盘）

319】TN18E3④S：11（BbⅢ盘）

0　　　　　　6厘米

321] TN15E4 ④ S：16（BbⅢ盘）

0　　　　　　6 厘米

323] TN15E4 ⑧：5（BbⅢ盘）

322】TN15E4 ① : 107(BbⅢ盘)

322】TN15E4 ① : 107(BbⅢ盘)

0   6厘米

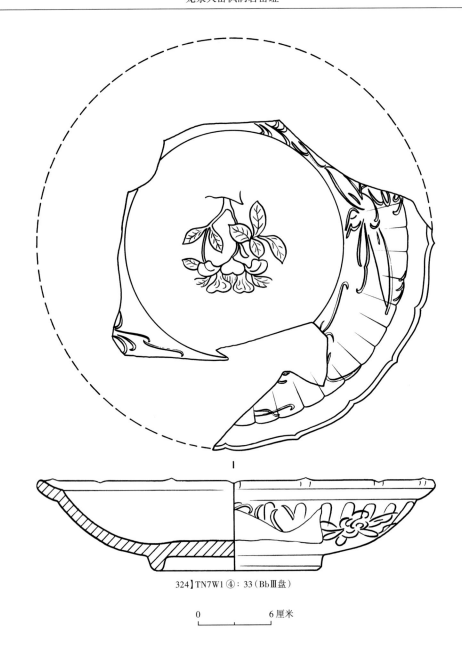

324】TN7W1④：33（BbⅢ盘）

0   6厘米

324】TN7W1④：33，内底心阳印茶花纹。釉色青绿。口径约32.8、足径14、高7.2厘米。

⑤内外壁有菊棱，内底心印花。

325】TN15E4③S：4，内底心戳印纹饰不清晰。釉色淡青绿。口径31.6、足径14.6、高5.2厘米。

326】TN15E4⑪：41，内底心阳印牡丹纹，纹饰中有倒"陈"字。釉色青绿。外底刮釉。口径约35.6、足径16.4、高7.3厘米。

327】TN15E4⑫：15，内底心阳印牡丹纹。釉色青绿。口径约31.6、足径14.4、高6厘米。

328】TN15E4⑮：31，内底心阳印牡丹纹。釉色青绿。口径约30.2、足径13.6、高6.6厘米。

329】TN10W3②：14，内底心阳印荷花莲叶纹。釉色青绿。口径31.2、足径14.8、高5.8厘米。

330】TN15E4⑧：6，内底心阳印菊花纹。釉色青绿。外底粘有垫具。口径约34.2、足径14.2、高5.6厘米。

331】TN12W3④S：16，内底心戳印"福"字葵花纹。釉色青绿。口径约26.8、足径13.4、高5.6厘米。

332】TN18E3②：11，内底心阴印双鱼莲纹。釉色呈三色，局部青绿，局部黄，局部泛蓝。口径22、

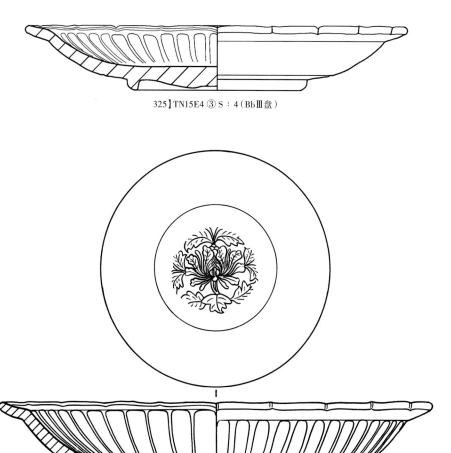

325〗TN15E4 ③ S：4（BbⅢ盘）

326〗TN15E4 ⑪：41（BbⅢ盘）

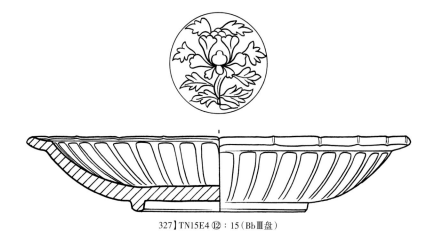

327〗TN15E4 ⑫：15（BbⅢ盘）

0　　　　　　6厘米

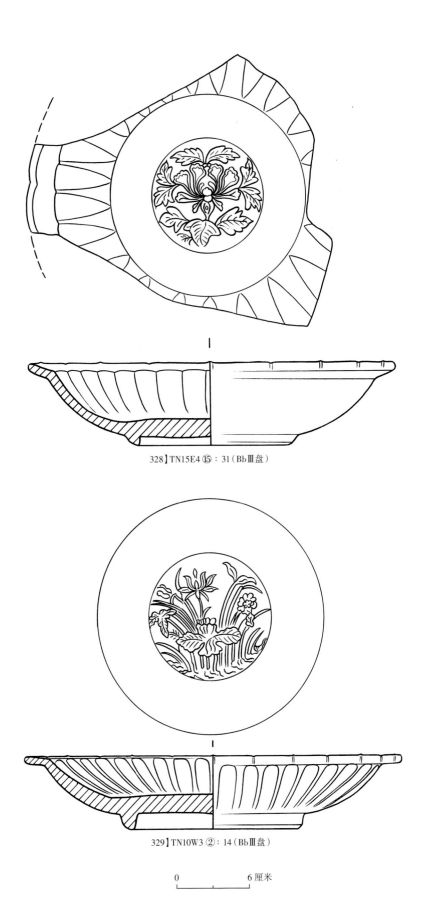

328】TN15E4 ⑮：31（BbⅢ盘）

329】TN10W3 ②：14（BbⅢ盘）

0   6厘米

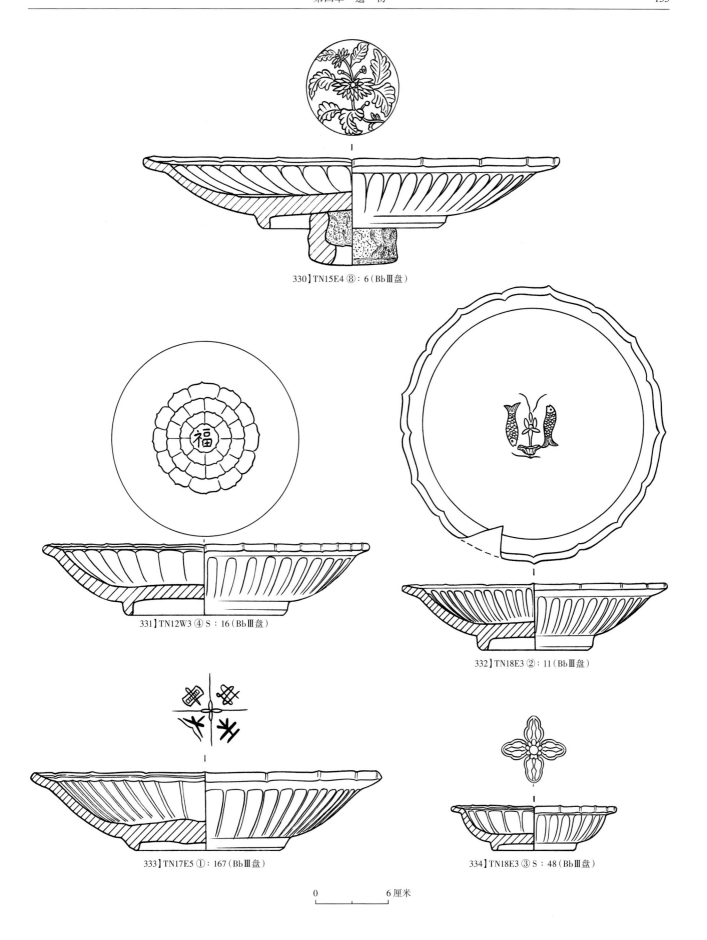

330〕TN15E4 ⑧∶6（BbⅢ盘）

331〕TN12W3 ④ S∶16（BbⅢ盘）

332〕TN18E3 ②∶11（BbⅢ盘）

333〕TN17E5 ①∶167（BbⅢ盘）

334〕TN18E3 ③ S∶48（BbⅢ盘）

0　　　　　6厘米

331】TN12W3 ④ S：16（BbⅢ盘）

334】TN18E3 ③ S：48（BbⅢ盘）

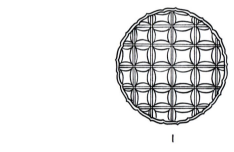

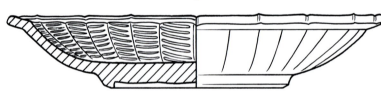

335】TN15E4 ⑦：18（BbⅢ盘）

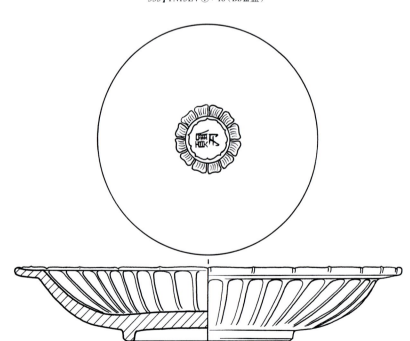

336】TN15E4 ①：62（BbⅢ盘）

0 ——————— 6 厘米

足径 9.6、高 5.2 厘米。

333】TN17E5 ①：167，内底心阴印杂宝纹。釉色青绿。口径 28.8、足径 12.8、高 6.2 厘米。

334】TN18E3 ③ S：48，内底心戳印金刚杵纹。釉色青绿。口径 13.8、底径 7、高 3.5 厘米。

335】TN15E4 ⑦：18，内壁菊瓣中划横线，内底有菱形外圈，底心戳印方格叠钱纹。釉色青绿。口径约 31.2、足径 15.6、高 5.7 厘米。

336】TN15E4 ①：62，内底心阳印反书"顾氏"。釉色青绿。口径约 32.2、足径 14、高 5.8 厘米。

⑥外壁有菊棱，沿面划菱形曲线，内壁刻划缠枝牡丹纹，内底心印花。

337】TN10W3 采：24，内底有菱形外圈，内底心戳印纹饰模糊，疑是印章。釉色青绿。口径 21.6、足径 9.6、高 4.8 厘米。

338】TN17E5 ①：45，内底心阳印篆体"顾氏"。釉色青绿。口径约 21.4、足径 9.6、高 3.6 厘米。

339】TN8W3 ①：11，口沿划曲线，外壁刻粗菊瓣，内底有菱形外圈，底心阳印牡丹纹，纹饰中有"大吉大利"字样。釉色淡青绿。口径约 24.4、足径 10.3、高 5.2 厘米。

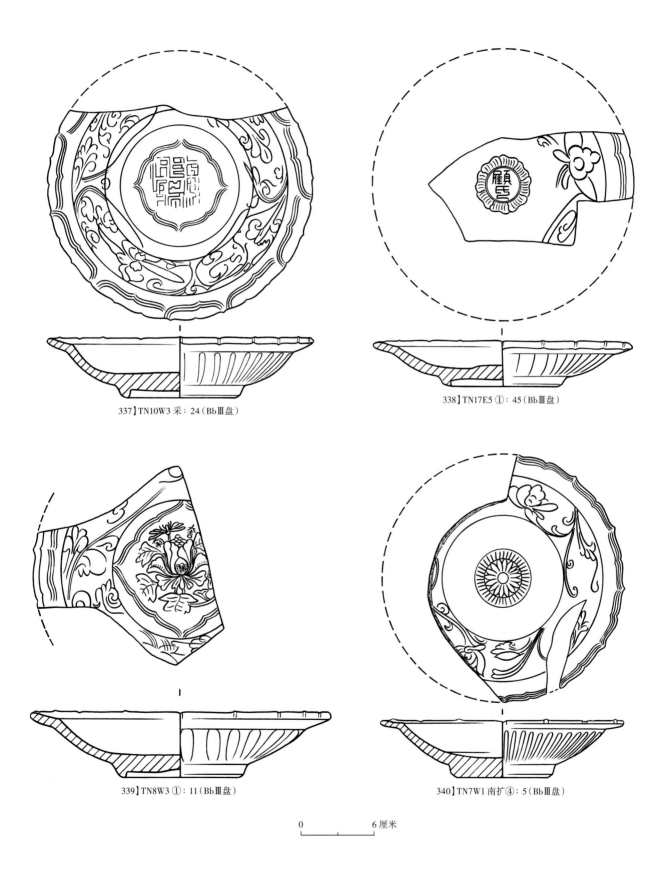

337〗TN10W3 采：24（BbⅢ盘）

338〗TN17E5 ①：45（BbⅢ盘）

339〗TN8W3 ①：11（BbⅢ盘）

340〗TN7W1 南扩④：5（BbⅢ盘）

0　　　　　　6 厘米

337〕TN10W3 采：24（BbⅢ盘）　　　　　　　　　339〕TN8W3 ①：11（BbⅢ盘）

340〕TN7W1 南扩④：5，沿面有菱形曲线，外壁刻菊瓣，内壁刻划缠枝牡丹纹，内底心阳印菊花纹。釉色黄。外底心刮釉。口径约 20、足径 8.4、高 4.6 厘米。

⑦内壁有菊棱，内底心印花。

341〕TN8W1 ③：7，内底心阳印牡丹纹。釉色青绿。口径 30.5、足径 15、高 6.3 厘米。

342〕TN18E3 ④S：19，内底心阳印荷花莲叶纹。釉色青黄。口径约 32、足径 15.4、高 6.4 厘米。

343〕TN15E4 ⑤S：8，内底心阴印仰莲纹。釉色淡青绿。口径约 20.3、足径 9.4、高 4.4 厘米。

344〕TN18E5 ①：4，内底心阴印仰莲纹。釉色青灰。外底刮釉。口径约 20、足径 9、高 4.8 厘米。

345〕TN18E7 ①：4，内底心阴印菊花纹，纹饰中有"上"字。釉色青绿。口径约 30.4、足径 12、高 6 厘米。

346〕TN7W1 ③：7，内底心阳印双菊花纹。釉色青绿。口径 32.5、足径 15.8、高 6.3 厘米。

347〕TN17E5 ①：28，内底心阳印方格叠钱纹。釉色青绿。口径 30.4、足径 15.4、高 6.6 厘米。

348〕TN17E5 ①：92，内底心戳印金刚杵纹。釉色青绿，釉面有缩釉。外底刮釉。口径约 25.6、足径 11.2、高 5.6 厘米。

349〕TN17E5 ①：46，内底心阳印"王氏"菊花纹。釉色淡青绿。口径约 22、足径 8.8、高 4.4 厘米。

350〕TN15E4 ⑥：5，内底心阳印"金玉满堂"字样。釉色青绿。口径约 30、足径 14.8、高 5.8 厘米。

⑧内外壁均无菊棱，沿面有菱形曲线，内壁刻划缠枝牡丹纹，内底心印花，外壁光素。

351〕TN15E4 ⑤S：9，内底心阴印红豆纹。釉色淡青绿。口径约 24.4、足径 10.8、高 5.2 厘米。

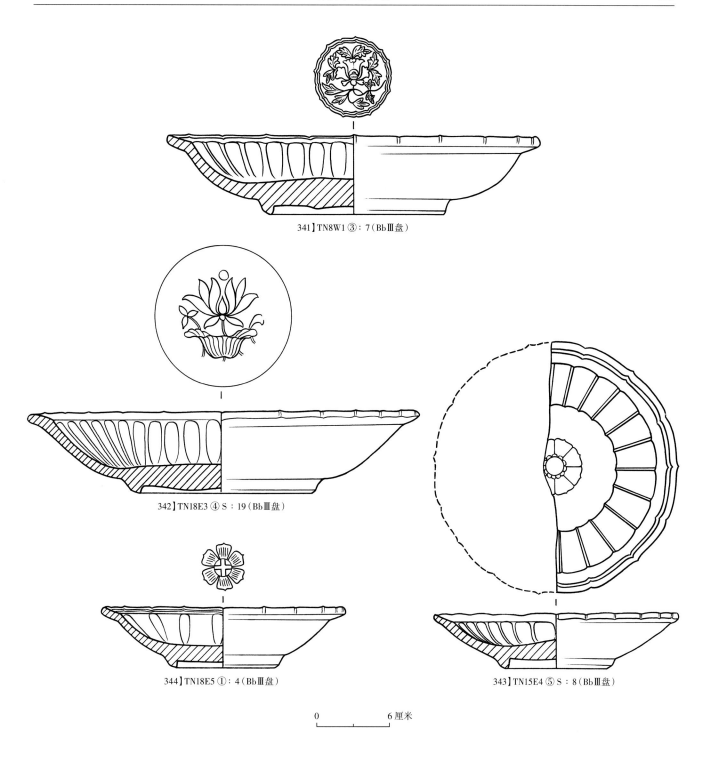

341〗TN8W1③：7（BbⅢ盘）

342〗TN18E3④S：19（BbⅢ盘）

344〗TN18E5①：4（BbⅢ盘）

343〗TN15E4⑤S：8（BbⅢ盘）

0   6厘米

352〗TN18E9①：4，内底有菱形外圈，底心阳印双菊花纹。釉色淡青绿。口径约32.3、足径15.4、高6.2厘米。

353〗TN18E3③S：24，内底有菱形外圈，底心戳印方格叠钱纹。釉色淡青绿。口径约33.6、足径17.2、高6.4厘米。

⑨内外壁均无菊棱，沿面有菱形曲线，内底心印花，内外壁光素。

354〗TN18E4①：4，内底心阴印仰莲纹。釉色青绿。口径约21.2、足径10.4、高4厘米。

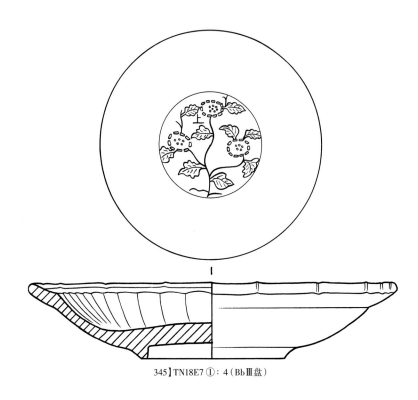

345】TN18E7 ①：4（BbⅢ盘）

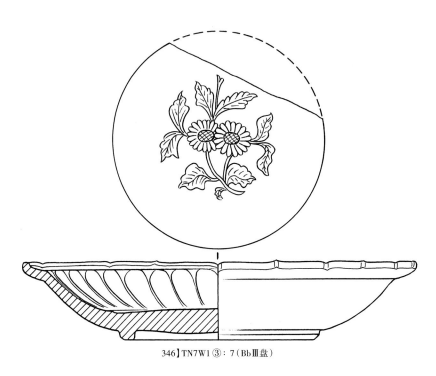

346】TN7W1 ③：7（BbⅢ盘）

0　　　　　　6厘米

345〗TN18E7 ①：4（BbⅢ盘）

347〗TN17E5 ①：28（BbⅢ盘）

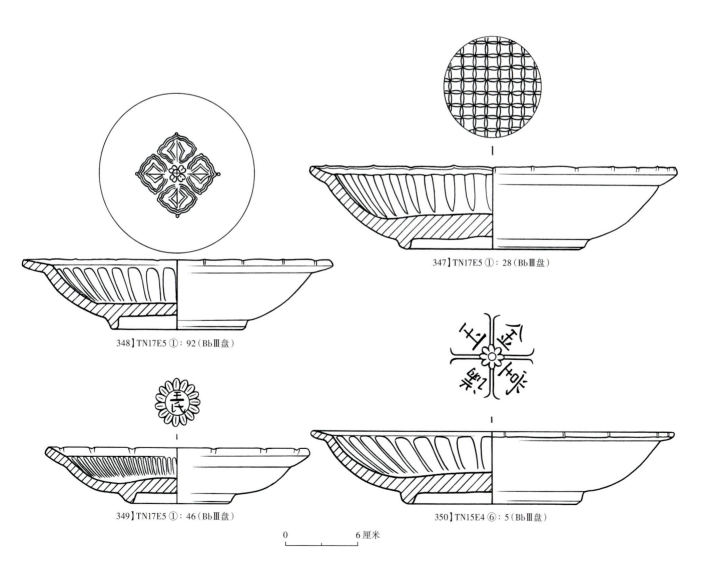

348〗TN17E5 ①：92（BbⅢ盘）

347〗TN17E5 ①：28（BbⅢ盘）

349〗TN17E5 ①：46（BbⅢ盘）

350〗TN15E4 ⑥：5（BbⅢ盘）

0　　　　　　6厘米

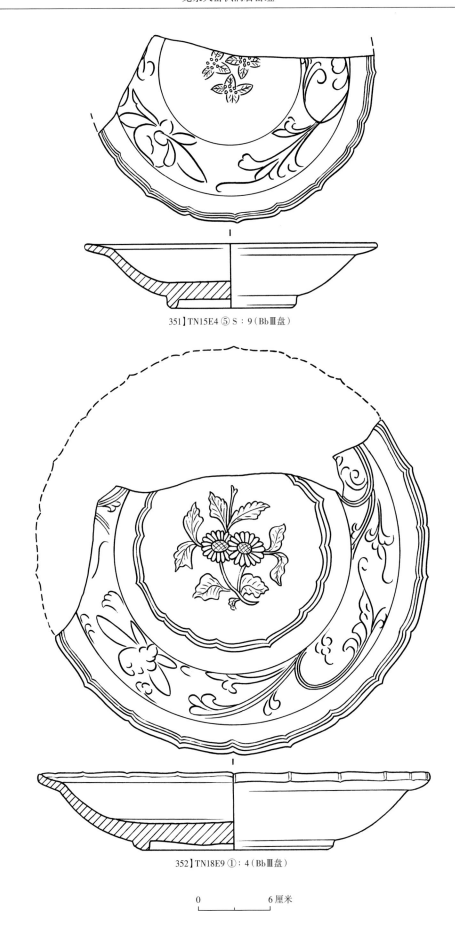

351〗TN15E4 ⑤ S：9（BbⅢ盘）

352〗TN18E9 ①：4（BbⅢ盘）

0　　　　　　6厘米

352】TN18E9 ① : 4（Bb Ⅲ 盘）

354】TN18E4 ① : 4（Bb Ⅲ 盘）

355】TN18E3 ③ S : 23（Bb Ⅲ 盘）

356】TN9W3 ④ S : 3（Ca Ⅰ 盘）

355】TN18E3 ③ S : 23，内底心阴印飞马过海纹。釉色淡青黄，外底心刮釉。口径约21.6、足径9.6、高4厘米。

　C 型　凹折沿盘。沿缘上翘，斜弧腹。按足部不同可分3亚型。

　Ca 型　圈足。按底足不同可分4式。

　Ⅰ式　唇部较尖，圈足窄，足壁斜，外底心尖凸，足端无釉，垫烧于足端。胎色灰白，胎壁较薄，釉层较厚。

　①素面。

356】TN9W3 ④ S : 3，釉色粉青。口径22.4、足径10.2、高6.2厘米。

　②内底贴双鱼，内外壁光素。

357】TN9W3 ④ N : 12，内底贴双鱼。釉色青黄。口径17.6、足径7.8、高4.6厘米。

　③内壁刻菊瓣，内底、外壁光素。

358】TN9W3 ⑧ : 8，内壁刻菊瓣纹。釉色粉青。口径14、足径5、高4.5厘米。

　Ⅱ式　器形较Ⅰ式大，圈足足壁较直较窄，外底刮釉一圈较窄近足。胎色灰白，胎壁较厚，釉层薄。

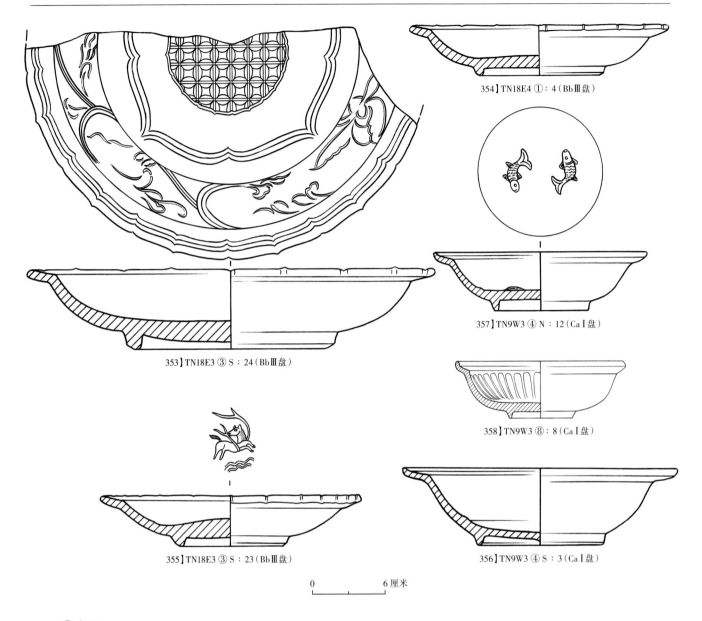

354】TN18E4①：4（BbⅢ盘）

357】TN9W3④N：12（CaⅠ盘）

353】TN18E3③S：24（BbⅢ盘）

358】TN9W3⑧：8（CaⅠ盘）

355】TN18E3③S：23（BbⅢ盘）

356】TN9W3④S：3（CaⅠ盘）

0　　　　　6厘米

①素面。

359】TN14W7⑥：7，釉色淡青绿，釉面开片。口径27.2、足径17.4、高5.4厘米。

②内壁、底刻划花，外壁光素。

360】TN9W3②：8，内壁上部刻划斜回纹，下部刻划篦划卷叶纹，内底心刻划荷花纹。釉色黄。口径41.8、足径24、高9.2厘米。

361】TN10W6⑤：8，内壁上部刻划卷草纹，下部刻划篦划卷叶纹，内底心刻划牡丹纹。釉色淡青。口径43.3、足径22.3、高8.6厘米。

③内壁刻划花，内底印花，外壁光素。

362】TN12W3⑤N：61，内壁上部刻划折点弦纹，下部刻篦划卷叶纹，内底心阳印凤凰衔枝纹。釉色淡青绿，釉面开片。口径34、足径18、高6.8厘米。

④内底心印花，内外壁光素。

363】TN8W3③N：33，内底心阳印牡丹纹。釉色黄，釉面开片。口径24.2、足径13.2、高5.2厘米。

Ⅲ式　足端裹釉圆润，多数外底刮釉一圈。胎色较白，胎壁较厚，釉层较厚。内壁多刻菊瓣，菊瓣较宽

359〕TN14W7 ⑥：7（Ca Ⅱ 盘）

360〕TN9W3 ②：8（Ca Ⅱ 盘）

0   6厘米

较疏朗，内底心印花。

364〕TN12W3 ⑥S：16，内底心阴印石榴花纹。釉色淡绿，釉层玻化。外底刮釉。口径20.8、足径10、高4厘米。

365〕TN10W3 ④N：5，内底心戳印金刚杵纹。釉色青绿。口径22、足径11、高5厘米。

366〕TN12W3 ③S：50，内底心阴印双鱼纹。釉色青绿，釉层玻化开片。外底粘有垫具。口径22.8、足径10.6、高5.4厘米。

Ⅳ式　圈足，圈足斜削裹釉，多数外底心刮釉。胎色灰白，釉层较薄。

①素面。

359】TN14W7⑥：7（CaⅡ盘）

363】TN8W3 ③ N：33（CaⅡ盘）

360】TN9W3 ②：8（CaⅡ盘）

361】TN10W6 ⑤：8（CaⅡ盘）

366】TN12W3 ③ S：50（CaⅢ盘）

361〗TN10W6 ⑤：8（Ca II 盘）

0   6厘米

367〗TN15E4 ⑧：8，釉色淡绿。口径 18.6、足径 7.4、高 4 厘米。

②内壁刻细菊瓣，内底心印花，外壁光素。

368〗TN15E4 ⑪：52，内底心阳印牡丹纹，纹饰中有"山中囚"字样。釉色青绿。口径 26、足径 12、高 6.2 厘米。

383〗TN18E4 ①：5，内底心阳印牡丹纹。釉色淡青绿，外底刮釉一圈。口径 29.6、足径 14、高 4.8 厘米。

369〗TN15E4 ⑫：23，内底心阴印茶花纹。釉色青绿。外底刮釉一圈。口径 29.6、足径 13.6、高 5.4 厘米。

370〗TN7W1 南扩③：1，内底心戳印金刚杵纹。釉色青绿，局部青黄。外底心点釉。口径 23.2、足径 10、高 6.2 厘米。

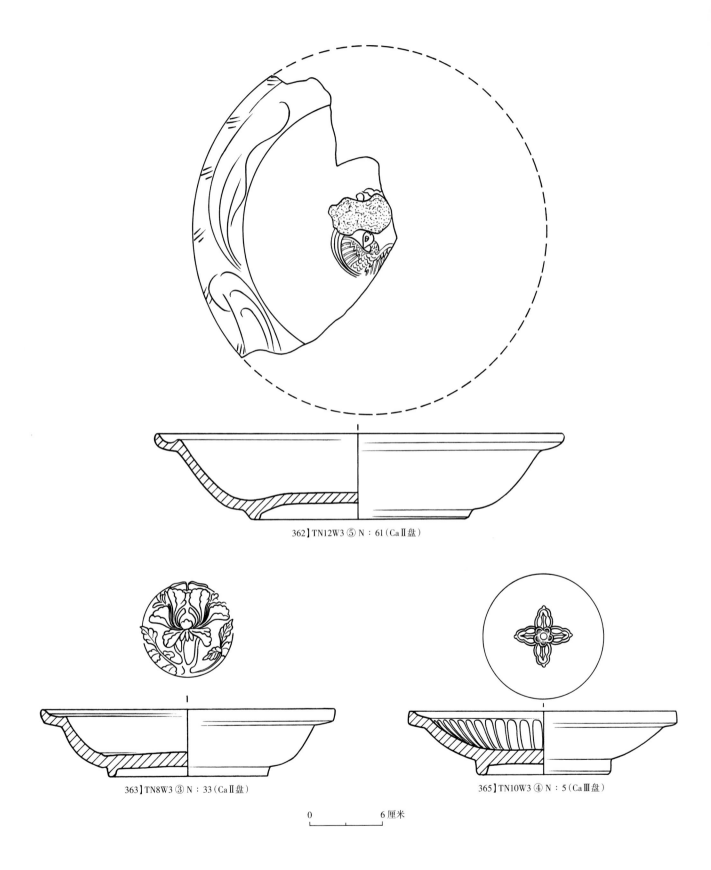

362】TN12W3 ⑤ N：61（CaⅡ盘）

363】TN8W3 ③ N：33（CaⅡ盘）

365】TN10W3 ④ N：5（CaⅢ盘）

0　　　　　　6厘米

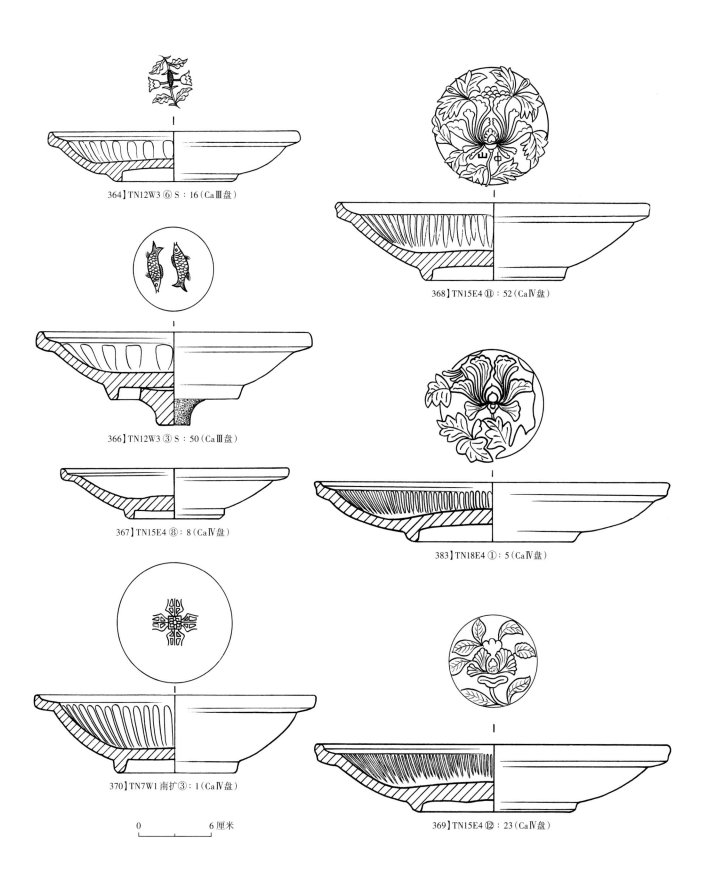

364】TN12W3 ⑥ S：16（Ca Ⅲ 盘）

366】TN12W3 ③ S：50（Ca Ⅲ 盘）

367】TN15E4 ⑧：8（Ca Ⅳ盘）

370】TN7W1 南扩 ③：1（Ca Ⅳ盘）

0　　　　　6 厘米

368】TN15E4 ⑪：52（Ca Ⅳ盘）

383】TN18E4 ①：5（Ca Ⅳ盘）

369】TN15E4 ⑫：23（Ca Ⅳ盘）

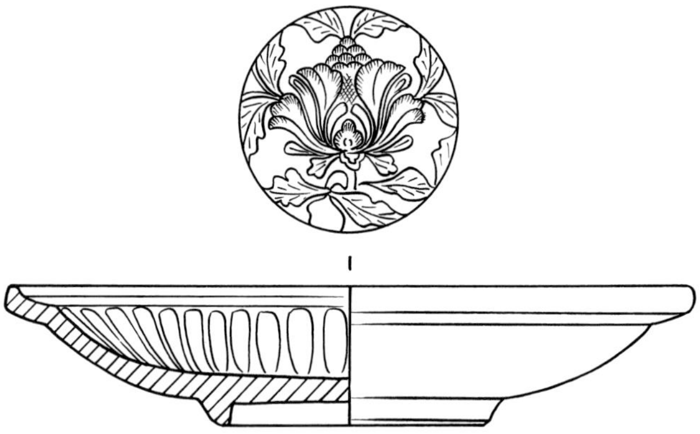

371】TN15E4 ⑦：22（CaⅣ盘）

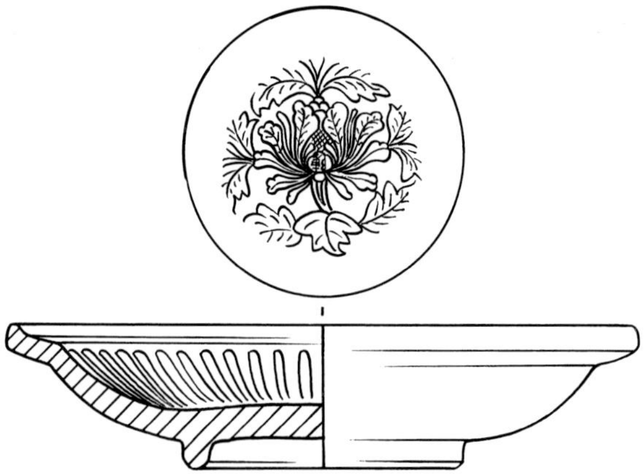

374】TN15E4 ⑯：21（CaⅣ盘）

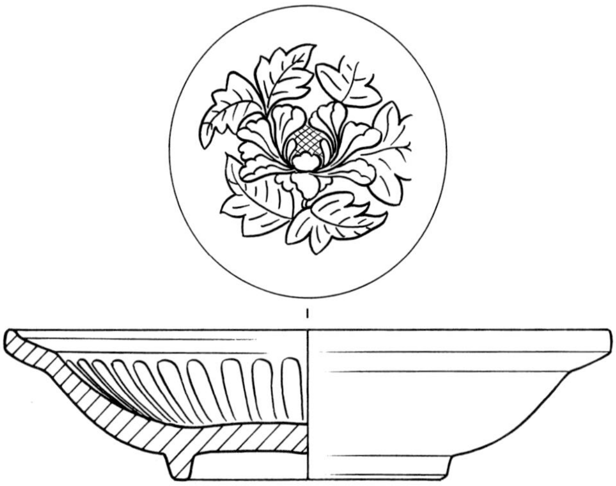

372】TN15E4 ①：72（CaⅣ盘）

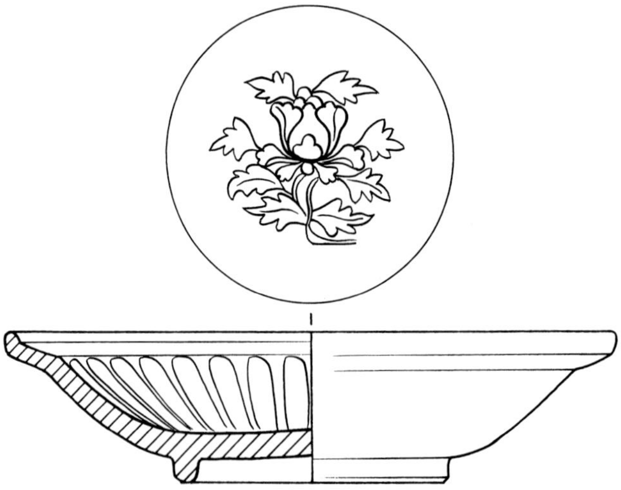

375】TN17E5 ①：29（CaⅣ盘）

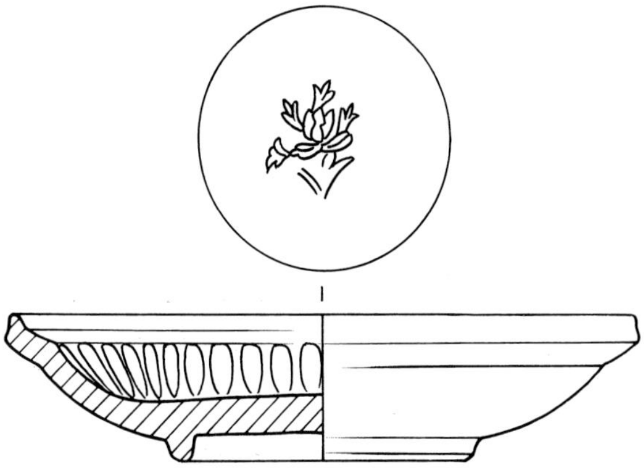

373】TN15E4 ⑮：40（CaⅣ盘）

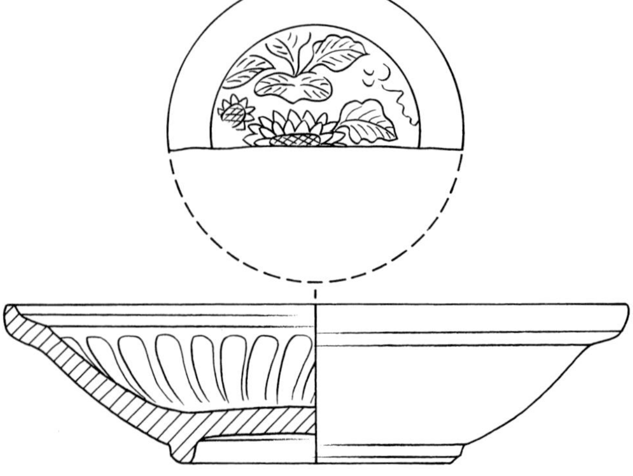

376】TN15E4 ⑬：20（CaⅣ盘）

0 6厘米

③内壁刻粗菊瓣，内底心印花，外壁光素。

371】TN15E4⑦：22，内底心阳印牡丹纹。釉色青绿。口径25.6、足径10.4、高5厘米。

372】TN15E4①：72，内底心阳印牡丹纹。釉色青绿。外底刮釉一圈。口径25.2、足径11.4、高6厘米。

373】TN15E4⑮：40，内底心阳印牡丹纹。釉色青绿。外底刮釉一圈。口径23、足径11、高5厘米。

374】TN15E4⑯：21，内底心阳印牡丹纹，内有倒"陈"字。釉色青绿。口径22.8、足径10、高5厘米。

375】TN17E5①：29，内底心阴印牡丹纹。釉色淡青绿。口径25.2、足径11.2、高6厘米。

376】TN15E4⑬：20，内底心阳印菊花纹。釉色青绿。口径25.2、足径10.8、高6.2厘米。

377】F1：2，内底心戳印"福"字葵花纹。釉色青绿。口径22.4、足径9.6、高5.6厘米。

399】TN10W1⑤：2，内底心戳印葵花纹。釉色青绿。口径20、足径7.8、高4.6厘米。

378】TN18E3②：24，内底心戳印金刚杵纹。釉色青绿，局部青灰。口径24、足径9.2、高5厘米。

379】TN17E5①：42，内底心阴印双鱼莲纹。釉色青绿，釉面开片。口径26.2、足径10.6、高5.4厘米。

380】TN15E4⑩：23，内底心阳印"金玉满堂"字样。釉色青绿。口径27.2、足径11.6、高5.2厘米。

381】TN15E4⑫：19，内底心戳印金刚杵纹，纹饰中有"金玉满堂"字样。釉色青绿，外底无釉。口径26、足径11.6、高6厘米。

④内底心印花，内外壁光素。

382】TN17E5①：30，内底心阳印牡丹纹。釉色淡青绿。口径22、足径8、高4.2厘米。

384】TN18E3③N：5，内底心阳印勾叶牡丹纹。釉色黄。口径20、足径8.6、高4.6厘米。

385】TN15E4⑥：1，内底心阴印"陈"字勾叶牡丹纹。釉色黄。口径18、足径8.6、高4.2厘米。

386】TN18E3⑥S：34，内底心阴印"吉"字勾叶牡丹纹。釉色淡青绿。口径19.6、足径8.6、高4.4厘米。

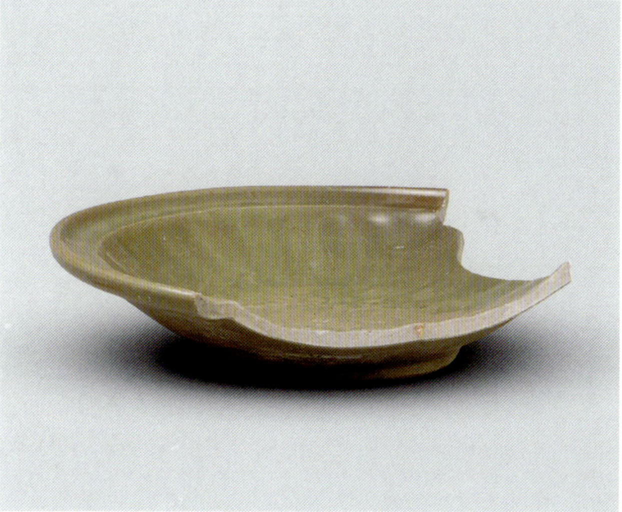

375】TN17E5①：29（CaⅣ盘）

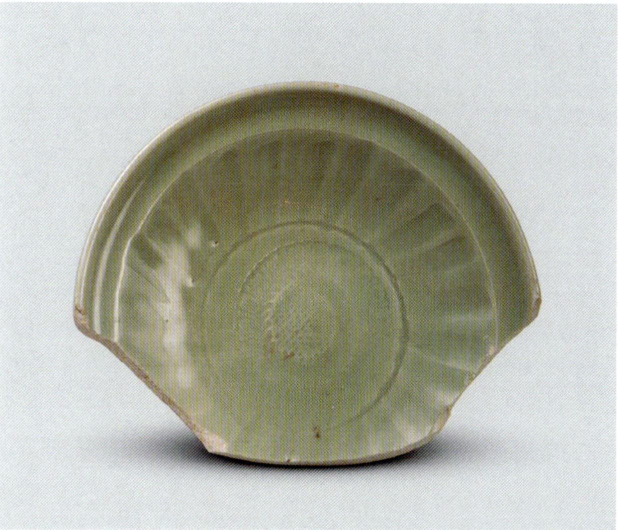

399】TN10W1⑤：2（CaⅣ盘）

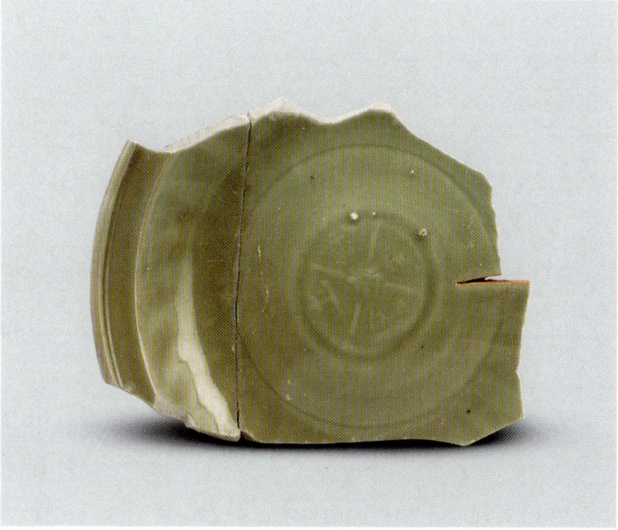

380】TN15E4⑩：23（CaⅣ盘）

377】F1：2（CaⅣ盘）

379】TN17E5①：42（CaⅣ盘）

399】TN10W1⑤：2（CaⅣ盘）

380】TN15E4⑩：23（CaⅣ盘）

378】TN18E3②：24（CaⅣ盘）

0　　　　　　　　6厘米

381】TN15E4⑫：19（CaⅣ盘）

387】TN15E4⑬：17，内底心阴印荷花纹，灰黄胎，釉色青灰，釉面开片。口径 19、足径 8、高 5 厘米。

388】TN7W1④：15，内底心阴印仰莲纹。釉色青绿，釉层玻化好。口径 20.6、足径 9、高 4.6 厘米。

389】TN15E4④S：20，内底心阴印仰莲纹。釉色有青有黄。口径 21.6、足径 10.3、高 4.4 厘米。

390】TN15E4⑫：28，内底心阴印仰莲纹。釉色淡青灰，釉面开片。口径 17.7、足径 7.8、高 4.4 厘米。

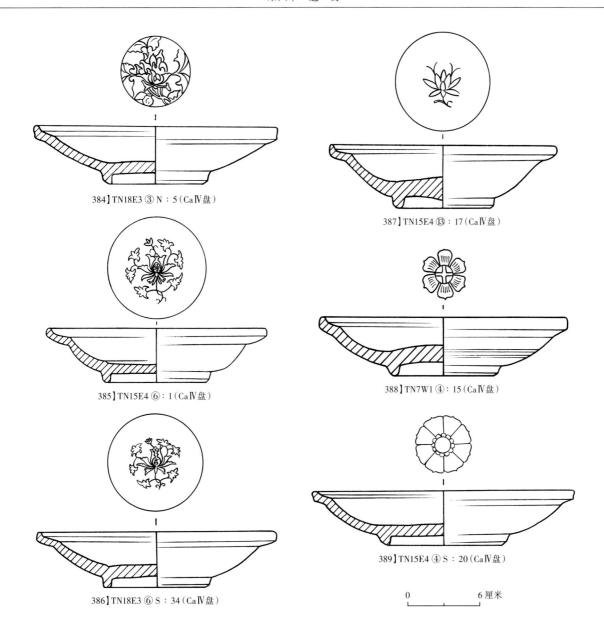

384] TN18E3 ③ N：5（Ca Ⅳ盘）

387] TN15E4 ⑬：17（Ca Ⅳ盘）

385] TN15E4 ⑥：1（Ca Ⅳ盘）

388] TN7W1 ④：15（Ca Ⅳ盘）

386] TN18E3 ⑥ S：34（Ca Ⅳ盘）

389] TN15E4 ④ S：20（Ca Ⅳ盘）

0   6厘米

391] TN10W3 ①：10，内底心阴印菊花纹。釉色黄。口径 20.4、足径 9.6、高 4.6 厘米。

392] TN15E4 ①：63，内底心阳印菊花纹。釉色青黄。口径 23.2、足径 10.4、高 5.4 厘米。

393] TN16W3 ④：33，内底心阳印菊花纹。釉色淡青。口径 20、足径 9.4、高 4.8 厘米。

394] TN17E5 ①：86，内底心阳印菊花纹。釉色青绿。口径 19.2、足径 8.4、高 4.3 厘米。

395] TN18E4 ⑤ S：8，内底心阳印双菊花纹。釉色青绿偏灰。口径 20.8、足径 9.2、高 5.3 厘米。

396] TN18E5 ①：5，内底心阳印菊花纹。釉色青绿偏灰。口径 20、足径 9、高 4.6 厘米。

397] TN18E3 ③ S：36，内底心阳印茶花纹。釉色青绿，器底有积釉，釉层玻化开片。口径 21、足径 8.6、高 4.9 厘米。

398] TN15E4 ⑫：24，内底心阴印茶花纹。釉色青绿。口径 17.7、足径 7、高 4.4 厘米。

400] TN15E4 ⑦：24，内底心阴印海棠花纹。釉色青绿。外底无釉。口径 19.6、足径 9.6、高 4.6 厘米。

401] TN15E4 ⑪：49，内底心阳印灵芝纹。釉色黄。口径 18.8、足径 7.8、高 4.4 厘米。

402] TN15E4 ⑩：19，内底心阴印红豆纹。釉色淡青绿。口径 20、足径 9.4、高 4 厘米。

390】TN15E4 ⑫：28（CaⅣ盘）

391】TN10W3 ①：10（CaⅣ盘）

392】TN15E4 ①：63（CaⅣ盘）

393】TN16W3 ④：33（CaⅣ盘）

394】TN17E5 ①：86（CaⅣ盘）

395】TN18E4 ⑤ S：8（CaⅣ盘）

396】TN18E5 ①：5（CaⅣ盘）

397】TN18E3 ③ S：36（CaⅣ盘）

0　　　　　　6厘米

382〕TN17E5 ① ：30（Ca Ⅳ 盘 ）

391〕TN10W3 ① ：10（Ca Ⅳ 盘 ）

385〕TN15E4 ⑥ ：1（Ca Ⅳ 盘 ）

393〕TN16W3 ④ ：33（Ca Ⅳ 盘 ）

386〕TN18E3 ⑥ S ：34（Ca Ⅳ 盘 ）

395〕TN18E4 ⑤ S ：8（Ca Ⅳ 盘 ）

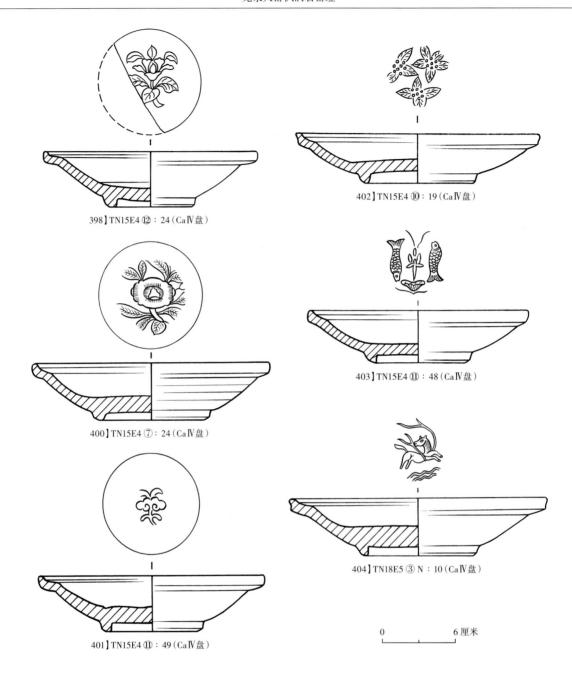

398】TN15E4 ⑫：24（CaⅣ盘）

402】TN15E4 ⑩：19（CaⅣ盘）

400】TN15E4 ⑦：24（CaⅣ盘）

403】TN15E4 ⑪：48（CaⅣ盘）

404】TN18E5 ③ N：10（CaⅣ盘）

0　　　　　6厘米

401】TN15E4 ⑪：49（CaⅣ盘）

403】TN15E4 ⑪：48，内底心阴印双鱼莲纹。釉色青黄。口径18、足径8.4、高4.2厘米。

404】TN18E5 ③ N：10，内底心阴印飞马过海纹。釉色黄。口径21、足径8.8、高5厘米。

405】TN18E3 ⑥ S：32，内底心阴印荷下卧童纹。釉色青灰。口径20.8、足径10.4、高4.8厘米。

406】TN15E4 ⑪：46，内底心阴印人物牵马纹。釉色淡青绿。口径17.2、足径7、高4.4厘米。

407】TN18E5 ③ N：15，内底有菱形外圈，底心戳印方格叠钱纹。釉色青绿偏灰。口径21、足径8.4、高4.6厘米。

408】TN17E5 ①：41，内底心阳印"王氏"菊花纹。釉色青绿。外底刮釉一圈。足径20.4、足径8.8、高3.2厘米。

409】TN18E3 ④ N：4，内底心阳印如意纹，纹饰中有"上"字。釉色青绿，局部青黄，釉层玻化开片。口径24、足径10.8、高4.8厘米。

403〕TN15E4 ⑪：48（CaⅣ盘）

400〕TN15E4 ⑦：24（CaⅣ盘）

408〕TN17E5 ①：41（CaⅣ盘）

402〕TN15E4 ⑩：19（CaⅣ盘）

409〕TN18E3 ④ N：4（CaⅣ盘）

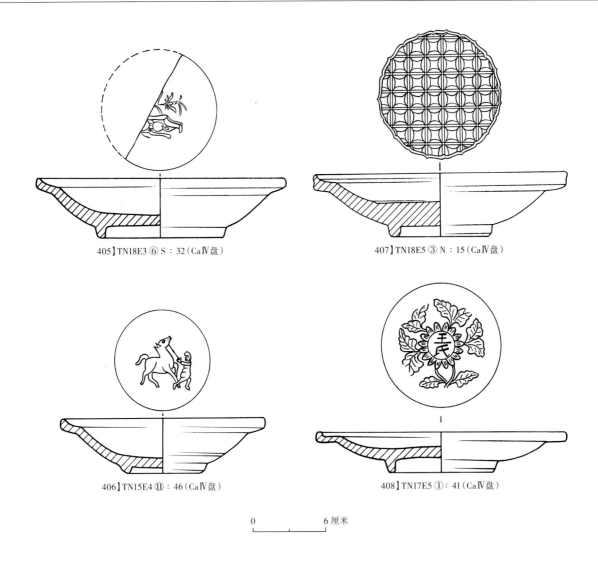

405】TN18E3⑥S：32（Ca Ⅳ 盘）

407】TN18E5③N：15（Ca Ⅳ 盘）

406】TN15E4⑪：46（Ca Ⅳ 盘）

408】TN17E5①：41（Ca Ⅳ 盘）

0　　　　　6厘米

410】TN15E4⑩：22，内底心阳印"金玉满堂"字样。釉色青绿。口径20.6、足径9、高4.4厘米。

411】TN18E3②：37，内底心阳印一花押。釉色青绿。口径19.4、足径7.6、高4.5厘米。

Cb 型　卧圈足。按装烧方式和釉层变化可分3式。

Ⅰ式　足壁较窄，刮釉一圈贴近内足壁。胎色灰白，胎壁较厚，釉层较薄。

①内壁刻菊瓣，内底、外壁光素。

412】TN10W6③a：33，釉色青灰。口径34、足11.6、高7.4厘米。

②内壁刻菊瓣，内底心刻划荷花纹，外壁光素。

413】TN10W6⑤：16，釉色淡青绿。口径31.6、足径12.8、高8.2厘米。

414】TN14W7⑥：21，釉色淡青绿。口径33.8、足径12.8、高8.4厘米。

415】TN14W7⑧：3，釉色淡青绿。口径34.4、足径13.8、高8厘米。

③内壁刻菊瓣，内底心印花，外壁光素。

416】TN10W6③a：16，内底心阳印牡丹纹，纹饰中有"福"字。釉色淡青黄，釉面开片，粘有垫托。口径33、足径12、高7厘米。

417】TN12W3④N：27，内底心阳印牡丹纹。釉色淡青。口径33.6、足径12、高6.6厘米。

418】TN10W6③a：17，内底心阳印凤凰衔枝纹。釉色黄。口径约33.2、足径12、高8.2厘米。

409〗TN18E3 ④ N：4（Ca Ⅳ 盘）

410〗TN15E4 ⑩：22（Ca Ⅳ 盘）

411〗TN18E3 ②：37（Ca Ⅳ 盘）

412〗TN10W6 ③ a：33（Cb Ⅰ 盘）

413〗TN10W6 ⑤：16（Cb Ⅰ 盘）

0   6 厘米

414〗TN14W7 ⑥：21（Cb Ⅰ 盘）

415】TN14W7 ⑧：3（CbⅠ盘）

416】TN10W6 ③a：16（CbⅠ盘）

0   6厘米

413〗TN10W6 ⑤：16（Cb I 盘）

415〗TN14W7 ⑧：3（Cb I 盘）

416〗TN10W6 ③ a：16（Cb I 盘）

418〗TN10W6 ③ a：17（Cb I 盘）

419〗TN14W7 ⑧：32（Cb I 盘）

417 】TN12W3 ④ N：27（Cb I 盘）

419 】TN14W7 ⑧：32（Cb I 盘）

0 　　　　　　　6厘米

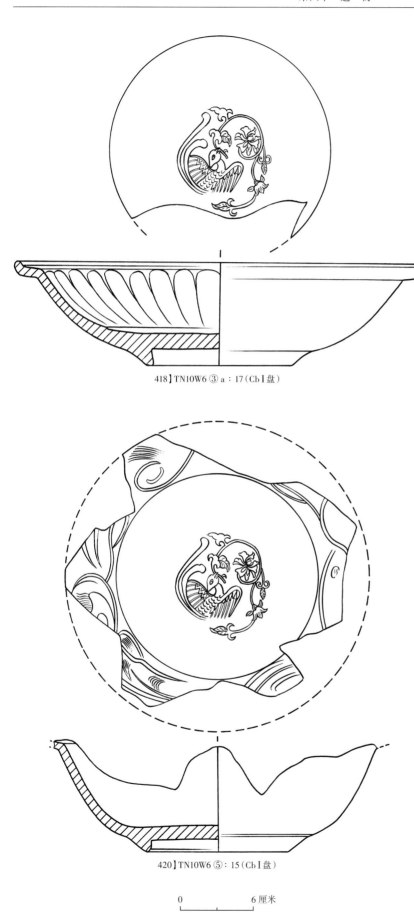

418】TN10W6③a：17（CbI盘）

420】TN10W6⑤：15（CbI盘）

0   6厘米

④内壁刻划花，内底刻划荷花纹，外壁光素。

419】TN14W7⑧：32，内壁刻划篦划卷叶纹，内底刻划荷花纹。釉色青黄。口径34.2、足径13.6、高8.4厘米。

⑤内壁刻划花，内底心印花，外壁光素。

420】TN10W6⑤：15，口残。内壁刻划篦划卷叶纹，内底心阳印凤凰衔枝纹。釉色淡青。足径12、高8.6厘米。

421】TN10W6⑥：3，内壁刻划篦划卷叶纹，内底心阳印鹿纹。釉色淡青。口径32.6、足径11.2、高8厘米。

Ⅱ式　沿折处明显，弧腹较斜。足端裹釉圆润，外底刮釉一圈。胎色较白，胎壁较厚，釉层较厚。

①内壁刻菊瓣，内底、外壁光素。

422】TN14W3⑦N：4，釉色深绿，釉面开片。口径46.6、足径18、高9.4厘米。

②内壁刻菊瓣，内底刻划花，外壁光素。

423】TN12W3⑧S：6，内底刻划荷花纹。釉色青绿。口径37、足径15.4、高8.8厘米。

③内壁刻细菊瓣，内底心印花，外壁光素。

424】TN16W3⑤：58，内底心阴印牡丹纹。釉色青绿。口径25.3、足径11.4、高5.6厘米。

425】TN16W3⑥a：54，内底心阳印牡丹纹。釉色淡青绿。口径27.6、足径11.2、高6.2厘米。

426】TN16W3⑪：3，内底心阳印双牡丹纹。釉色青绿。外底有

420〕TN10W6 ⑤：15（CbⅠ盘）　　　　　　　421〕TN10W6 ⑥：3（CbⅠ盘）

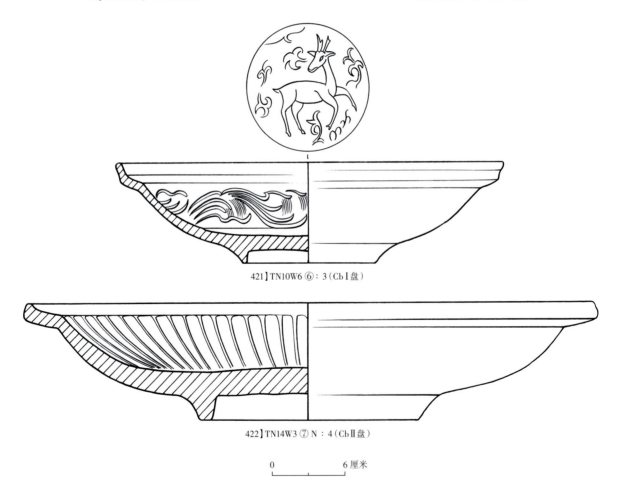

421〕TN10W6 ⑥：3（CbⅠ盘）

422〕TN14W3 ⑦N：4（CbⅡ盘）

0　　　　　　6厘米

垫具粘连。口径 28.8、足径 12.6、高 6.4 厘米。

　　427〕TN16W3 ⑫：3，内底心阳印牡丹纹，有"季"字样。釉色青绿偏灰。外底刮釉。口径 25、足径 11.4、高 5.6 厘米。

　　428〕TN16W3 ⑬：16，内底心阳印牡丹纹。釉色淡青绿。口径 34.4、足径 15、高 7.4 厘米。

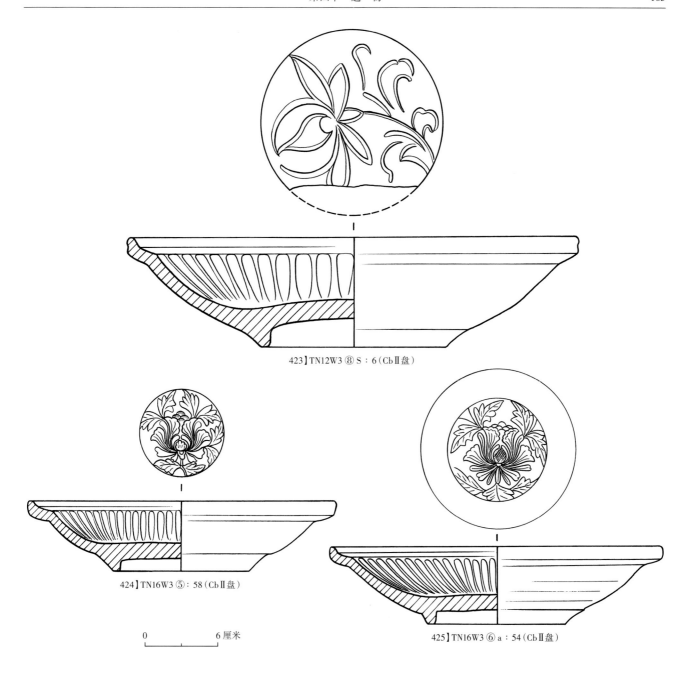

423〕TN12W3⑧S：6（CbⅡ盘）

424〕TN16W3⑤：58（CbⅡ盘）

0　　　　　6厘米

425〕TN16W3⑥a：54（CbⅡ盘）

429〕TN16W3⑥b：15，内底心阴印牡丹纹。釉色淡青绿。口径25.2、足径10.4、高5.7厘米。

430〕TN17E5①：43，内底心阳印牡丹纹。釉色青绿，釉面有缩釉。口径25.2、足径11.4、高6.4厘米。

431〕TN14W3⑤N：10，内底心阳印牡丹纹。釉色青绿，局部泛黄。口径26.8、足径11.4、高5.4厘米。

432〕TN14W3⑤N：2，内底心阳印牡丹纹。釉色青灰。口径26.4、足径11.2、高5.3厘米。

433〕TN14W3⑤N：20，内底心阳印仰牡丹纹，有"字"字样。釉色青绿。口径24、足径10.8、高5.6厘米。

434〕TN16W3②：35，内底心阳印双牡丹纹。釉色青绿。口径26.4、足径11.6、高5.6厘米。

435〕TN16W3④：35，内底心阳印勾叶牡丹纹，内有"太原"二字。釉色青灰。口径26.8、足径12、高6厘米。

436〕TN16W3④：40，内底心阴印勾叶牡丹花纹。釉色青绿。口径26.6、足径10.6、高6厘米。

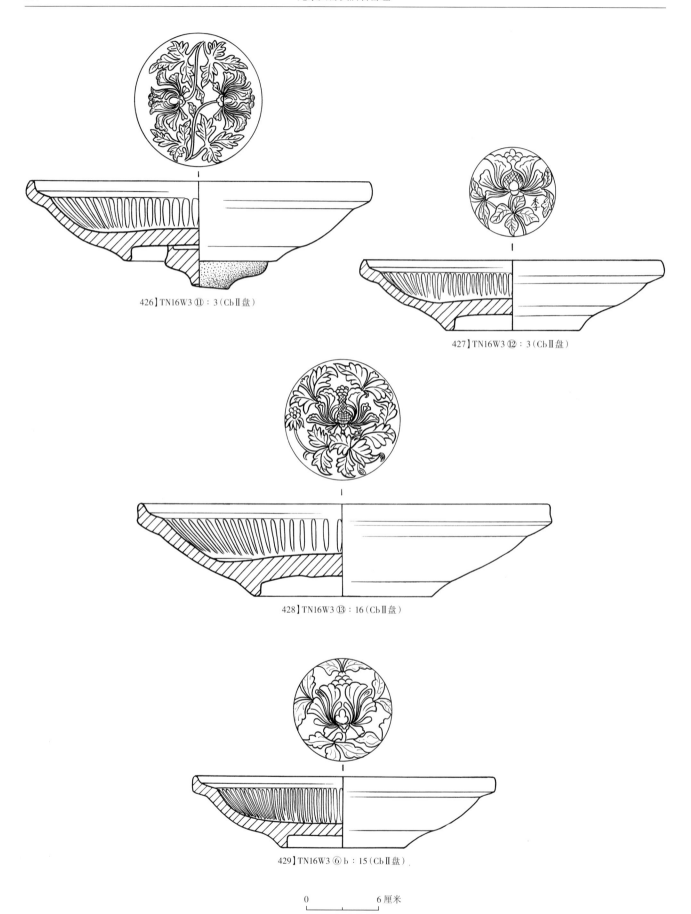

426〕TN16W3 ⑪：3（CbⅡ盘）

427〕TN16W3 ⑫：3（CbⅡ盘）

428〕TN16W3 ⑬：16（CbⅡ盘）

429〕TN16W3 ⑥b：15（CbⅡ盘）

0　　　　6 厘米

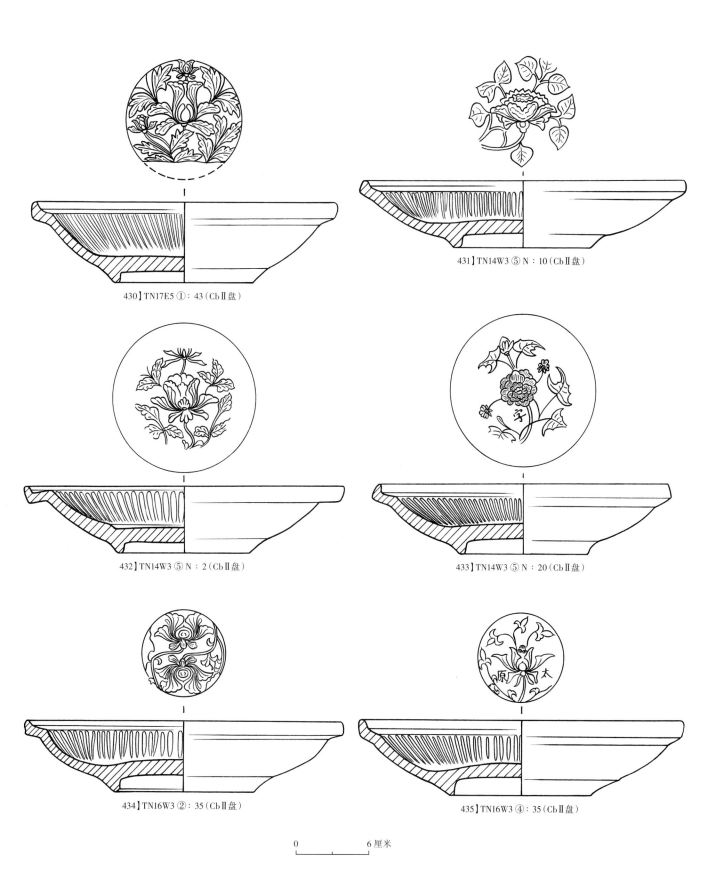

430〗TN17E5 ①：43（CbⅡ盘）

431〗TN14W3 ⑤ N：10（CbⅡ盘）

432〗TN14W3 ⑤ N：2（CbⅡ盘）

433〗TN14W3 ⑤ N：20（CbⅡ盘）

434〗TN16W3 ②：35（CbⅡ盘）

435〗TN16W3 ④：35（CbⅡ盘）

0 ____ 6厘米

437】TN10W3 东扩⑥ a：12（CbⅡ盘）

426】TN16W3 ⑪：3（CbⅡ盘）

438】TN10W3 东扩⑥ c：7（CbⅡ盘）

428】TN16W3 ⑬：16（CbⅡ盘）

440】TN16W3 ⑨ a：7（CbⅡ盘）

429】TN16W3 ⑥ b：15（CbⅡ盘）

442】TN16W3 ④：9（CbⅡ盘）

437】TN10W3 东扩⑥a：12，内底心阳印双勾叶牡丹纹。釉色青绿，局部青灰。口径29.2、足径12.6、高5.2厘米。

438】TN10W3 东扩⑥c：7，内底心阴印荷花莲叶纹。釉色淡青绿。口径29.8、足径10.8、高5.7厘米。

439】TN16W3⑫：2，内底心阳印荷花莲叶纹。釉色浅青绿。口径25.8、足径10、高6厘米。

440】TN16W3⑨a：7，内底心阳印双菊花纹，纹饰中有"桂林用"三字。釉色淡青绿。口径25.6、足径10、高5.5厘米。

441】TN16W3②：38，内底心阴印菊花纹。釉色青灰，釉面开片。口径25.4、足径10.6、高5.2厘米。

442】TN16W3④：9，内底心阳印双菊花纹。釉色青绿，局部黄，釉层玻化冰裂。口径23、足径10.2、高4.4厘米。

443】TN16W3⑦：37，内底心阳印菊荷纹。釉色灰黄。口径25、足径11.2、高5.2厘米。

444】TN12W3④N：41，内底心阴印茶花纹。釉色黄。口径23.6、足径10.6、高4.4厘米。

445】TN16W3②：34，内底心阳印海棠花纹。釉色青绿。口径26.2、足径11.8、高5.7厘米。

446】TN12W3⑤N：42，内底心阴印梅树纹，纹饰中有个"正"字。釉色青绿。口径26.8、足径10.8、高5.9厘米。

447】TN16W3⑥a：50，内底心阴印四鹅水草纹。釉色青绿，釉面开片。口径25.8、足径11、高5.6厘米。

448】TN16W3⑬：17，内底心阳印四鱼莲纹。釉色青绿。口径33.2、足径13.6、高7.8厘米。

449】TN16W3②：29，内底心阴印团凤卷草纹。釉色青绿。口径26.2、足径11.6、高5.6厘米。

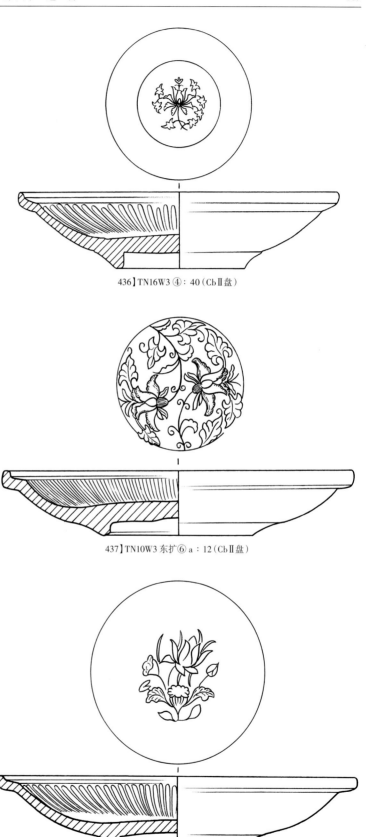

436】TN16W3④：40（CbⅡ盘）

437】TN10W3 东扩⑥a：12（CbⅡ盘）

438】TN10W3 东扩⑥c：7（CbⅡ盘）

0   6厘米

439〕TN16W3 ⑫：2（CbⅡ盘）

440〕TN16W3 ⑨a：7（CbⅡ盘）

441〕TN16W3 ②：38（CbⅡ盘）

442〕TN16W3 ④：9（CbⅡ盘）

443〕TN16W3 ⑦：37（CbⅡ盘）

444〕TN12W3 ④N：41（CbⅡ盘）

0　　　　　　　　　6厘米

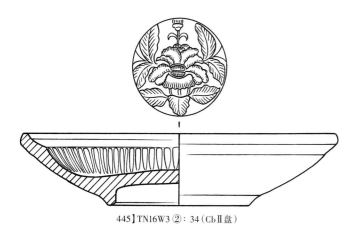

445〗TN16W3②：34（CbⅡ盘）

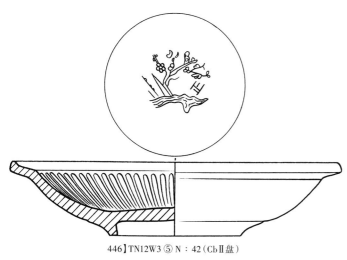

446〗TN12W3⑤N：42（CbⅡ盘）

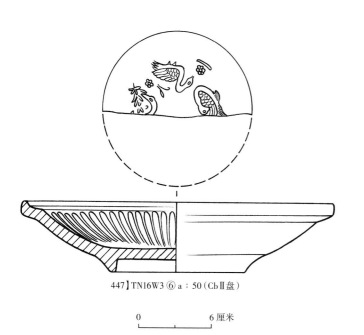

447〗TN16W3⑥a：50（CbⅡ盘）

0 ————— 6厘米

450〗TN16W3⑥a：53，内底心戳印金刚杵纹。釉色淡青绿，釉层玻化开片。口径25、足径10.4、高5.4厘米。

451〗TN16W3⑥b：14，内底心戳印米格纹。釉色青绿，釉层厚薄不均，口唇内壁底釉薄处显白，釉厚处玻化冰裂，圈足有流釉。口径27.8、足径11.2、高6.7厘米。

④内壁刻粗菊瓣，内底心印花，外壁光素。

452〗TN14W3⑨N：13，内底心阳印牡丹纹。釉色青绿。口径27.6、足径11.4、高5.8厘米。

453〗TN14W3⑤N：18，内底心阳印牡丹纹。釉色青绿。口径40.4、足径16、高9厘米。

454〗TN12W3⑤N：48，内底心阳印牡丹纹。釉色青绿。口径32、足径12、高7.4厘米。

455〗TN14W3④N：5，内底心阳印勾叶牡丹纹。釉色深绿。口径39、足径14、高8厘米。

456〗TN12W3⑤N：41，内底心阳印荷花莲叶纹。釉色青灰。口径25.6、足径11.6、高6.1厘米。

457〗TN14W3⑧N：6，内底心阳印菊花纹，纹饰中有"中"、"毛"二字。釉色深绿，釉面开片。口径32.4、足径13、高7.2厘米。

458〗TN14W3⑨N：14，内底心阳印双菊花纹。釉色青绿。口径34、足径12.8、高7.2厘米。

459〗TN15E4①：64，内底心阳印菊花纹，中有一"陈"字。釉色青绿。口径24.4、足径9.8、高5厘米。

460〗TN16W3④：43，内底心阳印双菊花纹。釉色青绿。口径27.2、足径12、高5.2厘米。

461〗TN16W3⑤：6，内底心阳印茶花纹，纹饰中有"陈延"二字。釉色青绿。口径34.2、足径15、高7.6厘米。

462〗TN10W3东扩⑤b：3，内底心阴印石榴花纹。釉色青绿，外底刮釉。口径22、足径9.2、高5厘米。

463〗TN12W3⑤N：47，内底心戳印金刚杵纹。釉色青绿。口径26.4、足径10.8、高6厘米。

464〗TN10W3东扩⑥a：5，内底心戳印金刚杵纹。釉色青绿。口径27.2、足径10.8、

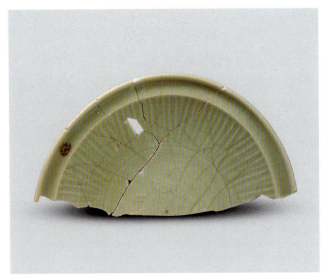

447〕TN16W3 ⑥ a：50（CbⅡ盘）

448〕TN16W3 ⑬：17（CbⅡ盘）

450〕TN16W3 ⑥ a：53（CbⅡ盘）

451〕TN16W3 ⑥ b：14（CbⅡ盘）

455〕TN14W3 ④ N：5（CbⅡ盘）

456〕TN12W3 ⑤ N：41（CbⅡ盘）

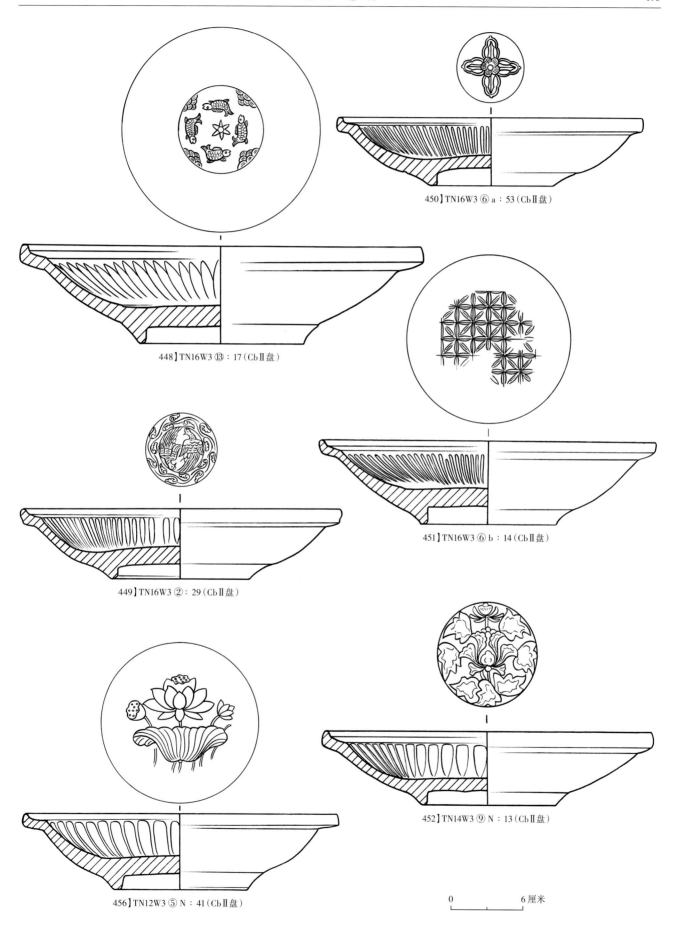

450〕TN16W3⑥a：53（CbⅡ盘）

448〕TN16W3⑬：17（CbⅡ盘）

451〕TN16W3⑥b：14（CbⅡ盘）

449〕TN16W3②：29（CbⅡ盘）

452〕TN14W3⑨N：13（CbⅡ盘）

456〕TN12W3⑤N：41（CbⅡ盘）

0　　　　　　6厘米

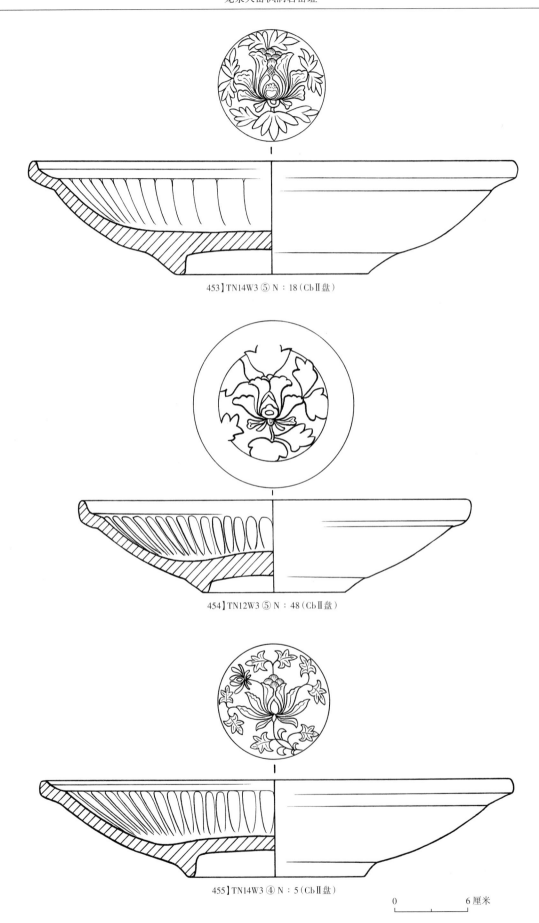

453〕TN14W3 ⑤ N∶18（CbⅡ盘）

454〕TN12W3 ⑤ N∶48（CbⅡ盘）

455〕TN14W3 ④ N∶5（CbⅡ盘）

0　　　　　　6厘米

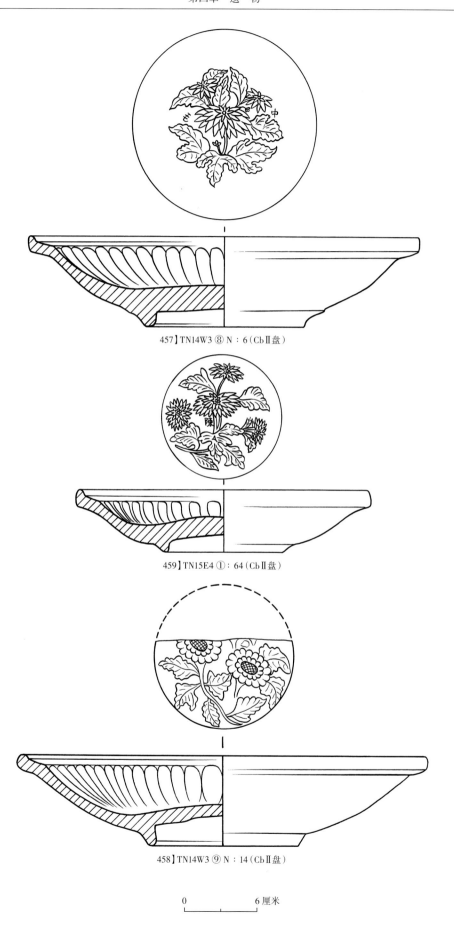

457】TN14W3 ⑧ N：6（CbⅡ盘）

459】TN15E4 ①：64（CbⅡ盘）

458】TN14W3 ⑨ N：14（CbⅡ盘）

0   6 厘米

460】TN16W3 ④：43（Cb Ⅱ 盘）

462】TN10W3 东扩⑤ b：3（Cb Ⅱ 盘）

461】TN16W3 ⑤：6（Cb Ⅱ 盘）

463】TN12W3 ⑤ N：47（Cb Ⅱ 盘）

464】TN10W3 东扩⑥ a：5（Cb Ⅱ 盘）

0　　　　　6 厘米

457〗TN14W3 ⑧ N：6（CbⅡ盘）

461〗TN16W3 ⑤：6（CbⅡ盘）

462〗TN10W3 东扩⑤ b：3（CbⅡ盘）

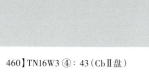

460〗TN16W3 ④：43（CbⅡ盘）

466〗TN16W3 ⑬：13（CbⅡ盘）

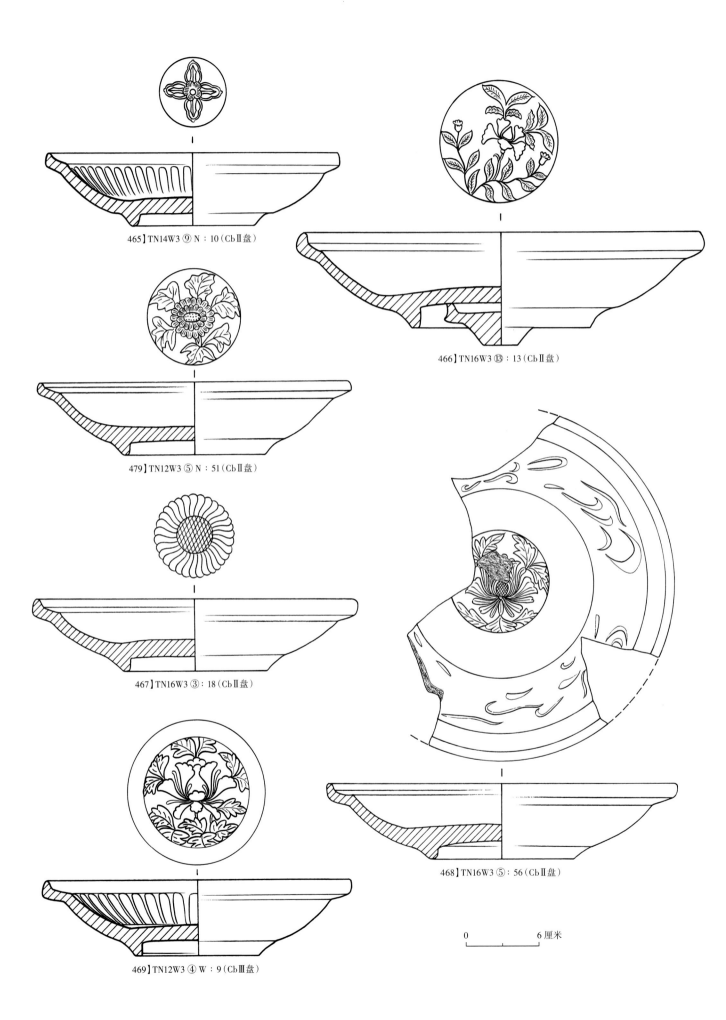

465〕TN14W3 ⑨ N：10（CbⅡ盘）

466〕TN16W3 ⑬：13（CbⅡ盘）

479〕TN12W3 ⑤ N：51（CbⅡ盘）

467〕TN16W3 ③：18（CbⅡ盘）

468〕TN16W3 ⑤：56（CbⅡ盘）

469〕TN12W3 ④ W：9（CbⅢ盘）

0　　　　　　6厘米

高 6 厘米。

465】TN14W3 ⑨ N ：10，内底心戳印金刚杵纹。釉色青绿。口径 24、足径 9.9、高 5.8 厘米。

⑤内底心印花，内外壁光素。

479】TN12W3 ⑤ N ：51，内底心阳印菊花纹。釉色青绿。口径 26、足径 12、高 5.8 厘米。

466】TN16W3 ⑬：13，内底心阳印茶花纹。釉色青黄，釉层玻化开片。有垫具粘连。口径 33.3、足径 14.8、高 7.6 厘米。

467】TN16W3 ③：18，内底心戳印葵花纹。釉色灰绿。口径 27、足径 12.2、高 5.8 厘米。

⑥内壁刻划花，内底心印花，外壁光素。

468】TN16W3 ⑤：56，内壁刻牡丹纹，内底心阳印牡丹纹。釉色青灰。口径 28.7、足径 11.8、高 6 厘米。

Ⅲ式　足端裹釉较平，多数外底刮釉。胎色灰白，胎壁厚，釉层较薄。一般内壁刻菊瓣。

①内壁刻粗菊瓣，内底心印花，外壁光素。

469】TN12W3 ④ W ：9，内底心阳印牡丹纹。釉色青绿。口径 25.6、足径 10.4、高 6 厘米。

470】TN14W3 ①：36，内底心阳印牡丹纹。釉色青绿。口径 38.8、足径 16、高 8.9 厘米。

471】TN15E4 ⑫：21，内底心阳印牡丹纹，纹饰中有“陈”字。釉色青绿。口径 26.3、足径 11.4、高 6.1 厘米。

472】TN15E4 ⑫：22，内底心阳印牡丹纹，纹饰中有“山中[人]”字样。釉色青绿。口径 29.6、足径 12.4、高 6 厘米。

473】TN12W3 ④ S ：1，内底心阳印菊花纹。釉色青绿。口径 33、足径 13.6、高 7 厘米。

474】TN17E5 ①：32，内底心阳印菊花纹。釉色青绿，釉面开片。口径 28.2、足径 11.4、高 6.4 厘米。

475】TN17E5 ①：87，，内底心阳印双菊花纹。釉色青绿。口径 24.4、足径 10.4、高 5 厘米。

476】TN15E4 ⑯：15，内底心戳印“福”字葵花纹。釉色青绿。口径 24.4、足径 10、高 5.1 厘米。

477】TN15E4 ⑮：38，内底心戳印金刚杵纹，有“金玉满堂”字样。釉色青绿。口径 27.2、足径 12、高 6 厘米。

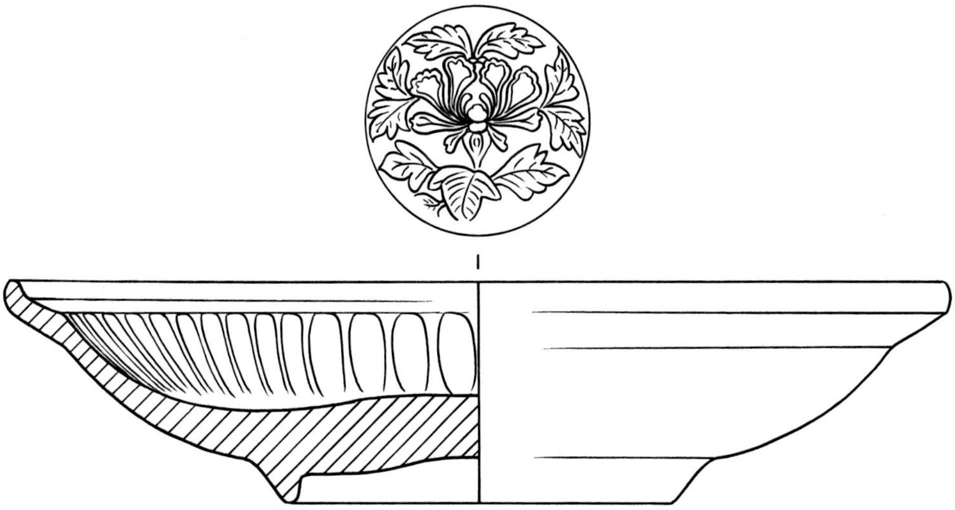

470】TN14W3 ①：36（CbⅢ盘）

0　　6厘米

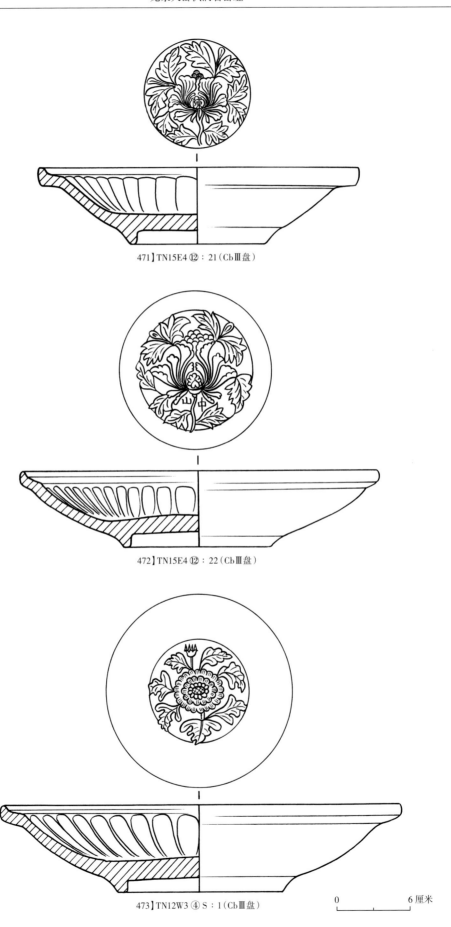

471〗TN15E4⑫：21（CbⅢ盘）

472〗TN15E4⑫：22（CbⅢ盘）

473〗TN12W3④S∶1（CbⅢ盘）

0　　　　　　　6厘米

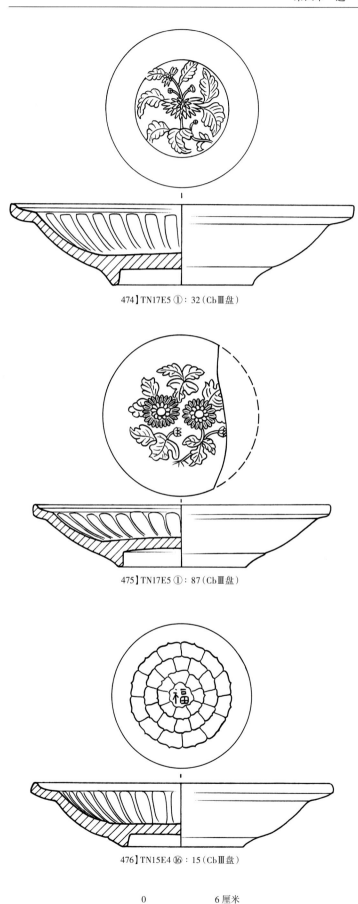

474〕TN17E5①：32（CbⅢ盘）

475〕TN17E5①：87（CbⅢ盘）

476〕TN15E4⑯：15（CbⅢ盘）

0　　　　　　6厘米

478〕TN15E4⑬：18，内底心阴印杂宝纹。釉色青绿。口径26、足径10.4、高6厘米。

Cc型　卧足。刮釉一圈贴近内足壁。胎色灰白，胎壁较厚，釉层较薄。

480〕TN14W7⑦：7，内壁上腹刻划连续斜回纹，下腹刻划篦划卷叶纹，内底刻划荷花莲叶纹。釉色青绿。口径33、足径17、高7.7厘米。

D型　敞口弧腹盘。按圈足分4式

Ⅰ式　弧腹较斜，圈足窄，足端无釉。胎色灰白，胎壁较薄，釉层较厚。

①内壁刻菊瓣，内底、外壁光素。

481〕TN8W3④S：10，釉色青绿。口径17.2、足径9、高4.2厘米。

②外壁刻莲瓣纹，莲瓣凸脊单线，内壁、底光素。

482〕TN9W3③N：38，釉色青黄。口径11、足径6.6、高4厘米。

483〕TN9W3⑧：2，釉色青绿。口径22.2、足径11.2、高4.8厘米。

Ⅱ式　圈足较Ⅰ式宽，足端裹釉平。胎色灰白，胎壁较厚，釉层较薄，外底近足处刮釉一圈。

①外壁刻莲瓣纹，内壁、底光素。

484〕TN14W7⑦：11。釉色青黄。口径16、足径6.8、高3.5厘米。

②内底刻划花，内外壁光素。

485〕TN14W7⑥：10，内底刻划荷花纹。釉色淡青绿。口径26.4、足径18.6、高4厘米。

486〕TN14W7⑥：11，内底刻划双牡丹纹。釉色青绿。有垫托残留。口径33.4、足径20.8、高5.1厘米。

487〕TN10W6⑥：11，内底刻划荷花纹。釉色青绿。口径20.4、足径11.4、高3.7厘米。

488〕TN10W6③a：35，内底刻划荷花纹。釉色青黄。有垫托残留。口径19.4、足径11.4、高4厘米。

③内壁、底刻划花，外壁光素。

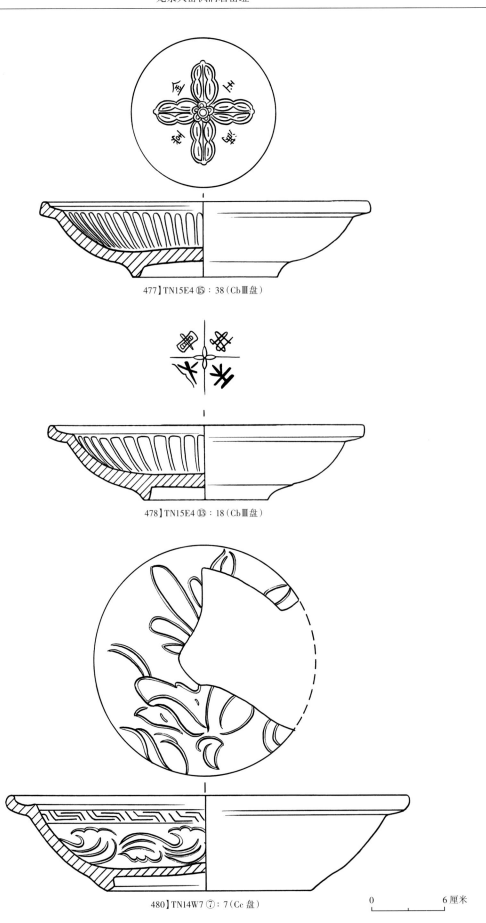

477】TN15E4⑮：38（CbⅢ盘）

478】TN15E4⑬：18（CbⅢ盘）

480】TN14W7⑦：7（Cc 盘）

0　　　　　　6厘米

471】TN15E4 ⑫：21（CbⅢ盘）

476】TN15E4 ⑯：15（CbⅢ盘）

477】TN15E4 ⑮：38（CbⅢ盘）

478】TN15E4 ⑬：18（CbⅢ盘）

480】TN14W7 ⑦：7（Cc 盘）

481〕TN8W3 ④ S：10（DⅠ盘）

482〕TN9W3 ③ N：38（DⅠ盘）

483〕TN9W3 ⑧：2（DⅠ盘）

484〕TN14W7 ⑦：11（DⅡ盘）

485〕TN14W7 ⑥：10（DⅡ盘）

486〕TN14W7 ⑥：11（DⅡ盘）

0　　　　　　6厘米

481〗TN8W3 ④ S：10（D I 盘）

485〗TN14W7 ⑥：10（D Ⅱ 盘）

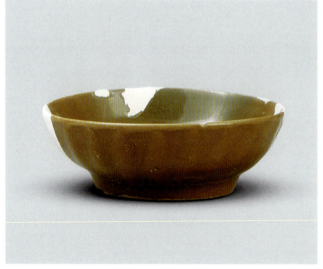

482〗TN9W3 ③ N：38（D I 盘）

483〗TN9W3 ⑧：2（D I 盘）

486〗TN14W7 ⑥：11（D Ⅱ 盘）

487〕TN10W6 ⑥：11（DⅡ盘）

489〕TN10W6 ⑤：9（DⅡ盘）

488〕TN10W6 ③a：35（DⅡ盘）

490〕TN12W3 ③N：23（DⅡ盘）

0   6厘米

491〕TN12W3 ③N：21（DⅡ盘）

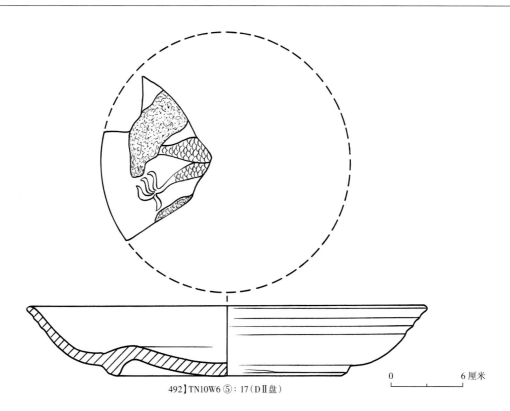

492】TN10W6⑤：17（DⅡ盘）

489】TN10W6⑤：9，内壁刻划卷叶纹，内底心刻划荷花纹。胎色灰黄。釉色灰。口径32、足径21.8、高6.5厘米。

490】TN12W3③N：23，内壁刻划凤纹，内底刻划金刚杵纹。釉色青绿。口径24、足径17、高4.4厘米。

491】TN12W3③N：21，内壁刻划四爪戏珠龙纹，内底外圈刻八宝，底心刻划金刚杵纹。灰黄胎，胎质较疏。釉色灰黄。口径30.4、足径23、高4.6厘米。

④内底心贴花，内外壁光素。

492】TN10W6⑤：17，内底贴四爪龙纹，底心残。釉色淡青绿。口径33.2、足径20、高5.6厘米。

⑤内壁刻划花，内底心印花，外壁光素。

493】TN8W3①：29，内壁刻划篦划卷叶纹，内底边有一周弧线刻划纹，内底心阳印牡丹纹。釉色青绿。口径26、足径18、高5厘米。

494】TN8W3③N：53，内壁刻划篦划卷叶纹，内底边有一周弧线刻划纹，内底心阳印牡丹纹。釉色青绿。口径32.8、足径22、高4.8厘米。

⑥内底心印花，外壁刻折点弦纹，内壁光素。

495】TN12W3⑤N：65，内底心阴印牡丹纹。釉色淡青。外底无釉。口径17、足径6.4、高4.1厘米。

⑦内底心印花，外壁有弦纹，内壁光素。

496】TN10W3①：12，内底心阳印菊花纹，外底心微凹。釉色淡青绿。口径24、足径14.6、高4.6厘米。

497】TN9W3④N：5，内底心阳印凤凰衔枝纹。釉色青黄。口径26.4、足径14.8、高5厘米。

⑧内底心印花，内外壁光素。

498】TN8E3⑧：13，外底心凹，内底心阳印牡丹纹。釉色青绿，釉面开片。口径26、足径18.2、高4.3厘米。

499】TN8E3⑪：11，内底心阴印荷花莲叶纹。釉色青黄。口径20、足径10、高3.6厘米。

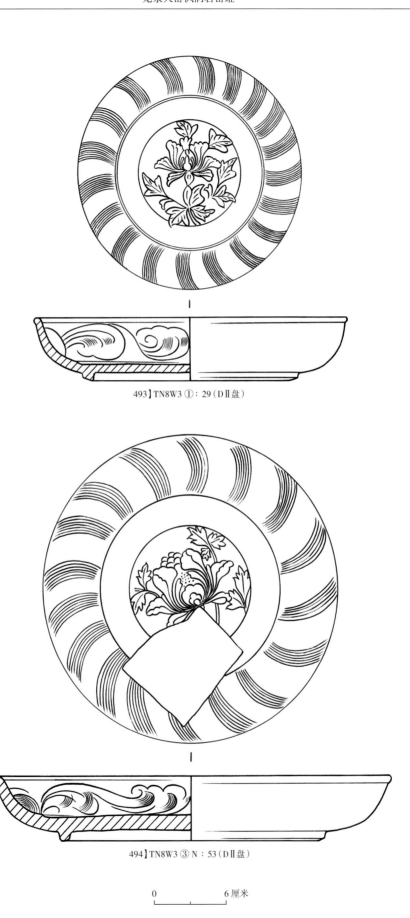

493〗TN8W3 ①：29（DⅡ盘）

494〗TN8W3 ③N：53（DⅡ盘）

0　　　　　　6厘米

494】TN8W3 ③ N：53（D Ⅱ盘）

499】TN8E3 ⑪：11（D Ⅱ盘）

495】TN12W3 ⑤ N：65（D Ⅱ盘）

496】TN10W3 ①：12（D Ⅱ盘）

500】TN10W3 ③ S：25（D Ⅱ盘）

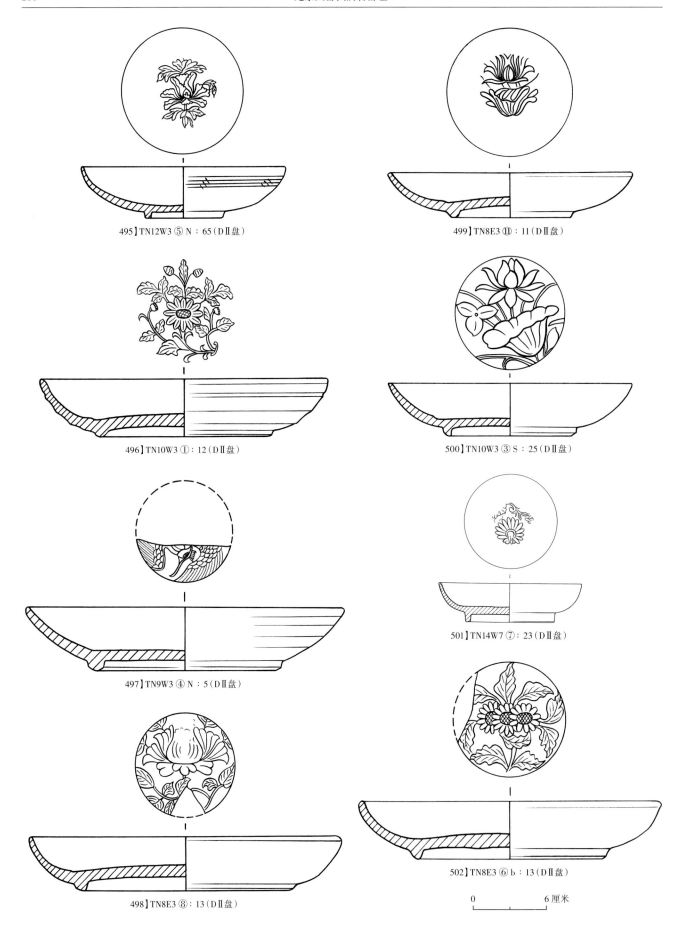

495〕TN12W3 ⑤ N：65（DⅡ盘）

499〕TN8E3 ⑪：11（DⅡ盘）

496〕TN10W3 ①：12（DⅡ盘）

500〕TN10W3 ③ S：25（DⅡ盘）

497〕TN9W3 ④ N：5（DⅡ盘）

501〕TN14W7 ⑦：23（DⅡ盘）

498〕TN8E3 ⑧：13（DⅡ盘）

502〕TN8E3 ⑥ b：13（DⅡ盘）

0　　　　　6厘米

500〕TN10W3③S：25，内底心阳印荷花莲叶纹。釉色青绿。口径20、足径10.8、高4.2厘米。

501〕TN14W7⑦：23，内底心阳印菊花纹。釉色青黄。口径11.6、足径7.2、高3.2厘米。

502〕TN8E3⑥b：13，内底心阳印三朵菊花纹。釉色青绿，釉面开片。口径24.8、足径16、高4.6厘米。

⑨菊花形口，内外壁刻划细菊瓣，内底心印花。

503〕TN8E3⑧：14，内底纹饰不清晰。釉色青黄。口径31.4、足径19、高5.7厘米。

⑩菊花形口，内壁刻细菊瓣，内底心印花，外壁有凸棱。

504〕TN12W3④N：24，内壁刻细菊瓣，内底心阳印牡丹纹，外壁有道凸棱。釉色淡青。口径28、足径21.6、高3.8厘米。

Ⅲ式 圆唇厚凸，外底心微凹，足端裹釉较窄圆，外底刮釉一圈。胎色灰白，胎壁较厚，釉层较厚。

①内底刻划花，内外壁光素。

505〕TN16W3⑪：15，内底刻划金刚杵纹。釉色青灰，釉面开片。口径约30、足径约21.2、高5.6厘米。

506〕TN10W3③N：42，内底刻划荷花纹。釉色青绿。口径30.8、足径16.6、高6.8厘米。

507〕TN16W3⑪：11，内底刻划牡丹纹。釉色灰绿，釉面冰裂。口径30、足径19.6、高6厘米。

②内壁、底刻划花，外壁光素。

508〕TN12W3③N：18，内壁刻划缠枝牡丹纹，内底刻划牡丹纹。釉色青绿。口径27.8、足径17.8、高5.1

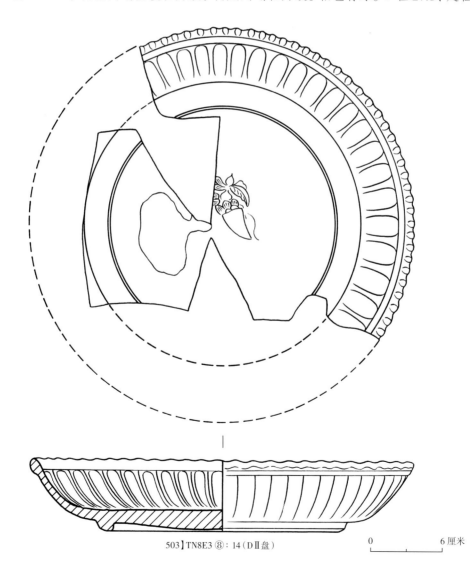

503〕TN8E3⑧：14（DⅡ盘）

0   6厘米

504】TN12W3④N：24（DⅡ盘）

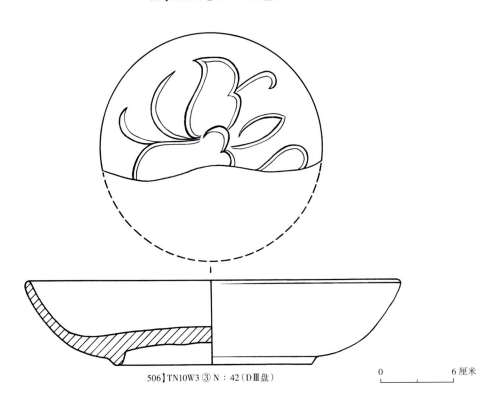

506】TN10W3③N：42（DⅢ盘）

0　　　　　　　　6厘米

厘米。

③内壁刻划花，内底心印花，外壁光素。

509】TN16W3④：49，内壁刻划卷叶纹，内底心阳印牡丹纹，花心中有一"陈"字。釉色青绿。口径27.2、足径13.6、高6.3厘米。

510】TN10W3⑥N：11，内壁刻划卷叶纹，内底心阳印牡丹纹。釉色青绿。口径24.6、足径12.6、高5.7厘米。

511】TN10W3东扩⑥c：10，内壁刻划卷叶纹，内底心阴印勾叶牡丹纹。釉色青绿。口径18.4、足径9.6、高4.6厘米。

512】CH1：4，内壁刻划缠枝牡丹纹，内底心阳印牡丹纹。釉色青绿。口径24、足径14、高4.6厘米。

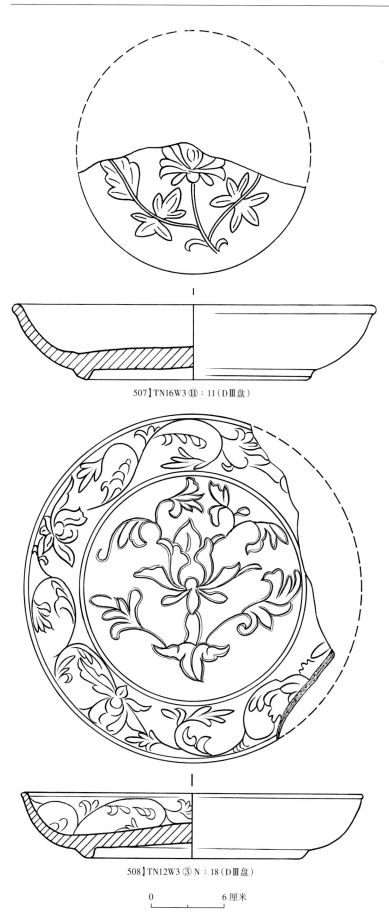

507〗TN16W3⑪：11（DⅢ盘）

508〗TN12W3③N：18（DⅢ盘）

0　　　　6厘米

513〗TN16W3③：31，内壁刻划缠枝牡丹纹，内底心阳印四爪龙纹。釉色青绿。口径23、足径15、高4.3厘米。

514〗TN14W3①：8，外底心微凹。内壁刻划大莲瓣纹，内底心阳印牡丹纹，纹饰模糊。釉色青绿。口径26.4、足径12.6、高5.6厘米。

④内外壁刻划花。

515〗TN16W3①：15，内壁刻划细S形纹，内底纹饰模糊。釉色青绿。口径34.4、足径18、高6.7厘米。

⑤内壁刻细菊瓣，内底心印花，外壁光素。

516〗TN12W3⑥N：12，内底心阳印牡丹纹。釉色青绿。口径26.4、足径14.4、高5厘米。

517〗TN12W3⑦S：3，内底心阳印牡丹纹。釉色青绿。口径26、足径13.6、高5.5厘米。

518〗TN12W3⑦S：5，内底心阳印牡丹纹，纹饰中有"山中人"字样。釉色青绿。口径25.2、足径14、高4厘米。

519〗TN14W3⑤N：25，内底心阳印牡丹纹。釉色青绿。口径25.2、足径14、高4.6厘米。

520〗TN14W3④N：25，内底心阳印牡丹纹。釉色青绿，釉面开片。口径27.2、足径18.2、高5厘米。

521〗TN16W3⑤：65，内底心阳印牡丹纹。釉色青绿，局部青灰。口径28、足径14.4、高6.5厘米。

522〗TN14W3④N：24，内底心阳印双牡丹纹。釉色青绿。口径26.8、足径17、高5.6厘米。

523〗TN16W3⑬：23，内底心阳印勾叶牡丹纹，纹饰中有"太原"两字。灰黄胎，胎质较疏。釉色灰黄。口径24.8、足径14.8、高6厘米。

524〗TN14W3⑤N：23，内底

510〗TN10W3⑥N：11（DⅢ盘）

505〗TN16W3⑪：15（DⅢ盘）

508〗TN12W3③N：18（DⅢ盘）

511〗TN10W3东扩⑥c：10（DⅢ盘）

509〗TN16W3④：49（DⅢ盘）

514〗TN14W3①：8（DⅢ盘）

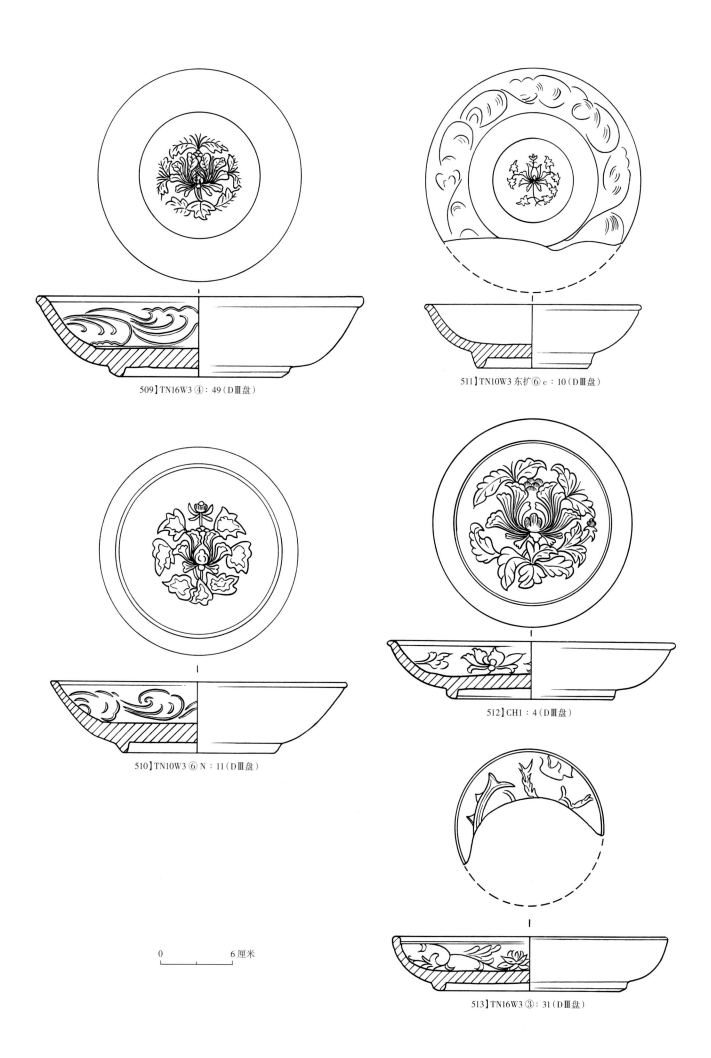

509】TN16W3 ④：49（DⅢ盘）

511】TN10W3 东扩⑥ c：10（DⅢ盘）

510】TN10W3 ⑥ N：11（DⅢ盘）

512】CH1：4（DⅢ盘）

0　　　　　6 厘米

513】TN16W3 ③：31（DⅢ盘）

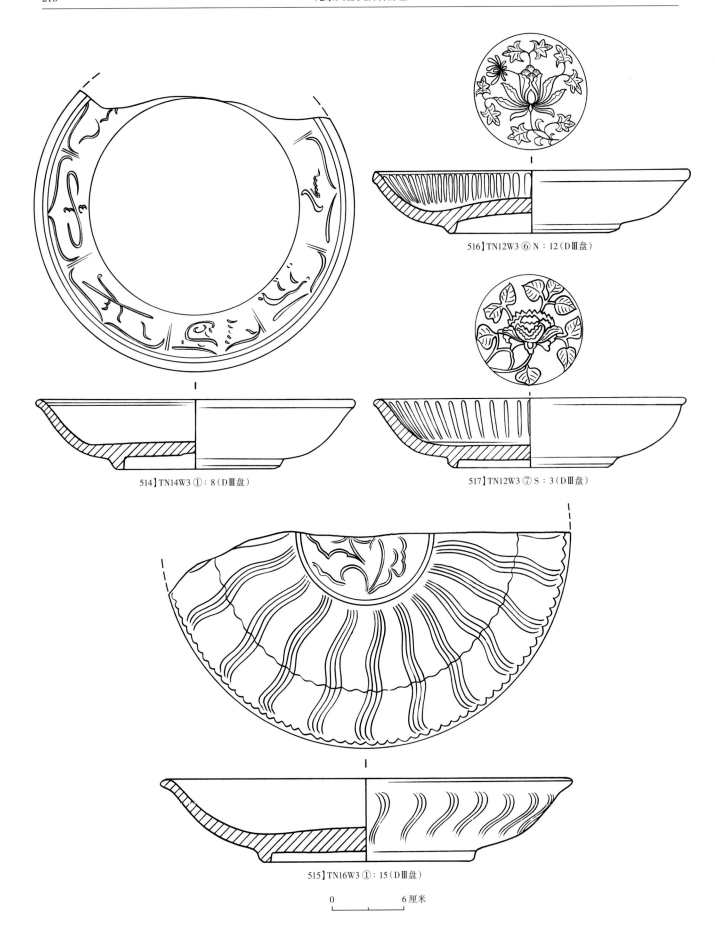

516】TN12W3⑥N：12（DⅢ盘）

514】TN14W3①：8（DⅢ盘）

517】TN12W3⑦S：3（DⅢ盘）

515】TN16W3①：15（DⅢ盘）

0　　　　　　　6厘米

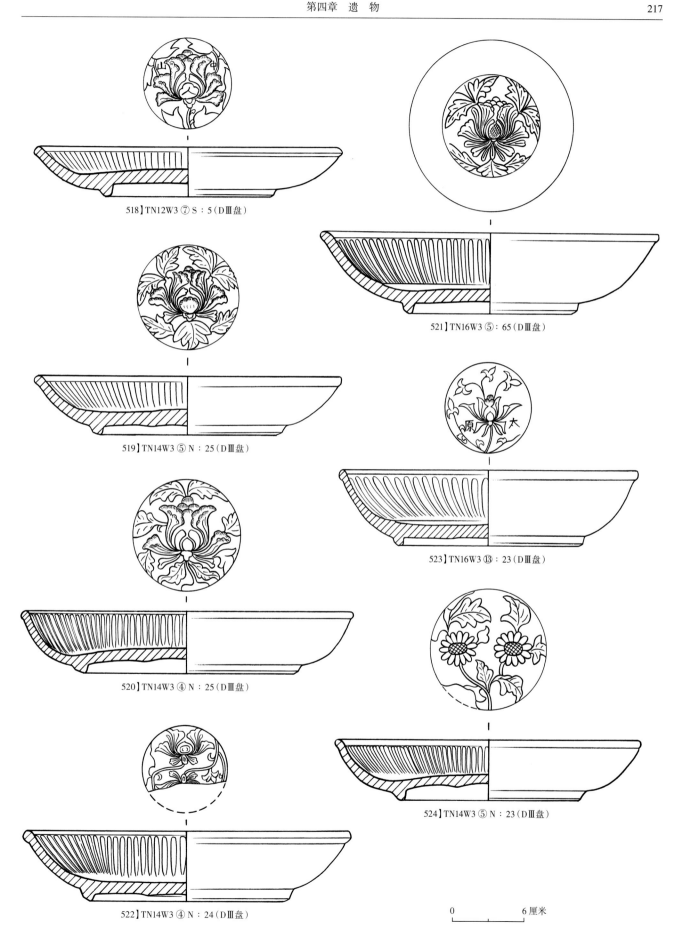

518〗TN12W3 ⑦ S：5（DⅢ盘）

519〗TN14W3 ⑤ N：25（DⅢ盘）

520〗TN14W3 ④ N：25（DⅢ盘）

522〗TN14W3 ④ N：24（DⅢ盘）

521〗TN16W3 ⑤：65（DⅢ盘）

523〗TN16W3 ⑬：23（DⅢ盘）

524〗TN14W3 ⑤ N：23（DⅢ盘）

0　　　　　　6厘米

527】TN16W3④：7（DⅢ盘）

536】TN18E4②：16（DⅢ盘）

心阳印双菊花纹。釉色青绿偏灰。口径25.2、足径15.2、高4.8厘米。

525】TN12W3⑤N：54，内底心阳印双菊花纹，内见"桂林"二字。釉色青绿。口径26、足径14、高6.1厘米。

526】TN16W3⑤：64，内底心阳印三朵菊花纹。釉色青绿。口径28、足径18、高4.5厘米。

527】TN16W3④：7，内底心戳印葵花纹。釉色青绿。口径26.4、足径13.2、高5.2厘米。

528】TN16W3②：43，内底心阳印海棠花纹。釉色青绿局部青黄。口径23.6、足径13、高4.6厘米。

⑥菊形口，内壁刻细菊瓣，内底心印花，外壁光素。

536】TN18E4②：16，内底心印花纹饰模糊。釉色青绿。口径24.4、足径13.8、高4.4厘米。

⑦内底心印花，内外壁光素。

529】TN14W3⑤N：27，内底心阳印牡丹纹。釉色青黄。口径24.8、足径14、高4.6厘米。

530】TN16W3⑩：11，内底心阳印牡丹纹。釉色淡青绿。口径24.8、足径15.2、高4.3厘米。

531】TN17E5①：64，内底心阴印牡丹纹。釉色淡青绿。口径24.6、足径14.4、高5.2厘米。

532】TN16W3⑬：26，内底心阳印牡丹纹。釉色青绿。口径25、足径15、高4.7厘米。

533】TN16W3⑥a：3，内底心阳印茶花纹。釉色青绿。口径26.4、足径14.8、高4.6厘米。

534】TN12W3⑤N：66，内底心戳印金刚杵纹。釉色青灰。口径18.8、足径12.2、高4.3厘米。

⑧外壁下腹刻莲瓣，内底心印花，内壁光素。

535】TN16W3⑧：15，内底心阳印葵花纹。釉色青绿。口径19.6、足径12、高4厘米。

Ⅳ式　弧腹较坦，足端斜削较明显，多数外底刮釉一圈，少数全刮釉。胎色灰白，胎壁较厚，釉层较薄。

①内外壁刻划花，内底刻划花。

537】TN18E9①：7，内外壁刻划缠枝牡丹纹，内底刻划折枝荷花纹。釉色淡青灰，釉层开片。口径30.4、足径15、高7厘米。

538】TN10W3采：13，外底心凹。内沿下刻划回纹，内外壁刻划缠枝牡丹纹，内底刻划方格叠钱纹。釉色淡青绿。口径33.6、足径17.6、高6厘米。

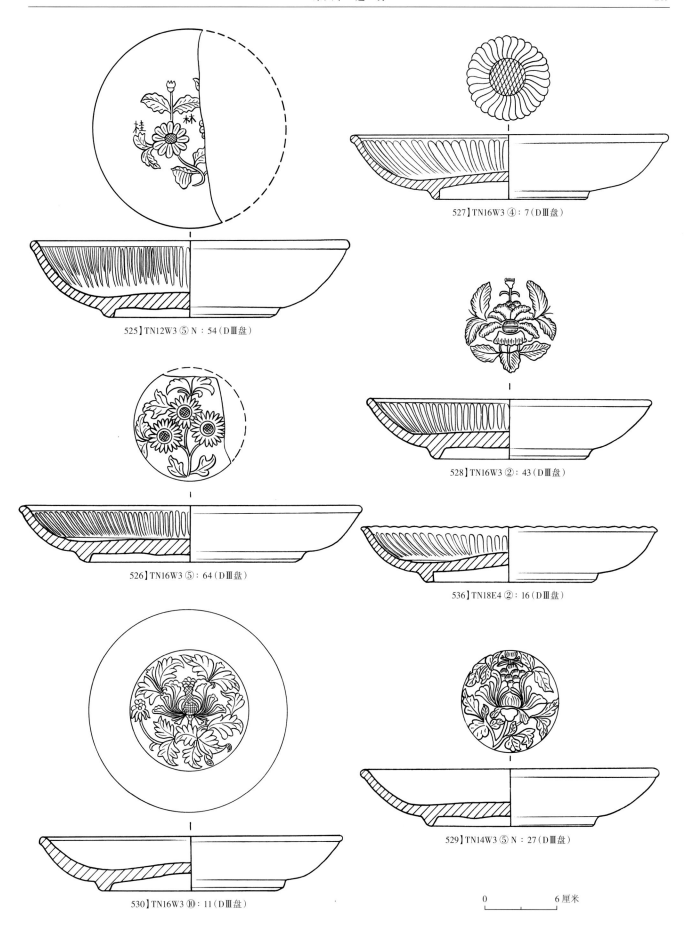

525〕TN12W3 ⑤ N：54（D Ⅲ 盘）

526〕TN16W3 ⑤：64（D Ⅲ 盘）

530〕TN16W3 ⑩：11（D Ⅲ 盘）

527〕TN16W3 ④：7（D Ⅲ 盘）

528〕TN16W3 ②：43（D Ⅲ 盘）

536〕TN18E4 ②：16（D Ⅲ 盘）

529〕TN14W3 ⑤ N：27（D Ⅲ 盘）

0　　　　　　6厘米

531】TN17E5 ①：64（DⅢ盘）

532】TN16W3 ⑬：26（DⅢ盘）

533】TN16W3 ⑥ a：3（DⅢ盘）

534】TN12W3 ⑤ N：66（DⅢ盘）

535】TN16W3 ⑧：15（DⅢ盘）

0　　　　　　　6厘米

537】TN18E9 ①：7（DⅣ盘）

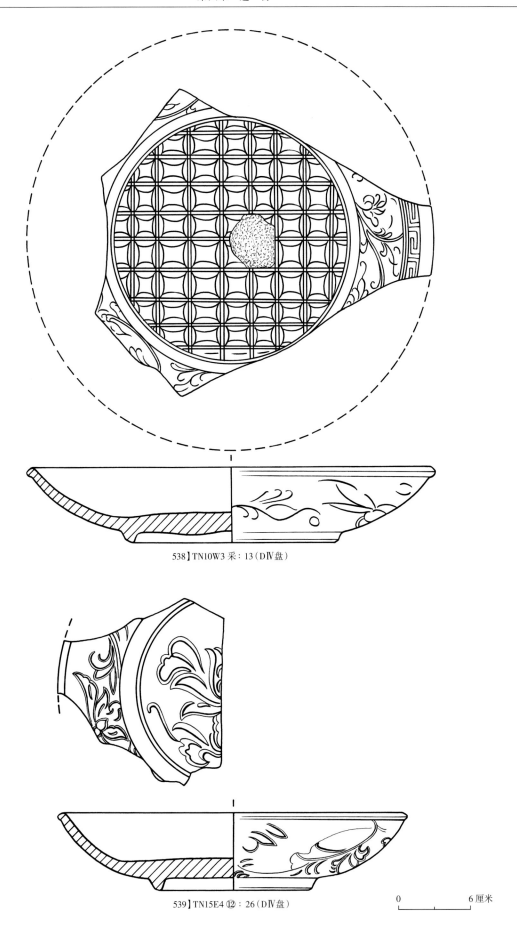

538〕TN10W3 采：13（DⅣ盘）

539〕TN15E4 ⑫：26（DⅣ盘）

0　　　　　　6 厘米

539 】TN15E4 ⑫：26，内外壁刻划缠枝牡丹纹，内底刻划牡丹纹。釉色灰绿。口径 28.5、足径 13、高 6.2 厘米。

540 】TN18E3 ②：27，内外壁刻缠枝牡丹纹，内底刻划海棠花纹。釉色青黄。口径 26、足径 12.8、高 6.4 厘米。

②内壁剔刻花，内底刻划花，外壁光素。

541 】TN18E3 ③S：44，内壁剔刻缠枝牡花纹，内底刻划方格叠钱纹。釉色青绿。口径 42、足径 22.4、高 6.2 厘米。

③内底刻划花，内外壁光素。

542 】TN15E4 ⑪：56，内底刻划荷花纹。釉色青绿，釉层较厚。口径 32、足径 17.4、高 7 厘米。

④内壁刻细菊瓣，内底心印花，外壁光素。

543 】TN15E4 ⑱：4，内底心戳印纹饰不清晰。釉色淡青灰。口径 26.4、足径 13.4、高 4.2 厘米。

544 】TN15E4 ⑪：57，内底心戳印金刚杵纹。釉色淡青黄。外底刮釉。口径 28、足径 13.2、高 6.2 厘米。

⑤内壁刻划花，内底心印花，外壁光素。

545 】TN15E4 ⑦：27，内壁刻划缠枝牡丹纹，内底心阳印"金玉满堂"。釉色青绿。口径 27.6、足径 13、高 6.2 厘米。

546 】TN17E5 ①：63，内壁刻划缠枝牡丹纹，内底有菱形外圈，内底心戳印方格叠钱纹。釉色青绿。口径 32、足径 14、高 6.5 厘米。

547 】TN18E3 ②：28，内壁刻划缠枝牡丹纹，内底有菱形外圈，内底心阴印牡丹纹。釉色淡青绿。口径

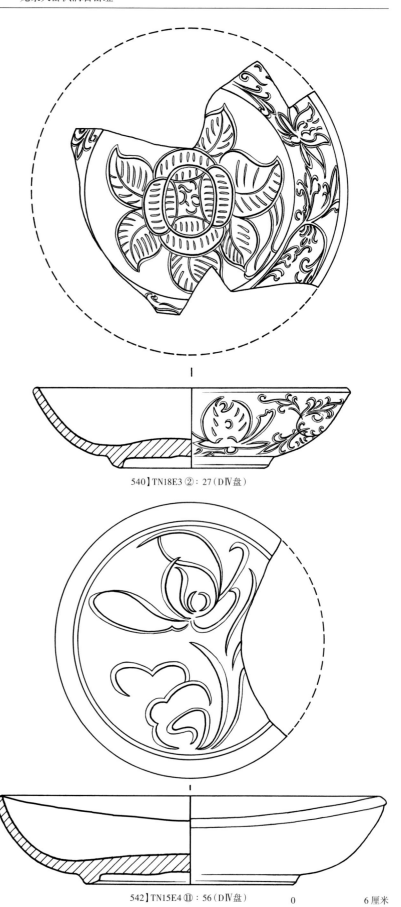

540 】TN18E3 ②：27（DIV盘）

542 】TN15E4 ⑪：56（DIV盘）

0　　　　　6厘米

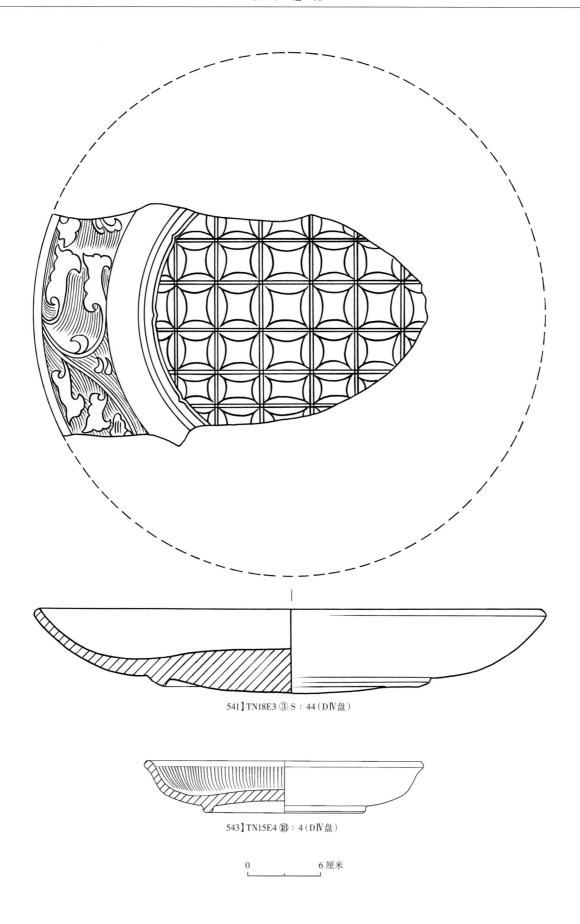

541〕TN18E3 ③ S：44（DⅣ盘）

543〕TN15E4 ⑱：4（DⅣ盘）

0　　　　　　　6厘米

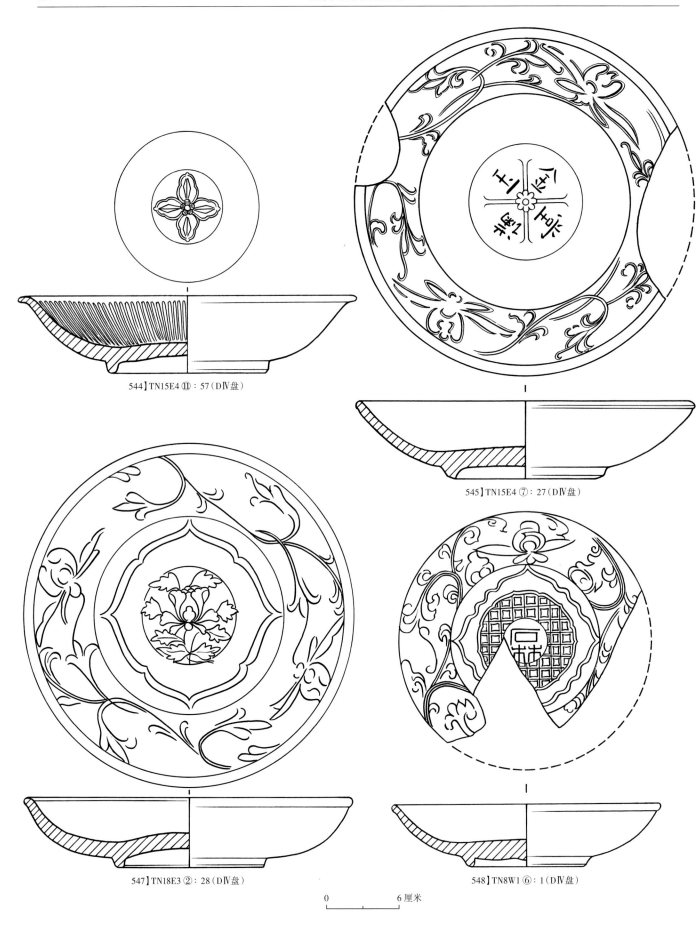

544〕TN15E4 ⑪：57（DⅣ盘）

545〕TN15E4 ⑦：27（DⅣ盘）

547〕TN18E3 ②：28（DⅣ盘）

548〕TN8W1 ⑥：1（DⅣ盘）

0　　　　　　6厘米

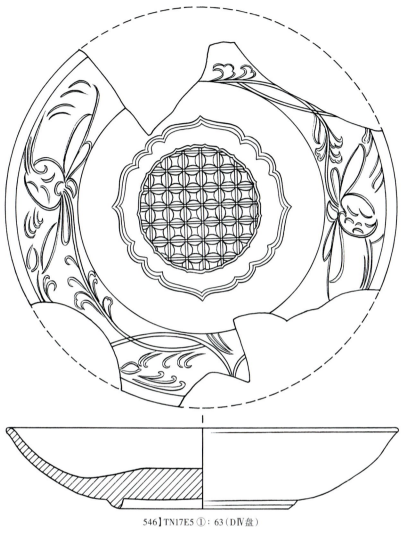

546】TN17E5 ① : 63（DⅣ盘）

0　　　　　　6厘米

543】TN15E4 ⑱ : 4（DⅣ盘）　　　　　　　546】TN17E5 ① : 63（DⅣ盘）

547】TN18E3 ②：28（DⅣ盘）

548】TN8W1 ⑥：1（D Ⅳ盘）

27.2、足径 12.4、高 5.5 厘米。

548】TN8W1 ⑥：1，内壁刻划缠枝牡丹纹，内底有菱形外圈，内底心戳印方格纹，中心阳印有“石林”字样。釉色青绿。口径 22、足径 10、高 5 厘米。

⑥内外壁刻划花，内底心印花。

549】TN15E4 ⑬：21，内外壁刻划缠枝牡丹纹，内底有菱形外圈，内底心阳印牡丹纹。釉色淡青绿。口径 26、足径 13.2、高 5.3 厘米。

550】TN15E4 ⑮：45，内外壁刻划缠枝牡丹纹，内底心阳印牡丹纹，纹饰中有“山中[人]”字样。釉色淡青绿。口径 33.2、足径 17.2、高 6.4 厘米。

551】TN15E4 ⑮：46，内外壁刻划缠枝牡丹纹，内底心阳印双菊花纹，纹饰中有“桂[林]用”字样。釉色淡青绿。口径 28、足径 13.8、高 5.8 厘米。

E 型　侈口盘。器形较大，有的和 D 型相类，圈足。按圈足不同可分 4 式。

Ⅰ式　坦腹，圈足窄，足壁斜，足端无釉。胎色灰白，胎壁较薄，釉层较厚。

①素面。

552】TN8W3 ③ N ：12，釉色青绿，釉面开片。内底刮釉一圈。口径 22、足径 10、高约 4.6 厘米。

553】TN9W3 ⑧：1，内底心凹。内壁两道弦纹。釉色粉青。口径 28.4、足径 11.4、高 8 厘米。

②外壁刻莲瓣，莲瓣凸脊单线。

554】TN10W3 ⑪ N ：4，釉色粉青。口径 24、足径 12.4、高约 6 厘米。

Ⅱ式　圈足直壁。胎色灰白，胎壁较厚，釉层较薄。垫烧和支烧两种装烧方式共存。

①内底刻划花，内外壁光素。

555】TN10W3 ⑥ N ：18，内底外圈凸棱，底心刻划花。釉色淡青。足端外底无釉。口径 16、足径 5.6、高 3.8 厘米。

②内壁、底刻划花，外壁光素。

556】TN7E1 ③：2，内壁刻划卷叶纹，内底心刻划团花纹。釉色灰绿。足端无釉，垫烧于足端。口径 19.6、足径 8.4、高 4.8 厘米。

557】TN10W6 ③ a ：5，内壁刻划卷叶纹，内底心刻划团花纹。釉色青绿。外底刮釉一圈，支烧于外底。口径 20、足径 8、高 4.2 厘米。

549〕TN15E4 ⑬：21（DⅣ盘）

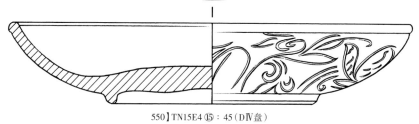

550〕TN15E4 ⑮：45（DⅣ盘）

0　　　　　　　6 厘米

551】TN15E4⑮：46（DⅣ盘）

552】TN8W3③N：12（EⅠ盘）

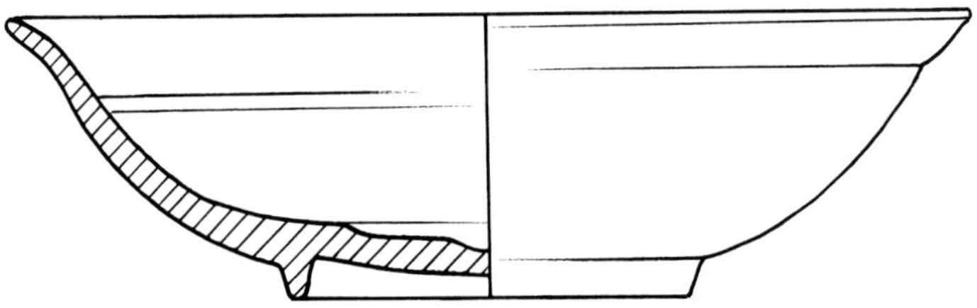

553】TN9W3⑧：1（EⅠ盘）

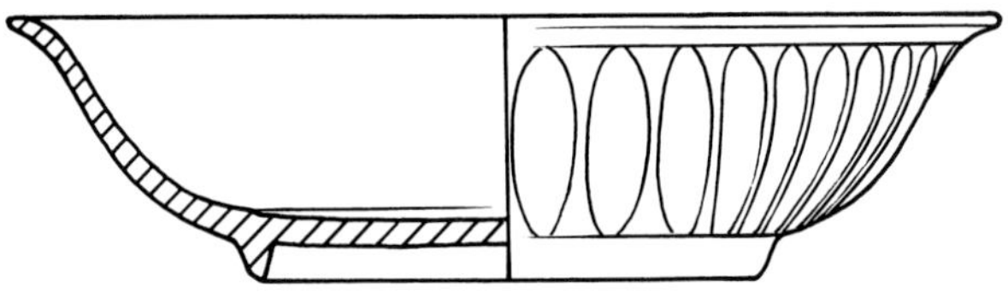

554】TN10W3⑪N：4（EⅠ盘）

555】TN10W3⑥N：18（EⅡ盘）

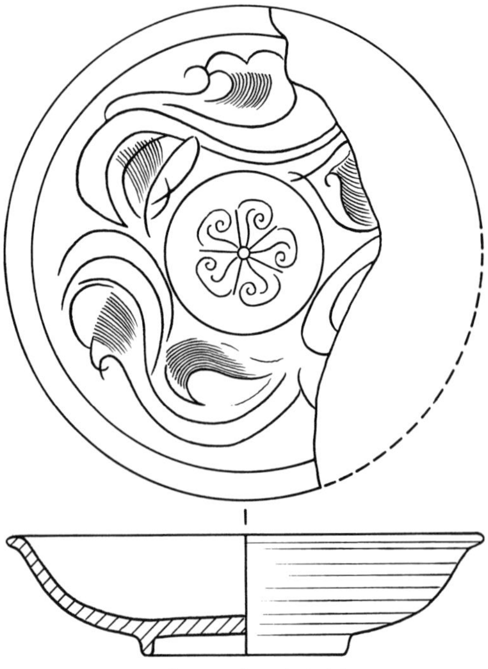

556】TN7E1③：2（EⅡ盘）

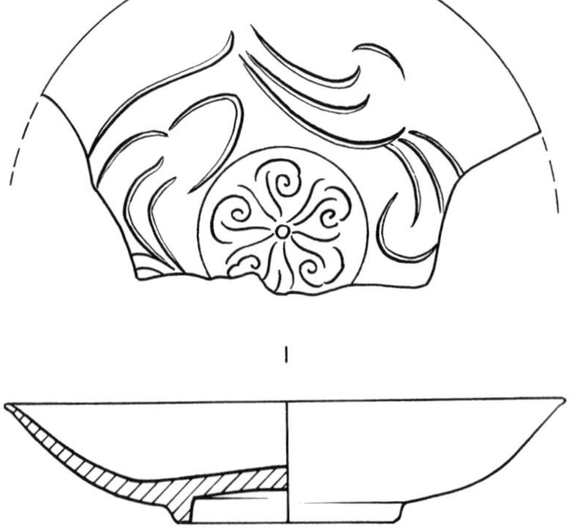

557】TN10W6③a：5（EⅡ盘）

0 6厘米

552〕TN8W3 ③ N：12（EⅠ盘）

555〕TN10W3 ⑥ N：18（EⅡ盘）

553〕TN9W3 ⑧：1（EⅠ盘）

554〕TN10W3 ⑪ N：4（EⅠ盘）

557〕TN10W6 ③ a：5（EⅡ盘）

556〕TN7E1 ③：2（EⅡ盘）

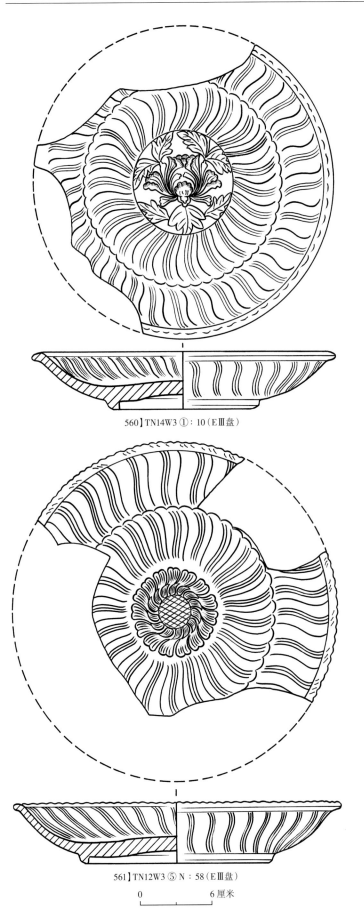

560〗TN14W3①：10（EⅢ盘）

561〗TN12W3⑤N：58（EⅢ盘）

0　　　　　　6厘米

Ⅲ式　圈足较Ⅱ式宽，外底刮釉一圈。菊花形口，内外壁刻划S形菊瓣纹。胎色灰白，胎壁较厚，釉层较厚。内底心多印花。

560〗TN14W3①：10，内底心阳印牡丹纹。釉色青绿。口径25、足径12、高4.7厘米。

561〗TN12W3⑤N：58，内底中心戳印葵花纹。釉色青绿，局部偏灰。口径27.2、足径16、高4.8厘米。

562〗TN12W3⑥S：22，内底心戳印葵花纹。釉色青绿。口径27.8、足径15.6、高4.6厘米。

563〗TN15E4⑱：6，内底心双圈，圈内阳印茶花纹。釉色灰绿。口径24、足径13.6、高4.3厘米。

564〗TN15E4㉒：6，内底心刻菊花纹。釉色青绿。口径31.7、足径19.3、高6.2厘米。

Ⅳ式　足端斜削明显。胎色灰白，胎壁较厚，釉层较薄。

①素面。

565〗TN18E3④S：18，足端平，内底外圈凹。釉色青灰。外底刮釉。口径14.4、足径9、高4厘米。

②内外壁及内底外侧刻划"S"曲线纹，内底心印花。

566〗TN10W1⑤：10，沿微外翻。内底心阳印牡丹纹。釉色青绿。外底刮釉一圈。口径28、足径12.6、高5厘米。

567〗TN17E5①：35，沿微外翻。内底心戳印葵花纹。釉色青绿。外底刮釉。口径26、足径11.2、高4.4厘米。

F型　侈口小盘。器形较小。微侈口，圆唇，弧腹，圈足裹釉，足端较平或窄圆，内底外圈凸棱。胎色灰白，胎壁较厚。早晚变化明显区别于E型，故单列一型。按底足不同分3式。

Ⅰ式　足壁较直。釉层较薄。内外壁光素，内底心印花。

568〗TN18E9①：10，内底心阴印茶花纹。釉色淡青。足端外底无釉。口径16、足径9.6、高4.1厘米。

569〗TN14W7⑥：13，内底心阳印茶花纹。

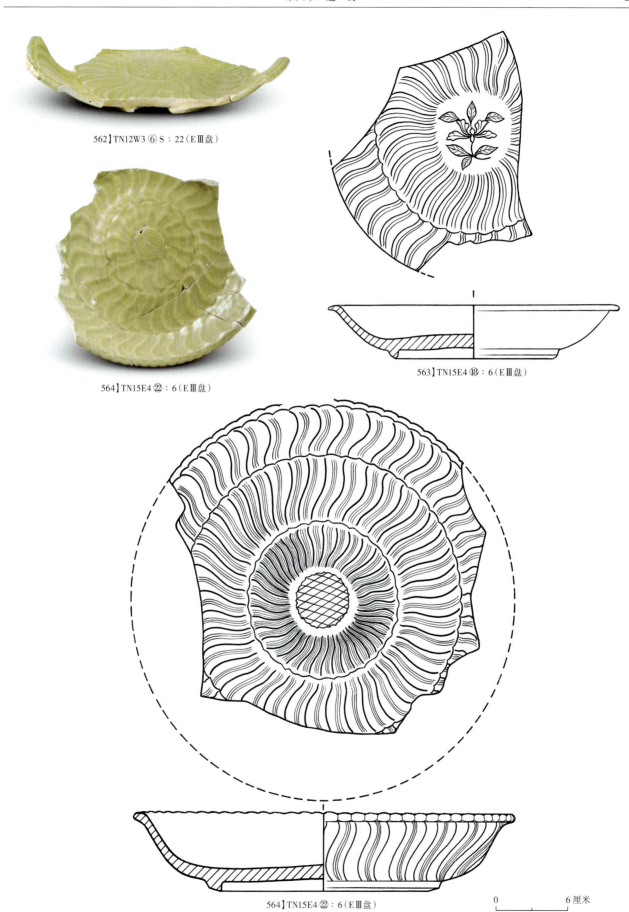

562〗TN12W3 ⑥ S：22（E Ⅲ盘）

563〗TN15E4 ⑱：6（E Ⅲ盘）

564〗TN15E4 ㉒：6（E Ⅲ盘）

564〗TN15E4 ㉒：6（E Ⅲ盘）

0　　　　　　6厘米

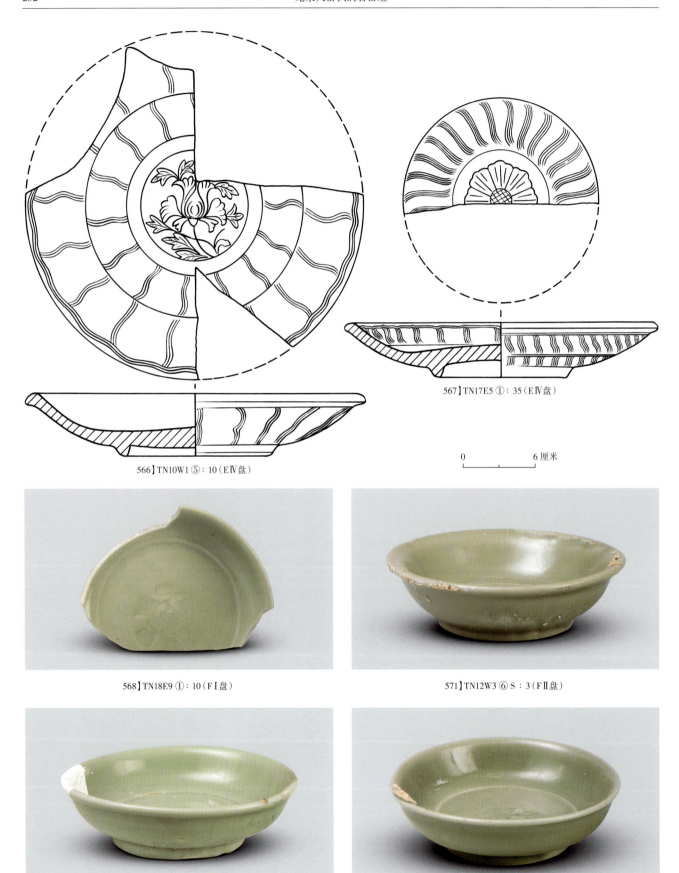

566〕TN10W1 ⑤：10（EⅣ盘）

567〕TN17E5 ①：35（EⅣ盘）

0　　　　　　6 厘米

568〕TN18E9 ①：10（FⅠ盘）

571〕TN12W3 ⑥ S：3（FⅡ盘）

570〕G8：4（FⅡ盘）

574〕TN16W3 ⑥ b：1（FⅡ盘）

釉色粉青。外底刮釉。口径 12.4、足径 6.4、高 3.6 厘米。

Ⅱ式 圈足较窄，或圆或平。外底刮釉，有的底心点釉。釉层较厚。

①素面。

570〗G8：4，足端圆润。釉色淡青绿，外底心点釉。口径 16、足径 9、高 4.5 厘米。

571〗TN12W3⑥S：3，足端较平。釉色青绿。外底心点釉。口径 15、足径 8.6、高 4.3 厘米。

②内底心印花，内外壁光素。

572〗TN12W3⑥N：16，足端较平。内底心阴印牡丹纹。釉色粉青。口径 14.4、足径 8、高 4 厘米。

573〗TN12W3③S：24，足端平。内底心阴印牡丹纹。釉色青绿。口径 15、足径 9.2、高 4 厘米。

574〗TN16W3⑥b：1，足端平。内底心阴印勾叶牡丹纹。釉色青绿。口径 12.4、足径 7.5、高 3.8 厘米。

575〗TN16W3⑦：82，足端平。内底心阴印勾叶牡丹纹。釉色深青绿。口径 17.4、足径 10.4、高 5 厘米。

576〗TN12W3⑤N：63，足端斜削较平。内底心阴印仰莲纹，中间有个"福"字。釉色青绿。口径 13.4、足径 8.6、高 3.6 厘米。

577〗TN16W3⑦：81，足端平。内底心阴印双菊花纹。釉色淡青绿。口径 13.4、足径 8.2、高 3.2 厘米。

578〗TN12W3⑥S：26，足端较平。内底心阴印双菊花纹。釉色粉青。口径 14.4、足径 8、高 4.2 厘米。

579〗TN16W3⑥a：12，足端平。内底心阴印菊花纹。釉色黄，釉面开片。外底心点釉。口径 15、足径 8.6、高 4 厘米。

580〗TN10W3 东扩⑥b：11，足端窄圆。内底心戳印菊花纹。釉色青绿。口径 14、足径 8、高 3.7 厘米。

581〗TN16W3④：52，足端平。内底心阴印茶花纹。釉色青绿。外底心点釉。口径 15.2、足径 9.4、高 4.2

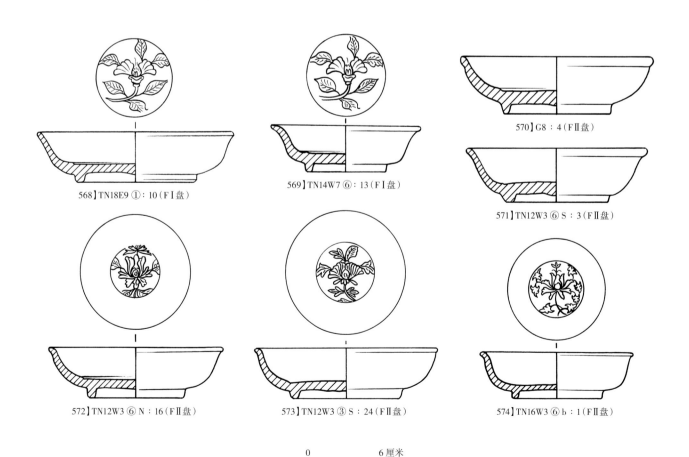

568〗TN18E9①：10（FⅠ盘）

569〗TN14W7⑥：13（FⅠ盘）

570〗G8：4（FⅡ盘）

571〗TN12W3⑥S：3（FⅡ盘）

572〗TN12W3⑥N：16（FⅡ盘）

573〗TN12W3③S：24（FⅡ盘）

574〗TN16W3⑥b：1（FⅡ盘）

0   6 厘米

575】TN16W3⑦：82（FⅡ盘）

578】TN12W3⑥S：26（FⅡ盘）

581】TN16W3④：52（FⅡ盘）

576】TN12W3⑤N：63（FⅡ盘）

579】TN16W3⑥a：12（FⅡ盘）

582】TN16W3④：57（FⅡ盘）

577】TN16W3⑦：81（FⅡ盘）

580】TN10W3东扩⑥b：11（FⅡ盘）

583】TN16W3④：53（FⅡ盘）

0　　　　　　6厘米

厘米。

582】TN16W3④：57，足端平。内底心阴印海棠花纹。釉色青绿。口径15.2、足径8.3、高4.7厘米。

583】TN16W3④：53，足端平。内底心阴印团凤卷草纹。釉色青绿。口径17.4、足径11、高4.8厘米。

584】TN12W3⑤N：64，足端圆润。内底心阴印双鱼纹。釉色青绿，釉面开片。外底心点釉。口径12.5、足径7.4、高3.5厘米。

585】TN16W3⑤：3，足端平。内底心阴印四鱼莲纹。釉色青黄。口径15.2、足径8、高4.2厘米。

586】TN16W3⑬：32，足端较平。内底心阳印飞马过海纹。釉色青绿。口径14.8、足径8.4、高4厘米。

587】TN16W3⑥a：80，足端平。内底心戳印金刚杵纹。釉色黄。口径17.8、足径10.4、高5厘米。

588】TN16W3⑨a：26，足端平。内底心戳印金刚杵纹。釉色淡青绿。口径12、足径6.8、高3.6厘米。

589】TN16W3⑤：19，足端圆润。内底心戳印金刚杵纹。釉色青绿。外底心点釉。口径12.7、足径7.2、

576〗TN12W3 ⑤ N：63（FⅡ盘）

583〗TN16W3 ④：53（FⅡ盘）

577〗TN16W3 ⑦：81（FⅡ盘）

578〗TN12W3 ⑥ S：26（FⅡ盘）

587〗TN16W3 ⑥ a：80（FⅡ盘）

584】TN12W3 ⑤ N：64（FⅡ盘）

588】TN16W3 ⑨ a：26（FⅡ盘）

592】TN7W1 南扩 ④：7（FⅢ盘）

585】TN16W3 ⑤：3（FⅡ盘）

589】TN16W3 ⑤：19（FⅡ盘）

586】TN16W3 ⑬：32（FⅡ盘）

590】TN12W3 ③ S：8（FⅡ盘）

593】TN17E5 ①：61（FⅢ盘）

587】TN16W3 ⑥ a：80（FⅡ盘）

595】CH1：7（FⅢ盘）

0　　　　　　6厘米

596】TN7W2 ④：2（FⅢ盘）

高 3.6 厘米。

590〗TN12W3 ③ S ： 8，足端平。内底心阳印对读"为善堂记"。釉色青黄。口径 15.2、足径 8.4、高 4.6 厘米。

Ⅲ式 圈足裹釉窄平。胎色灰白，胎壁较厚，釉层较薄，外底心刮釉。

①内壁刻划花，内底心印花，外壁光素。

591〗TN15E4 ④ N ： 24，口内侧刻划连续回形纹，内壁刻划缠枝牡丹纹，底心戳印纹饰不清晰。釉色青绿，釉面开片。外底心点釉。口径 15、足径 9、高 3.6 厘米。

592〗TN7W1 南扩④ ： 7，沿面有弦纹，内壁刻划缠枝牡丹纹，内底有菱形外圈，底心戳印方格叠钱纹。釉色青绿，局部青黄。口径 16.4、足径 9.4、高 3.4 厘米。

593〗TN17E5 ① ： 61，沿面有弦纹，口内侧刻划连续回形纹，内壁刻划波涛纹，内底有菱形外圈，底心戳印纹饰不清晰。釉色青绿，釉面开片。外底心点釉。口径 14.8、足径 9、高 3.6 厘米。

②内底心印花，内外壁光素。

594〗TN18E7 ① ： 6，内底心阴印牡丹纹。釉色青黄。口径 18、足径 10.5、高 3.6 厘米。

595〗CH1 ： 7，内底心阴印勾叶牡丹纹，纹饰中有"陈"字。釉色青绿，釉面冰裂。口径 14、足径 9、高 3.7 厘米。

596〗TN7W2 ④ ： 2，内底心阴印勾叶牡丹纹。釉色青绿。口径 14.5、足径 7.3、高 3.7 厘米。

597〗TN8E3 ⑥ a ： 19，内底心戳印金刚杵纹，纹饰外侧阴印四个杂宝纹。釉色淡青。外底刮釉。口径 14.4、足径 8.6、高 3.6 厘米。

598〗TN10W3 东扩⑥ c ： 9，足端窄圆。内底心阴印双鱼莲纹。釉色青绿。口径 12、足径 7、高 3.7 厘米。

③菱花形口，内壁、底刻菊瓣。

599〗TN10W3 ② ： 21，釉色青黄。外底刮釉一圈。口径 17.6、足径 10、高 4.4 厘米。

G 型 折腹盘。广口，翻沿，圆唇，曲折腹。按口部不同可以分为 2 亚型。

Ga 型 圆口折腹盘。按圈足和折腹不同可分 4 式。

Ⅰ式 口沿有凹成葵花形口。圈足窄，足壁斜，

586〗TN16W3 ⑬ ： 32（FⅡ盘）

589〗TN16W3 ⑤ ： 19（FⅡ盘）

590〗TN12W3 ③ S ： 8（FⅡ盘）

591〕TN15E4 ④ N：24（FⅢ盘）

594〕TN18E7 ①：6（FⅢ盘）

595〕CH1：7（FⅢ盘）

597〕TN8E3 ⑥ a：19（FⅢ盘）

597〗TN8E3⑥a：19（FⅢ盘）

598〗TN10W3 东扩⑥c：9（FⅢ盘）

599〗TN10W3②：21（FⅢ盘）

601〗TN8W3③N：29（GaⅠ盘）

602〗TN16W3⑥b：29（GaⅡ盘）

603〗TN15E4⑲：2（GaⅡ盘）

605〗CH1：2（GaⅢ盘）

604〗TN14W3⑤N：4（GaⅢ盘）

606〗TN16W3⑧：12（GaⅢ盘）

607〗TN16W3⑤：18（GaⅢ盘）

608〗TN15E4⑲：1（GaⅢ盘）

0　　　　　6厘米

足端无釉。胎色灰白，胎壁较薄，釉层较厚。素面。

　　600〗TN10W3③S：29，釉色青绿，釉面开片。口径11.4、足径6.2、高3.4厘米。

　　601〗TN8W3③N：29，釉色青灰。口径12.6、足径6、高3.2厘米。

　　Ⅱ式　下腹弧折。圈足窄，足壁直，外底足端无釉。胎色灰白，胎壁较厚，釉层较薄。内底心印花，内外壁光素。

　　602〗TN16W3⑥b：29，内底心阴印双菊花纹。釉色淡青绿，釉面开片。口径12.8、足径6.5、高4厘米。

　　603〗TN15E4⑲：2，内底心阴印双菊花纹。釉色青绿。口径13、足径6.5、高3.7厘米。

　　Ⅲ式　弧折腹，足端裹釉较平或圆润，外底刮釉。胎色灰白，胎壁较厚，釉层较厚。

①素面。

604】TN14W3⑤N：4，釉色黄，釉面开片，外底心点釉。口径12.6、足径7.4、高3.5厘米。

②内底心印花，内外壁光素。

605】CH1：2，内底心阳印牡丹纹。釉色青绿。口径12.5、足径6.2、高4.2厘米。

606】TN16W3⑧：12，内底心阴印勾叶牡丹纹。釉色青绿。口径12.8、足径7.2、高4厘米。

607】TN16W3⑤：18，内底心阴印海棠花纹。釉色淡青绿。口径13.2、足径7.2、高4.2厘米。

608】TN15E4⑲：1，内底心阳印牡丹纹。釉色黄。口径12.6、足径6.2、高3.6厘米。

Ⅳ式　下腹有折棱，圈足斜削明显。胎色灰白，釉层较薄。

①内外壁、内底刻划花。

609】TN17E5①：56，内口下刻划回纹，内外壁刻划缠枝牡丹纹，外壁下腹刻莲瓣纹，内底刻划勾叶牡丹纹。釉色青绿，釉面开片。口径24、足径11.4、高5.2厘米。

610】TN18E3③S：54，内口下刻划回纹，内外壁刻划缠枝牡丹纹，外壁下腹刻莲瓣纹，内底刻划海棠

600】TN10W3③S：29（GaⅠ盘）

603】TN15E4⑲：2（GaⅡ盘）

604】TN14W3⑤N：4（GaⅢ盘）

606】TN16W3⑧：12（GaⅢ盘）

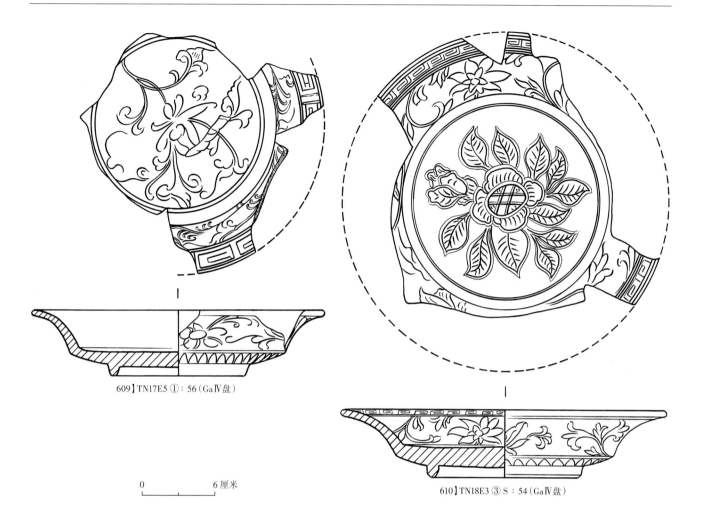

609】TN17E5①:56（GaⅣ盘）

0　　　　6厘米

610】TN18E3③S:54（GaⅣ盘）

花纹。釉色青黄，外底心点釉。口径 27.4、足径 12、高 5.4 厘米。

611】TN8E3⑥b:22，口沿内侧刻划四叶纹，内壁刻划细菊瓣，外壁上腹刻划缠枝牡丹纹，外壁下腹刻莲瓣纹，内底有菱形外圈，底心刻划叠钱纹。釉色淡青绿，外底心点釉。口径 26、足径 11.6、高 4.8 厘米。

612】TN8W3①:53，口沿内侧刻划回纹，内外壁刻划缠枝牡丹纹，外壁下腹壁刻莲瓣纹，内底外侧刻划连续四叶纹，四叶纹内有双圈和菱形外圈，底心刻划荷花纹。釉色青绿，釉面有冰裂纹。口径 28、足径 14.4、高 5.8 厘米。

613】TN15E4①:67，内上壁刻划交叉几何花纹，内底刻曲线菊花纹。釉色灰绿。口径 22、足径 12.6、高 5.4 厘米。

②内底心印花，内外壁刻划花。

614】TN10W1⑤:11，口沿内侧刻划斜弧线和弦纹，内外壁刻划缠枝牡丹纹，外壁下腹刻莲瓣纹，内底外侧刻划连续四叶纹，四叶纹内有双圈，底心阳印牡丹纹，花纹内有"“山中囚”"字样。釉色青绿，外底心点釉。口径 27.6、足径 12、高 5.6 厘米。

615】TN15E4⑦:28，内上壁刻划回纹，内壁刻划直线，外壁刻缠枝牡丹纹，下腹刻莲瓣纹，内底外圈刻云纹，内底心阳印牡丹纹。釉色灰绿。口径 22.4、足径 10、高 4.4 厘米。

616】TN17E5①:54，内外壁刻划缠枝牡丹纹，外壁下腹刻莲瓣纹，内底外侧刻划一圈折线纹，底心阳印菊花纹。釉色青绿。口径 23.6、足径 11、高 5.3 厘米。

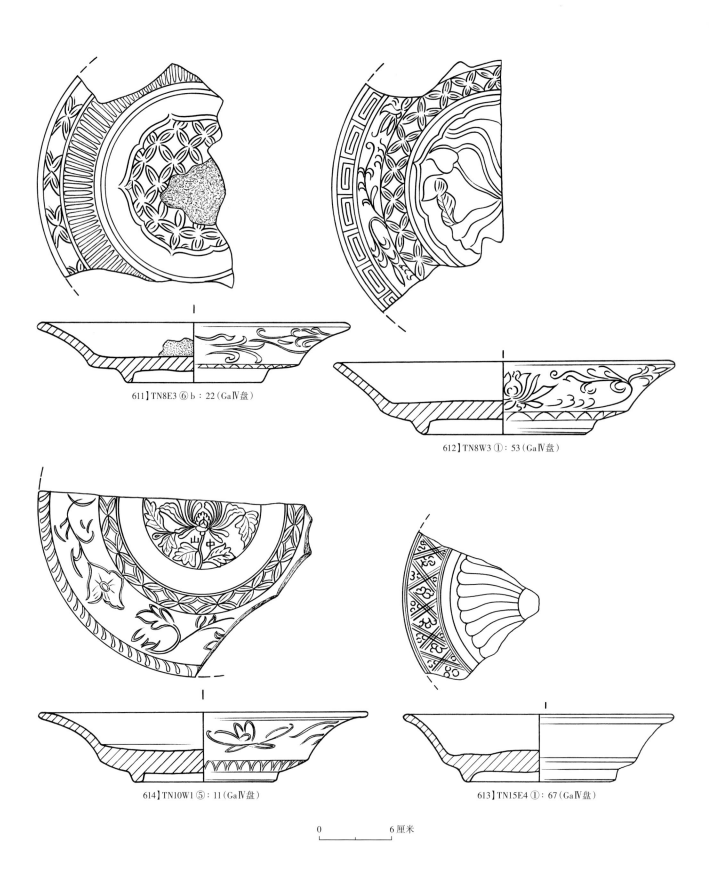

611】TN8E3 ⑥ b：22（Ga Ⅳ 盘）

612】TN8W3 ①：53（Ga Ⅳ 盘）

614】TN10W1 ⑤：11（Ga Ⅳ 盘）

613】TN15E4 ①：67（Ga Ⅳ 盘）

0　　　　　　6 厘米

608〕TN15E4 ⑲：1（GaⅢ盘）

609〕TN17E5 ①：56（GaⅣ盘）

610〕TN18E3 ③S：54（GaⅣ盘）

611〕TN8E3 ⑥b：22（GaⅣ盘）

617〕TN18E5 ③N：14，内壁刻划缠枝牡丹纹，外壁刻划大莲瓣纹，下腹刻莲瓣纹，内底有菱形外圈，底心阴印牡丹纹。釉色淡青绿。口径 14.2、足径 7.8、高 4 厘米。

618〕TN17E5 ①：55，内口下刻划回纹，内外壁刻划缠枝牡丹纹，外壁下腹刻莲瓣纹，内底外侧有双圈，底心阴印"吉"字勾叶牡丹纹。釉色青黄。口径 22、足径 11.8、高 5 厘米。

③内底心印花，外壁光素。

619〕TN18E3 ②：32，内壁刻划缠枝牡丹纹，内底心阳印牡丹纹。釉色青绿。外底刮釉一圈。口径 24.4、足径 12.6、高 4.6 厘米。

④内底心印花，内壁光素。

620〕TN16W3 ②：53，内底心阴印菊花纹。釉色青黄，釉面开片。口径 11.4、足径 5.4、高 3.9 厘米。

621〕TN15E4 ⑤S：19，足端较平，内底心阳印灵芝纹。釉色青黄。口径 12.1、足径 6.1、高 3.8 厘米。

622〕TN17E5 ①：57，外壁下腹刻莲瓣纹，内底心戳印葵花纹。釉色淡青绿，外底心点釉。口径 15.4、足径 6.8、高 3.6 厘米。

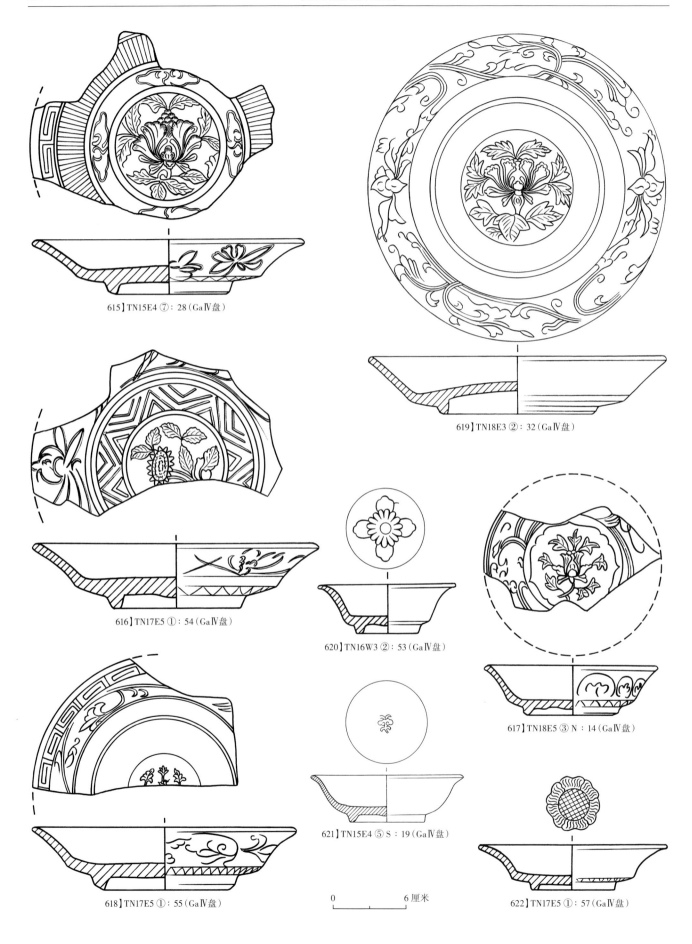

615】TN15E4 ⑦：28（GaⅣ盘）

619】TN18E3 ②：32（GaⅣ盘）

616】TN17E5 ①：54（GaⅣ盘）

620】TN16W3 ②：53（GaⅣ盘）

617】TN18E5 ③ N：14（GaⅣ盘）

618】TN17E5 ①：55（GaⅣ盘）

621】TN15E4 ⑤ S：19（GaⅣ盘）

622】TN17E5 ①：57（GaⅣ盘）

0　　　　　　6厘米

623】TN10W1④：1，内底心阳印楷体"顾氏"纹。釉色青绿，外底心点釉。口径16、足径7.4、高4.2厘米。

624】TN7W1②：1，内底心阳印篆体"顾氏"纹。釉色青绿，局部偏黄，外底心点釉。口径12.2、足径6.4、高3.4厘米。

625】TN18E3②：31，内口下刻划回纹，内壁刻划缠枝牡丹纹，内底心阳印"王氏"菊花纹。釉色青绿，釉面开片，外底心点釉。口径21.6、足径11.2、高4.8厘米。

626】TN15E4①：20，足端圆润，内底心阳印八思巴文字。釉色青灰。口径14.6、足径6.8、高3.8厘米。

627】TN7W1④：9，内底心阴印四瓣花纹，瓣内印四字"八祖公用"。釉色青绿，外底心点釉。口径12、足径6.6、高3.5厘米。

619】TN18E3②：32（GaⅣ盘）

623】TN10W1④：1（GaⅣ盘）

626】TN15E4①：20（GaⅣ盘）

627】TN7W1④：9（GaⅣ盘）

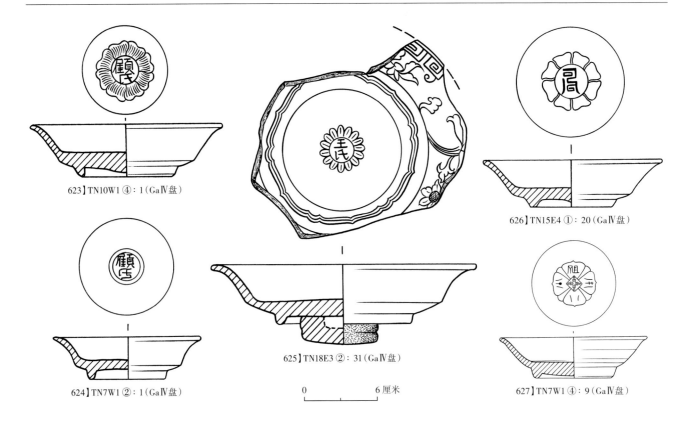

623〕TN10W1④：1（GaⅣ盘）

624〕TN7W1②：1（GaⅣ盘）

625〕TN18E3②：31（GaⅣ盘）

626〕TN15E4①：20（GaⅣ盘）

627〕TN7W1④：9（GaⅣ盘）

0　　　　　　6厘米

Gb 型　菱口折腹盘。

①沿面划菱形曲线，内壁刻划海涛纹，外壁刻划大莲瓣纹，内底心印花。

628〕TN8W3①：26，内底心阴印牡丹纹。釉色青绿，外底心点釉。口径11.6、足径5.4、高3.2厘米。

629〕TN18E3④S：17，内底有菱形外圈，底心戳印金刚杵纹。釉色青黄，釉面开片。口径16.8、足径8.8、高4.3厘米。

630〕TN6W4③W：2，内底有菱形外圈，底心阳印疑是"石林"字纹样。釉色青黄。口径14.8、足径7.2、高3.2厘米。

631〕TN7W1南扩④：1，下腹刻划莲瓣纹，内底有菱形外圈，内底心阴印纹饰不清晰。釉色青绿。外底心点釉。口径21.6、足径9.4、高3.6厘米。

②沿面划菱形曲线，内壁刻划缠枝牡丹纹，外壁刻划卷云纹，下腹刻划莲瓣纹，内底心印花。

632〕TN18E3⑥S：31，足端扁平。内底有菱形外圈，底心阳印"王氏"菊花纹。釉色青绿。外底心点釉。口径18.3、足径9.6、高4.3厘米。

633〕TN15E4④N：23，足端扁平。内底有菱形外圈，底心阳印"王氏"菊花纹，外壁卷云纹纹样不清晰。釉色青绿，釉面开片。外底心点釉。口径17.2、足径9.6、高3.8厘米。

③沿面划菱形曲线，内外壁刻划缠枝牡丹纹，外壁下腹刻划莲瓣纹，内底心印花。

634〕TN7W1④：31，足端扁平。内底心阴印双鱼，中间有两个"卍"符。釉色青绿，外底心点釉。口径11、足径5.5、高3.1厘米。

635〕TN18E3⑥S：4，内底有菱形外圈，底心阳印"王氏"菊花纹。釉色青绿，釉面开片，外底心点釉。口径14.6、足径7.6、高3.7厘米。

④沿面划菱形曲线，内外壁刻划缠枝牡丹纹，外壁下腹刻划莲瓣纹，内底光素。

636〕TN7W1④：4，足端扁平。釉色青绿，外底心点釉。口径12.4、足径6.8、高3.4厘米。

628】TN8W3 ①：26（Gb 盘）

632】TN18E3 ⑥ S：31（Gb 盘）

631】TN7W1 南扩④：1（Gb 盘）

634】TN7W1 ④：31（Gb 盘）

629〗TN18E3 ④ S：17（Gb 盘）

628〗TN8W3 ①：26（Gb 盘）

630〗TN6W4 ③ W：2（Gb 盘）

636〗TN7W1 ④：4（Gb 盘）

631〗TN7W1 南扩④：1（Gb 盘）

635〗TN18E3 ⑥ S：4（Gb 盘）

632〗TN18E3 ⑥ S：31（Gb 盘）

634〗TN7W1 ④：31（Gb 盘）

0　　　　　　　6厘米

633〗TN15E4 ④ N：23（Gb 盘）

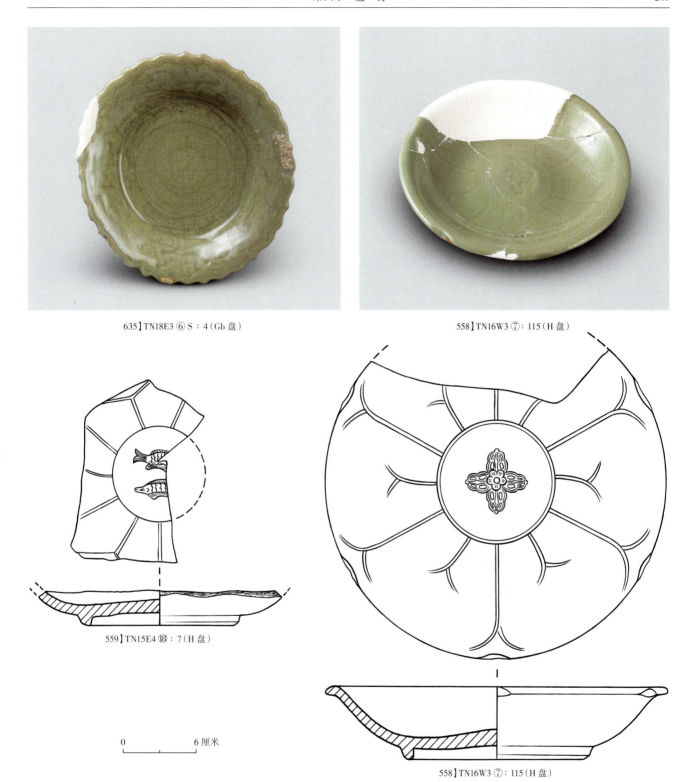

635】TN18E3 ⑥ S：4（Gb 盘）　　　　　　558】TN16W3 ⑦：115（H 盘）

559】TN15E4 ⑱：7（H 盘）

0 　　　　　6 厘米

558】TN16W3 ⑦：115（H 盘）

　　H 型　荷叶盘。荷叶形口，口沿外翻，外侧有多处压花口，内壁划莲叶脉络，整器似一张展开的大荷叶。圈足，外底心微凹。胎色较白，胎壁较厚，釉层较凝厚。外底刮釉一圈。内底心有印花。

　　558】TN16W3 ⑦：115，内底心戳印金刚杵纹。釉色青绿。口径 28.2、足径 15.5、高 5.8 厘米。

　　559】TN15E4 ⑱：7，口腹残。内底有一凹圈，底心阳印双鱼。釉色青绿，釉面开片。外底刮釉处有跳刀痕。足径 12.8、残高 2.8 厘米。

五 洗

腹壁较直，下腹微折。按口沿不同可分 4 型。

A 型　折沿洗。侈口，平折沿，斜腹，近足处折腹。按腹部变化分成两亚型。

Aa 型　下腹有明显折棱，圈足窄，外底微尖凸，足端无釉。胎色白，胎壁较薄，釉层较厚。光素。

637】TN9W3 ⑦：2，尖圆唇，口沿有压痕。釉色粉青，釉面开片。口径 11.8、足径 6.2、高 4 厘米。

637+】TN8W3 ②：7，粉青釉。口径 11.4、足径 6、高 4.1 厘米。

Ab 型　下腹弧折，圈足窄，外底微尖凸，足端无釉。胎色白，胎壁较薄，釉层较厚。按圈足及腹部变化分 3 式。

Ⅰ式

①内底贴双鱼，外壁浮雕莲瓣纹，莲瓣凸脊单线。

638】TN8W3 ④S：2，釉色粉青。口径 14、足径 7.6、高 4.6 厘米。

639】TN18E3 ⑤N：1，内底贴双鱼，内壁刻划卷叶莲纹。釉色淡青，釉面冰裂。口径 13.2、足径 6.2、高 3.6 厘米。

②内底贴双鱼，内外壁光素。

640】TN8E3 ⑪：13，沿微凹。釉色粉青，釉面局部裂纹。口径 12.9、足径 6、高 4 厘米。

Ⅱ式　圈足宽厚，足端斜削，外底无釉。胎色灰白，胎壁较厚，釉层较厚。

①素面。

641】TN16W3 ④：16，釉色青灰，釉面开片。外底心刮釉。口径 18、足径 9.6、高 6 厘米。

②外壁下腹刻划莲瓣纹，阳印鱼纹，内壁刻划花。

642】TN16W3 ⑥a：25，内壁纹样不清晰。釉色青黄。外底刮釉一圈。口径 15.5、足径 8.4、高 6 厘米。

③外壁下腹刻莲瓣纹，内底印花，内壁光素。

643】TN14W3 ①：37，内底心戳印金刚杵纹。釉色青黄。口径 17.2、足径 10.4、高 5.9 厘米。

④外壁浮雕莲瓣纹，内壁、底光素。

644】TN16W3 ⑥b：28，釉色深青绿。口径 12、足径 6、高 4.3 厘米。

637】TN9W3 ⑦：2（Aa 洗）　　　　637+】TN8W3 ②：7（Aa 洗）

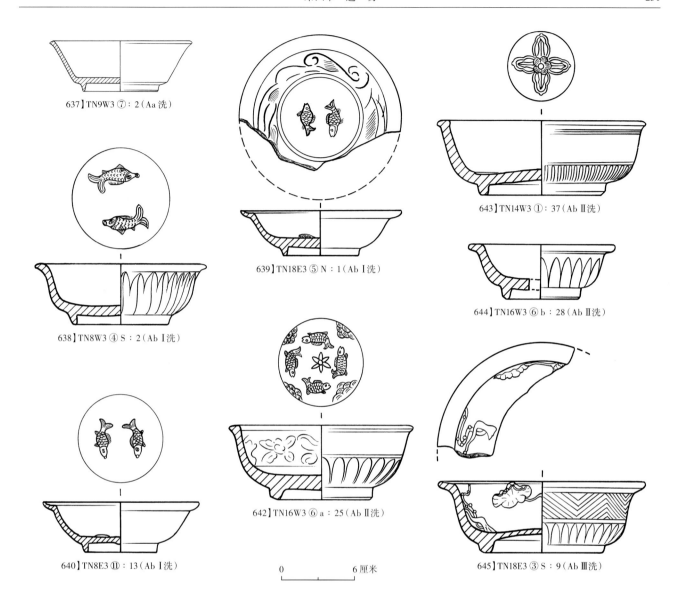

637】TN9W3 ⑦：2（Aa 洗）

638】TN8W3 ④ S：2（Ab Ⅰ洗）

639】TN18E3 ⑤ N：1（Ab Ⅰ洗）

640】TN8E3 ⑪：13（Ab Ⅰ洗）

642】TN16W3 ⑥ a：25（Ab Ⅱ洗）

643】TN14W3 ①：37（Ab Ⅱ洗）

644】TN16W3 ⑥ b：28（Ab Ⅱ洗）

645】TN18E3 ③ S：9（Ab Ⅲ洗）

0　　　　　6厘米

Ⅲ式　圈足宽厚，足端斜削明显，外底无釉。胎色灰白，胎壁较厚，釉层较薄。

645】TN18E3 ③ S：9，内壁贴荷花纹，外壁中腹刻划折线纹，下腹刻划莲瓣纹。釉色青灰。口径 17、足径 10.2、高 5.7 厘米。

B 型　敞口卧足洗。根据整体形状分为 2 亚型。

Ba 型　内外壁压成菊瓣状，外腹壁中部有凸棱呈节状，俗称"蔗段洗"。胎色灰白，胎壁较薄，釉层较薄。外底刮釉一圈。

①内底光素。

646】TN9W3 ⑤ N：3，釉色青黄。口径 10、足径 6.8、高 4 厘米。

647】TN18E3 ③ S：50，釉色青绿。外底有垫具粘连。口径 11.6、足径 7.6、高 4 厘米。

②内底刻划花。

648】TN10W3 ①：14，内底刻划荷花纹。釉色青绿泛黄。口径 12、足径 9.2、高 4 厘米。

③内底印花。

649】TN7W1 ④：41，内底心阴印茶花纹。釉色黄。口径 12、足径 8、高 3.6 厘米。

638〗TN8W3④S：2（AbⅠ洗）

640〗TN8E3⑪：13（AbⅠ洗）

641〗TN16W3④：16（AbⅡ洗）

642〗TN16W3⑥a：25（AbⅡ洗）

647〗TN18E3③S：50（Ba洗）

648〗TN10W3①：14（Ba洗）

Bb 型　内外壁光素。按足部不同可分 2 式。

Ⅰ式　外底心微尖凸，足端无釉。胎色灰白，胎壁较薄，釉层较厚。外壁上下各有一凸棱。

650】TN9W3③N：22，釉色淡青绿。口径 11.8、足径 7、高 4.5 厘米。

651】TN9W3③N：39，口部向下压成花口。釉色青灰。口径 11.2、足径 8.6、高 4.2 厘米。

Ⅱ式　外底刮釉一圈。胎色灰白，胎壁较薄，釉层较薄。外壁有凸棱一道。

652】TN8W3①：22，口有向内压痕，内底刻荷花纹。釉色青绿。口径 11、足径 7、高 3.9 厘米。

653】TN8W3③N：30，釉色青。口径 11.2、足径 7.4、高 4.5 厘米。

C 型　敞口曲腹洗。按足部不同可分 2 亚型。

Ca 型　圈足。按足部不同可分 2 式。

646】TN9W3⑤N：3（Ba 洗）

650】TN9W3③N：22（BbⅠ洗）

654】TN10W6③a：7（CaⅠ洗）

647】TN18E3③S：50（Ba 洗）

651】TN9W3③N：39（BbⅠ洗）

648】TN10W3①：14（Ba 洗）

652】TN8W3①：22（BbⅡ洗）

655】TN7W1④：40（CaⅡ洗）

653】TN8W3③N：30（BbⅡ洗）

656】TN12W3④N：29（CbⅠ洗）

649】TN7W1④：41（Ba 洗）

658】TN16W3④：54（D 洗）

657】TN8E3⑥b：19（CbⅡ洗）

0　　　　　6 厘米

649】TN7W1 ④：41（Ba 洗）

652】TN8W3 ①：22（BbⅡ洗）

654】TN10W6 ③ a：7（CaⅠ洗）

655】TN7W1 ④：40（CaⅡ洗）

656】TN12W3 ④ N：29（CbⅠ洗）

657】TN8E3 ⑥ b：19（CbⅡ洗）

Ⅰ式　外底心微尖凸，圈足窄，足端无釉。胎色灰白，胎壁较薄，釉层较厚。

654】TN10W6③a：7，内口下刻划卷草纹，内底刻荷花纹。釉色青绿。口径 12.6、足径 7、高 5.5 厘米。

Ⅱ式　圈足较厚，足端斜削明显，外底无釉。胎色灰白，胎壁较厚，釉层较薄。

655】TN7W1④：40，厚圆唇，内底心阴印牡丹纹。釉色青灰。口径 11.6、足径 7、高 4.3 厘米。

Cb 型　卧足。按口部不同可分 2 式。

Ⅰ式　口微敛。外底心无釉。胎色灰白，胎壁较厚，釉层较厚。

656】TN12W3④N：29，外壁下腹刻莲瓣。釉色青绿。口径 13、足径 9、高 4.6 厘米。

Ⅱ式　口微侈。足端斜削明显，外底刮釉一圈。胎色灰白，胎壁较厚，釉层较薄。

657】TN8E3⑥b：19，凸唇，内壁刻菊瓣，内底心阴印仰莲纹。釉色青绿，釉层玻化积釉，外底抹釉。口径 12.4、足径 7.4、高 5.2 厘米。

D 型　直口曲腹洗。圈足厚。胎色灰白，胎壁较厚，釉层较厚。

658】TN16W3④：54，釉色青灰。口径 10.4、足径 7.2、高 4.4 厘米。

六　盆

器形较大，腹部较深。按口部不同可分 4 型。

A 型　卷沿盆。卷沿，圆唇，弧腹。按装饰不同可分 2 式。

Ⅰ式　内壁刻划水波纹，贴鱼纹。圈足，足端平。胎色灰白，胎壁较厚，釉层较薄。

659】TN8E3⑥b：21，内底残。内壁刻海涛纹并贴鱼。釉色青绿。口径约 32.5、足径约 18.2、高 8 厘米。

Ⅱ式　无复原器，仅见口沿残片。刻有四叶纹。

660】TN10W3②：19，腹以下残。沿面刻划卷草纹，内外壁均刻划四叶纹。釉色青绿。残高 5.2 厘米。

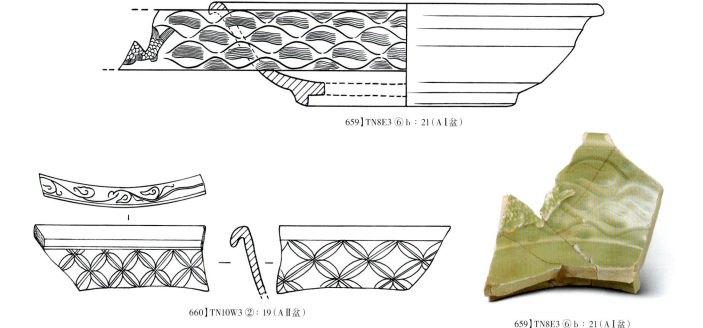

659】TN8E3⑥b：21（AⅠ盆）

660】TN10W3②：19（AⅡ盆）

659】TN8E3⑥b：21（AⅠ盆）

0　　　　　6 厘米

B型　平折沿盆。按口部不同分2亚型。

Ba型　圆口。按底足不同可分2式。

Ⅰ式　圈足，足端斜削明显，外底刮釉一圈。胎色灰白，胎壁较厚，釉层较薄。

①素面。

661】TN10W3①：13，内底有双圈，外壁有双弦纹。釉色青绿。口径29.7、足径14.8、高9厘米。

②内外壁刻划花，内底心印花。

662】TN10W3③N：48，内壁刻划海涛纹，外壁下腹刻划莲瓣纹，内底心戳印"福"字葵花纹。釉色青绿。口径28、足径12.8、高8.6厘米。

③沿面刻划花，内外壁光素。

663】TN8E3⑥b：18，沿面刻划卷草纹，外壁中部有凸棱。釉色青绿。口径27、足径14、高8.4厘米。

④沿面及内外壁刻划花。

664】TN15E4③S：5，腹以下残。沿面刻划折线纹，内壁刻划缠枝牡丹纹，外壁上腹刻划折线纹、下腹刻蕉叶纹。釉色青绿。残高7.7厘米。

Ⅱ式　圜底。胎色灰白，胎壁较厚，釉层较薄。

665】TN8W1①：1，釉色青绿，外沿下无釉有垫烧痕，外底抹釉。口径28.2、高6.2厘米。此物可能为套盆，置于其他器物口内使用。

Bb型　菱口。足端斜削明显，外底刮釉一圈。胎色灰白，胎壁较厚，釉层较薄。

666】TN18E3③N：8，沿面刻划菱形纹，内壁刻划海涛纹，外壁上腹刻划折线纹，下腹刻划大莲瓣纹，内底刻划荷花莲叶纹。釉色青灰。口径32、足径17.6、高8厘米。

C型　凹折沿盆。凹折沿，沿缘上翘，圆唇，弧腹。按足部不同可分2式。

Ⅰ式　直圈足，足端棱角分明，外底边缘一圈刮釉。胎色灰白，胎壁较厚，釉

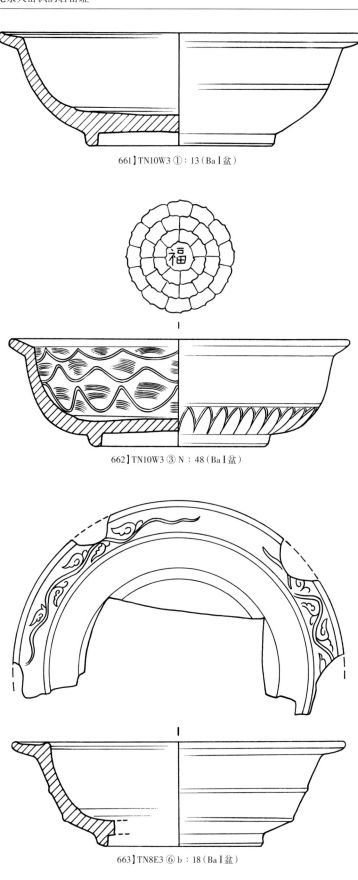

661】TN10W3①：13（BaⅠ盆）

662】TN10W3③N：48（BaⅠ盆）

663】TN8E3⑥b：18（BaⅠ盆）

0　　　　　　6厘米

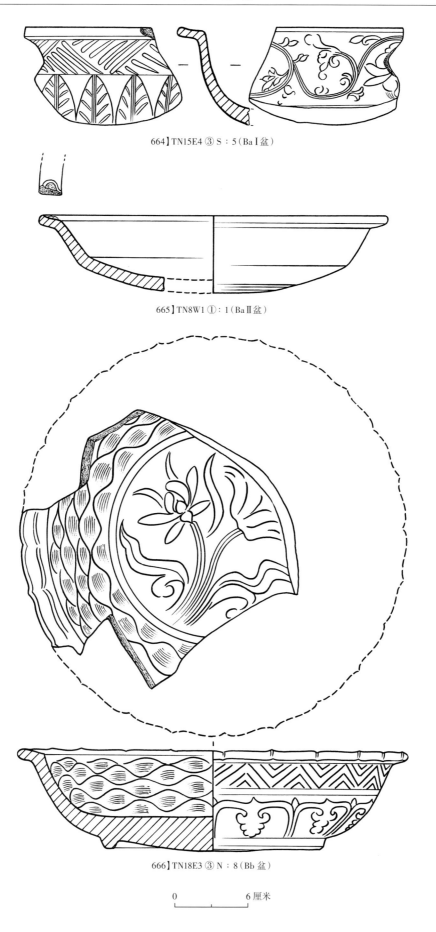

664〗TN15E4 ③ S：5（BaⅠ盆）

665〗TN8W1 ①：1（BaⅡ盆）

666〗TN18E3 ③ N：8（Bb 盆）

0　　　　　　6厘米

661〗TN10W3 ①：13（Ba I 盆）

662〗TN10W3 ③ N：48（Ba I 盆）

664〗TN15E4 ③ S：5（Ba I 盆）

663〗TN8E3 ⑥ b：18（Ba I 盆）

666〗TN18E3 ③ N：8（Bb 盆）

665〗TN8W1 ①：1（Ba II 盆）

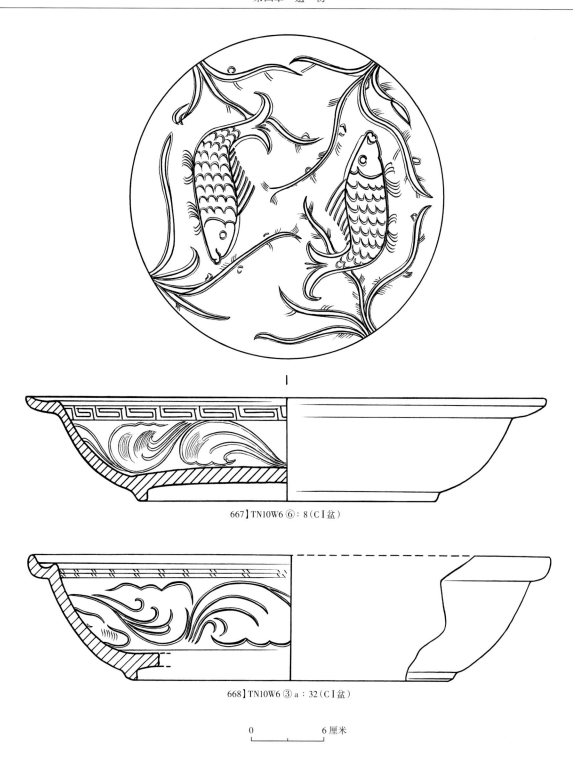

667】TN10W6 ⑥：8（C I 盆）

668】TN10W6 ③ a ：32（C I 盆）

0　　　　　6厘米

层较薄。

667】TN10W6⑥：8，口沿下刻划一圈斜回纹，内壁刻划篦划卷叶纹，内底刻划双鱼水草纹。釉色淡青绿。口径43、足径24.6、高8.2厘米。

668】TN10W6③a：32，底残，内壁口沿下刻划折点弦纹，腹刻划篦划卷叶纹。釉色青黄。口径42.8、足径26.8、高10厘米。

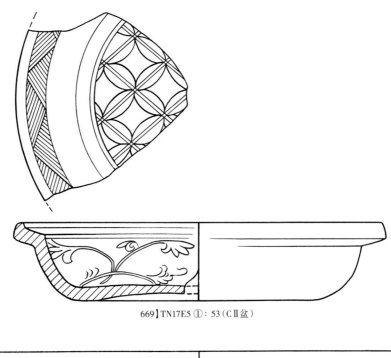

669】TN17E5 ①：53（CⅡ盆）

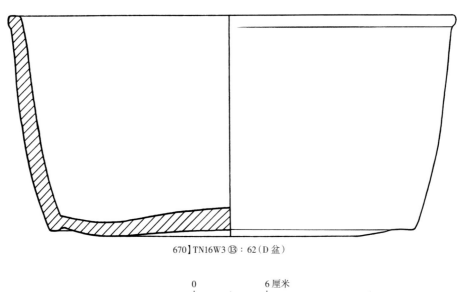

670】TN16W3 ⑬：62（D 盆）

0　　　　　6厘米

Ⅱ式　平底微凹，外底心刮釉。胎色灰白，胎壁较厚，釉层较薄。

669】TN17E5 ①：53，沿面刻划折线纹，内壁刻划缠枝花卉，内底刻划方格叠钱纹。釉色青绿。口径30.4、底径约 20、高 6.3 厘米。

D 型　直口盆。圆唇，深直腹，卧足。胎色较白，胎壁较厚，釉层较厚。

670】TN16W3 ⑬：62，圆唇外凸，外底心残。釉色青绿，釉层冰裂。口径约36.6、足径约30、高17.6厘米。

E 型　敞口盆。敞口，圆唇，口部向内压成花口，直腹微弧，卧足，外底心微凹，外壁上、下腹各一道凸棱，外底刮釉一圈。盆内光素或刻划海涛、缠枝牡丹纹等，刻划较粗简。胎色灰白，胎壁较厚，釉层较薄。

671】TN17E5 ①：52，内壁刻划缠枝牡丹纹，内底外侧刻划水草纹，内底心刻划海涛纹。釉色青绿。口径 34.8、足径 28、高 9.8 厘米。

668】TN10W6 ③ a：32（C I 盆）

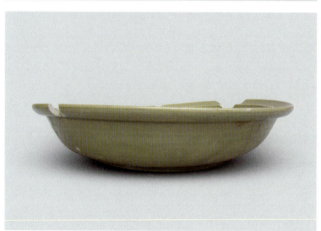

669】TN17E5 ①：53（C II 盆）

667】TN10W6 ⑥：8（C I 盆）

670】TN16W3 ⑬：62（D 盆）

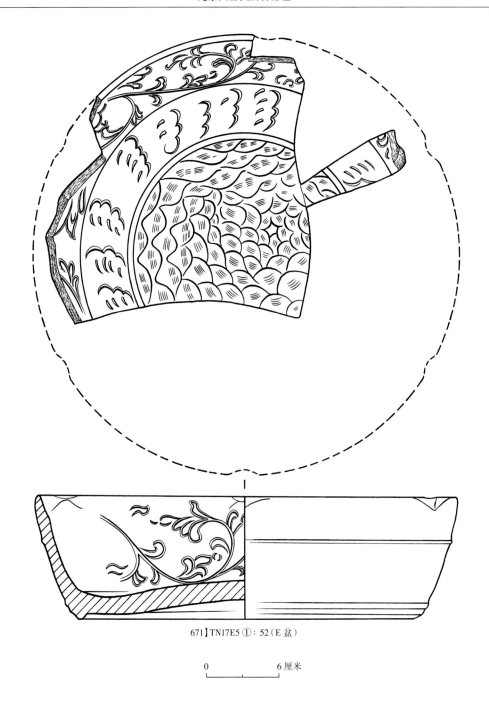

671】TN17E5 ①：52（E 盆）

0　　　　　　　6厘米

七　碟

器形较小。按口沿不同可分 4 型。

A 型　敞口碟。敞口，斜弧腹。按底足不同可分 5 式。

Ⅰ式　平底，底边有凹圈，外壁、底无釉。胎色灰白，胎壁较薄，釉层较薄。

672】TN9W3 ③N ：40，内壁沿口处贴荷花。灰黄胎，釉色青黄，釉面开片。口径 8.8、底径 3.2、高 2.8 厘米。

673】TN10W3 ③S ：26，釉色青灰。口径 9.8、底径 4、高 2.5 厘米。

Ⅱ式 平底微凹。胎色灰白，胎壁较厚，釉层较薄。

674】TN14W7⑥：18，釉色青黄。外壁、底无釉。口径10.7、底径4.8、高2.5厘米。

675】TN16W3⑩：41。釉色青。内外壁半釉。口径10.2、底径3.9、高1.9厘米。

Ⅲ式 平底内凹，弧腹。胎色灰白，胎壁较厚，釉层较薄。

676】TN9W3②：18，釉色青黄，釉面开片。外壁、底无釉。口径9.8、底径4.6、高2厘米。

677】TN8W3③N：51，外下腹跳刀痕明显。釉色青黄，釉面冰裂。外壁半釉，外底无釉。口径7.4、底径2.8、高2厘米。

Ⅳ式 平底微圈，内底心微凸，外底无釉。胎色灰白，胎壁较厚，釉层较薄。

678】TN16W3⑤：71，釉色青灰，釉面冰裂。口径10、高2.2厘米。

679】TN10W3采：15，口微侈。釉色青灰。口径9.8、高3.2厘米。

Ⅴ式 平底，底心微凹。胎色灰白，胎壁较厚，釉层较薄。

680】TN15E4⑬：22，釉色青黄。外壁、底无釉。口径9、底径4.4、高2.6厘米。

B型 侈口碟。侈口，斜直腹，窄圈足，足端无釉。胎色灰白，胎壁较薄，釉层较厚。

681】TN9W3⑥N：5，釉色青灰。外底粘有钵状垫具。口径8.4、足径3.4、高2.8厘米。

C型 菱口碟。菱口，窄平折沿，斜弧腹。按足部不同可分2式。

Ⅰ式 圈足，足端斜削明显，外底刮釉。胎色灰白，釉层较厚。

682】TN18E3③S：49，内壁刻菊瓣，内底心戳印花卉。釉色青绿。口径14、足径6.4、高3.6厘米。

Ⅱ式 菱花形圈足，外底刮釉。整体模制。胎色灰白，釉层较厚。

683】TN18E3⑤S：7，瓜棱腹。沿面阳印梅花纹，内壁阳印菊花纹，内底阳印双鱼纹。釉色青绿。口径10.4、足径5.2、高2.2厘米。

D型 平折沿碟。平折沿，圆唇，浅折腹，小圈足，内外足壁斜。胎色灰白，胎壁较厚，釉层较厚。

684】TN16W3④：17，内底有双圈。釉色青灰。外底心点釉，足内侧无釉。口径16.6、足径3.4、高2厘米。

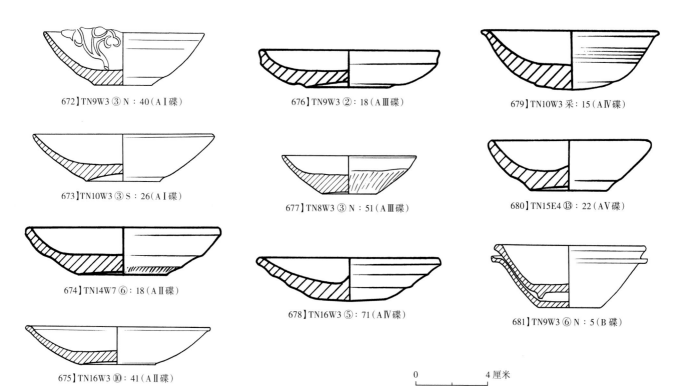

672】TN9W3③N：40（AⅠ碟）　676】TN9W3②：18（AⅢ碟）　679】TN10W3采：15（AⅣ碟）

673】TN10W3③S：26（AⅠ碟）　677】TN8W3③N：51（AⅢ碟）　680】TN15E4⑬：22（AⅤ碟）

674】TN14W7⑥：18（AⅡ碟）　678】TN16W3⑤：71（AⅣ碟）　681】TN9W3⑥N：5（B碟）

675】TN16W3⑩：41（AⅡ碟）

0　　　　4厘米

672】TN9W3 ③ N：40（A I 碟）

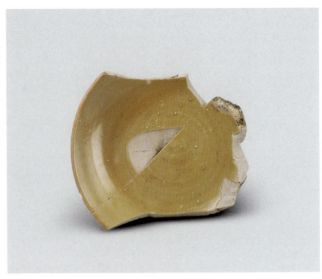

674】TN14W7 ⑥：18（A II 碟）

676】TN9W3 ②：18（A III 碟）

678】TN16W3 ⑤：71（A IV 碟）

680】TN15E4 ⑬：22（A V 碟）

681】TN9W3 ⑥ N：5（B 碟）

682〕TN18E3 ③ S：49（CⅠ碟）

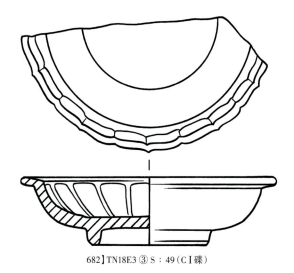

682〕TN18E3 ③ S：49（CⅠ碟）

683〕TN18E3 ⑤ S：7（CⅡ碟）

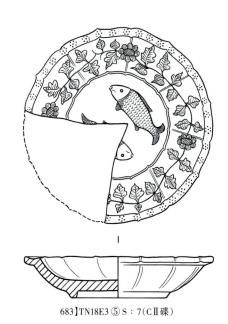

683〕TN18E3 ⑤ S：7（CⅡ碟）

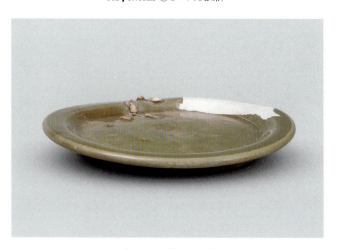

684〕TN16W3 ④：17（D 碟）

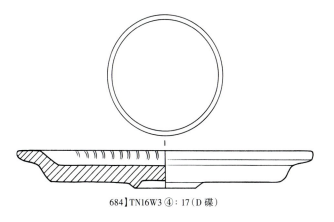

684〕TN16W3 ④：17（D 碟）

0　　　　　4厘米

八　钵

敛口。内壁和内、外底无釉露胎。按腹部不同可分为 2 型。

A 型　深弧腹钵。深斜腹微弧。按底部不同可分 3 式。

I 式　平底。厚唇。胎色灰白，胎壁较厚，釉层较厚。素面。

685】TN16W3 ④：18，釉色青灰。口径 18.2、底径 8.8、高 7.9 厘米。

II 式　饼底，外底内凹，外缘斜削。胎色灰白，胎壁较厚，釉层较厚。素面。

686】TN12W3 ④ N：7，釉色青绿。口径 15.2、底径 6、高 7.4 厘米。

687】TN12W3 ⑤ N：85，釉色青绿，釉面冰裂。口径 27.4、底径 8.8、高 13 厘米。

III 式　饼底，底边斜削有凹圈。厚唇。胎色灰白，胎壁较厚，釉层较薄。

①素面。

688】TN12W3 ③ N：29，釉色青灰。口径 27.2、底径 8.8、高 12.4 厘米。

②内底心戳印纹饰。

689】TN10W3 东扩⑥ a：3，内底戳印纹饰不清晰，外壁有凹弦纹。釉色青绿，釉面开片。口径 27.6、底径 9.5、高 14 厘米。

B 型　浅鼓腹钵。鼓腹，圈足，足端斜削，内壁、底无釉，足端和外底无釉，内底或足端有叠烧痕。胎色灰白，胎壁较厚，釉层较薄。

①内底心印花，内外壁素面。

690】TN15E4 ④ S：5，内底心阳印楷体"顾氏"字样。釉色青黄。口径 11.6、足径 7.3、高 3.9 厘米。

691】TN18E3 ③ S：51，内底心阴印飞马过海纹。釉色青绿。口径 11、足径 7、高 3.8 厘米。

②外壁刻划花，内壁、底素面。

692】TN18E4 ②：17，外壁刻划缠枝花卉。釉色青绿。口径 17.2、足径 10.8、高 5 厘米。

685】TN16W3 ④：18（A I 钵）

686】TN12W3 ④ N：7（A II 钵）

689】TN10W3 东扩⑥ a：3（A III 钵）

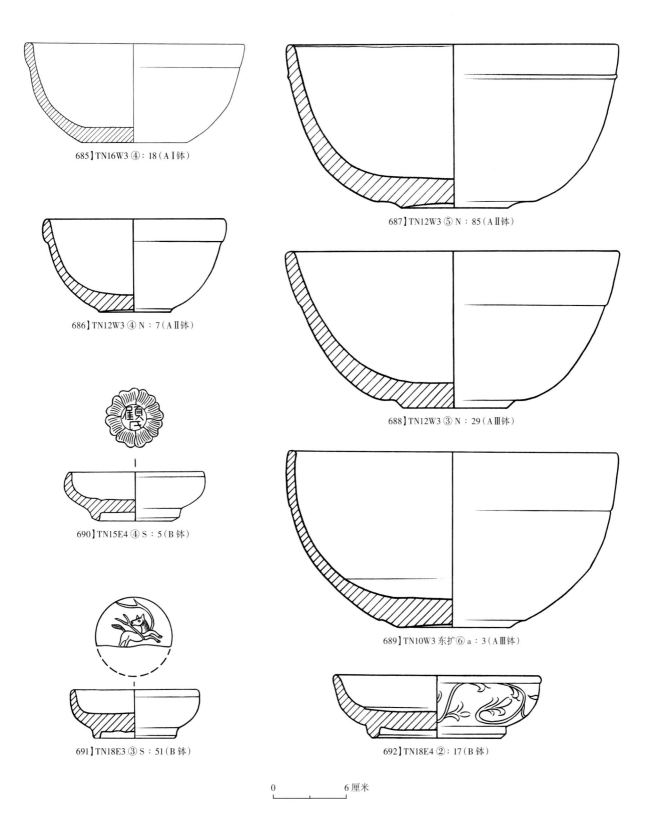

685】TN16W3 ④：18（A I 钵）

686】TN12W3 ④ N：7（A II 钵）

687】TN12W3 ⑤ N：85（A II 钵）

688】TN12W3 ③ N：29（A III 钵）

690】TN15E4 ④ S：5（B 钵）

689】TN10W3 东扩⑥ a：3（A III 钵）

691】TN18E3 ③ S：51（B 钵）

692】TN18E4 ②：17（B 钵）

0 　　　　6 厘米

690】TN15E4④S：5（B钵）　　　　　　　　　691】TN18E3③S：51（B钵）

九　盏托

外有托盘，内有托口。按内托不同可分2型。

A型　内托高，呈托杯状，直口弧腹，外盘敞口折腹，内托口高于外盘口，圈足，内中空。按足部不同可分2式。

Ⅰ式　圈足较矮较直，足端无釉。胎色较白，胎壁较厚，釉层凝润。素面。

693】TN12W3⑤N：74，高托口。釉色青绿。盘口径12.4、托口径5.8、足径4.2、高4.2厘米。

Ⅱ式　圈足较高微外撇，足端斜削，足端无釉。胎色灰白，胎壁较厚，釉层较薄。

①素面。

694】TN18E3⑤S：19，釉色青绿。盘口径13.2、托口径6.6、足径4.6、高4.2厘米。

695】TN18E4⑤N：2，釉色青绿，釉层较厚。盘口径12、托口径5.8、足径5.5、高5.4厘米。

696】TN18E3①：9，釉色青绿，釉面开片。盘口径16、托口径9.4、足径8、高7.4厘米。

②外壁刻花。

697】TN18E3⑥N：1，外壁刻划莲瓣纹。釉色青绿，釉层玻化。盘口径12.8、托口径5.8、足径6、高3.8厘米。

B型　内托口浅，呈凸圈状，外盘花式口，敞口坦腹。按足部不同可分3式。

Ⅰ式　圈足，莲花形盘口。胎色较白，胎壁较厚，釉层凝厚。

698】TN10W3③N：15，外底心凸。内壁分八瓣，瓣内刻划杂宝纹饰，外壁刻划莲瓣纹。釉色青绿。足端无釉。盘口径19.6、托口径5.8、足径4、高4.4厘米。

②外壁刻划花，内壁、底印花。

699】TN14W3④W：5，内壁模印梅花如意纹和吉祥语"长命富贵"、"金玉满堂"，外壁刻划如意纹，内底戳印方格叠线纹。釉色青绿。内底和圈足足端无釉。盘口径17.4、托口径4.2、足径4.4、高3.7厘米。

Ⅱ式　平底。胎色灰白，胎壁较厚，釉层较厚。内外满饰。

700】TN17E5①：97，葵花形盘口，浅盘外围刻划莲瓣纹，内外壁分S形花瓣，内壁瓣内刻划杂宝纹，外壁刻划S形曲线。釉色青绿。外底无釉。盘口径18、托口径7.6、底径8、高2.2厘米。

Ⅲ式　卧足。胎色灰白，胎壁较厚，釉层较薄。外底无釉。

701】TN18E5①：6，外盘口残。内托为菊瓣形，外盘内壁刻菊瓣纹。釉色淡青绿。外底无釉。足径4.8、残高1.6厘米。

693〕TN12W3 ⑤ N：74（AⅠ盏托）

694〕TN18E3 ⑤ S：19（AⅡ盏托）

695〕TN18E4 ⑤ N：2（AⅡ盏托）

696〕TN18E3 ① ：9（AⅡ盏托）

697〕TN18E3 ⑥ N：1（AⅡ盏托）

698〕TN10W3 ③ N：15（BⅠ盏托）

699〕TN14W3 ④ W：5（BⅠ盏托）

700〕TN17E5 ① ：97（BⅡ盏托）

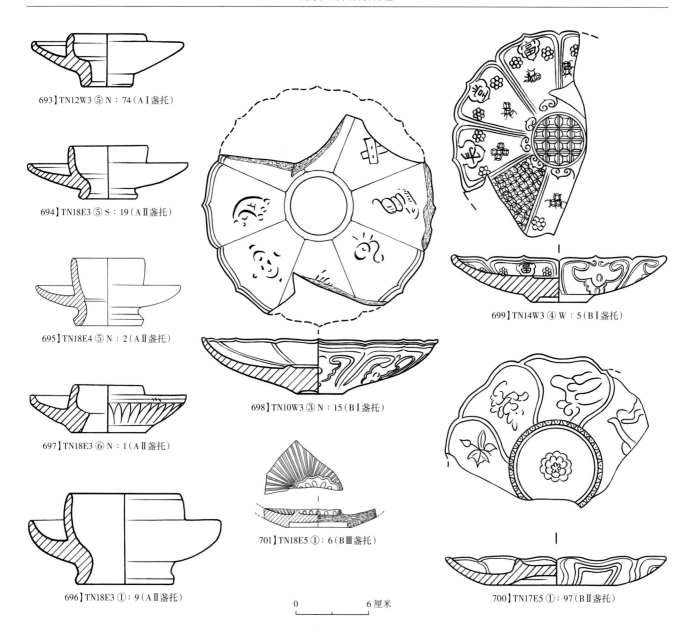

693】TN12W3⑤N：74（AⅠ盏托）

694】TN18E3⑤S：19（AⅡ盏托）

695】TN18E4⑤N：2（AⅡ盏托）

697】TN18E3⑥N：1（AⅡ盏托）

696】TN18E3①：9（AⅡ盏托）

698】TN10W3③N：15（BⅠ盏托）

701】TN18E5①：6（BⅢ盏托）

699】TN14W3④W：5（BⅠ盏托）

700】TN17E5①：97（BⅡ盏托）

0　　　　　　6厘米

十　高足杯

上部呈碗形，下部为高柄圈足，足端和足外壁无釉。胎壁较厚。按口部不同分5型。

A型　侈口高足杯。侈口，曲腹，高柄，圈足。按把柄粗细分2亚型。

Aa型　粗把柄。按柄部不同可分3式。

Ⅰ式　柄微束腰，中有双弦纹或一处节状凸棱，足端外侧斜削，外底呈倒锥形。胎色灰白，釉层较薄。

①内外壁刻菊瓣纹。

702】TN8E3⑥b：28，菊花形口，圈足外撇。外壁中腹有一道弦纹，柄上刻有竖线。釉色青黄。口径12.6、足径4、高9.4厘米。

②内底心印花，内外壁光素。

703】TN10W3东扩⑥c：12，口、腹残。圈足微外撇。内底心阴印茶花纹。釉色青绿。足径3.8、残高7.6厘米。

③内底心刻花，内外壁光素。

704】TN14W7⑦：12，圈足斜直。内底刻荷花纹。口径 12.5、足径 3.5、高 8.6 厘米。

Ⅱ式　柄较直，柄上有二至三处节状凸棱。胎色较白，釉层较厚。

①素面。

705】TN15E4㉓：39，柄上有三处凸棱。釉色青绿。口径 11.8、足径 4.2、高 10.8 厘米。

②外壁刻划花，内壁、底光素。

706】TN14W3④S：21，残片。外壁刻划龙纹。口径约 12.6 厘米。

③外壁刻划花，内底心印花。

707】TN16W3②：11，外壁刻划缠枝牡丹纹，内底心戳印金刚杵纹，柄上有三处节状凸棱。釉色深青绿。口径 13.4、足径 5、高 12.6 厘米。

④内壁刻划菊瓣纹，外壁刻划花，内底心印花。

708】TN10W3③N：24，外壁刻划纹饰不清晰，内底心戳印金刚杵纹，柄上有三处节状凸棱。釉色青灰。口径 12.4、足径 4.8、高 13 厘米。

⑤外壁下腹刻划莲瓣纹，内底心印花，内壁光素。

709】TN16W3③：38，外壁沿下有三道弦纹，内底心戳印金刚杵纹，柄上有三处节状凸棱。釉色青绿。

702】TN8E3⑥b：28（AaⅠ高足杯）

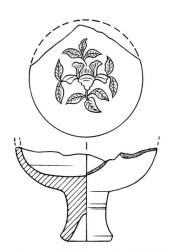

703】TN10W3 东扩⑥c：12（AaⅠ高足杯）

704】TN14W7⑦：12（AaⅠ高足杯）

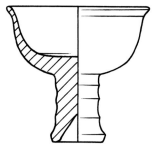

705】TN15E4㉓：39（AaⅡ高足杯）

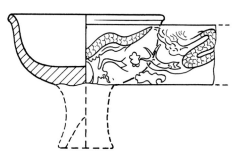

706】TN14W3④S：21（AaⅡ高足杯）

707】TN16W3②：11（AaⅡ高足杯）

0　　　　　　6 厘米

702】TN8E3 ⑥ b：28（Aa I 高足杯）

708】TN10W3 ③ N：24（Aa II 高足杯）

706】TN14W3 ④ S：21（Aa II 高足杯）

709】TN16W3 ③：38（Aa II 高足杯）

707】TN16W3 ②：11（Aa II 高足杯）

710】TN16W3 ⑨ a：2（Aa II 高足杯）

口径 12、足径 4.4、高 12.5 厘米。

⑥内底心印花，内外壁光素。

710】TN16W3⑨a：2，内底心戳印金刚杵纹，柄上有三处节状凹弦纹。釉色青绿。口径 12、足径 3.8、高 10 厘米。

711】TN16W3⑥a：92，内底心戳印金刚杵纹，柄上有两处节状凸棱。釉色淡青绿。口径 12.6、足径 4.3、高 9.4 厘米。

712】TN16W3⑬：55，口、腹残。内底心戳印金刚杵纹，柄上有三处凸棱。釉色青绿。足径 4.2、残高 8 厘米。

713】TN8W3①：16，内底心戳印金刚杵纹，柄上有两道弦纹。釉色淡青。口径 12.4、足径 3.9、高 8.8 厘米。

714】TN16W3⑨a：21，内底心阴印勾叶牡丹纹，柄上有三处节状凸棱。釉色青绿。口径 12、足径 4、高 9.7 厘米。

715】TN16W3⑥a：93，内底心戳印菊花纹，柄上有三处节状凸棱。釉色青黄。口径 12.2、足径 3.9、高 10.4 厘米。

708】TN10W3③N：24（AaⅡ高足杯）

709】TN16W3③：38（AaⅡ高足杯）

710】TN16W3⑨a：2（AaⅡ高足杯）

711】TN16W3⑥a：92（AaⅡ高足杯）

712】TN16W3⑬：55（AaⅡ高足杯）

713】TN8W3①：16（AaⅡ高足杯）

0　　　　　6 厘米

716】TN16W3⑦：100，内底心阴印茶花纹，柄上有三处节状凸棱。釉色青绿。口径 12、足径 4.2、高 10 厘米。

717】TN16W3⑪：22，口、腹残。内底心阴印"福"字及鹿、祥云图案，柄上有三处凸棱。釉色青绿。足径 4.2、残高 8 厘米。

Ⅲ式　把柄较细，多数光素或有一到三处节状凸棱，柄上有弦纹的则不明显。胎色灰白，釉层较薄。

①素面。

718】G12：4，柄上有两处节状凸棱。釉色青绿。口径 11.6、足径 4、高 10.9 厘米。

②外壁刻划花，内壁、底光素。

719】TN18E4⑤S：11，外壁刻划大莲瓣纹，柄上有两道弦纹。釉色青绿。口径 13.2、足径 4、高 12 厘米。

③内外壁刻划花，内底心光素。

720】TN10W1⑤：13，口沿内侧刻划卷草纹，外壁刻划大莲瓣纹，柄上有三处节状凸棱。釉色淡青。口径 12.2、足径 4.1、高 11.4 厘米。

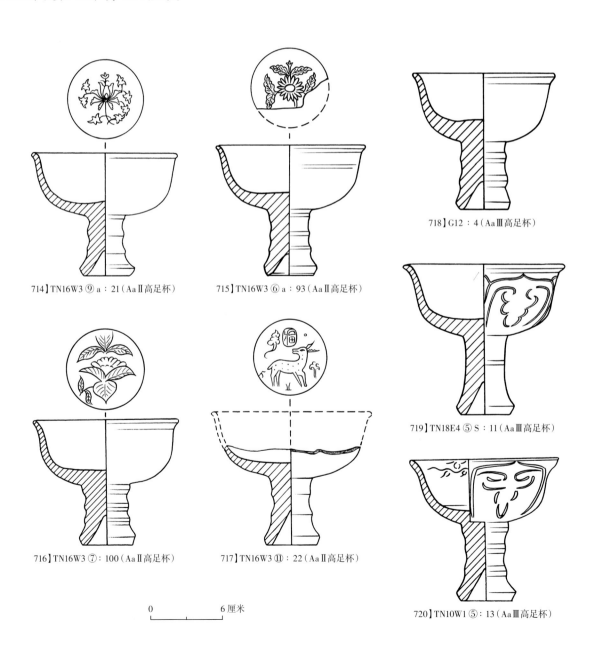

714】TN16W3⑨a：21（AaⅡ高足杯）　　715】TN16W3⑥a：93（AaⅡ高足杯）

718】G12：4（AaⅢ高足杯）

716】TN16W3⑦：100（AaⅡ高足杯）　　717】TN16W3⑪：22（AaⅡ高足杯）

719】TN18E4⑤S：11（AaⅢ高足杯）

0　　　　　6 厘米

720】TN10W1⑤：13（AaⅢ高足杯）

④内外壁刻划花，内底心印花。

721】TN18E3②：46，口沿内侧刻划卷草纹，外壁刻划缠枝牡丹纹，内底心阴印飞马过海纹，柄上有一处节状凸棱。釉色青绿。口径 11.5、足径 4.2、高 10.8 厘米。

⑤外壁刻划花，内底心印花，内壁光素。

722】TN18E3③S：62，外壁刻划大莲瓣纹，内底心阴印人物牵马纹。釉色青绿。口径 11.5、足径 4、高 10.2 厘米。

⑥外壁刻划花，内底心刻划花，内壁光素。

723】TN15E4⑦：35，口、腹残。外壁刻划缠枝花卉，内底有菱形外圈，底心刻划团花纹，柄上刻划叶纹。釉色青绿。足径 4.8、残高 7 厘米。

721】TN18E3②：46（AaⅢ高足杯）

722】TN18E3③S：62（AaⅢ高足杯）

723】TN15E4⑦：35（AaⅢ高足杯）

724】TN7E1⑥：4（AaⅢ高足杯）

728】TN14W7⑤：3（AaⅢ高足杯）

725】TN7W2④：3（AaⅢ高足杯）

727】TN18E3④S：22（AaⅢ高足杯）

0　　　　　　6厘米

721〗TN18E3②：46（AaⅢ高足杯）　　　　　727〗TN18E3④S：22（AaⅢ高足杯）

⑦内壁刻划花，内底心印花，外壁光素。

724〗TN7E1⑥：4，内壁刻划缠枝牡丹纹，内底心戳印纹饰不清晰，柄上端有一处节状凸棱。釉色青绿。口径12.2、足径4.2、高12厘米。

725〗TN7W2④：3，内壁刻划缠枝牡丹纹，内底心阴印牡丹纹，柄上端有一处节状凸棱。釉色淡青绿。口径12、足径4.1、高10.6厘米。

⑧内外壁刻划花，内底心印花。

727〗TN18E3④S：22，内外壁刻划缠枝牡丹纹，内底心戳印纹饰不清晰，柄上有两道弦纹。釉色青绿。口径12、足径4.2、高11厘米。

⑨内外壁光素，内底心印花。

728〗TN14W7⑤：3，内底心阴印荷花纹。釉色淡青。口径12、足径4.3、高10.4厘米。

729〗TN8W1③：12，内底心阴印荷花纹。釉色青绿。口径12、足径4.2、高11厘米。

730〗G7：4，内底心阴印仰莲纹，柄上有三处弦纹。釉色淡青。口径11.6、足径4、高10.6厘米。

731〗TN18E3④S：23，内底心阴印仰莲纹。釉色青黄。口径12、足径4、高10.4厘米。

732〗TN18E3⑥S：47，内底心阳印海棠花纹。釉色青绿。口径12、足径4、高10.4厘米。

733〗TN18E3⑥S：46，内底心阴印红豆纹。釉色青绿。口径12.8、足径4、高10.6厘米。

734〗TN18E3⑧S：18，内底心阳印灵芝纹。釉色青绿。口径11.4、足径4、高10厘米。

735〗TN18E3②：47，内底心阴印飞马过海纹。釉色青绿。口径12、足径4、高10.6厘米。

736〗G7：3，内底心阴印杂宝纹，柄上有两处弦纹。釉色青灰。口径13、足径4、高10.6厘米。

737〗TN15E4⑦：36，口、腹残。内底心阴印符号。釉色青绿。足径4、残高8厘米。

Ab型　细高柄。按柄部不同可分2式。

Ⅰ式　柄部有弦纹或多节凸棱。胎色灰白，釉层较厚。

①素面。

738〗TN15E4㉓：41，柄上有双弦纹。釉色青灰。口径8.3、足径3.5、高9.6厘米。

②外壁刻划花，内壁、底光素。

729〕TN8W1 ③：12（AaⅢ高足杯）　　732〕TN18E3 ⑥ S：47（AaⅢ高足杯）　　735〕TN18E3 ②：47（AaⅢ高足杯）

730〕G7：4（AaⅢ高足杯）　　733〕TN18E3 ⑥ S：46（AaⅢ高足杯）　　736〕G7：3（AaⅢ高足杯）

731〕TN18E3 ④ S：23（AaⅢ高足杯）　　734〕TN18E3 ⑧ S：18（AaⅢ高足杯）　　737〕TN15E4 ⑦：36（AaⅢ高足杯）

0　　　　　6厘米

741〕TN15E4 ㉓：42（AbⅠ高足杯）　　　　745〕TN18E3 ⑥ S：45（AbⅡ高足杯）

739〕TN16W3 ⑥ b：35，下腹刻划莲瓣纹。釉色青绿，釉层开片。口径 8、足径 3.6、高 9.2 厘米。

740〕F1：11，外壁下腹刻划莲瓣纹，柄上有两处节状凸棱。釉色青绿。口径 8.2、足径 3.5、高 9.7 厘米。

741〕TN15E4 ㉓：42，外壁刻斜线及口，柄上端划回纹，中间双弦纹，下部刻成六棱状。釉色青绿。口径 8.4、足径 4.2、高 9.2 厘米。

Ⅱ式　柄上端有一处节状凸棱。胎色灰白，釉层较薄。

①外壁刻划花，内壁、底光素。

742〕TN8E3 ⑧：16，外壁下腹刻划莲瓣纹，柄中部有两道弦纹，下部呈多棱状。釉色青灰。口径 9.4、足径 4、高 10.2 厘米。

743〕TN15E4 ⑫：31，外壁刻划大莲瓣纹。釉色灰。口径 9、足径 3.7、高 10.3 厘米。

②内外壁刻划花，内底心刻团花或朵花。

744〕TN15E4 ①：21，内底刻划团菊纹，内外壁刻划细菊瓣纹，柄部刻直线。釉色黄。口径 7.4、足径 3.4、高 9.4 厘米。

745〕TN18E3 ⑥ S：45，内沿刻划一圈回纹，内底刻花纹，外壁刻划缠枝牡丹纹，柄下部呈多棱状。釉色淡青。口径 10、足径 3.7、高 9.4 厘米。

B 型　翻沿高足杯。侈口翻沿，圆唇，曲折腹，高柄圈足，足端外侧斜削，足端无釉，内底平，外底呈倒锥形，柄上有一处节状凸棱或光素。胎色灰白，胎壁较厚，釉层较薄。

①素面。

746〕TN18E3 ⑧ S：14。釉色淡青灰。口径 12、足径 4.3、高 11 厘米。

②内外壁、内底心、柄满饰刻划纹样，柄上端有一处节状凸棱。

726〕TN18E3 ⑤ S：21，沿面有三道弦纹，外壁上腹刻划花草树木山石、下腹刻划海涛纹，内壁刻划海涛纹，内底有菱形外圈，底心刻划仰莲纹，凸棱上部刻一圈斜线，凸棱下部刻划蕉叶纹。釉色淡青绿。口径 12.8、足径 4.4、高 11.8 厘米。

③内外壁刻划花，内底光素，柄上端有一处节状凸棱。

747〕TN15E4 ④ N：25，内沿下刻划一圈回纹，外壁上腹刻划牡丹纹、下腹刻划莲瓣纹。釉色青绿。口径 7.6、

738〗TN15E4㉓：41（Ab I 高足杯）

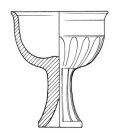

739〗TN16W3⑥b：35（Ab I 高足杯）

740〗F1：11（Ab I 高足杯）

741〗TN15E4㉓：42（Ab I 高足杯）

742〗TN8E3⑧：16（Ab II 高足杯）

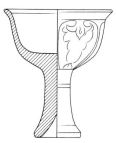

743〗TN15E4⑫：31（Ab II 高足杯）

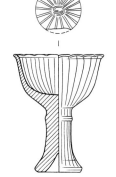

744〗TN15E4①：21（Ab II 高足杯）

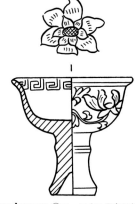

745〗TN18E3⑥S：45（Ab II 高足杯）

746〗TN18E3⑧S：14（B 高足杯）

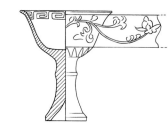

747〗TN15E4④N：25（B 高足杯）

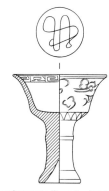

749〗TN18E4①：6（B 高足杯）

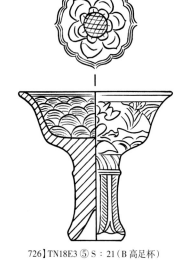

726〗TN18E3⑤S：21（B 高足杯）

748〗TN18E3⑦S：4（B 高足杯）

0   6厘米

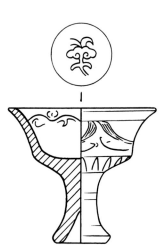

750〗TN15E4⑪：66（B 高足杯）

746〗TN18E3 ⑧ S：14（B 高足杯）

748〗TN18E3 ⑦ S：4（B 高足杯）

726〗TN18E3 ⑤ S：21（B 高足杯）

749〗TN18E4 ①：6（B 高足杯）

747〗TN15E4 ④ N：25（B 高足杯）

751〗TN17E5 ①：123（B 高足杯）

足径 3.4、高 8.8 厘米。

748】TN18E3 ⑦ S：4，内沿下刻划卷草纹，外壁上腹刻划缠枝牡丹纹、下腹刻莲瓣纹。釉色淡青绿。口径 11.6、足径 4、高 11.5 厘米。

④内外壁刻划花，内底心刻划花，柄上端有一处节状凸棱。

749】TN18E4 ① ：6，内沿下刻划回纹一圈，内底有刻划盘结纹，外壁上腹刻划缠枝牡丹纹、下腹刻莲瓣纹。釉色青黄。口径 7.8、足径 3.4、高 8.6 厘米。

⑤内外壁刻划花，内底心印花，柄上端有一处节状凸棱。

750】TN15E4 ⑪：66，内沿下刻划卷草纹，内底心阴印灵芝纹，外壁上腹有刻划纹、下腹刻莲瓣纹。釉色淡青绿。口径 12.2、足径 4、高 10.8 厘米。

751】TN17E5 ①：123，内底心阳印"福"字，外壁上腹有刻划纹、下腹刻莲瓣纹。釉色淡青绿。口径 12.2、足径 4、高 11.8 厘米。

752】TN18E3 ⑦ S：5，内沿下刻划卷草纹，内底心阴印飞马过海纹，外壁上腹刻划缠枝牡丹纹、下腹刻莲瓣纹。釉色淡青绿。口径 12、足径 4.6、高 11.2 厘米。

C 型　敞口高足杯。敞口，圆唇，斜弧腹，细高柄圈足，足端外侧斜削，内底凹，外底呈倒锥形，柄上有一处节状凸棱。胎色灰白，胎壁较薄，釉层较薄。外壁刻细莲瓣纹，莲瓣上端呈三角形。

①内底心刻字，内壁光素。

753】TN18E3 ⑥ S：42，内底心刻一"饮"字。釉色青绿。口径 8、足径 3.6、高 10.1 厘米。

②内壁、底光素。

754】TN18E3 ⑧ S：15，柄上划 S 线。釉色淡青绿。口径 7.6、足径 3.4、高 9.2 厘米。

③内壁、底心刻划花。

755】TN18E3 ⑧ S：16，内壁及底心刻划团菊纹，柄上划直线。釉色淡青绿。口径 8.2、足径 3.8、高 10.6 厘米。

D 型　敛口高足杯。敛口，扁鼓腹，高柄圈足。胎色灰白，胎壁较厚，釉层较薄。按足部不同可分 2 式。

I 式　足端外撇，外底足孔较深。

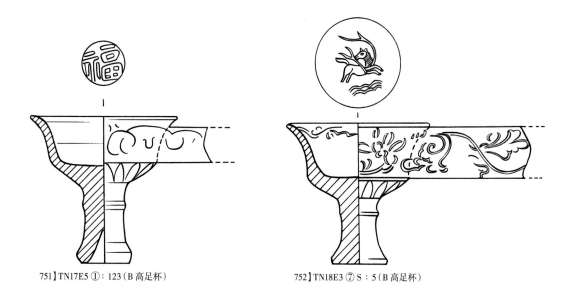

751】TN17E5 ①：123（B 高足杯）　　752】TN18E3 ⑦ S：5（B 高足杯）

0　　　　　　6 厘米

753〗TN18E3 ⑥ S：42（C 高足杯）

754〗TN18E3 ⑧ S：15（C 高足杯）

755〗TN18E3 ⑧ S：16（C 高足杯）

757〗TN18E4 ②：18（DⅡ高足杯）

756〗TN14W7 ⑦：10（DⅠ高足杯）

758〗TN17E5 ①：121（E 高足杯）

759〗TN17E5 ①：122（E 高足杯）

0　　　　　6厘米

753】TN18E3 ⑥ S：42（C 高足杯）　　　　755】TN18E3 ⑧ S：16（C 高足杯）

756】TN14W7 ⑦：10（D I 高足杯）　　　　759】TN17E5 ①：122（E 高足杯）

756】TN14W7 ⑦：10，内底刻划荷花，口沿外侧刻划斜回纹，外壁下腹刻划卷叶纹，足柄上一道凸圈。釉色青黄。口径 12、足径 4.8、高 9.5 厘米。

Ⅱ式　足端斜削，外底呈倒锥形。

757】TN18E4 ②：18，柄上一处节状凸棱。釉色青绿，釉面开片。口径 11.6、足径 5.8、高 12 厘米。

E 型　八棱高足杯。侈口八边形，八棱形腹，折腹，细高柄圈足，足端外侧斜削，足端无釉内底平，外底呈倒锥形。胎色灰白，胎壁较厚，釉层较薄。

①素面。

758】TN17E5 ①：121，柄上一处节状凸棱。釉色青绿。口径 8、足径 3.6、高 10 厘米。

②外壁刻划花，内底刻划花，内壁光素。

759】TN17E5 ①：122，内底刻划团菊，外壁阳印杂宝纹，把柄上阳印回纹、下部阳印蕉叶纹。釉色淡青绿。口径 12.8、足径 5.4、高 12.8 厘米。

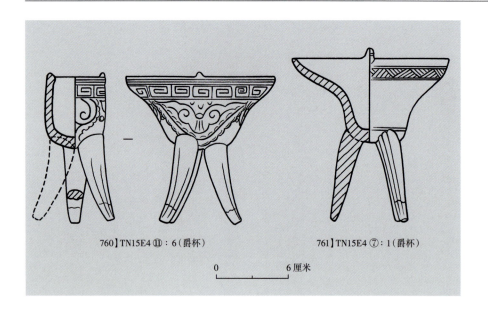

760】TN15E4⑪：6（爵杯）　　　　　　　　761】TN15E4⑦：1（爵杯）

0　　　　　　　6厘米

760】TN15E4⑪：6（爵杯）

十一　爵杯

椭圆形束腰口，中间有爵柱，束腹，三长足，足尖外撇。胎色较白，胎壁较厚，釉层较厚，足尖端无釉。

760】TN15E4⑪：6，上腹部印一圈回纹，腹部印如意纹。釉色青绿。口部长 12.6、宽 5 厘米，残高 12 厘米。

761】TN15E4⑦：1，变形。上腹部印一圈折线纹。釉色青绿。口部长约 13 厘米。

十二　执壶

包括执壶和执壶盖。

（一）执壶

大口，粗颈，条把，长流。按口部不同可分 3 型。

A 型　侈口壶。按腹部变化分 3 亚型。

Aa 型　圆腹。

Ⅰ式　腹部较长，腹壁较直。

762】TN7W4②：3，把、流残。把端呈条形。肩腹刻饰花卉不清晰。灰黄胎，胎壁厚但较疏松。釉色青黄，釉层厚，釉面开片。足端无釉。口径 9.6、足径 8.6、高 19 厘米。

Ⅱ式　腹部较长，腹壁较弧圆。圈足微外斜，足端斜削，足端无釉。胎色较白，胎壁较厚，釉层较厚。壶身被上下两组凹弦纹分成三段，下腹部刻莲瓣纹，肩部大多数刻莲瓣纹，中腹刻划缠枝牡丹纹等。

①上、下腹各有两道凹弦纹，光素。

763】TN16W3⑤：99，把、流残。把端呈三角叶形。足外壁有一道弦纹。釉色青灰，釉面冰裂。口径 8.4、足径 7.4、高 16 厘米。

②上、下腹各有两道凹弦纹，肩部刻划花，下腹刻莲瓣纹，中腹刻划花纹。

764】TN16W3⑥a：16，把、流残。把端呈扁椭圆形并有刻划纹。肩部刻莲瓣纹，中腹刻划缠枝牡丹纹。釉色深青绿。口径 8.4、足径 7.6、高 16.4 厘米。

765】TN12W3③N：31，腹底残片。腹部刻划缠枝牡丹纹。外底刻划一字。釉色青绿。足径 8.8、残高 10.6 厘米。

766】TN14W3⑤N：8，把、流残。把端呈三角叶形。肩部刻莲瓣纹，中腹刻划缠枝牡丹纹，足外壁有

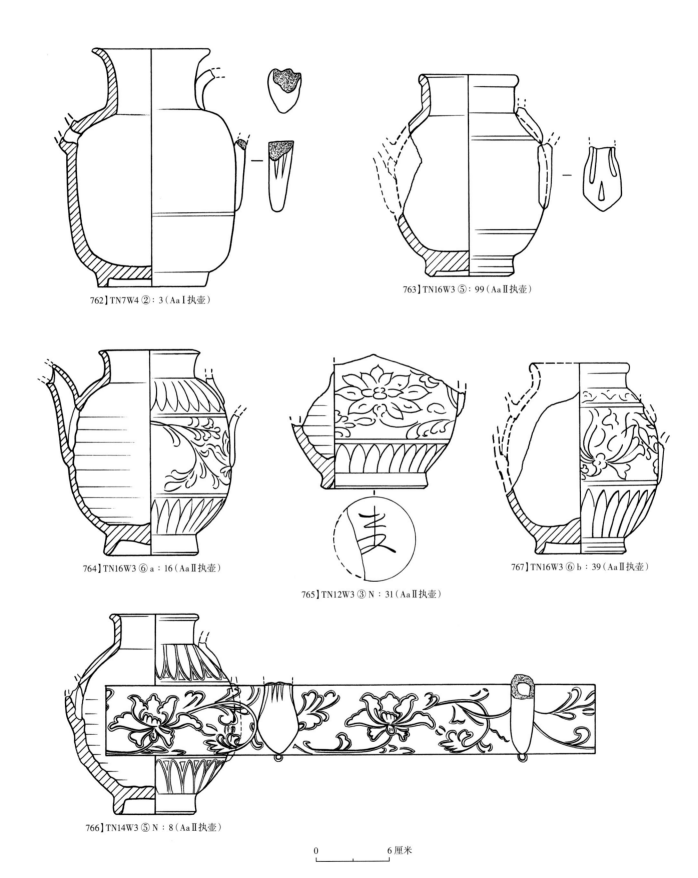

762〕TN7W4 ② : 3（Aa I 执壶）

763〕TN16W3 ⑤ : 99（Aa II 执壶）

764〕TN16W3 ⑥ a : 16（Aa II 执壶）

765〕TN12W3 ③ N : 31（Aa II 执壶）

767〕TN16W3 ⑥ b : 39（Aa II 执壶）

766〕TN14W3 ⑤ N : 8（Aa II 执壶）

0 ————— 6厘米

一道弦纹。釉色青绿。足端和外底无釉。口径 7.2、足径 6.6、高 16 厘米。

768】TN16W3⑥b：39，把、流残。肩部刻划曲线纹，中腹刻划缠枝牡丹纹，足外壁有两道弦纹。釉色青绿。口径 8.4、足径 7.6、高 15.2 厘米。

768】TN14W3③W：1，把、流残。把端呈三角叶形。肩部刻划如意云纹，中腹刻划缠枝牡丹纹。釉色青灰。口径 7.4、足径 8、高 17 厘米。

769】TN16W3⑦：6，把、流残。把端呈三角叶形。肩部刻莲瓣纹，中腹刻划卷云纹。釉色淡青绿。口径 7.8、足径 7.8、高 14.6 厘米。

770】TN10W3③N：12，把、流残。把端呈条形。肩部刻莲瓣纹，中腹刻划海涛纹。釉色青绿。口径 7.8、足径 7.6、高 15.4 厘米。

771】TN15E4⑳：1，口颈及把残。曲长流。肩部刻划如意云纹，中腹刻划乌龟等图案。釉色青绿。足径 8、残高 16.6 厘米。

772】TN12W3①：17，把、流残。把端呈三角叶形。肩部刻划如意云纹，中腹呈瓜棱状并刻划多朵折枝牡丹纹。釉色青绿。口径 7.8、足径 8.5、高 15.8 厘米。

773】TN15E4㉓：3，流残。宽条形把，把端呈三角叶形并有刻划纹。肩部刻莲瓣纹，中腹刻划菊瓣纹。釉色青黄。口径 7.8、足径 7.8、高 15.3 厘米。

Ⅲ式　腹部较矮，腹壁弧圆。弧肩微折，中腹呈瓜棱状。圈足外斜，足端斜削，足端无釉。胎色灰白，

768】TN14W3③W：1（AaⅡ执壶）

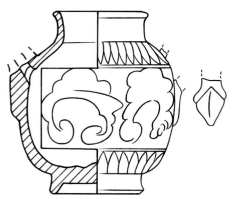

769】TN16W3⑦：6（AaⅡ执壶）

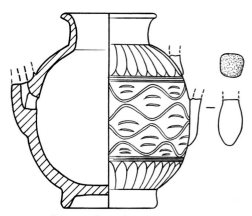

770】TN10W3③N：12（AaⅡ执壶）

0　　　　　　6厘米

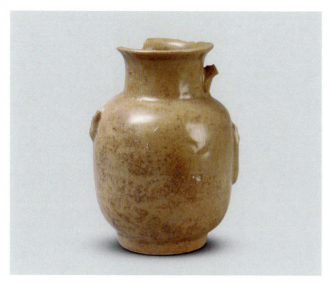

762】TN7W4 ②：3（AaⅠ执壶）

764】TN16W3 ⑥a：16（AaⅡ执壶）

765】TN12W3 ③N：31（AaⅡ执壶）

772】TN12W3 ①：17（AaⅡ执壶）

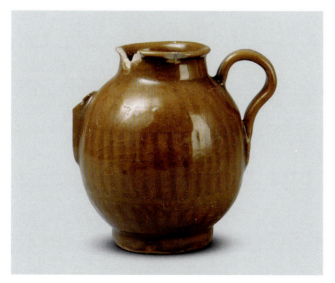

773】TN15E4 ㉓：3（AaⅡ执壶）

774】F1：25（AaⅢ执壶）

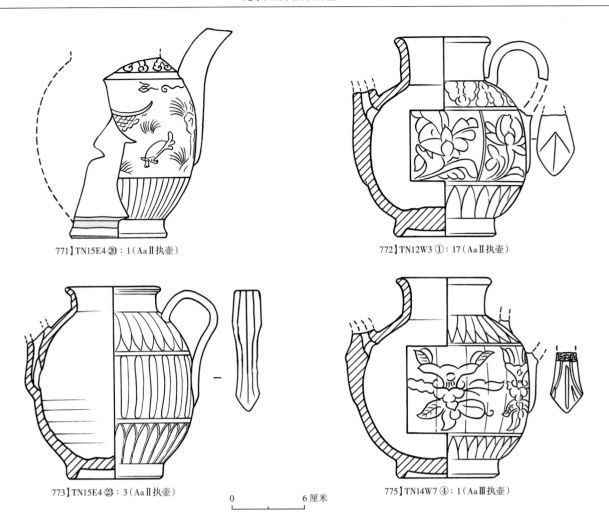

771】TN15E4⑳：1（AaⅡ执壶）　　　　　　　772】TN12W3①：17（AaⅡ执壶）

773】TN15E4㉓：3（AaⅡ执壶）　　0　　　　6厘米　　　775】TN14W7④：1（AaⅢ执壶）

胎壁较厚，釉层较薄。壶身被上下各两道凹弦纹分成三段，下腹部刻莲瓣纹，肩部大多刻莲瓣纹，中腹刻划多朵折枝牡丹纹。

774】F1：25，口、颈残，把、流残。把端呈三角叶形并有刻划纹。足外壁有一道弦纹。釉色淡青绿。足径8.2、残高14厘米。

775】TN14W7④：1，把、流残。把端呈三角叶形并有刻划纹。口沿有一道弦纹。釉色淡青绿。口径7.6、足径8.4、高16厘米。

Ab型　瓜棱腹。腹部较长，腹壁较弧圆，有直凹线将腹部分成瓜棱状。圈足微外斜，足端斜削，足端无釉。胎色较白，胎壁较厚，釉层较厚。素面。

776】TN16W3⑥a：15，把、流残。把端呈椭圆形并有刻划纹。釉色青绿，釉面有裂纹。口径8、足径7.6、高16厘米。

777】TN16W3⑥a：99，流残。宽条形把，把端呈椭圆形。釉色青灰，釉面开片。口径7、足径7.4、高14.6厘米。

Ac型　菊瓣腹。腹壁较圆，器身刻划菊瓣纹，腹中部有两道弦纹。圈足微外斜，足端斜削无釉。胎色较白，胎壁较厚，釉层较厚。素面。

778】TN16W3⑤：23，把、流残。把端呈三角叶形。足外壁有一道弦纹。釉色青绿。口径7.1、足径6.8、高14.4厘米。

B型 侈口翻沿壶。矮直颈，弧肩，圆腹，圈足微外斜，多数外底无釉。胎色灰白，胎壁较厚，釉层较薄。

①中腹刻划花纹。

779】TN18E3②：74，口沿残，把、流残。长流带如意连，把端呈三角叶形。颈部刻划折线纹，肩部刻划菊瓣和如意花卉，中腹刻划缠枝牡丹纹，下腹刻莲瓣纹。釉色深青绿。足径7.2、残高16.2厘米。

780】TN7W1⑥：27，流残。宽条形把，把端呈三角叶形并附有三个乳丁，把面有凹线。沿面刻划曲线纹和弦纹，肩部和下腹刻莲瓣纹，中腹刻划缠枝牡丹纹，足外壁有一道弦纹。外底心内凹有点釉。釉色青绿。口径8.8、足径8.4、高15.4厘米。

781】TN7W1⑥：1，口残，把、流残。把端呈三角叶形并有刻划纹。肩部和下腹刻莲瓣纹，中腹刻划缠枝牡丹纹。釉色青绿。足端和外底无釉。足径8.4、残高14.6厘米。

782】TN15E4⑫：37，把、流残。把端呈三角叶形并有刻划纹。肩部和下腹刻莲瓣纹，中腹刻划缠枝牡丹纹。釉色青黄。口径10.4、足径8.4、高15.2厘米。

783】TN15E4⑫：8，把、流残。把端呈三角叶形并有刻划纹。肩部和下腹刻莲瓣纹，中腹刻划缠枝牡丹纹。釉色淡青绿。口径9.1、足径8、高15.2厘米。

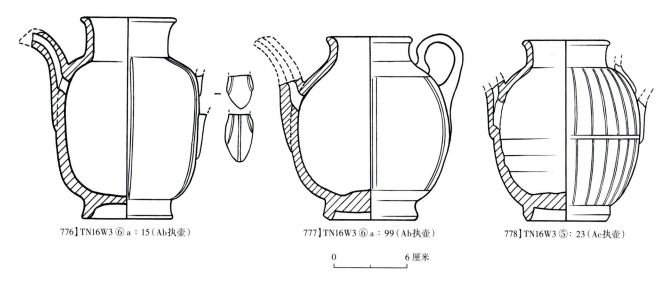

776】TN16W3⑥a：15（Ab执壶）　777】TN16W3⑥a：99（Ab执壶）　778】TN16W3⑤：23（Ac执壶）

0　　　6厘米

776】TN16W3⑥a：15（Ab执壶）

778】TN16W3⑤：23（Ac执壶）

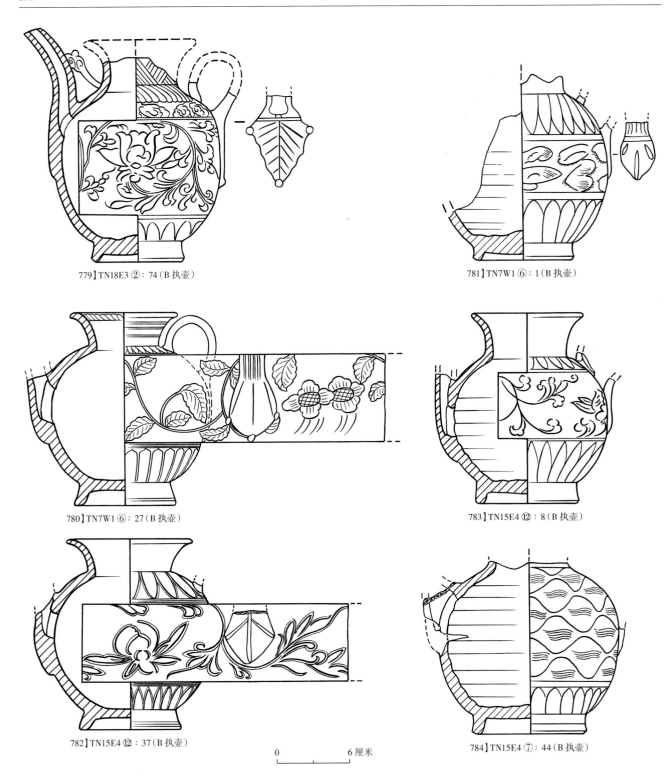

779】TN18E3②：74（B执壶）

781】TN7W1⑥：1（B执壶）

780】TN7W1⑥：27（B执壶）

783】TN15E4⑫：8（B执壶）

782】TN15E4⑫：37（B执壶）

0　　　　　6厘米

784】TN15E4⑦：44（B执壶）

②中腹剔刻花纹。

784】TN15E4⑦：44，口、颈残，把、流残。中腹剔刻海涛纹，下腹剔刻莲瓣纹，足外壁有一道凹弦纹。釉色青绿泛灰。足径9.4、残高13.6厘米。

785】TN18E3⑥S：51，把、流残。长流带如意连，把端呈三角叶形。肩部剔刻大刻莲纹瓣，中腹剔刻缠枝牡丹纹，下腹剔刻莲瓣纹。釉色淡青绿。口径8.4、足径8、高18.4厘米。

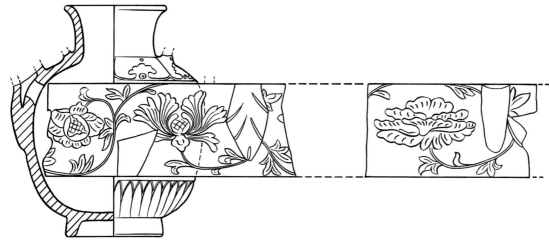

785】TN18E3⑥S：51（B 执壶）

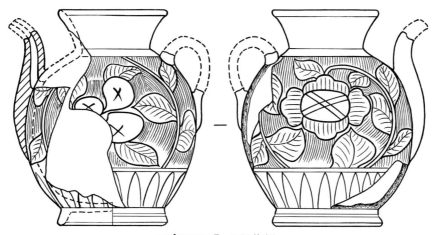

786】TN15E4⑦：42（B 执壶）

0 ⊢————⊣ 6厘米

786】TN15E4⑦：42，把、流残。把端呈椭圆形。中腹剔刻海棠花叶、枇杷果叶纹，有篦划底纹，下腹剔刻莲瓣纹，足外壁有一道凹弦纹。釉色淡青绿。口径 9、足径 9、高 17 厘米。

787】TN15E4⑪：9，腹以下残，把残。长流带连，沿面刻一圈弧线纹，中腹剔刻"清香美酒"，有篦划底纹，下腹剔刻莲瓣纹。釉色淡青绿泛蓝。口径 9.5、残高 14.5 厘米。

788】TN18E3③S：11，把残。曲长流带连，残。把端呈叶形。沿面和颈部刻划四叶纹，肩部剔刻大莲瓣纹，中腹部以菱形刻线分成四部分，内剔刻四叶纹和"金玉满堂"字样，下腹刻划重瓣蕉叶纹，圈足外壁刻划折线纹。釉色淡青绿。口径 9、足径 8.8、高 18 厘米。

789】CH3：4，口、颈残，把、流残。把端呈三角叶形。中腹剔刻人物故事纹，下腹刻划菊瓣纹，圈足外壁刻折线纹。釉色淡青绿。足径 8.5、残高 13 厘米。

790】y2：22，口、颈残，把、流残。肩部刻划四叶纹、蕉叶纹，中腹剔刻波浪纹、鹅纹，下腹刻划蕉叶纹，圈足外壁刻划垂莲瓣纹。釉色淡青绿。足径 9.6、残高 13.8 厘米。

C 型　瓜形壶。敛口，瓜棱腹。

791】TN8W3③N：32，敛口，圆唇，整器呈扁圆瓜形，卧足，足端无釉。半环形把，把上端延伸两片

779〗TN18E3 ②：74（B 执壶）

785〗TN18E3 ⑥ S：51（B 执壶）

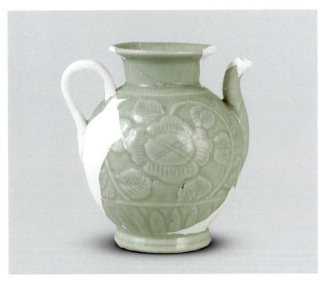

786〗TN15E4 ⑦：42（B 执壶）

787〗TN15E4 ⑪：9（B 执壶）

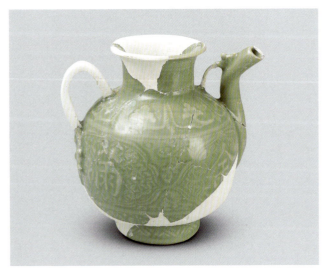

788〗TN18E3 ③ S：11（B 执壶）

789〗CH3：4（B 执壶）

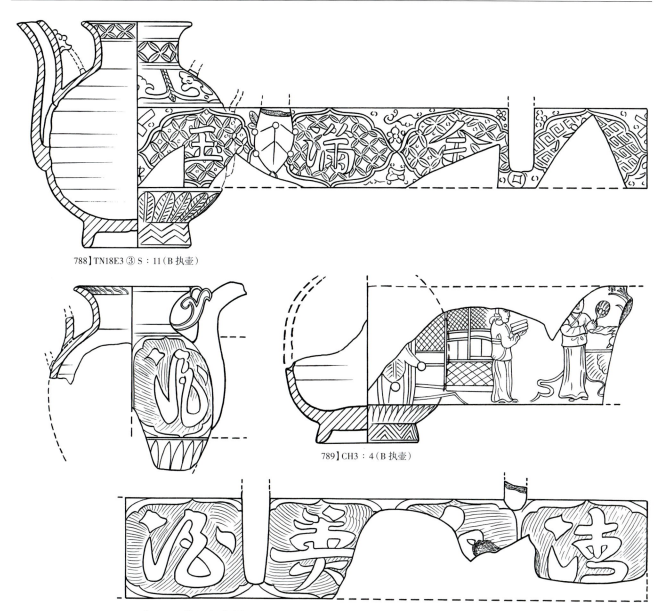

788〕TN18E3 ③ S：11（B 执壶）

789〕CH3：4（B 执壶）

787〕TN15E4 ⑪：9（B 执壶）

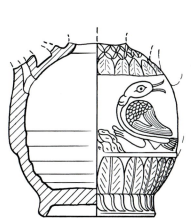

0   6厘米

790〕y2：22（B 执壶）

790〕y2：22（B 执壶）

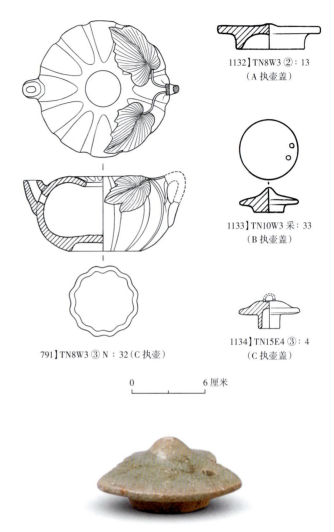

1132】TN8W3 ② : 13
（A 执壶盖）

1133】TN10W3 采 : 33
（B 执壶盖）

1134】TN15E4 ③ : 4
（C 执壶盖）

791】TN8W3 ③ N : 32（C 执壶）

0   6 厘米

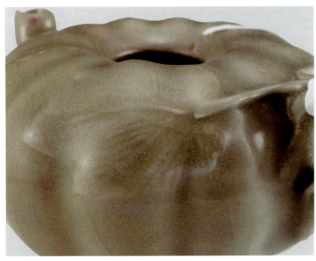

791】TN8W3 ③ N : 32（C 执壶）

1133】TN10W3 采 : 33（B 执壶盖）

叶子于器腹上部，短流。胎色灰白，胎壁较薄。釉色青绿，釉层较厚，釉面有裂纹。口径 2.6、足径 6、高 6 厘米。

（二）执壶盖

内口直。胎色灰白，胎壁较厚。按盖内口可分 3 型。

A 型　盖面较平，盖内口较宽直。

1132】TN8W3 ② : 13，圆饼状。盖面刻划莲瓣纹较模糊。釉色青绿。盖内心施釉。直径 8.4、内口径 5.6、高 1.8 厘米。

B 型　盖面弧凸，盖内口呈圆饼状。

1133】TN10W3 采 : 33，乳丁纽，盖面有两个小孔。釉色青。盖内无釉。直径 4.6、内口径 2.4、高 2 厘米。

C 型　盖面弧，盖内口呈管状。

1134】TN15E4 ③ : 4，条形纽残缺，弧盖面，圆边窄缘，内口较直，呈管状。釉色青灰，釉面开片。直径 5、内口径 1.7、残高 2.2 厘米。

十三　异型壶

没有流和把手。有 2 型。

A 型　侈口，圆唇，矮直颈，溜肩，长圆腹，圈足微外斜，足端斜削无釉。

792】TN14W7②：1，肩部刻划云纹，中腹刻划篦划卷叶纹，下腹刻划莲瓣纹。胎色灰白，胎壁较厚。釉色青灰，釉层较薄，釉面开片。口径 8.3、足径 8.7、高 16 厘米。

B 型　小口微侈，圆唇，短直颈微束，中腹直微弧，弧肩，下腹收，圈足，足端斜削刮釉。

793】TN7W1④：26，胎色灰白，胎壁较厚。釉色青绿，釉层较厚，釉面局部开片。中腹有粘接痕。口径 9.6、足径 12、高 32.2、最大腹径 24.4 厘米。

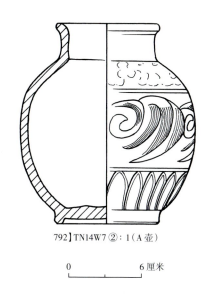

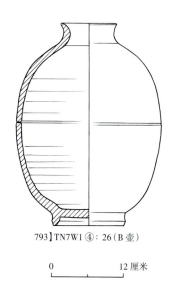

792】TN14W7②：1（A 壶）

0 —————— 6 厘米

793】TN7W1④：26（B 壶）

0 —————— 12 厘米

792】TN14W7②：1（A 壶）　　　　　　　　　　　　　　793】TN7W1④：26（B 壶）

十四 罐

罐和罐盖的数量都很多，但没有一一对应起来。

（一）罐

按口部形状、器物大小分 5 型。

A 型 大口矮领鼓腹罐。广直口，矮颈，弧肩，鼓腹，下腹曲收，圈足。按内底制作不同可分 2 亚型。

Aa 型 整体制作，器形中小。按颈肩腹部不同可分 4 式。

Ⅰ式 矮斜颈，鼓肩。胎色灰白，胎壁较厚，釉层较薄，一般口唇、足端无釉。

794】TN8E3 ⑪：3，釉色青黄。外底也无釉。口径 9.6、足径 6.8、高 9.2 厘米。

795】TN9W3 ③ N：20，腹部刻莲瓣，莲瓣中凸脊。釉色青黄，釉面开片。口径 9.4、足径 7、高 9 厘米。

796】TN18E4 ④ N：2，腹部呈菊棱状，凹凸明显，外底贴单鱼。釉色青灰。口径 8.4、足径 6.4、高 10.1 厘米。

Ⅱ式 矮直颈，圆鼓腹，足端斜削。胎色灰白，胎壁较厚，釉层较厚，一般口唇、足端无釉。

797】TN10W3 ③ N：29，釉色青绿。口唇、足端无釉。口径 11.2、足径 9.6、高 12.6 厘米。

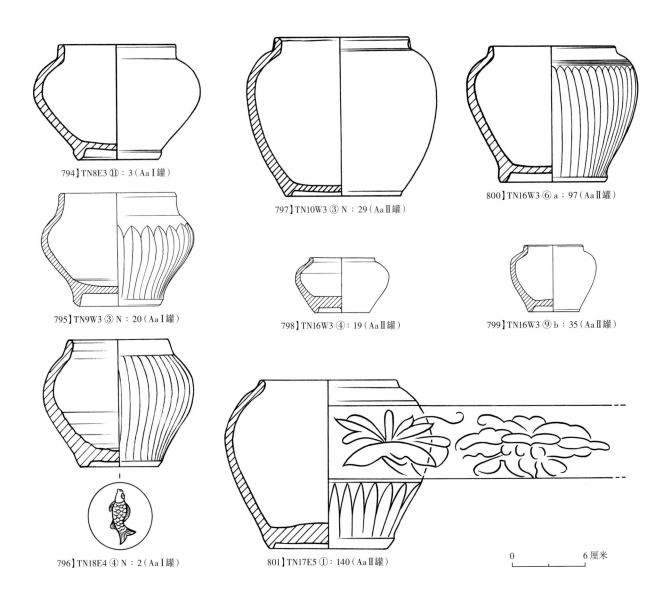

794】TN8E3 ⑪：3（AaⅠ罐）

797】TN10W3 ③ N：29（AaⅡ罐）

800】TN16W3 ⑥ a：97（AaⅡ罐）

795】TN9W3 ③ N：20（AaⅠ罐）

798】TN16W3 ④：19（AaⅡ罐）

799】TN16W3 ⑨ b：35（AaⅡ罐）

796】TN18E4 ④ N：2（AaⅠ罐）

801】TN17E5 ①：140（AaⅡ罐）

0　　　　　6 厘米

798〗TN16W3 ④：19（AaⅡ罐）

796〗TN18E4 ④ N：2（AaⅠ罐）

799〗TN16W3 ⑨ b：35（AaⅡ罐）

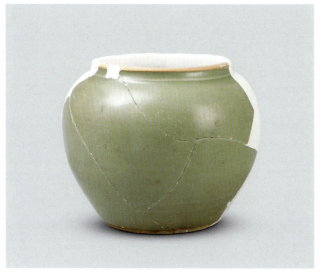

797〗TN10W3 ③ N：29（AaⅡ罐）

800〗TN16W3 ⑥ a：97（AaⅡ罐）

805〕TN15E4 ①：22（Aa Ⅳ罐）

802〕TN15E4 ⑦：33（Aa Ⅲ罐）

806〕y1：29（Aa Ⅳ罐）

803〕TN17E5 ①：143（Aa Ⅲ罐）

804〕TN18E3 ②：71（Aa Ⅲ罐）

0　　　　　4 厘米

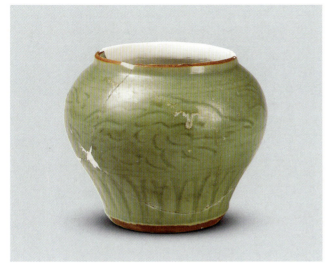

801】TN17E5 ①：140（Aa Ⅱ罐）　　　　　　　　　802】TN15E4 ⑦：33（Aa Ⅲ罐）

798】TN16W3 ④：19，釉色青绿。口唇、足端无釉。口径 5.4、足径 4.6、高 4.4 厘米。似与罐盖 1040】TN16W3 ⑥a：29 匹配。

799】TN16W3 ⑨b：35，釉色青灰。口唇、外底、足端无釉。口径 4.8、足径 4.2、高 5.3 厘米。

800】TN16W3 ⑥a：97，外壁刻莲瓣纹。釉色青绿。仅口唇无釉。口径 10、足径 8.8、高 10.8 厘米。

801】TN17E5 ①：140，肩部两道凹弦纹，外壁上腹刻划花卉，下腹刻划莲瓣纹，上下腹之间有两道凹弦纹。釉色青绿。口唇、足端无釉。口径 11、足径 9.8、高 13.5 厘米。

Ⅲ式　矮颈，足端斜削明显。胎色灰白，胎壁较厚，釉层较薄，口唇、内壁底和足端、外底无釉。

802】TN15E4 ⑦：33，外壁上腹刻划缠枝牡丹纹，下腹刻划莲瓣纹。釉色青绿。口径 12、足径 8.5、高 11.7 厘米。

803】TN17E5 ①：143，底残。肩部刻一圈曲线纹，腹部刻划缠枝牡丹纹，下腹刻划莲瓣纹。釉色青绿。口径 7.6、残高 8.4 厘米。

804】TN18E3 ②：71，底残。上腹刻划钱币纹，下腹刻划莲瓣纹。釉色淡青绿泛蓝。口径 7.2、残高 6.2 厘米。

Ⅳ式　矮斜颈，斜折肩。胎色灰白，胎壁较厚，口唇、足端无釉。整体模制。

805】TN15E4 ①：22，肩部有朵云纹，腹部有缠枝菊花纹，下腹有莲瓣纹。釉色青黄。口径 4.7、足径 5.6、高 7.4 厘米。

806】y1：29，肩部有朵云纹，腹部有缠枝菊花纹，下腹有莲瓣纹。釉色青黄。口径 5.6、足径 5.6、高 8 厘米。配套出土盖 y1：31，平顶无纽，弧盖面，模制莲纹，圆边窄缘，子口内敛。釉色青灰，盖内无釉。

Ab 型　内底分开制作，底内凹外凸，器形较大。按颈肩、腹部不同可分 3 式。

Ⅰ式　圆唇，短斜颈，溜肩，鼓腹，下腹微束，足端斜削。胎色灰白，胎壁较厚，釉层较薄，口唇及足端无釉。

807】TN8E3 ⑧：7，腹部呈菊瓣凸棱状。釉色青黄。口径 15、足径 11.4、高 13.6 厘米。

808】TN14W7 ⑥：2，腹部呈菊瓣凸棱状。釉色粉青。口径 20.6、足径 16.8、高约 26 厘米。

Ⅱ式　矮直颈微斜，下腹曲收，足端斜削。胎色灰白，胎壁较厚，釉层较厚，口唇、足端无釉。

①上腹刻划花，下腹刻划莲瓣纹。

809】TN16W3 ⑤：90，上腹刻划菊花花叶纹。釉色淡青绿，釉层玻化，釉面开片。内底心刮釉一圈。

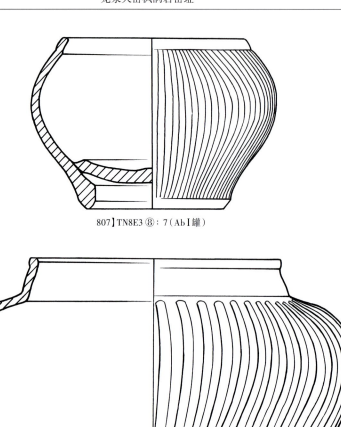

807】TN8E3 ⑧：7（AbⅠ罐）

808】TN14W7 ⑥：2（AbⅠ罐）

0　　　　　　　　　6厘米

805】TN15E4 ①：22（AaⅣ罐）

806】y1：29（AaⅣ罐）

807〕TN8E3 ⑧：7（Ab I 罐）

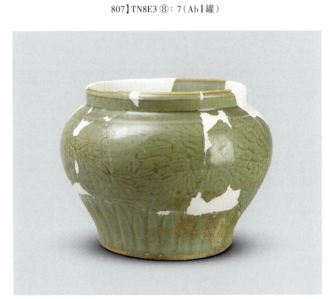

809〕TN16W3 ⑤：90（Ab II 罐）

808〕TN14W7 ⑥：2（Ab I 罐）

810〕TN16W3 ⑨ a：63（Ab II 罐）

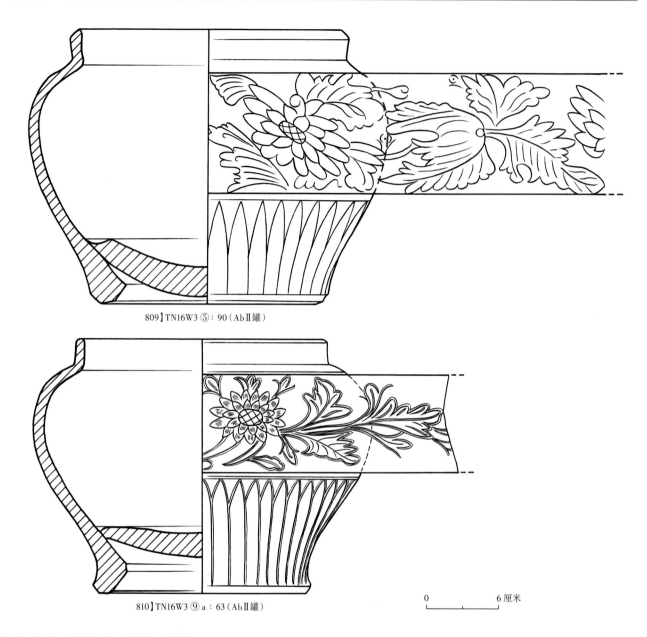

809】TN16W3 ⑤：90（AbⅡ罐）

810】TN16W3 ⑨a：63（AbⅡ罐）

0 ————— 6厘米

口径 21.6、足径 18、高 21.8 厘米。

810】TN16W3 ⑨a：63，上腹刻划缠枝菊花纹。釉色淡青绿。内底心刮釉有套烧痕。口径 20.8、足径 17.2、高 20.2 厘米。

811】TN10W3 ③N：30，中腹呈瓜棱形凹凸，刻划多朵牡丹花纹。釉色青绿。内底规整刮釉一圈。口径 21.2、足径 17.2、高 20.5 厘米。

②上腹剔刻花，下腹剔刻莲瓣纹。

812】TN16W3 ⑤：91，上腹剔刻牡丹花叶纹。釉色淡青绿，釉面开片。内底规整刮釉一圈。口径 23、足径 18、高 22.8 厘米。

813】TN16W3 ③：7，上腹剔刻牡丹花叶纹。釉色青绿。内底规整刮釉一圈。口径 21、足径 19、高 20.6 厘米。

814】TN16W3 ⑤：92，上腹剔刻缠枝牡丹纹。釉色淡青绿，釉面开片。口径 20.8、足径 18、高 27 厘米（变形）。

811】TN10W3 ③ N：30（AbⅡ罐）

812】TN16W3 ⑤：91（AbⅡ罐）

813】TN16W3 ③：7（AbⅡ罐）

0　　　　　　6厘米

813〗TN16W3 ③：7（AbⅡ罐）

816〗TN10W3 ②：24（AbⅡ罐）

814〗TN16W3 ⑤：92（AbⅡ罐）

0　　　　　　　6厘米

816】TN10W3 ②：24，腹部剔刻缠枝牡丹纹及篦纹。釉色青灰。口径 17.4、足径 17、高 21.2 厘米。

817】TN16W3 ⑥ a：38，上腹剔刻牡丹花叶纹，间有篦划底纹。釉色青绿。内底规整刮釉一圈。口径 20、足径 17、高 20.8 厘米。

Ⅲ式　矮直颈，下腹曲收，足端斜削。胎色灰白，胎壁较厚，釉层较薄。口唇、足端无釉。

818】TN15E4 ⑪：71，中腹直线凸棱分区，内刻牡丹花纹等，下腹刻莲瓣纹。釉色青绿。内底刮釉。口径 24.7、足径 19.4、高 24.6 厘米。

819】TN15E4 ⑮：62，中腹直线凸棱分区，将腹部均分八瓣，瓣内分别刻"福如东海"四字，字间间隔刻有枇杷、桃子等，下腹刻划大莲瓣纹，瓣内又刻划蕉叶纹，内底心阴印牡丹纹。釉色青绿，釉面开片。内底心刮釉。口径 26、足径 20、高 26.8 厘米。

820】TN15E4 ⑮：63，底残。肩部刻划一圈花瓣纹，上腹有凸棱直线分区，内刻茶花纹及一"东"字。釉色青绿。

821】TN17E5 ①：141，底残。肩部刻划一圈花瓣纹，上腹有凸棱直线分区，内刻茶花纹及一"海"字。

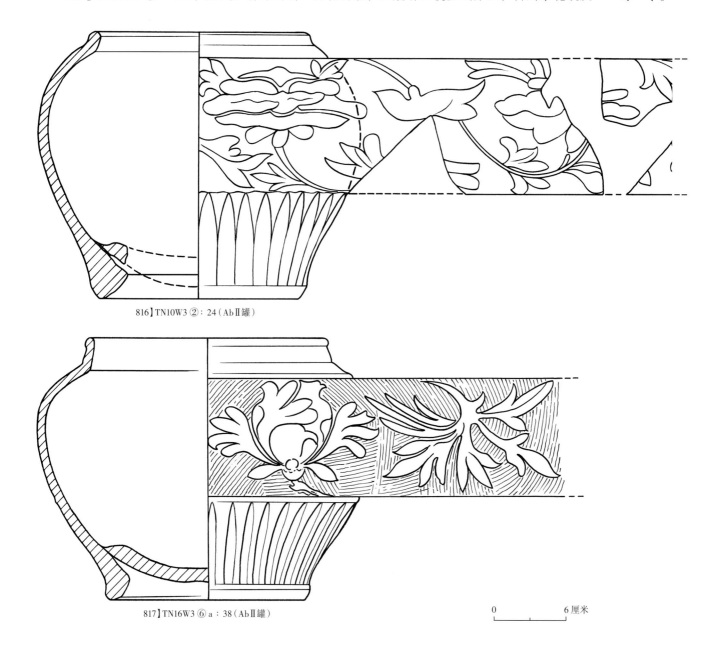

816】TN10W3 ②：24（AbⅡ罐）

817】TN16W3 ⑥ a：38（AbⅡ罐）

0 ———— 6 厘米

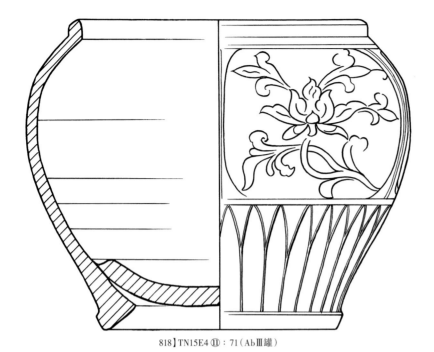

818】TN15E4 ⑪：71（AbⅢ罐）

819】TN15E4 ⑮：62（AbⅢ罐）

0   6厘米

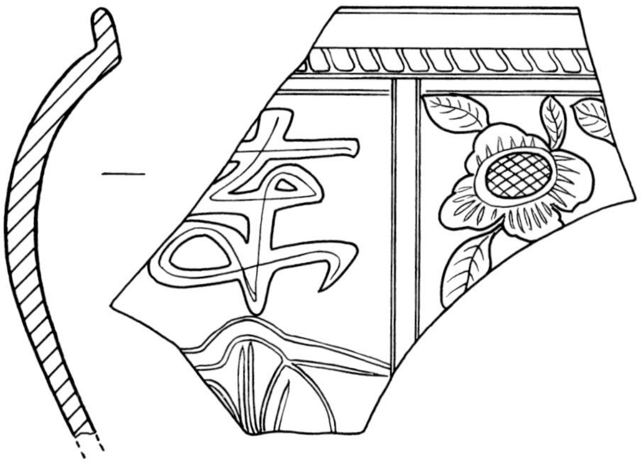

820】TN15E4 ⑮ ：63（AbⅢ罐）

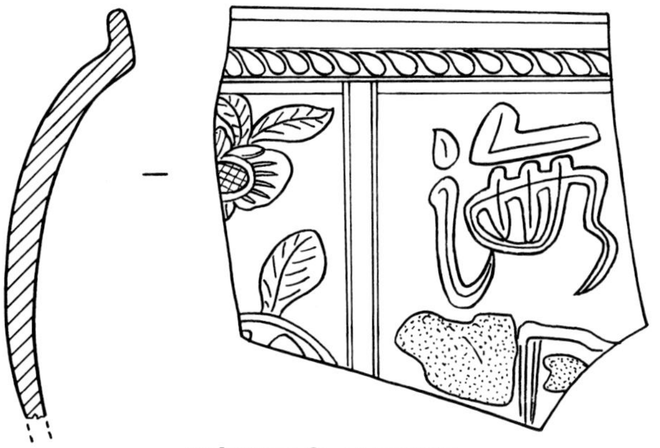

821】TN17E5 ①：141（AbⅢ罐）

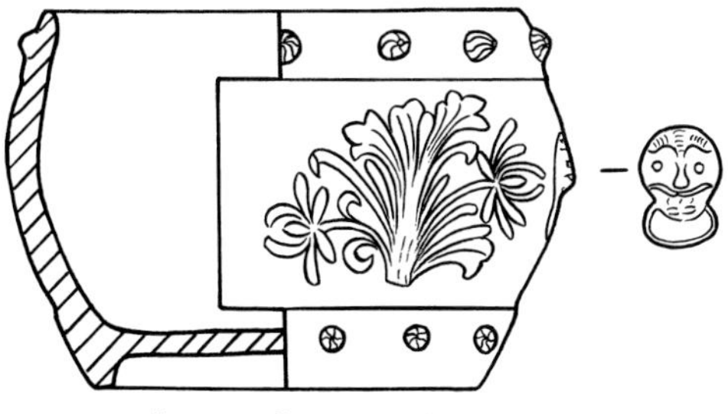

822】TN9W3 ④ N ：6（B 罐）

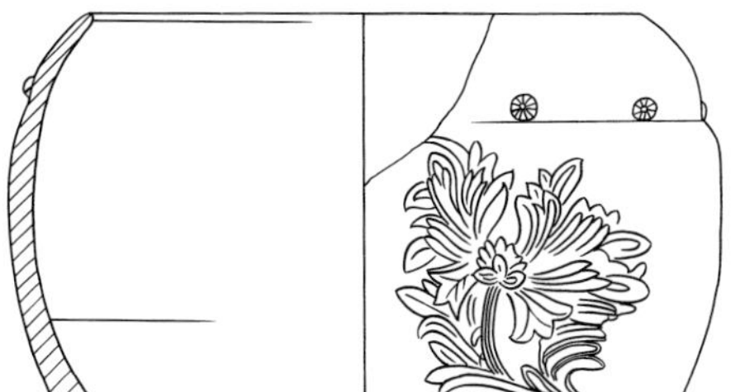

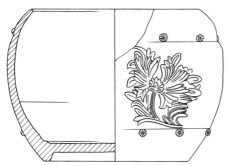

823】TN9W3 ③ N ：5（B 罐）

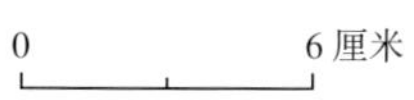

釉色青绿。

B 型　鼓式罐。直口微敛，圆唇，微鼓腹，隐圈足，外壁上下腹贴鼓钉。胎色灰白，胎壁较厚，釉层较厚。口唇、足端无釉。

822】TN9W3 ④ N ：6，中腹贴花和铺首。釉色粉青。口径 12.8、足径 10.4、高 9.8 厘米。

823】TN9W3 ③ N ：5，中腹贴花。釉色淡青绿。口径 13.8、足径 11.8、高 12.1 厘米。

C 型　长腹罐。直口，短直颈，曲长腹。按口部不同可分 2 式。

Ⅰ式　凹沿。足端无釉。

824】TN18W3 ⑰：1，贴云龙纹，有对称 4 个条形系。胎色灰白，未烧熟。釉层显灰白。口径 10.8、足径 11.2、高 29.2 厘米。

Ⅱ式　圆凸唇。短直颈，足端斜削。胎色较白，胎壁较厚，釉层较厚。口唇和足端刮釉。

825】TN14W3 ⑪ N ：6，釉色青绿，釉面开片。口径 10.8、足径 8.8、高 21.8 厘米。

D 型　小口小罐。直口微侈，平底。胎色灰白，胎壁较厚，釉层较薄。外底无釉。

826】TN12W3 ⑤ N ：87，鼓腹，肩部有系。釉色青绿。口径 3.4、底径 5.3、高 6.8 厘米。

827】TN9W3 ②：1，鼓腹。釉色黄，釉面开片。口径 3.2、底径 3、高 5.6 厘米。

828】TN9W3 ②：7，上腹扁鼓。釉色淡黄。口径 4、底径 3.8、高 6 厘米。

829】TN9W3 ④ N ：20，弧鼓腹。釉色青，釉面开片。口径 3、底径 2.4、高 4 厘米。

830】TN10W3 ③ S ：4，中腹扁鼓，底边有凹圈。釉色青。口径 3.6、底径 3.3、高 6.4 厘米。

E 型　敛口小罐。按底可分 2 式。

Ⅰ式　平底。胎色灰白，胎壁较厚，厚釉。外底无釉。

831】TN8W3 ①：6，扁弧腹。釉色青灰，釉层中有气泡。口径 1.8、足径 1.6、高 2.5 厘米。

Ⅱ式　锥形底。胎色灰白。底端无釉。

832】Q11 ：18，上腹扁鼓，锥形底残。釉色青黄，釉面开片。口径 3.5、残高 3.2 厘米。

833】TN12W3 采：14，釉色青灰。口径 3.7、高 5.4 厘米。

822〗TN9W3 ④ N：6（B 罐）

826〗TN12W3 ⑤ N：87（D 罐）

823〗TN9W3 ③ N：5（B 罐）

827〗TN9W3 ②：1（D 罐）

825〗TN14W3 ⑪ N：6（CⅡ罐）

828〗TN9W3 ②：7（D 罐）

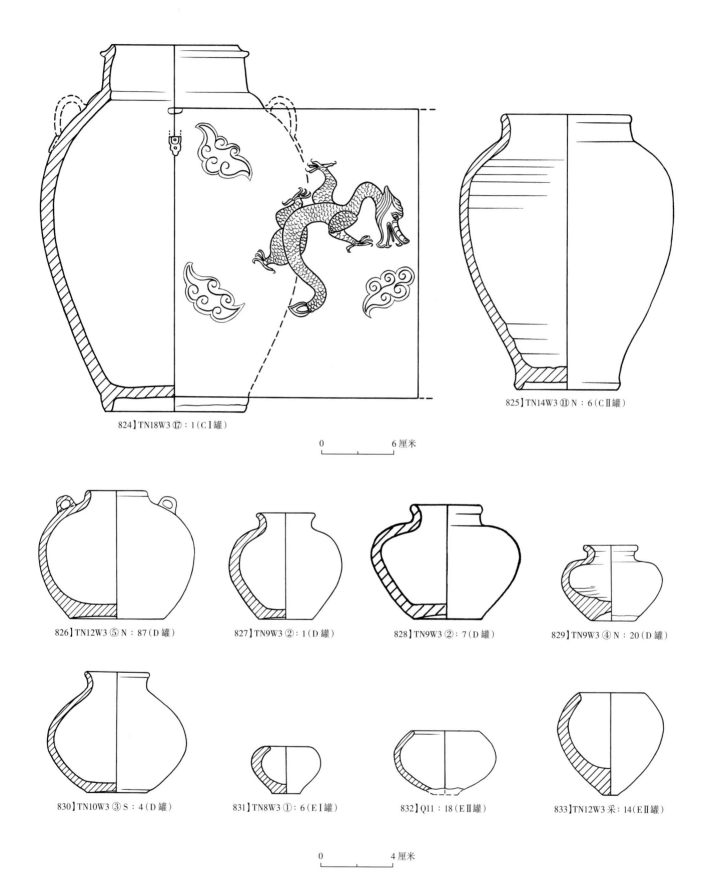

824】TN18W3⑰：1（CⅠ罐）

825】TN14W3⑪N：6（CⅡ罐）

0   6厘米

826】TN12W3⑤N：87（D罐）

827】TN9W3②：1（D罐）

828】TN9W3②：7（D罐）

829】TN9W3④N：20（D罐）

830】TN10W3③S：4（D罐）

831】TN8W3①：6（EⅠ罐）

832】Q11：18（EⅡ罐）

833】TN12W3采：14（EⅡ罐）

0   4厘米

829】TN9W3④N：20（D罐）　　　　　　830】TN10W3③S：4（D罐）　　　　　　833】TN12W3采：14（EⅡ）

（二）罐盖

根据盖面不同可分3型。

A型　弧盖面，有内口，多数内口内敛，边缘较平多数上翘，盖内侧边缘无釉，盖内或有施釉。按边缘不同可分5亚型。

Aa型　荷叶边。顶较平。按边缘宽窄可分3式。

Ⅰ式　宽缘。盖面和盖边缘交接处有明显转折。胎色灰白，胎壁较厚，釉层较薄。

1007】TN9W3⑦：5，圆纽，内口微敛。素面。釉色青灰。盖内施釉。直径10.2、内口径5.4、高2.1厘米。

1008】TN10W3③S：37，瓜蒂纽，内口微敛。盖面刻菊瓣纹，菊瓣中凸脊。釉色青灰。盖内施釉。直径15.6、内口径9.2、高3厘米。

1009】TN8W3③N：44，纽残缺。盖面刻菊瓣纹。灰黄胎。釉色青黄。盖内施釉。直径23.2、内口径15、残高5.8厘米。

1010】TN14W7⑧：12，圆纽。盖面刻菊瓣纹。釉色青灰，釉面冰裂。盖内施釉。直径12.6、内口径6.9、高3.2厘米。

1011】TN14W7⑧：13，纽残缺。边缘上翘。盖面刻菊瓣纹，菊瓣中凸脊。釉色青绿。盖内施釉。直径32.8、内口径20.8、残高7.2厘米。

1012】TN8E3⑥a：12，无纽，内口较直。釉色青绿。盖内无釉。直径6.8、内口径2.8、高2厘米。

Ⅱ式　缘较宽。弧顶，盖面和盖边缘交接处无明显转折，盖面较隆起。胎色灰白，胎壁较厚，釉层厚。

1013】TN8E3⑥a：23，无纽。釉色青灰。直径17.6、内口径10.6、高3.8厘米。

1014】TN14W7⑦：13，小圆纽。釉色青黄，釉面冰裂。盖内抹釉。直径13、内口径7.6、高3.2厘米。

1015】TN18E3②：67，纽残。釉色青绿。盖内施釉。直径15.6、内口径8、残高5.2厘米。

1016】TN14W7⑦：14，小圆纽残。盖面划莲瓣纹。釉色青灰，釉面冰裂。盖内施釉。直径17、内口径9.4、高5.1厘米。

1017】TN14W7⑦：40，纽残。盖面划莲瓣纹。釉色青灰，釉面开片。盖内抹釉。直径25.2、内口径13.2、残高6厘米。

1018】TN18E3②：69，纽残。盖面刻划莲叶纹。釉色青绿。盖内施釉。直径20、内口径11.6、残高4厘米。

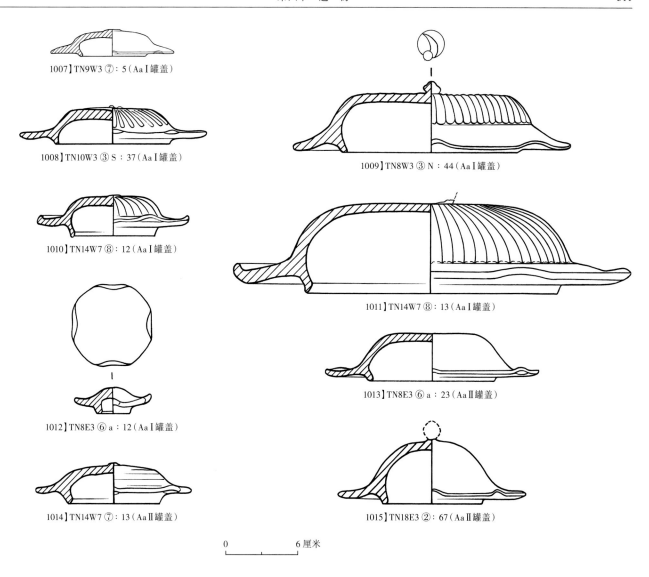

1007〗TN9W3 ⑦∶5（Aa I 罐盖）

1008〗TN10W3 ③S∶37（Aa I 罐盖）

1009〗TN8W3 ③N∶44（Aa I 罐盖）

1010〗TN14W7 ⑧∶12（Aa I 罐盖）

1011〗TN14W7 ⑧∶13（Aa I 罐盖）

1013〗TN8E3 ⑥a∶23（Aa II 罐盖）

1012〗TN8E3 ⑥a∶12（Aa I 罐盖）

1014〗TN14W7 ⑦∶13（Aa II 罐盖）

1015〗TN18E3 ②∶67（Aa II 罐盖）

0　　　　　　6厘米

Ⅲ式　边缘较窄上翘。顶较平。胎色灰白，胎壁较厚，釉层较厚。

①盖面光素。

1019〗TN15E4 ㉒∶3，无纽。釉色青黄。直径 17、内口径 8.8、高 3.3 厘米。

1020〗TN16W3 ⑦∶105，圆饼状纽。釉色青灰。直径 13、内口径 8.4、高 3.1 厘米。

1021〗TN14W3 ⑥N∶2，圆形乳丁纽。釉色青绿，釉面开片。盖内抹釉。直径 26.5、内口径 16.8、高 7.8 厘米。

②盖面刻划花纹。

1022〗TN14W3 ⑥N∶12，乳丁纽。盖面刻划缠枝牡丹纹。釉色青绿，釉面开片。盖内施釉。直径 28、内口径 17.6、高 7 厘米。

1023〗TN16W3 ⑨a∶16，蒂纽。盖面刻划缠枝牡丹纹，盖内心阳印牡丹纹。釉色青绿，釉质玻化，釉面开片。盖内施釉。直径 25、内口径 16、高 8 厘米。

③盖面剔刻花纹。

1024〗TN12W3 ④W∶19，乳丁纽。顶部有两道凹弦纹，盖面剔刻牡丹花叶纹及篦划纹。釉色青绿。盖内施釉。直径 30.2、内口径 20.2、高 9.6 厘米。

1007〗TN9W3 ⑦：5（Aa I 罐盖）

1008〗TN10W3 ③ S：37（Aa I 罐盖）

1011〗TN14W7 ⑧：13（Aa I 罐盖）

1012〗TN8E3 ⑥ a：12（Aa I 罐盖）

1013〗TN8E3 ⑥ a：23（Aa II 罐盖）

1014〗TN14W7 ⑦：13（Aa II 罐盖）

1017〗TN14W7 ⑦：40（Aa II 罐盖）

1018〗TN18E3 ②：69（Aa II 罐盖）

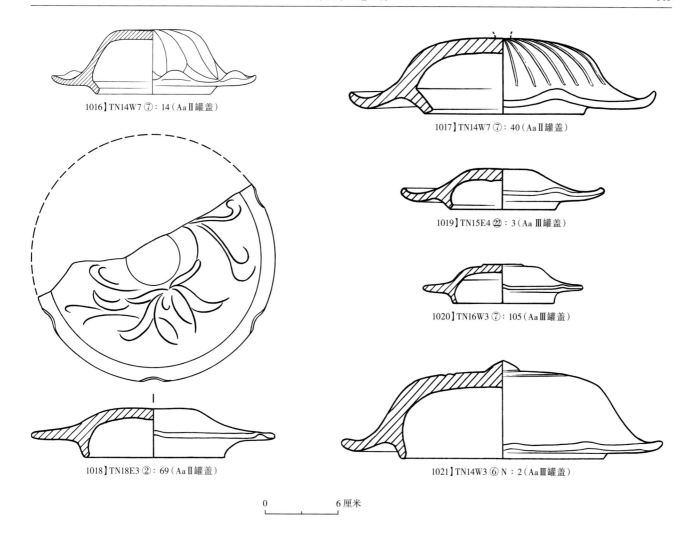

1016〗TN14W7⑦：14（AaⅡ罐盖）

1017〗TN14W7⑦：40（AaⅡ罐盖）

1019〗TN15E4㉒：3（AaⅢ罐盖）

1020〗TN16W3⑦：105（AaⅢ罐盖）

1018〗TN18E3②：69（AaⅡ罐盖）

1021〗TN14W3⑥N：2（AaⅢ罐盖）

0   6厘米

　　1025〗TN14W3⑤N：1，乳丁纽，顶部有凸圈。盖面剔刻缠枝牡丹纹。釉色青绿。盖内施釉。直径27.2、内口径16.4、高9厘米。

　　1026〗TN16W3⑥b：2，乳丁纽。盖面剔刻牡丹花叶纹，盖内心阴印团凤卷草纹。釉色青绿。盖内施釉。直径28、内口径16.2、高7.2厘米。

　　1027〗TN16W3②：5，乳丁纽。盖面剔刻牡丹花叶纹，盖内心阴印团凤卷草纹。釉色青绿。盖内施釉。直径27.8、内口径15.4、高8厘米。

　　1028〗TN16W3⑩：43，蒂形纽。盖面剔刻缠枝牡丹纹。釉色青灰。直径26、内口径15.6、高8.2厘米。

　　1029〗TN16W3⑤：21，乳丁纽。盖面剔刻牡丹花叶纹及篦划纹，盖内心戳印金刚杵纹。釉色青灰。盖内施釉。直径25、内口径13.7、高8.5厘米。

　　Ab型　圆边。按边缘不同可分2式。

　　Ⅰ式　窄缘弧顶。胎色灰白，胎壁较厚，釉层较薄。

　　1034〗TN8E3⑥a：25，圆柱形纽。盖面有双圈。通体无釉。直径15.6、内口径10、高4.2厘米。

　　1035〗TN9W3②：17，圆饼形纽。釉色淡青。盖内施釉。直径16.2、内口径12.8、高4.4厘米。

　　1036〗TN9W3⑤N：6，蒂形纽。盖面贴牡丹纹三处。釉色青灰。盖内施釉。直径16.4、内口径12.2、高2.5厘米。

　　1037〗TN9W3③N：8，蒂形纽。盖面贴缠枝牡丹纹。釉色青黄。盖内施釉。直径18、内口径14.2、

1023〕TN16W3⑨a：16（AaⅢ罐盖）

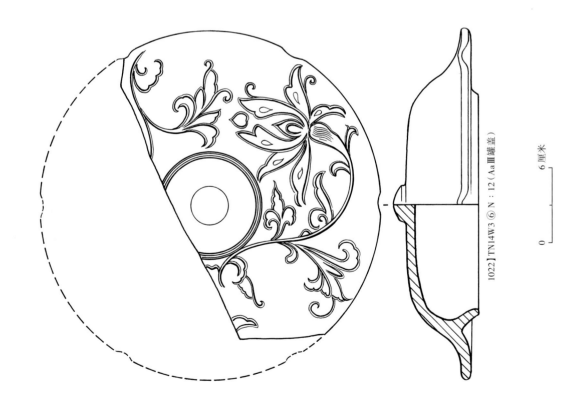

1022〕TN14W3⑥N：12（AaⅢ罐盖）

6厘米

0

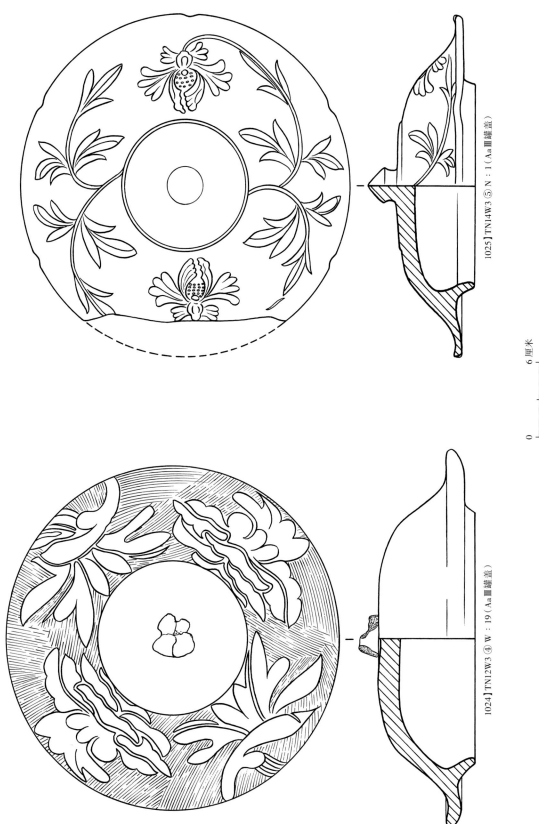

1025〗TN14W3 ⑤ N∶1（AaⅢ罐盖）

1024〗TN12W3 ④ W∶19（AaⅢ罐盖）

6厘米

0

1027] TN16W3②: 5（AaⅢ罐盖）

1026] TN16W3⑥b: 2（AaⅢ罐盖）

0   6 厘米

1029 TN16W3 ⑤：21（Aa Ⅲ 罐盖）

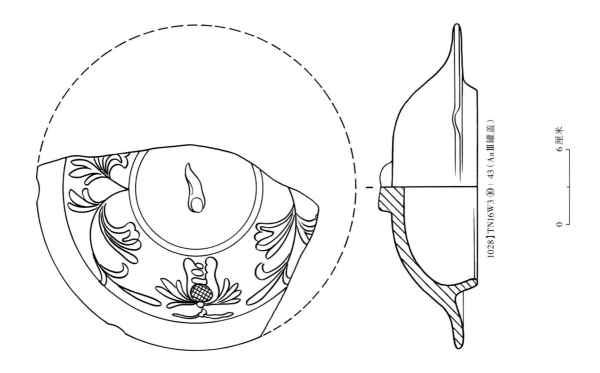

1028 TN16W3 ⑩：43（Aa Ⅲ 罐盖）

0 6厘米

1022〕TN14W3 ⑥ N：12（AaⅢ罐盖）

1023〕TN16W3 ⑨ a：16（AaⅢ罐盖）

1027〕TN16W3 ②：5（AaⅢ罐盖）

1029〕TN16W3 ⑤：21（AaⅢ罐盖）

1036〕TN9W3 ⑤ N：6（AbⅠ罐盖）

1035〕TN9W3 ②：17（AbⅠ罐盖）

1037〕TN9W3 ③ N：8（AbⅠ罐盖）

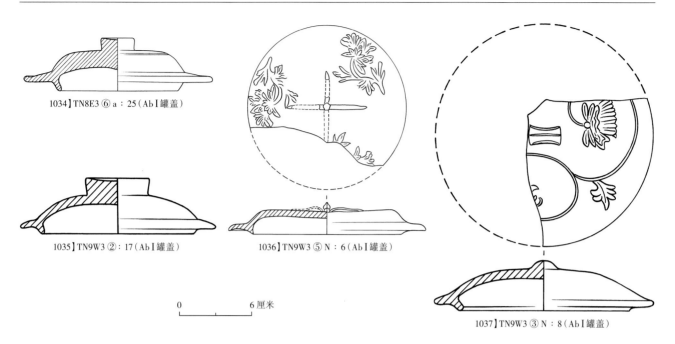

1034〕TN8E3⑥a：25（AbⅠ罐盖）

1035〕TN9W3②：17（AbⅠ罐盖）

1036〕TN9W3⑤N：6（AbⅠ罐盖）

0　　　　　　6厘米

1037〕TN9W3③N：8（AbⅠ罐盖）

高 4 厘米。

Ⅱ式　窄缘，边缘微上翘。顶较平，敛内口。胎色灰白，胎壁较厚，釉层较厚。

1038〕TN12W3⑦S：8，无纽。釉色青绿，釉面开片。直径 10、内口径 5.2、高 2.8 厘米。

1039〕TN16W3⑨a：66，无纽。盖面刻划菊瓣纹。灰黄胎。釉色青黄，釉面开片。直径 8、内口径 3.2、高 2.4 厘米。

1040〕TN16W3⑥a：29，无纽，内口直。盖面刻划菊瓣纹。釉色青绿。直径 6.3、内口径 2.5、高 1.7 厘米。

1041〕TN12W3⑤N：14，无纽。盖面刻划花纹。釉色青黄，釉面开片。盖内施釉。直径 11、内口径 4.8、高 2.4 厘米。

1042〕TN15E4㉓：28，无纽。盖面刻划菊瓣纹。釉色青绿。直径 13.8、内口径 8、高 3.4 厘米。

1043〕TN12W3⑤N：86，小圆纽。盖面刻划菊瓣纹。釉色青绿。直径 15、内口径 8、高 3.8 厘米。

1044〕TN12W3⑥N：23，小圆纽。盖面刻划缠枝牡丹纹。釉色青黄。直径 11.6、内口径 6.8、高 2.9 厘米。

1045〕TN16W3⑤：16，小圆纽。盖面刻划菊瓣纹。釉色青绿。叠烧痕内显白胎，痕外显火石红。直径 12.4、内口径 6.4、高 2.9 厘米。

1046〕TN16W3②：67，圆柱形纽。釉色青灰，釉面冰裂。直径 14、内口径 8.2、高 6.3 厘米。

1047〕TN10W3③N：14，乳丁纽。釉色青绿。盖内施釉。直径 14、内口径 8、高 5 厘米。

1048〕TN16W3⑤：36，乳丁纽。盖面刻菊瓣纹。釉色青灰。盖内施釉。直径 24.8、内口径 14.8、高 7.4 厘米。

1049〕TN10W3④N：9，乳丁纽。盖面剔刻牡丹花叶纹。釉色青绿，釉面局部冰裂。盖内施釉。直径 27.6、内口径 17.6、高 8 厘米。

1050〕TN16W3⑦：106，乳丁纽。盖面剔刻缠枝牡丹纹。釉色灰。直径 13.2、内口径 7.2、高 3.9 厘米。

1051〕TN16W3⑥b：37，乳丁纽。盖面剔刻牡丹花叶纹。釉色青绿。盖内施釉。直径 25.2、内口径 14、高 7.6 厘米。

1052〕TN15E4㉓：25，乳丁纽。盖面凹凸起伏，凸棱之间刻划牡丹纹，牡丹纹中间盖面内凹，盖内心阳印菊花纹。釉色青绿。盖内施釉。直径 25.6、内口径 15.8、高 8 厘米。

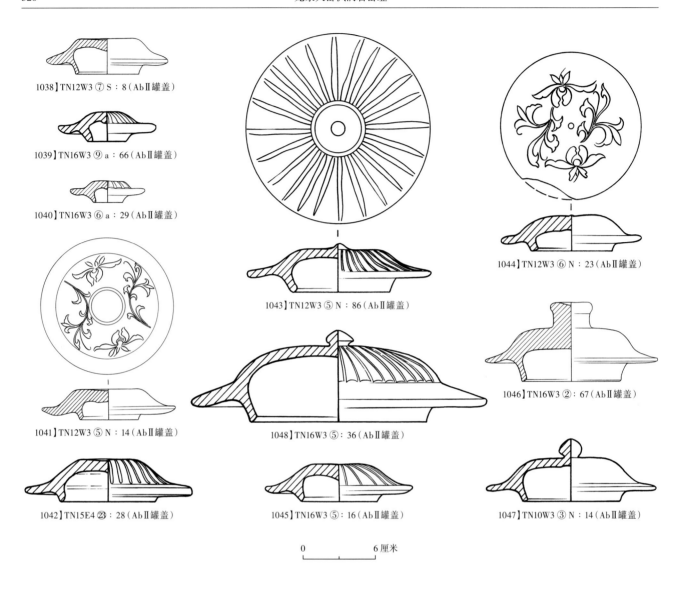

1038】TN12W3 ⑦ S：8（Ab Ⅱ 罐盖）

1039】TN16W3 ⑨ a：66（Ab Ⅱ 罐盖）

1040】TN16W3 ⑥ a：29（Ab Ⅱ 罐盖）

1044】TN12W3 ⑥ N：23（Ab Ⅱ 罐盖）

1043】TN12W3 ⑤ N：86（Ab Ⅱ 罐盖）

1041】TN12W3 ⑤ N：14（Ab Ⅱ 罐盖）

1048】TN16W3 ⑤：36（Ab Ⅱ 罐盖）

1046】TN16W3 ②：67（Ab Ⅱ 罐盖）

1042】TN15E4 ㉓：28（Ab Ⅱ 罐盖）

1045】TN16W3 ⑤：16（Ab Ⅱ 罐盖）

1047】TN10W3 ③ N：14（Ab Ⅱ 罐盖）

0　　　　　　6厘米

　　1053】TN12W3 ⑥ N：22，乳丁纽。盖面刻划牡丹花叶纹，盖内心戳印金刚杵纹。釉色青绿。盖内施釉。直径 28.4、内口径 17.2、高 8.8 厘米。

　　1054】TN15E4 ㉓：24，乳丁纽。盖面刻划牡丹花叶纹，盖内心戳印葵花纹。釉色青绿，釉面冰裂。直径 25.4、内口径 15.2、高 7.7 厘米。

　　1055】TN8W1 ①：2，乳丁纽。盖面剔刻缠枝牡丹纹和篦划纹，盖内心阳印菊花纹。釉色青绿。直径 31.2、内口径 20.8、高 8.4 厘米。

　　1056】TN15E4 ㉓：22，露胎狮形纽残缺。盖面剔刻牡丹花叶纹及篦划纹，盖内心阳印菊花纹，并有"桂林用"三字。釉色青绿。盖内施釉。直径 28.7、内口径 19.3、高 7.6 厘米。

　　1057】TN15E4 ⑱：1，狮形纽，狮子体内中空。盖面刻莲瓣纹，盖内心阳印菊花纹。釉色青绿。直径 27.6、内口径 19、高 8.8 厘米。

　　1058】TN15E4 ㉓：27，纽残。盖面刻划菊瓣纹。釉色青绿。盖内施釉。直径 28、内口径 18.4、高 6.4 厘米。

　　1059】TN15E4 ㉓：26，纽残。盖面剔刻牡丹花叶纹及篦划纹。釉色青绿，釉面冰裂。盖内施釉。直径 25.4、内口径 16、残高 6.2 厘米。

　　Ⅲ式　圆边宽缘，边缘微上翘。顶较平，弧盖面，内口微敛。胎色灰白，胎壁较厚，釉层较厚，多数盖内无釉。

1042〗TN15E4 ㉓：28（AbⅡ罐盖）

1043〗TN12W3 ⑤ N：86（AbⅡ罐盖）

1044〗TN12W3 ⑥ N：23（AbⅡ罐盖）

1048〗TN16W3 ⑤：36（AbⅡ罐盖）

1049〗TN10W3 ④ N：9（AbⅡ罐盖）

1051〗TN16W3 ⑥ b：37（AbⅡ罐盖）

1052〗TN15E4 ㉓：25（AbⅡ罐盖）

1052】TN15E4 ㉓：25（AbⅡ罐盖）

1049】TN10W3 ④ N：9（AbⅡ罐盖）

1050】TN16W3 ⑦：106（AbⅡ罐盖）

0　　　　　6厘米

1051】TN16W3 ⑥ b：37（AbⅡ罐盖）

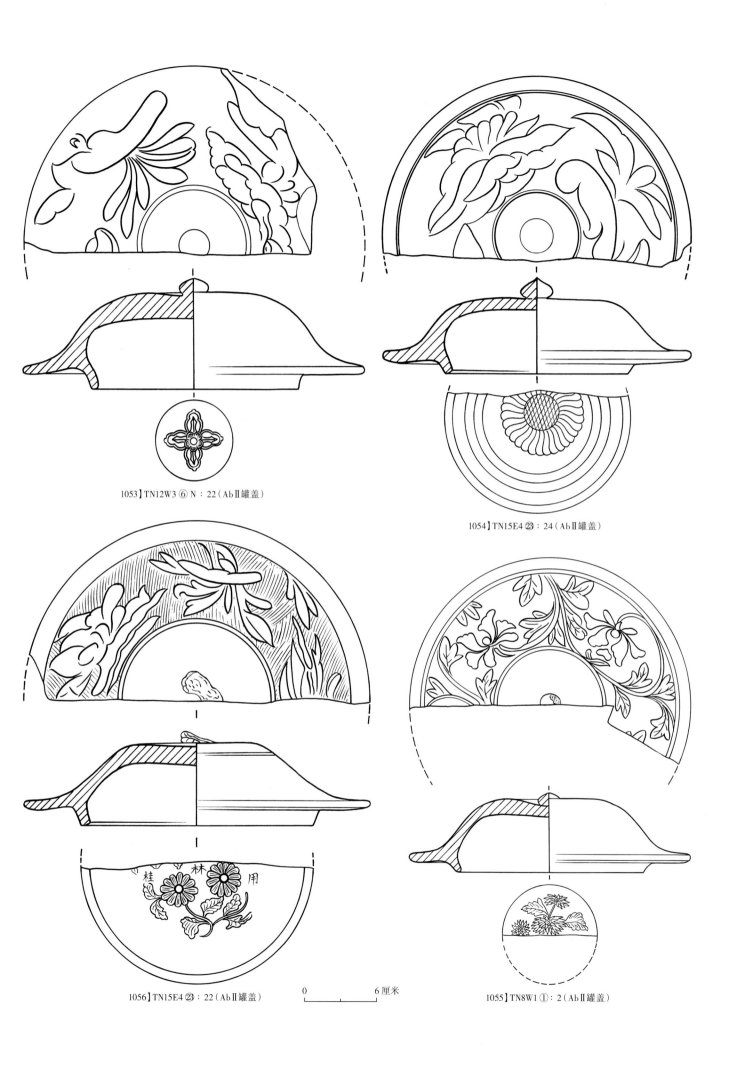

1053】TN12W3 ⑥ N：22（AbⅡ罐盖）

1054】TN15E4 ㉓：24（AbⅡ罐盖）

1056】TN15E4 ㉓：22（AbⅡ罐盖）

0   6厘米

1055】TN8W1 ①：2（AbⅡ罐盖）

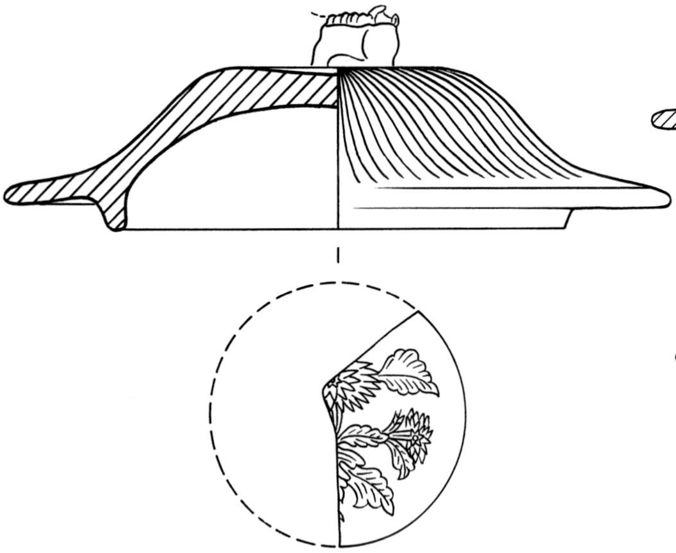

1057】TN15E4⑱：1（AbⅡ罐盖）

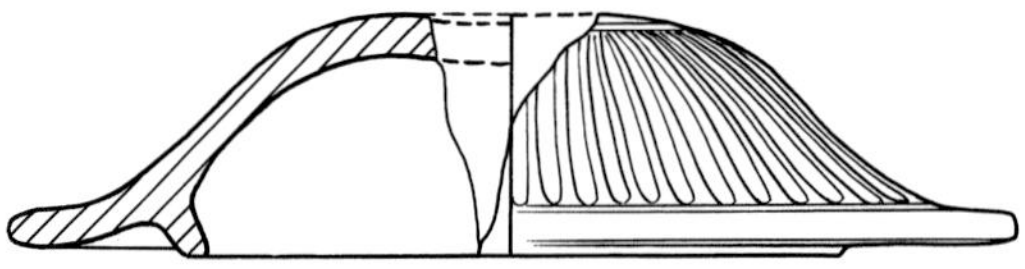

1058】TN15E4㉓：27（AbⅡ罐盖）

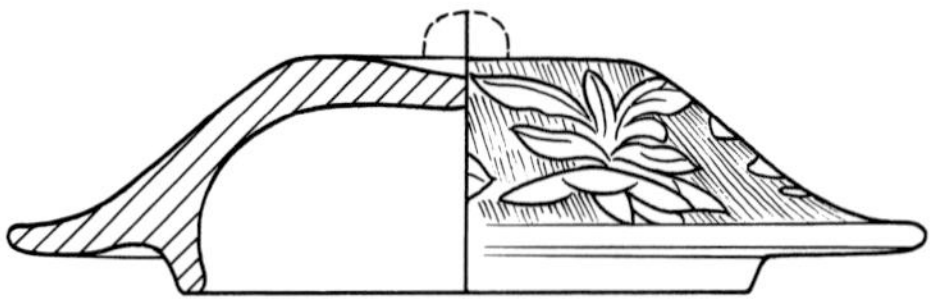

1059】TN15E4㉓：26（AbⅡ罐盖）

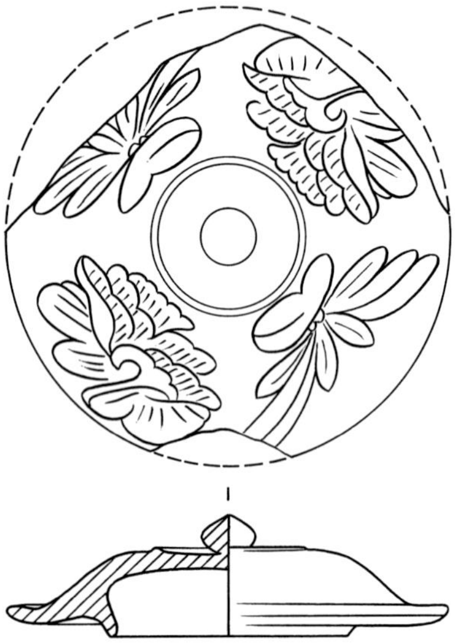

1060】TN15E4⑧：12（AbⅢ罐盖）

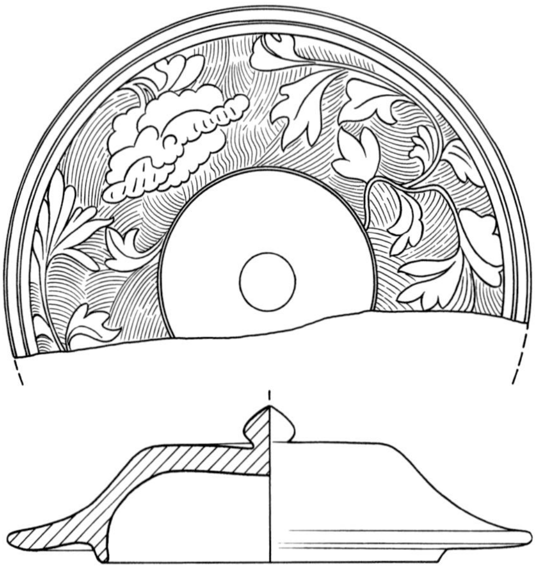

1061】TN8W1③：13（AbⅢ罐盖）

0 6厘米

1060】TN15E4⑧：12，露胎乳丁纽。盖面剔刻牡丹花叶纹和篦划纹。釉色淡青绿。盖内垫痕内显白胎。直径20.8、内口径11.2、高5.5厘米。

1061】TN8W1③：13，露胎乳丁纽。盖面剔刻缠枝牡丹纹和篦划纹。釉色青绿。直径29.2、内口径19、高8.3厘米。

1062】TN18E3②：66，乳丁纽残。盖顶刻划“S”形菊花纹，盖面上部剔刻如意纹，边缘刻划大叶纹，盖内心戳印牡丹纹不清晰。釉色青黄。直径29.2、内口径19、残高6.6厘米。

1063】TN7W2③：4，乳丁纽。盖面刻划缠枝牡丹纹，盖内心阳印牡丹纹，纹内有一“记”字。釉色青绿。直径28.8、内口径19.2、高7.5厘米。

1064】TN15E4⑮：58，乳丁纽。盖面刻划缠枝菊花纹，盖内心阳印牡丹纹，内有“山中[人]”字样。釉色青绿，釉面冰裂。直径27.2、内口径19.2、高8.2厘米。

1065】TN15E4⑪：12，乳丁纽。盖面刻划成4个对称花瓣，花瓣内分别刻划牡丹纹，盖内心阳印牡丹纹。

釉色青绿，釉面局部冰裂。直径30.4、内口径20、高8.6厘米。

1066】TN15E4①：90，乳丁纽。盖面凹凸起伏，凸棱之间刻划花纹，纹饰中央盖面内凹，盖内心戳印金刚杵纹，并有"金玉满堂"四字。釉色青绿，釉面冰裂。盖内有釉。直径28.4、内口径20.4、高8厘米。

1067】TN16W3①：2，乳丁纽。盖面凹凸起伏，凸棱之间刻划牡丹纹，盖内心戳印"福"字葵花纹。釉色青绿。直径26.8、内口径18.4、高9.6厘米。

1068】TN17E5①：137，露胎狮形纽残。盖面刻划对称4个弧边花瓣，瓣尖朝上，花瓣内分别刻划花果纹饰，有桃纹、枇杷果纹和两组海棠花纹。釉色淡青绿，釉面有裂纹。直径约28、内口径20、高8.4厘米。

1069】TN15E4①：92，露胎狮形纽残。盖面刻划对称4个弧边，残存有桃纹和勾叶牡丹纹，盖内心阳印海棠花纹。釉色青绿。直径29.6、内口径19.8、高10厘米。

1070】TN15E4⑩：10，露胎狮纽。盖面刻双直线分成四部分，分别刻划四组花果纹饰，为对称桃纹和

1062】TN18E3②：66（AbⅢ罐盖）

1065】TN15E4⑪：12（AbⅢ罐盖）

1067】TN16W3①：2（AbⅢ罐盖）

1068】TN17E5①：137（AbⅢ罐盖）

1069】TN15E4①：92（AbⅢ罐盖）

1070】TN15E4⑩：10（AbⅢ罐盖）

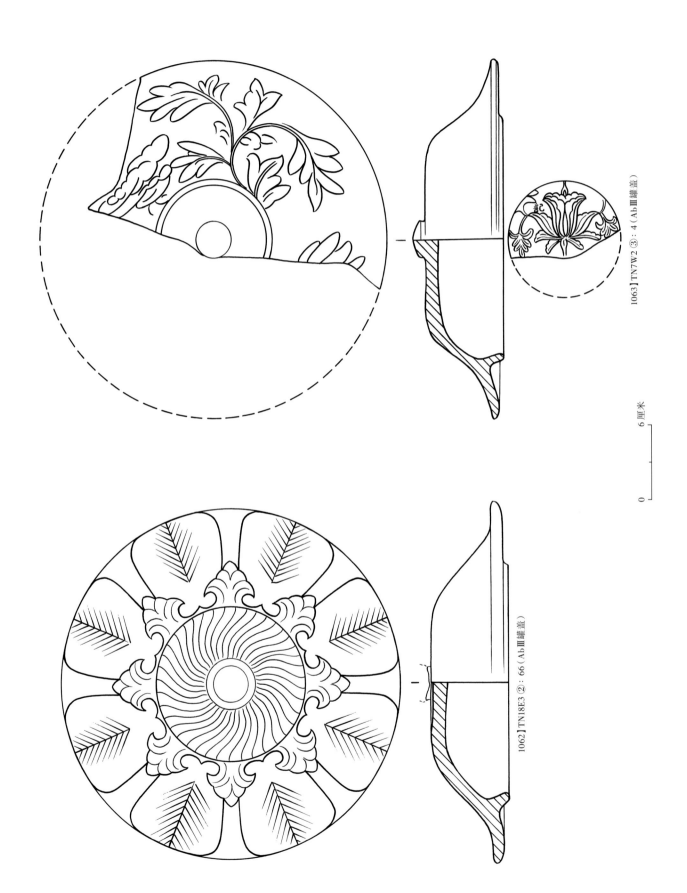

1063 TN7W2 ③：4（AbⅢ罐盖）

1062 TN18E3 ②：66（AbⅢ罐盖）

0　　6 厘米

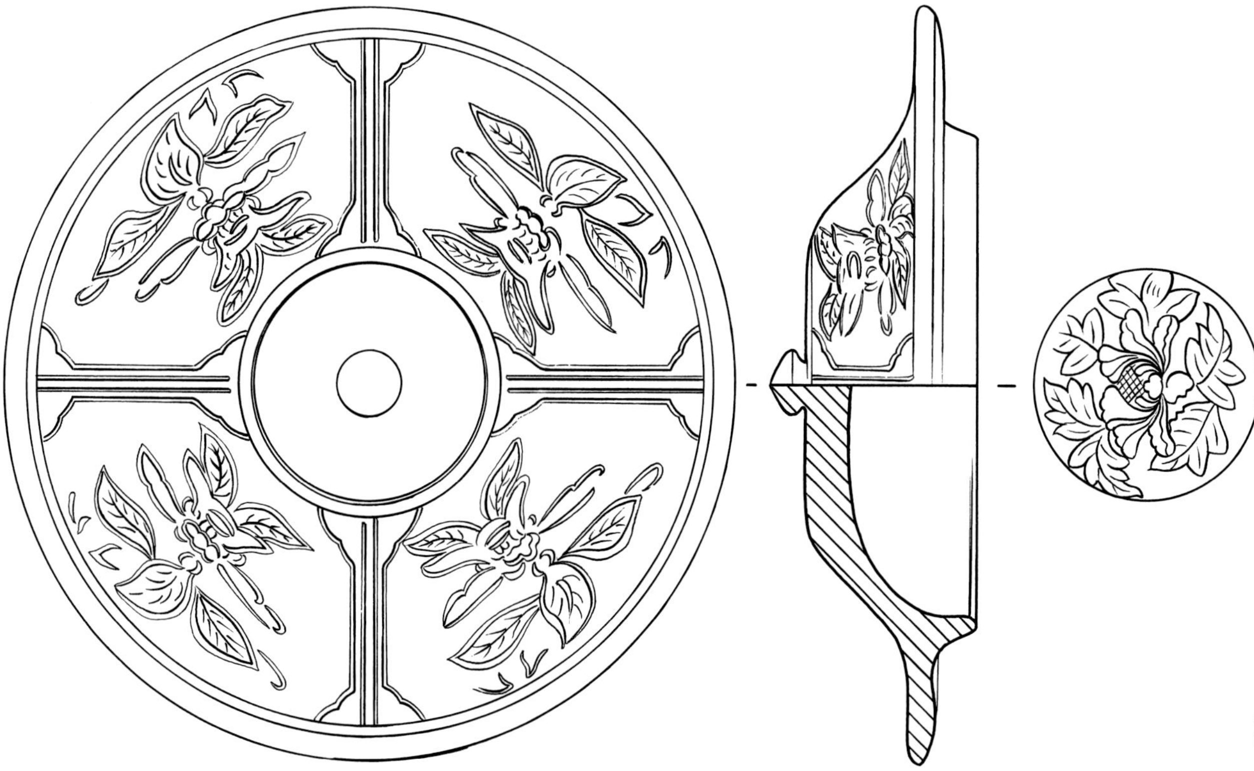

1065】TN15E4⑪：12（AbⅢ罐盖）

0　6厘米

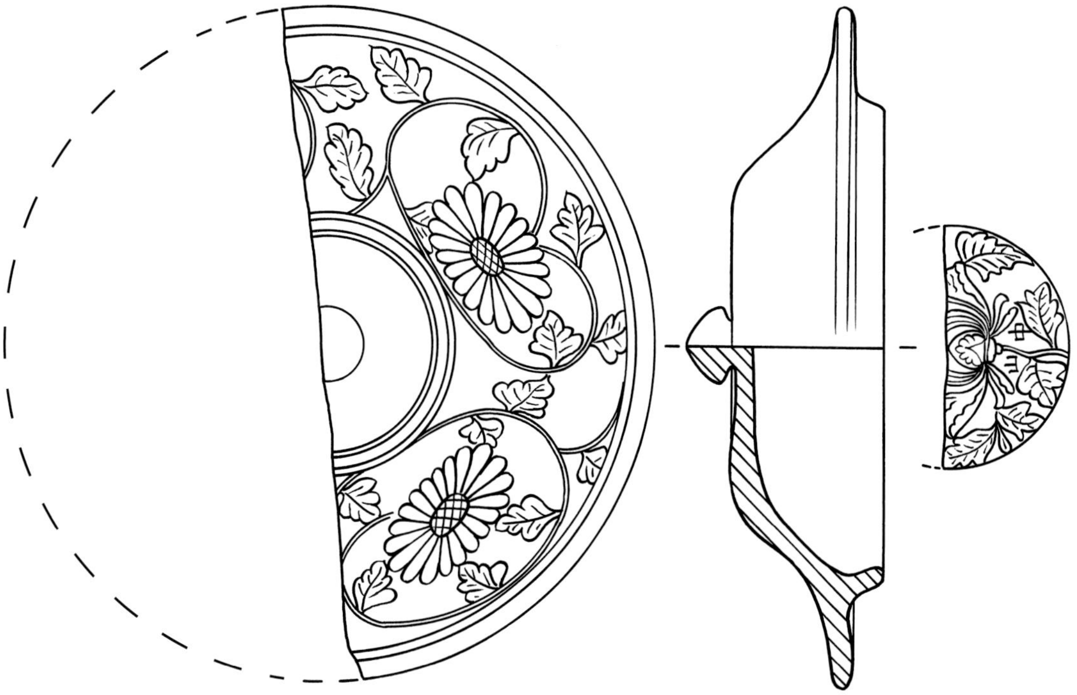

1064】TN15E4⑮：58（AbⅢ罐盖）

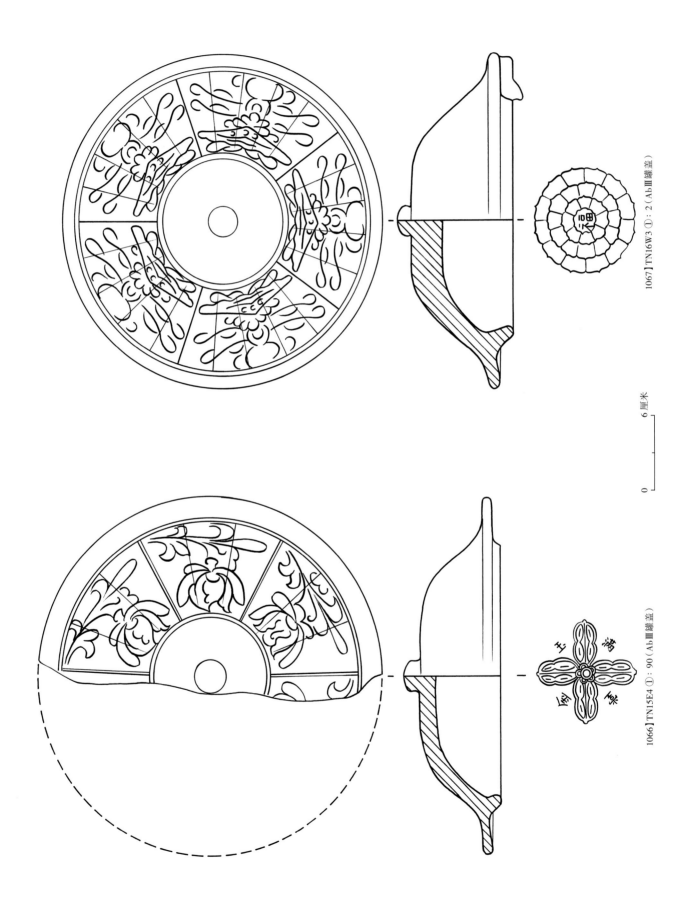

1067] TN16W3 ① : 2 (AbⅢ罐盖)

1066] TN15E4 ① : 90 (AbⅢ罐盖)

6 厘米

0

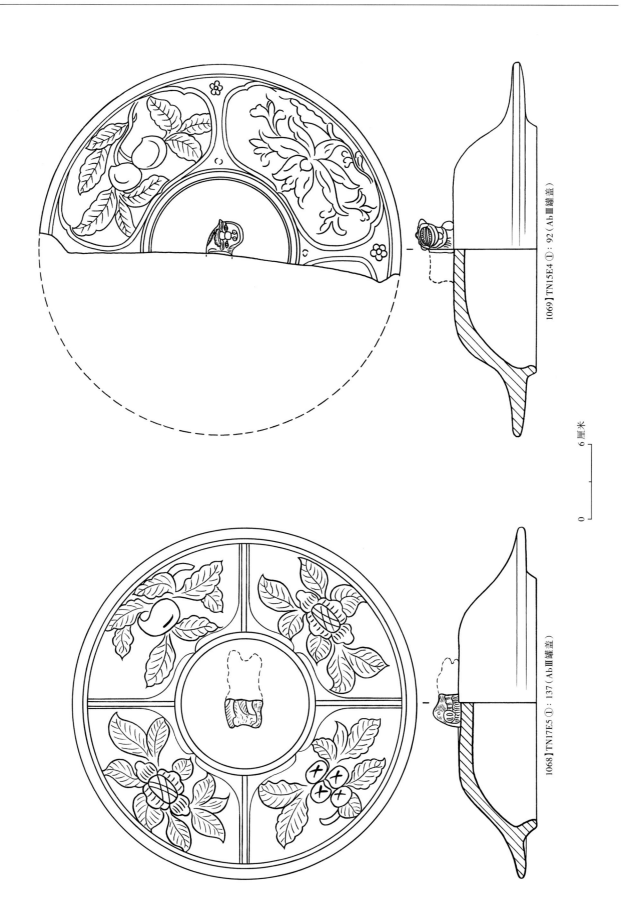

1069 TN15E4 ① : 92（AbⅢ罐盖）

1068 TN17E5 ① : 137（AbⅢ罐盖）

6 厘米

0

勾叶牡丹纹。釉色青绿。直径 28、内口径 18、高 8.4 厘米。

1071】TN15E4⑬：29，露胎狮形纽残。盖面刻双直线分成四部分，分别刻划四组花果纹饰，分别为桃纹、勾叶牡丹纹、葵花纹和海棠花纹，盖内阴印杂宝纹。釉色青绿。直径约 28、内口径 18.6、残高 6.4 厘米。

1072】TN15E4⑦：41，露胎狮形纽残。盖面刻划牡丹花叶纹。釉色青绿。直径 28、内口径 16、残高 6.4 厘米。

1073】TN15E4⑮：2，露胎狮形纽。盖面刻菱花形花瓣，花瓣内刻有“福禄如山”四字，中间刻划花草纹，盖内心阳印牡丹纹，花芯中有一“陈”字。釉色青绿。盖内施釉。直径 29.1、内口径 19.4、高 9.5 厘米。

1074】TN17E5①：138，露胎狮形纽残。盖面刻双直线分成四部分，分别刻划花果纹饰，残存有桃纹、枇杷纹，边缘两道双凹弦纹中间刻划双叶纹，盖内心戳印金刚杵纹。釉色淡青绿。直径 29.2、内口径 18.8、残高 7 厘米。

1075】TN15E4⑬：4，露胎狮形纽，盖边残。盖面刻划牡丹纹。釉色青绿。残高 7 厘米。

1076】TN15E4⑫：9，露胎狮形纽残。盖面刻划缠枝牡丹纹。釉色青绿。直径 28、内口径 19.2、高 8 厘米。

1070】TN15E4⑩：10（AbⅢ罐盖）

1071】TN15E4 ⑬：29（AbⅢ罐盖）

0 6厘米

1071】TN15E4 ⑬：29（AbⅢ罐盖）

1072】TN15E4 ⑦：41（AbⅢ罐盖）

1072〕TN15E4 ⑦：41（AbⅢ罐盖）

0　　　　　　　6厘米

1073〕TN15E4 ⑮：2（AbⅢ罐盖）

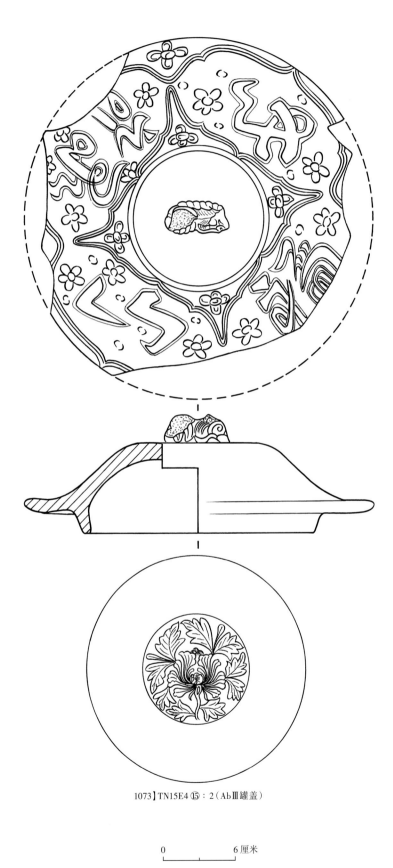

1073〗TN15E4⑮：2（AbⅢ罐盖）

0   6厘米

1077〗TN17E5①：136，狮形纽残。盖面刻划缠枝牡丹纹，盖内心阳印牡丹纹，内有一"月"字。釉色青绿。直径30、内口径21.6、高7.8厘米。

1078〗TN14W7③：4，露胎纽残，盖面刻划牡丹花叶纹。釉色青绿，釉面冰裂。直径27、内口径16.8、残高6.1厘米。

1079〗TN15E4⑮：1，露胎狮形纽。盖面刻划缠枝牡丹纹，盖内心阳印牡丹纹。釉色青绿。盖内施釉。直径30.3、内口径19.7、高9.7厘米。

1080〗TN8E3⑥a：10，露胎狮形纽残缺。盖面刻划缠枝菊花纹，盖内心阳印牡丹花纹，内有一"陈"字。釉色青绿。直径28.4、内口径19.6、高8.4厘米。

1081〗TN15E4④S：2，露胎狮形纽。盖顶划有菱形圈，盖面刻划缠枝菊花纹，盖内心阳印双菊花纹。釉色青绿。盖内施釉，盖内垫痕内显白胎。直径28、内口径19.6、高7.6厘米。

1082〗TN15E4⑩：32，露胎狮形纽残。盖面纹饰不清晰，盖内心阳印牡丹纹，内有"山中人"字样。釉色灰。直径30.6、内口径20.8、高8.8厘米。

1083〗TN15E4⑮：59，露胎狮形纽。盖面剔刻牡丹纹，盖内心阳印牡丹纹。釉色青绿泛蓝。直径30.8、内口径20.6、残高8.2厘米。

1084〗TN7W1③：3，纽残。盖面刻划缠枝牡丹纹，盖内心阳印"金玉满堂"。釉色青绿。直径28、内口径19.2、残高6.6厘米。

1085〗TN17E5①：132，纽残。盖面刻划缠枝牡丹纹。釉色青绿。直径30、内口径21.2、残高6厘米。

1086〗TN17E5①：133，纽残。盖面刻划缠枝菊花纹，盖内心阴印牡丹纹。釉色青绿。直径28、内口径18.4、残高6.2厘米。

1087〗TN17E5①：134，纽残。盖面

1074】TN17E5 ①：138（AbⅢ罐盖）

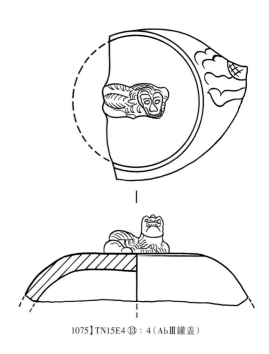

1075】TN15E4 ⑬：4（AbⅢ罐盖）

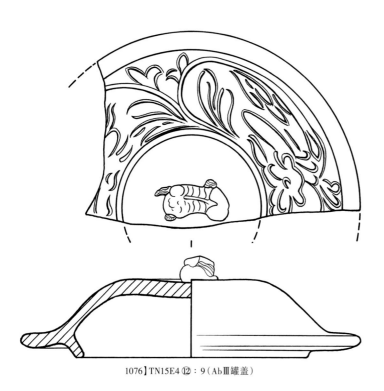

1076】TN15E4 ⑫：9（AbⅢ罐盖）

0 _____ 6厘米

1077】TN17E5 ①：136（AbⅢ罐盖）

1078】TN14W7 ③：4（AbⅢ罐盖）

0　　　　　　　6 厘米

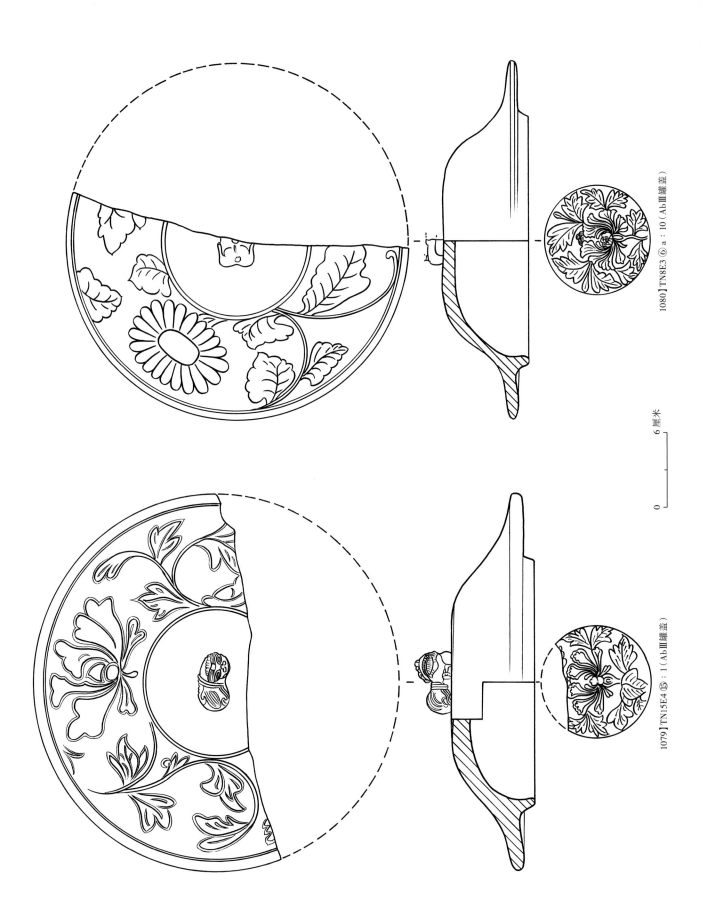

1080〕TN8E3 ⑥ a：10（AbⅢ罐盖）

1079〕TN15E4 ⑤：1（AbⅢ罐盖）

6厘米

0

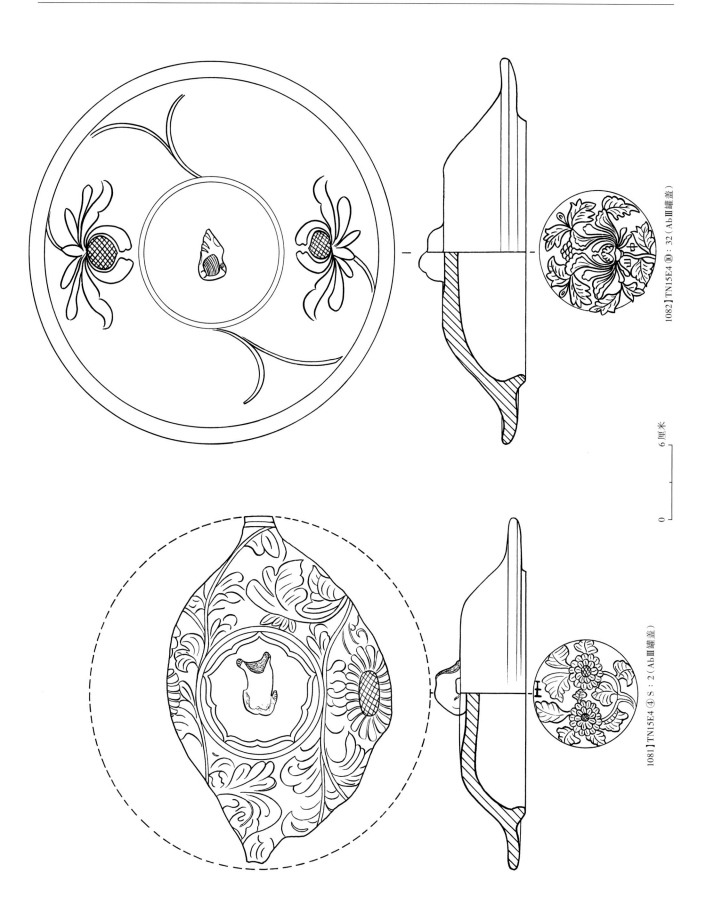

1082 TN15E4 ⑩ : 32（AbⅢ罐盖）

1081 TN15E4 ④ S : 2（AbⅢ罐盖）

0 6 厘米

1083〕TN15E4 ⑮：59（AbⅢ罐盖）

1084〕TN7W1 ③：3（AbⅢ罐盖）

0 —————— 6厘米

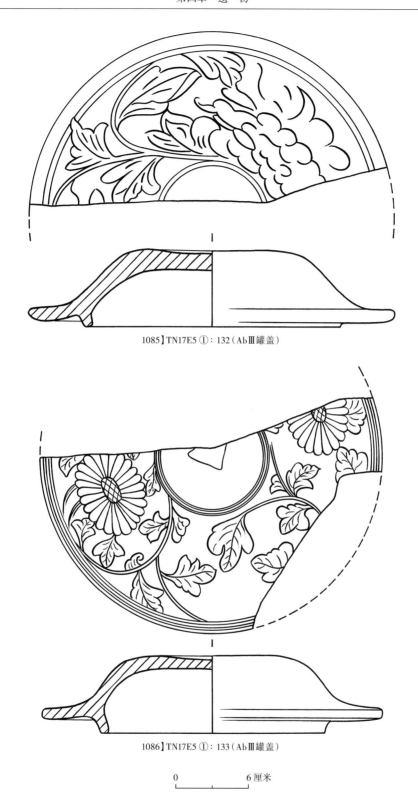

1085〗TN17E5 ①：132（AbⅢ罐盖）

1086〗TN17E5 ①：133（AbⅢ罐盖）

0   6厘米

剔刻缠枝菊花纹。釉色青绿。直径 30、内口径 21.6、残高 8.1 厘米。

1088〗TN15E4 ⑦：39，纽残。盖面剔刻牡丹纹和篦划纹。釉色青绿。直径 28、内口径 18.8、高 6.3 厘米。

1089〗TN15E4 ⑦：40，纽残。盖面刻对称菱形花瓣，花瓣内分别刻有"清香美酒"字样及钱纹。釉色青绿。直径 26.4、内口径 15.4、残高 6.2 厘米。

1090】TN15E4⑮：60，纽残。盖面刻对称菱形花瓣，花瓣内刻“清[香]美酒”字样及钱纹，花瓣之间刻划花草纹。釉色青绿。直径30.4、内口径20、残高6.3厘米。

1091】TN15E4⑮：61，纽残。盖面刻双直线分成四部分，分别刻菱形花瓣，花瓣内刻菊花纹、牡丹纹、勾叶牡丹纹等，盖内心阳印牡丹纹，中间有“大吉”二字。釉色青。直径30、内口径21.6、残高6.8厘米。

1092】TN15E4①：91，纽残。盖面刻对称菱形花瓣，花瓣刻有“清[香][美]酒”字样及朵云纹，盖内心戳印葵花纹。釉色青绿。直径25.6、内口径17、残高6.2厘米。

Ⅳ式　圆边窄缘。平顶，弧盖面，内口一般内敛，有的较直，器形较小。胎色灰白，釉层较薄。多数盖内无釉。

1093】TN15E4⑥：9，无纽，内口直。釉色青。直径7.3、内口径3、高2.4厘米。似可配盖罐TN15E4①：96，釉色青绿。口径5.6、足径4.8、高7.4厘米。

1094】TN15E4⑤S：18，无纽。釉色青绿，釉面冰裂。直径14、内口径6.8、高2.6厘米。

1095】TN15E4①：106，无纽。盖面刻划缠枝牡丹纹。釉色青绿。直径15.2、内口径8、高3.4厘米。

1096】TN8W1④：4，无纽。盖面刻划牡丹纹。釉色青绿。直径13.2、内口径7.2、高2.8厘米。

1097】TN18E3②：70，无纽。盖面刻划缠枝牡丹纹。釉色青绿。直径14.4、内口径7.2、高3.3厘米。

1098】TN15E4⑦：4，无纽。釉色青。直径14、内口径6.8、高2.4厘米。

1099】TN15E4⑮：5，无纽。釉色青灰。直径8.2、内口径3.8、高2.6厘米。

1100】TN15E4①：94，无纽，内口较直。釉色青绿。两器盖相粘。上盖直径

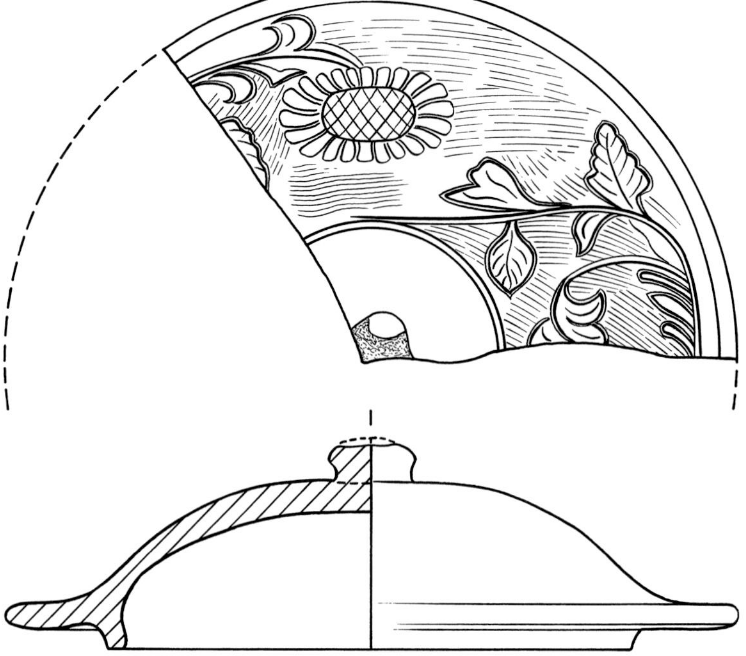

1087】TN17E5①：134（AbⅢ罐盖）

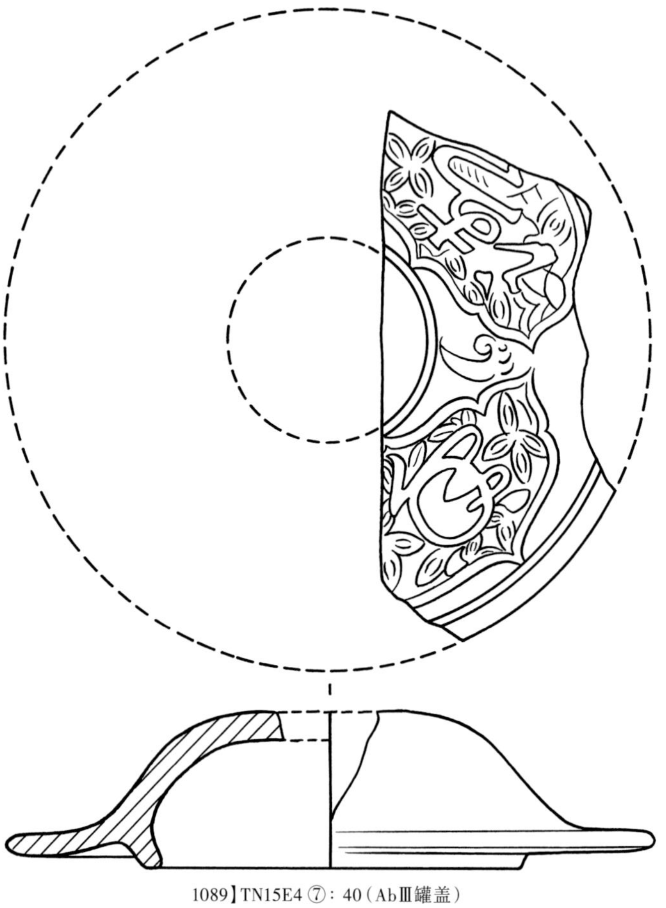

1089】TN15E4⑦：40（AbⅢ罐盖）

0　6厘米

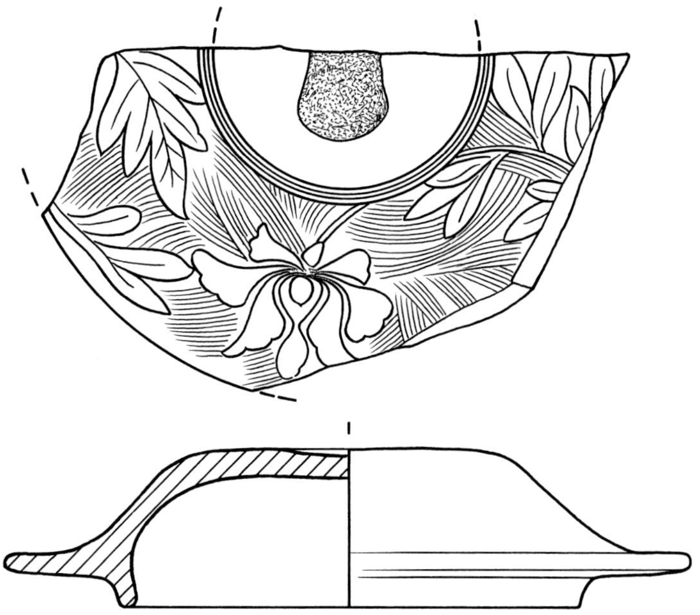

1088】TN15E4⑦：39（AbⅢ罐盖）

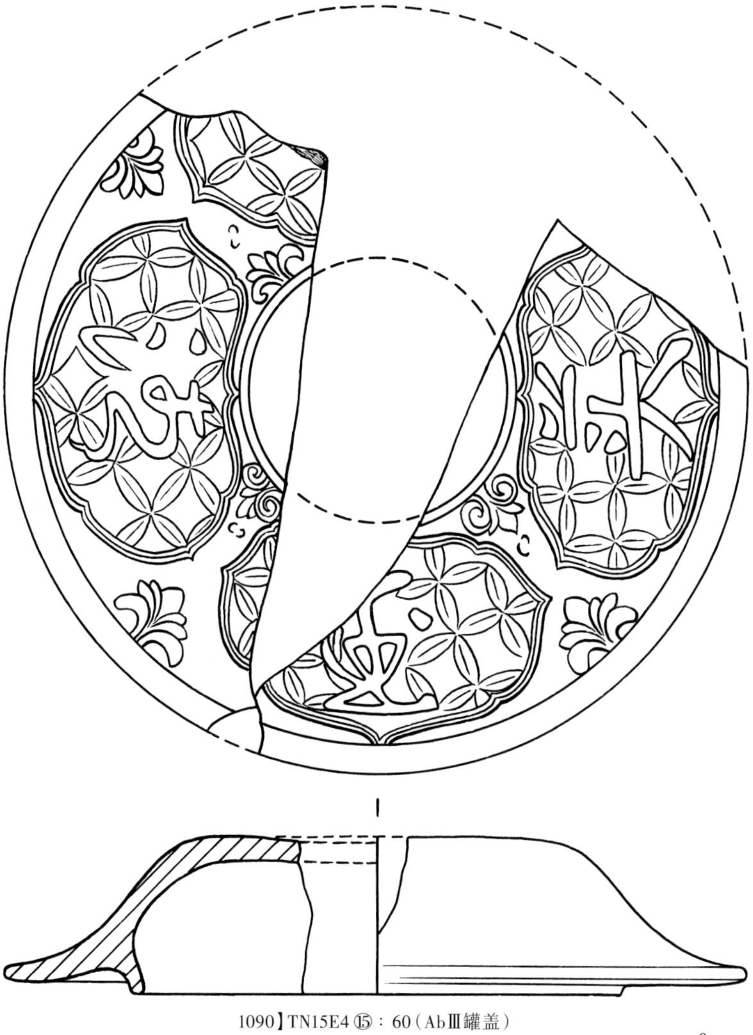

1090】TN15E4⑮：60（AbⅢ罐盖）

0 6厘米

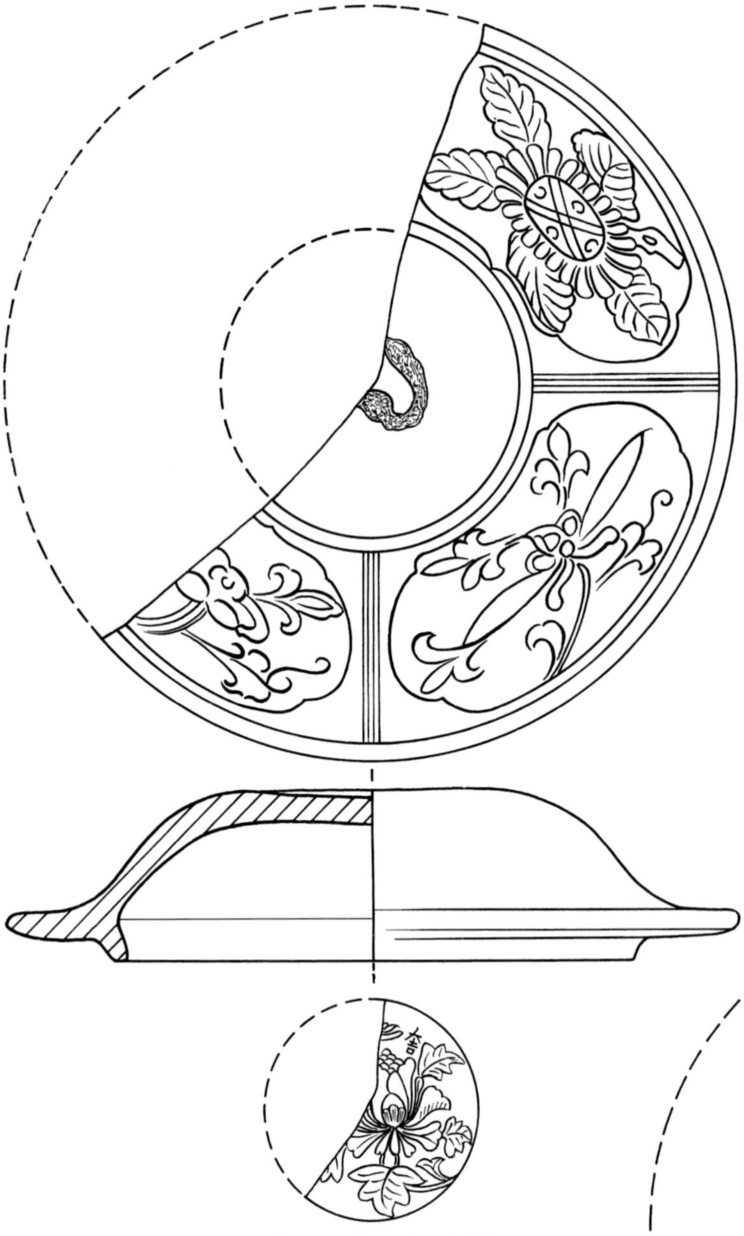

1091】TN15E4 ⑮：61（AbⅢ罐盖）

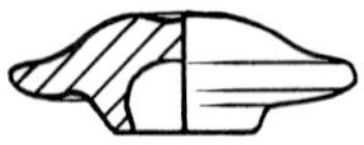

1093】TN15E4 ⑥：9（AbⅣ罐盖）

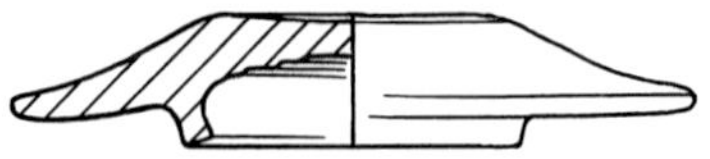

1094】TN15E4 ⑤ S：18（AbⅣ罐盖）

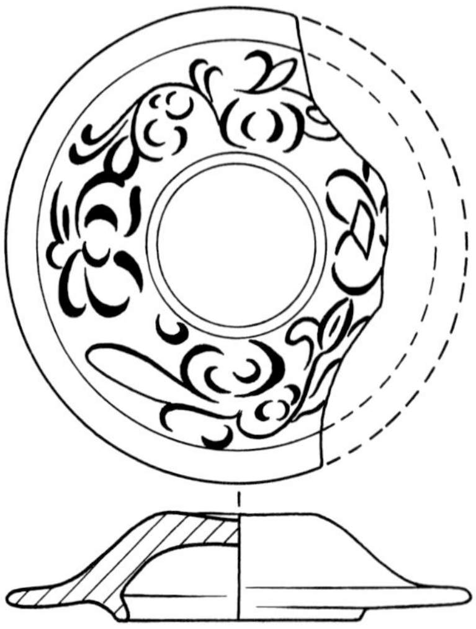

1095】TN15E4 ①：106（AbⅣ罐盖）

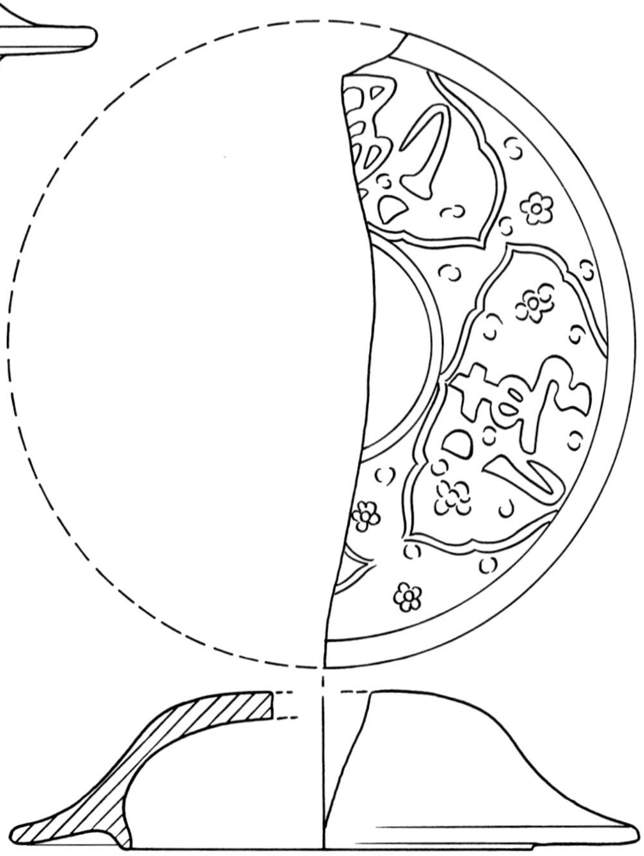

1092】TN15E4 ①：91（AbⅢ罐盖）

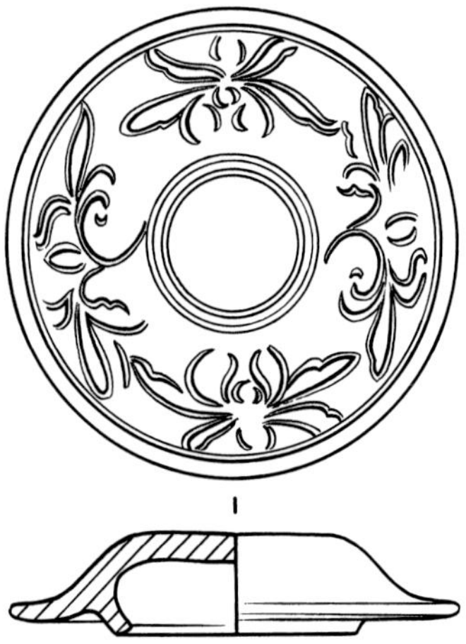

1096】TN8W1 ④：4（AbⅣ罐盖）

0 6厘米

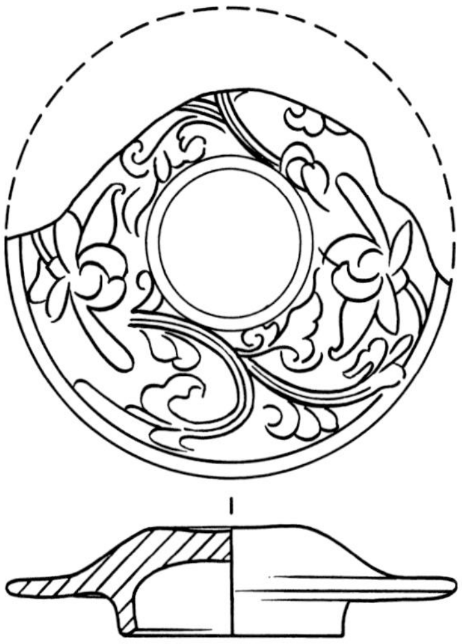
1097】TN18E3 ②：70（AbⅣ罐盖）

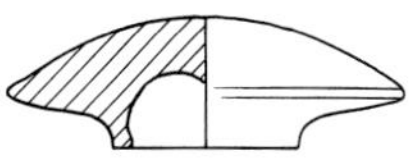
1099】TN15E4 ⑮：5（AbⅣ罐盖）

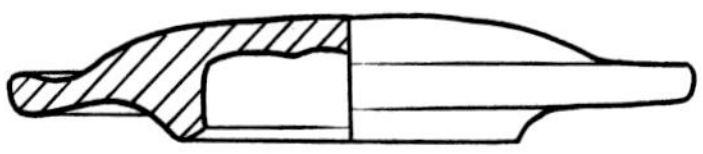
1098】TN15E4 ⑦：4（AbⅣ罐盖）

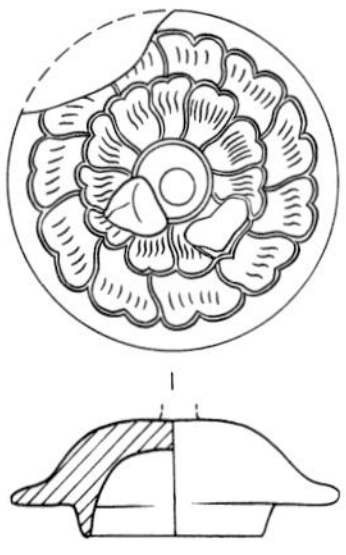
1101】TN15E4 ④ N：9（AbⅣ罐盖）

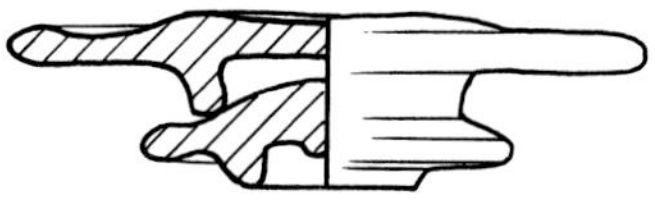
1100】TN15E4 ①：94（AbⅣ罐盖）

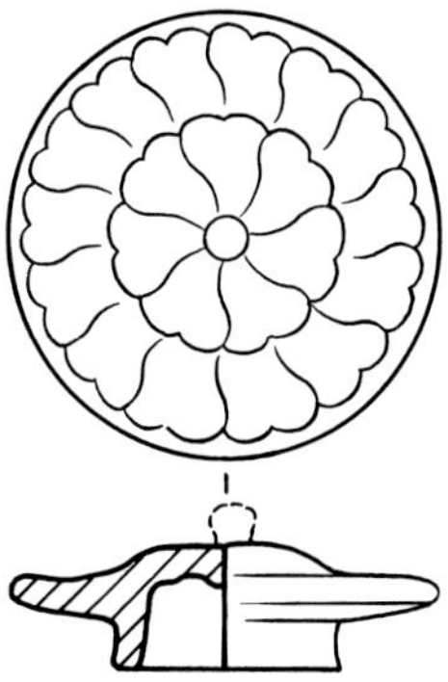
1102】TN17E5 ①：139（AbⅣ罐盖）

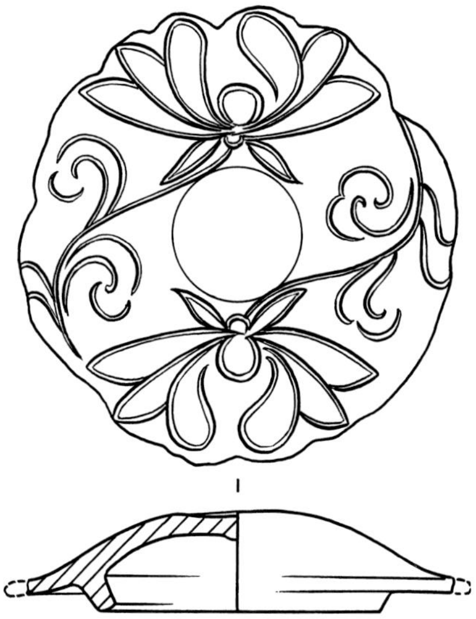
1103】TN18E4 ⑥ S：9（AbⅣ罐盖）

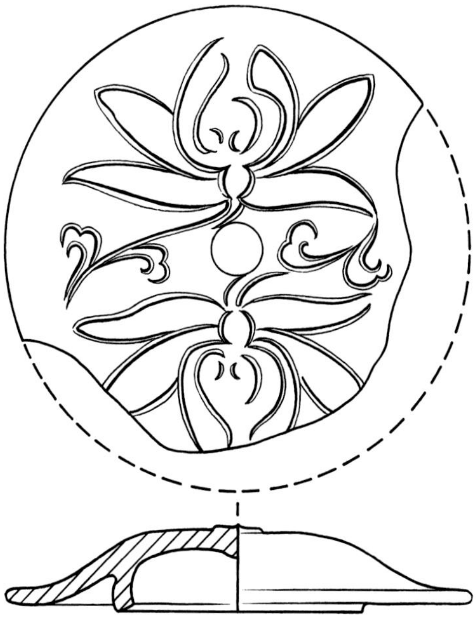
1104】TN18E3 ②：68（AbⅣ罐盖）

0 6厘米

13.2、下盖直径7.8厘米。

1101】TN15E4 ④ N：9，纽残。整体模制。盖面阳印菱花纹。灰黄胎，釉色青黄。直径6.8、内口径3.8、高2.3厘米。

1102】TN17E5 ①：139，纽残。盖面刻划葵花纹。釉色青绿。直径9.2、内口径5、残高2.6厘米。

1103】TN18E4 ⑥ S：9，无纽。盖面刻对称荷花纹。釉色浅青。直径15.4、内口径10.2、高3.4厘米。

1104】TN18E3 ②：68，小圆纽。盖面刻划对称牡丹纹。釉色青。盖内施釉。直径18.8、内口径10、高3.4厘米。

Ac型 菱花形边。顶较平，弧盖面，窄缘微翘，敛内口。胎色灰白，胎壁较厚，釉层较厚。多数盖内无釉。

1105】TN15E4 ⑫：33，露胎狮形纽残。盖面刻直线分成四部分，分别刻划四组花果纹饰，有桃纹、荔枝纹、海棠花纹、石榴花纹，边缘划连续四叶纹。釉色青绿。直径29、内口径20、残高6.2厘米。

1106】TN15E4 ⑫：34，露胎狮形纽残。顶边划双菱形纹双弦纹，盖面刻双直线分成八部分，分别刻划花果纹饰和“长命富贵”字样，花果纹饰有海棠花纹、双桃纹、枇杷纹。盖内心戳印花卉不清晰。釉色青绿，釉面冰裂。直径31.2、内口径22、残高7厘米。

1093】TN15E4 ⑥：9（AbⅣ罐盖）

1094】TN15E4 ⑤ S：18（AbⅣ罐盖）

1095】TN15E4 ①：106（AbⅣ罐盖）

1096】TN8W1 ④：4（AbⅣ罐盖）

1101】TN15E4 ④ N：9（AbⅣ罐盖）

1097】TN18E3 ②：70（AbⅣ罐盖）

1102】TN17E5 ①：139（AbⅣ罐盖）

1107】TN15E4⑫：35，露胎狮形纽残。盖面刻直线分成六部分，分别刻划桃花桃果纹，边缘划连续四叶纹。釉色青绿，釉面冰裂。直径约29、内口径20.4、残高8.3厘米。

1108】TN15E4⑮：55，露胎狮形纽残。顶部刻划菱花形纹和弦纹，盖面剔刻八瓣大莲瓣，内剔刻“福”、“禄”等字样及石榴纹、菊花纹等，边缘刻划连续四叶纹，盖内心阳印双菊花纹，纹饰中有“用”字。釉色青绿，釉面冰裂。盖内垫痕内显白胎。直径30、内口径20.8、残高7.2厘米。

1109】TN15E4⑮：56，露胎狮形纽残。盖面刻直线分成四部分，分别剔刻荔枝纹、石榴纹、桃果纹、西瓜纹，盖内底心阳印菊花纹。釉色青灰，釉面冰裂。盖内施釉。直径32、内口径22.4、高8厘米。

1110】TN15E4⑮：57，露胎狮形纽残。顶部划有菱花形纹和弦纹，盖面刻直线分成八部分，分别剔刻“金[玉][满]堂”等字样和牡丹纹、菊花纹等花卉，边缘刻划连续四叶纹，盖内戳印花卉。釉色青绿。直径32、

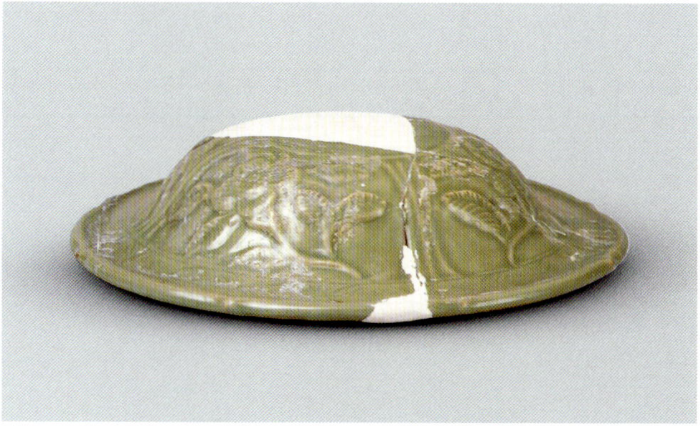

1105】TN15E4⑫：33（Ac罐盖）

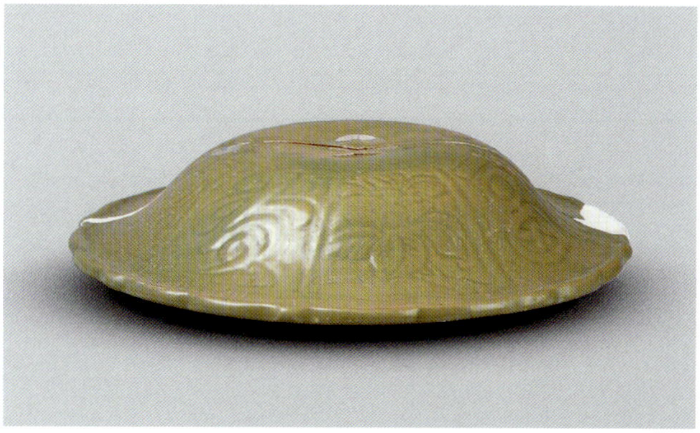

1106】TN15E4⑫：34（Ac罐盖）

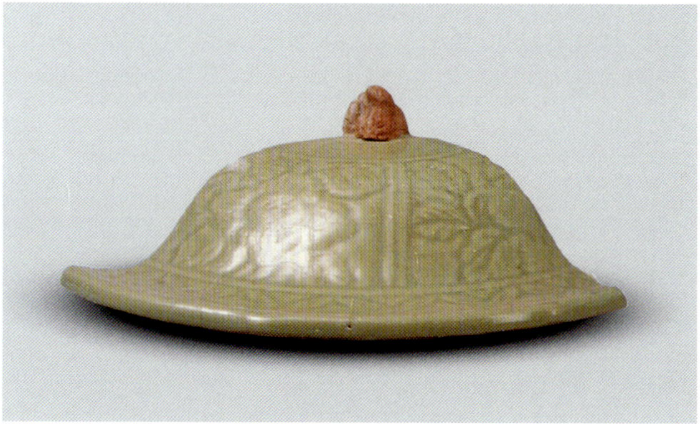

1107】TN15E4⑫：35（Ac罐盖）

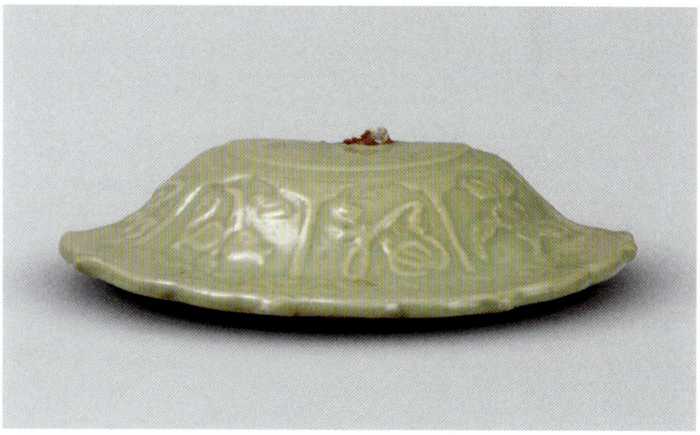

1108】TN15E4⑮：55（Ac罐盖）

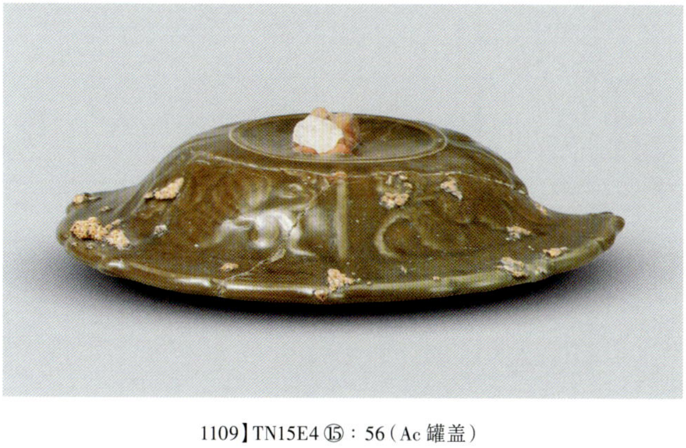

1109】TN15E4⑮：56（Ac罐盖）

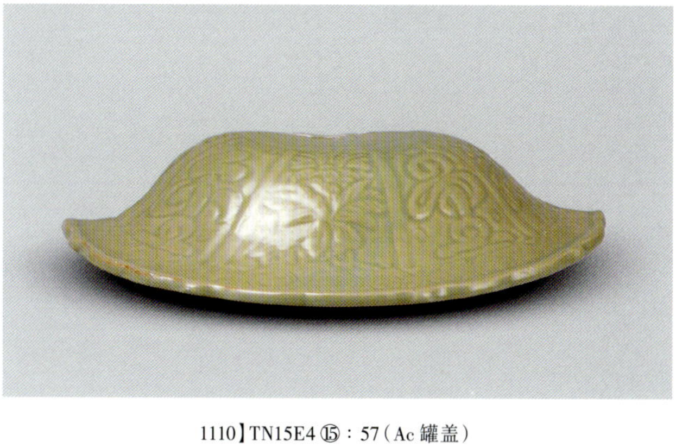

1110】TN15E4⑮：57（Ac罐盖）

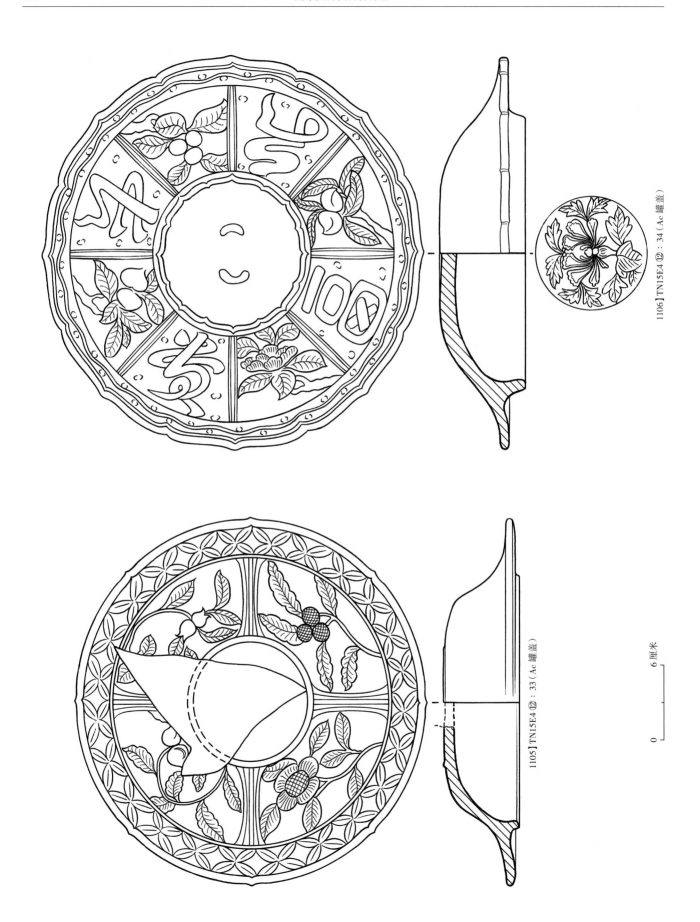

1106〕TN15E4 ⑫：34（Ac 罐盖）

1105〕TN15E4 ⑫：33（Ac 罐盖）

0　　　　　　　　6 厘米

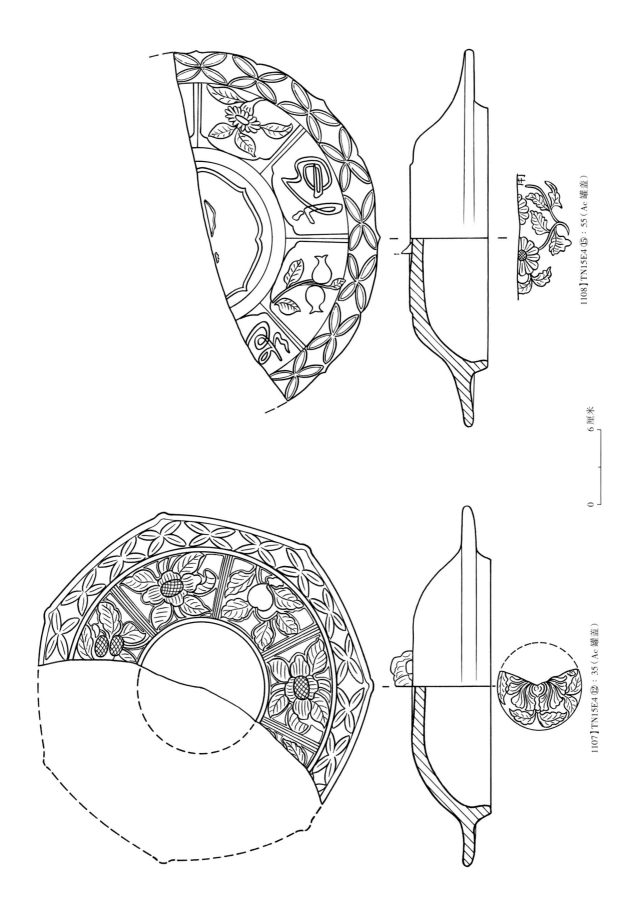

1108〕TN15E4 ⑮：55（Ac 罐盖）

6 厘米

0

1107〕TN15E4 ⑫：35（Ac 罐盖）

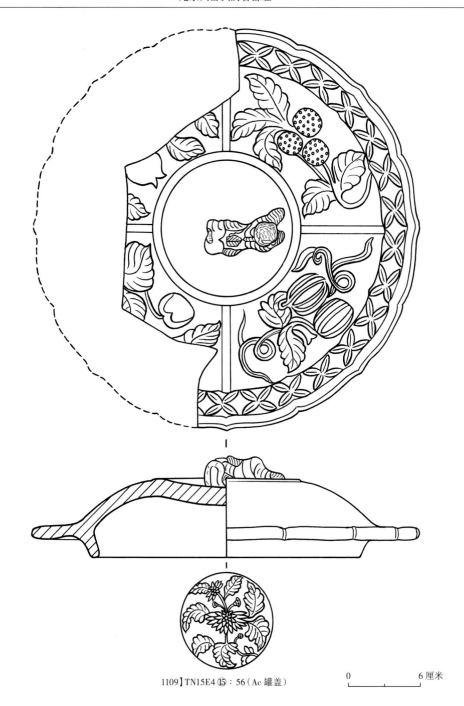

1109】TN15E4⑮：56（Ac 罐盖）

0　　　　　　　6 厘米

内口径 23.6、残高 7 厘米。

　　Ad 型　菊花形边。窄缘微翘，内口内敛。胎色灰白，胎壁较厚，釉层较薄。

　　1111】TN15E4 ①：89，纽残。盖顶刻大莲瓣，边缘刻划"S"形菊瓣纹。釉色青黄，釉面开片。直径
20、内口径 11.6、残高 4.2 厘米。

　　1112】TN17E5 ①：131，露胎狮形纽残。顶面两道凸弦纹，内划连续四叶纹，盖面剔刻缠枝牡丹纹，边
缘划连续四叶纹，盖内心阳印牡丹纹，内中有"陈"字。釉色青绿。盖内施釉。直径约 28、内口径 18.4、残高 6.4
厘米。

　　Ae 型　八角形边。窄缘较平，内口内敛。胎色灰白，胎壁较厚，釉层较薄。多数盖内无釉。

　　1113】TN15E4 ⑤S：17，露胎狮形纽残。盖面刻直线分成八部分，上部刻划折线纹，中部刻划蕉叶纹，

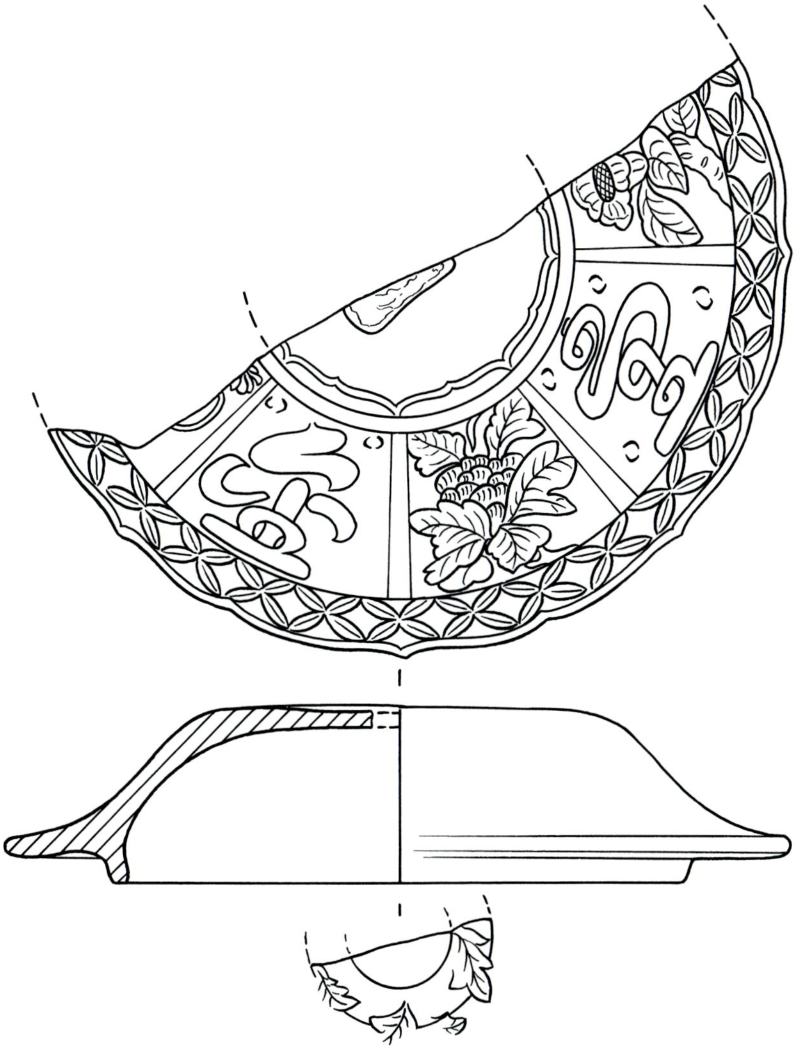

1110】TN15E4 ⑮：57（Ac 罐盖）

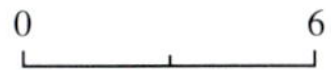

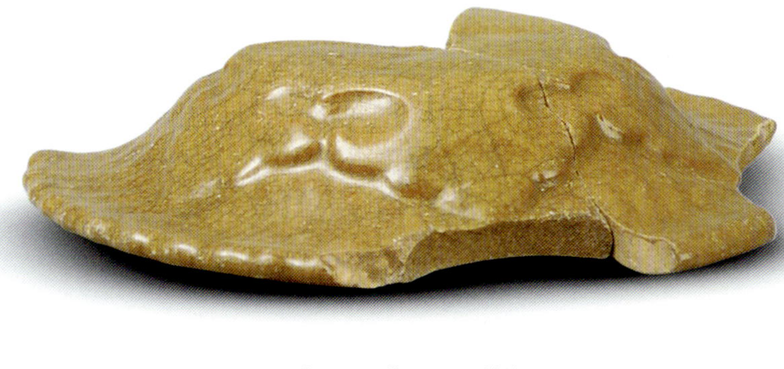

1111】TN15E4 ①：89（Ad 罐盖）

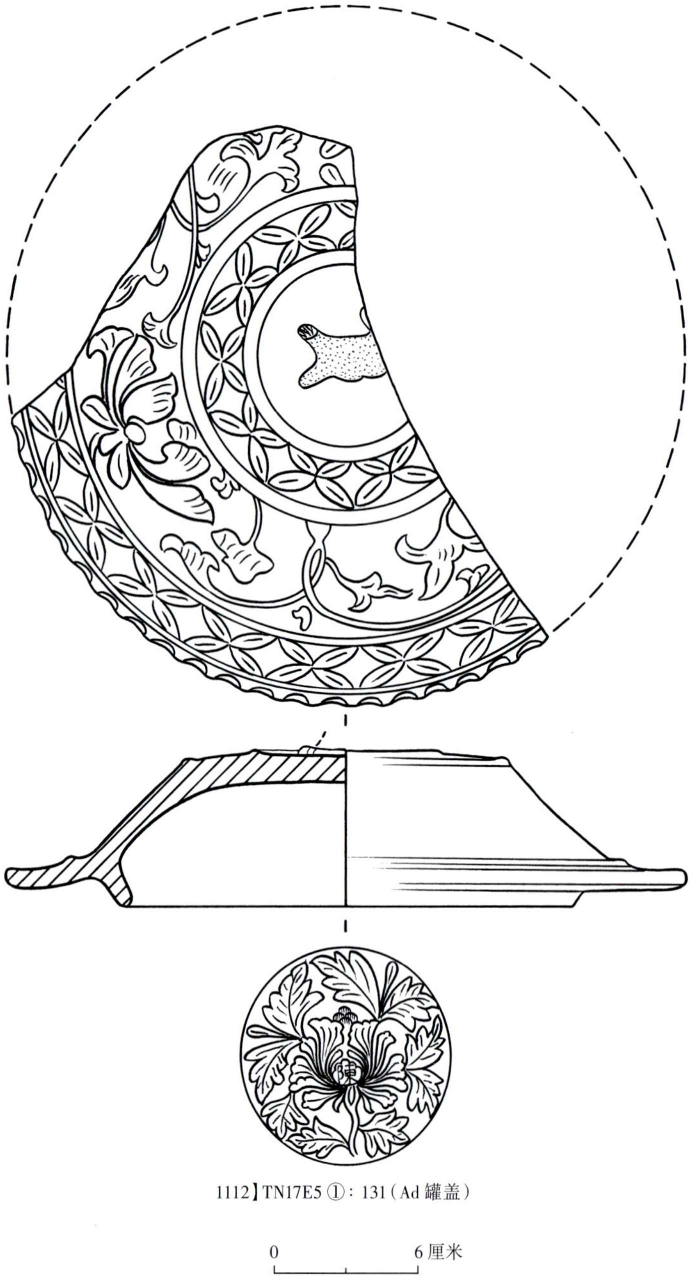

1112】TN17E5 ①：131（Ad 罐盖）

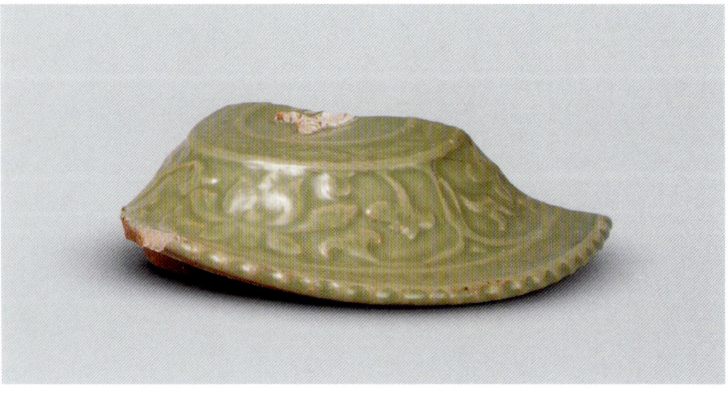

1112】TN17E5 ①：131（Ad 罐盖）

边缘刻划折线纹，盖内心阳印菊花纹。釉色青灰。直径 28.4、内口径 16、残高 6.8 厘米。

1114】TN15E4 ⑦：38，露胎狮形纽残。盖面刻直线分成四部分，分别刻划双桃枝纹、菊花纹等，边缘刻划铜线纹和曲线纹，盖内心戳印金刚杵纹。釉色青绿。直径 26.9、内口径 19、高 8.6 厘米。

1115】TN15E4 ⑮：54，露胎狮形纽残。盖顶边缘刻划葵花花瓣纹，盖面刻直线分成四部分，分别刻划双桃纹等，盖内心阳印菊花纹。釉色青灰，釉面冰裂。盖内施釉。直径 28.4、内口径 20、残高 7.6 厘米。

1116】TN18E5 ①：7，纽残。盖面上部刻划折线纹，中部刻划三角形和阳光纹，边缘刻划折线纹。釉色青绿。直径 27.2、内口径 18.8、残高 6.3 厘米。

1117】TN18E9 ①：17，纽残缺。盖面剔刻菱花形花瓣，花瓣内剔刻荔枝纹等，边缘刻划折线纹，盖内心戳印花卉不清晰。釉色青绿。盖内施釉。直径 28.8、内口径 19、残高 6.2 厘米。

B 型　有内口，多数内口较直，边缘弧。按盖面不同可分 5 式。

Ⅰ式　盖面隆弧分两层。胎色灰白，胎壁较厚，釉层较厚。

1118】TN16W3 ④：66，乳丁纽。釉色青绿。盖内无釉。直径 15.6、内口径 9.2、高 5.6 厘米。

1119】TN16W3 ⑥a：28，圆纽。釉色青绿，釉面冰裂。盖内心施釉。直径 13.8、内口径 6、高 5.6 厘米。

Ⅱ式　盖面平坦。

1120】TN16W3 ⑤：37，无纽。盖面有弦纹圈。釉色青灰，釉面冰裂。盖内施釉。直径 13.6、内口径 10、高 2.6 厘米。

Ⅲ式　弧盖面分三层，顶较平，边缘较直。胎色灰白，胎壁较厚，釉层较薄。

1121】G7：7，无纽，内口微敛。釉色青灰，釉面冰裂。内口唇无釉。直径 12、

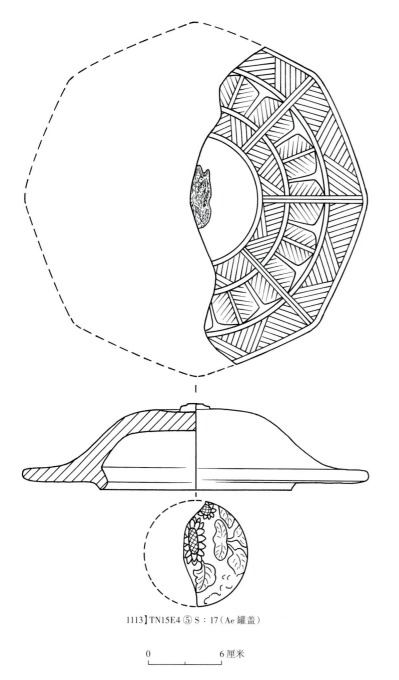

1113】TN15E4 ⑤ S：17（Ae 罐盖）

0 _____ 6 厘米

1113】TN15E4 ⑤ S：17（Ae 罐盖）

1114】TN15E4 ⑦：38（Ae 罐盖）

1116】TN18E5 ①：7（Ae 罐盖）

内口径 6.3、高 4.6 厘米。

1122】TN16W3 ④：65，无纽，内口微敛。盖面刻划莲瓣纹。釉色青灰。盖内无釉。直径 10、内口径 4.8、高 2.8 厘米。

1123】TN17E5 ①：148，无纽，内口较直。刻划覆莲瓣纹，边缘刻卷草纹。釉色青绿。盖内无釉。直径 12、内口径 6.8、高 3 厘米。

1124】TN18E3 ⑤ S：5，乳丁纽，内口较直。盖面刻划莲瓣纹，边缘刻花瓣。釉色青绿。直径 8、内口径 3.2、高 4.3 厘米。

1117】TN18E9 ①：17（Ae 罐盖）

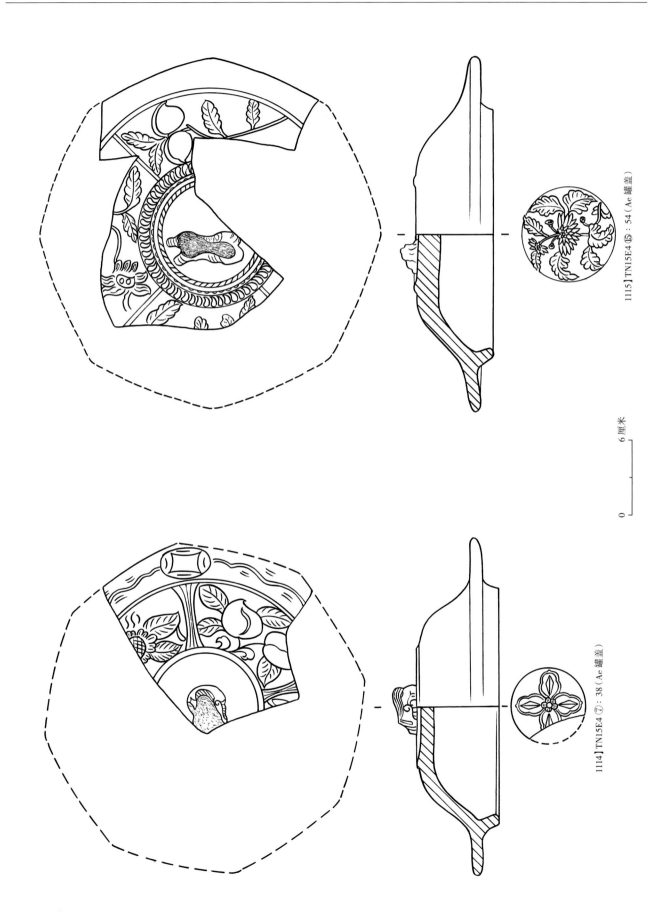

1115〕TN15E4⑤∶54（Ae 罐盖）

1114〕TN15E4⑦∶38（Ae 罐盖）

0　　　　　　6 厘米

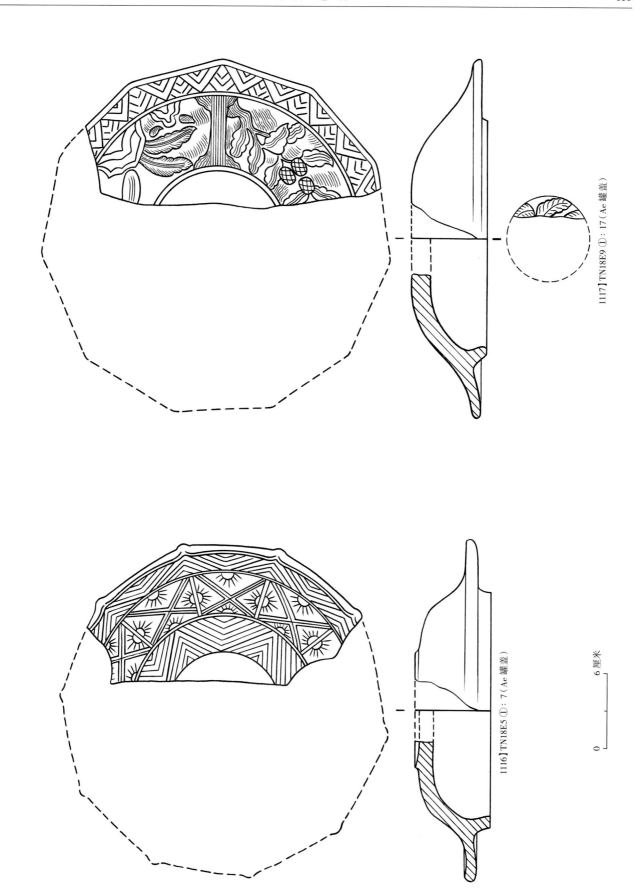

1117]TN18E9①：17（Ae罐盖）

1116]TN18E5①：7（Ae罐盖）

0　　　　6厘米

1118〗TN16W3 ④：66（BⅠ罐盖）

1121〗G7：7（BⅢ罐盖）

1124〗TN18E3 ⑤ S：5（BⅢ罐盖）

1125〗TN18E4 ②：20（BⅢ罐盖）

1127〗TN15E4 ⑦：45（BⅣ罐盖）

1129〗TN15E4 ⑬：30（BⅣ罐盖）

1130〗TN7W1 ⑥：28（BⅤ罐盖）

1131〗TN8W1 ①：3（BⅤ罐盖）

1118〗TN16W3④：66（BⅠ罐盖）

1119〗TN16W3⑥a：28（BⅠ罐盖）

1120〗TN16W3⑤：37（BⅡ罐盖）

1121〗G7：7（BⅢ罐盖）

1122〗TN16W3④：65（BⅢ罐盖）

1123〗TN17E5①：148（BⅢ罐盖）

1124〗TN18E3⑤S：5（BⅢ罐盖）

1125〗TN18E4②：20（BⅢ罐盖）

1126〗TN18E3⑧S：21（BⅢ罐盖）

1127〗TN15E4⑦：45（BⅣ罐盖）

1128〗TN15E4⑭：11（BⅣ罐盖）

1129〗TN15E4⑬：30（BⅣ罐盖）

1130〗TN7W1⑥：28（BⅤ罐盖）

1131〗TN8W1①：3（BⅤ罐盖）

0　　　　　　6厘米

1125〗TN18E4②：20，乳丁纽，内口内敛。釉色青灰。盖内无釉。直径12.2、内口径6.8、高5.5厘米。

1126〗TN18E3⑧S：21，露胎狮形纽残。盖面刻划莲瓣纹。釉色青灰。盖内无釉。直径13.2、内口径3.4、残高4.8厘米。

Ⅳ式　弧盖面分两层，顶较平。胎色灰白，胎壁较厚，釉层较厚。

1127〗TN15E4⑦：45，无纽，内口敛，上层刻划莲瓣纹，下层刻划卷草纹。釉色青绿。盖内无釉，内口外有叠烧痕。直径10、内口径5.6、高2.6厘米。

1128〗TN15E4⑭：11，无纽，内口敛，顶部刻划荷花纹，下层刻划莲瓣纹。釉色青绿。盖内无釉。直径

10、内口径 4.2、高 2 厘米。

〔1129〕TN15E4⑬：30，乳丁纽，盖面刻划折线纹，边缘刻划莲瓣纹。釉色青绿。盖内无釉。直径 10.4、内口径 5.6、高 3 厘米。

Ｖ式　弧顶，圆边折壁，内口较直。胎色灰白，胎壁较厚，釉层较薄。盖内无釉。

〔1130〕TN7W1⑥：28，无纽。盖面刻朵云纹。釉色青灰。直径 7、内口径 3、高 2.7 厘米。

〔1131〕TN8W1①：3，纽残缺。盖面刻折线纹。釉色青绿。直径 7.2、内口径 3、残高 3 厘米。

Ｃ型　斜盖面，无内口。按盖面不同可分 2 亚型。

Ｃa 型　盖面坦。

〔1135〕TN8W1③：14，乳丁纽，圆边弧缘。盖面刻划仰莲瓣纹。胎色灰白，釉色青绿。盖内壁无釉。直径 18、残高 5.8 厘米。

Ｃb 型　盖面弧，分三层，乳丁纽，弧顶，直边。胎色灰白，胎壁较厚，釉层较厚。

Ⅰ式　纽较大。

〔1136〕TN12W3⑤N：89，刻划覆莲瓣纹。釉色青绿。盖内无釉。直径 13.4、高 4.4 厘米。

〔1137〕TN14W3①：45，纽残。盖面刻划覆莲瓣纹和卷草纹，盖口直壁刻划卷草纹。釉色青绿。直径 10、残高 4.2 厘米。

Ⅱ式　纽较小。

〔1138〕TN12W3④W：20，盖面上两层刻划莲瓣纹，下层刻划卷草纹，盖口直壁刻划折线纹。釉色青绿。盖内心无釉。直径 8.8、高 4.4 厘米。

〔1139〕TN15E4⑬：31，釉色青黄，釉面开片。盖内无釉。直径 9、高 4.6 厘米。

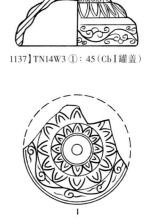

〔1137〕TN14W3①：45（CbⅠ罐盖）

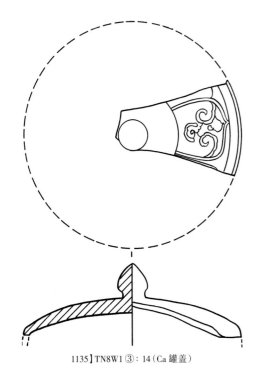

〔1135〕TN8W1③：14（Ca 罐盖）

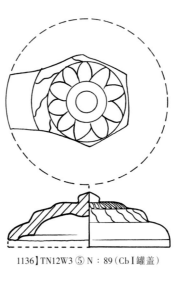

〔1136〕TN12W3⑤N：89（CbⅠ罐盖）

〔1139〕TN15E4⑬：31（CbⅡ罐盖）

〔1138〕TN12W3④W：20（CbⅡ罐盖）

0　　　　　　6 厘米

1137】TN14W3 ①：45（Cb I 罐盖）

1138】TN12W3 ④ W：20（Cb II 罐盖）

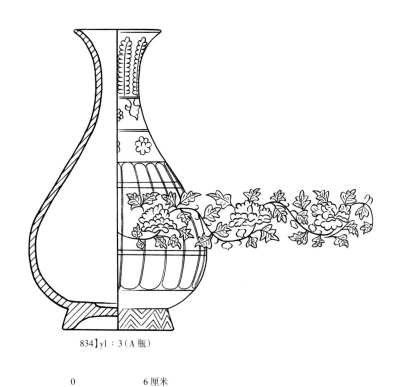

834】y1：3（A 瓶）

0　　　　　　6厘米

834】y1：3（A 瓶）

十五　瓶

根据器形不同，可分为 5 型。

A 型　玉壶春瓶。侈口微翻沿，长颈，溜肩，球腹，圈足微外撇，足端斜削。胎色灰白，胎壁较厚，釉层较薄。足端无釉。器物整体模制印花。

834】y1：3，瓜棱腹。颈部阳印蕉叶纹，肩部阳印弦纹、如意纹、梅花纹，腹部阳印缠枝牡丹纹，圈足阳印折线纹。釉色青黄，釉层多气泡。口径 7.2、足径 9.2、高 24 厘米。

1140】TN10W1 ⑨：4（Ⅰ梅瓶盖）

1141】TN8W3 ③ N：58（Ⅰ梅瓶盖）

1142】TN18E3 ①：7（Ⅱ梅瓶盖）

1143】TN15E4 ⑮：3（Ⅲ梅瓶盖）

B 型　梅瓶。发现有梅瓶和梅瓶盖，其中梅瓶都是残碎片。

梅瓶盖直壁较高。按顶部不同分 3 式。

Ⅰ式　平弧顶，盖口外撇。胎色灰白，胎壁较薄，釉层较薄。

1140】TN10W1 ⑨：4，平顶。直壁上有三道凸弦纹。釉色青，釉面开片，内顶无釉。顶径 4.7、口径 6.7、高 3.7 厘米。

1141】TN8W3 ③ N ：58，纽残，斜弧顶。顶面和直壁划弦纹和双线莲瓣纹。釉色青绿。口径 9.8、残高 4.8 厘米。

Ⅱ式　圆顶。胎色灰白，釉层较薄。

1142】TN18E3 ①：7，釉色青。内无釉。和瓶口粘连。口径 6.1、高 4.5 厘米。

Ⅲ式　平顶，弧盖面，圆边宽缘，沿缘微上翘，直壁微斜。胎色灰白，胎体厚重。

1143】TN15E4 ⑮：3，露胎狮形纽残。口外壁刻划缠枝牡丹纹，盖内心阳印牡丹纹，盖内心和内壁刻有“中”字，纹饰较模糊。釉色青黄，局部青灰。口径 28.8、残高 29 厘米。

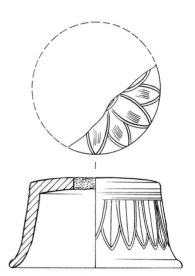

1141】TN8W3 ③ N：58（I 梅瓶盖）

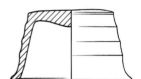

1140】TN10W1 ⑨：4（I 梅瓶盖）

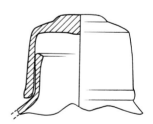

1142】TN18E3 ①：7（Ⅱ梅瓶盖）

0   4 厘米

1143】TN15E4 ⑮：3（Ⅲ梅瓶盖）

0   8 厘米

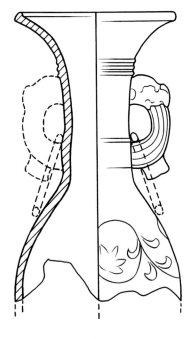

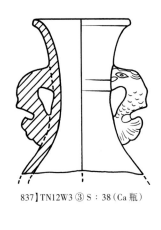

837〕TN12W3③S：38（Ca瓶）

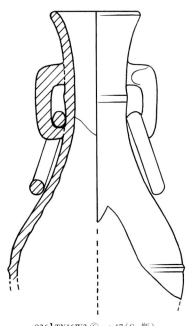

835〕TN10W3③S：38（Ca瓶）

0　　　　　　　6厘米

836〕TN16W3⑥a：17（Ca瓶）

C型　双耳瓶。长颈，双耳，圆腹、扁腹、扁方腹或扁圆腹，圈足。按口部不同可分7亚型，其中Cc、Cd、Ce、Cf型或称福寿瓶。

Ca型　圆口，翻沿，长圆腹。胎色灰白，胎壁较厚，釉层较薄。外底无釉。

835〕TN10W3③S：38，浅盘口外敞，长颈，鱼形耳衔环，溜肩，下部残。颈上部三道凸弦纹，腹部贴缠枝花。釉色粉青，釉面开片。口径13、残高23厘米。

836〕TN16W3⑥a：17，圆唇，长颈，颈部两侧附方耳衔环，环残，溜肩，鼓弧腹，下部残。颈腹中部各有一凸棱。釉色青。口径7.3、残高23厘米。

837〕TN12W3③S：38，肩下残，颈部两侧附鱼形耳衔环，环残。颈中部有一凸棱。釉色青灰。口径8、残高12.4厘米。

Cb型　长方形直口，粗短颈，扁腹有棱角，长方形足外敞，方耳衔方环。整体模制。

838〕TN8W3③N：31，腹颈阳印如意纹等。胎色灰白，胎壁较薄，釉色青白，釉质玻化，釉面开片。足端无釉。口长5.4、口宽4.6、足长6、足宽4.6、高15.2厘米。

Cc型　菱形花口，沿外翻，扁腹。胎色灰白，胎壁较厚，釉层较厚。外底无釉。整体模制。

839〕TN12W3③S：39，颈部对称龙形耳，耳下挂圆环，颈部阳印大蕉叶纹，腹部一边"福"一边"寿"，两者间阳印缠枝花卉，腹底阳印折线纹。釉色青绿。口径7.2~8、高21.6厘米。

840〕TN15E4④S：3，颈部对称圆耳，耳下挂圆环，底残，颈部阳印大蕉叶纹，腹部一边"福"一边"寿"，两者间阳印如意纹，腹底阳印宽叶纹。釉色青绿。口径5.5~6.6、残高17.4厘米。

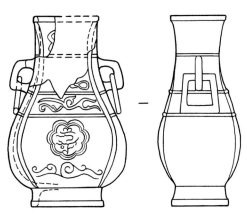

838〕TN8W3③N：31（Cb瓶）

0　　　　　　　6厘米

835】TN10W3 ③ S：38（Ca 瓶）

836】TN16W3 ⑥ a：17（Ca 瓶）

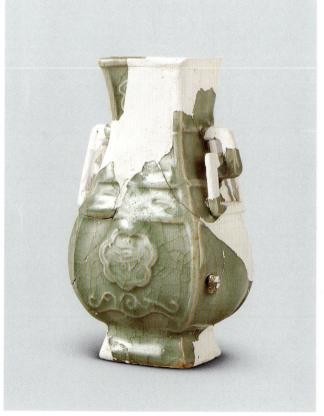

838】TN8W3 ③ N：31（Cb 瓶）

839】TN12W3 ③ S：39（Cc 瓶）

840〕TN15E4 ④ S：3（Ce 瓶）

841〕TN12W3 ⑥ S：5（Cd 瓶）

842〕TN18E3 ⑥ S：1（Ce 瓶）

843〕TN18E4 ④ S：5（Cf 瓶）

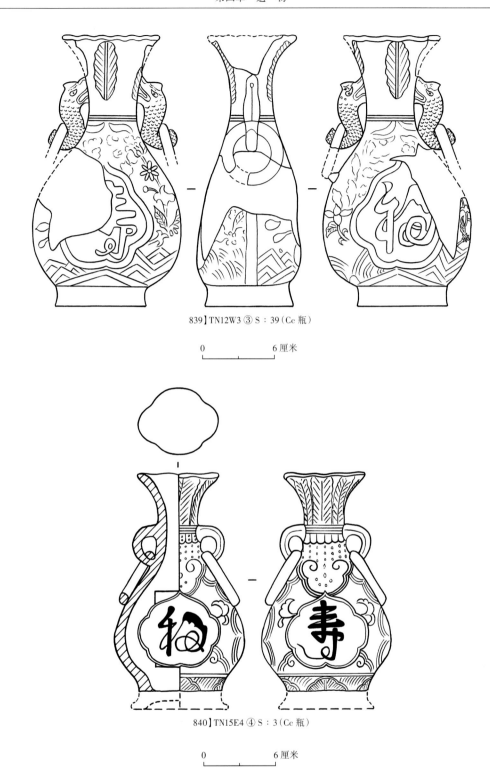

839】TN12W3 ③ S：39（Ce 瓶）

0　　　　　6 厘米

840】TN15E4 ④ S：3（Ce 瓶）

0　　　　　6 厘米

Cd 型　方口，凸唇，扁腹。足端无釉。整体模制。

841】TN12W3 ⑥ S：5，鱼耳，圆环，颈部阳印花纹，腹部一边"福"一边"寿"，两者间阳印缠枝花卉。胎色灰黄，胎质较疏，釉色黄，釉层较薄。口长 5.4、口宽 5.2、足径 7.2、高 24 厘米。

Ce 型　椭圆形盘口，扁腹。整体模制。

842】TN18E3 ⑥ S：1，口、耳残，足端外凸。颈中部有一凸棱，凸棱上阳印蕉叶纹，凸棱下阳印如意纹，

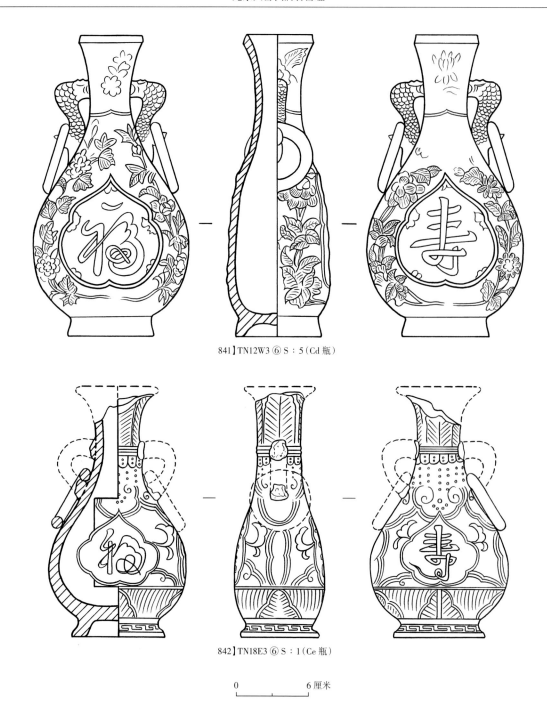

841〕TN12W3⑥S：5（Cd 瓶）

842〕TN18E3⑥S：1（Ce 瓶）

0　　　　　　6厘米

肩部残存一圆环，腹部一边"福"一边"寿"，两者间有阳印花纹，腹底阳印宽叶纹，足外阳印一圈回纹。胎色灰白，胎壁较厚，釉色青灰。足端无釉。底长径7.6、底短径6.4、残高19厘米。

　　Cf 型　圆角长方形直盘口，扁腹。整体模制。

　　843〕TN18E4④S：5，器物变形。圆角长方形直盘口，平唇沿，长颈，扁鼓腹，圆角长方形高圈足边缘下折呈倒盘口状，颈部双鱼耳衔环。盘口阳印卷草纹，上颈部阳印蕉叶纹、花卉，鱼耳阳印鱼鳞、鱼尾、鱼鳃等，腹部阳印孔雀花卉，圈足上部阳印花卉，圈足下部阳印席纹。胎色灰白，釉色青绿，釉层较薄。外底无釉。口长8.6、口宽4.6、足长9.5、足宽7、变形高26.4厘米。

　　844〕TN18E4⑥S：10，耳残。颈上部阳印蕉叶纹，中部有一带状凸棱，下部阳印如意纹，腹部一侧印

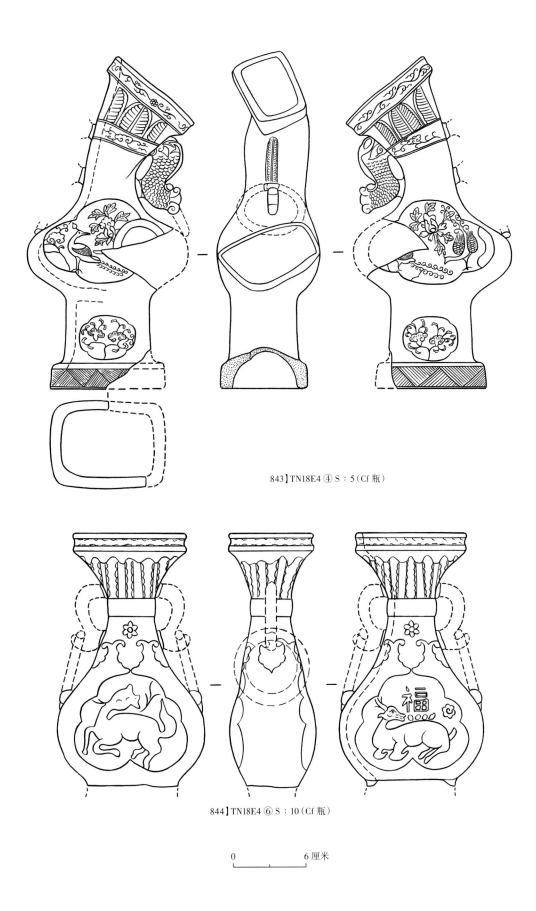

843〗TN18E4 ④ S∶5（Cf 瓶）

844〗TN18E4 ⑥ S∶10（Cf 瓶）

0　　　　　6厘米

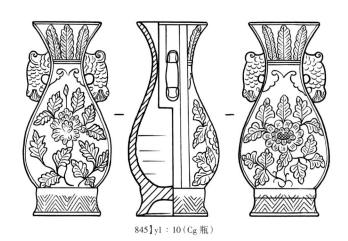

845】y1：10（Cg 瓶）

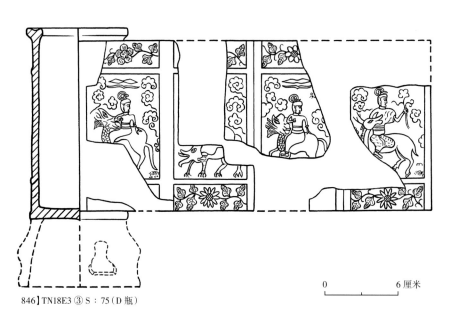

0　　　　　　6厘米

846】TN18E3 ③ S：75（D 瓶）

"福"字、鹿纹图案，另一侧印麒麟图案。生烧。口长 9.4、口宽 7、残高 20 厘米。

Cg 型　圆侈口。整体模制。

845】y1：10，侈口，圆唇，短颈，双鱼耳，溜肩，扁圆腹，圈足外撇，外底凹。颈部阳印蕉叶纹，肩腹部阳印弦纹、牡丹纹，圈足阳印折线纹。胎色灰白，釉色青黄，釉层较薄。足端无釉。口径 5.8、足径 5.4、高 15.4 厘米。

D 型　方瓶。方口，平沿，直腹，四角边棱稍圆润，器下为方形镂空器座。

846】TN18E3 ③ S：75，底残，上下腹阳印花卉，中腹阳印仙女骑兽图。胎色灰白，胎壁较薄。釉色青黄，釉层较薄，釉面开片。口边长约 8、残高 20.6 厘米。

E 型　凤尾尊式瓶。侈口，粗长颈。按装饰不同可分 2 式。

Ⅰ式　贴花装饰。

847】TN8W3 ④ S：3，瓶颈残片。颈上贴花，有弦纹。胎色灰白，胎体厚重，釉色粉青，釉层较厚。颈最小直径 12 厘米。

Ⅱ式　刻划花装饰。侈口翻沿，圆唇，束颈，弧肩。胎色灰白，胎壁较厚，釉层较薄。

848】TN7W1 ②：5，肩以下残。颈部刻螺旋纹。釉色粉青。口径 12.4、残高 12.4 厘米。

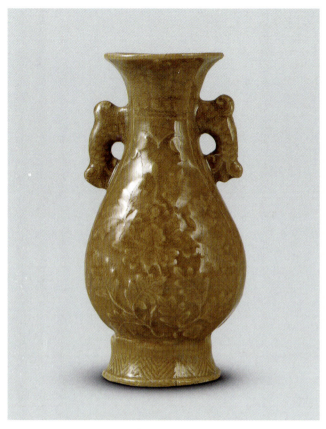

845】y1：10（Cg 瓶）

847】TN8W3 ④ S：3（E I 瓶）

848】TN7W1 ②：5（E II 瓶）

850】TN15E4 ⑪：14（E II 瓶）

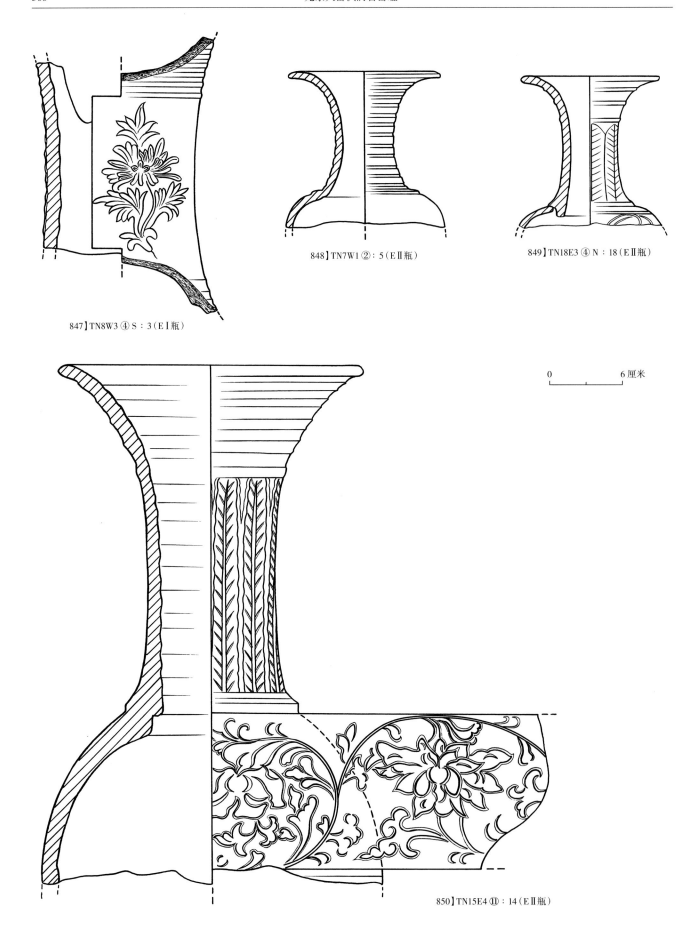

847〗TN8W3 ④ S：3（EⅠ瓶）

848〗TN7W1 ②：5（EⅡ瓶）

849〗TN18E3 ④ N：18（EⅡ瓶）

0   6厘米

850〗TN15E4 ⑪：14（EⅡ瓶）

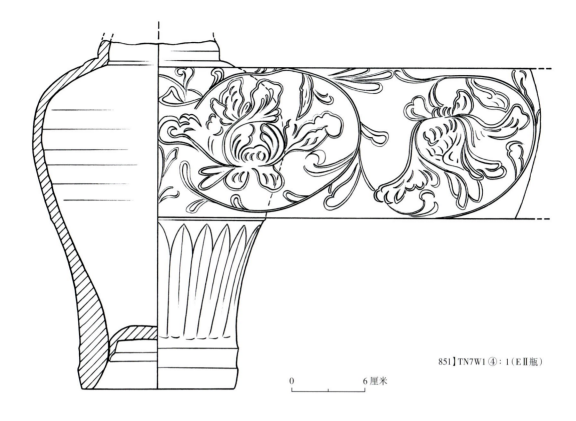

851】TN7W1④：1（EⅡ瓶）

0 _____ 6厘米

851】TN7W1④：1（EⅡ瓶）

849】TN18E3④N：18，肩以下残。沿下有三道凸弦纹，颈部刻划蕉叶纹。釉色青绿。口径11.2、残高12厘米。

850】TN15E4⑪：14，腹底残。颈上部刻螺旋纹，下部刻划蕉叶纹，肩腹刻划缠枝牡丹纹。胎体厚重，釉色青绿。口径25、残高41.6厘米。

851】TN7W1④：1，口颈残。丰肩，鼓腹，下腹微束，圈足，内底凸，为拼接底。肩与上腹刻划缠枝牡丹纹，下腹刻划较细长的莲瓣纹。胎体厚重，釉色青绿。足端无釉。足径12.6、残高27.2厘米。

十六 烛台

按器物底座不同可分6型。

A型 底座为碗、钵形。按口沿不同可分4亚型。

Aa型 直口，弧腹，下腹折收，圈足，中芯管状，管的粗细不均。按底足不同可分2式。

Ⅰ式 假圈足。腹壁较矮。

852】TN10W3⑥N：21，底端斜削。胎色灰白，胎壁较厚，釉色青黄。外底无釉。口径13.2、底径8.6、高4.6厘米。

Ⅱ式　圈足。足端斜削，足端和外底无釉。胎色灰白，胎壁较厚，釉层较厚。

853】TN16W3②：60，管芯残。圆唇外凸，底心微尖凸。釉色青黄。口径 12、足径 7.2、高 5.9 厘米。

854】TN16W3⑥a：84，管芯残。釉色青灰。口径 10.5、足径 6.6、高 4.8 厘米。

Ab 型　侈口，平沿，直腹，圈足，足端平或稍圆，中芯管状或菇状。胎色灰白，胎壁较厚，釉层有厚薄。

855】TN14W3①：18，口腹残。内底有一菇状灯芯，束腰，台面微凹，有孔，孔内插有一铁钉。釉色青绿，釉层较厚。外底无釉。足径 7.6、残高 5 厘米。

856】TN14W3⑤N：33，足端斜削，菇芯残，外底微尖凸。灰黄胎，胎质疏松，釉色青黄，釉层较薄，釉面开片。圈足和外底无釉。口径 11.6、足径 5.2、高 5.8 厘米。

857】TN16W3⑥a：8，管芯残。足端斜削。外腹壁有两道弦纹。釉色淡青，釉层较薄。外底无釉。口径 12.2、足径 8、高 5.2 厘米。

858】TN17E5①：98，足端斜削，菇芯束腰，台面内凹，有孔不透，孔径 1 厘米。外壁下腹剔刻莲瓣纹。胎色灰黄，胎质疏松，釉色青黄，釉层较薄，开细片。外底无釉。口径 12.6、足径 6.6、高 5.4 厘米。

859】TN17E5①：99，管芯。釉色青绿，釉层较厚。外底无釉。口径 12、足径 7.2、高 5.6 厘米。

Ac 型　敞口，坦腹。按底足不同分 3 式。

Ⅰ式　平底。胎色灰白，胎壁较厚，釉层凝厚。外底无釉。

860】TN12W3⑤N：13，底边斜削，菇芯束腰，台面内凹。釉色青绿。外底刻字"李用记号"。口径 17、底径 5.7、高 5.1 厘米。

861】TN14W3③W：4，底微凸，菇芯束腰，台面平，微内凹。釉色青绿。口径 17、底径 3、高 5.5 厘米。

862】TN16W3⑨a：31，底微凹，菇芯束腰，台面内凹。釉色青绿。台面边无釉。口径 14.6、底径 5.4、高 3.5 厘米。

Ⅱ式　卧足。外底无釉。

863】TN16W3③：3，口腹残。外底心微凸，菇芯束腰，台面内凹，有孔不透。胎色灰白，胎壁较厚。

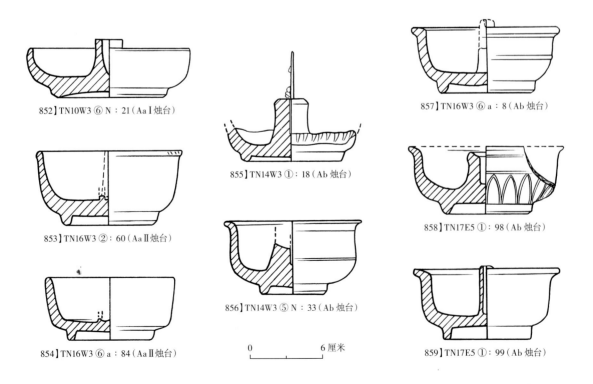

852】TN10W3⑥N：21（AaⅠ烛台）

853】TN16W3②：60（AaⅡ烛台）

854】TN16W3⑥a：84（AaⅡ烛台）

855】TN14W3①：18（Ab 烛台）

856】TN14W3⑤N：33（Ab 烛台）

0　　　　　　6厘米

857】TN16W3⑥a：8（Ab 烛台）

858】TN17E5①：98（Ab 烛台）

859】TN17E5①：99（Ab 烛台）

852】TN10W3 ⑥ N：21（Aa I 烛台）

853】TN16W3 ②：60（Aa II 烛台）

854】TN16W3 ⑥ a：84（Aa II 烛台）

855】TN14W3 ①：18（Ab 烛台）

856】TN14W3 ⑤ N：33（Ab 烛台）

857】TN16W3 ⑥ a：8（Ab 烛台）

釉色青黄，釉层较薄，釉面开片。外底局部无釉。底径 5.6、残高 7.1 厘米。

　　Ⅲ式　饼底。胎色灰白，胎壁较厚，釉层较厚。外底无釉。

　　864〕G7：6，口腹残。菇芯束腰，台面平。釉色青绿，釉面开片，菇芯无釉，外底刻"上"字。底径 5.6、残高 5.3 厘米。

　　865〕TN12W3④N：10，口腹残。底边有凹圈，菇芯残。灰黄胎，胎质较疏，釉色青黄，釉面开片。内壁、菇芯无釉。外底刻字"李记音□"。底径 5、残高 3.6 厘米。

　　866〕TN18E4③N：9，口腹残。底边有凹圈，菇芯束腰，芯中空不透。釉色青绿，釉面开片。菇芯内无釉、外半釉，外底无釉。外底有刻划一花押。中芯孔径 4.2、底径 5、高 5.2 厘米。

　　867〕TN18E4③S：1，底边有凹圈，菇芯束腰，台面凹呈盘状，中心凸。釉色青绿。口径 16.6、底径 4.7、高 4.6 厘米。

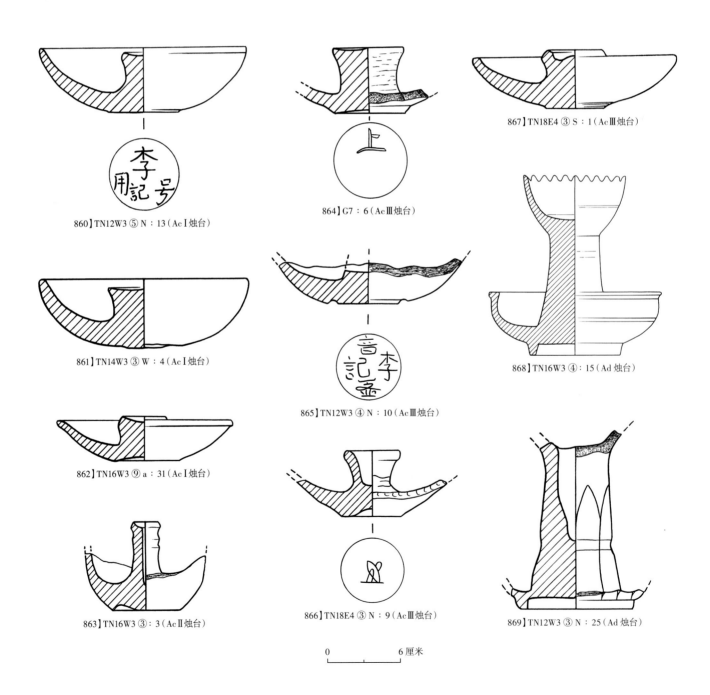

860〕TN12W3⑤N：13（AcⅠ烛台）

861〕TN14W3③W：4（AcⅠ烛台）

862〕TN16W3⑨a：31（AcⅠ烛台）

863〕TN16W3③：3（AcⅡ烛台）

864〕G7：6（AcⅢ烛台）

865〕TN12W3④N：10（AcⅢ烛台）

866〕TN18E4③N：9（AcⅢ烛台）

867〕TN18E4③S：1（AcⅢ烛台）

868〕TN16W3④：15（Ad 烛台）

869〕TN12W3③N：25（Ad 烛台）

0　　　　　6厘米

860】TN12W3 ⑤ N：13（AcⅠ烛台）

861】TN14W3 ③ W：4（AcⅠ烛台）

862】TN16W3 ⑨ a：31（AcⅠ烛台）

864】G7：6（AcⅢ烛台）

865】TN12W3 ④ N：10（AcⅢ烛台）

866】TN18E4 ③ N：9（AcⅢ烛台）

Ad 型　侈口，平沿，内有高柄托台。

868】TN16W3④：15，托台齿形口，弧腹，柱形芯，圈足。胎色灰白，胎壁较厚，釉色青灰，釉层较厚，釉面开片。外底和足端无釉。内口径约 8、足径约 7.6、高 14.2 厘米。

869】TN12W3③N：25，口残。直柄中空不透，下似有托盘残，圈足。柄上刻莲瓣，托盘外似刻莲瓣。胎色灰白，胎质较疏松，釉色青黄，釉层较薄，釉面开片。外底无釉。足径 9、残高 14.2 厘米。

B 型　壶形底座。

870】TN10W3③S：42，上部为盘形托，圆唇，弧腹，口边有一缺口。中部为细管形长柄，柄下部有一凸轮，凸轮上方有对称双孔。下部为罐形，弧肩，上腹鼓，下腹曲收，圈足，挖足深。罐上腹有弦纹。胎色灰白，胎壁较薄，釉色粉青，釉层凝厚。足端刮釉。口径 8、足径 4.8、高 19.3 厘米。

C 型　覆钵形底座。

871】TN10W3③S：2，上部为盘形，菱口板沿折腹，中部呈凸轮状，下部呈覆钵形。内部有直口，中空。胎色灰白，胎壁较厚，釉色青灰，釉层较厚，釉面开片。上盘直径 12.2、足径约 10、高 9.4 厘米。

872】TN16W3④：22，上部为荷叶形盘托，弧腹，中部为短颈，下部为覆钵形大圈足，内部有小直口，圆唇，中空，足端外折呈盖口状。足外壁浮雕莲瓣纹。胎色较白，胎壁较厚，釉色青绿，釉层较厚。足端无釉。盘径 12.4、内孔径 1.8、足径约 22、高 9.3 厘米。

873】TN16W3②：59，内口残。敞口，上部为盘托，圆唇，弧腹，下腹折，有折棱。中部为短把。下部为倒挂钟式大圈足，足外壁凹凸呈螺形，足端微内敛。胎色较白，胎壁较厚，釉色粉青，釉层较厚。足端无釉。口径 13.6、足径约 12、高 12.2 厘米。

D 型　高圈足形底座。胎色灰白，胎壁较厚，釉层较厚。

874】TN12W3④N：2，上部残。下部为喇叭状圈足，足壁斜直。釉色青灰。足端无釉。足径 9.8、残高 14 厘米。

875】TN12W3⑤W：4，口底残。上部弧腹，外壁刻划莲瓣纹，中部有一饼状凸轮。下部为高圈足，外

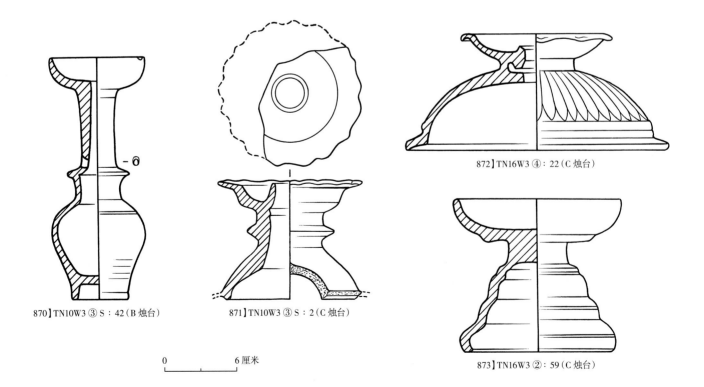

870】TN10W3③S：42（B 烛台）　　　871】TN10W3③S：2（C 烛台）　　　872】TN16W3④：22（C 烛台）

0　　　　6 厘米

873】TN16W3②：59（C 烛台）

867】TN18E4 ③ S：1（AcⅢ 烛台）

868】TN16W3 ④：15（Ad 烛台）

870】TN10W3 ③ S：42（B 烛台）

871】TN10W3 ③ S：2（C 烛台）

872】TN16W3 ④：22（C 烛台）

873】TN16W3 ②：59（C 烛台）

874】TN12W3 ④ N：2（D 烛台）

875】TN12W3 ⑤ W：4（D 烛台）

876】TN16W3 ⑦：9（D 烛台）

877】TN15E4 ④ N：4（E 烛台）

878】TN10W3 ①：16（F 烛台）

879】TN14W3 ⑤ N：11（G 烛台）（倒置）

壁有多道凸棱。釉色青绿。残高 16.8 厘米。

876】TN16W3 ⑦：9，管芯直口，方唇。上部荷叶形托盘微折腹。中部短柄，下部为高圈足，足外壁凹凸呈螺形。釉色青绿。口唇、足端无釉。口径 5、足径 10.8、高 18.3 厘米。

E 型　镂空器座。

877】TN15E4 ④ N：4，上为鼎式炉形，鼎中有中空小管芯，鼎足为动物爪形。下为如意纹镂空器座。器形小巧。胎色灰白，釉色青绿，釉层较厚。器座底端无釉。两器粘连。底径 5.2、复原高度约 10 厘米。

F 型　托盏形底座。

878】TN10W3 ①：16，直口，平沿，中腹圆凸呈轮状，圈足较直。胎色灰白，胎壁较厚，釉色青黄，釉层较薄，釉面开片。口径 5.6、底径 5.4、高 4.8 厘米。

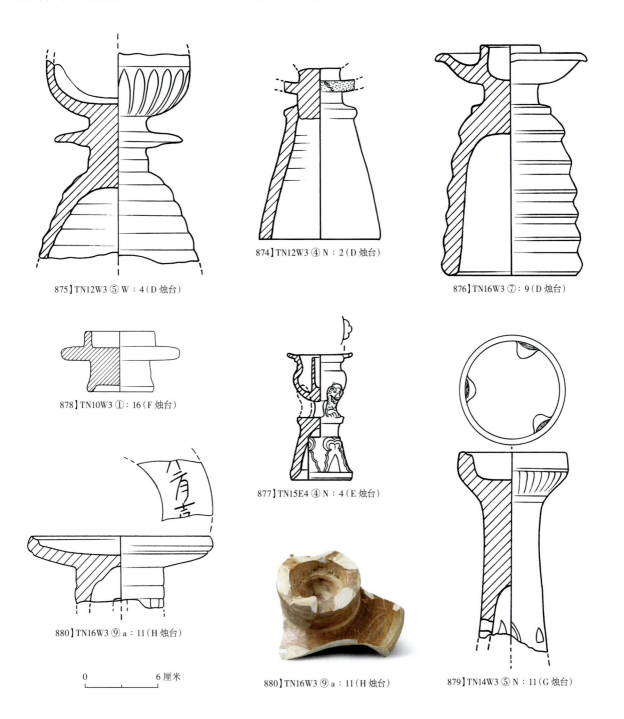

875】TN12W3 ⑤ W：4（D 烛台）

874】TN12W3 ④ N：2（D 烛台）

876】TN16W3 ⑦：9（D 烛台）

878】TN10W3 ①：16（F 烛台）

877】TN15E4 ④ N：4（E 烛台）

880】TN16W3 ⑨ a：11（H 烛台）

0　　　　　6 厘米

880】TN16W3 ⑨ a：11（H 烛台）

879】TN14W3 ⑤ N：11（G 烛台）

G 型　盘口豆形。

879】TN14W3⑤N：11，盘口微敛，圆唇，内底平，长柄。盘壁贴有三个条状环，残。柄底有镂孔。柄以下残。胎色灰白，胎壁厚，釉色青绿，釉层较厚。口径 8.9、残高 16 厘米。

H 型　浅盘口豆形。

880】TN16W3⑨a：11，平沿，盘口，短直颈，颈部有一凸棱，下镂空残缺。托盘外壁刻有"……二月吉……"字样。胎色灰白，胎壁厚。通体无釉。口径 14.8、残高 5.8 厘米。

十七　炉

按形状差异可分 5 型。

A 型　鬲式炉。鬲形，足内中空，足内侧或炉底有细孔，圜底。按足部不同可分 2 式。

Ⅰ式　足外斜。平折沿，圆唇，束颈，鼓腹。胎色灰白，胎壁较薄，釉层较厚。足端无釉。

①腹足出戟。

881】TN10W3③S：10，上腹有一凸棱，足腹部出戟，足根饰兽面纹。釉色黄，釉面冰裂。口径 13.8、高 11 厘米。

882】TN6W4③W：16，上腹有一凸棱，足腹部出戟。釉色青，釉面开片。口径 14、残高 9.4 厘米。

883】H5：5，上腹有一凸棱，足腹部出戟。釉色青黄，釉面冰裂，釉层有气泡。口径 13.6、高 11.6 厘米。

②腹足部不出戟。

884】TN8W3③N：10，内底足上部有 3 个小孔。釉色青灰，釉面开片。口径 10.3、高 8.5 厘米。

885】TN9W3③N：23，上腹有一凸棱，腹部饰三处长方形贴花，足根处饰兽面纹。釉色青黄，釉面冰裂，内底刮釉。口径 11.4、高 9.9 厘米。

886】TN9W3④N：11，上腹有一凸棱，腹部饰三处长方形贴花，足根处饰兽面纹。内底有套烧痕。釉色青绿。外壁粘有一樽式炉腹片。樽式炉平沿，沿面凹，沿外尖圆唇，内凸圆唇，外沿下饰一弦纹，直腹，腹部贴饰缠枝牡丹纹。口径 13.4、高 8 厘米。

③足腹部不出戟，腹部有铺首。

887】TN9W3③N：21，底残。肩部贴铺首。釉色粉青。口径 9、残高 5.5 厘米。

Ⅱ式　足较直。胎体厚重。

888】TN15E4①：83，口腹残。足腹部刻划缠枝牡丹纹。胎色灰白，釉色青绿。足端无釉。残高 10.4 厘米。

B 型　鼎式炉。鼎形。发现有炉和炉盖。

（1）炉

按口部差异可分 2 亚型。

Ba 型　浅盘口，长方形附耳，束颈，鼓腹，平底，底部中有孔。胎色灰白，胎壁较厚，釉层较薄。口内、外底无釉。

889】TN9W3③N：1，三个鸟喙形兽面足，肩部下腹各有一道凸弦纹。釉色青绿。口径 16、高 16.4 厘米。

890】TN10W3①：6，底足残。肩部上腹各有凸弦纹，颈腹部有鼓钉。釉色青。口径约 23.2、残高 10.4 厘米。

Bb 型　直口，长方形立耳，直腹，圜底，直管形足。胎色灰白，胎壁较厚，釉层较薄。外底无釉。

891】TN8E3⑧：9，耳残。凸唇，三个直管形足，足根在底外侧，外底平，中腹下腹各有一道凸棱。釉色青绿，釉面冰裂。口径 14、高 18.4 厘米。

（2）炉盖

1149】TN18E3③S：8，狮形纽，狮子体内中空。弧顶，盖口折壁微外斜。釉色青绿。口径 9、高 7.5 厘米。

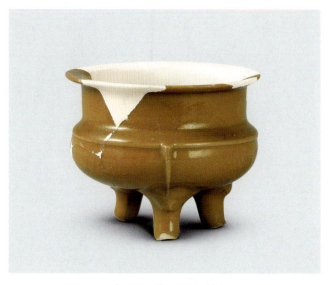

881〕TN10W3 ③ S：10（A I 炉）

882〕TN6W4 ③ W：16（A I 炉）

883〕H5：5（A I 炉）

884〕TN8W3 ③ N：10（A I 炉）

885〕TN9W3 ③ N：23（A I 炉）

886〕TN9W3 ④ N：11（A I 炉）

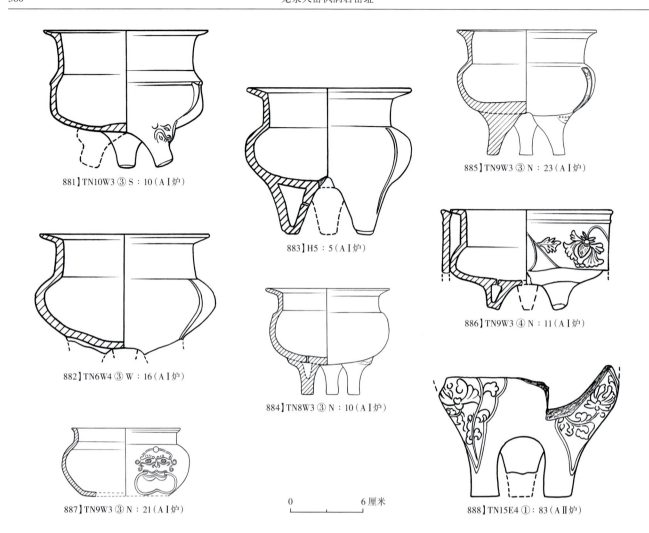

881】TN10W3 ③ S：10（A I 炉）

883】H5：5（A I 炉）

885】TN9W3 ③ N：23（A I 炉）

882】TN6W4 ③ W：16（A I 炉）

884】TN8W3 ③ N：10（A I 炉）

886】TN9W3 ④ N：11（A I 炉）

887】TN9W3 ③ N：21（A I 炉）

0　　　　　　　6 厘米

888】TN15E4 ①：83（A Ⅱ炉）

887】TN9W3 ③ N：21（A I 炉）

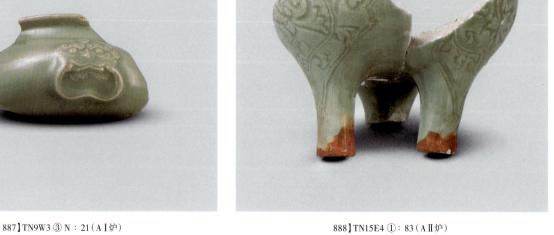

888】TN15E4 ①：83（A Ⅱ炉）

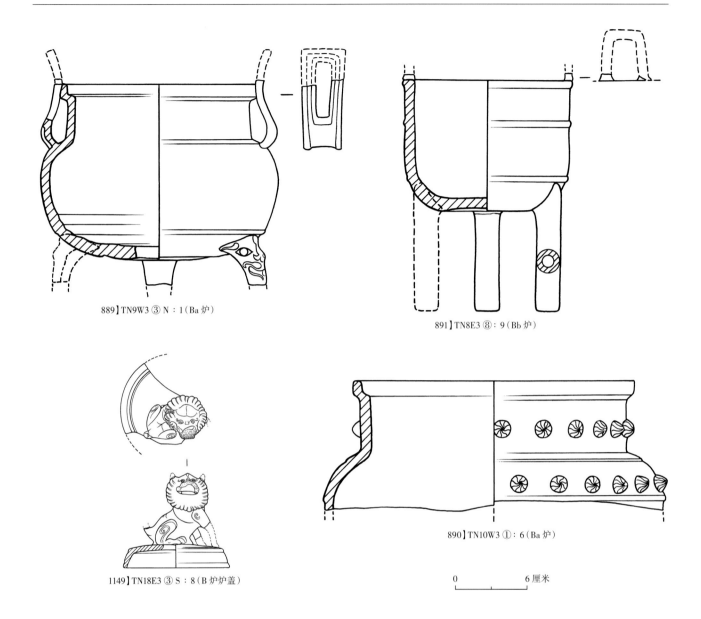

889】TN9W3③N：1（Ba炉）

891】TN8E3⑧：9（Bb炉）

1149】TN18E3③S：8（B炉炉盖）

890】TN10W3①：6（Ba炉）

0   6厘米

C型　樽式炉。樽形，直口，直腹，多数腹下有三个蹄形足，足面出筋，一般上下腹各有一道凸棱。按底部是否带孔可分2亚型。

Ca型　底无孔。按底足不同可分5式。

Ⅰ式　窄圈足，外底心微尖凸。胎色灰白，胎壁较薄，釉层较厚。内底无釉，圈足足端无釉，蹄足足端多数有釉。

892】TN8W3②：2，中腹贴牡丹纹。釉色青绿，釉面冰裂。口径16、圈足足径6.8、高9.8厘米。

893】TN8W3②：10，外壁贴花三处。釉色粉青，局部偏灰。口径13.4、圈足足径5.4、高8.4厘米。

894】TN8W3②：14，腹下有三个如意云头状足，足面刻卷云纹，腹部有多道凸弦纹。釉色青绿。口径10.8、圈足足径4.4、高7.7厘米。

895】TN8W3③N：24，外壁贴花四处。釉色粉青，局部青灰。口径13.4、圈足足径6.2、高7.4厘米。

896】TN8W3③N：25，外壁贴花三处。釉色粉青，釉面开片。口径15.5、圈足足径6.5、高9.5厘米。

Ⅱ式　直圈足，沿面多内凹，外底心微尖凸，圈足多数悬空。胎色灰白，胎壁较厚，釉层较薄。内外底、圈足足端无釉。

897】TN8E3⑥a：1，底残。外壁沿下有两道弦纹，腹部贴一"福"字。釉色青绿。口径16、残高8厘米。

898】TN8E3⑧：15，底残。中腹剔刻八卦纹。釉色淡青绿。口径20、残高8.6厘米。

899】TN8E3⑪：17，中腹贴菊花纹。釉色青灰。口径12.4、足径5.6、高8厘米。

900】TN9W3⑤N：18，腹部有多道凸弦纹。釉色青绿。口径14.4、足径6.4厘，高11厘米。

901】TN9W3⑥N：2，腹下残，外壁上部有两道弦纹，上腹贴有缠枝花卉，中腹剔刻八卦纹。釉色青黄。内外壁施半釉。残高8.2厘米。

902】TN10W6③a：6，外壁贴花三处。釉色青绿，釉面开片，釉层玻化。蹄足足端有釉。口径13.2、圈足足径5.2、高7.7厘米。

903】TN17E5①：105，腹下残。中腹贴缠枝牡丹纹。釉色青绿。口径22、残高12.2厘米。

Ⅲ式　直圈足。足多数悬空或持平。胎色灰白，胎壁较厚，釉层内薄外厚。内壁半釉，圈足、外底无釉。

904】F1：21，釉色青绿，釉面开片。口径11.2、圈足足径6.6、高8厘米。

905】G8：16，釉色青绿。口径8.8、圈足足径4.6、高4.9厘米。

906】TN16W3②：63，釉色青绿。口径12.4、圈足足径5.6、高7.2厘米。

907】TN16W3⑤：30，腹下有三个如意云头形足。釉色青绿。口径7.6、圈足足径4.8、高5厘米。

Ⅳ式　饼底内凹，底边斜削，蹄足多数悬空。胎色灰白，胎壁较厚，釉层内薄外厚。内壁半釉，外底无釉。

908】TN12W3⑤N：75，器腹两道凸弦纹。釉色青绿，釉面有裂纹。口径12、底径6.8、高8.1厘米。

909】TN16W3⑥a：9，灰黄胎，釉色青黄，釉面开片。口径12、底径5.6、高7.4厘米。

910】TN12W3⑤N：5，内底心阴印双鱼纹，腹部有两道凸弦棱。釉色青绿，釉面冰裂。口径12、底径6.8、高8.1厘米。

911】TN12W3⑥S：27，底足持平。内底心阴

889】TN9W3③N：1（Ba炉）

891】TN8E3⑧：9（Bb炉）

1149】TN18E3③S：8（B炉炉盖）

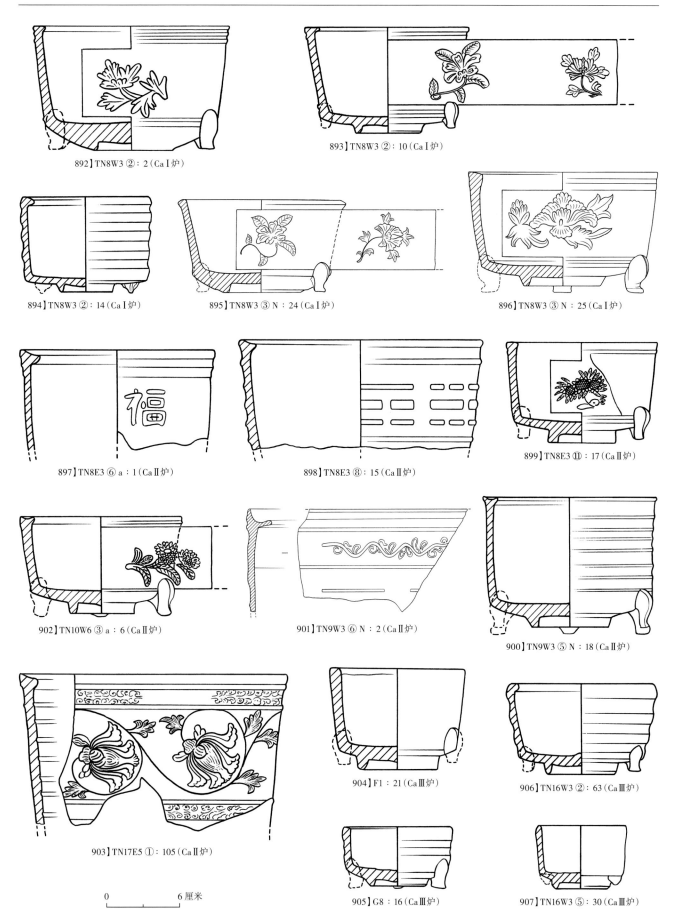

892〕TN8W3 ②：2（CaⅠ炉）

893〕TN8W3 ②：10（CaⅠ炉）

894〕TN8W3 ②：14（CaⅠ炉）

895〕TN8W3 ③N：24（CaⅠ炉）

896〕TN8W3 ③N：25（CaⅠ炉）

897〕TN8E3 ⑥a：1（CaⅡ炉）

898〕TN8E3 ⑧：15（CaⅡ炉）

899〕TN8E3 ⑪：17（CaⅡ炉）

902〕TN10W6 ③a：6（CaⅡ炉）

901〕TN9W3 ⑥N：2（CaⅡ炉）

900〕TN9W3 ⑤N：18（CaⅡ炉）

903〕TN17E5 ①：105（CaⅡ炉）

904〕F1：21（CaⅢ炉）

906〕TN16W3 ②：63（CaⅢ炉）

905〕G8：16（CaⅢ炉）

907〕TN16W3 ⑤：30（CaⅢ炉）

0　　　　　6 厘米

893〗TN8W3 ②：10（CaⅠ炉）

894〗TN8W3 ②：14（CaⅠ炉）

895〗TN8W3 ③ N：24（CaⅠ炉）

896〗TN8W3 ③ N：25（CaⅠ炉）

897〗TN8E3 ⑥ a：1（CaⅡ炉）

898〗TN8E3 ⑧：15（CaⅡ炉）

901〕TN9W3 ⑥ N：2（CaⅡ炉）

902〕TN10W6 ③ a：6（CaⅡ炉）

903〕TN17E5 ①：105（CaⅡ炉）

904〕F1：21（CaⅢ炉）

905〕G8：16（CaⅢ炉）

906〕TN16W3 ②：63（CaⅢ炉）

印勾叶牡丹纹。釉色青绿。口径 10.8、底径 6.4、高 6.6 厘米。

912〕TN16W3 ② : 61，内底心戳印金刚杵纹，腹部有两道凸弦棱。釉色青绿。口径 11.2、底径 6、高 6.6 厘米。

913〕TN12W3 ③ N : 26，内底心阴印荷花莲叶纹，腹部有凸弦纹。釉色青灰。口径 12、底径 6、高 7.4 厘米。

914〕TN12W3 ⑤ S : 9，内底心阴印茶花纹，腹部有凸弦棱。釉色青灰。口径 11.7、底径 7.4、高 7.4 厘米。

Ⅴ式　饼底，底边斜削，蹄足多数悬空。胎色灰白，胎壁较厚，釉层较薄。内壁半釉，外底无釉。

915〕TN7W1 ④ : 44，釉色青黄。口径 7.6、底径 5、高 5.6 厘米。

916〕TN18E3 ⑥ S : 39，器腹三道凸棱。釉色青绿。口径 12、底径 6.4、高 7.4 厘米。

917〕TN17E5 ① : 102，腹部有两道凹弦纹。釉色青绿。口径 11.2、底径 6、高 7.2 厘米。

908〕TN12W3 ⑤ N : 75（CaⅣ炉）

909〕TN16W3 ⑥ a : 9（CaⅣ炉）

914〕TN12W3 ⑤ S : 9（CaⅣ炉）

910〕TN12W3 ⑤ N : 5（CaⅣ炉）

912〕TN16W3 ② : 61（CaⅣ炉）

915〕TN7W1 ④ : 44（CaⅤ炉）

916〕TN18E3 ⑥ S : 39（CaⅤ炉）

911〕TN12W3 ⑥ S : 27（CaⅣ炉）

913〕TN12W3 ③ N : 26（CaⅣ炉）

0　　　　　　　6 厘米

917〕TN17E5 ① : 102（CaⅤ炉）

908】TN12W3 ⑤ N：75（CaⅣ炉）

915】TN7W1 ④：44（CaⅤ炉）

909】TN16W3 ⑥ a：9（CaⅣ炉）

916】TN18E3 ⑥ S：39（CaⅤ炉）

910】TN12W3 ⑤ N：5（CaⅣ炉）

917】TN17E5 ①：102（CaⅤ炉）

Cb 型　　底心有孔。底悬空，平底或饼底。腹部上下两道凸弦纹，中腹刻花或剔刻牡丹纹、菊花纹、八卦纹等。按底不同可分 3 式。

Ⅰ式　　平底，边缘凹。胎色灰白，胎壁较厚，釉层较厚。内底心和外底无釉。

① 中腹剔刻八卦纹。

918】TN16W3 ⑨ a：60，釉色青绿。口径 16.8、底径 6.4、高 10.2 厘米。

919】TN16W3 ⑦：95，釉色青绿。内叠烧一饼底无孔炉。口径 17.8、底径 6.8、高 10 厘米。

920】G8：17，釉色青绿，釉面冰裂。内底粘有垫具。口径 16、底径 6、高 11.2 厘米。

921】TN16W3 ④：59，外底与足端持平。内底心戳印金刚杵纹。釉色青绿。口径 17.8、底径 6、高 10.4 厘米。

922】TN16W3 ⑥ a：10，外底与足端持平。内底心阴印茶花纹。灰黄胎，釉色青黄，釉面开片。口径 17.3、底径 6.6、高 10.8 厘米。

923】TN16W3 ⑥ a：11，内底心阴印牡丹纹不清晰。釉色青黄。口径 17.2、底径 6、高 11.2 厘米。

918】TN16W3 ⑨ a：60（Cb Ⅰ 炉）

919】TN16W3 ⑦：95（Cb Ⅰ 炉）

920】G8：17（Cb Ⅰ 炉）

921】TN16W3 ④：59（Cb Ⅰ 炉）

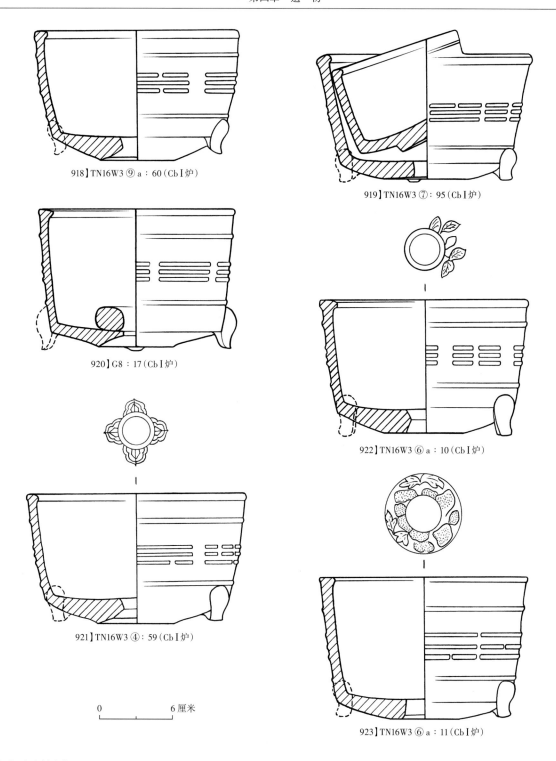

918】TN16W3⑨a：60（CbⅠ炉）

919】TN16W3⑦：95（CbⅠ炉）

920】G8：17（CbⅠ炉）

922】TN16W3⑥a：10（CbⅠ炉）

921】TN16W3④：59（CbⅠ炉）

0　　　　　　6厘米

923】TN16W3⑥a：11（CbⅠ炉）

②中腹刻划花。

924】TN16W3②：64，中腹刻牡丹花叶纹。釉色青黄，釉面冰裂。口径24.4、底径7.6、高17厘米。

925】TN16W3⑥b：34，卧足。中腹刻划缠枝牡丹纹。釉色青绿。内外底残留有垫具。口径26、底径8.4、高15厘米。

Ⅱ式　饼底，饼底外缘凹，内外凸圆唇。胎色灰白，胎壁较厚，釉层较厚。内底心和外底无釉。

①中腹剔刻八卦纹。

926】TN12W3④N：4，内底孔边阴印双鱼纹。釉色青灰较绿，釉面开片。口径17.2、底径6.4、高11厘米。

922】TN16W3 ⑥ a：10（CbⅠ炉）

923】TN16W3 ⑥ a：11（CbⅠ炉）

924】TN16W3 ②：64（CbⅠ炉）

925】TN16W3 ⑥ b：34（CbⅠ炉）

926】TN12W3 ④ N：4（CbⅡ炉）

927】TN12W3 ⑤ S：11（CbⅡ炉）

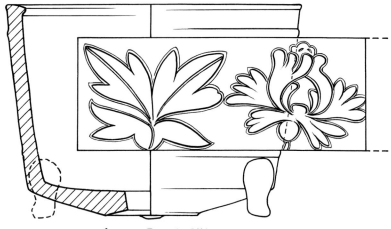

924〕TN16W3②：64（CbⅠ炉）

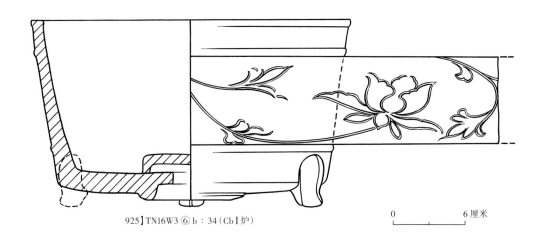

925〕TN16W3⑥b：34（CbⅠ炉）

0   6厘米

927〕TN12W3⑤S：11，内底心戳印花纹。釉色青绿，釉面开片。口径23.4、底径7.4、高15.4厘米。

928〕TN15E4㉓：32，腹下足残。釉色青灰。口径26、底径7.8、高19厘米。

②中腹剔刻牡丹花叶纹。

929〕TN10W3④N：2，以篦划为底纹，内底心戳印葵花纹。釉色青黄，釉质多气泡，釉面有裂纹。口径25.6、底径6.2、高17.2厘米。

930〕TN12W3⑤N：10，蹄足残。以篦划为底纹。釉色青绿。口径24.4、底径7.6、高15.8厘米。

931〕TN12W3⑤N：84，釉色青绿。口径25.2、底径7.6、高16.4厘米。

③中腹刻划花纹。

932〕TN10W3③N：22，中腹刻划牡丹花叶纹。釉色青绿。外底粘有垫圈，叠烧两炉。口径20、底径7、高14.4厘米。内部套烧的小炉为CaⅢ式，内底阴印四鱼莲纹。

933〕TN12W3④S：3，中腹刻划牡丹花叶纹。釉色青较绿。口径24.4、底径8.2、高16厘米。

934〕TN12W3⑥N：21，中腹刻划牡丹花叶纹。釉色青灰较绿，釉面局部开片。内底中间粘连一覆钵形窑具。口径24、底径8、高16厘米。

935〕TN12W3⑥S：28，中腹刻划缠枝牡丹纹。釉色青绿。口径24.6、底径7、高16.2厘米。

936〕TN15E4㉓：33，蹄足残。中腹刻划牡丹花叶纹。釉色青绿。口径22.4、底径6.6、残高17.2厘米。

937〕TN10W3③N：33，多件匣钵套烧炉粘连。大炉中腹刻划牡丹花叶纹。

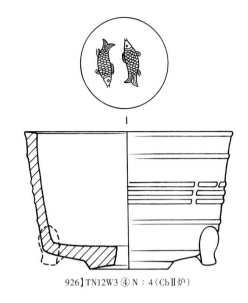

926】TN12W3 ④ N：4（CbⅡ炉）

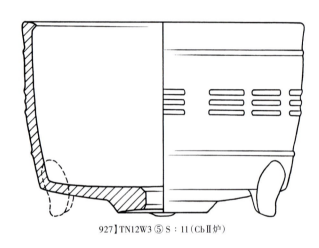

927】TN12W3 ⑤ S：11（CbⅡ炉）

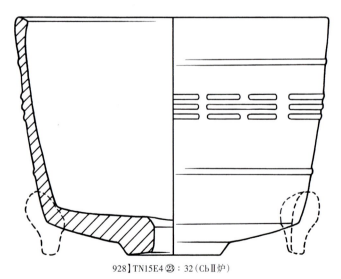

928】TN15E4 ㉓：32（CbⅡ炉）

0 ⸻ 6 厘米

929】TN10W3 ④ N：2（CbⅡ炉）

930】TN12W3 ⑤ N：10（CbⅡ炉）

931】TN12W3 ⑤ N：84（CbⅡ炉）

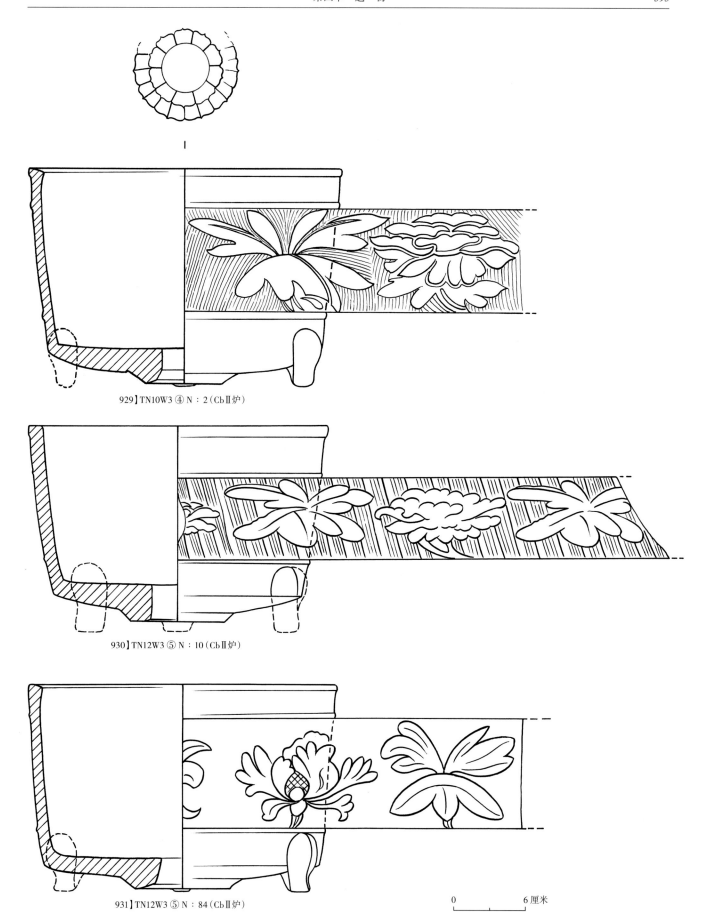

929】TN10W3 ④ N：2（CbⅡ炉）

930】TN12W3 ⑤ N：10（CbⅡ炉）

931】TN12W3 ⑤ N：84（CbⅡ炉）

0　　　　　6厘米

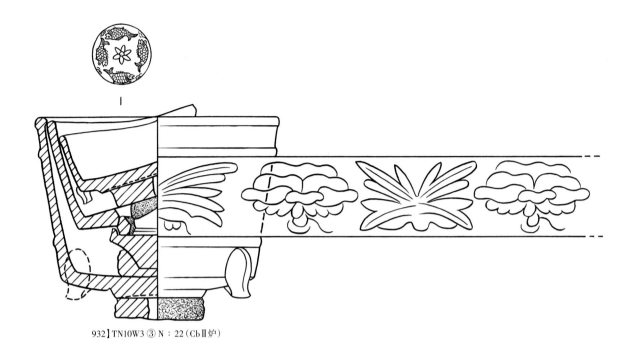

932】TN10W3 ③ N：22（CbⅡ炉）

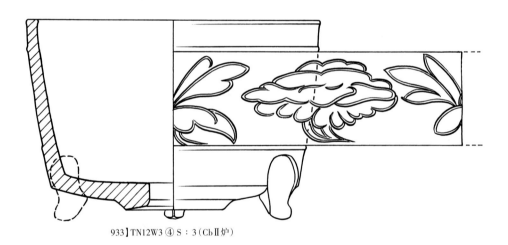

933】TN12W3 ④ S：3（CbⅡ炉）

934】TN12W3 ⑥ N：21（CbⅡ炉）

0　　　　　　6厘米

932〗TN10W3 ③ N：22（CbⅡ炉）

935〗TN12W3 ⑥ S：28（CbⅡ炉）

933〗TN12W3 ④ S：3（CbⅡ炉）

934〗TN12W3 ⑥ N：21（CbⅡ炉）

937〗TN10W3 ③ N：33（CbⅡ炉）

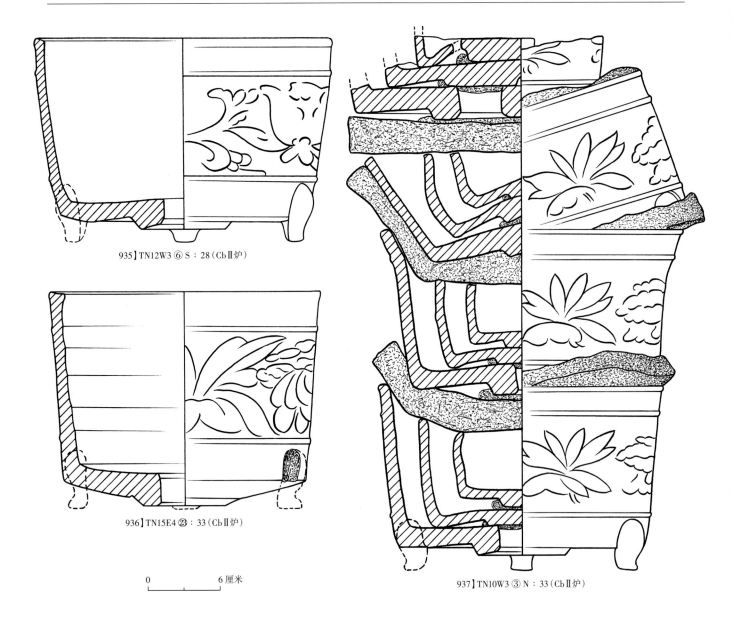

935】TN12W3⑥S：28（CbⅡ炉）

936】TN15E4㉓：33（CbⅡ炉）

0　　　　　　6厘米

937】TN10W3③N：33（CbⅡ炉）

Ⅲ式　饼底斜削。胎色灰白，胎壁较厚，釉层较薄。内外底无釉。

①中腹剔刻八卦纹。

938】TN15E4⑪：63，釉色青绿。口径18.6、底径6.8、高11.7厘米。

939】TN7W1南扩④：8，腹下有三个兽面形足，足端残。釉色青绿。口径24、底径7、高16厘米。

940】TN12W3③S：12，内底心戳印葵花纹。釉色青绿。外底粘有垫具。口径17.2、底径4.6、高10.4厘米。

941】TN15E4⑱：13，内底心戳印金刚杵纹。釉色青绿。口径15、底径4.8、高10.9厘米。

②中腹剔刻花纹。

942】TN8E3⑥b：27，外壁沿下刻有卷云纹，中腹剔刻缠枝牡丹纹及篦划纹。釉色青灰。口径26、底径8.6、残高18.4厘米。

943】TN18E3④S：3，外底与足端持平。外壁上腹刻划回纹，中腹剔刻缠枝牡丹纹，以篦划为底纹，下腹刻划席纹。釉色青绿。口径29.6、底径10、高21.5厘米。

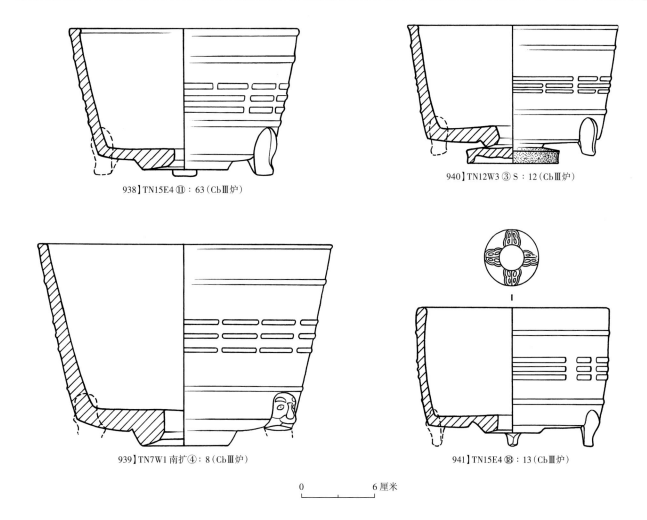

938】TN15E4⑪：63（CbⅢ炉）

940】TN12W3③S：12（CbⅢ炉）

939】TN7W1南扩④：8（CbⅢ炉）

941】TN15E4⑱：13（CbⅢ炉）

0　　　　　　6厘米

944】TN17E5①：109，残片。外壁沿下刻有回纹，上腹部有一道凸弦纹，中腹剔刻缠枝牡丹纹，地纹为篦划纹。釉色青绿。

945】TN17E5①：110，残片。外壁沿下刻有菱形纹，上腹部有一道凸弦纹，中腹剔刻菊花纹，底纹为篦划纹。釉色青绿。

946】TN10W1④：3，残片。外壁沿下刻有菱形纹及变形菊花纹，上腹部有一道凸弦纹，中腹剔刻缠枝花卉，底纹为篦划纹。釉色青绿。

③中腹刻划花纹。

947】TN7W1④：19，中腹刻划缠枝牡丹纹。釉色青绿。口径19.6、底径6.2、高12.4厘米。

948】TN18E3③S：59，足残。上部刻划朵云纹，中腹刻划缠枝牡丹纹，足根有兽面纹。釉色青绿，釉面局部裂纹。口径29.2、底径8.8、高17.8厘米。

949】TN15E4⑪：60，外壁沿下刻划卷草纹，中腹刻划缠枝牡丹纹。釉色青绿，釉面冰裂。口径25.2、底径7.6、残高17.8厘米。

950】TN17E5①：107，腹以下残。外壁沿下刻划折线纹，中腹刻划缠枝牡丹纹，腹下刻朵云纹。釉色青灰。口径32.6、残高19.2厘米。

951】TN17E5①：108，残片。外壁沿下刻划折线纹，中腹刻划缠枝牡丹纹。釉色青绿。

952】TN17E5①：106，中腹刻划缠枝花卉。釉色青绿。口径18、底径6、高9.4厘米。

941〗TN15E4 ⑱：13（CbⅢ炉）

942〗TN8E3 ⑥ b：27（CbⅢ炉）

943〗TN18E3 ④ S：3（CbⅢ炉）

947〗TN7W1 ④：19（CbⅢ炉）

948〗TN18E3 ③ S：59（CbⅢ炉）

949〗TN15E4 ⑪：60（CbⅢ炉）

942】TN8E3 ⑥ b：27（CbⅢ炉）

943】TN18E3 ④ S：3（CbⅢ炉）

0   6厘米

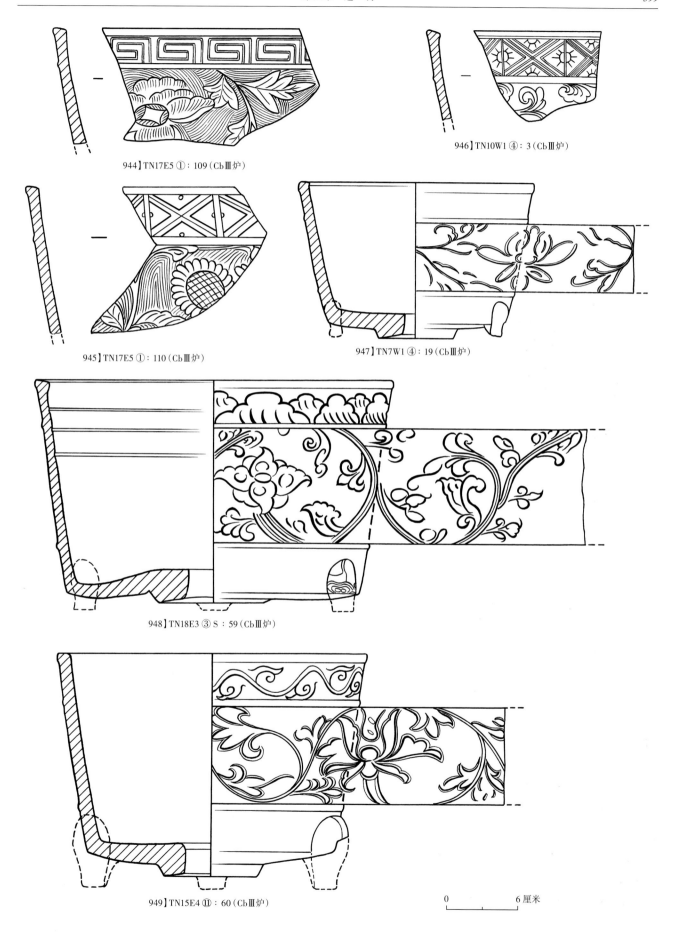

944】TN17E5 ①：109（CbⅢ炉）

946】TN10W1 ④：3（CbⅢ炉）

945】TN17E5 ①：110（CbⅢ炉）

947】TN7W1 ④：19（CbⅢ炉）

948】TN18E3 ③ S：59（CbⅢ炉）

949】TN15E4 ⑪：60（CbⅢ炉）

0   6厘米

950】TN17E5 ①：107（CbⅢ炉）

951】TN17E5 ①：108（CbⅢ炉）

952】TN17E5 ①：106（CbⅢ炉）

0　　　　　　6厘米

④外壁中腹凸印八卦纹并刻划花纹。

953】TN7W1 ④：14，外壁沿下刻划卷草纹，中腹剔刻八卦纹并刻划缠枝牡丹纹。釉色青绿。内底粘有垫具。口径 28、底径 10.6、残高 20.8 厘米。

954】TN7W1 ④：46，外壁沿下刻划朵云纹，中腹剔刻八卦纹并刻划缠枝牡丹纹，腹下有三个兽面纹足，足残。釉色青绿。口径 29.6、底径 8.4、残高 21.4 厘米。

955】TN15E4 ⑪：61，外壁沿下刻划卷云纹，中腹剔刻八卦纹并刻划缠枝牡丹纹。釉色青绿。口径 23.6、底径 7.2、高 18.9 厘米。

956】TN17E5 ①：111，外壁沿下刻划卷草纹，中腹剔刻八卦纹并刻划缠枝花卉，腹下刻朵云纹。釉色青绿。口径 30.4、底径 9.4、高 20.8 厘米。

957】TN17E5 ①：112，外壁沿下刻划卷草纹，中腹剔刻八卦纹并刻划缠枝牡丹纹。釉色青绿。口径 28、底径 12.4、高 19.2 厘米。

958】TN17E5 ①：114，外壁沿下刻划卷草纹，中腹剔刻八卦纹并刻划缠枝牡丹纹，腹下有兽面纹足。釉色青绿。残高 18.4 厘米。

959】TN17E5 ①：113，口沿残，内底心阴印花卉，腹部剔刻八卦纹并刻划缠枝花卉，腹下有一道凸弦纹，

953】TN7W1 ④：14（CьⅢ炉）

954】TN7W1 ④：46（CьⅢ炉）

955】TN15E4 ⑪：61（CьⅢ炉）

0　　　　　　　6厘米

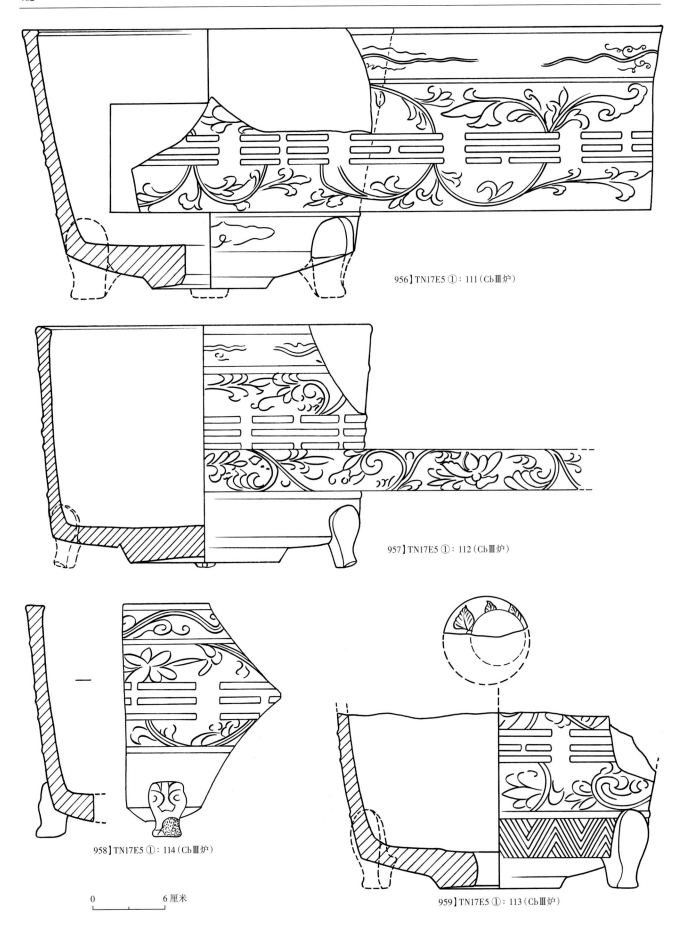

956】TN17E5 ①：111（CbⅢ炉）

957】TN17E5 ①：112（CbⅢ炉）

958】TN17E5 ①：114（CbⅢ炉）

0   6 厘米

959】TN17E5 ①：113（CbⅢ炉）

下刻折线纹。釉色青灰。底径 9.8、残高 14 厘米。

960】TN18E4⑥N：1，外壁沿下刻划菱形纹，中腹剔刻八卦纹和菱花形纹，菱花形纹内底纹为刻划菱形纹、回纹、钱纹、卷云纹等，下腹刻划朵云纹。釉色青绿。炉内叠烧花盆。口径 25.6、底径 7.2、高 17.4 厘米。

⑤中腹有凸棱。

961】TN15E4⑥：8，釉色青灰。口径 16、底径 5.6、高 10.6 厘米。

962】TN15E4①：82，外底与足端持平。釉色青绿。口径 16.8、底径 6.4、高 10.2 厘米。

963】TN7W1④：18，内底心阳印菊花纹。釉色青绿。口径 15.2、底径 6、高 10.6 厘米。

964】TN16W3②：62，足残，内底心戳印葵花纹。釉色青绿。口径 18.8、底径 6、高 10.6 厘米。

⑥镂空。

965】TN10W3 东扩④：4，腹部镂空。釉色青灰，釉面冰裂。底径 6.2、残高 10 厘米。

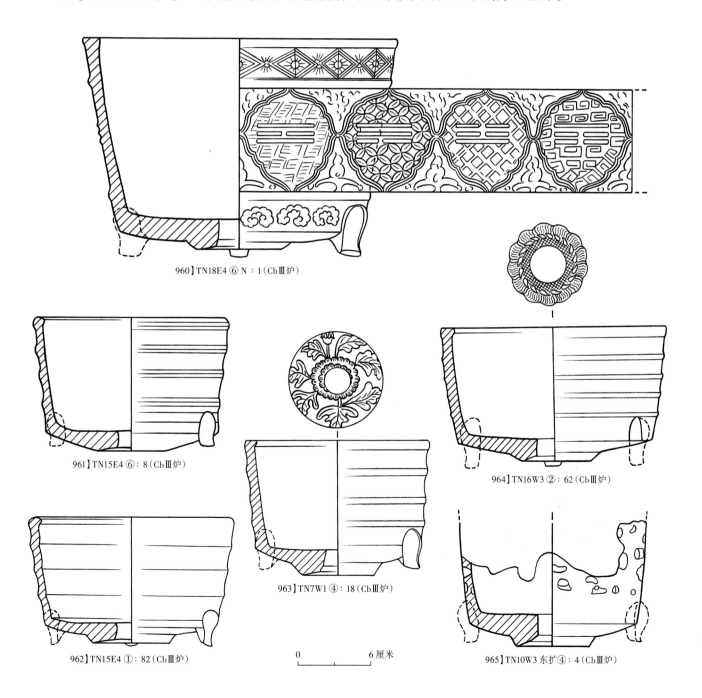

960】TN18E4⑥N：1（CbⅢ炉）

961】TN15E4⑥：8（CbⅢ炉）

963】TN7W1④：18（CbⅢ炉）

964】TN16W3②：62（CbⅢ炉）

962】TN15E4①：82（CbⅢ炉）

965】TN10W3 东扩④：4（CbⅢ炉）

0 　 6 厘米

955〕TN15E4 ⑪：61（CⅢ炉）

958〕TN17E5 ①：114（CⅢ炉）

960〕TN18E4 ⑥ N：1（CⅢ炉）

961〕TN15E4 ⑥：8（CⅢ炉）

962〕TN15E4 ①：82（CⅢ炉）

965〕TN10W3 东扩④：4（CⅢ炉）

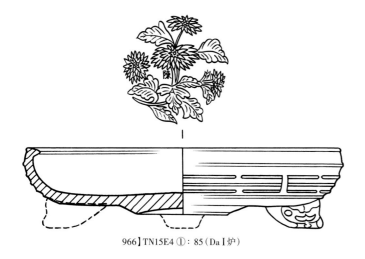

966〕TN15E4 ①：85（Da I 炉）

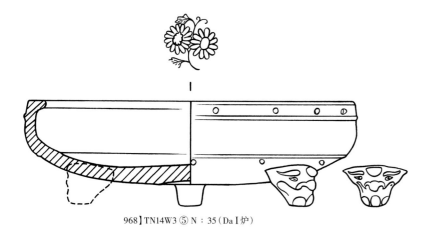

968〕TN14W3 ⑤ N：35（Da I 炉）

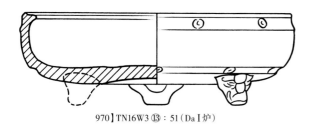

970〕TN16W3 ⑬：51（Da I 炉）

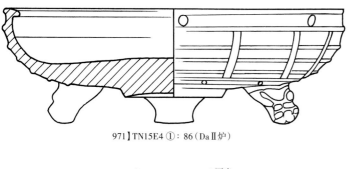

971〕TN15E4 ①：86（Da II 炉）

0 ———— 6厘米

D 型　洗式炉。敛口，鼓弧腹，腹下有三个兽面形足。按口沿不同可分 2 亚型。

Da 型　敛口，平沿，内外凸圆唇，多数外壁沿下及足上器腹处有鼓钉，腹部上下有凸棱。按底足不同可分 2 式。

I 式　平底或饼底内凹，足部兽眉条状。胎色灰白，胎壁较厚，釉层较厚。内外底无釉。

①中腹剔刻八卦纹，内底心印花。

966〕TN15E4 ①：85，饼底，内底心阳印菊花纹。釉色青绿。口径 26、底径 7.6、高 6.4 厘米。

②内底心印花。

967〕TN12W3 ③S：35，饼底，内底心阴印牡丹纹。釉色青绿。口径 25.2、底径 6、高 8.2 厘米。

968〕TN14W3 ⑤N：35，平底，内底心阴印菊花纹。釉色青绿。口径 26.6、底径 6、高 8.3 厘米。

③光素。

969〕TN14W3 ③N：12，平底。釉色青绿。口径 25.6、底径 7.8、高 8.4 厘米。

970〕TN16W3 ⑬：51，平圜底。釉色青黄，釉面冰裂。口径 22、高 7.4 厘米。

II 式　饼底，底心内凹，底外侧有凹圈，足面兽眉须状。胎色灰白，胎壁较厚，釉层较薄。内外底无釉。

①中腹剔刻八卦纹。

971〕TN15E4 ①：86，釉色淡青绿。口径 27.6、底径 8、高 9.2 厘米。

②中腹剔刻八卦纹，内底心印花。

972〕TN15E4 ①：87，内底心阳印牡丹纹。釉色青绿。口径 32、底径 10、高 7.5 厘米。

973〕TN15E4 ⑤S：16，内底

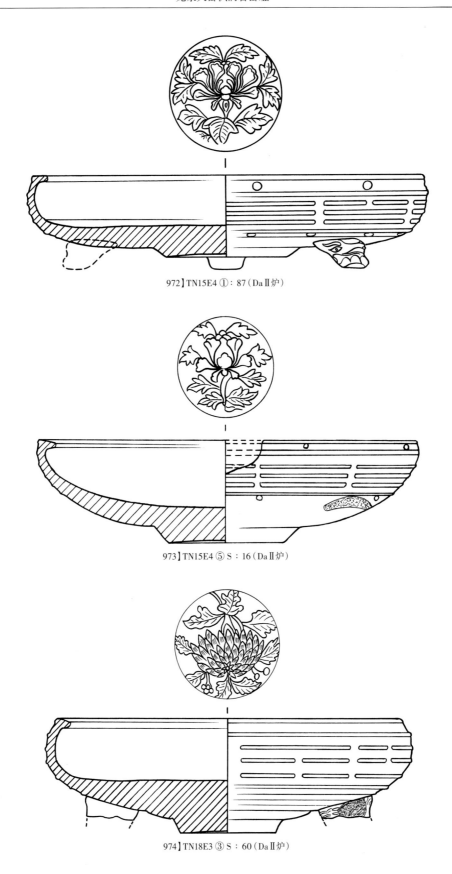

972〗TN15E4①：87（DaⅡ炉）

973〗TN15E4⑤S：16（DaⅡ炉）

974〗TN18E3③S：60（DaⅡ炉）

0　　　　　6厘米

971】TN15E4 ①：86（DaⅡ炉）

969】TN14W3 ③ N：12（DaⅠ炉）

967】TN12W3 ③ S：35（DaⅠ炉）

979】TN18E3 ⑤ S：3（DaⅡ炉）

心阴印牡丹纹。灰黄胎。釉色青灰。口径 31.2、底径 9.6、残高 8.2 厘米。

974】TN18E3 ③ S：60，内底心阳印菊花纹。釉色青绿。口径 28.4、底径 8、高 9.1 厘米。

975】TN18E3 ② ：42，口腹残，内底心阳印"王氏"菊花纹。釉色青灰。底径 9、残高 6.2 厘米。

976】TN15E4 ⑩：31，内底心戳印方格叠钱纹。釉色青绿。口径 33.6、底径 7.4、高 6.8 厘米。

977】TN18E3 ⑥ S：40，内底心戳印方格叠钱纹。灰黄胎，釉色青灰。口径 30.4、底径 10.4、高 9.4 厘米。

978】TN15E4 ⑨：4，内底心阳印海棠花纹。釉色青灰。口径 31.2、底径 8.4、高 10.2 厘米。

③中腹刻划花纹，内底印花。

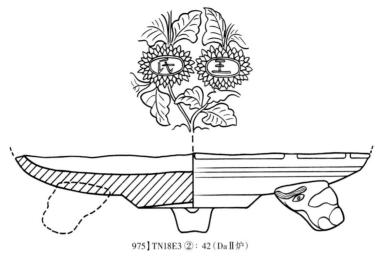

975〕TN18E3 ②：42（DaⅡ炉）

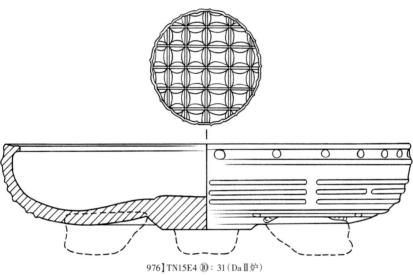

976〕TN15E4 ⑩：31（DaⅡ炉）

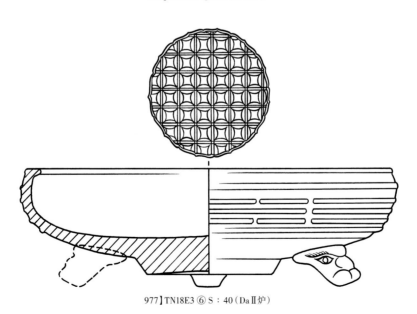

977〕TN18E3 ⑥ S：40（DaⅡ炉）

0 _____ 6厘米

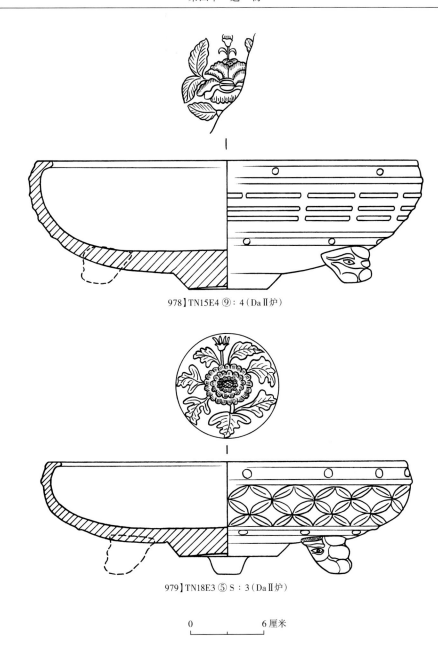

978】TN15E4 ⑨：4（DaⅡ炉）

979】TN18E3 ⑤S：3（DaⅡ炉）

0   6厘米

  979】TN18E3 ⑤S：3，外壁中间刻划连续四叶纹，内底心阳印菊花纹。釉色青黄。口径 29.2、底径 8、高 9 厘米。

  980】TN15E4 ⑭：1，中腹刻划缠枝牡丹纹，内底心阳印菊花纹。釉色青绿。口径 31.2、底径 10.2、高 9.8 厘米。

  981】TN17E5 ①：116，中腹刻划缠枝牡丹纹，内底心戳印方格叠钱纹。釉色青绿。口径 30.4、底径 8.4、高 10 厘米。

  982】TN17E5 ①：117，中腹刻划竖线纹及三角形纹，内底心戳印方格叠钱纹。釉色青绿。口径 30、底径 7.2、高 9.6 厘米。

  ④内底心印花。

  983】TN15E4 ⑫：30，内底心阳印牡丹纹，花芯中有一倒"陈"字。釉色青绿。口径 25.6、底径 8、高 8.2 厘米。

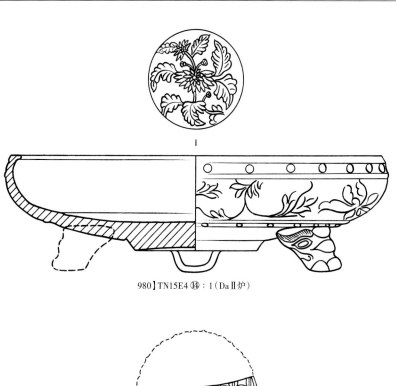

980〗TN15E4 ⑭：1（DaⅡ炉）

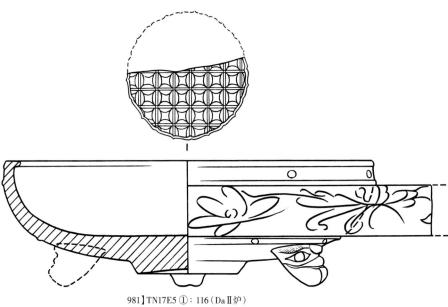

981〗TN17E5 ①：116（DaⅡ炉）

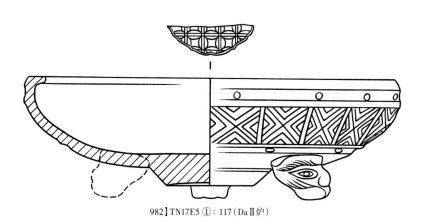

982〗TN17E5 ①：117（DaⅡ炉）

0　　　　　　6厘米

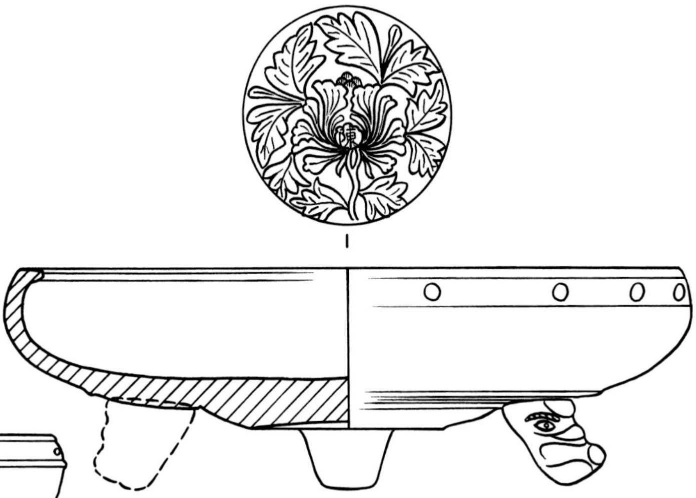

984】TN15E4⑮：52（DaⅡ炉）

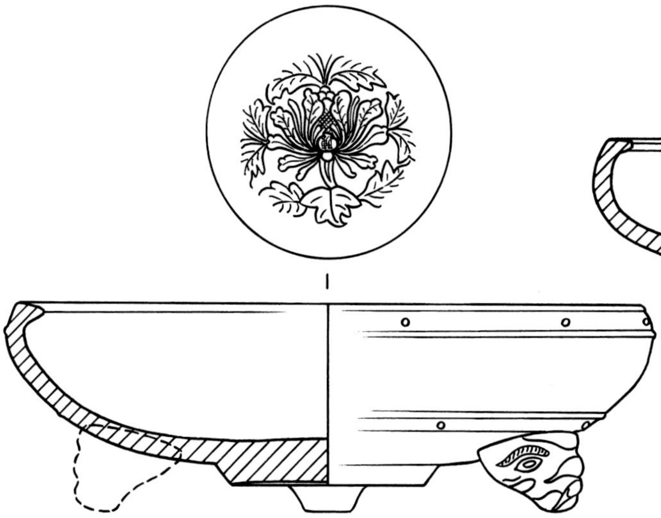

983】TN15E4⑫：30（DaⅡ炉）

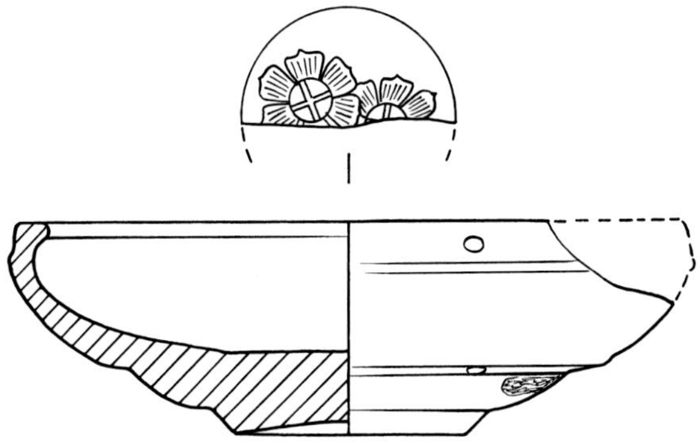

987】TN15E4⑧：11（DaⅡ炉）

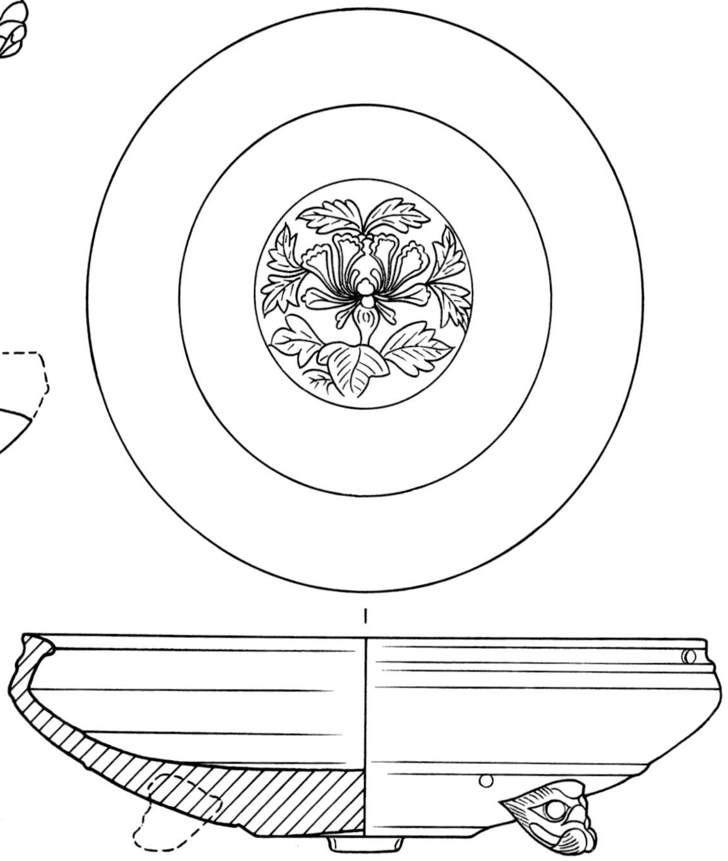

985】TN15E4⑦：6（DaⅡ炉）

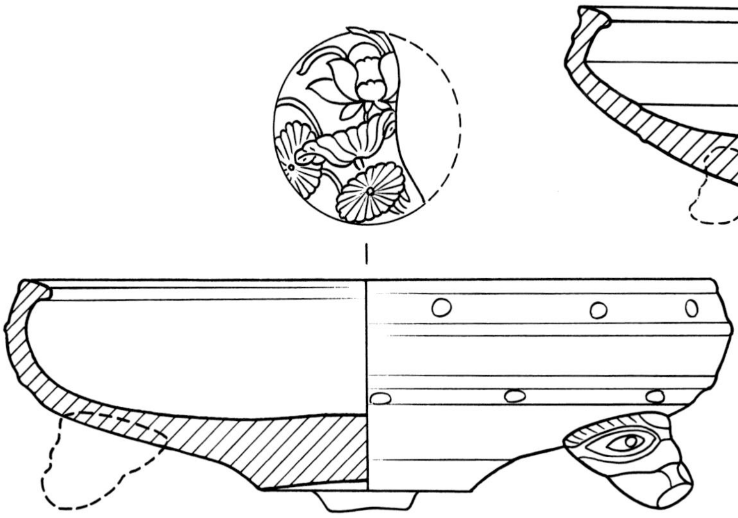

986】TN15E4⑮：53（DaⅡ炉）

0　6厘米

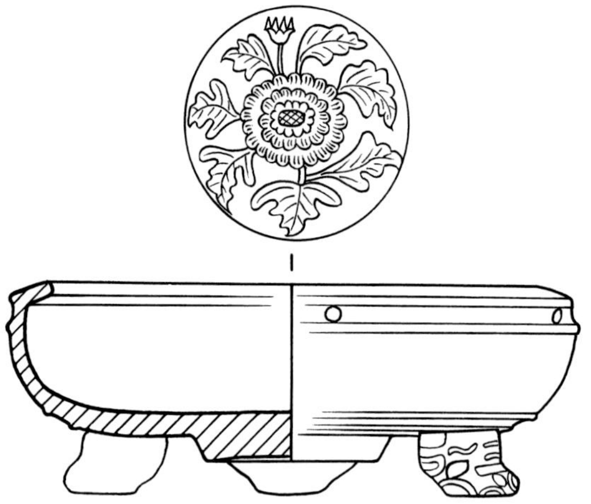

988】TN15E4⑤N：6（DaⅡ炉）

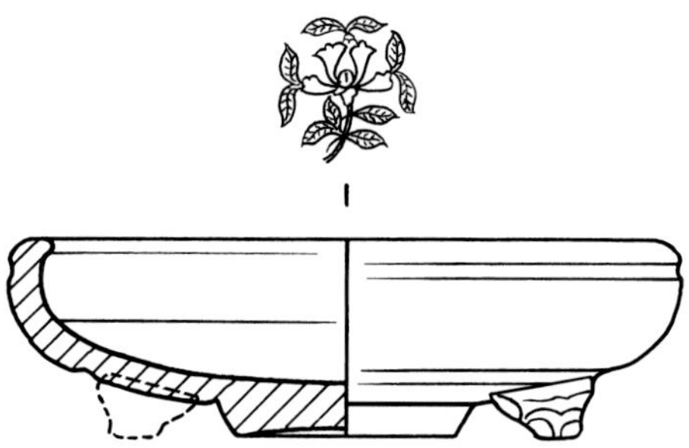

989】TN15E4⑦：34（DaⅡ炉）

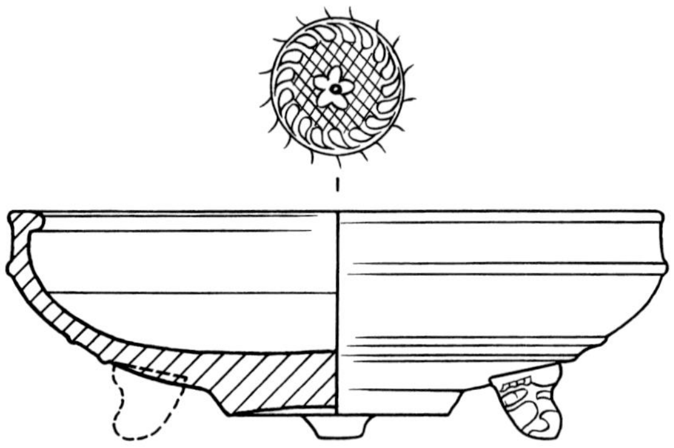

990】TN15E4⑮：51（DaⅡ炉）

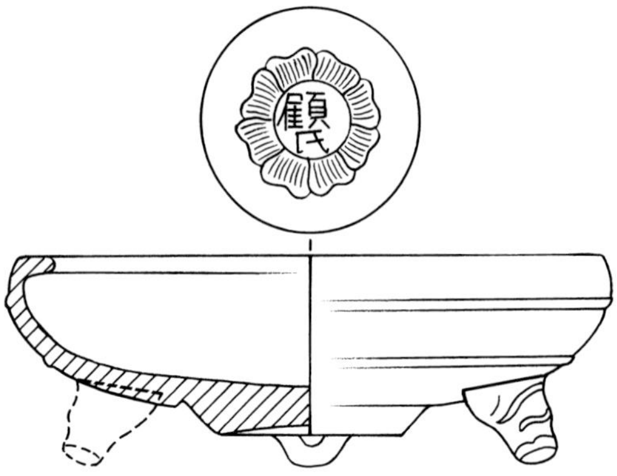

991】TN15E4①：18（DaⅡ炉）

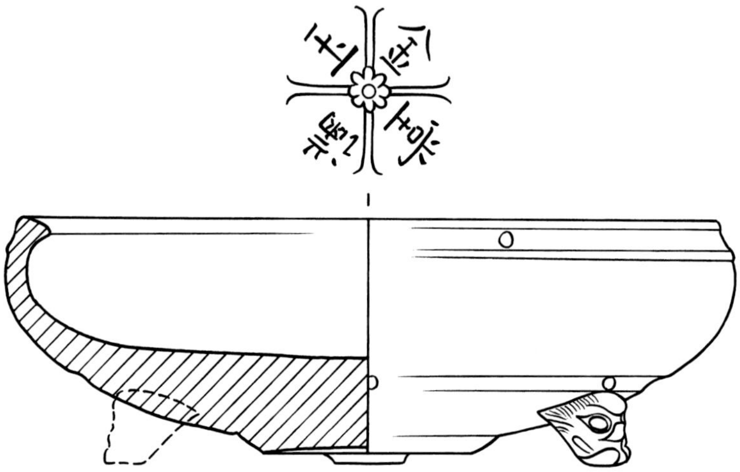

992】TN15E4⑤S：1（DaⅡ炉）

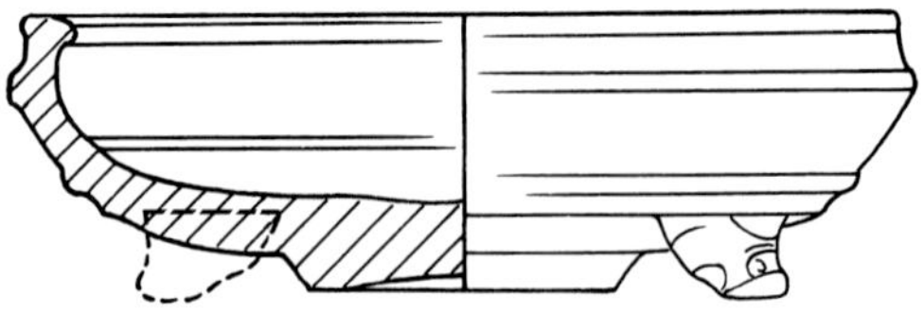

993】TN15E4⑪：65（DaⅡ炉）

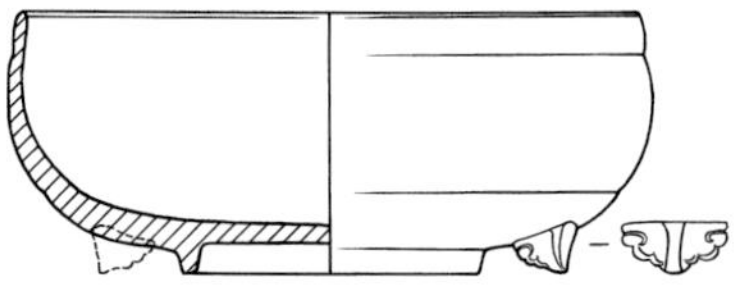

994】TN14W7⑦：4（DbⅠ炉）

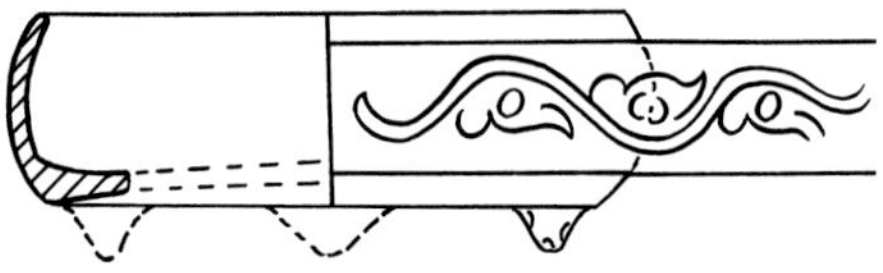

995】TN9W3②：5（DbⅠ炉）

0　　6厘米

984】TN15E4⑮：52，内底心阳印牡丹纹，花芯中有一“陈”字。釉色青绿。口径27、底径8.4、高8.8厘米。

985】TN15E4⑦：6，内底心阳印牡丹纹。釉色青绿。口径约28.4、底径9、高8.6厘米。

986】TN15E4⑮：53，内底心阳印荷花莲叶纹。釉色青绿。口径28.4、底径8.8、高9.2厘米。

987】TN15E4⑧：11，内底心戳印三个仰莲纹残剩两个。胎色灰黄，釉色青灰。口径 22、底径 7.6、高 6.8 厘米。

988】TN15E4⑤N：6，内底心阳印菊花纹。釉色青绿。口径 18.4、底径 6.5、高 7.6 厘米。

989】TN15E4⑦：34，内底心阴印茶花纹。釉色青绿。口径 18、底径 5.8、高 5.2 厘米。

990】TN15E4⑮：51，内底心戳印葵花纹。釉色青绿。口径 21.8、底径 7.4、高 7.2 厘米。

991】TN15E4①：18，内底心阳印楷体“顾氏”。釉色青黄。口径 19、底径 6、高 6.7 厘米。

992】TN15E4⑤S：1，内底心阳印“金玉满堂”字样，上下各有六个鼓钉。釉色青灰。口径 29、底径 9、高 9.8 厘米。

993】TN15E4⑪：65，内底心戳印花纹不清晰，足兽面无眉。釉色青绿。口径 19、底径 6.8、高 6 厘米。

Db 型　敛口，圆唇。按底足不同可分 3 式。

Ⅰ式　圈足。胎色较白，釉层较厚。口端和足端无釉。

994】TN14W7⑦：4，上下腹各有一道弦纹，下腹有三个如意形足。釉色青绿，釉面开片。口径 12.6、圈足足径 6、高 5.2 厘米。

995】TN9W3②：5，底残。腹部上下各有一道弦纹，中腹刻划卷草纹，下腹有三个如意云纹足。釉色青绿。口径 12、残高 4.8 厘米。

Ⅱ式　平底。胎色灰白，胎壁较厚，釉层较厚。

996】TN10W3⑥N：22，三个锥形足。沿外侧壁和足上器腹各有两道凸棱，上下棱内均匀分布鼓钉，外壁中间剔刻八卦纹，内底有个“五”字，足外侧凸脊。釉色青黄。口唇、外底无釉，外底心点釉。口径约 25、底径 8.8、高 13 厘米。

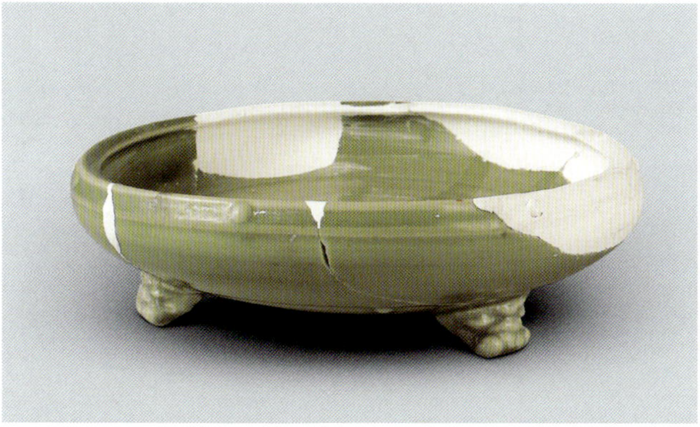

985】TN15E4⑦：6（DaⅡ炉）

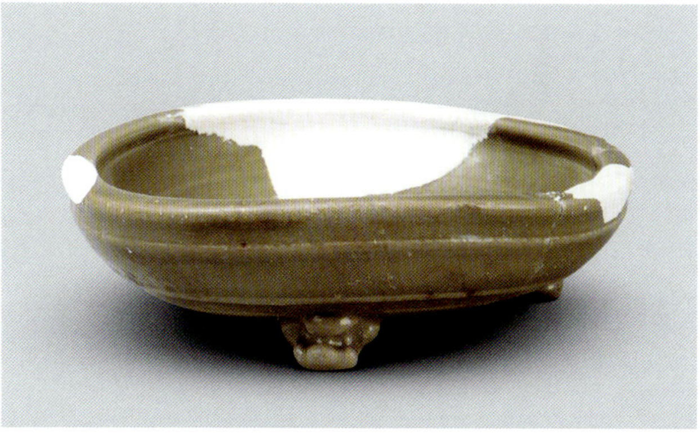

989】TN15E4⑦：34（DaⅡ炉）

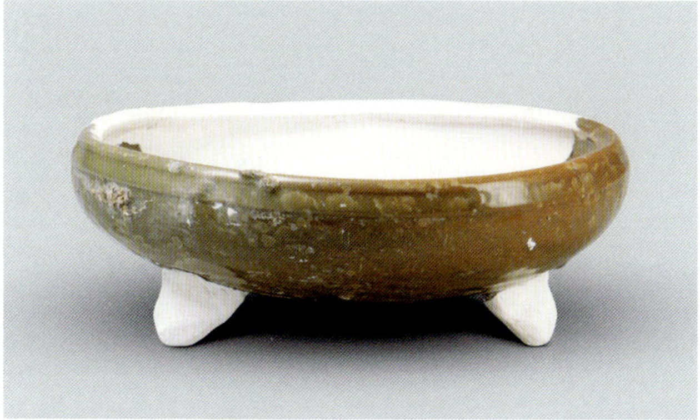

992】TN15E4⑤S：1（DaⅡ炉）

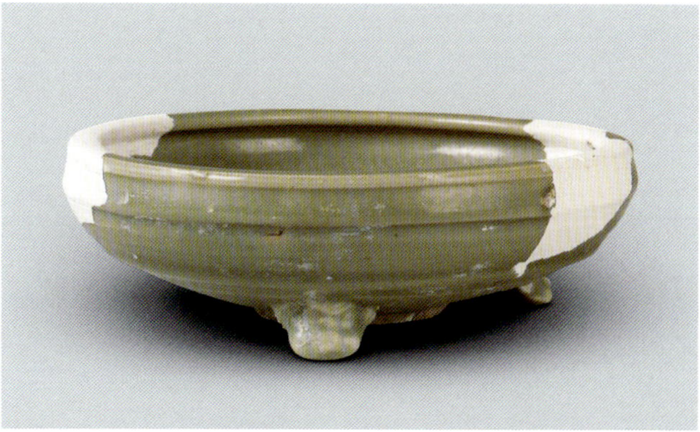

993】TN15E4⑪：65（DaⅡ炉）

994〕TN14W7 ⑦：4（DbⅠ炉）

995〕TN9W3 ②：5（DbⅠ炉）

996〕TN10W3 ⑥ N：22（DbⅡ炉）

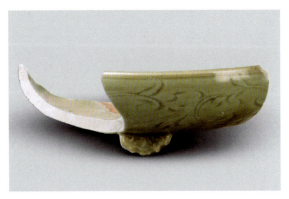

997〕TN15E4 ⑪：64（DbⅢ炉）

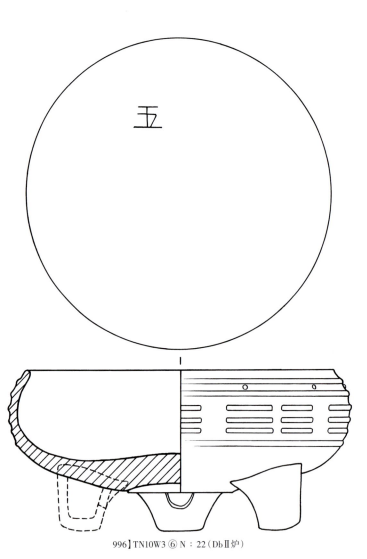

996〕TN10W3 ⑥ N：22（DbⅡ炉）

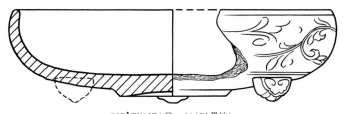

997〕TN15E4 ⑪：64（DbⅢ炉）

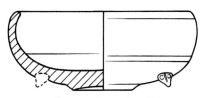

998〕TN15E4 ⑬：27（DbⅢ炉）

0　　　　　　6厘米

Ⅲ式　饼底外缘凹，底心内凹。胎色灰白，胎壁较厚，釉层较厚。外底无釉。

997】TN15E4⑪：64，外壁刻划缠枝花卉，下腹有三个如意云纹足。釉色青绿。内底一圈无釉。口径约26、底径8.8、高7.4厘米。

998】TN15E4⑬：27，腹部上下各有一道弦纹，下腹有三个如意云纹足，足面有卷云纹。釉色青绿。口径14.4、底径5、高6.3厘米。

E型　筒式炉。直筒形，直口，圆唇，外凸唇，直腹。按底足不同可分3式。

Ⅰ式　平底。

999】TN10W3③N：11，三个三角形如意云纹足，底悬空，中腹两道凹弦纹。胎色白，胎壁较厚，釉色青绿，釉层较厚，内壁釉薄。内外底心无釉。口径12.5、底径5.2、高11厘米。

Ⅱ式　饼底外缘凹，底边斜削。胎色灰白，胎壁较厚，釉层较薄。内外底无釉。

1000】TN15E4⑪：59，底心有孔，腹下三个如意云纹足。釉色青绿。口径14、底径6、高10.7厘米。

1001】TN18E3②：40，无足。口下刻划卷云纹、弦纹。腹部刻划缠枝牡丹纹。釉色青绿，釉层较厚。口径11.6、底径5、高10.2厘米。

999】TN10W3③N：11（EⅠ炉）

1001】TN18E3②：40（EⅡ炉）

1002】TN18E3②：41（EⅡ炉）

1003】TN18E3⑦S：7（EⅡ炉）

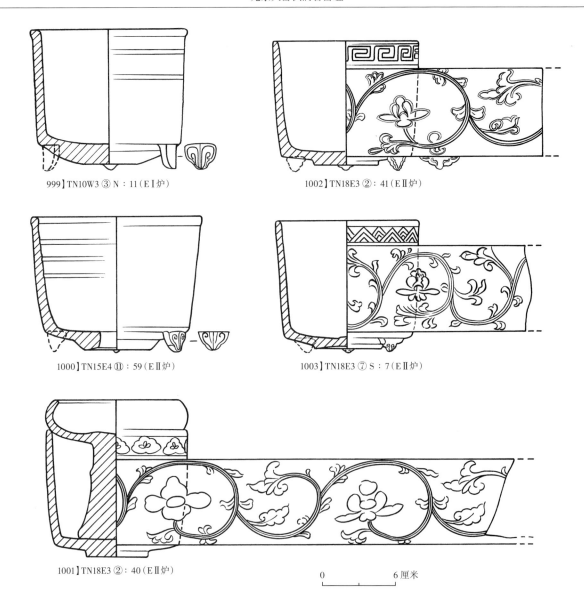

999】TN10W3 ③ N：11（E I 炉）

1002】TN18E3 ②：41（E II 炉）

1000】TN15E4 ⑪：59（E II 炉）

1003】TN18E3 ⑦ S：7（E II 炉）

1001】TN18E3 ②：40（E II 炉）

0　　　　　　6厘米

1002】TN18E3 ②：41，三个如意云纹足。口下刻划回纹、弦纹，腹部刻划缠枝牡丹纹。釉色青绿。口径 12、底径 5.2、高 10.3 厘米。

1003】TN18E3 ⑦ S：7，三个如意云纹足。口下刻划折线纹、弦纹，腹部刻划缠枝牡丹纹。釉色青绿。口径 11.7、底径 5.5、高 10.5 厘米。

Ⅲ式　平底内凹，外底平凹，如意云纹足。胎色灰白，胎壁较薄，釉层较薄。外底无釉，外底心点釉。整体模制。纹饰相若，沿面阳印卷草纹，外壁阳印三幅仙女骑兽图，图上方阳印长枝花叶纹，图下阳印卷草纹。从图案的排列可以看出，此种炉使用的是三范合一的制作方法。

1004】TN18E3 ⑥ S：5，釉色青绿。口径 12、高 11.5 厘米。

1005】TN18E3 ⑥ S：6，釉色青绿。仙女骑兽图处露胎。口径 12、高 12 厘米。

1006】TN18E3 ⑥ S：7，釉色青绿。仙女骑兽图处露胎。口径 12、高 12 厘米。

F 型　方形炉。

1161】TN15E4 ①：3，上为方形，外壁有印纹，上端一长方形框架，四角下为阳印花卉支撑。胎色灰白，釉色青绿偏深，釉层较厚，釉面开片。顶端无釉。高 12.6 厘米。

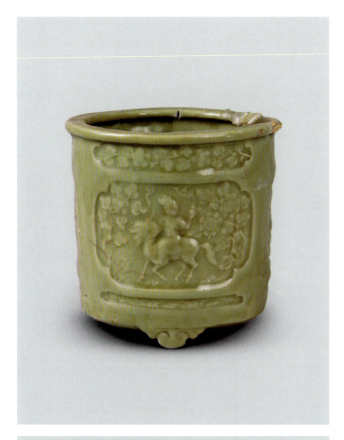

1005〗TN18E3 ⑥ S：6（EⅢ炉）

1004〗TN18E3 ⑥ S：5（EⅢ炉）

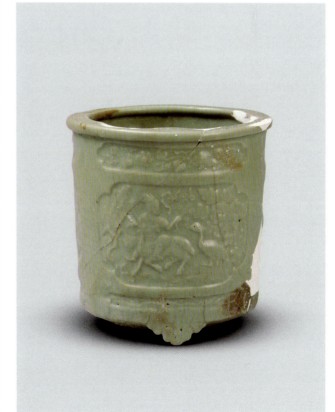

1006〗TN18E3 ⑥ S：7（EⅢ炉）

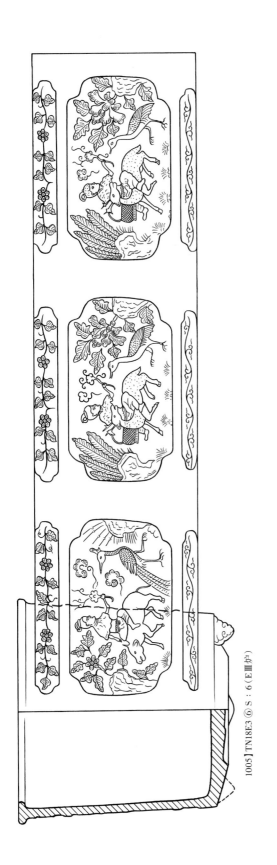

1005 TN18E3⑥S：6（EⅢ炉¹）

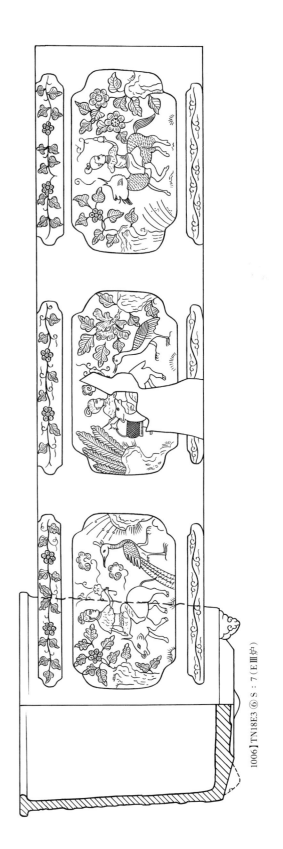

1006 TN18E3⑥S：7（EⅢ炉¹）

0 ⊢————⊣ 4 厘米

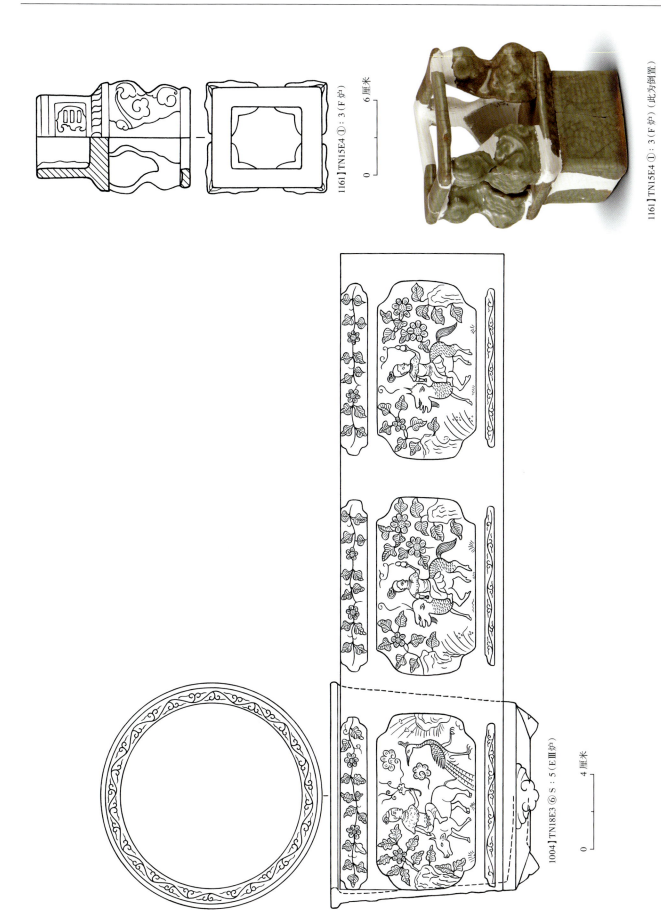

［161］TN15E4 ① : 3（F 炉）

［161］TN15E4 ① : 3（F 炉）（此为倒置）

［004］TN18E3 ⑥ S : 5（E Ⅲ 炉）

十八　格盘

1208】TN8E3⑥b：3，侈口，平沿，圆唇，浅盘腹，盘内有花形隔断，平底微圈。胎色灰白，胎壁较厚，釉色青，釉层较薄。外底一圈无釉，刮釉较窄。口径26、底径21、高4厘米。

十九　高足盘

1211】TN8E3⑪：2，圆口，折沿，沿缘上翘，圆唇，浅腹，外腹壁折，内底平，高圈足残。内底刻划荷花纹。胎色灰白，胎壁较厚，釉色粉青，釉层较薄，釉面开片。口径12.6、残高3.7厘米。

二十　漏斗

1210】TN14W7⑧：33，直口微敛，斜腹，圈足，中孔。外壁上腹刻划回纹和卷叶纹，下腹刻莲瓣纹。胎色灰白，胎壁较厚，釉色青黄，釉层较薄。足端和口唇部无釉，中空腹中有釉，有垫烧痕。口径19.2、足径5.6、高10.2厘米。

1208】TN8E3⑥b：3（格盘）

1210】TN14W7⑧：33（漏斗）

1211】TN8E3⑪：2（高足盘）

1219】TN15E4⑫：5（套瓶）

二十一　套瓶

1219】TN15E4⑫：5，镂空器。外壁浮雕人物故事，人物脸部露胎。胎色白，釉色青绿，釉层较厚。残高 12 厘米。

二十二　瓿

1222】TN18E4①：1，残留瓿底。圈足，近足处外凸。胎色白，釉色粉青。足端刮釉。足径约 9.2、残高 7 厘米。

1223】TN18E4③N：12，残留瓿底。圈足，近足处外凸。贴有条状铺首。胎色白，釉色粉青。足端刮釉。足径约 10、残高 5.4 厘米。

1224】TN18E4④S：6，瓿身中段。贴条状铺首。胎色白，釉色粉青。残高 6.4 厘米。

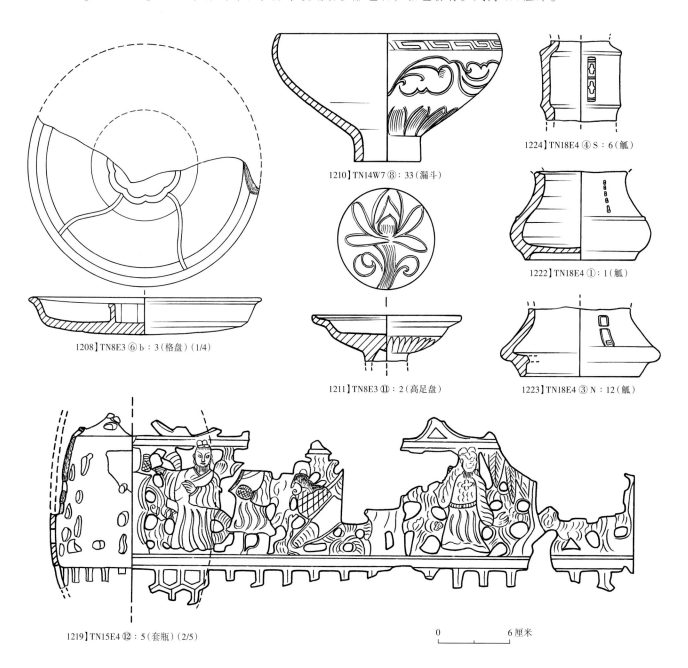

1208】TN8E3⑥b：3（格盘）（1/4）

1210】TN14W7⑧：33（漏斗）

1211】TN8E3⑪：2（高足盘）

1224】TN18E4④S：6（瓿）

1222】TN18E4①：1（瓿）

1223】TN18E4③N：12（瓿）

1219】TN15E4⑫：5（套瓶）（2/5）

0　　　　　6厘米

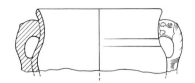

1209】TN18E3 ③ S：66（簋）

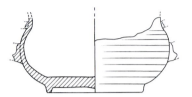

1209+】TN18E3 ④ S：25（簋）

0 ⸺⸺⸺ 6厘米

1209】TN18E3 ③ S：66（簋）、1209+】TN18E3 ④ S：25（簋）

二十三　簋

敞口，短颈，鼓腹，颈腹有对称双耳，圈足。以下两件残器似可拼接。

1209】TN18E3 ③ S：66，鱼耳。底残。口径10.4、残高4.4厘米。

1209+】TN18E3 ④ S：25，口残，耳残。足端平。胎色灰白，胎壁较薄。釉色淡青绿，釉层较薄。足端外底无釉。足径8、残高6厘米。

二十四　花盆

按腹部变化可分3型。

A型　渣斗式花盆。喇叭口，扁鼓腹，圈足。按口唇变化可分2式。

I式　侈口翻沿，圆唇。圈足足端窄、足根宽，足端刮釉。釉层较薄。

1150】TN8E3 ⑥ a：24，生烧。胎色灰黄，胎壁较厚，胎质疏松，釉色灰黄。口径14.4、足径8、高10.2厘米。

II式　侈口翻沿，唇下花边。圈足微外撇，足端斜削。胎色灰白，胎壁较厚，釉层较薄。内底、足端刮釉。

1151】TN18E3 ④ S：2，底心有圆孔。腹部上下两道

1150】TN8E3 ⑥ a：24（AI花盆)

1151】TN18E3 ④ S：2（AII花盆)

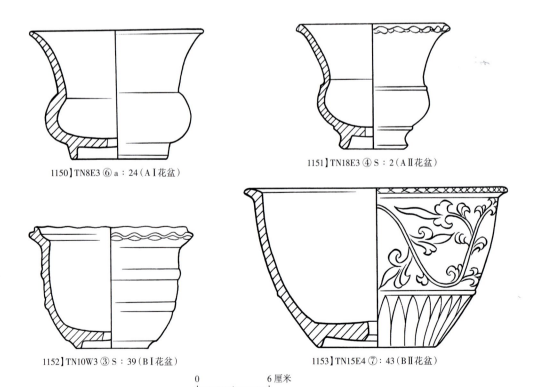

1152】TN10W3 ③ S：39（BI花盆)

1153】TN15E4 ⑦：43（BII花盆)

0 ⸺⸺⸺ 6厘米

1150》TN8E3⑥a：24（AⅠ花盆）

1151》TN18E3④S：2（AⅡ花盆）

1152》TN10W3③S：39（BⅠ花盆）

1153》TN15E4⑦：43（BⅡ花盆）

凸弦纹。釉色淡青。口径 11.9、足径 5.3、高 10 厘米。

B 型　盆式花盆。折沿，弧腹。按口沿变化可分 2 式。

Ⅰ式　花口，圆唇，唇下花边。胎色灰白，胎壁较厚，釉层较厚。足端刮釉。

1152》TN10W3③S：39，圈足，底心有圆孔，腹部上下两道凸弦纹，近足有凹边。釉色青绿，釉面冰裂。口径 13.6、足径 6、高 9.6 厘米。

Ⅱ式　侈口，花边唇。胎色灰白，胎壁较厚，釉层较厚。内壁底半釉，外底及足端无釉。

1153》TN15E4⑦：43，卧足，底心有圆孔。中上腹刻划缠枝牡丹纹，下腹刻划莲瓣纹。釉色青。口径 21.8、足径 9.8、高 12.6 厘米。

C 型　仰钟式花盆。喇叭口，曲腹，圈足。按口沿变化可分 2 式。

Ⅰ式　侈口翻沿，圆唇，圈足，足端斜削，底心有圆孔。胎色灰白，胎壁较厚，釉层较厚。内壁半釉，内底、足端及外底无釉。

1154》TN18E3⑦S：8，中腹一道凸棱。釉色青绿。口径 15、足径 6.6、高 10.4 厘米。

1154】TN18E3⑦S：8（CⅠ花盆）

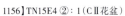

1156】TN15E4②：1（CⅡ花盆）

1155】TN18E3③S：67（CⅡ花盆）

　　Ⅱ式　侈口翻沿，圆唇，唇下花边，圈足，足端斜削，底心有圆孔。胎色灰白，胎壁较厚，釉层较薄。内底、足端无釉，外底局部无釉。

　　1155】TN18E3③S：67，外壁刻划缠枝牡丹纹，下腹刻划莲瓣纹。釉色淡青，釉面冰裂。口径18、足径8、高11.2厘米。

　　1156】TN15E4②：1，中腹一道凸棱。釉色青绿，釉面开片，釉层玻化。口径15、足径7.8、高10.3厘米。内套烧一高足杯，残；外底叠烧一圈足器，残。

　　D型　菱形花盆。

　　1218】TN10W3③N：19，边角残片，有足，器形轻巧。两侧面有印花。胎色灰白，胎壁薄，釉色浅青绿。高7.7厘米。

　　E型　花鑑。修复一例。

　　1157】TN17E5①：119，长方形、厚唇、平沿、直壁、平底，内中间有"S"形隔断，一侧置隔板，底四角有三角形足。外壁剔刻牡丹纹。灰胎，胎壁较厚，釉色青灰，釉层较厚，釉面开片。外底无釉。长约52、宽23、高16厘米。

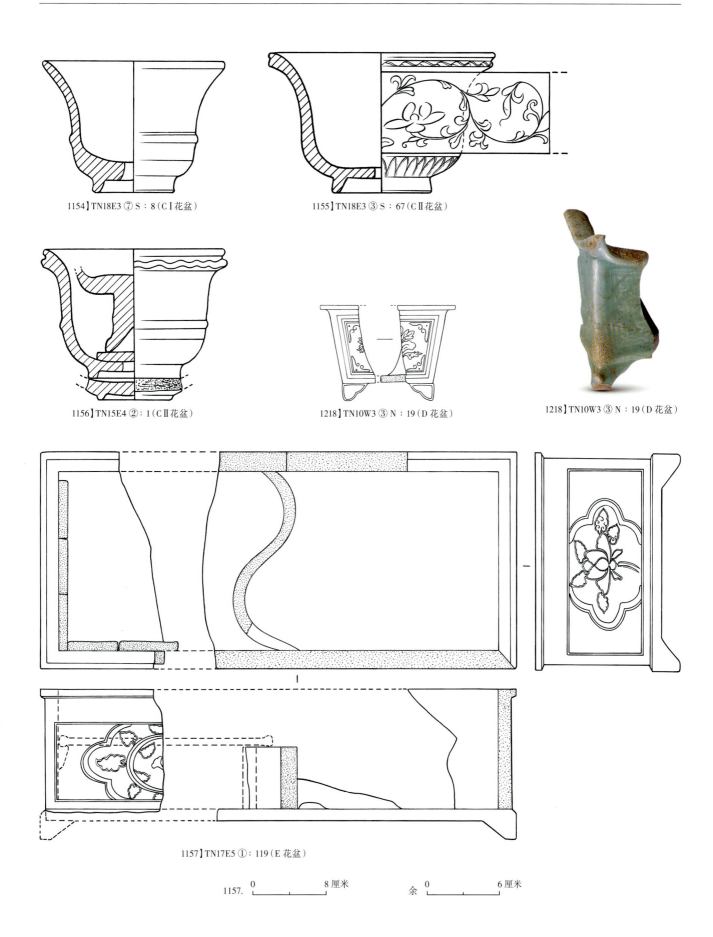

1154】TN18E3 ⑦ S：8（C I 花盆）

1155】TN18E3 ③ S：67（C II 花盆）

1156】TN15E4 ②：1（C II 花盆）

1218】TN10W3 ③ N：19（D 花盆）

1218】TN10W3 ③ N：19（D 花盆）

1157】TN17E5 ①：119（E 花盆）

1157.　0　　　　　　8厘米　　　　余　0　　　　　　6厘米

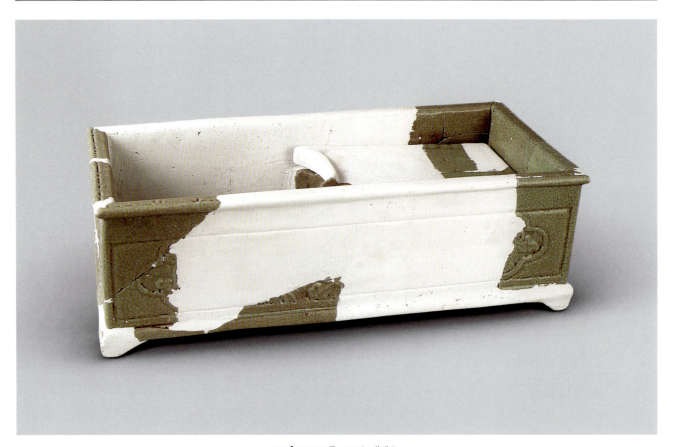

1157】TN17E5 ①：119（D 花盆）

1158】TN15E4 ⑪：13（器座）

1159】TN15E4 ⑫：36（器座）

二十五　镂空器座

圆口，平折沿，矮束颈，弧肩，鼓腹，下腹弧收，圈足。胎色灰白，胎壁较厚，釉层较薄。外底无釉。

1158】TN15E4 ⑪：13，圈足斜削。中下腹和底镂空，颈部有镂孔，肩下划双弦纹，腹部划直线。釉色青绿偏淡。口径 25、足径 17、高 18 厘米。

1159】TN15E4 ⑫：36，中下腹和肩部镂空，肩下腹部刻斜线。釉色青绿偏灰。口径 9、残高 5.6 厘米。

1160】TN15E4①：95（器座）　　　　　　　1296】TN15E4⑪：70（器座）

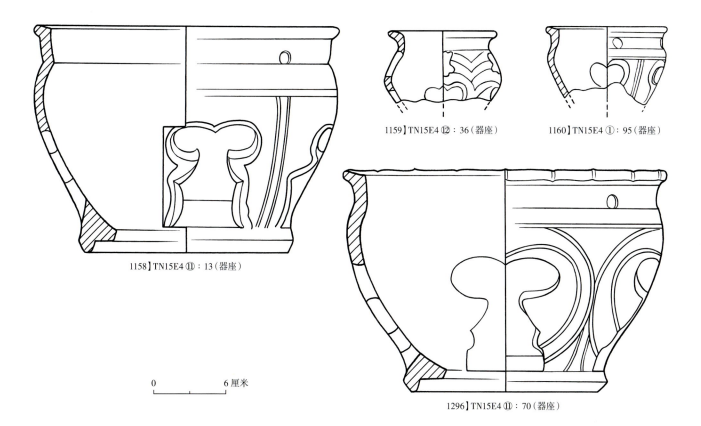

1158】TN15E4⑪：13（器座）

1159】TN15E4⑫：36（器座）　　1160】TN15E4①：95（器座）

0　　　　　　6厘米

1296】TN15E4⑪：70（器座）

1160】TN15E4①：95，下腹残。肩部镂孔，中下腹镂空，肩下腹部刻斜线。釉色青绿偏灰。口径10、残高6厘米。

1296】TN15E4⑪：70，圈足斜削。中下腹和底镂空，颈部有镂孔，肩部划双弦纹，腹部刻曲线。釉色青绿偏淡，釉层较薄。口径27、足径17、高17.6厘米。

二十六　盒

（一）盒

子母口，弧腹。按底足不同可分 3 式。

Ⅰ式　窄圈足，圈足外侧有凹圈，口微敛，下腹斜收。胎色灰白，胎壁较薄，釉层较厚。足端和外底无釉。

1162】CH1：8，釉色青黄，釉面开片。口径 6.8、足径 3.8、高 2.8 厘米。

Ⅱ式　圈足足端平。弧腹，内底微凹，外底平。胎色灰白，胎壁较厚，釉层较厚。口端和足端无釉。

1163】TN9W3②：3，外腹壁刻菊瓣纹。釉色青黄，釉面开片。口径 12、足径 9.2、高 6 厘米。

Ⅲ式　圈足。口微敛，上腹较直，下腹斜收，内底平。胎色灰白，胎壁较厚，釉层较厚。

1164】TN9W3②：4，釉色淡青，口部无釉，底部粘有垫具。口径 7、高 3.2 厘米。

（二）盒盖

平顶较宽，弧盖面，直壁较矮，无内口，盖口部施釉。按装饰可分 4 式。

Ⅰ式　刻划菊瓣纹等。胎色灰白，胎壁较厚，釉层较薄。

1144】TN10W3③S：40，平顶微凸，平口凸唇，边缘划直线。釉色粉青。内口径 10、顶径 6.2、高 2.9 厘米。

Ⅱ式　刻划荷花纹或素面。胎色灰白，胎壁较厚，釉层较薄。

1145】TN8W1④：5，盖面刻划荷花纹，边缘有凸棱。釉色青灰。内口径 11.6、高 2.4 厘米。

1146】TN9W3③N：9，边缘有凸弦纹三道。釉色青绿，釉面开片。内口径 8、高 1.9 厘米。

Ⅲ式　素顶或刻划简单花纹。

1147】TN17E5①：147，盖面刻有荷花。胎色灰白，胎壁较厚，釉色青绿，釉层较薄。盖内边缘无釉。直径 9.6、高 1.8 厘米。

Ⅳ式　盖面阳印花纹，整体模制，釉层较薄。

1148】TN17E5①：166，盖顶阳印麒麟云纹，边缘阳印卷草纹。釉色青绿。内口径 9.6、高 2.2 厘米。

1162】CH1：8（Ⅰ盒）

1163】TN9W3②：3（Ⅱ盒）

1164】TN9W3②：4（Ⅲ盒）

1144〗TN10W3③S：40（Ⅰ盒盖）

1147〗TN17E5①：147（Ⅲ盒盖）

1145〗TN8W1④：5（Ⅱ盒盖）

1148〗TN17E5①：166（Ⅳ盒盖）

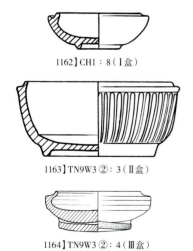

1162〗CH1：8（Ⅰ盒）

1163〗TN9W3②：3（Ⅱ盒）

1164〗TN9W3②：4（Ⅲ盒）

1144〗TN10W3③S：40（Ⅰ盒盖）

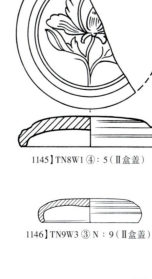

1145〗TN8W1④：5（Ⅱ盒盖）

1146〗TN9W3③N：9（Ⅱ盒盖）

0　　　　6厘米

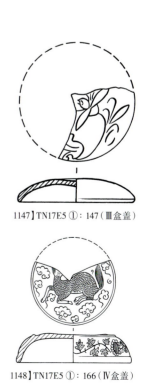

1147〗TN17E5①：147（Ⅲ盒盖）

1148〗TN17E5①：166（Ⅳ盒盖）

二十七　砚台

直口，厚唇，内有圆砚台面，台面边缘高于台面。外底和砚台面无釉。按底足腹部不同可分4式。

Ⅰ式　卧足，直腹，下腹折收。

1165】TN16W3 ⑤：10，胎色灰白，釉色青，釉层较厚。口径12.4、足径7.5、高3.4厘米。

Ⅱ式　圈足，斜弧腹。

1166】TN12W3 ①：16，半残。胎色灰白，釉色青，釉层较厚。口径14、足径8、高3.5厘米。

Ⅲ式　圈足，斜直腹，下腹折。

1167】TN10W3 东扩⑥a：9，上腹刻菊瓣纹，外底刻"陈置"。胎色灰白，釉色青，釉层较厚。口径11.6、足径8、高4厘米。

Ⅳ式　平底，直腹。

1168】H5：1，台面一侧有一花口凹槽，槽内施釉。胎色灰白，釉色青。外底刻有文字已残缺。直径9.2、高1.5厘米。

二十八　砚滴

1169】TN15E4 ①：103，卧牛形，牛头高仰，牛嘴圆，牛背上童子残，平底。胎色灰黄，胎质疏松，釉色青黄，釉面开片。长12、残高5厘米。

1170】TN18E4②：2，龙首形。胎色灰，釉色青黄。残高约7厘米。

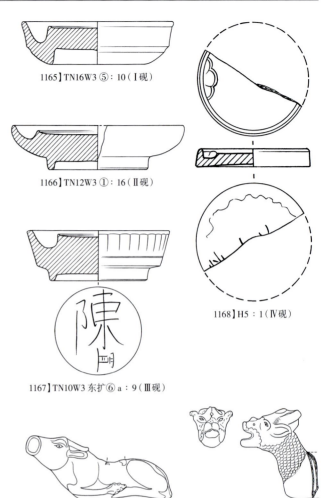

1165】TN16W3 ⑤：10（Ⅰ砚）

1166】TN12W3 ①：16（Ⅱ砚）

1168】H5：1（Ⅳ砚）

1167】TN10W3 东扩⑥a：9（Ⅲ砚）

1169】TN15E4 ①：103（砚滴）　　1170】TN18E4②：2（砚滴）

0　　　　　　6厘米

1165】TN16W3 ⑤：10（Ⅰ砚）

1166】TN12W3 ①：16（Ⅱ砚）

1167】TN10W3 东扩⑥a：9（Ⅲ砚）

1168】H5：1（Ⅳ砚）

1169】TN15E4 ①：103（砚滴）

1170】TN18E4 ②：2（砚滴）

二十九　水滴

1217】TN10W3 ③N ：7，管形器，一端平，一端圆，中空，近平端有孔。平端有釉，釉色青黄。长6.6、直径1.6厘米。

三十　笔架

山字形，按形状分2型。

A型　山字形笔架。头尖呈四边锥形，一侧有孔，底平，中空。胎色灰白，胎壁较薄，釉层较薄。底无釉。

1171】TN17E5 ①：175，釉色青灰。残高11.4厘米。

B型　指山形笔架。头圆呈指头形，一侧有孔，底平呈半月形，中空。胎色灰白，胎壁较薄，釉层较厚。底无釉。

1172】TN15E4 ⑫：2，指山残。一侧刻山形纹，一侧阳印鹿纹。釉色青绿，釉面冰裂。残高6.4厘米。

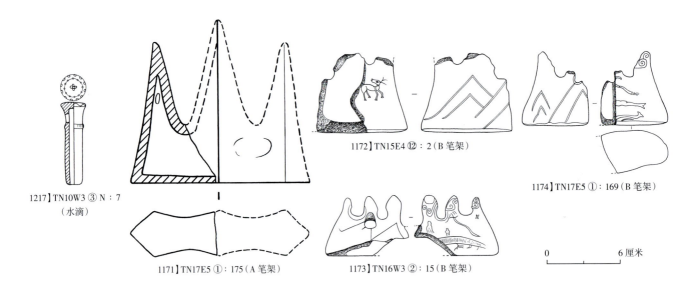

1217】TN10W3③N：7
（水滴）

1171】TN17E5①：175（A笔架）

1172】TN15E4⑫：2（B笔架）

1173】TN16W3②：15（B笔架）

1174】TN17E5①：169（B笔架）

0　　　　　　6厘米

1171】TN17E5①：175（A笔架）、1173】TN16W3②：15（B笔架）

1172】TN15E4⑫：2（B笔架）、1174】TN17E5①：169（B笔架）

1173】TN16W3②：15，指山阳印螺纹，一侧阳印山形纹，一侧阳印纹饰不清晰。釉色青绿，釉面冰裂，有流釉。残高4.8厘米。

1174】TN17E5①：169，指山阳印螺纹，一侧阳印山形纹，一侧阳印纹饰不清晰。釉色青灰。残高5.8厘米。

三十一　卷缸

卷沿，直弧腹。按足不同可分2式。

Ⅰ式　卧足。

1175】TN16W3⑤：35，尖圆唇。胎色灰黄，胎质较疏松，釉色黄，釉层较薄。足无釉。口径21.8、足径9.6、高14厘米。

Ⅱ式　圈足。胎色灰白，胎壁较厚，釉层较薄。

1175】TN16W3 ⑤：35（Ⅰ卷缸）

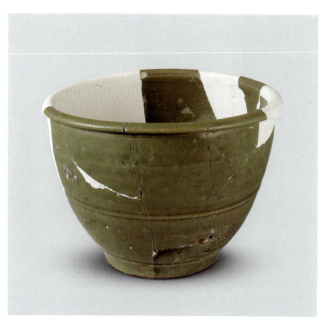

1176】TN7W1 ⑤：2（Ⅱ卷缸）

1177】TN17E5 ①：144（Ⅱ卷缸）

1178】TN7W1 ④：25（Ⅱ卷缸）

1176】TN7W1 ⑤：2，圆唇。中腹有凸棱。釉色青偏灰。足端无釉。口径 25.2、足径 12.4、高 18.2 厘米。

1177】TN17E5 ①：144，底残。内沿下刻旋纹一道，腹上部刻旋纹一道并刻有"仲年"字样，中部刻两道弦纹。釉色青灰。口径约 22 厘米。

1178】TN7W1 ④：25，口残。下腹微收。腹部刻划缠枝花卉，外底刻有"林"字。釉色青黄。足端无釉。足径 16.4、残高 9.8 厘米。

三十二 投壶

1179】TN15E4 ①：97，直口，圆唇，长管颈微束，弧肩，鼓腹，高圈足微撇。肩、上腹模印花卉，下腹刻菊瓣纹。胎色灰白，胎质较疏松，釉色青黄，釉层较薄，釉面开片。中腹有拼接痕。口径约 2.2、足径 5.8、残高 6.7、修复高度 14.5 厘米。

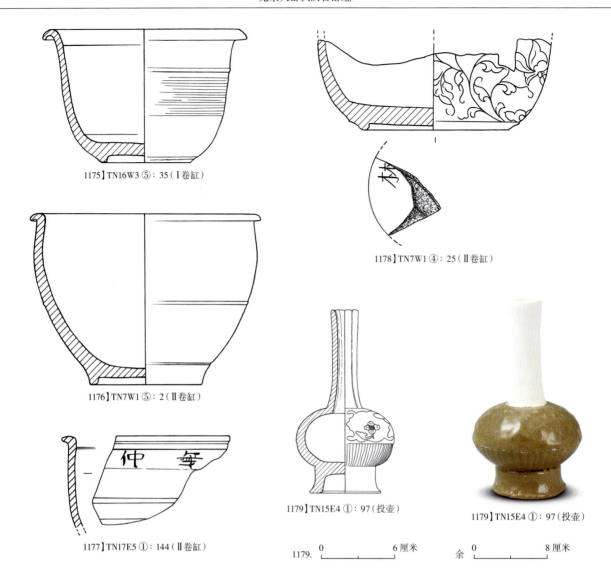

1175】TN16W3 ⑤：35（Ⅰ卷缸）

1176】TN7W1 ⑤：2（Ⅱ卷缸）

1177】TN17E5 ①：144（Ⅱ卷缸）

1178】TN7W1 ④：25（Ⅱ卷缸）

1179】TN15E4 ①：97（投壶）

1179】TN15E4 ①：97（投壶）

1179.　0　　　　　　6厘米

余　　0　　　　　　8厘米

三十三　塑像

（一）佛像

1180】TN10W3 ②：10，头残。盘腿，双手手心向上相叠于腹前，袒胸宽袖长袍有褶皱，腰带系结，胸前阳印"卐"字。头颈、胸口和手露胎。胎色灰白，胎质较粗糙，釉色黄，釉层较薄。残高8厘米。

1181】TN18E5 ②：20，头、手残。袒胸宽袖长袍有褶皱，腰带系结，胸前阳印佛珠串，一手置胸前，一手置腿上，盘腿。头颈、胸口和胸前手、脚露胎。胎色灰白，釉色青，釉质青润。变形，和一爵杯相粘连。残高约17厘米。

（二）童子像

1182】TN10W3 ⑧N：2，为观音像前的童女像。白胎，釉色青绿。残高约6.2厘米。

1183】TN10W3 ⑧N：1，为观音像前的童子像。白胎，釉色青绿。残高约5.2厘米。

（三）将军像

1184】TN12W3 采：2，残片。束腰带，下有龙纹装饰，素胎。残高约8.2厘米。

（四）仕女像

1185】TN15E4 ㉓：2，头、脚残。左襟长袍，带结腰带，宽袖有褶皱。头颈、手露胎呈朱红色。胎色灰

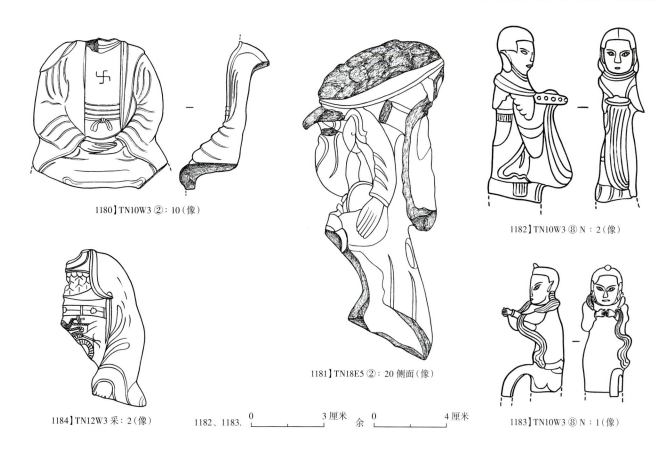

1180〕TN10W3 ②：10（像）

1181〕TN18E5 ②：20 侧面（像）

1182〕TN10W3 ⑧ N：2（像）

1184〕TN12W3 采：2（像）

1182、1183. 0 ____ 3厘米 余 0 ____ 4厘米

1183〕TN10W3 ⑧ N：1（像）

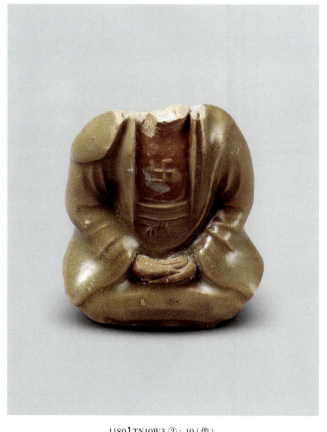

1180〕TN10W3 ②：10（像）

1181〕TN18E5 ②：20（像）

白，釉色青绿。残高 8 厘米。

　　1186】TN17E5 ①：177，残片。衣服上印有梅花。残高约 8 厘米。

　　1187】TN15E4 ①：37，整体模制。头、手残。右襟长袍，带结腰带，宽袖有褶皱，袖口印花，双手交叉于胸前，腿有衬裤，着鞋，双脚站于一高台上，台座印菊花纹边饰。胎色灰白，釉色青，釉层有开片。变形。残高 11 厘米。

　　1188】TN15E4 ①：104，整体模制。头、脚残。右襟长袍，带结腰带，宽袖有褶皱，袖口印花，双手交叉于胸前。胎色灰白，釉色青，釉层有开片。残高 6.9 厘米。

　　1189】y1：8，整体模制。头、脚手残。右襟长袍，带结腰带。胎色灰白，釉色青。残高 5.6 厘米（线图是根据其他残片绘制的复原图，复原高度 15.8 厘米）。

1182】TN10W3 ⑧ N：2（像）

1183】TN10W3 ⑧ N：1（像）

1184】TN12W3 采：2（像）

1185】TN15E4 ㉓：2（像）

1186〗TN17E5 ①：177（像）

1187〗TN15E4 ①：37（像）

1188〗TN15E4 ①：104（像）

1189〗y1：8（像）

1190〗TN15E4 ①：26（狮形饰物）

1191〗TN18E3 ③S：79（象形壁挂）

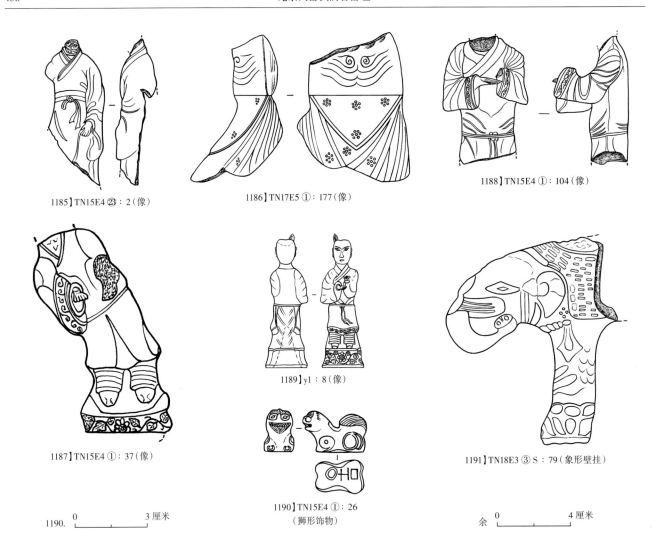

1185〗TN15E4㉓：2（像）

1186〗TN17E5①：177（像）

1188〗TN15E4①：104（像）

1187〗TN15E4①：37（像）

1189〗y1：8（像）

1191〗TN18E3③S：79（象形壁挂）

1190〗TN15E4①：26
（狮形饰物）

1190. ┠0━━━━━3厘米┨

余 ┠0━━━━━4厘米┨

（五）饰物

1190〗TN15E4①：26，小狮子形状，大眼睛大嘴巴，尾巴贴于臀背，背中有孔通底，底部有个"吉"字。釉色淡绿，局部偏黄。底无釉。长2.4、宽1.1、高1.6厘米。

（六）壁挂

1191〗TN18E3③S：79，象形塑像，残。扁形似壁挂。胎色灰白，釉色青绿。高11厘米。

三十四　碾钵

侈口，内壁有刻槽。胎壁厚。内壁底一般无釉。按底足不同可分2型。

A型　圈足。按口沿不同可分4式。

Ⅰ式　窄平沿，尖唇。胎色灰白。外壁多半釉。

1192〗TN8W3②：11，胎质疏松，釉色淡青。仅口沿周边有釉。口径15.7、足径5.6、高7.4厘米。

Ⅱ式　平沿，沿面微外斜，外凸圆唇。深弧腹，足端斜削。外壁多半釉。

1193〗TN9W3③N：35，灰黄胎，釉色青。沿面及外壁沿下施釉。口径27.2、足径9.2、高14厘米。

Ⅲ式　圆沿，尖圆唇。深弧腹，足端斜削。外壁满釉。

1194〗TN12W3③N：28，外底刻有一"戌"字。胎色灰白，釉色青黄，厚釉，釉面冰裂。口径16.8、

1192】TN8W3 ②：11（A I 碾钵）

1193】TN9W3 ③ N：35（A II 碾钵）

1194】TN12W3 ③ N：28（A III 碾钵）

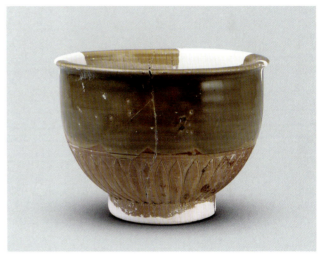

1195】TN10W3 ③ N：27（A IV 碾钵）

足径 7.2、高 9.7 厘米。

IV式　弧沿，圆唇。弧腹。外壁半釉。

1195】TN10W3 ③ N：27，外壁下腹刻莲瓣纹。胎色灰白，釉色青。口径 22、足径 11、高 15.4 厘米。

B 型　饼足。外壁多半釉。按口沿不同可分 5 式。

I式　平沿，沿面微凹，外凸圆唇。深弧腹，外底内凹。

1196】TN14W7 ⑦：2，外壁刻一"用"字。胎色灰白，釉色青。沿面及腹上部施釉。口径 27.6、足径 9.2、高 13.6 厘米。

II式　平沿，沿面微凹，内外凸圆唇。弧腹，外底内凹，足端斜削。

1197】TN16W3 ⑦：103，外沿下刻折点弦纹，腹中部刻弦纹两道，下腹刻莲瓣纹。胎色灰白，釉色青绿。外壁半釉，内壁仅口沿周边有釉。口径 26.4、足径 10.8、高 14.6 厘米。

III式　圆沿。深弧腹，足端斜削，底心微凹。

1198】TN16W3 ⑥ a：95，腹中部刻饰弦纹两道，下刻"项字置用"四字。胎色灰白，釉色青。外壁施釉不到底。口径 20、足径 9.6、高 12.3 厘米。

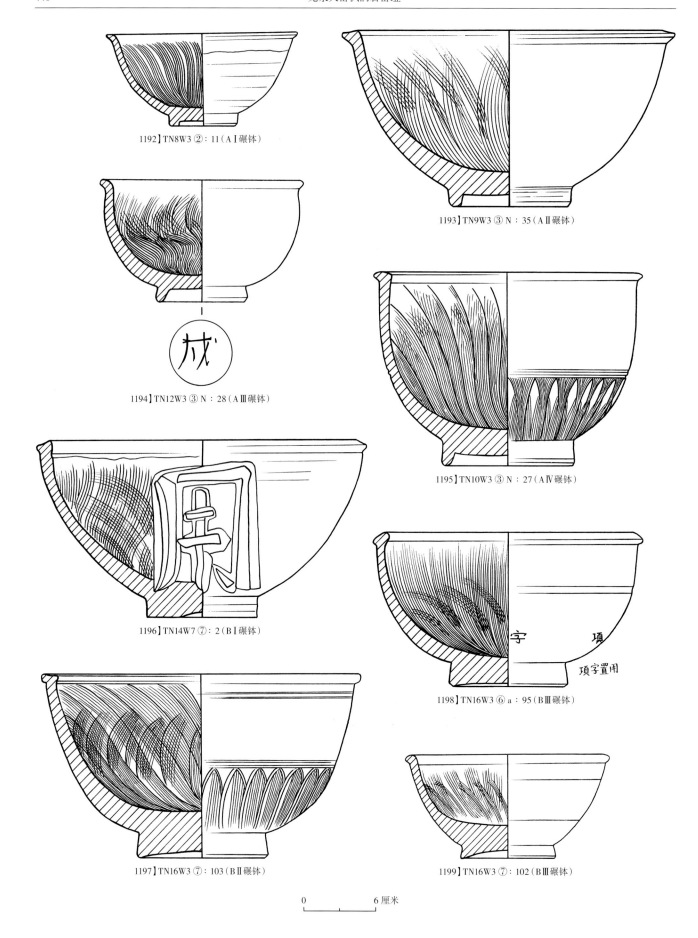

1192】TN8W3 ②：11（A I 碾钵）

1193】TN9W3 ③ N：35（A II 碾钵）

1194】TN12W3 ③ N：28（A III 碾钵）

1195】TN10W3 ③ N：27（A IV 碾钵）

1196】TN14W7 ⑦：2（B I 碾钵）

1198】TN16W3 ⑥ a：95（B III 碾钵）

項字置用

1197】TN16W3 ⑦：103（B II 碾钵）

1199】TN16W3 ⑦：102（B III 碾钵）

0　　　　6厘米

1196〗TN14W7 ⑦：2（BⅠ碾钵）

1198〗TN16W3 ⑥a：95（BⅢ碾钵）

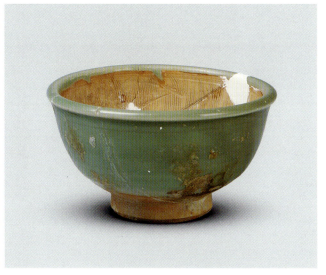

1199〗TN16W3 ⑦：102（BⅢ碾钵）

1201〗TN15E4 ⑨：5（BⅣ碾钵）

1202〗TN8W3③N：6（BⅣ碾钵）

1203〗TN15E4 ⑦：37（BⅤ碾钵）

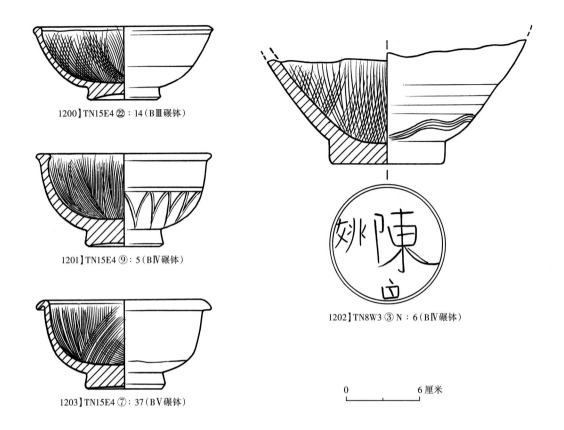

1200〕TN15E4㉒：14（BⅢ碾钵）

1201〕TN15E4⑨：5（BⅣ碾钵）

1203〕TN15E4⑦：37（BⅤ碾钵）

1202〕TN8W3③N：6（BⅣ碾钵）

0　　　　　　6厘米

1199〕TN16W3⑦：102，釉色青。外壁半釉，内壁仅口沿周边有釉。口径16.8、足径7.6、高8.2厘米。

1200〕TN15E4㉒：14，胎色灰白，釉色青绿。外壁施半釉。口径14.8、足径6、高5.8厘米。

Ⅳ式　平沿，内外凸尖圆唇。弧腹，饼足内凹。

1201〕TN15E4⑨：5，腹中部刻划两道弦纹，下腹刻划尖状仰莲瓣纹。胎色灰白，釉色青绿。外壁半釉。口径14.4、底径6、高7.3厘米。

1202〕TN8W3③N：6，口腹残。外底刻字"姚陈皿"。胎色灰白，釉色青。内壁底无釉，外壁半釉。足径9.2、残高9.8厘米。

Ⅴ式　卷沿，尖唇。弧腹，足端斜削，外底心内凹。

1203〕TN15E4⑦：37，胎色灰白，釉色青绿。外壁半釉。口径12.8、足径6.2、高7.1厘米。

三十五　杵、杵头

1204〕TN8W3③N：21，长柱形，一端呈乳丁状，另一端较粗、呈多棱状。胎色灰白，釉色青黄，釉面开片。粗端无釉。长10.5厘米。

1205〕TN18E3③N：11，长柱形，一端残，另一端较粗、呈多棱状。胎色灰白。釉色灰白，粗端无釉。残长11.7厘米。

1206〕TN10W3东扩⑥b：1，八面体，上窄下宽，腰微束，上有圆孔，腰部有对称双孔。胎色灰白，胎壁厚，釉色青绿，釉层较厚，釉面有开片。杵底无釉。上径3、下径5.3、高5.4厘米。

1207〕TN12W3采：3，八面体，上窄下宽，束腰，腰部有对称双孔。胎色灰白，胎壁厚，釉色青绿，釉层较厚，釉面有开片。杵底无釉。上径5.1、下径8、高5.9厘米。

1204』TN8W3 ③ N：21（杵）

1206』TN10W3 东扩⑥ b：1（杵头）

1205』TN18E3 ③ N：11（杵）

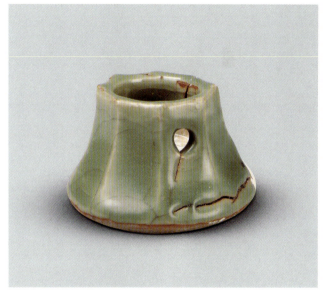

1207』TN12W3 采：3（杵头）

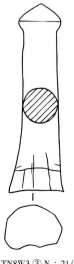

1204』TN8W3 ③ N：21（杵）

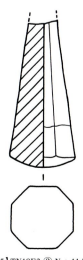

1205』TN18E3 ③ N：11（杵）

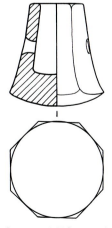

1206』TN10W3 东扩⑥ b：1（杵头）

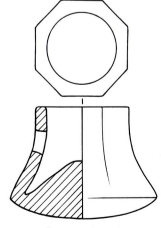

1207』TN12W3 采：3（杵头）

1205. 0 ⸻ 6 厘米   余 0 ⸻ 4 厘米

三十六　其他

另外还出土了一些残器和用途不明的器物，现列举如下：

（一）盘（？）盖（？）

从纹样安排看似为盖，从装烧看又似盘。以下标本按盘类型描述。

1213】TN16W3⑨a：24，敞口，折腹，下腹坦收，圈足，足壁外斜，足端斜削裹釉，外底心凹。外壁刻莲瓣纹。胎色灰白，胎壁较厚，外壁釉厚色青绿，内壁釉薄色淡青。外底刮釉，底心点釉。口径19.8、足径6.4、高4.5厘米。

1214】TN14W3①：21，器形同TN16W3⑨a：24。外壁刻莲瓣纹较大。口径18.6、足径6.4、高5.5厘米。

（二）水盂（？）

1220】TN18E3②：73，顶端残。弧肩，圆腹，下腹弧收，圈足较高外撇。肩腹部各饰两道凸弦纹，之间均匀贴饰乳丁，腹部刻纹饰模糊不清，下腹刻划大莲瓣纹。胎色灰白，胎体厚重，釉色青灰，厚釉，釉面冰裂。足端无釉。足径11.8、残高18.8厘米。

（三）香熏（？）

1221】TN12W3①：3，镂孔底座。局部釉色青绿。残高5厘米。

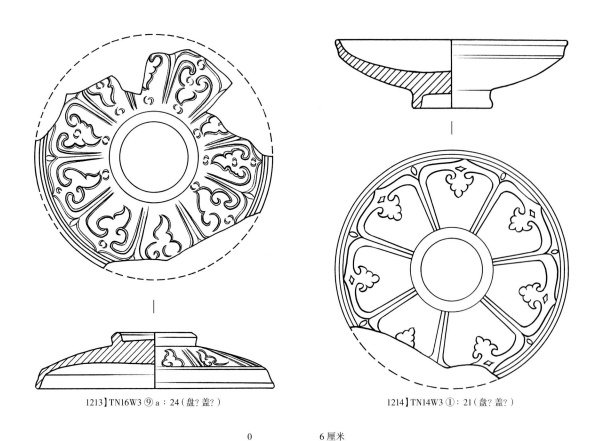

1213】TN16W3⑨a：24（盘？盖？）　　　　1214】TN14W3①：21（盘？盖？）

0　　　　　　6厘米

1213〗TN16W3 ⑨ a：24（盘？盖？）

1220〗TN18E3 ②：73（水盂？）

1221〗TN12W3①：3（香熏？）

1215〗TN12W3 ④ S：6（烛台？灯台？）

1216〗TN10W3 ③ N：4（笔添？灯台？）

1212〗TN9W3 ④ N：4（陀螺？）

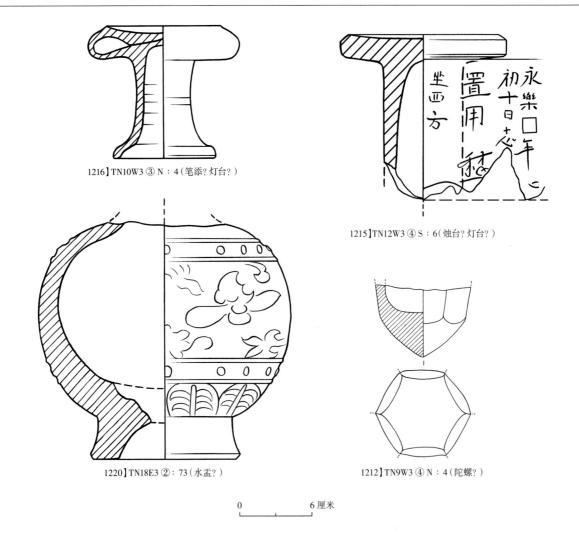

1216】TN10W3③N：4（笔添？灯台？）

1215】TN12W3④S：6（烛台？灯台？）

1220】TN18E3②：73（水盂？）

1212】TN9W3④N：4（陀螺？）

0　　　　　6厘米

（四）烛台（？）灯台（？）

1215】TN12W3④S：6，一端圆饼状，边缘斜削，柱状粗柄，中空，另一端残。柄部刻有"永乐□年……初十日志……置用，坐西方……"字样。胎色灰白，胎壁厚，釉色青绿，釉层厚。刮釉一圈不规整，有垫烧痕。口径13.6、残高13.8厘米。

（五）笔添（？）灯台（？）

1216】TN10W3③N：4，凹台面，扁鼓腹，中空，高柄中空，喇叭形圈足。胎色灰白，胎壁较厚，釉色青绿，釉层凝厚。仅足端无釉，中空腹中也有釉。口径9.6、足径8.6、高10.4厘米。

（六）陀螺（？）

1212】TN9W3④N：4，顶端残。内凹，六棱柱状，锥形底。胎色灰白，胎壁厚。无釉。残高5.7厘米。

龙泉大窑枫洞岩窑址

下

浙江省文物考古研究所
北京大学考古文博学院
龙泉青瓷博物馆 编著

文物出版社

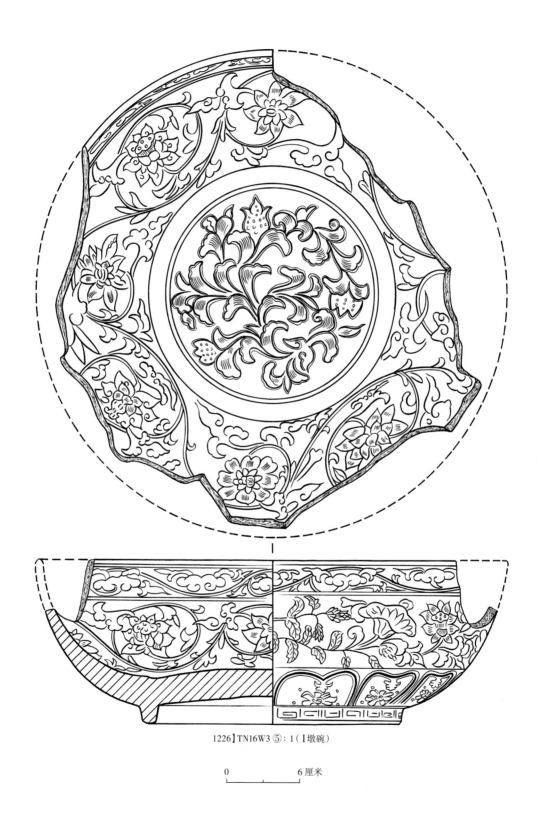

1226】TN16W3⑤：1（Ⅰ墩碗）

0　　　　　　　6厘米

第四章 遗 物（续）

第二节 官用瓷器

一 碗

有墩碗和莲子碗。

（一）墩碗

敞口或微敛，圆唇，弧腹，下腹弧收，圈足，足端裹釉较圆润，足端外侧斜削。胎色白，胎壁较厚，釉层凝厚，外底刮釉一圈，刮釉较规整。按装饰不同可分2式。

Ⅰ式 多数外底心凹，内外壁刻划花，刻划的题材单一，都是内外沿下一圈缠枝灵芝纹，内腹壁刻划缠枝莲纹，内底心两道凹弦纹内刻划牡丹纹，外壁中腹刻划荷花莲叶水草纹，下腹刻划仰莲瓣纹，莲瓣内刻划莲叶纹，圈足外壁刻划回纹。

1225〗TN16W3⑥b：7，釉色青绿。口径40、足径21.2、高16.4厘米。

1226〗TN16W3⑤：1，釉色青绿较深，釉较透。口径39、足径21、高13厘米。

1226+〗TN16W3⑦：25，釉色青绿。口径38、足径20、高14.6厘米。

1227〗TN16W3⑥a：49，釉色青绿，釉较混浊。口径39.2、足径18.6、高15厘米。

1228〗TN16W3⑦：14，釉色青绿显淡，釉较混浊。口径38.6、足径20.4、高14.4厘米。

1229〗TN16W3⑦：19，釉色青绿显浓，釉层玻化。足端有流釉。口径40、足径21.6、高14.2厘米。

1230〗TN16W3⑦：22，釉色青绿，釉较透。口径40、足径21.6、高15厘米。

1230+〗TN16W3⑦：16，釉色青绿。口径39、足径20.8、高14.6厘米。

1225〗TN16W3⑥b：7（Ⅰ墩碗）

Dayao Fengdongyan Kiln Site in Longquan

(with an Englishi abstract)

Zhejiang Provincial Institute of Cultural Relics and Archaeology
School of Archaeology and Museology, Beijing University
Longquan Celadon Museum

(II)

Cultural Relics Press
Beijing · 2015

1228】TN16W3⑦：14（Ⅰ墩碗）

1229〗TN16W3 ⑦：19（Ⅰ墩碗）

0 _____ 6 厘米

Ⅱ式　多素面，有内外壁刻划花，装饰的花纹题材较写实。

1231〗TN12W3 ④ N：15，口内侧刻回纹一圈，内壁刻划缠枝牡丹纹，内底心双圈内刻划牡丹纹，口外侧刻划卷草纹一圈，外壁刻划缠枝牡丹纹，圈足外刻划回纹。釉色青绿，釉面冰裂。口径 25.6、足径 13、高 12.2 厘米。

1230】TN16W3 ⑦：22（Ⅰ墩碗）

0　　　　　　6厘米

1232】TN12W3 ⑤ N：2，釉色青绿，釉面局部裂纹。口径 27.4、足径 13.2、高 12 厘米。

1233】TN12W3 ⑤ N：39，内壁刻划缠枝牡丹纹，内底心圈内刻划牡丹纹，口外侧刻划一圈卷草纹，外壁刻划缠枝花卉，外壁下腹刻划仰莲纹瓣。釉色青绿。口径 35.8、足径 17、高 12 厘米。

1234】TN14W3 ①：35，口内侧刻划卷草纹一圈，内壁刻划牡丹纹、菊花纹，口外侧刻划三角状花纹一圈，

1227】TN16W3⑥a：49（Ⅰ墩碗）

1233】TN12W3 ⑤ N：39（Ⅱ墩碗）

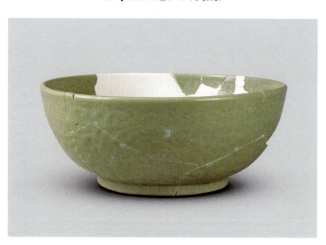

1230+】TN16W3⑦：16（Ⅰ墩碗）

1232】TN12W3 ⑤ N：2（Ⅱ墩碗）

1234】TN14W3 ①：35（Ⅱ墩碗）

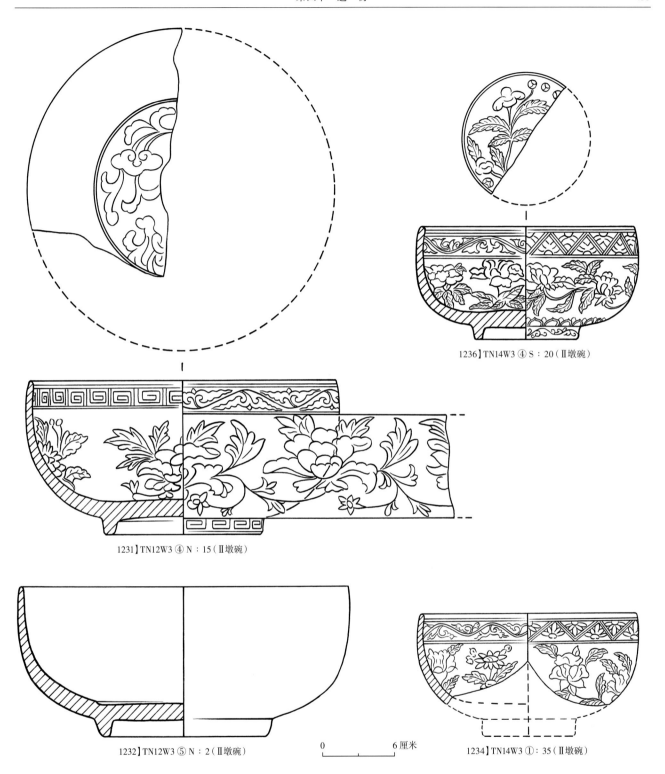

1236 】TN14W3 ④ S：20（Ⅱ墩碗）

1231 】TN12W3 ④ N：15（Ⅱ墩碗）

1232 】TN12W3 ⑤ N：2（Ⅱ墩碗）

0 _____ 6厘米

1234 】TN14W3 ①：35（Ⅱ墩碗）

外壁刻划缠枝牡丹纹。釉色青绿。底残。口径 18、残高 7.3 厘米。

　　1235 】TN14W3 ④ S：19，内壁刻划牡丹纹、菊花纹等花卉，内底心刻划花卉，口沿外侧刻划一圈卷草纹，外壁刻划分组花卉。釉色青绿。口径 21.6、足径 10、高 10.6 厘米。

　　1236 】TN14W3 ④ S：20，口内侧一圈卷草纹，内壁刻划分组花卉，内底心刻划花卉，口外侧刻划一圈折线花纹，外壁刻划缠枝牡丹纹，近圈足处有双重莲瓣纹。釉色青绿。口径 18、足径 8.6、高 9 厘米。

6厘米

0

1233〕TN12W3 ⑤ N：39（Ⅱ敦碗）

1235〕TN14W3 ④ S：19（Ⅱ敦碗）

1235】TN14W3④S：19（Ⅱ墩碗）　　　　　1236】TN14W3④S：20（Ⅱ墩碗）

（二）莲子碗

敞口，圆唇，斜弧腹，圈足，足壁较直，内底心凹，外底微凸，足端裹釉圆润。胎色白，釉层凝厚。外底刮釉规整，外底心点釉。

1237】TN10W3③N：20，口内侧刻划海涛纹，内腹壁刻划六组菊花纹，内底心双圈内刻划灵芝纹，口外侧刻划卷草纹，外壁中腹刻划花卉，外壁下腹刻划莲瓣纹。釉色青绿。口径23、足径6.8、高10厘米。

1237+】TN10W3⑤N：2，口内侧刻划海涛纹，内壁刻划六组菊花纹，内底心双圈内刻划灵芝纹纹，口外侧刻划卷草纹，外壁中腹刻划花卉，外壁下腹刻莲瓣纹。釉色青绿。垫圈痕边白。口径21厘米，足径6.8厘米，高9.2厘米。

1238】TN10W3⑥N：3，内壁刻划缠枝牡丹纹，内底心圈内刻划枇杷纹，口外侧刻划卷草纹，外壁中腹刻划花卉，下腹刻莲瓣纹。釉色青绿。口径21、足径7、高9.8厘米。

1239】TN12W3⑤N：37，釉色青绿。口径20.8、足径6.6、高9.8厘米。

1240】TN12W3⑥S：4，口内侧刻划卷草纹，内壁刻划六组花卉，内底心圈内刻划双桃纹，口外侧刻划卷草纹，外壁中腹刻划花卉，下腹刻莲瓣纹。釉色青绿。口径21.6、足径7.2、高10.4厘米。

1237】TN10W3 ③ N：20（莲子碗）

1238】TN10W3 ⑥ N：3（莲子碗）

1237+】TN10W3⑤N：2（莲子碗）

1240】TN12W3 ⑥ S：4（莲子碗）

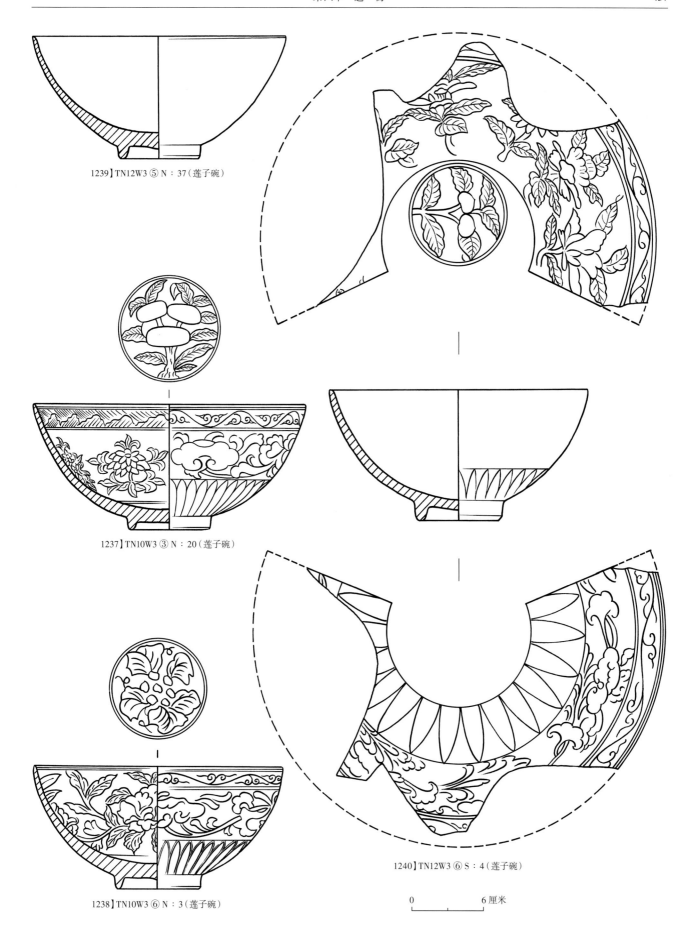

1239】TN12W3⑤N：37（莲子碗）

1237】TN10W3③N：20（莲子碗）

1238】TN10W3⑥N：3（莲子碗）

1240】TN12W3⑥S：4（莲子碗）

0   6厘米

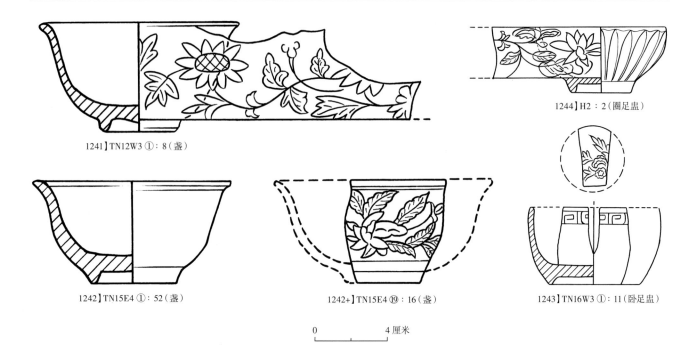

1241】TN12W3 ①：8（盏）

1244】H2：2（圈足盅）

1242】TN15E4 ①：52（盏）

1242+】TN15E4 ⑲：16（盏）

1243】TN16W3 ①：11（卧足盅）

0　　　　　　　　4厘米

二　盏

圈足小巧，足端圆润。胎色白，釉色凝润，外底刮釉规整，外底心点釉。制作极工整。

1241】TN12W3 ①：8，外壁刻划缠枝菊花纹。釉色青绿。口径 10.8、足径 4、高 5.9 厘米。

1242】TN15E4 ①：52，釉色青绿。口径 10.8、足径 4.8、高 5.4 厘米。

1242+】TN15E4 ⑲：16，外壁刻划花纹。釉色青绿。口径 12、足径 4、高 5.5 厘米。

三　盅

据足部可分为 2 型。

A 型　卧足盅。微敛口，弧腹，卧足，腹壁较直，内外底平宽。胎色白，胎壁较薄，釉层凝厚。

1243】TN16W3 ①：11，内底圈内刻划牡丹纹，外壁沿下刻划回纹。釉色青绿。外底刮釉一圈。口径 7、足径 5、高 4.2 厘米。

B 型　圈足盅。敛口，弧腹，圈足，足端裹釉圆润。胎色灰白，胎壁较厚，釉层凝厚。

1244】H2：2，内壁刻划缠枝花卉，外壁刻划莲瓣纹。釉色青绿。外底刮釉。口径 7.2、足径 3.4、高 3.5 厘米。

四　盘

共分 4 型，其中 A、B 型为折沿盘，C、D 型为无沿盘。

A 型　平口折沿盘。平口，折沿，沿面较宽，厚圆凸唇，斜弧腹，宽圈足，足端斜削裹釉，外底心多数内凹，外底刮釉一圈较宽居中较规整。胎色较白，胎壁较厚，釉层凝厚。器形较大，大小相若，口径多在 40 厘米左右。

Ⅰ 式　斜折沿。

1245】TN16W3 ④：51，内外沿刻划水草纹，内外壁刻划缠枝莲纹，内底刻划牡丹纹。釉色深青绿。口径 48、足径 28、高 8.2 厘米。

1241】TN12W3 ①：8（盏）   1242】TN15E4 ①：52（盏）

1244】H2：2（圈足盅）

1245】TN16W3④：51（官 A I 盘）

0　　　　　　6厘米

1245】TN16W3 ④：51（官 A I 盘）　　　　1246】TN16W3 ⑥ a：86（官 A I 盘）

1247】TN16W3 ⑦：71（官 A I 盘）　　　　1248】TN16W3 ⑦：112（官 A I 盘）

　　1246】TN16W3 ⑥ a：86，内沿面刻划水草纹，外沿刻划连枝卷草纹，内外壁刻划缠枝莲纹，内底刻划假山护栏芭蕉纹。釉色深青绿，釉面开片。口径 44.4、足径 24.2、高 10 厘米。

　　1247】TN16W3 ⑦：71，内沿面刻划水草纹，外沿刻划连枝卷草纹，内外壁刻划缠枝莲纹，内底刻划折枝莲纹。釉色深青绿。口径 44、足径 24、高 8.5 厘米。

　　1248】TN16W3 ⑦：112，残底。内底有两道圈，圈内刻划牡丹纹。釉色青绿。口径 22.6、残高 8.2 厘米。

　　1249】TN17E5 ①：47，底心残。沿面划卷云纹，内外壁刻划缠枝莲纹，内底边缘有刻划卷云纹。釉色青绿。口径约 46、足径约 26、高 7.6 厘米。

　　1250】TN16W3 ⑨ a：52，内外沿刻划水草纹，内外壁刻划缠枝莲纹，内底有两道圈，圈内分成八瓣刻划牡丹纹等。釉色青绿显灰。口径 46.4、足径 24.8、高 7.8 厘米。

折沿外纹样

1246】TN16W3 ⑥ a：86（官 A I 盘）

0 ———— 6 厘米

1247 TN16W3 ⑦：71（官 A I 盘）

0   6厘米

1248【TN16W3 ⑦：112（官 A I 盘）

1249【TN17E5 ①：47（官 A I 盘）

0　　　　6 厘米

折沿外纹样

1250】TN16W3 ⑨ a：52（官 A I 盘）

0   6 厘米

1250+〗TN16W3 ⑨ a：53（官Ａ Ⅰ盘）

0　　　　　　6厘米

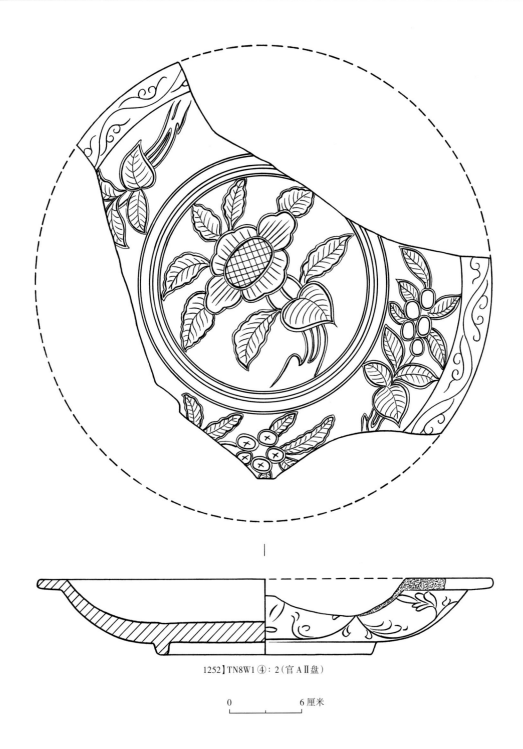

1252】TN8W1④：2（官 A Ⅱ 盘）

0 ————— 6厘米

1250+】TN16W3⑨a：53，内外沿刻划水草纹，内外壁刻划缠枝莲纹和菊花纹，内底刻划牡丹纹。釉色青灰。口径 43.8、足径 24.3、高 7.8 厘米。

1251】TN16W3⑦：11，内沿面刻划连枝卷草纹，外沿刻划水草纹，内壁刻划卷云纹，外壁刻划缠枝莲纹，内底刻划荷花莲叶纹。釉色深青绿，垫烧痕内边白。口径 44、足径 24.6、高 8.6 厘米。

Ⅱ式 平折沿。

1252】TN8W1④：2，内沿刻划曲线纹，内壁刻划枇杷果叶纹，外壁刻划缠枝莲纹，内底刻划海棠花纹。釉色深青绿。口径 38、足径 18、高 6 厘米。

1249】TN17E5①：47（官 A I 盘）　　　　　　1250】TN16W3⑨a：52（官 A I 盘）

1251】TN16W3⑦：11（官A I 盘）　　　　　　1252】TN8W1④：2（官 A II 盘）

B 型　菱口折沿盘。菱花形口，凸唇，宽折沿。

I 式　斜折沿，沿面宽，瓜棱腹，圈足，足端裹釉，多数外底心内凹，外底刮釉一圈居中较规整。胎色白，胎壁较厚，釉层凝厚。沿面外刻划卷草纹、回纹等，内壁刻划菊瓣，菊瓣中有的刻划多组花卉，外壁凸出菊瓣，有的也刻划多组花卉，内底刻划花，纹饰繁缛，题材广泛，主要题材有荷花、芙蓉、牡丹、菊花、"岁寒三友"松竹梅等。器形较大，大小相若，口径多在 40 厘米左右。

1253】Q11：9，沿面划回纹，内外壁刻划多组花纹，内底心刻划牡丹纹。釉色淡青绿。垫烧痕边显白胎。口径 45.2、足径 23.6、高 7.4 厘米。

1254】TN16W3⑥a：71，沿面刻划连枝卷草纹，内外壁刻划多组花纹，内底心刻牡丹纹。釉色青绿。口径 44.4、足径 24、高 9 厘米。

1255】TN16W3⑤：102，残底。内底有两道圈，内底心刻划牡丹纹。釉色青绿。足径 22.8、残高 6.4 厘米。

1253〖Q11：9（官 B I 盘）

0 _____ 6厘米

1254】TN16W3⑥a：71（官BⅠ盘）

0　　　　　6厘米

1255】TN16W3 ⑤：102（官 B I 盘）

1256】TN16W3 ⑥ a：103，沿面刻划连续卷草纹，内外壁刻划多组花纹，内底心刻牡丹纹。釉色青灰，局部偏黄。垫烧痕边显白胎。口径44.6、足径24、高8厘米。

1257】TN16W3 ⑦：3，沿面刻划连续正反回纹，内外壁刻划多组花纹，内底心刻牡丹纹。釉色青绿。口径43.8、足径20.5、高9.2厘米。

1258】TN16W3 ⑦：44，外底心残。沿面划卷云纹，内外壁刻划分组菊花纹，内底刻划松石纹。釉色青绿。口径约44、足径24、高8厘米。

1259】TN16W3 ⑦：113，残底。内底心刻树石纹。釉色青绿。足径23.6、残高5.2厘米。

1260】TN16W3 ⑦：46，沿面刻划连枝卷草纹，内外壁刻划多组花纹，内底心刻松树梅树纹。釉色青绿偏淡，釉面开片。口径45、足径24.8、高9.2厘米。

1261】TN16W3 ⑤：27，沿面刻划连续回纹，内外壁刻划多组花纹，内底心刻牡丹纹。釉色青绿，局部偏灰。垫烧痕边显白胎。口径44、足径23.6、高7.6厘米。

1262】TN16W3 ⑦：111，残底。内底有两道圈，圈内刻划荷花莲叶纹。釉色青绿显灰，釉较浊，釉层有气泡，釉面冰裂。足径23.6厘米。

1253】Q11：9（官 B I 盘）

1254】TN16W3 ⑥ a：71（官 B I 盘）

1256】TN16W3 ⑥ a：103（官 B I 盘）

1255】TN16W3 ⑤：102（官 B I 盘）

1257】TN16W3 ⑦：3（官 B I 盘）

1256】TN16W3 ⑥ a：103（官 B I 盘）

0   6厘米

1257】TN16W3 ⑦：3（官 B I 盘）

0   6厘米

1258〗TN16W3 ⑦：44（官 B I 盘）

0   6厘米

1259】TN16W3 ⑦：113（官 B I 盘）

1260】TN16W3 ⑦：46（官 B I 盘）

0   6 厘米

1261〕TN16W3 ⑤：27（官 B I 盘）

0   6厘米

1262】TN16W3 ⑦：111（官 B I 盘）

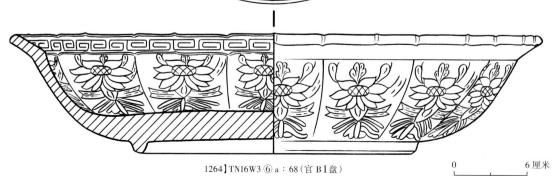

1264】TN16W3 ⑥ a：68（官 B I 盘）

0　　　　　　　6厘米

1263】TN16W3⑤：103（官 B I 盘）

1263】TN16W3⑤：103，沿面刻划卷草纹，内外壁刻划多组菊花纹，内底心刻树石纹。釉色青灰。口径43.6、足径24.8、高7.6厘米。

1264】TN16W3⑥a：68，沿面刻划回纹，内外壁刻划多组花纹，内底心刻划牡丹纹。釉色青绿。口径44、足径23.4、高9.4厘米。

1265】TN16W3⑥a：70，沿面刻划梅花纹，内外壁刻划多组花纹，内底心刻划牡丹纹。釉色青绿。大半和匣钵粘连。口径45.2、足径24、高9.3厘米。

1258】TN16W3 ⑦：44（官 B I 盘）

1261】TN16W3 ⑤：27（官 B I 盘）

1259】TN16W3 ⑦：113（官 B I 盘）

1263】TN16W3 ⑤：103（官 B I 盘）

1264】TN16W3 ⑥ a：68（官 B I 盘）

1260】TN16W3 ⑦：46（官 B I 盘）

1265】TN16W3 ⑥ a：70（官 B I 盘）

1265】TN16W3 ⑥ a：70（官 B I 盘）

Ⅱ式　斜折沿，沿面较窄，瓜棱腹，圈足较宽，足端斜削裹釉，外底较平，外底刮釉一圈居中较规整。胎色白，胎壁较厚，釉层凝厚。

1266】TN12W3 ④ N：3，内底刻划荷花莲叶纹。釉色青灰。口径 41.6、足径 24.4、高 7.6 厘米。

1267】TN12W3 ⑥ N：2，内底刻划双菊纹。釉色淡青绿。口径 42、足径 22.8、高 7 厘米。

1268】TN14W3 ①：25，口沿内外刻划卷草纹，内壁压菊瓣，内外壁刻划多组茶花纹，内底刻果树纹。釉色青绿。口径 55、足径 34.5、高 9.5 厘米。

1266】TN12W3 ④ N：3（官 BⅡ盘）

1267】TN12W3 ⑥ N：2（官 BⅡ盘）

0　　　　　　　6厘米

1268〗TN14W3 ①：25（官 B Ⅱ盘）

0   6厘米

1267】TN12W3 ⑥ N：2（官 B Ⅱ 盘）

1266】TN12W3 ④ N：3（官 B Ⅱ 盘）

1268】TN14W3 ①：25（官 B Ⅱ 盘）

1269】TN12W3 ④ S：19（官 B Ⅱ 盘）

1270】TN12W3 ⑤ S：4（官 B Ⅱ 盘）

1270】TN12W3 ⑤ S：4（官 B Ⅱ 盘）

0   8厘米

1269】TN12W3 ④ S：19，内外壁刻划多组牡丹纹，内底心刻划菊花纹。釉色深青绿，釉层开片。口径48、足径28、高8.2、沿宽1.5厘米。

1270】TN12W3 ⑤ S：4，口沿内刻划杂宝纹，外沿刻划卷草纹，内壁刻划多组花纹，外壁刻划大莲瓣，莲瓣内刻划如意纹，近足出一圈微凸，内底有两道圈，圈外刻划灵芝云纹，中间刻划牡丹纹。釉色青绿。口径62.4、足径36.8、高10、沿宽2厘米。

C 型　敞口弧腹盘。

Ⅰ式　厚凸唇，足端扁平或圆润，外底心微凹，外底刮釉一圈较宽，较居中，刮釉较规整。内底有两道外圈，圈内刻划五爪云龙纹。胎色白，胎壁较厚，釉层凝厚。

1271】TN16W3⑨a：12，足端扁平。内壁刻缠枝莲纹，内底刻划五爪云龙纹。釉色青绿。口径 34、足径 20.6、高 6.5 厘米。

1271+】TN16W3⑨a：17，足端窄圆，内壁刻缠枝莲纹，内底刻划五爪云龙纹。釉色青绿偏灰。口径 28.6、足径 16.8、高 6 厘米。

1272】TN16W3⑨a：14，足端扁平。内壁刻缠枝莲纹，内底刻划五爪云龙纹。釉色青绿，釉层厚。口径 34.4、足径 20.8、高 6.5 厘米。

1273】TN16W3⑨a：18，足端窄圆。内壁刻折枝莲纹，内底刻划五爪云龙纹。釉色青绿。口径 38.8、足径 28.6、高 6 厘米。

1271】TN16W3⑨a：12（官 C Ⅰ 盘）

0　　　　　　　6 厘米

1271】TN16W3 ⑨ a：12（官 C I 盘）

1271+】TN16W3 ⑨ a：17（官 C I 盘）

1272】TN16W3 ⑨ a：14（官 C I 盘）

0　　　　　　　6厘米

1272】TN16W3 ⑨ a：14（官 C I 盘）

1273 TN16W3 ⑨ a：18（官 C I 盘）

1276+】TN10W3 采：12（官 C Ⅱ 盘）

1279】TN12W3 ⑦ S：2（官 D 盘）　　　　　　　　　　1278】TN12W3 ⑦ S：1（官 D 盘）

Ⅱ式　足端斜削裹釉，外底心微凹，外底中间刮釉一圈。胎色白，胎壁较厚，釉层凝厚。

1274】H3：5，内壁刻划缠枝花纹，内底圈刻划牡丹纹。釉色青绿。口径 33.4、足径 17.8、高 7 厘米。

1275】TN14W3 ①：23，沿下刻划卷草纹，内壁刻划荷花莲叶纹，外壁刻划牡丹纹，内底刻划花纹。釉色青绿。口径 55.8、足径 37.6、高 9.6 厘米。

1275+】TN14W3 ④ S：11，内壁刻划牡丹纹，内底刻划桃叶纹。釉色青绿。口径 65、足径 45、高 10.7 厘米。

1276】y2：11，内壁刻缠枝牡丹纹，内底刻划五爪云龙纹。釉色青绿。口径 42.6、足径 28.8、高 8.3 厘米。

1276+】TN10W3 采：12，足端窄圆。内底刻划金刚杵纹。釉色青绿。口径 30、足径 18.6、高 4.5 厘米。

1277】TN14W3 ③ N：10，内底刻划金刚杵纹。釉色青绿。口径 29.2、底径 19.6、高 5.4 厘米。

D 型　侈口小盘。器形较小，足端圆润，外底刮釉一圈。胎色白，釉层凝厚。

1278】TN12W3 ⑦ S：1，内壁刻划缠枝牡丹纹，内底心刻划牡丹纹。釉色青绿。口径 13.3、足径 7.3、高 3.7 厘米。

1279】TN12W3 ⑦ S：2，内壁刻划缠枝牡丹纹，内底心刻划牡丹纹。釉色青绿。口径 13.3、足径 7、高 3.7 厘米。

1275+〕TN14W3 ④ S：11（官 C Ⅱ 盘）

1276〕y2：11（官 C Ⅱ 盘）

1274〕H3：5（官 C Ⅱ 盘）

0　　　　　　6 厘米

1275〕TN14W3 ①：23（官 C Ⅱ 盘）

1275〕TN14W3 ①：23（官 C Ⅱ 盘）

0　　　　　　6 厘米

1276+】TN10W3 采：12（官CⅡ盘）

1278】TN12W3 ⑦ S：1（官D 盘）

1277】TN14W3 ③ N：10（官CⅡ盘）

1279】TN12W3 ⑦ S：2（官D 盘）

0　　　　　6厘米

五　洗

侈口，平折沿，弧折腹，厚圈足，足端斜削裹釉，外底刮釉一圈。胎色灰白，胎壁较厚，釉层较厚。

1280】TN10W3 东扩⑥ b：9，内壁有刻划纹饰，外壁口沿下划折点弦纹，下腹刻划莲瓣纹，内底刻划双牡丹纹。釉色青绿，局部偏灰。口径 18.5、足径 9.2、高 6.6 厘米。

1281】TN18E3 ④ N：17，外底心微凹。沿面刻划连枝卷草纹，内壁刻划缠枝莲纹，外壁上腹刻划连枝卷草纹，下腹刻划大莲瓣纹，内底刻划石榴纹。釉色青绿。口径 27.6、底径 15.6、高 11.3 厘米。

1280】TN10W3 东扩⑥ b：9（官洗）　　　　　　　1281】TN18E3 ④ N：17（官洗）

1280】TN10W3 东扩⑥ b：9（官洗）

0　　　　　6厘米　　　　　　　　　　1281】TN18E3 ④ N：17（官洗）

六　盆

深弧腹，按口沿不同可分4型。

A 型　卷沿盆。卷沿，圆唇，弧腹，圈足，足端较平或圆润，外底刮釉一圈。外壁下腹或刻有莲瓣纹，内外壁或刻有海涛纹。胎色灰白，胎壁较厚，釉层凝厚。

1282】TN15E4㉓：69，腹以下残。沿面刻卷草纹，内壁刻划缠枝花卉，外壁上部刻划海涛纹，下腹刻划弦纹两道及刻划莲瓣纹。釉色青绿，釉面冰裂。残高9.8厘米。

1283】TN10W3③N：32，外底心微凹。沿面刻划卷草纹，内壁刻划海涛纹，内底刻划双鱼波浪纹，外壁下腹刻划莲瓣纹。外底刻有"官"字。釉色青灰。口径27、足径17.4、高7.4厘米。

1284】TN12W3①：10，内壁刻划折枝牡丹纹，内底刻划波浪仰莲纹，外壁刻划莲瓣纹。釉色青绿。口径32、足径17、高8.6厘米。

B 型　平折沿盆。平折沿，弧腹，圈足，足端裹釉较平，外底刮釉一圈。外壁下腹刻划莲瓣纹。胎色较白，釉层较厚。据口沿不同分2亚型。

Ba 型　圆口。

1285】TN10W3⑥N：14，沿面刻划曲线纹，内壁刻划缠枝牡丹纹，外壁下腹刻划莲瓣纹，内底刻划荷花莲叶纹。釉色青绿。口径26.2、足径12.8、高7.9厘米。

1286】TN16W3⑤：2，外底心微凹，沿面刻划连枝卷草纹，内壁刻划缠枝牡丹纹，内底刻划双鱼波浪纹。釉色青绿，釉面开片。口径41、足径24、高11.4厘米。

1287】TN16W3②：50，外底心微凹，沿面刻划卷草纹，内壁刻划缠枝牡丹纹，外壁上腹刻卷草纹，下腹刻划莲瓣纹，内底纹饰不清晰。釉色青黄。口径35.2、足径19.6、高9.1厘米。

Bb 型　菱口。

1288】TN15E4㉓：17，菱口，内壁刻划缠枝牡丹纹，外壁下腹刻划莲瓣纹，内底刻划荷花莲叶纹。釉色青灰。口径26.4、足径14.3、高6.6厘米。

C 型　凹折沿盆。凹折沿，沿缘上翘，圆唇，弧腹，卧足，外底刮釉一圈。胎色灰白，胎壁较厚，釉层较厚。

1289】TN15E4⑮：47，沿面刻划卷草纹，内外壁刻划缠枝牡丹纹，内底边缘刻划波浪纹。釉色青绿。口径37.6、足径22.4、高6.2厘米。

1290】TN15E4㉓：20，内壁刻划缠枝牡丹纹，内底平有一凹圈，内刻双弦纹，外壁中部刻两道弦纹。釉色青，外底刮釉。口径36、足径22、高7.2厘米。

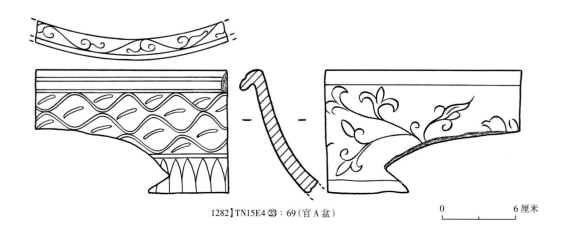

1282】TN15E4㉓：69（官 A 盆）

0　　　　　6厘米

1283】TN10W3 ③ N：32（官 A 盆）

0   6厘米

1283】TN10W3 ③ N：32（官 A 盆）

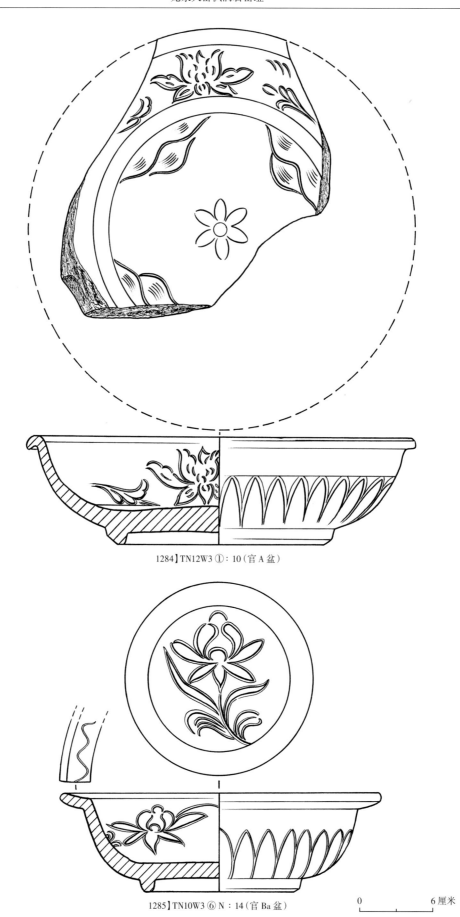

1284】TN12W3 ① : 10（官 A 盆）

1285】TN10W3 ⑥ N : 14（官 Ba 盆）

0 ————————— 6 厘米

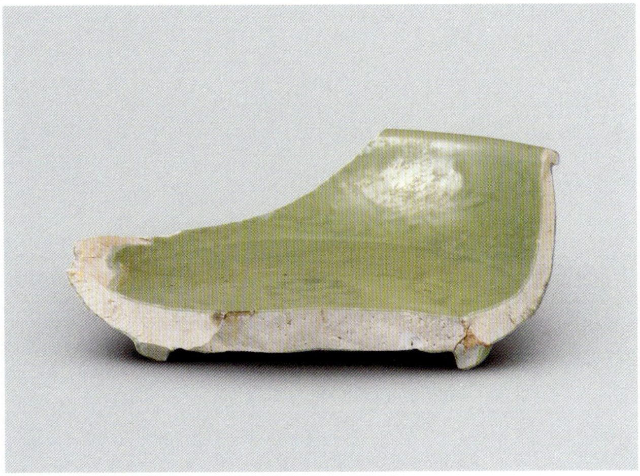

1284】TN12W3 ①：10（官 A 盆）

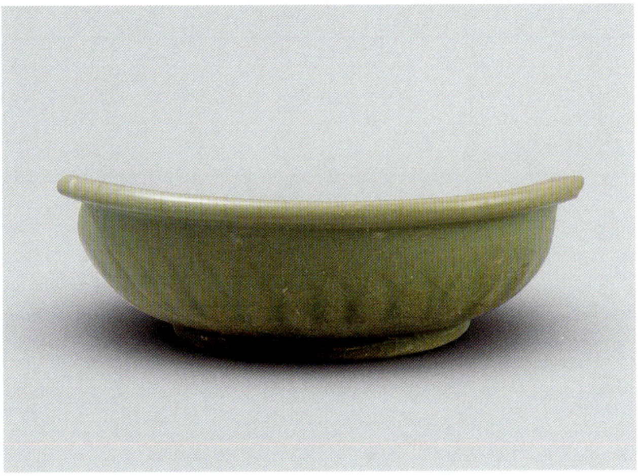

1285】TN10W3 ⑥ N：14（官 Ba 盆）

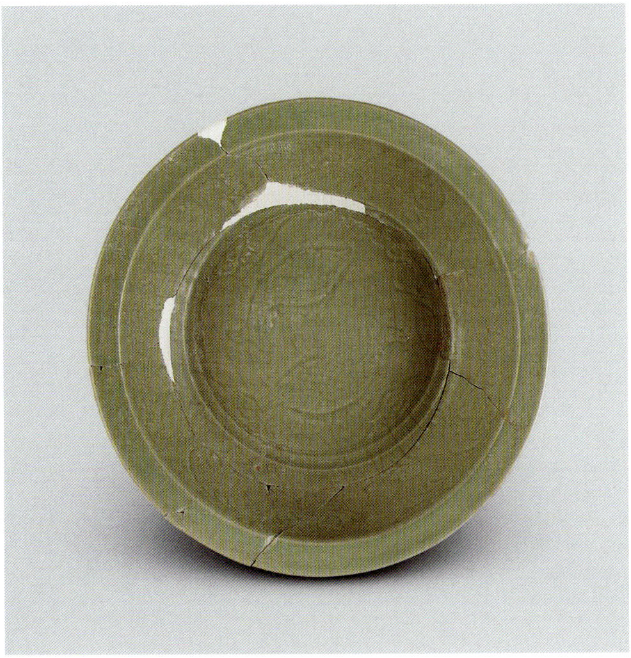

1286】TN16W3 ⑤：2（官 Ba 盆）

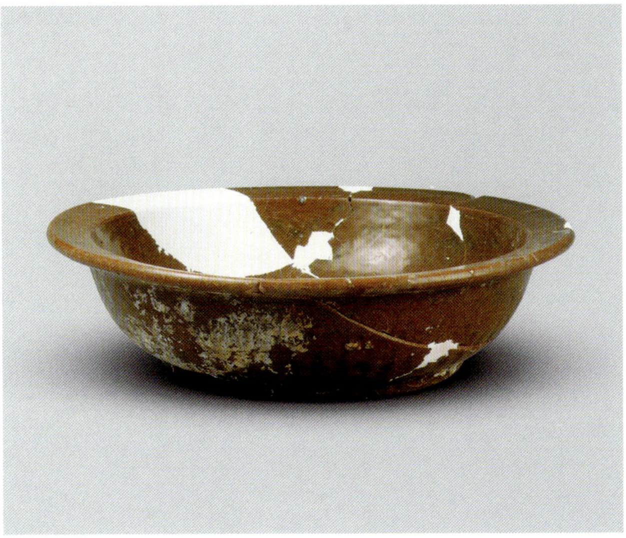

1287】TN16W3 ②：50（官 Ba 盆）

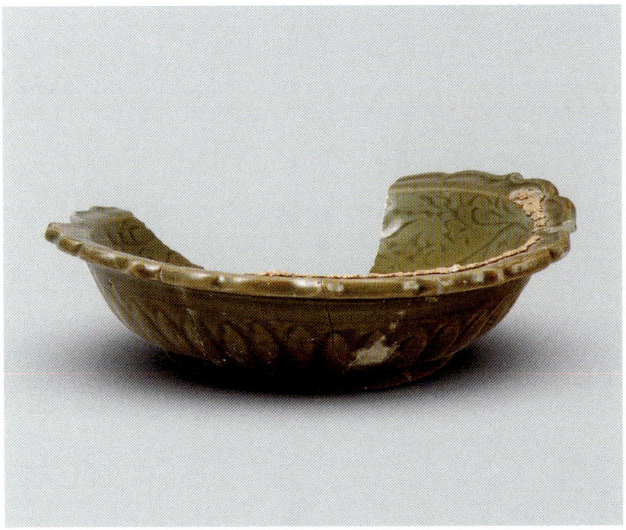

1288】TN15E4 ㉓：17（官 Bb 盆）

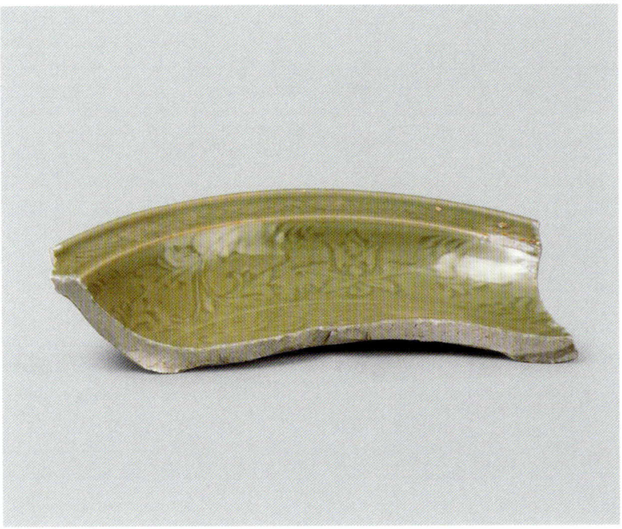

1289】TN15E4 ⑮：47（官 C 盆）

1286〕TN16W3 ⑤：2（官 Ba 盆）

0 　　　　　6厘米

1287】TN16W3 ② : 50（官 Ba 盆）

0   6 厘米

1288】TN15E4 ㉓ : 17（官 Bb 盆）

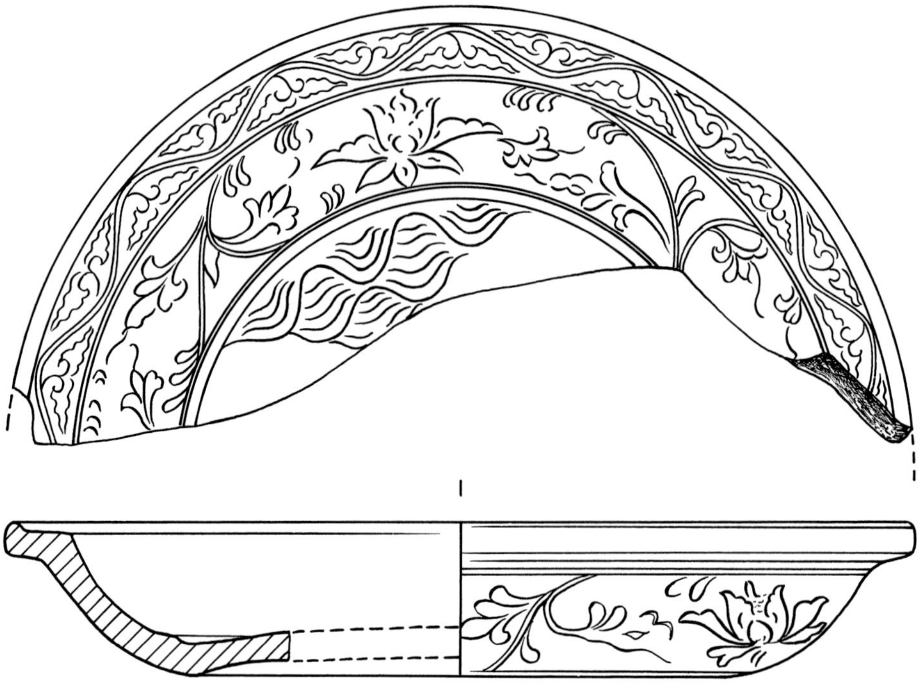

1289】TN15E4⑮：47（官C盆）

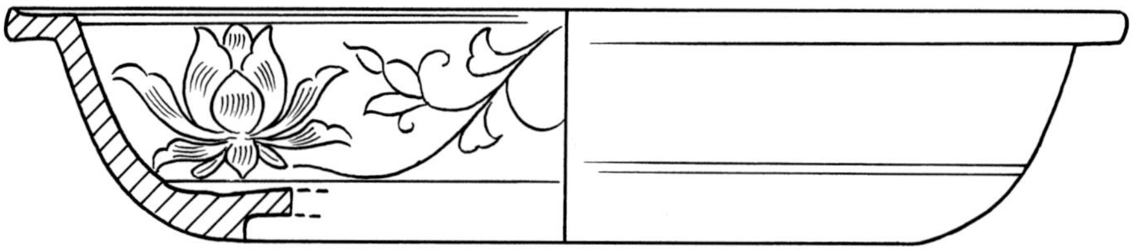

1290】TN15E4㉓：20（官C盆）

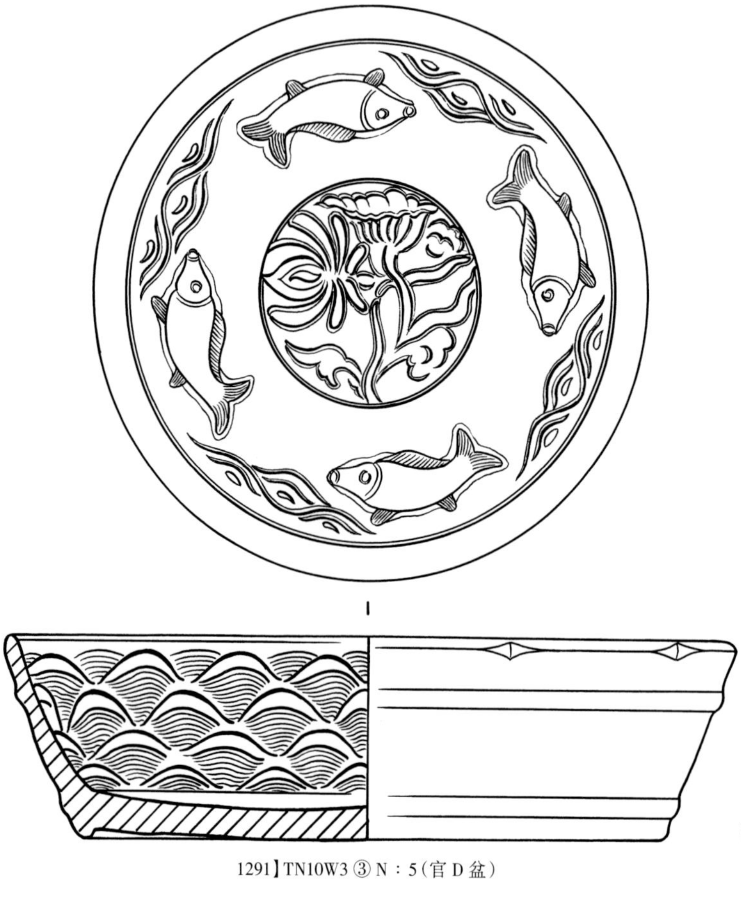

0　　6厘米

1291】TN10W3③N：5（官D盆）

1290〗TN15E4㉓：20（官 C 盆）

1291〗TN10W3③N：5（官 D 盆）

D 型　敞口盆。圆唇，口部向内压成花口，直腹微弧，卧足，外底心微凹，外底刮釉一圈。胎色较白，胎壁较厚，釉层凝厚。刻划海涛纹、鱼纹等，刻划精细。

1291〗TN10W3③N：5，内壁刻划海涛纹，内底刻划四鱼海涛纹，内底心双圈内刻划荷花莲叶纹，外壁上下腹各有一道凸棱。釉色青绿，有缩釉现象。口径31、足径24.5、高8.2厘米。

1292〗TN12W3⑤N：6，内壁刻划缠枝牡丹纹，内底刻划牡丹纹，外壁上下腹各有一道凸棱。釉色青绿。口径26、足径20、高8.4厘米。

1293〗TN14W3⑩N：3，外底心凹，内底刻划纹饰不清晰，外壁上下各有一道凸棱。釉色青灰，釉面开片。口径25.6、足径18.6、高7.2厘米。

1292〗TN12W3⑤N：6（官 D 盆）

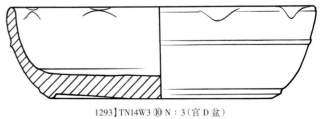

1293〗TN14W3⑩N：3（官 D 盆）

0 ⌐—————⌐ 6厘米

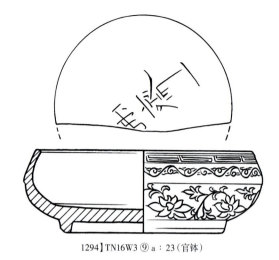

1294】TN16W3 ⑨ a：23（官钵）

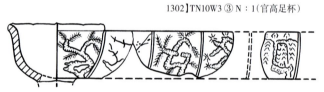

1302】TN10W3 ③ N：1（官高足杯）

1303】TN10W3 ③ N：6（官高足杯）

0　　　　　　　　6 厘米

七　钵

敛口，扁鼓腹，圈足，足端裹釉圆润，外底中刮釉一圈。胎色白，胎壁较厚，釉层厚。

1294】TN16W3 ⑨ a：23，内底刻"□斋一"。外壁唇下划三道折线纹，其下刻划一圈卷草纹，中腹一道凸棱，下腹刻划缠枝莲纹，圈足有一道凹弦纹。釉色青绿。口径 18.3、足径 13、高 6.6 厘米。

八　高足杯

侈口，曲腹，细高柄，圈足，柄部一处节状凸棱。胎色较白，釉层凝厚。

1302】TN10W3 ③ N：1，柄上有一处节状凸棱，内壁刻划大莲瓣纹，厚釉下隐约有杂宝纹，内底划成十字状，外壁上腹刻划卷草纹，下腹刻划莲瓣纹。釉色深青绿。口径 7.8、足径 3.6、高 10.4 厘米。

1303】TN10W3 ③ N：6，足残。菱花形侈口，腹部阳印松竹梅纹。釉色青绿。口径约 8、残高 4.4 厘米。

九　执壶

喇叭口翻沿，圆唇，长颈，溜肩，球形腹，圈足。胎色白，胎壁较厚，釉层凝厚。

1305】TN14W3 ④ S：7，两件残器拼成。条形把手，长流，流和颈间有连。釉色青绿。外底无釉。口径 8.4、足径 10.8、高 32.3 厘米。

1294】TN16W3 ⑨ a：23（官钵）　　　　　　　　　1294】TN16W3 ⑨ a：23（官钵）

1302】TN10W3 ③ N：1（官高足杯）

1303】TN10W3 ③ N：6（官高足杯）

1305】TN14W3 ④ S：7（官执壶）

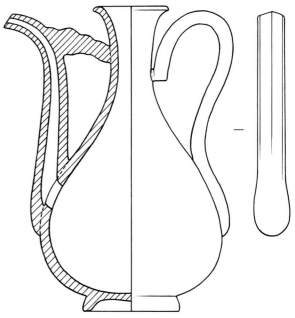

1305】TN14W3 ④ S：7（官执壶）（1/4）

十 瓶

包括玉壶春瓶、梅瓶和直口瓶三类。

（一）玉壶春瓶

侈口微翻沿，长颈，溜肩，球腹，圈足微外撇，足端斜削无釉。外壁刻划花。胎色较白，釉层较厚。

1297】TN16W3 ⑥ a：18，肩部刻划大莲瓣纹，腹部刻划缠枝莲纹，下腹半浮雕莲瓣纹，圈足中间一道凹痕。釉色青黄，釉层有气泡。口径 8.2、足径 7.6、高 27 厘米。

1298】TN16W3 ⑦：1，肩部刻划弦纹、莲瓣纹，腹部刻划弦纹、缠枝莲纹，下腹刻划弦纹、莲瓣纹，圈足中间一道凹痕。釉色青。口径 7.5、足径 8.1、高 24.5 厘米。

1297】TN16W3 ⑥ a：18（官玉壶春瓶）

1298】TN16W3 ⑦：1（官玉壶春瓶）

1299】TN16W3 ⑦：13（官玉壶春瓶）

1300】TN14W3 ④ S：8（官梅瓶）

1297】TN16W3 ⑥ a：18（官玉壶春瓶）

1299】TN16W3 ⑦：13（官玉壶春瓶）

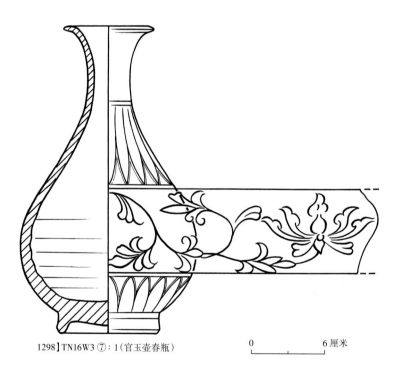

1298】TN16W3 ⑦：1（官玉壶春瓶）

0 ———— 6厘米

1299】TN16W3 ⑦：13，肩部刻划大莲瓣纹，腹部刻划缠枝牡丹纹，下腹半浮雕莲瓣纹。釉色青绿。口径8.5、足径7.6、高 27.2 厘米。

（二）梅瓶

有梅瓶和梅瓶盖。

1. 梅瓶

小口，短颈，溜肩，上腹鼓，下腹曲收，圈足微外撇。

1300】TN14W3 ④ S：8，底残，修复接足为圈足。胎色白。釉色青绿，釉层凝厚。足端无釉。口径5.8、足径12、修复高度39 厘米。

2. 梅瓶盖

三层弧顶，白胎，胎较薄，釉层较厚。

1306】TN12W3 ⑥ S：29，圆珠形纽。釉色青绿。内顶无釉。直径8、高9.3厘米。

1307】TN14W3 ①：44，纽残。口部外撇。顶部刻覆莲瓣纹及卷草纹，折壁上刻缠枝牡丹花叶纹。釉色青绿。盖内顶无釉。直径8.6、残高6.2厘米。

1308】TN14W3 ④ S：6，纽残。顶面有莲瓣纹，直壁纹饰不清晰。釉色青绿，釉面开片。内顶心无釉。内口径9.2、残高7.1厘米。

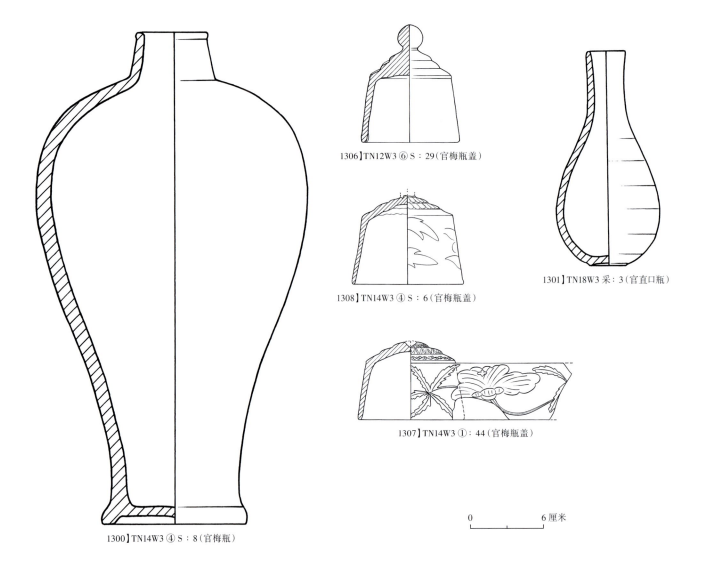

1300】TN14W3 ④ S：8（官梅瓶）

1306】TN12W3 ⑥ S：29（官梅瓶盖）

1308】TN14W3 ④ S：6（官梅瓶盖）

1301】TN18W3 采：3（官直口瓶）

1307】TN14W3 ① ：44（官梅瓶盖）

0　　　　　　6 厘米

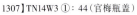

1307】TN14W3 ① ：44（官梅瓶盖）

1308】TN14W3 ④ S：6（官梅瓶盖）

（三）直口瓶

直口，长颈微束，圆鼓腹，平底。平底微内凹。胎色白，胎壁较厚，釉层凝厚。

1301】TN18W3 采：3，口径 3.2、底径 3、高 17 厘米。

十一 镂空器座

菱口，平折沿，矮束颈，弧肩，鼓腹，下腹弧收，圈足，外底无釉。胎色灰白，胎壁较厚，釉层凝厚。

1295】TN15E4 ㉓：9，圈足斜削。中下腹和底镂空，颈部有镂孔，肩部刻划三角变形云纹，腹部刻划花，纹饰较模糊。釉色青绿偏深。口径 26.4、足径 17、高 19.5 厘米。

十二 豆

1304】TN16W3 ⑤：7，微侈口，圆唇，深弧腹，高柄粗圈足，圈足微外撇，足端扁圆，足端斜削刮釉。胎色白，胎体厚重。釉色青绿偏黄，釉层凝厚。口径 26.1、足径 12.1、高 22.1 厘米。

1295】TN15E4 ㉓：9（官镂空器座）

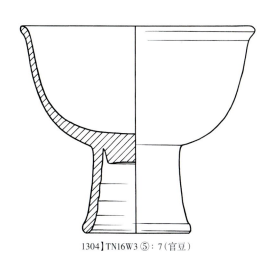

1304】TN16W3 ⑤：7（官豆）

1295】TN15E4 ㉓：9（官镂空器座）

1304】TN16W3 ⑤：7（官豆）

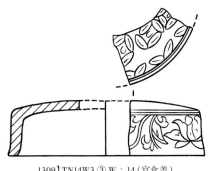

1309】TN14W3 ③ W：14（官盒盖）

1310】TN12W3 ④ W：21（官盒盖）

十三　盒

仅见盒盖，盖面刻划花纹，釉层凝厚。

1309】TN14W3 ③ W：14，盖顶刻划连续四叶纹，折壁刻划缠枝牡丹纹。釉色青绿。直径 16、高 4.4 厘米。

1310】TN12W3 ④ W：21，盖顶刻划缠枝花卉，折壁刻划缠枝牡丹纹。釉色青绿。直径 16、高 4 厘米。

第三节　窑　具

装烧时使用窑具盛装间隔瓷器。按装烧用途可分盛装具、间隔具、支具三部分。

一　匣钵

盛装具主要为匣钵。粗砂质。按形态可分凹底匣钵（即 M 形匣钵）和平底匣钵 2 型。

A 型　凹底匣钵。按大小可分 6 亚型。

Aa 型　超小型弧凹底匣钵。直径约 16~20、高 14~15 厘米。一般用于碗、盏、盅等的装烧。外型同 Ab 型。

Ab 型　超小型平凹底匣钵。直径约 16~20、高 14~15 厘米。一般专用于高足杯等的装烧。

1311】TN15E4 ④ N：28，直径 18、高 15 厘米。

Ac 型　小型凹底匣钵。直径 20~24、高 12~14 厘米。用于大部分器物装烧。

1311〕TN15E4 ④ N：28（Ab 匣）

1312〕TN16W3 ⑤：38（Ac 匣）

1313〕y1：50（Ad 匣）

1314〕TN16W3 ⑩：64（Ae 匣）

1312〕TN16W3 ⑤：38，直径 22.5、高 9 厘米。

Ad 型　中型凹底匣钵。直径 32~40、高 8~12 厘米。用于大部分器物装烧。

1313〕y1：50，直径 36、高 10 厘米。

Ae 型　大型凹底匣钵。直径 40~50、高 9~13 厘米。一般用于较大型碗、盘的装烧。

1314〕TN16W3 ⑩：64，直径 45、高 11 厘米。

Af 型　超大型凹底匣钵。直径 70 厘米左右，高 14~20 厘米左右。一般用于大型盘的装烧。

1315〕Q11：23，近底外壁有按捺坑。口径 60、底径 64.8、高 20、厚 2~8 厘米。

B 型　平底匣钵。有圆形、方形和桶形 3 亚型。

Ba 型　圆形平底匣钵。都为中型大小，直径 33~36、高 10 厘米左右。

1316〕y1：49，直径 35、高 10 厘米。

Bb 型　方形平底匣钵。

1315』Q11：23（Af 匣）

1315』Q11：23（Af 匣）

1316』y1：49（Ba 匣）

1317』TN18E3 ②：76（Bb 匣）

1318』TN8W3 ③ N：41（Bc 匣）

1320』TN15E4 ①：108（Bc 匣）

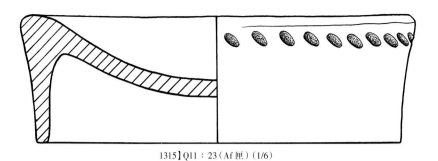

1315〗Q11：23（Af 匣）（1/6）

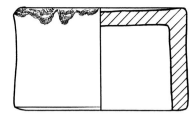

1318〗TN8W3③N：41（Bc 匣）

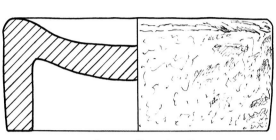

1312〗TN16W3⑤：38（Ac 匣）

0 —————— 6 厘米

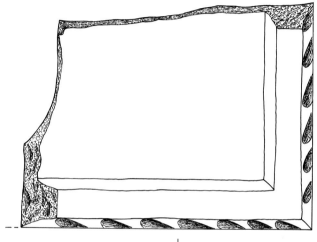

1317〗TN18E3②：76，仅存一方角。胎厚，近底外壁有按捺坑。残长 32、残宽 24、高 16.4 厘米。

Bc 型　桶形平底匣钵。一般用于壶、瓶类器物的装烧。

1318〗TN8W3③N：41，直桶状，平沿，底部外圈有指捺坑。口径 13、底径 13、高 8.2 厘米。

1320〗TN15E4①：108，直桶状，平沿，底部外圈有指捺坑。口径 20、底径 20、高 15 厘米。

1317〗TN18E3②：76（Bb 匣）

二　间隔具

用于瓷器与匣钵、支柱之间，瓷器与瓷器之间的间隔。按形状可分 10 型。

A 型　碟形垫托。一般用于圈足外底部。按顶部不同可分 2 亚型。

Aa 型　圆环形顶，顶中心平凹，坦斜腹。粗瓷质，灰白胎。

1321〗TN9W3⑦：6，矮柱形外底。口径 6.5、底径 3.1、高 2.5 厘米。

1322〗TN9W3⑦：18，外底平。口径 8.4、底径 3.8、高 1.3 厘米。

1323〗TN9W3⑦：22，平底。上下都有垫烧痕。口径 15.6、底径 6.8、高 2.2 厘米。

1324〗TN9W3⑧：4，外底凸，有跳刀痕。口径 8.8、底径 4.8、高 2 厘米。

1325〗TN9W3⑧：14，平底。上下都有垫烧痕，底部粘有泥饼。口径 8、底径 3.3、高 2 厘米。

1326〗TN14W7⑦：27，平底。口径 19.4、底径 7、高 3.3 厘米。

Ab 型　侈口，沿外翻，尖圆唇，斜弧腹，平底。粗瓷质。

1327〗TN9W3⑦：19，沿外翻，尖圆唇，浅腹。内有垫痕。口径 9.8、底径 4.6、高 1.6 厘米。

1321】TN9W3 ⑦：6（Aa 间隔具）

1322】TN9W3 ⑦：18（Aa 间隔具）

1325】TN9W3 ⑧：14（Aa 间隔具）

1323】TN9W3 ⑦：22（Aa 间隔具）

1326】TN14W7 ⑦：27（Aa 间隔具）

1324】TN9W3 ⑧：4（Aa 间隔具）

1327】TN9W3 ⑦：19（Ab 间隔具）

1328〗TN9W3 ⑧：13（Ab 间隔具）

1329〗TN10W3 ①：22（Ab 间隔具）

1330〗TN15E4 ⑲：25（Ab 间隔具）

1331〗TN17E5 ①：165（Ab 间隔具）

1328〗TN9W3 ⑧：13，沿外翻，尖圆唇，浅腹。内外有垫痕。口径 10.7、底径 3.6、高 1.2 厘米。

1329〗TN10W3 ①：22，深腹，窄平折沿，方唇，平底微凹。口径 9、底径 3.5、高 2.7 厘米。

1330〗TN15E4 ⑲：25，浅腹。内外有垫烧痕。直径 18.4、高 2.2 厘米。

1331〗TN17E5 ①：165，浅腹，敞口，方唇，平底内凹。口径 31.2、高 6、底径 10 厘米。

B 型 钵形垫托。敛口，折腹，下腹斜，多用于瓷器外底部间隔。按底部不同可分 3 亚型。

Ba 型 平底或凸底。粗瓷质或粗砂质，一般粗砂质器形较小。按口底可分 4 式。

Ⅰ式 平底内凹，内底较弧。

1332〗TN14W7 ⑦：57，窄斜沿，尖唇，底心穿孔。粗瓷质。口径 23.6、底径 4.4、高 5.6 厘米。

1333〗TN14W7 ⑧：21，尖唇，底心穿孔。粗瓷质。口径 20.8、底径 8.4、高 5.2 厘米。

1334〗TN10W6 ③a：2，饼底，内底刻有一"天"字。粗瓷质。口径 16.8、底径 4.7、高 4.6 厘米。

1335〗TN10W6 ③a：42，饼状，顶平，中部内凹。粗瓷质。口径 5.2、底径 2.3、高 1 厘米。

1336〗TN10W6 ③a：45，方唇，内壁有一道台阶状凸棱，内底平，外壁斜弧，外底平微内凹。粗瓷质。口径 15.8、底径 7、高 3.6 厘米。

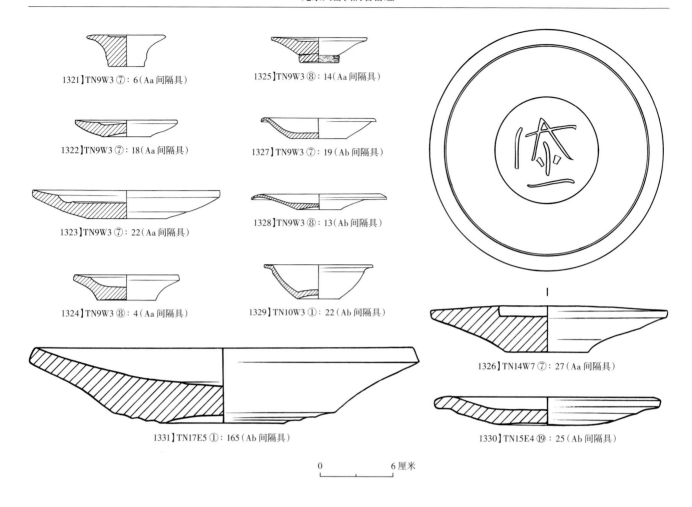

1321〗TN9W3⑦：6（Aa 间隔具）

1325〗TN9W3⑧：14（Aa 间隔具）

1322〗TN9W3⑦：18（Aa 间隔具）

1327〗TN9W3⑦：19（Ab 间隔具）

1323〗TN9W3⑦：22（Aa 间隔具）

1328〗TN9W3⑧：13（Ab 间隔具）

1324〗TN9W3⑧：4（Aa 间隔具）

1329〗TN10W3①：22（Ab 间隔具）

1326〗TN14W7⑦：27（Aa 间隔具）

1331〗TN17E5①：165（Ab 间隔具）

1330〗TN15E4⑲：25（Ab 间隔具）

0　　　　　　6厘米

1337〗TN10W6③a：46，斜方唇，外上壁竖直，下壁弧，底内凹，中心穿孔。粗瓷质。口径 13、底径 7.6、高 4 厘米。

1338〗TN10W6③a：48，尖唇，外斜沿。粗瓷质。口径 16.8、底径 4.7、高 4.6 厘米。

1339〗TN10W6③a：53，平沿，直腹壁，下腹斜收，平底微凹。粗瓷质。口径 7.2、底径 3.4、高 3.6 厘米。

Ⅱ式　底部凸，口外侧微束。粗瓷质唇较尖，内底平；粗砂质唇较平。

1340〗TN16W3⑦：108，外底心内凹。粗瓷质。口径 12.8、底径 5.6、高 5 厘米。

1341〗TN16W3⑦：109，窄沿，底部平。粗瓷质。口径 13.2、底径 6.4、高 4 厘米。

1342〗TN16W3⑩：47，内底心有孔不透。粗瓷质。口径 16.8、底径 5、高 7 厘米。

1343〗TN16W3⑨a：33，外底心内凹。粗瓷质。口径 8.2、底径 3.5、高 4 厘米。

1344〗TN16W3⑩：56，饼底内凹。粗砂质。口径 5.6、底径 2.2、高 2.4 厘米。

1345〗TN16W3⑪：28，底部高凸。粗砂质。口径 8.8、底径 2.6、高 3.8 厘米。

1346〗TN16W3⑪：29，底端较平。粗砂质。口径 6.6、底径 2.2、高 2.7 厘米。

1347〗TN16W3⑪：30，底部高凸。粗瓷质。口径 8.2、底径 3.8、高 3.2 厘米。

Ⅲ式　底部较平，多数为圆唇，内底较斜。

1348〗TN14W3④S：13，唇较圆。粗砂质。口径 7、底径 2.8、高 3.2 厘米。

1349〗TN14W3④S：4，圆唇，弧折腹，平底微凹，底心穿孔。粗瓷质。口径 29、底径 12、高 7.4 厘米。

1350〗TN12W3⑤N：94，尖唇，弧折腹，底心穿孔。粗瓷质。口径 17.4、底径 7、高 4 厘米。

1332】TN14W7 ⑦：57（Ba I 间隔具）

1335】TN10W6 ③ a：42（Ba I 间隔具）

1338】TN10W6 ③ a：48（Ba I 间隔具）

1333】TN14W7 ⑧：21（Ba I 间隔具）

1336】TN10W6 ③ a：45（Ba I 间隔具）

1337】TN10W6 ③ a：46（Ba I 间隔具）

1334】TN10W6 ③ a：2（Ba I 间隔具）

1339】TN10W6 ③ a：53（Ba I 间隔具）

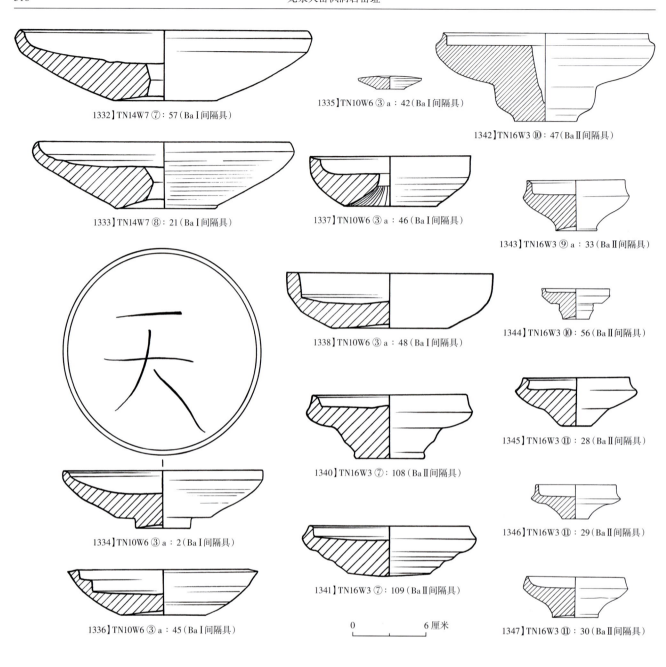

1332】TN14W7⑦：57（BaⅠ间隔具）

1335】TN10W6③a：42（BaⅠ间隔具）

1342】TN16W3⑩：47（BaⅡ间隔具）

1333】TN14W7⑧：21（BaⅠ间隔具）

1337】TN10W6③a：46（BaⅠ间隔具）

1343】TN16W3⑨a：33（BaⅡ间隔具）

1334】TN10W6③a：2（BaⅠ间隔具）

1338】TN10W6③a：48（BaⅠ间隔具）

1344】TN16W3⑩：56（BaⅡ间隔具）

1340】TN16W3⑦：108（BaⅡ间隔具）

1345】TN16W3⑪：28（BaⅡ间隔具）

1336】TN10W6③a：45（BaⅠ间隔具）

1341】TN16W3⑦：109（BaⅡ间隔具）

1346】TN16W3⑪：29（BaⅡ间隔具）

0　　　　　　6厘米

1347】TN16W3⑪：30（BaⅡ间隔具）

1340】TN16W3⑦：108（BaⅡ间隔具）

1341】TN16W3 ⑦：109（BaⅡ间隔具）　　　　　　　　1342】TN16W3 ⑩：47（BaⅡ间隔具）

1344】TN16W3 ⑩：56（BaⅡ间隔具）　　　　1345】TN16W3 ⑪：28（BaⅡ间隔具）

1343】TN16W3 ⑨a：33（BaⅡ间隔具）　　　1346】TN16W3 ⑪：29（BaⅡ间隔具）　　　1347】TN16W3 ⑪：30（BaⅡ间隔具）

1351】TN16W3②：4，尖唇，弧折腹，外底平凹，底心有孔。内底竖刻"三样三个花　三样三个　内花一个　二样二个光　四样二个光　二样碗伍个花"。粗瓷质。口径18.6、底径7.6、高4.2厘米。

1352】TN14W3④N：32，直口微束，窄平沿，平底内凹。粗瓷质。口径4.5、底径2.6、高2.7厘米。

1353】TN14W3⑤N：38，直口微束，窄平沿，平底微凹。粗瓷质。口径4.2、底径3、高2.6厘米。

1354】TN10W3⑥N：24，外底平。粗瓷质。口径25、底径9.6、高6.2厘米。

1355】TN12W3④W：22，外底微内凹，底心穿孔。粗瓷质。口径27.4、底径14.2、高6.8厘米。

1356】TN12W3④W：24，唇部内凹，凹处槽内填有粗砂，腹部较弧。内底中心有釉，釉色青。粗瓷质。口径32.6、高8.4厘米。

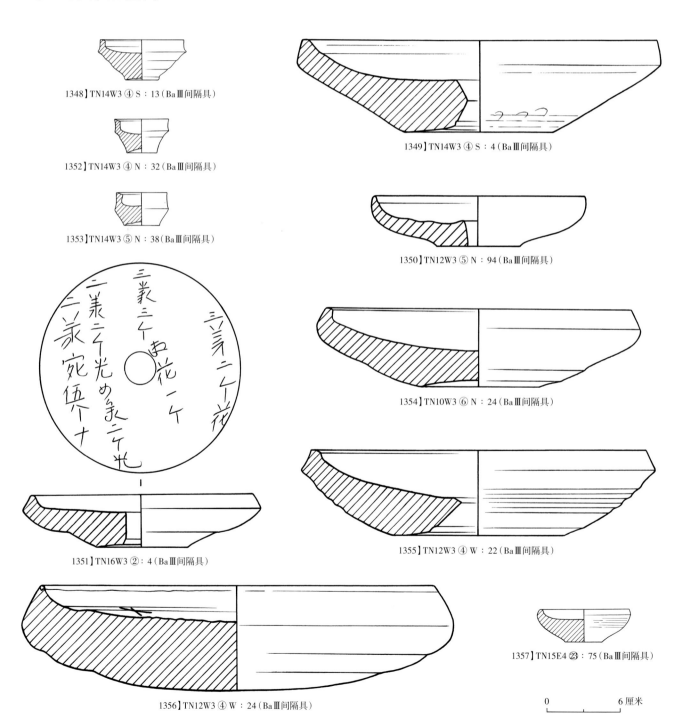

1348】TN14W3④S：13（BaⅢ间隔具）

1352】TN14W3④N：32（BaⅢ间隔具）

1353】TN14W3⑤N：38（BaⅢ间隔具）

1351】TN16W3②：4（BaⅢ间隔具）

1349】TN14W3④S：4（BaⅢ间隔具）

1350】TN12W3⑤N：94（BaⅢ间隔具）

1354】TN10W3⑥N：24（BaⅢ间隔具）

1355】TN12W3④W：22（BaⅢ间隔具）

1356】TN12W3④W：24（BaⅢ间隔具）

1357】TN15E4㉓：75（BaⅢ间隔具）

0　　　　　6厘米

1348】TN14W3 ④ S：13（BaⅢ间隔具）　　　　1352】TN14W3 ④ N：32（BaⅢ间隔具）　　　　1353】TN14W3 ⑤ N：38（BaⅢ间隔具）

1350】TN12W3 ⑤ N：94（BaⅢ间隔具）

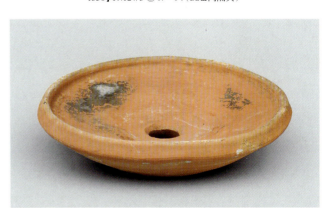

1355】TN12W3 ④ W：22（BaⅢ间隔具）

（1/2）

1351】TN16W3 ②：4（BaⅢ间隔具）

1356】TN12W3 ④ W：24（BaⅢ间隔具）

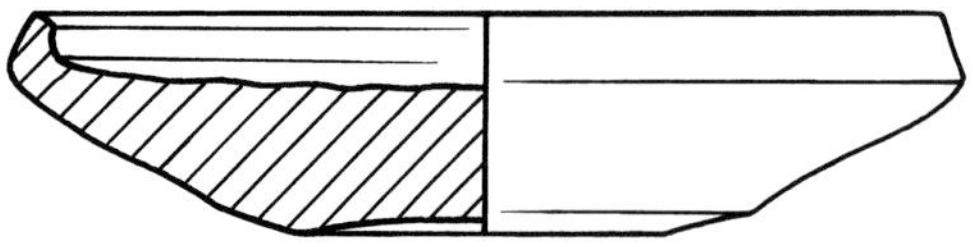

1358】TN15E4⑬：32（BaⅣ间隔具）

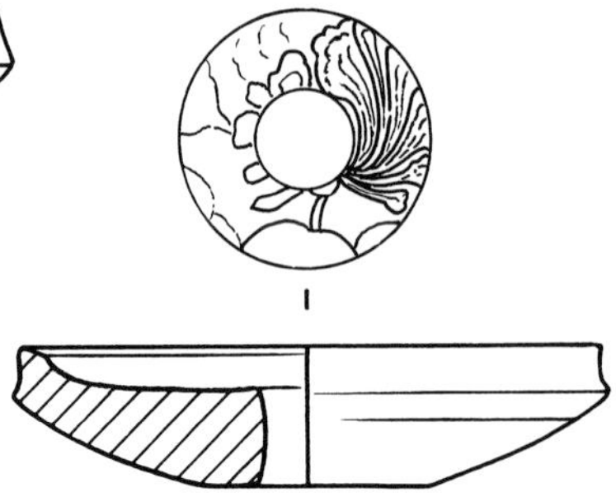

1360】TN15E4⑮：7（BaⅣ间隔具）

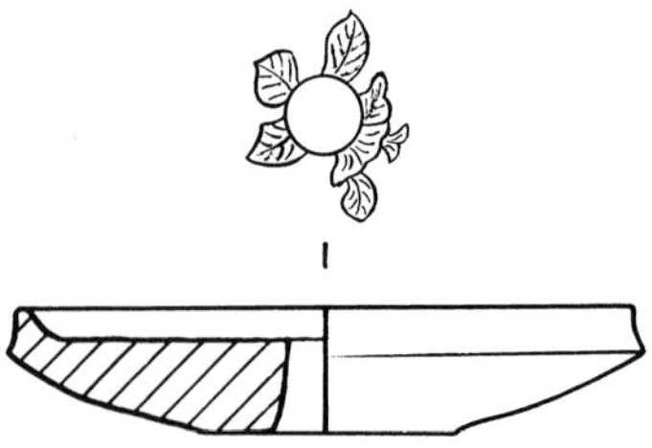

1361】TN15E4⑮：67（BaⅣ间隔具）

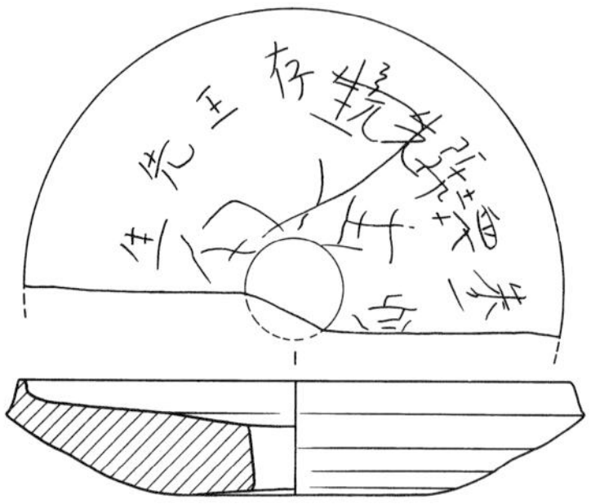

1359】TN15E4⑮：6（BaⅣ间隔具）

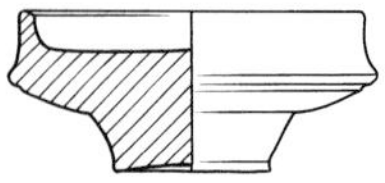

1363】TN15E4⑲：23（BaⅣ间隔具）

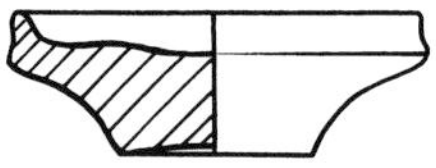

1362】TN15E4⑲：22（BaⅣ间隔具）

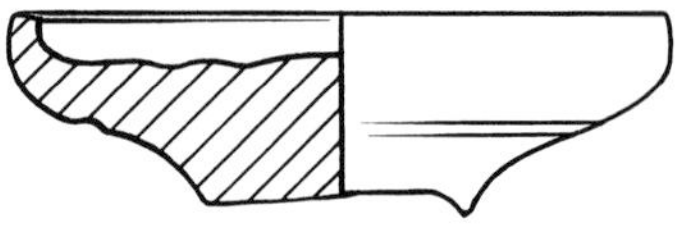

1366】y2：49（BaⅣ间隔具）

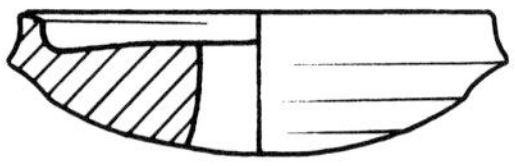

1364】y1：42（BaⅣ间隔具）

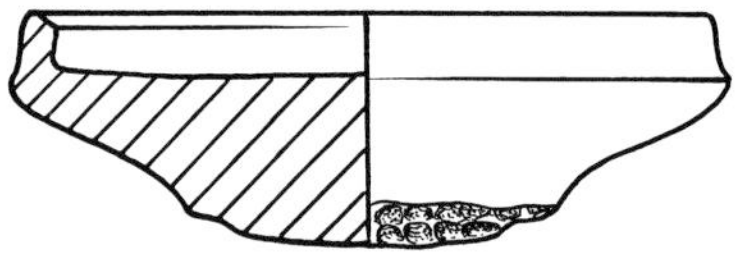

1365】y2：48（BaⅣ间隔具）

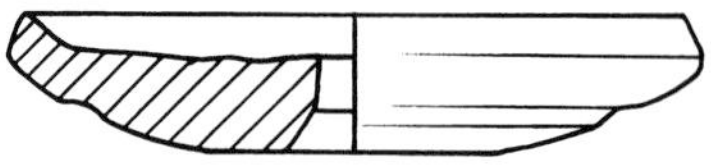

1367】y2：50（BaⅣ间隔具）

0 6厘米

1357】TN15E4㉓：75，底端较平。粗砂质。口径 7.3、底径 3.1、高 2.6 厘米。

Ⅳ式 粗瓷质垫托外底较平，尖唇，沿微内斜；粗砂质垫托饼底外凸，唇较平。

1358】TN15E4⑬：32，尖唇，沿内斜，平底微凹。粗瓷质。口径 18.8、底径 7.4、高 4.4 厘米。

1359】TN15E4⑮：6，沿较平，平底微凹，底心穿孔。内底刻有“……张先□生存王先生”等文字。粗瓷质。口径 14、底径约 7、高 2.8 厘米。

1360】TN15E4⑮：7，沿较平，底心穿孔。内底戳印牡丹纹。粗瓷质。口径 14.6、底径 9、高 3.4 厘米。

1361】TN15E4⑮：67，沿内斜，底心穿孔。内底戳印花卉。粗瓷质。口径 13.2、底径 5.4、高 2.6 厘米。

1362】TN15E4⑲：22，饼底内凹。粗砂质。口径 8.4、底径 4、高 2.8 厘米。

1363】TN15E4⑲：23，饼底。粗砂质。口径 7.1、底径 3.2、高 3.2 厘米。

1364】y1：42，底部不规整，底心穿孔。粗瓷质。口径 10.2、高 2.8 厘米。

1365】y2：48，尖唇，沿面斜，圜底微凸不规整。粗瓷质。直径 14.2、高 4.6 厘米。

1366】y2：49，尖唇。粗砂质。口径 13.5、底径 5.8、高 2.2 厘米。

1367】y2：50，底心穿孔。粗瓷质。口径 13.6、底径 6.4、高 2.7 厘米。

Bb 型 口部较直，唇较平，底部呈圆锥状，有按捺窝。多为粗砂质。

1368】TN16W3⑩：60，外壁有四个指捺捺，粗砂质。口径 4.5、高 2.7 厘米。

1369】TN15E4⑱：34，外壁有三个指捺窝，粗砂质。口径 7.3、高 2.5 厘米。

1370】y2：54，外壁有五处指捺窝，粗砂质。口径 7.7、高 3.1 厘米。

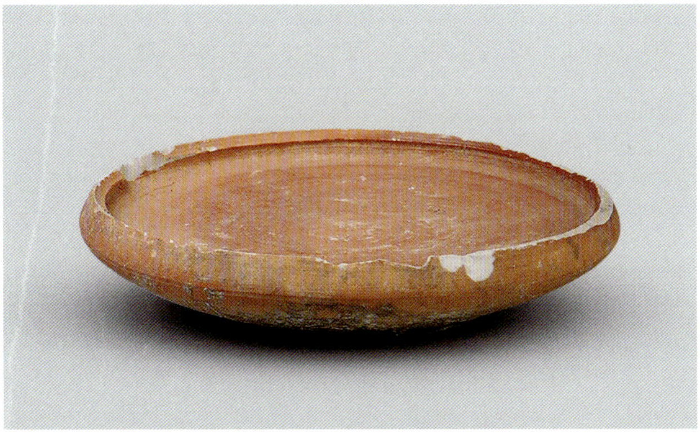

1358】TN15E4 ⑬ : 32（BaⅣ间隔具）

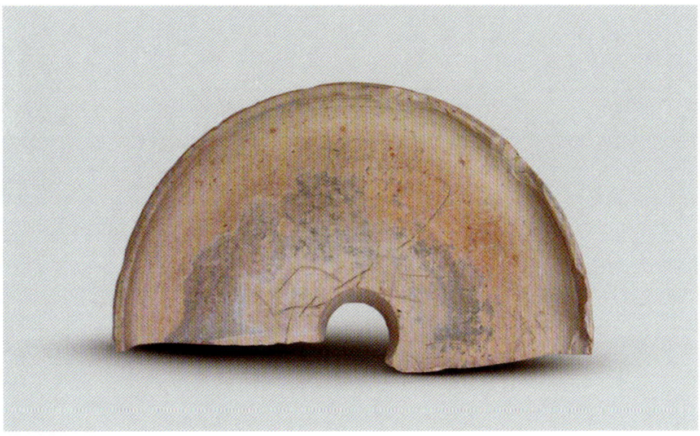

1359】TN15E4 ⑮ : 6（BaⅣ间隔具）

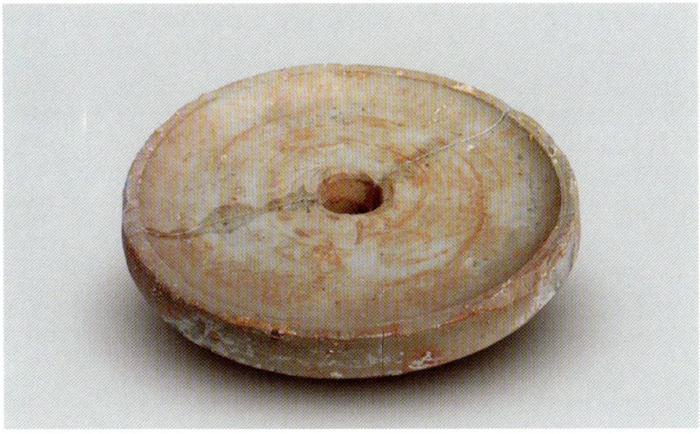

1360】TN15E4 ⑮ : 7（BaⅣ间隔具）

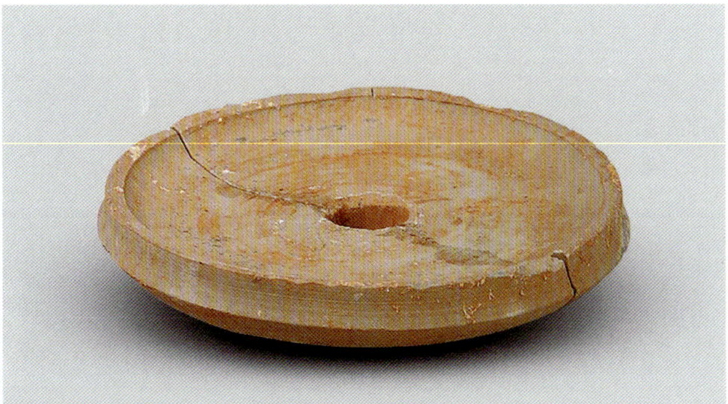

1361】TN15E4 ⑮ : 67（BaⅣ间隔具）

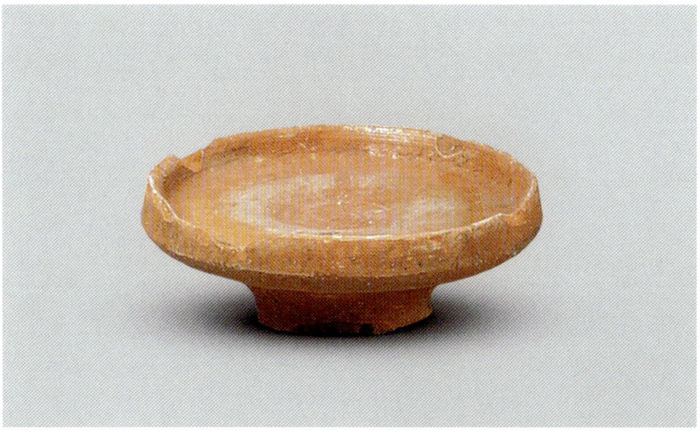

1362】TN15E4 ⑲ : 22（BaⅣ间隔具）

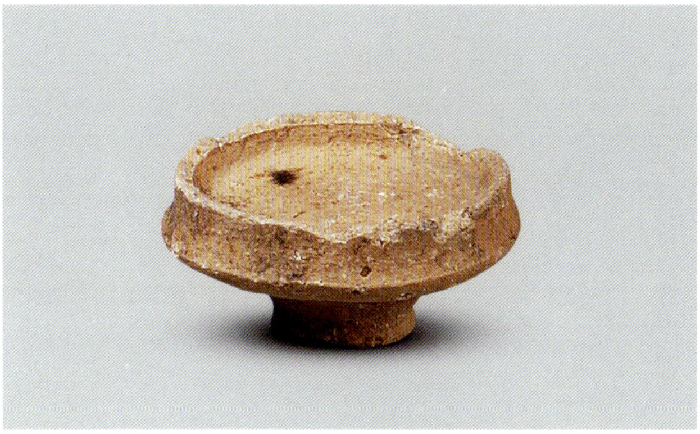

1363】TN15E4 ⑲ : 23（BaⅣ间隔具）

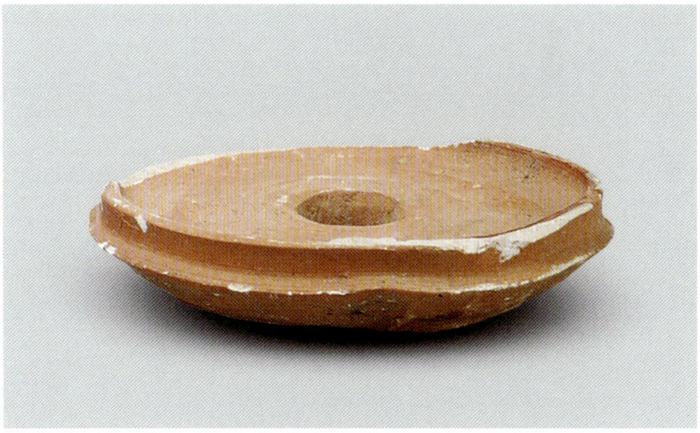

1364】y1 : 42（BaⅣ间隔具）

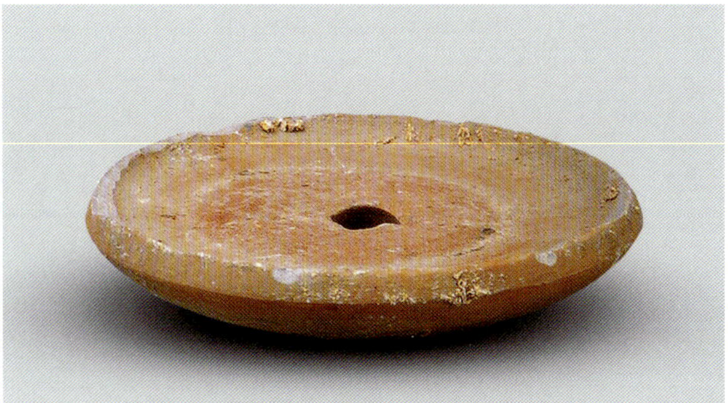

1367】y2 : 50（BaⅣ间隔具）

1365】y2：48（BaⅣ间隔具）

1366】y2：49（BaⅣ间隔具）

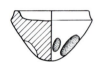

1368】TN16W3⑩：60（Bb间隔具）

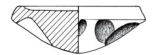

1369】TN15E4⑱：34（Bb间隔具）

0   4厘米

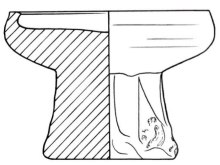

1371】TN16W3⑬：57（Bc间隔具）

0   6厘米

Bc型 底部呈高柱状。粗砂质。

1371】TN16W3⑬：57，高足钵状，敛口，斜沿面，尖唇，扁弧腹，内底平，粗柄喇叭状。粗砂质。口径16.5、底径11、高11.8厘米。

C型 碗形或饼形垫托。多粗瓷质。一般用于外底部。

1372】TN6W4③W：26，敞口微敛，窄平沿，坦腹，平底内凹，底心穿孔，口沿对应有一对缺口。粗瓷质。口径16.4、底径7.4、高3.8厘米。

1373】TN12W3①：20，直口，尖唇，坦斜腹，平底，内底平，底心穿孔。内底刻牡丹纹。粗瓷质。口径14.2、底径7.4、高2.2厘米。

1374】TN15E4①：101，残。口微敛，圆唇，坦弧腹，平底，底心穿孔。内底刻划猫形图案。粗瓷质。口径12.8、底径6、高2.6厘米。

1375】TN15E4⑪：73，圆饼状，沿边斜削，圆唇，平顶，坦斜腹，平底。瓷质。直径15.6、高2.2厘米。

1376】TN15E4⑪：74，圆饼状，上端平，沿边有凹槽，边缘尖唇，平底，底心穿孔。外壁底有釉，且粘有粗砂。瓷质。直径14、高2.2厘米。

1369】TN15E4 ⑱：34（Bb 间隔具）   1368】TN16W3 ⑩：60（Bb 间隔具）

1370】y2：54（Bb 间隔具）

1369】TN15E4 ⑱：34（Bb 间隔具）

1371】TN16W3 ⑬：57（Bc 间隔具）

D 型 圆形垫托。圆饼状，不规整，一般较平，一端有垫烧痕。粗砂质。一般用于外底部。

1377】TN9W3 ⑦：23，上端平，底心凹。直径 4.4、高 1.4 厘米。

1378】TN16W3 ⑩：50，上端平，有一圈垫烧痕，内底深凹，底较平。直径 6.9、高 4.5 厘米。

1379】TN16W3 ⑪：33，上端平，底端较平。直径 6.6、高 4.1 厘米。

1380】TN16W3 ⑪：34，上端平，底端弧。直径 3.5、高 3.2 厘米。

1381】TN16W3 ⑬：60，上端平，有凹洞，顶端外缘弧，底端弧状。直径 6.7、高 2.8 厘米。

1372】TN6W4 ③ W：26（C 间隔具）

1374】TN15E4 ①：101（C 间隔具）　　　　　　　　　1373】TN12W3 ①：20（C 间隔具）

1375】TN15E4 ⑪：73（C 间隔具）　　　　　　　　　1376】TN15E4 ⑪：74（C 间隔具）

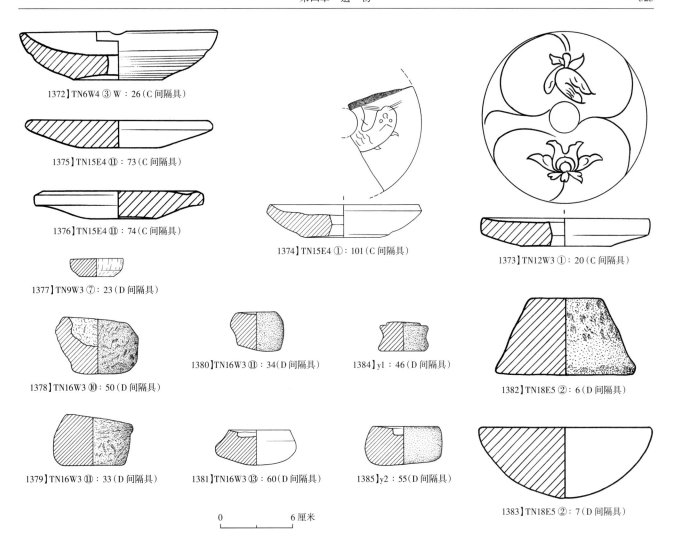

1372】TN6W4③W：26（C 间隔具）

1375】TN15E4⑪：73（C 间隔具）

1376】TN15E4⑪：74（C 间隔具）

1374】TN15E4①：101（C 间隔具）

1373】TN12W3①：20（C 间隔具）

1377】TN9W3⑦：23（D 间隔具）

1378】TN16W3⑩：50（D 间隔具）

1380】TN16W3⑪：34（D 间隔具）

1384】y1：46（D 间隔具）

1382】TN18E5②：6（D 间隔具）

1379】TN16W3⑪：33（D 间隔具）

1381】TN16W3⑬：60（D 间隔具）

1385】y2：55（D 间隔具）

1383】TN18E5②：7（D 间隔具）

0　　　　　6厘米

1382】TN18E5②：6，微束腹，小平顶，外底平。腹上部有垫烧痕。直径 11.6、高 6 厘米。

1383】TN18E5②：7，馒头状，上端圆弧，平底。直径 14.4、高 5.6 厘米。

1384】y1：46，上端平，外围有垫烧痕，底心平凸，底部较平。直径 4.1、高 2.3 厘米。

1385】y2：55，上端平，有凹洞，底端弧。直径 6.4、高 3.1 厘米。

E 型　粗砂垫圈，圆形，中空，随意捏制，粗砂质，一般用于外底部或垫托底部。

1386】TN14W7⑦：28，砖红色。直径 9、高 4 厘米。

1387】TN16W3⑩：49，砖黄色。直径 7.3、高 3.7 厘米。

1388】TN16W3⑪：31，色灰黄。直径 8.3、高 3.7 厘米。

1389】TN15E4⑱：37，色灰黄。直径 8、高 4.3 厘米。

1390】y1：41，泥条盘接，两层粘连。直径 13.2、高 7 厘米。

F 型　杯罐形，多直口，宽沿，平底，一般用于外底部装烧。

1391】TN8E3⑪：20，敛口，方唇，垂腹，中间挖空。粗砂质。口径 4.8、底径 5.8、高 5.5 厘米。

1392】TN10W6③a：39，喇叭口，宽平沿，尖唇，束腰。下部粘有粗砂质团泥。粗瓷质。口径 5.5、高 8.5 厘米。

1393】TN10W6③a：40，直口，平沿微侈，腹较直。粗瓷质。口径 6.6、底径 5、高 4.8 厘米。

1377】TN9W3 ⑦：23（D 间隔具）

1378】TN16W3 ⑩：50（D 间隔具）

1379】TN16W3 ⑪：33（D 间隔具）

1380】TN16W3 ⑪：34（D 间隔具）

1381】TN16W3 ⑬：60（D 间隔具）

1382】TN18E5 ②：6（D 间隔具）

1383】TN18E5 ②：7（D 间隔具）

1384】y1：46（D 间隔具）

1385】y2：55（D 间隔具）

1386】TN14W7 ⑦：28（E 间隔具）

1388】TN16W3 ⑪：31（E 间隔具）

1389】TN15E4 ⑱：37（E 间隔具）

1390】y1：41（E 间隔具）

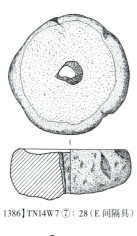

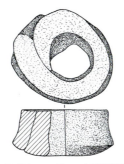

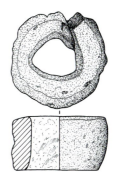

1386】TN14W7 ⑦：28（E 间隔具）

1388】TN16W3 ⑪：31（E 间隔具）

1389】TN15E4 ⑱：37（E 间隔具）

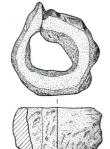

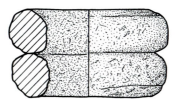

1387】TN16W3 ⑩：49（E 间隔具）

1390】y1：41（E 间隔具）

0 ————————— 6 厘米

1394】TN10W6 ③ a：41，直口，沿内斜，曲腹，下腹内收。粗瓷质。口径 3.8、底径 2.9、高 4.8 厘米。

1395】TN10W6 ③ a：43，直口微侈，平沿，直腹。粗瓷质。口径 6、底径 4.7、高 4 厘米。

1396】TN10W6 ③ a：44，侈口，宽沿，曲腹内收。粗瓷质。口径 5.8、底径 3.5、高 5.5 厘米。

1397】TN10W6 ③ a：47，顶部宽平，曲收腹。粗瓷质。口径 9、底径 6.8、高 5.6 厘米。

1398】TN10W6 ③ a：52，直口，宽沿，鼓腹，平底。粗瓷质。口径 3.8、底径 3.6、高 4.4 厘米。

1399】TN10W3 ③ S：43，宽平沿，鼓腹，下腹收，平底微撇，外底凹。粗瓷质。口径 4.2、底径 4、高

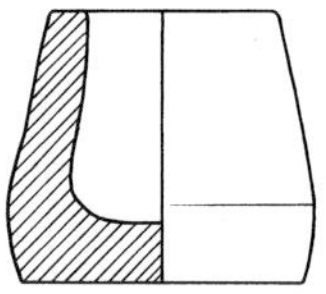
1391】TN8E3 ⑪：20（F 间隔具）

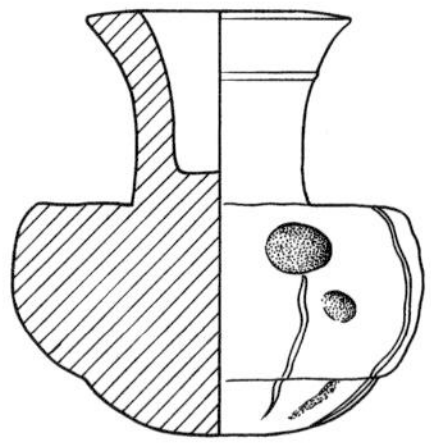
1392】TN10W6 ③ a：39（F 间隔具）

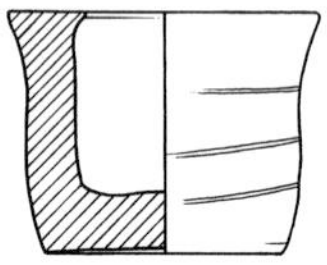
1393】TN10W6 ③ a：40（F 间隔具）

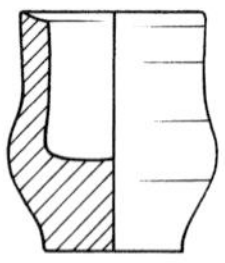
1394】TN10W6 ③ a：41（F 间隔具）

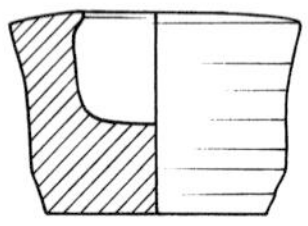
1395】TN10W6 ③ a：43（F 间隔具）

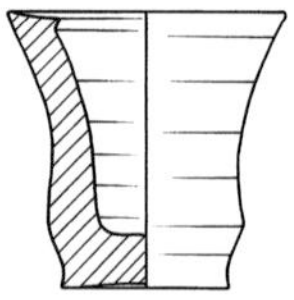
1396】TN10W6 ③ a：44（F 间隔具）

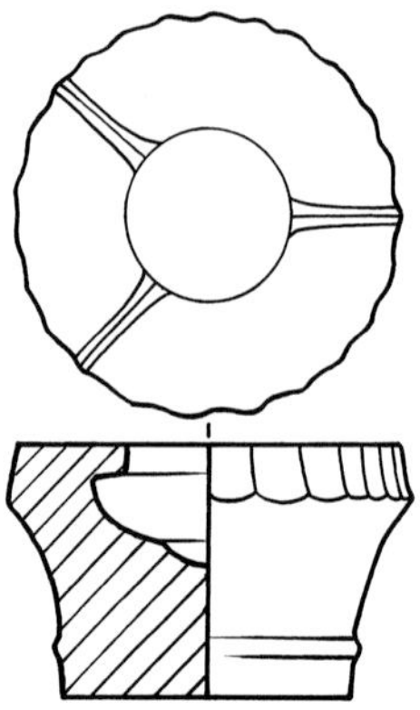
1397】TN10W6 ③ a：47（F 间隔具）

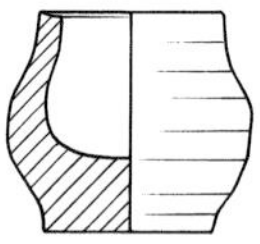
1398】TN10W6 ③ a：52（F 间隔具）

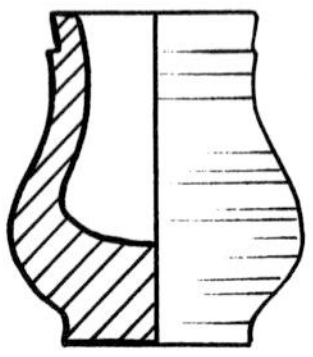
1399】TN10W3 ③ S：43（F 间隔具）

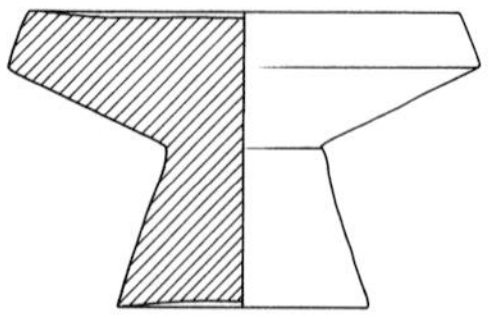
1400】TN10W3 ③ N：17（G 间隔具）

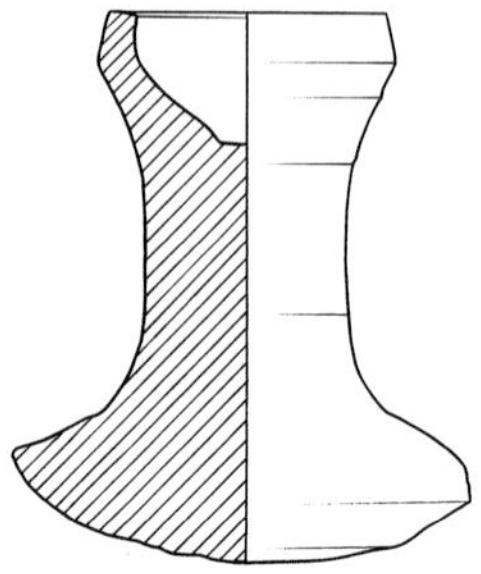
1401】TN15E4 ㉓：8（G 间隔具）

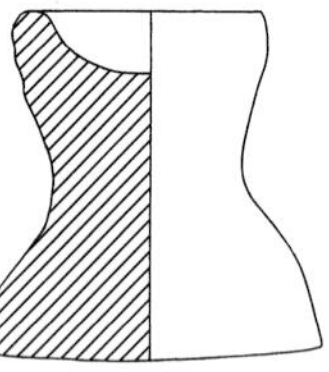
1402】TN15E4 ④ S：7（G 间隔具）

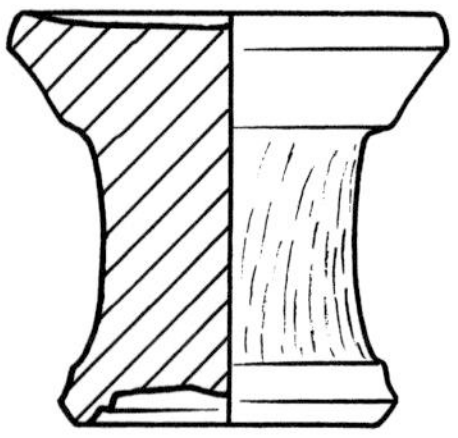
1403】TN15E4 ⑮：69（G 间隔具）

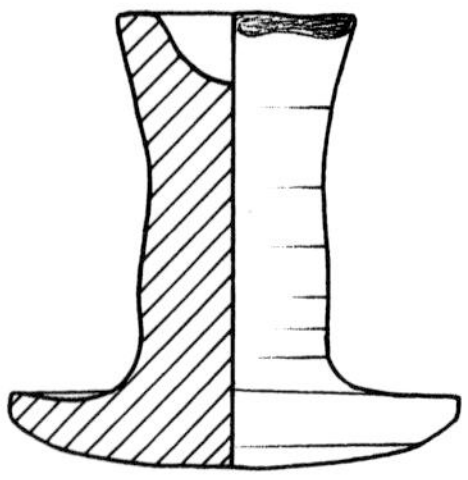
1404】TN15E4 ⑯：2（G 间隔具）

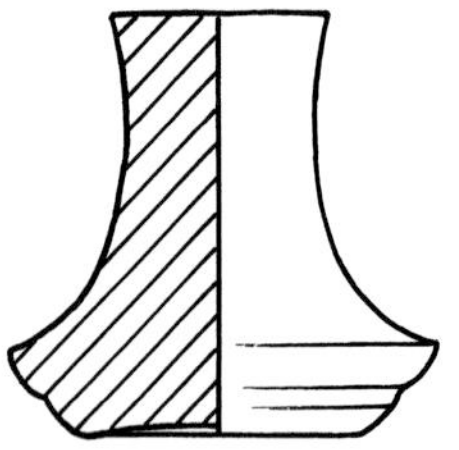
1405】TN15E4 ⑱：32（G 间隔具）

0 6 厘米

6.6 厘米。

G 型 蘑菇形或倒蘑菇形，一般用于外底部装烧。

1400】TN10W3 ③ N ：17，顶平微凹，边缘斜，喇叭状柄，平底微凹。粗瓷质。口径 9、底径 5.2、高 5.9 厘米。

1401】TN15E4 ㉓：8，倒蘑菇形，直口，平沿，长柄束腰，圜饼底。粗砂质。口径 5.8、高 10.9 厘米。

1402】TN15E4 ④ S ：7，倒蘑菇状，直口，平沿，短柄束腰，平底。粗砂质。口径 5.4、底径 7.3、高 7 厘米。

1403】TN15E4 ⑮：69，顶凹，粗柄，平底微凹。粗砂质。口径 9、底径 6.4、高 8.2 厘米。

1404】TN15E4 ⑯：2，顶较平，长柄束腰，圈足状。粗瓷质。顶直径 9.4、底径 5、高 9 厘米。

1405】TN15E4 ⑱：32，顶平，长直柄，平底，粗砂质。顶直径 8.8、柄底径 4.4、高 8.4 厘米。

H 型 圆柱形。一般用于外底部装烧。

1406】TN8W3 ③ N ：35，内底深凹，平底微凹，粗瓷质。口径 7、底径 5.7、高 4 厘米。

1407】TN12W3 ④ N ：40，直口，尖唇，沿面斜，直腹微束，平底。粗瓷质。口径 3.3、底径 3.7、高 7.2

1391】TN8E3 ⑪：20（F 间隔具）　　　1392】TN10W6 ③ a：39（F 间隔具）　　　1393】TN10W6 ③ a：40（F 间隔具）

1394】TN10W6 ③ a：41（F 间隔具）　　　1395】TN10W6 ③ a：43（F 间隔具）　　　1396】TN10W6 ③ a：44（F 间隔具）

1397】TN10W6 ③ a：47（F 间隔具）　　　1398】TN10W6 ③ a：52（F 间隔具）　　　1399】TN10W3 ③ S：43（F 间隔具）

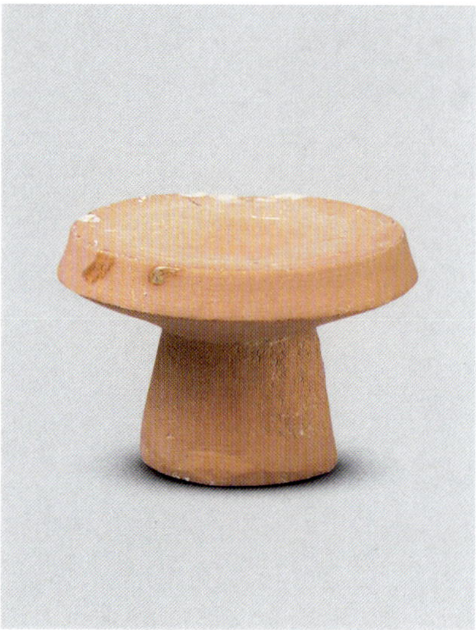

1400】TN10W3 ③ N：17（G 间隔具）

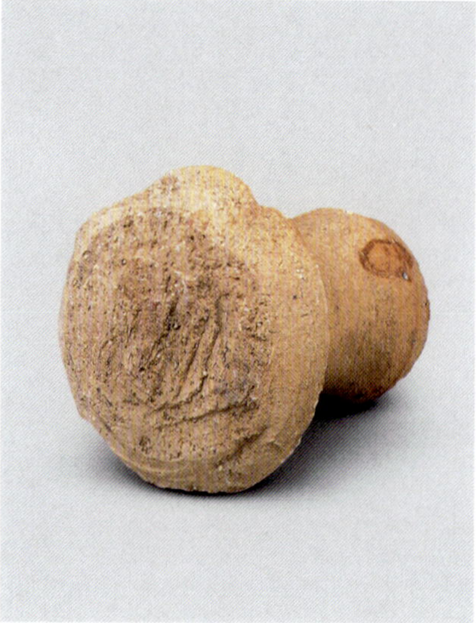

1401】TN15E4 ㉓：8（G 间隔具）

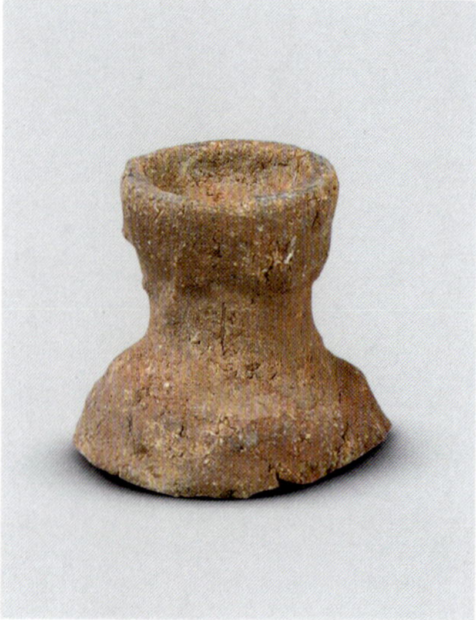

1402】TN15E4 ④ S：7（G 间隔具）

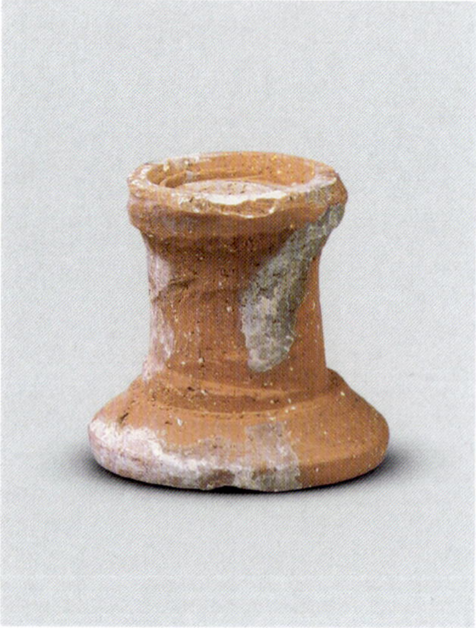

1403】TN15E4 ⑮：69（G 间隔具）

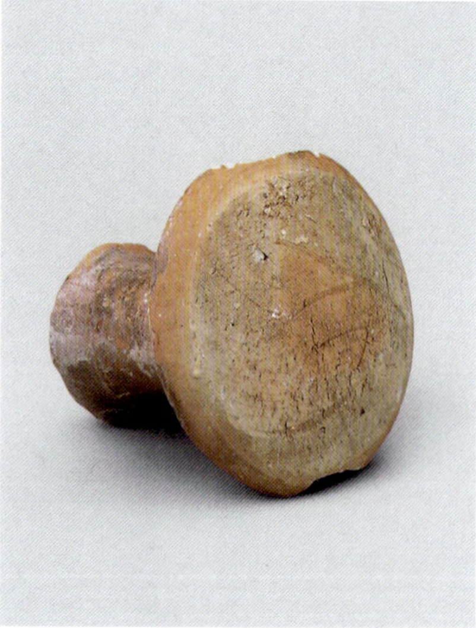

1404】TN15E4 ⑯：2（G 间隔具）

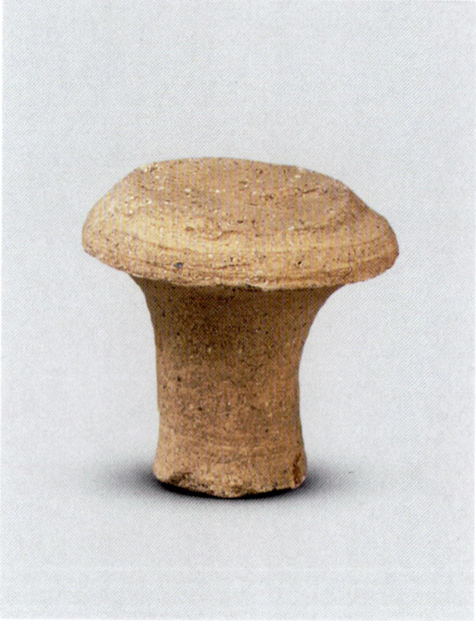

1405】TN15E4 ⑱：32（G 间隔具）

厘米。

1408】TN16W3 ③：8，平顶，长粗柄，下端残，柄部刻有“为善”等字，中空。粗砂质。顶直径 8.5、残高 9.4 厘米。

1410】TN15E4 ⑮：68，窄平沿，短柄束腰，底端外撇，平底。粗瓷质。口径 5.2、底径 6.4、高 7.5 厘米。

1411】y1 ：43，直口，平沿，短柄束腰，平底。粗瓷质。口径 5.2、底径 6、高 5.6 厘米。

1412】y1 ：45，不规整，上下两端平。粗砂质。上端直径 2.6、下端直径 3、高 4.2 厘米。

J 型　方柱形。平底。

1413】TN15E4 ④ N ：8，平顶微凹，底端平整。粗砂质。上端边长 4、下端边长 5、高 6 厘米。

1414】TN15E4 ⑤ N ：2，顶端深凹，底端平，粘有泥饼。粗砂质。上端边长 4、下端边长 4.8、高 6.7 厘米。

1415】y1 ：1，上端深挖。粗砂质。上端边长 4.4、下端边长 5、高 6.6 厘米。

1416】y1 ：44，上下两端平。粗砂质。上端边长 3.8、下端边长 4.6、高 6.4 厘米。

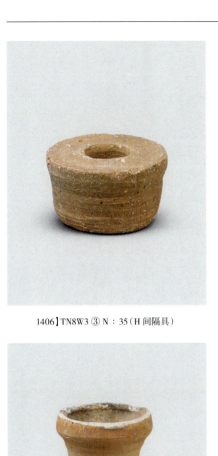

1406〗TN8W3 ③ N：35（H 间隔具）

1407〗TN12W3 ④ N：40（H 间隔具）

1408〗TN16W3 ③：8（H 间隔具）

1410〗TN15E4 ⑮：68（H 间隔具）

1411〗y1：43（H 间隔具）

1412〗y1：45（H 间隔具）

1415〗y1：1（J 间隔具）

1416〗y1：44（J 间隔具）

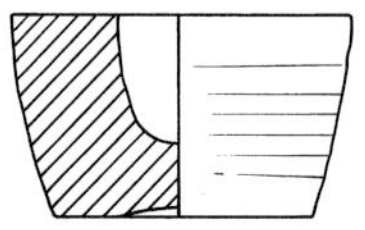

1406】TN8W3 ③ N：35（H 间隔具）

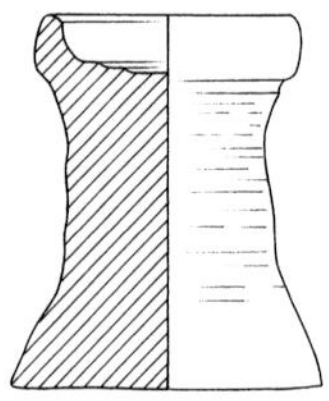

1410】TN15E4 ⑮：68（H 间隔具）

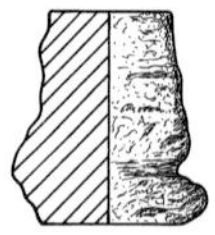

1412】y1：45（H 间隔具）

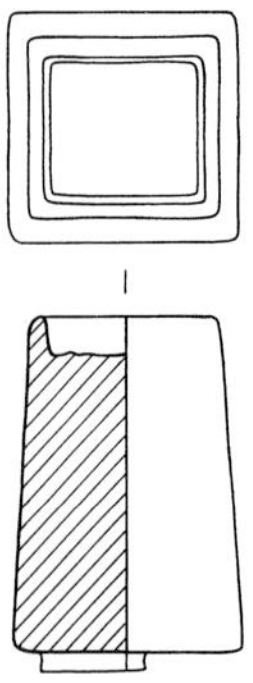

1414】TN15E4 ⑤ N：2（J 间隔具）

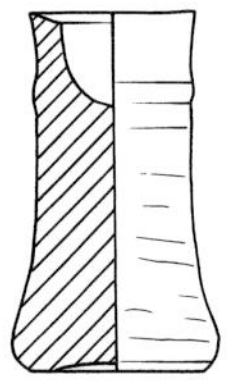

1407】TN12W3 ④ N：40（H 间隔具）

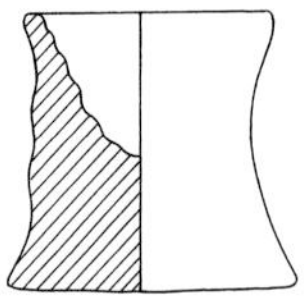

1411】y1：43（H 间隔具）

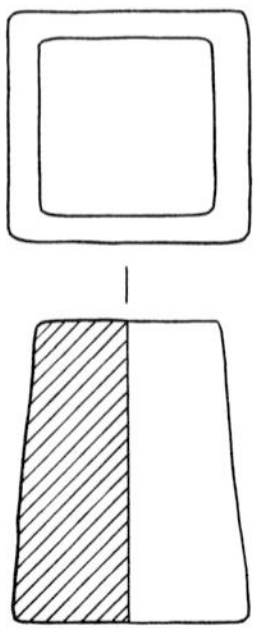

1413】TN15E4 ④ N：8（J 间隔具）

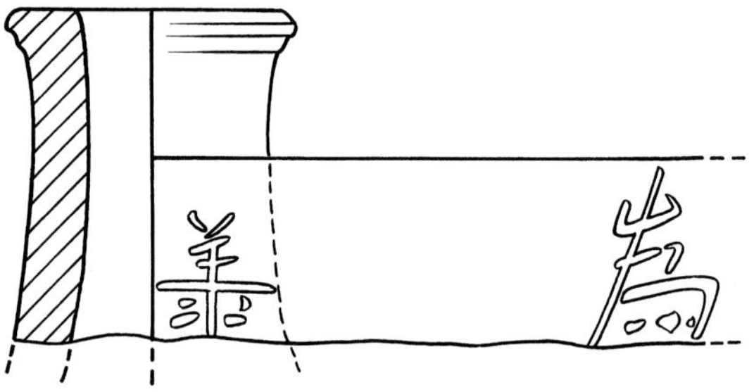

1408】TN16W3 ③：8（H 间隔具）

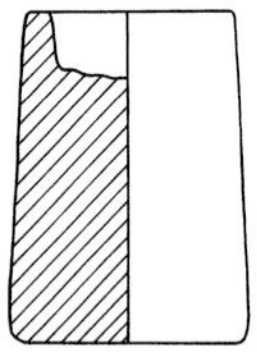

1415】y1：1（J 间隔具）

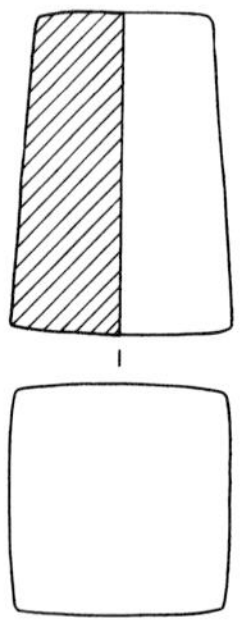

1416】y1：44（J 间隔具）

0　　6 厘米

K 型　扁圆形。一般用于器物内底间隔叠烧。按腹部不同可分 3 式。（为便于观察，照片均为倒置拍摄）

Ⅰ式　微鼓腹。

1417】TN8W3 ③ N ：37，下敛口，斜沿。顶直径 5.6、口径 7、高 1.5 厘米。

1418】TN8W3 ③ N ：40，下腹折，内直口，内侧斜削。顶直径 5.6、高 2.1 厘米。

1419】TN9W3 ②：11，下直口，微敛。顶直径 9.6、高 1.8 厘米。

1420】TN10W3 ③ S ：7，下口微敛。顶直径 7.2、下口径 6.5、高 1.6 厘米。

1421】TN10W3 ②：7，斜腹，底内凹。顶直径 3.5、高 1.1 厘米。

Ⅱ式　覆钵形，微束腹。

1422】TN10W6 ③ a ：49，粗瓷质。直径 6、高 2 厘米。

1423】TN10W6 ③ a ：50，粗瓷质。直径 5.6、高 1.7 厘米。

1424】TN10W6 ③ a ：51，粗瓷质。直径 5.6、高 1.9 厘米。

1425】G8 ：18，平顶微凹，矮直腹微束，下口微敛下部唇沿有垫烧痕。瓷质。顶直径 6.2、高 2.2 厘米。

Ⅲ式　腹较直较高。

1426】TN15E4 ⑩：8，直腹微束。色黄。顶直径 10.3、下口径 9.8、高 4.1 厘米。

1427】TN15E4 ⑲：24，下柱形底内凹。顶直径 5.5、下口径 2.7、高 2.2 厘米。

1429】y2 ：53，顶微凹，矮直腹微束，下口微敛。顶直径 6.2、下口径 7、高 3.7 厘米。

1417〗TN8W3 ③ N：37（KⅠ间隔具）　　　1418〗TN8W3 ③ N：40（KⅠ间隔具）　　　1419〗TN9W3 ②：11（KⅠ间隔具）

1420〗TN10W3 ③ S：7（KⅠ间隔具）　　　1422〗TN10W6 ③ a：49（KⅡ间隔具）　　　1423〗TN10W6 ③ a：50（KⅡ间隔具）

1424〗TN10W6 ③ a：51（KⅡ间隔具）　　　1425〗G8：18（KⅡ间隔具）　　　1427〗TN15E4 ⑲：24（KⅢ间隔具）

1426〗TN15E4 ⑩：8（KⅢ间隔具）

1429〗y2：53（KⅢ间隔具）

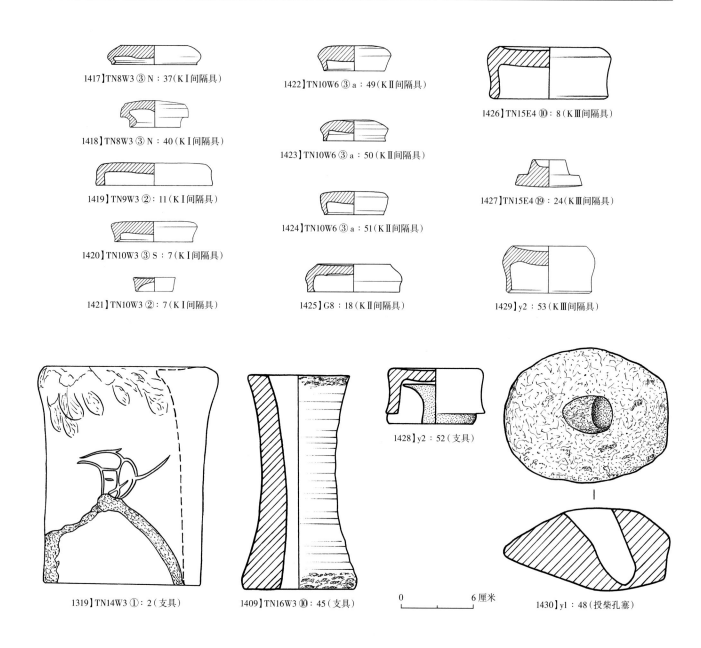

1417】TN8W3③N：37（KⅠ间隔具）

1418】TN8W3③N：40（KⅠ间隔具）

1419】TN9W3②：11（KⅠ间隔具）

1420】TN10W3③S：7（KⅠ间隔具）

1421】TN10W3②：7（KⅠ间隔具）

1422】TN10W6③a：49（KⅡ间隔具）

1423】TN10W6③a：50（KⅡ间隔具）

1424】TN10W6③a：51（KⅡ间隔具）

1425】G8：18（KⅡ间隔具）

1426】TN15E4⑩：8（KⅢ间隔具）

1427】TN15E4⑲：24（KⅢ间隔具）

1429】y2：53（KⅢ间隔具）

1428】y2：52（支具）

1319】TN14W3①：2（支具）

1409】TN16W3⑩：45（支具）

0　　　　　　6厘米

1430】y1：48（投柴孔塞）

三　支具

用于支顶匣钵，一般放置于窑床底部。

1319】TN14W3①：2，直桶状，平沿，底部外圈有指捺坑，底穿。口径13、底径15.5、高17.4厘米。

1409】TN16W3⑩：45，直口，平沿，长粗柄微束，底端较平，刻有凹槽，中空。粗砂质。口径8.4、底径9.6、高17厘米。

1428】y2：52，顶微凹，矮直腹微束，下口微撇，对应有两缺口。粘有一粗砂质垫圈。顶直径8、下口径8.2、高4.4厘米。

四　投柴孔塞

1430】y1：48，椭圆形，上下两端呈弧状，上端有凹洞。粗砂质。最大直径13.6、高6.6厘米。

1409】TN16W3 ⑩：45（支具）

1319】TN14W3 ①：2（支具）

1428】y2：52（支具）

1430】y1：48（投柴孔塞）

第四节　制瓷工具

一　石磨

粉碎釉料的工具。

1431】TN16W3④：75，圆形，顶部下凹，侧有方孔，底有刻槽。直径20、高18厘米。

1431】TN16W3④：75（石磨）

二　石碓头

未采集，仍在现场保留。

1431+】长条形或长方形，尾部有榫卯结构，顶部有打击痕迹。

三　石碓柱

未采集，仍在现场保留。

四　荡箍

荡箍烧制时连有底部，边缘戳以一圈小孔，烧成后使底脱落而成荡箍，发掘中出土有烧成的荡箍底部。

（一）荡箍

按口沿可分3式。（若按实际使用状态，则照片、图纸、描述均为倒置）

Ⅰ式　凹沿。厚唇内敛，直壁，内底圈有齿痕。灰白胎，胎体厚坚。

1432】TN10W6⑤：10，釉色青黄，内沿内上壁有釉，釉层开细片。直径12.2~13.3、高3.9厘米。

Ⅱ式　平沿。厚唇内敛，直壁，内底圈有齿痕。灰白胎，胎体厚坚。

1433】TN10W6⑥：2，釉色青绿，内沿内壁有釉。直径12.4、高2.4厘米。

1434】TN16W3②：66，釉色青绿，内沿内壁有釉。直径14.4、高2.8厘米。

Ⅲ式　圆沿。内敛口，直壁，内底圈有齿痕。灰白胎，胎体厚坚，厚釉。

1435】TN14W3⑪N：5，釉色青绿，内壁半釉，外壁及底无釉。直径14、高4.3厘米。

1436】TN15E4⑲：20，釉色青绿，外壁及底无釉。直径11.8、高4厘米。

（二）荡箍制作辅底

1437】TN16W3⑨a：10，圆形，口边有断点，饼底。灰白胎，胎体薄坚。直径11.3、底径3.5、高1.9厘米。

五　轴顶碗

圆柱形，外侧不施釉，内侧轴顶锥形，平顶。（照片为倒置）

1438】TN14W7⑦：3，灰白胎，胎体厚重。内侧釉色青黄，釉面开片。外侧有四处刀削，其中一处刻"辛卯"二字。直径7.4、高5.5厘米。

1439】TN18E4③N：3，灰白胎，胎体厚重。内侧釉色青绿。直径7.2、高5.6厘米。

1431+】石碓头

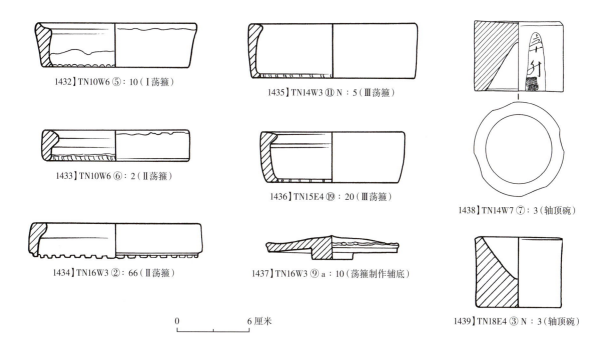

1432】TN10W6 ⑤：10（Ⅰ荡箍）

1435】TN14W3 ⑪ N：5（Ⅲ荡箍）

1433】TN10W6 ⑥：2（Ⅱ荡箍）

1436】TN15E4 ⑲：20（Ⅲ荡箍）

1438】TN14W7 ⑦：3（轴顶碗）

1434】TN16W3 ②：66（Ⅱ荡箍）

1437】TN16W3 ⑨a：10（荡箍制作辅底）

0   6厘米

1439】TN18E4 ③ N：3（轴顶碗）

1432〗TN10W6 ⑤：10（Ⅰ荡箍）

1433〗TN10W6 ⑥：2（Ⅱ荡箍）

1434〗TN16W3 ②：66（Ⅱ荡箍）

1435〗TN14W3 ⑪ N：5（Ⅲ荡箍）

1436〗TN15E4 ⑲：20（Ⅲ荡箍）

1437〗TN16W3 ⑨ a：10（荡箍制作辅底）

1438〕TN14W7 ⑦：3（轴顶碗）

1439〕TN18E4 ③ N：3（轴顶碗）

六 印模

1441〕TN12W3 ⑥ N：1，瓷质模具，表面呈灰黄色，圆柄。模面刻菊花纹，有"中"、"毛"两字，模背面有两道圈，圈内刻"永乐九年十一月廿九日立毛字记号"，圈外有个符号，柄底面刻一花押。直径 11.6、柄径 7、高 4 厘米。

1442〕TN18E5 ②：2，瓷质模具，表面呈灰黄色，圆柄。模面刻牡丹纹，内中有"吉"字，模背面有两道圈，圈内刻"永乐秋辛卯太岁吉日置号"，柄底面刻一花押。直径 10.3、柄径 5.5、高 5 厘米。

1443〕TN18E5 ②：9，瓷质模具，表面呈灰黄色，圆柄。模面刻双牡丹纹，柄底面刻"忠"字。直径 6.2、柄径 4.2、高 3 厘米。

七 范

1444〕TN18E5 ②：1，陶质模具，表面呈灰黄色，直端，柄残。内模面刻花纹。

1445〕TN8E3 ⑩：8，花口碗内部成型模具。顶平有凹，底圈，有六道凹槽。粗瓷质。顶直径 12、高 5.2 厘米。

八 火照

A 型 "M"形火照。凹底边有圆孔。

1446〕TN14W3 ①：46，釉色粉青。直径 5、高 1.3 厘米。

B 型 小馒头形火照。

1447〕TN9W3 ⑦：1，扁圆形，侧边有孔。釉色粉青。直径 3.2、高 1.8 厘米。

C 型 指套形火照。侧边有孔。

1448〕TN16W3 ⑥ a：4，侧面刻"官"字。釉色青绿。直径 3、高 2.3 厘米。

1449〕TN9W3 ⑥ N：3，顶部刻"仁"字，釉色青绿。直径 2.4、高 2.5 厘米。

1450〕TN8E3 ⑩：5，顶部刻一"天"字，釉色青绿。直径 3、高 3 厘米。

1455〕TN15E4 ①：109，釉色粉青。

1441〗TN12W3 ⑥ N：1（印模）

1442〗TN18E5 ②：2（印模）

1443〗TN18E5 ②：9（印模）

1445〗TN8E3 ⑩：8（范）

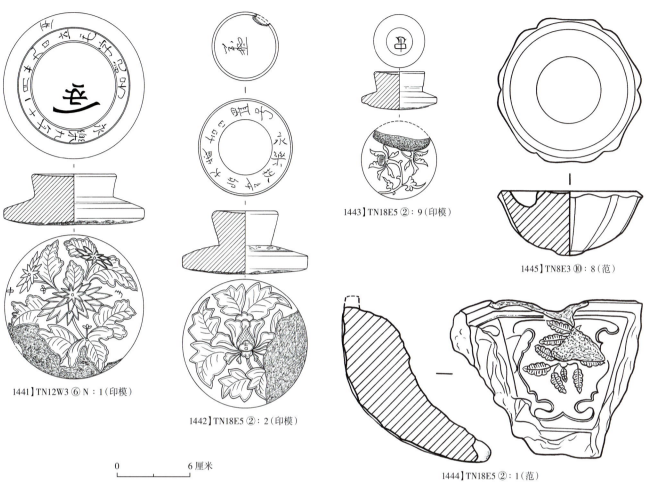

1441〕TN12W3 ⑥ N：1（印模）

1442〕TN18E5 ②：2（印模）

1443〕TN18E5 ②：9（印模）

1445〕TN8E3 ⑩：8（范）

1444〕TN18E5 ②：1（范）

0　　　　　6厘米

1448〕TN16W3 ⑥ a：4（C 火照）

1455〕TN15E4 ①：109、1456〕TN18E4 ④ N：1、1457〕TN9W3 ③ N：23（C 火照）

1451〕TN7W1 ③：2（D 火照）

1458〕TN10W3 ⑥ a 东扩：1、1459〕TN12W3 ②：1、1460〕TN15E4 ㉓：90、
1461〕TN16W3 ⑥ a：35（C 火照）

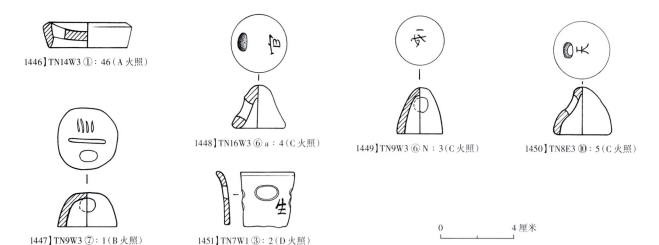

1446】TN14W3①：46（A 火照）

1448】TN16W3⑥a：4（C 火照）

1449】TN9W3⑥N：3（C 火照）

1450】TN8E3⑩：5（C 火照）

1447】TN9W3⑦：1（B 火照）

1451】TN7W1③：2（D 火照）

0　　　　　　4 厘米

1456】TN18E4④N：1，釉色粉青。

1457】TN9W3③N：23，釉色青绿。与一片状火照粘结。

1458】TN10W3⑥a 东扩：1，釉色粉青。侧面刻"仁"字。

1459】TN12W3②：1，釉色粉青。侧面刻"人"字。

1460】TN15E4㉓：90，釉色粉青。侧面刻"天"字。

1461】TN16W3⑥a：35，釉色青绿。侧面刻"人"字。

D 型　片状火照。

1451】TN7W1③：2，呈方形，有圆孔，孔上端片缘微曲，刻"生"字。釉色青，釉质玻化，有气孔。长、宽 3 厘米。

九　金属工具

（一）修坯刀

1440】TN16W3⑥：1，铁质，长约 18 厘米。

（二）火照钩

铁质，一端略弯稍尖。

1452】TN14W3⑨：1，长约 5 厘米。

1453】TN15E4⑩：6，长约 6 厘米。

（三）铜勺

1454】Q1：1，铜质，一端勺状。长约 10 厘米。

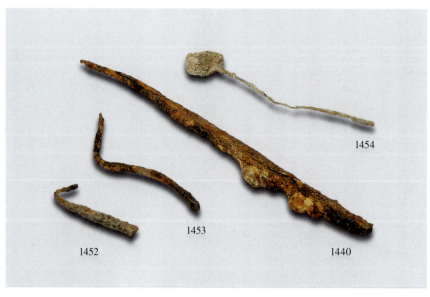

1440】TN16W3⑥：1（修坯刀）、1452】TN14W3⑨：1（火照钩）、1453】TN15E4⑩：6（火照钩）、1454】Q1：1（铜勺）

第五章　分期和特征

第一节　分　期

一　地层分组

根据地层的堆积情况和其内的包含物，以及对地层形成的推断来看，除 TN15E4、TN17E5、TN18E9 三个探方外，其他探方中的第①层为耕土层，第②层是建设农田所做的夯土层。②层以下的地层，可以分为三类，其一是原生堆积层，有如下地层：TN9W3 ⑧ ~ ⑩层（解剖探沟中地层）；TN10W3 ⑨ N~ ⑪ N 层（解剖探沟中地层）；TN15E4 ③ S~ ㉓层；TN18W3 ⑦ ~ ⑮、TN16W3 ⑦ ~ ⑭层；TN14W3 ④ N~ ⑪层；TN12W3 ④ N~ ⑥ N 层；TN10W6 ③ ~ ⑥层；TN14W7 ⑥ ~ ⑧层。

其二是次生堆积地层，有 TN8W3 ③ N 层，TN9W3 ③ N~ ⑤ N 层，TN8E3 ③ ~ ⑭层，TN10W3 ③ N~ ⑥ N 层、东扩 ③ ~ ⑥ c 层，TN12W3 ③ N、④ N、③ S~ ⑧ S 层，TN14W3 ③ N 层，TN16W3 ③ ~ ⑥ b 层，TN18W3 ③ ~ ⑥ a 层，TN15E4 ③ N~ ⑤ N 层，TN18E3 ③ S~ ⑨ S 层、③ N~ ⑨ N 层，TN18E4 ③ S~ ⑥ S 层、③ N~ ⑥ N 层、⑦ ~ ⑨层，TN6W4 ③ W 层，TN7W1 ③ ~ ⑥层，TN10W1 ③ ~ ⑥层，TN14W3、TN12W3 中的 ③ W~ ⑤ W 层，TN14W7 ③ ~ ⑤层。

其三是原生堆积受扰乱的地层，有 TN10W3 ⑧ N 层，TN10W3 ③ S、④ S 层，TN15E4 ①层，TN17E5 ①层，TN18E7 ①层，TN18E9 ①层。

我们从分析原生堆积地层出土瓷器入手，对各探方地层出土的瓷器进行了整理拼对和类型学分析，按青瓷造型、纹饰、胎釉、装烧方式等方面的异同，将这些地层中的出土器物分为八组。次生堆积地层和受扰乱的原生堆积层多包含有各组中的器物。

第一组，TN9W3 ⑧ ~ ⑩层，TN10W3 ⑨ ~ ⑪层。其他地层中，TN9W3 ③ N~ ⑤ N 层、TN8W3 ③ N 层，TN10W3 ③ S、④ S 层中也有集中出土。

第二组，TN10W6 中的 ③ ~ ⑥层，TN14W7 中的 ⑥ ~ ⑧层，TN18W3 中的 ⑯、⑰层。其他地层中，TN8E3 ③ ~ ⑭层中有大量出土。

第三组，TN18W3 ⑦ ~ ⑮、TN16W3 中的 ⑦ ~ ⑭层。其他地层中，TN18W3 ③ ~ ⑥ a 层，TN16W3 ③ ~ ⑥ b 层等出土较多。

第四组，TN18W3 ⑦ ~ ⑮、TN16W3 中的 ⑦ ~ ⑭层，特别是 TN16W3 ⑦层出土较集中。

第五组，TN14W3 中的 ④ N~ ⑪ N 层、③ S、④ S 层，TN12W3 中的 ⑤ N、⑥ N 层，TN15E4 中的 ⑲ ~ ㉓层。其他地层中，TN14W3 ③ N 层，TN12W3 ③ N、④ N、③ S~ ⑧ S 层，TN10W3 ③ N~ ⑥ N 层、东扩 ③ ~ ⑥ c 层等出土较多。

第六组，第五组诸层，特别是 TN14W3 ④ S 层，TN12W3 ⑥ N 层出土较集中。

第七组，TN15E4 中的 ③ S~ ⑱层。其他地层中，TN15E4 ③ N~ ⑤ N 层，TN18E3 ③ S~ ⑨ S 层、③ N~ ⑨ N 层，

TN18E4 ③S~⑥S层、③N~⑥N层、⑦~⑨层，TN6W4 ③W层，TN7W1 ③~⑥层，TN10W1 ③~⑥层，TN14W3、TN12W3 中的③W~⑤W层，TN14W7 ③~⑤层，TN15E4 ①层，TN17E5 ①层，TN18E7 ①层，TN18E9 ①层等大量出土。

第八组，y1 窑床底部出土器物，其他探方没有明确的原生地层。主要集中出土于 y1 窑床底部和 TN18E3 一些地层中。

二　地层分期

上述八组地层中，第四组和第六组主要出土不同时期的官用瓷器类型遗物，其他六组主要出土民用瓷器类型遗物。根据出土遗物种类、典型器物的增减及其形制演变特征，参考相关纪年资料，这六组民用瓷器类型遗物，可代表枫洞岩窑址民用产品的六个发展阶段，其中第三组和第五组绝大部分出土器物相同相似，少量器形比较独特而能区别，第八组出土器物较少，可视为第七组的延续阶段，因此分为四期六阶段，即

第一组为第一期；

第二组为第二期；

第三组和第五组为第三期；

第七组和第八组为第四期。

地层分期可参见表 5-1。

表 5-1　地层分期表

第一期	第二期	第三期	第四期	次生、扰乱地层
TN9W3 ⑧~⑩层，TN10W3 ⑨~⑪层	TN18W3 ⑯、⑰层，TN10W6 ③~⑥层，TN14W7 ⑥~⑧层	TN18W3 ⑦~⑮层，TN16W3 ⑦~⑭层，TN15E4 ⑲~㉓层，TN14W3 ④N~⑪N层，TN14W3 ③S、④S层，TN12W3 ⑤N、⑥N层，	TN15E4 ③S~⑱层，y1 窑底	TN10W3 ⑧N层，TN10W3 ③S、④S层，TN8W3 ③N层，TN9W3 ③N~⑤N层，TN8E3 ③~⑭层，TN10W3 ③N~⑥N层、东扩③~⑥c层，TN12W3 ③N、④N、③S~⑧S层，TN14W3 ③N层，TN16W3 ③~⑥b层，TN18W3 ③~⑥a层，TN15E4 ③N~⑤N层，TN18E3 ③S~⑨S层、③N~⑨N层，TN18E4 ③S~⑥S层、③N~⑥N层、⑦~⑨层，TN6W4 ③W层，TN7W1 ③~⑥层，TN10W1 ③~⑥层，TN14W3、TN12W3 中的③W~⑤W层，TN14W7 ③~⑤层，各探方①层

三　遗迹期别

根据遗迹与地层的叠压关系，以及遗迹之间的叠压打破关系，对遗迹的建筑年代分期。有的遗迹中如水沟填土内、匣钵墙上经过修补更替的匣钵内出土的遗物等，比其建筑年代为晚。

南部区域遗迹 F2、CH1、G4 等打破生土层，为第一期。周边相关遗迹 G3、L1、L4、L5、L7、Q13、Q14 同属第一期。Q12 中出土的最早遗物可归入第二组，其建筑年代属第二期。和 Q12 相关的 L8，G9 建筑年代同属第二期。

东部区域遗迹 G1 打破生土，被第二期遗物叠压，其建筑年代属第二期。

中部区域遗迹 F4 被第二期遗物叠压，叠压在第一期遗物上，其建筑年代属第二期。其相关遗迹单位 Q2、Q1、G2、L6，建筑年代同属第二期。但 Q9、Q10、Q11 中最早出土第三期遗物，其建筑年代为第三期。

北部区域遗迹 J1、Q17、Q18 被第五组叠压，打破生土层或建立在生土层之上。遗迹建筑年代相对早于第四期。遗迹 y2、y4、y5、F3 以及 F3 周边遗迹 Q5、Q15、Q23、L3、L9、L10、G7，窑炉护墙和排水沟 Q19、Q20、Q21、Q22、G11、G12，被主要出土第七组遗物的次生地层叠压，其建筑年代属第四期。

北部区域遗迹 y1，其窑床底部出土第八组遗物，属第四期晚期阶段。

北部区域遗迹 F5、F6、y3、CH3、K1、K2 等被 F3 打破，其建筑年代相对早于第四期。

西部区域遗迹 F1 及附属遗迹 L2、G5、Q8，被主要出土第七组遗物的次生地层叠压，其建筑年代属第四期。

遗迹分期可参见表 5-2。

表 5-2　遗迹建筑年代分期表

第一期	第二期	第三期	第四期	只能判断相对建筑年代的遗迹
F2、G3、G4、CH1、L1、L4、L5、L7、Q13、Q14	Q12、L8、G9、F4、L6、G2、Q1、Q2、CH2	Q9、Q10、Q11、	F1、F3、Q5、Q8、Q9、Q15、Q19、Q20、Q21、Q22、Q23、y1、y2、y4、y5、G5、G7、G11、G12、L2、L3、L9、L10	y3、L11、G14、K1、K2、F5、F6 相对早于第四期，Q7 相对晚于第二期，Q16、Q17、Q18、J1 相对早于第三期，H1~H5 为近现代扰坑

第二节　民用瓷器各期特征和年代

一　各期特征

第一期

主要器形有 A 型 I 式、B 型、E 型、F 型 I 式、P 型 I 式碗，P 型碗碗盖，A 型 I 式、B 型、D 型盏，B 型 I 式盅，A 型 I 式、Ca 型 I 式、D 型 I 式、E 型 I 式、Ga 型 I 式盘，Aa 型、Ab 型 I 式、Bb 型 I 式、Ca 型 I 式洗，A 型 I 式、B 型碟，C 型执壶，A 型执壶壶盖，B 型罐，I 式梅瓶盖，B 型烛台，A 型 I 式、Ca 型 I 式、Db 型 I 式炉，瓿，I 式盒等，以碗、盘为多，其中 A 型 I 式盘和 B 型碗占较大比例。器形端巧规整，胎壁较薄，胎质洁白细腻，釉层较厚，釉色以粉青为主色调，足端附近刮釉垫烧。最具特点是圈足器的圈足均非常小巧，足壁截面呈倒梯形，足根比足端相对要宽，足端平整，外底心多数尖凸。器物多数光素，敞口碗、盖碗、折沿盘等的外腹壁多浅浮雕莲瓣纹，莲瓣较瘦长，莲瓣外侧多刻单线，中凸脊。盘、洗类内底有的贴双鱼或四鱼装饰。炉、觚等也有贴花装饰。鬲式炉的腹部至足尖有出筋装饰。本期特有的器形有浅浮雕莲瓣纹碗（F I 、P I 碗）、束口盏、荷口盏、南瓜壶、鬲式炉、觚、壶形烛台、莲瓣纹碗盖等。

装烧使用的垫具以瓷质碟形垫具（A 型）为多，此种垫具多数平底、弧边、支垫面平而中间平凹。另外还有钵形垫具（B 型）用以装烧小型碟、洗等，部分垫具底部还粘有泥质垫饼，起到稳固作用；而圈足器足端刮釉垫烧，但刮釉的部位不仅限于足端，在足壁的下半部内外也都刮釉。

第二期

主要器形有 A 型 II 式、A 型 III 式、C 型 I 式、C 型 II 式、F 型 II 式、G 型、H 型 I 式、H 型 II 式、P 型 II 式碗，A 型 II 式、C 型盏，A 型 I 式、B 型 II 式、D 型 I 式盅，A 型 II 式、A 型 III 式、A 型 IV 式、A 型 V 式、Ba 型、Bb 型 I 式、Ca 型 II 式、Cb 型 I 式、Cc 型、D 型 II 式、E 型 II 式、F 型 I 式盘，Ba 型、Bb 型 II 式洗，A 型 I 式、C 型 I 式盆，A 型 II 式、A 型 III 式碟，Aa 型 I 式、D 型 I 式高足杯，Aa 型 I 式执壶，B 型执壶盖，A 型异形壶，Aa 型 I 式、Ab 型 I 式、C 型 I 式、D 型 I 式、E 型 I 式罐及 Aa 型 I 式、Aa 型 II 式、Ab 型 I 式、Ca 型罐盖，Ca 型、Cb 型、E 型 I 式瓶，Ba 型、Bb 型、Ca 型 II 式炉，格盘，高足盘，漏斗，A 型 I 式、A 型 II 式、B 型 I 式花盆，II 式、III 式盒，I 式、II 式盒盖，I 式卷缸，A 型 I 式、A 型 II 式、B 型 I 式碾钵，佛像等。器物胎体明显厚重，胎质也相对较粗，釉层相对较薄，釉色以浅青、梅子青为主色调。

多数器物器形较大，但器小壁薄者仍占一定比例。碗、盘等圈足器足壁较高较直，截面呈长方形，中大型器形足端无釉，小型器类足端和外底多未施釉。胎体较粗厚，釉层相对较薄。新出现一种卧圈足盘，仅出现在较大的折沿盘中，这种圈足外壁内曲，和盘腹相接处有明显凹凸，足内壁微内斜，足端和足端附近内外足壁无釉，这种圈足盘型很快成为元明主流盘型之一。盘、洗、炉、花盆等器的口沿都有明显内凹现象。樽式炉外底多圈足。大型盖罐产品用拼接法制作底部。菊口大碗底心镂孔并贴片。蔗段洗、菊口大碗、管足鼎式炉等为本期特有产品。

装饰技法主要为贴花和刻花以及镂空、雕塑等，刻划纹饰主要为莲瓣纹、菊瓣纹、变形莲瓣纹、荷花纹、牡丹纹、缠枝莲纹、卷草纹、回纹、折线弦纹、"长命富贵"等，碗、盘外壁浮雕莲瓣纹较宽肥，莲瓣外侧多刻双线，中凸脊。贴花题材主要有梅花、葵花、四爪龙、鱼、乳丁、牡丹、"福寿"字样等。开始大量使用戳印方法。戳印法就是将需要表现的题材预先刻在泥模上，入窑烧成印模，然后在器物坯体开到一定程度时印在器坯中即成。本期的戳印纹饰以阳纹印花为多，纹饰主要有双鱼纹、牡丹纹、金刚杵纹、荷花纹、茶花纹、菊花纹、折枝莲纹、凤纹等，双鱼纹中间有"式号"、"卐"、八思巴文字和盘肠结纹饰等。

器物多采用"M"形匣钵装烧。垫具继续使用碟形窑具，但碟形窑具体积变大，增加了瓷质小型柱形垫具，样式繁多，造型较规整。套烧、叠烧的器物都采用外底垫烧的方法，因此也有很多圈足器的外底无釉，比如盖碗、盅、杯等常置于樽式炉内底叠烧。

本期开始出现外底刮釉一圈垫烧特征的器物，大型圈足器足壁较宽，足端斜削裹釉，小型圈足器足端也裹釉但不斜削，足壁也不厚。刮釉的位置相对靠近足壁，且刮釉的宽度相对较窄。这些器物胎质相对较为精细，釉色多为较深的梅子青色，釉层较薄。以上特征出现的根本原因是装烧用具有了新的发明。新出现的钵形垫具有大小两种不同形状：大型垫具胎体厚重，呈瓷质，内平外圈，仅边缘上翘呈钵型，钵口较平，多用于支托大型盘、盆等器；小型垫具瓷质、粗砂瓷均有，外底凸出，使用时需以泥圈固定，多用于支托碗和小型盘、洗等器。有此特征的器物实际上比直圈足足端垫烧器物出现稍晚，又和直圈足足端垫烧器物共存。最明显的例子是 E II 盘中 556 】TN7E1 ③ ：2 和 557 】TN10W6 ③ a ：5 两件器物。器形、胎釉、刻划纹饰都基本一致，仅装烧方式不同。

第三期

主要器形有 A 型Ⅳ式、A 型Ⅴ式、F 型Ⅲ式、P 型Ⅲ式碗，E 型Ⅰ式、E 型Ⅱ式、E 型Ⅲ式、F 型、G 型盏，A 型Ⅱ式、A 型Ⅲ式、B 型Ⅲ式、C 型Ⅰ式、C 型Ⅱ式、D 型Ⅱ式盅，A 型Ⅵ式、Bb 型Ⅱ式、Ca 型Ⅲ式、Cb 型Ⅱ式、D 型Ⅲ式、E 型Ⅲ式、F 型Ⅱ式、Ga 型Ⅱ式、Ga 型Ⅲ式、H 型盘，Ab 型Ⅱ式、Cb 型Ⅰ式、D 型洗，D 型盆，A 型Ⅳ式碟，A 型Ⅰ式、A 型Ⅱ式、A 型Ⅲ式钵，A 型Ⅰ式、B 型Ⅰ式盏托，Aa 型Ⅱ式、Ab 型Ⅰ式高足杯，Aa 型Ⅱ式、Ab 型、Ac 型执壶，Aa 型Ⅱ式、Ab 型Ⅱ式、C 型Ⅱ式、E 型Ⅱ式罐及 Aa 型Ⅲ式、Ab 型Ⅱ式、B 型Ⅰ式、B 型Ⅱ式、Cb 型Ⅰ式罐盖，Cd 型瓶，Aa 型Ⅰ式、Aa 型Ⅱ式、Ab 型、Ac 型Ⅰ式、Ac 型Ⅱ式、Ad 型、C 型、D 型、G 型、H 型烛台，Ca 型Ⅲ式、Ca 型Ⅳ式、Cb 型Ⅱ式、Da 型Ⅰ式、Db 型Ⅱ式炉，Ⅰ式砚台，A 型Ⅲ式、A 型Ⅳ式、B 型Ⅱ式、B 型Ⅲ式碾钵，塑像等。这个时期的青瓷造型厚重，釉层厚，胎质并不十分细腻，釉色以竹青、深青绿为主色调。碗、盘等圈足器外底心多内凹，大型器物足壁较宽，足端较平，小型器物足壁较窄，足端裹釉稍圆，卧圈足器的制作只用于凹折沿盘。樽式炉口沿圆弧，外底多平底，较大型者底心多穿孔，较小者则多未穿孔，其实际用途应是用于种植花草盆景。烛台样式多样化，品种较多。

器物多数有装饰，装饰手法主要是戳印和刻花、剔地刻花，另外雕塑、镂空等也较多。多数可见内底器物使用戳印印花装饰，印花题材有金刚杵纹、牡丹纹、葵花纹、荷花纹、折枝莲纹、双鱼纹、团凤纹、飞马过海纹等。刻划花装饰多用于壶、炉、盖罐和大型碗盘，多数盘的内壁刻饰有较细的菊瓣纹，外壁莲瓣纹多刻划于器下腹，未见凸脊状莲瓣。剔地刻花装饰目前仅见于大型的盖罐、罐盖和炉，题材主要为牡丹、菊花及枝叶。贴花方式已少见。

装烧方式呈多样化，根据器类不同装烧方式也不同，如一般碗、盘、洗等圈足器外底刮釉托烧，大型盖罐、壶、高足杯等仍是足端垫烧，炉、小碗等则使用外底垫饼托烧。圈足器外底刮釉一圈垫烧已成为主流，器物刮釉部分较宽，刮釉部位相对距足壁较远。较大的器物仍使用瓷质的钵状托具，但其钵口部位多数较尖，较小的器物使用粗瓷质的钵状托具，另外还使用辅助用的泥质垫饼和垫圈等。

其中第三组器物为小型的碗、盘、盏、盅，器形明显区别于第五组器物中的同类器物。碗、盏、盅的圈足内壁较斜，开始流行 F 型Ⅱ式折腹盘，但其圈足或为直壁无釉，或为圆润裹釉，不同器足的器物常见相同的印纹。从第二组器物演变到第五组器物的过程中，器形上存在着一个交替衔接的阶段，第三组地层出土的许多器类和第五组没有明显的变化。而能够发现的变化就是第三组出土器物的釉层明显比第二组厚，釉色也明显变深。故此，将这些不同的器物单列一组，以示变化起承之意。

第四期

主要器形有 A 型Ⅵ式、D 型、F 型Ⅳ式、J 型、K 型、L 型、M 型、N 型碗，E 型Ⅳ式、H 型、J 型盏，A 型Ⅳ式、B 型Ⅳ式、C 型Ⅲ式、D 型Ⅲ式盅，A 型Ⅶ式、Bb 型Ⅲ式、Ca 型Ⅳ式、Cb 型Ⅲ式、D 型Ⅳ式、E 型Ⅳ式、F 型Ⅲ式、Ga 型Ⅳ式、Gb 型盘，Ab 型Ⅲ式、Ca 型Ⅰ式、Cb 型Ⅱ式洗，A 型Ⅱ式、Ba 型Ⅰ式、Ba 型Ⅱ式、Bb 型、C 型Ⅱ式、E 型盆，A 型Ⅴ式、C 型Ⅰ式、C 型Ⅱ式、D 型碟，B 型钵，A 型Ⅱ式、B 型Ⅱ式、B 型Ⅲ式盏托，Aa 型Ⅲ式、Ab 型Ⅱ式、B 型、C 型、D 型Ⅱ式、E 型高足杯，爵杯，Aa 型Ⅲ式、B 型执壶，C 型执壶盖，B 型异形壶，Aa 型Ⅲ式、Aa 型Ⅳ式、Ab 型Ⅲ式罐及 Ab 型Ⅲ式、Ab 型Ⅳ式、Ac 型、Ad 型、Ae 型、B 型Ⅲ式、B 型Ⅳ式、B 型Ⅴ式、Cb 型Ⅱ式罐盖，A 型、B 型、Cc 型、Ce 型、Cf 型、Cg 型、D 型、E 型Ⅱ式瓶及Ⅱ式、Ⅲ式梅瓶盖，Ac 型Ⅲ式、E 型、F 型烛台，A 型Ⅱ式、Ca 型Ⅴ式、Cb 型Ⅲ式、Da 型Ⅱ式、Db 型Ⅲ式、E 型Ⅰ式、E 型Ⅱ式、E 型Ⅲ式、F 型炉及炉盖，B 型Ⅱ式、C 型Ⅰ式、C 型Ⅱ式、D 型、E 型花盆，镂空器座，Ⅱ式、Ⅲ式、Ⅳ式砚台，A 型、B 型笔架，Ⅱ式卷缸，Ⅲ式、Ⅳ式盒盖，套瓶，篮，水滴，投壶，砚滴，塑像，B 型Ⅳ式、B 型Ⅴ式碾钵，杵、杵头等。

　　装饰技法仍以刻划花、戳印、剔地刻花为主，以及雕塑、镂空等。题材丰富多样，刻划花、剔地刻花题材很多是一样的，以缠枝莲纹为最多，以及菊花、牡丹、茶花、葵花、荷花、荔枝、桃子和琵琶等植物花果纹样和吉祥语"清香美酒"、"福如东海"、"寿比南山"等。戳印纹饰更加丰富，有各式花纹、人物牵马纹、荷下卧童纹、福鹿纹、钱纹、金刚杵纹、杂宝纹、"金玉满堂"、"顾氏"、"王氏"、"石林"等。

　　装烧用垫具除沿用早期垫具外，碗、盘等更多的使用一种带凹洞的泥质垫饼，这也是某些器物底心有点釉的原因所在。

　　第八组中出现整体模制印花器物，器物制作合范成型，范内雕刻人物花卉纹饰，器形有折腹盘、玉壶春瓶、盖罐、器盖、碟、福寿瓶、鱼耳瓶、方瓶、爵杯、筒式炉等。器形较小，纹饰以折枝菊花为主。

　　民用瓷器的分期和型式演化，可参见附表5-1、附图5-1~5-21。窑具和制瓷工具分期，可参见附表5-3。

二　各期年代

第一期

　　F型Ⅰ式莲瓣纹碗和咸淳十年（1274年）浙江衢州史绳祖墓出土莲瓣碗[1]、南宋德祐元年（1275年）浙江丽水叶梦登妻潘氏墓出土的莲瓣纹碗[2]器型特征相同。A型Ⅰ式鬲式炉和德清南宋咸淳四年（1268年）吴奥墓出土的鬲式炉[3]器型特征相同。因此，本期年代上限可到南宋晚期，有部分器形下限年代可到元代早期，约为13世纪下半叶。

第二期

　　B型炉即鼎式炉和元延祐七年（1320年）江苏徐州墓葬[4]出土的鼎式炉以及杭州老东岳元大德六年（1302年）鲜于枢墓出土的鼎式炉[5]相似，窑址中也出土此类的炉足。A型Ⅱ式樽式炉与至元四年到至正十三年（1338~1353年）上海青浦县元代任氏墓[6]出土的龙泉窑贴花三足炉相同。A型Ⅲ式碗和湖北宜城市出土的至正五年（1345年）青瓷印菊碗[7]器形相同以及江西高安县元至正十一年至至正二十一年（1351~1361年）瓷器窖藏[8]出土的青釉侈口碗相似。A型Ⅱ式盘和河北磁县至正十二年（1352年）漕运粮船上出土的两件龙泉窑印花纹盘（其中一件外壁刻双线莲瓣纹）[9]形制相同。2003年，内蒙古集宁路元至正十八年至至正二十八年（1358~1368年）古城遗址[10]出土了大批瓷器，其中的龙泉青瓷碗、盘、碟、洗、高足杯、环耳瓶、炉、荷叶盖罐、樽式炉等都能在第二组遗物中找到相同相似的器形。因此，本期年代当在元代中晚期，即约14世纪上半叶。

第三期

　　A型Ⅴ式碗与江苏南京洪武二十年（1387年）薛显墓出土的青釉瓷碗[11]相似。洪武二十八年（1395年）张云墓出土的龙泉窑玉壶春瓶、盏、盏托和碗[12]，永乐五年（1407年）宋晟墓出土的龙泉窑青釉瓷碗、盘、

[1]衢州市文管会：《浙江衢州市南宋墓出土器物》，《考古》1983年第11期；朱伯谦主编：《龙泉窑青瓷》，艺术家出版社，1998年，图版135，164页。
[2]朱伯谦主编：《龙泉窑青瓷》，艺术家出版社，1998年，图版136，166页。
[3]朱伯谦主编：《龙泉窑青瓷》，艺术家出版社，1998年，图版122，154页。
[4]邱永生、徐旭：《江苏徐州大山头元代纪年画像石墓》，《考古》1993年第12期。
[5]朱伯谦主编：《龙泉窑青瓷》，艺术家出版社，1998年，图版176，200页。
[6]上海博物馆：《上海青浦县元代任氏墓出土文物》，《文物》1982年第7期，图版肆：5。
[7]张乐发：《湖北宜城市出土元代人物堆塑罐》，《考古》1996年第6期，93页。
[8]江西省高安县博物馆等：《江西高安县发现元青花、釉里红等瓷器窖藏》，《文物》1982年第4期。
[9]磁县博物馆：《河北磁县南开河村元代木船发掘简报》，《考古》1978年第6期。两个青釉盘参见图六：7、11。
[10]王德恒：《2003年全国十大考古新发现之五——集宁路的元代瓷器大发现》，《知识就是力量》2004年第11期。青釉双鱼纹盘参见图62，青釉缠枝牡丹纹三足樽参见图59，青釉碗参见图54~56，青釉莲瓣纹碗参见图52，青釉蔗节洗参见图57，青釉双鱼纹盘参见图63。
[11]南京市博物馆：《南京市两座明代墓葬的清理简报》，《华夏考古》2001年第2期。
[12]南京市博物馆：《江苏南京市唐家凹明代张云墓》，《考古》1999年第10期。

花盆，永乐十六年（1418 年）宋晟夫人叶氏墓出土的龙泉窑青釉瓷盘、执壶、玉壶春[1]等。永乐九年（1411年）纪年印模以及印有该印模所刻纹饰的盘的出土，都确定了出土器物地层及相同特点器物的绝对年代。本期年代当在明代前三朝前后，即 14 世纪下半叶到 15 世纪初。

第四期

山东邹城九龙山正统六年（1441 年）朱檀继妃戈氏墓出土有福寿瓶，江西永修县黎家山明正统九年（1444年）魏源墓出土有方耳衔环瓶、菱口盘[2]等，另外，"顾氏"各类器皿的出土，也说明本期产品为正统至成化年间的产品[3]。

第八组整体模制器物应比顾氏年代稍晚，年代约在成化前后。但出土少，故此不另外分期。

第三节　官用瓷器特征和年代

第四组器物类型有大型刻花大墩碗、刻花菱口盘、刻花折沿盘、五爪龙纹盘、高圈足碗和刻花执壶、梅瓶、玉壶春等，厚胎厚釉，胎质细腻，釉色以竹青为正色调，外底涩圈规整，刻花工整，刻工深邃。花纹遍布器身，花纹题材同类器完全一致，仅碗、盘内底刻划题材略有不同。特别是大墩碗，器形装饰完全一致，可见其纹样确为定制，其内外沿下刻划卷云纹带饰，内腹壁刻缠枝菊纹和莲纹，内底两道凹弦纹内刻牡丹纹，外壁中腹刻划荷叶莲花水草纹、下腹刻划变形莲瓣，莲瓣内刻划变形荷叶纹，圈足外壁刻划回纹。而盘的内外壁刻划分组的花卉纹饰，内底刻划松竹梅"岁寒三友"纹、牡丹纹、山石松树纹等。地层中伴出"官"字款火照。其中大墩碗、大型折沿盘与阿德卑尔回教寺院[4]和土耳其托普卡普·沙赖博物馆[5]藏品基本一致，也与景德镇珠山东院出土的青花大盘和大墩碗形制和装饰相近，而刘新园先生认为珠山东院出土的这组瓷器的烧造年代在洪武二十一年（1388 年）至洪武二十六年（1393 年）之间[6]。

第六组器物类型有墩碗、斗笠碗、洗、五爪龙纹盘、高足杯、卧足盅、梅瓶、玉壶春、执壶等，基本都有刻花装饰。相对于洪武官器器形偏小，但仍是厚胎厚釉，足端裹釉圆润，外底涩圈规整，制作工整精巧，刻划花精细，刻划花装饰以划为主。题材也多用写实的花果枝叶，出土最多的是刻划花斗笠碗，其花纹题材组合也仅三种，主要是口沿外壁刻划卷草纹带饰，口沿内壁或是卷草纹，或是波浪纹带饰，或没有带饰；外壁中腹刻划缠枝花纹、下腹刻划莲瓣纹；内壁中腹或刻划分组的花纹，或刻划缠枝牡丹纹；内底心双圈内刻划石榴纹、枇杷纹或桃纹。龙纹题材完全一致，所以也是有定制样本的。纹饰题材主要有卷草纹带饰、浪花纹带饰、双鱼戏水纹、牡丹纹、缠枝莲纹、菊花纹、石榴纹、枇杷纹、桃纹、荔枝纹等。其中出土一件"官"字款双鱼戏水纹卷沿盆。本组器物主要的出土地层和永乐九年纪年印模出土地层为同一地层，故此推断为永乐时期官器。

官用瓷器分期可参见附表 5–2。

---

［1］南京市文物保管委员会：《南京中华门外明墓清理简报》，《考古》1962 年第 9 期。
［2］朱伯谦主编：《龙泉窑青瓷》，艺术家出版社，1998 年，图版 237、272、252、284 页。
［3］"顾氏"为明顾仕成窑场产品，文献记载顾仕成为正统至成化年间活动的乡绅。
［4］（美）约翰·亚历山大·波普：《伊朗阿德卑尔回教寺院收藏中国瓷器》，华盛顿出版社，1956 年。参见图版 29、271、274。
［5］加藤腾久：《托普卡普宫殿的中国陶瓷》第二卷（青瓷），株式会社讲谈社，昭和 62 年（1987 年）9 月 20 日。参见原色图版目录 26、27、30。
［6］刘新园：《景德镇出土明初官窑瓷器》，鸿禧美术馆（台北），1996 年 11 月。

附表 5–1　民用瓷器分期表

器形 \ 分期·分组	第一期 第一组	第二期 第二组	第三期 第三组	第三期 第五组	第四期 第七组	第四期 第八组
碗	AⅠ、B、E、FⅠ、PⅠ碗，P碗碗盖	AⅡ、AⅢ、CⅠ、CⅡ、FⅡ、G、HⅠ、HⅡ、PⅡ	AⅣ	AⅤ、FⅢ、PⅢ	AⅥ、D、FⅣ、J、K、L、M、N	
盏	AⅠ、B、D	AⅡ、C	EⅠ、EⅡ	EⅢ、F、G	EⅣ、H、J	
盅	BⅠ	AⅠ、BⅡ、DⅠ	AⅡ、BⅢ、CⅠ	AⅢ、CⅡ、DⅡ	AⅣ、BⅣ、CⅢ、DⅢ	
盘	AⅠ、CaⅠ、DⅠ、EⅠ、GaⅠ	AⅡ、AⅢ、AⅣ、AⅤ、Ba、BbⅠ、CaⅡ、CbⅠ、Cc、DⅡ、EⅡ、FⅠ	GaⅡ、H	AⅥ、BbⅡ、CaⅢ、CbⅡ、DⅢ、EⅢ、FⅡ、GaⅢ	AⅦ、BbⅢ、CaⅣ、CbⅢ、DⅣ、EⅣ、FⅢ、GaⅣ	Gb
洗	Aa、AbⅠ、BbⅠ、CaⅠ	Ba、BbⅡ		AbⅡ、CbⅠ、D	AbⅢ、CaⅡ、CbⅡ	
盆		AⅠ、CⅠ		D	AⅡ、BaⅠ、BaⅡ、Bb、CⅡ、E	
碟	AⅠ、B	AⅡ、AⅢ	AⅣ		AⅤ、CⅠ、D	CⅡ
钵				AⅠ、AⅡ、AⅢ	B	
盏托				AⅠ、BⅠ	AⅡ、BⅡ、BⅢ	
高足杯		AaⅠ、DⅠ		AaⅡ、AbⅠ	AaⅢ、AbⅡ、B、C、DⅡ、E	
爵杯					爵杯	
执壶	C	AaⅠ		AaⅡ、Ab、Ac	AaⅢ、B	
执壶盖	A	B			C	
异形壶		A			B	
罐	B	AaⅠ、AbⅠ、CⅠ、D、EⅠ		AaⅡ、AbⅡ、CⅡ、EⅡ	AaⅢ、AbⅢ	AaⅣ
罐盖		AaⅠ、AaⅡ、AbⅠ、Ca		AaⅢ、AbⅡ、BⅠ、BⅡ、CbⅠ	AbⅢ、Ac、Ad、Ae、BⅢ、BⅣ、BⅤ、CbⅡ	AbⅣ
瓶		Ca、Cb、EⅠ		Cd	B、Cc、Ce、EⅡ	A、Cf、Cg、D
梅瓶盖	Ⅰ				Ⅱ、Ⅲ	
烛台	B			AaⅠ、AaⅡ、Ab、AcⅠ、AcⅡ、Ad、C、D、G、H	AcⅢ、E、F	
炉	AⅠ、CaⅠ、DbⅠ	Ba、Bb、CaⅡ	CbⅠ	CaⅢ、CaⅣ、CbⅡ、DaⅠ、DbⅡ	AⅡ、CaⅤ、CbⅢ、DaⅡ、DbⅢ、EⅠ、EⅡ	EⅢ、F

续附表 5-1

器形＼分组	第一期	第二期	第三期		第四期	
器形＼分组	第一组	第二组	第三组	第五组	第七组	第八组
炉盖					炉盖	
格盘		格盘				
高足盘		高足盘				
漏斗		漏斗				
套瓶					套瓶	
瓶	瓶					
簋					簋	
花盆		AⅠ、AⅡ、BⅠ			BⅡ、CⅠ、CⅡ、D、E	
镂空器座					镂空器座	
盒	Ⅰ	Ⅱ、Ⅲ				
盒盖		Ⅰ、Ⅱ			Ⅲ	Ⅳ
砚台				Ⅰ	Ⅱ、Ⅲ、Ⅳ	
砚滴					砚滴	
水滴					水滴	
笔架					A、B	
卷缸		Ⅰ			Ⅱ	
投壶						投壶
塑像		佛像		童子像	佛像、将军像、狮形饰物、象形壁挂	仕女像
碾钵		AⅠ、AⅡ、BⅠ		AⅢ、AⅣ、BⅡ、BⅢ	BⅣ、BⅤ	
杵、杵头					杵、杵头	

附表 5-2　官用瓷器分期表

器形	第四组	第六组
墩碗	I	II
莲子碗		莲子碗
盏		盏
盅		A、B
盘	AI、BI、CI	AII、BII、CII、D
洗		洗
盆	D	A、Ba、Bb、C
钵		钵
高足杯		高足杯
执壶		执壶
瓶	玉壶春瓶、梅瓶、梅瓶盖、直口瓶	梅瓶盖
镂空器座	镂空器座	
豆	豆	
盒盖		盒盖

附表 5-3　窑具和制瓷工具分期表

类型	第一组	第二组	第三组、第四组	第五组、第六组	第七组、第八组
匣钵	Aa、Ac	Aa、Ab、Ac、Ad、Ae、Bc	Aa、Ab、Ac、Ad、Ae、Af、Bc	Aa、Ab、Ac、Ad、Ae、Af、Ba、Bb、Bc	Aa、Ab、Ac、Ad、Ae、Af、Ba、Bb、Bc
间隔具	Aa、Ab、D、KI	Aa、Ab、BaI、D、E、F、KI、KII	BaII、Bb、Bc、C、D、E、G、H、KII	BaIII、Bb、C、D、E、G、H、KII	BaIV、Bb、C、D、E、G、H、J、KIII
支具	支具	支具	支具	支具	支具
投柴孔塞					投柴孔塞
荡箍		I、II	辅底	III	
轴顶碗		轴顶碗			轴顶碗
印模			印模	印模	印模
范					范
火照	A	B	C	C、D	C、D

附图 5-1 民用瓷器典型器物型式演化图——碗

类型 分期		碗
		A
一期	一组	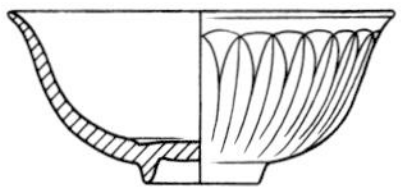 1】TN8W3 ③ N：56（AⅠ碗） 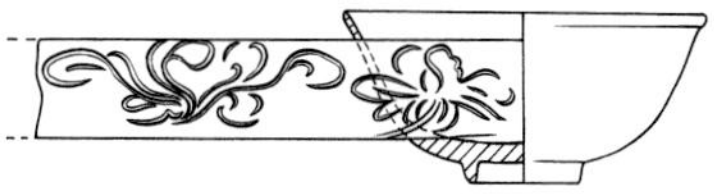　　　3】TN10W3 采：22（AⅠ碗）
二期	二组	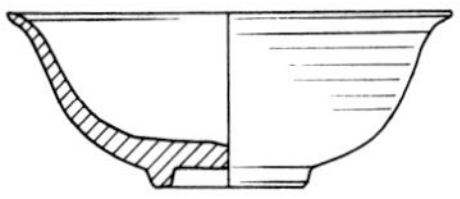 4】TN12W3 ⑤ N：16（AⅡ碗） 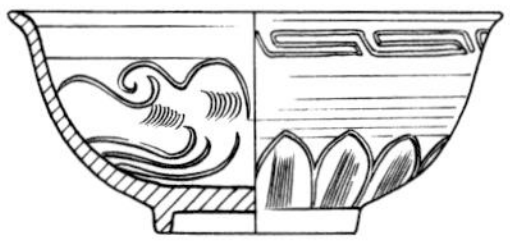　5】TN8E3 ⑪：10（AⅡ碗） 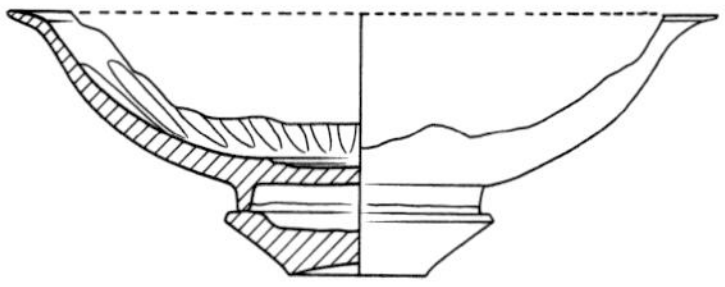　6】TN9W3 ⑦：3（AⅡ碗） 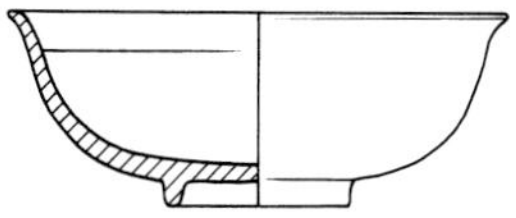 7】F2：1（AⅢ碗） 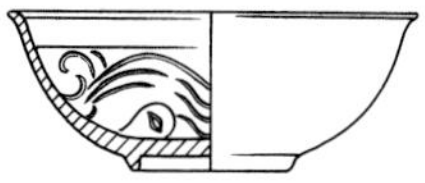　　8】TN14W7 ⑦：19（AⅢ碗）
三期	三组	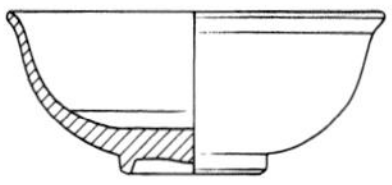 13】TN15E4 ㉑：4（AⅣ碗）
	五组	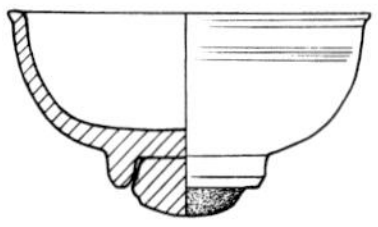 27】TN16W3 ⑥ b：6（AV 碗） 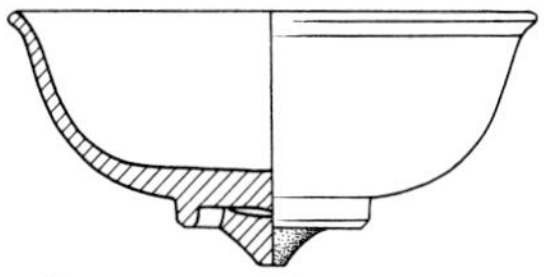　30】TN10W3 东扩⑤ a：8（AV 碗） 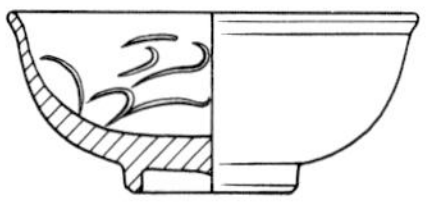　67】TN15E4 ⑲：18（AV 碗） 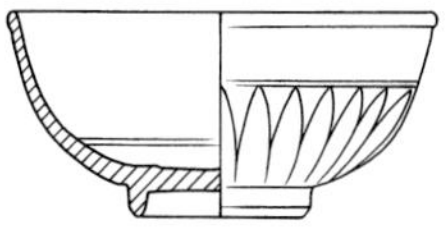 69】TN16W3 ⑨ a：40（AV 碗） 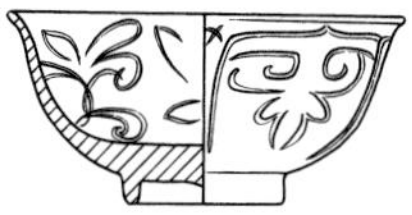　73】TN16W3 ①：6（AV 碗）
四期	七组	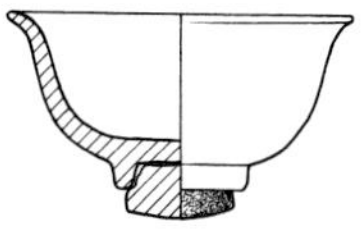 85】TN15E4 ⑩：16（AⅥ碗） 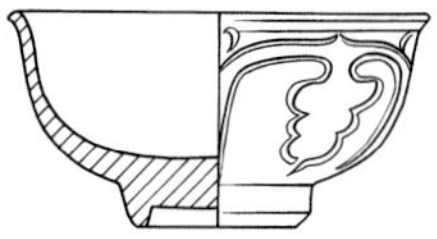　　100】TN10W1 ⑤：5（AⅥ碗）  101】TN18E3 ⑥ S：24（AⅥ碗）
	八组	

附图 5-2 民用瓷器典型器物型式演化图——碗

分期 \ 类型		碗 B	碗 C	碗 D	碗 E
一期	一组	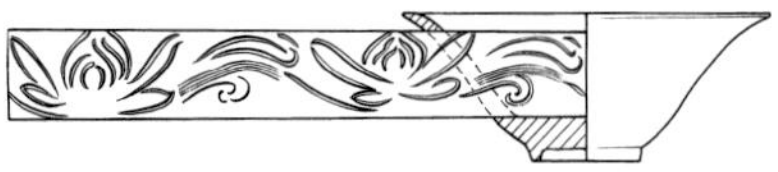 107】TN9W3 ⑤ N：8（B 碗）			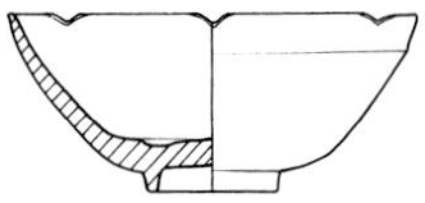 111】TN8W3 ②：12（E 碗）
二期	二组		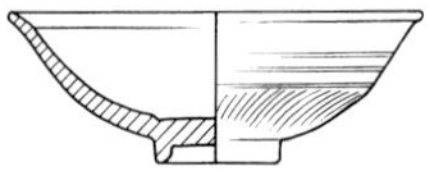 108】TN8W3 ③ N：48（CⅠ碗） 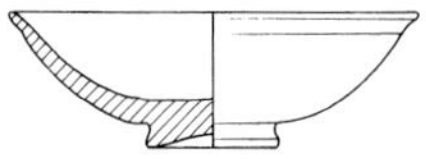 109】TN18E5 ②：22（CⅡ碗）		
三期	三组				
	五组				
四期	七组			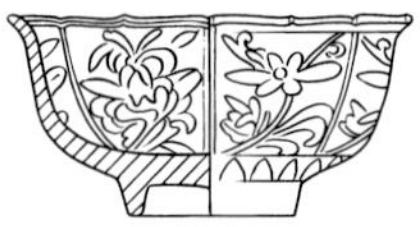 110】TN14W7 ②：2（D 碗）	
	八组				

碗	
F	G
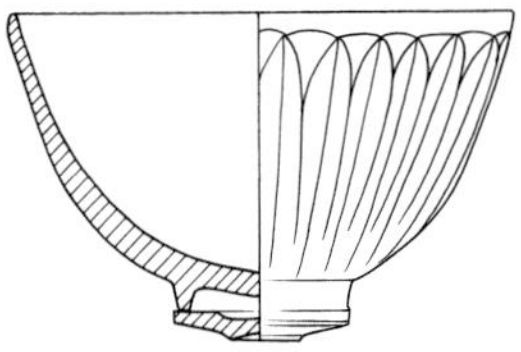 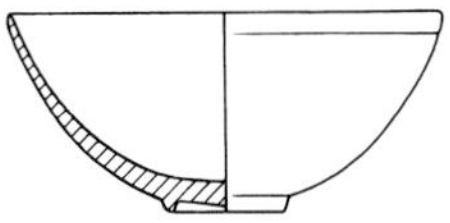 117】TN9W3 ③ N ：2（FⅠ碗） 113】TN9W3 ④ S ：6（FⅠ碗）	
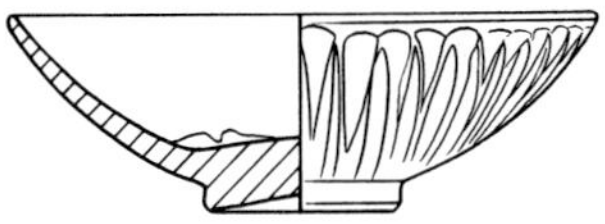 118】TN18E4 ③ N ：10（FⅡ碗）	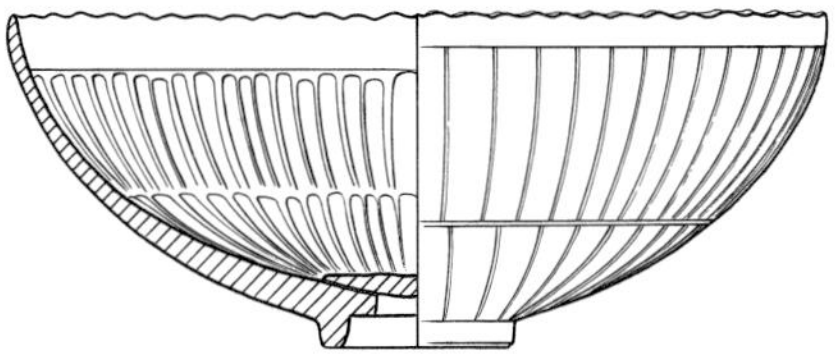 135】TN10W6 ③ a ：25（G 碗）
 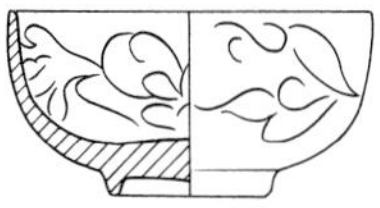 119】TN12W3 ④ S ：15（FⅢ碗） 120】TN12W3 ⑤ N ：26（FⅢ碗）	
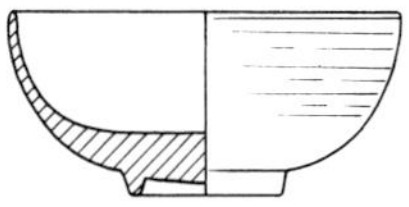  122】TN15E4 ⑮ ：11（FⅣ碗） 133】TN18E3 ③ S ：16（FⅣ碗）  134】TN7W2 ③：1（FⅣ碗）	

附图 5-3　民用瓷器典型器物型式演化图——碗

类型 分期		碗		
		H	J	K
一期	一组			
二期	二组	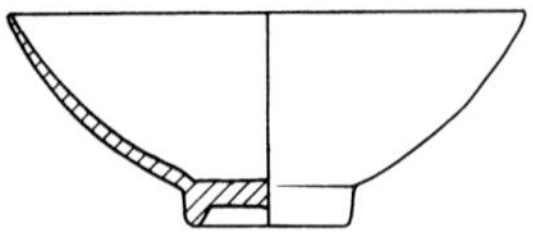 138〗L4：1（HⅠ碗） 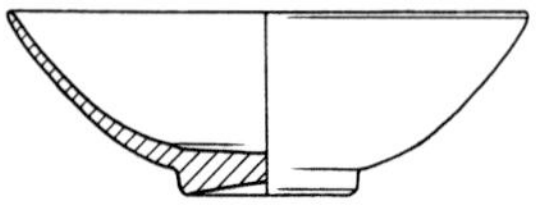 140〗TN10W6③a：20（HⅡ碗） 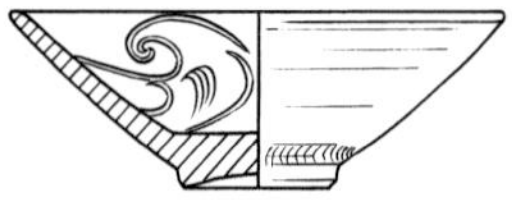 141〗TN14W7⑦：35（HⅡ碗）		
三期	三组			
	五组			
四期	七组		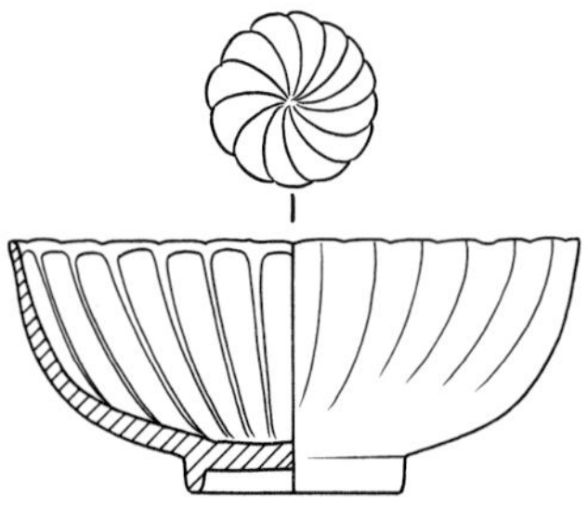 142〗TN10W1⑨：1（J碗）	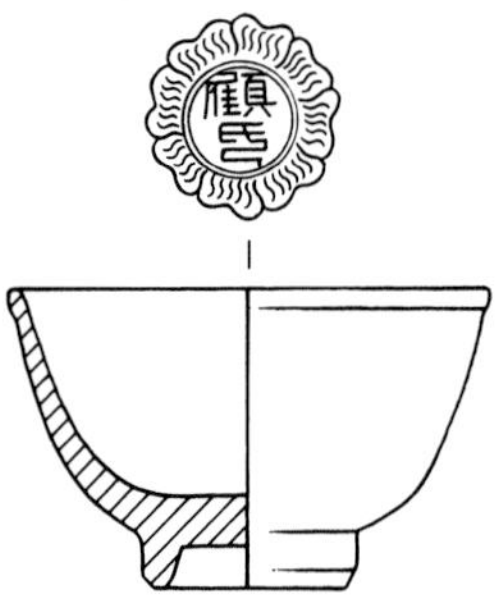 148〗TN18E5①：1（K碗）
	八组			

碗		
L		M
 152】TN15E4 ⑥：3（L 碗） 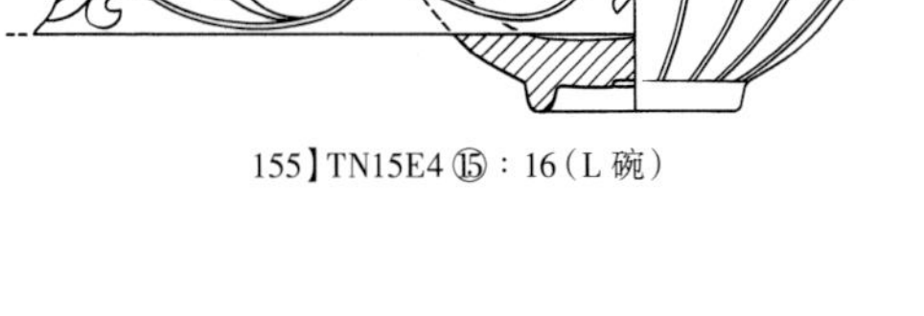	155】TN15E4 ⑮：16（L 碗）	 162】TN7W1 ④：28（M 碗）

附图 5–4　民用瓷器典型器物型式演化图——碗、盏

分期 \ 类型		碗	
		N	P
一期	一组		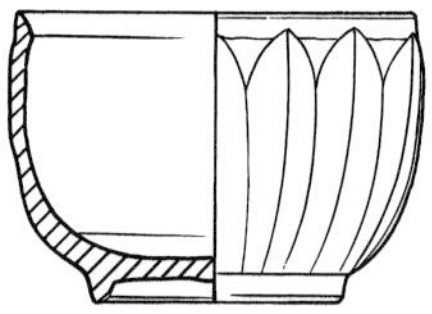 170】TN8W3 ③ N：13（PⅠ碗） 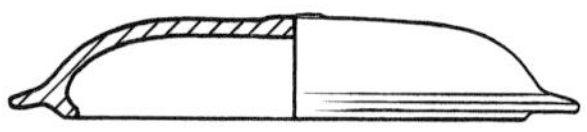 1031】TN7E1 ⑥：2（P碗碗盖）
二期	二组		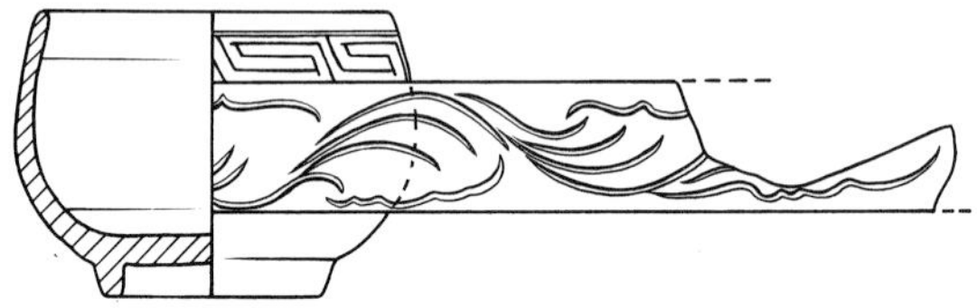 172】TN14W7 ⑦：17（PⅡ碗）
三期	三组		
三期	五组		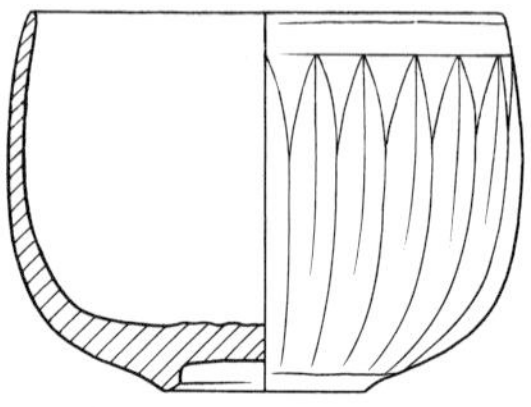 175】TN15E4 ㉒：9（PⅢ碗）
四期	七组	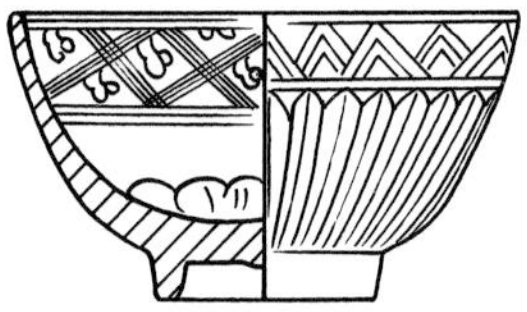 167】TN18E3 ⑥ S：23（N碗）	
四期	八组	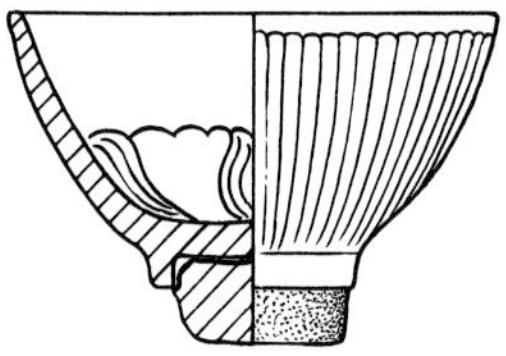 166】y1：5（N碗）	

盏			
A	B	C	D
176〕H5：6（AⅠ盏）	178〕TN10W3③S：9（B盏）		180〕TN14W7⑦：18（D盏）
177〕TN10W1④：2（AⅡ盏）		179〕TN16W3⑤：40（C盏）	

附图 5-5　民用瓷器典型器物型式演化图——盏、盅

类型 分期		盏			
		E	F	G	H
一期	一组				
二期	二组				
三期	三组	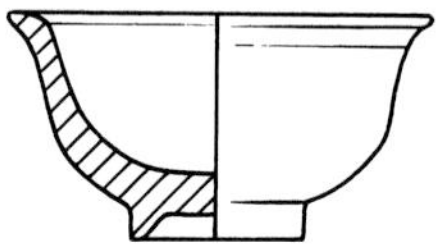 181〕TN10W3③N：34（EⅠ盏） 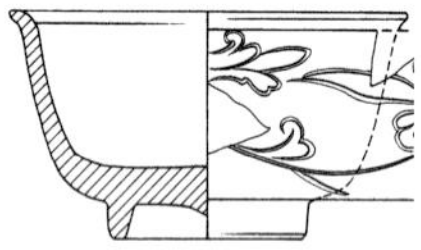 184〕TN16W3⑥a：39（EⅡ盏）			
	五组	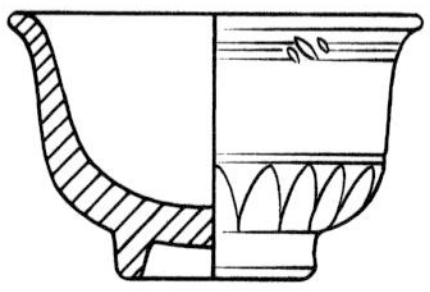 185〕TN16W3③：1（EⅢ盏）	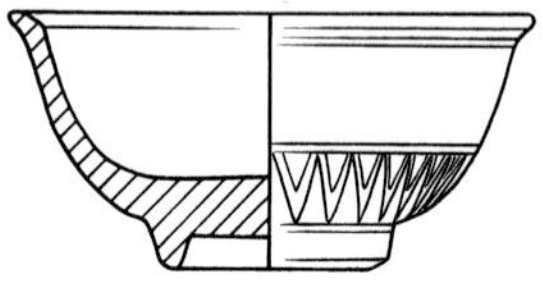 190〕TN10W3⑥N：4（F盏） 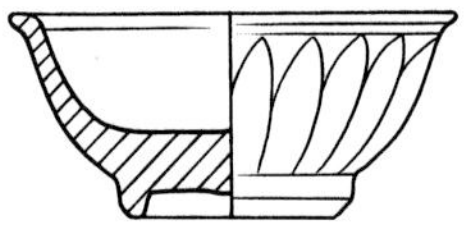 191〕TN12W3④N：8（F盏）	 192〕TN12W3⑤N：21 （G盏）	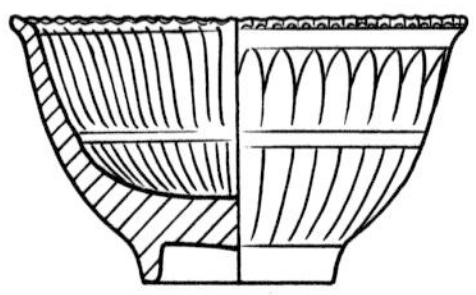 193〕TN17E5①：2（H盏）
四期	七组	 188〕TN16W3①：5（EⅣ盏） 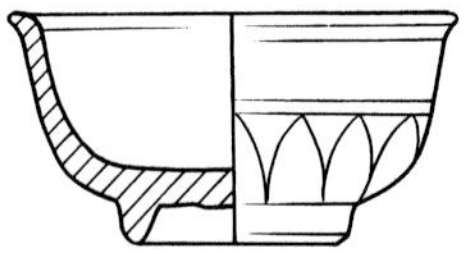 189〕TN12W3④N：11（EⅣ盏）			
	八组				

盅			
A	B	C	D
	203〕TN10W3 ③S：13（BⅠ盅）		
195〕TN8E3 ⑧：4（AⅠ盅）	204〕TN9W3 ③N：29（BⅡ盅）		212〕TN9W3 ⑤N：34（DⅠ盅）
196〕TN16W3 ⑤：13（AⅡ盅）	205〕TN16W3 ⑪：46（BⅢ盅）	207〕TN16W3 ⑥a：26（CⅠ盅）	
199〕TN16W3 ⑦：86（AⅢ盅）		208〕TN12W3 ④N：9（CⅡ盅）	213〕TN10W3 ⑤N：5（DⅡ盅）
201〕TN15E4 ⑧：10（AⅣ盅）	206〕TN15E4 ①：81（BⅣ盅）	209〕TN15E4 ①：105（CⅢ盅）	215〕TN18E3 ③N：10（DⅢ盅）

附图 5-6　民用瓷器典型器物型式演化图——盘

分期	类型	盘
		A
一期	一组	 216】TN8W3 ④ S：20（AⅠ盘）
二期	二组	 221】TN10W6 ⑥：1（AⅡ盘） 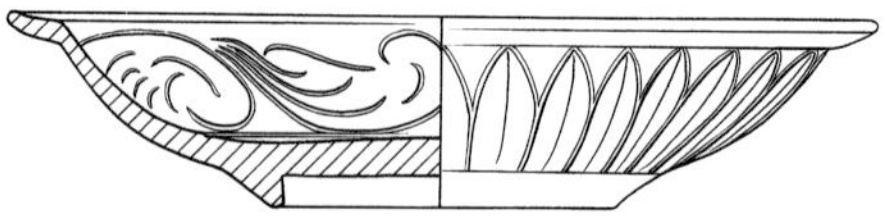 230】TN14W7 ⑧：2（AⅣ盘） 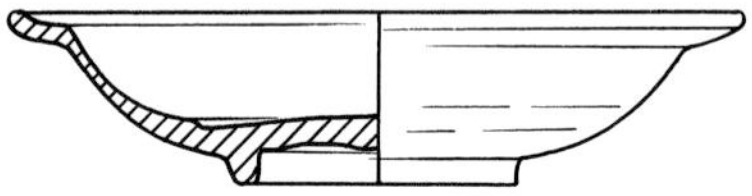 225】TN10W6 ⑤：1（AⅢ盘） 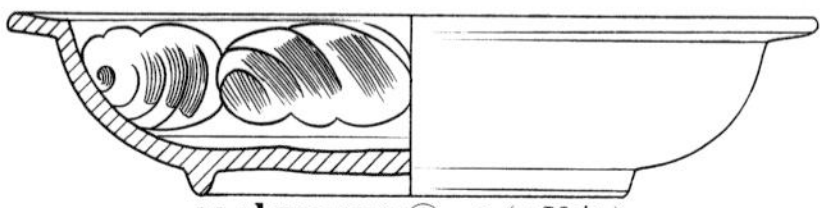 234】TN18E9 ①：9（AⅤ盘）
三期	三组	
	五组	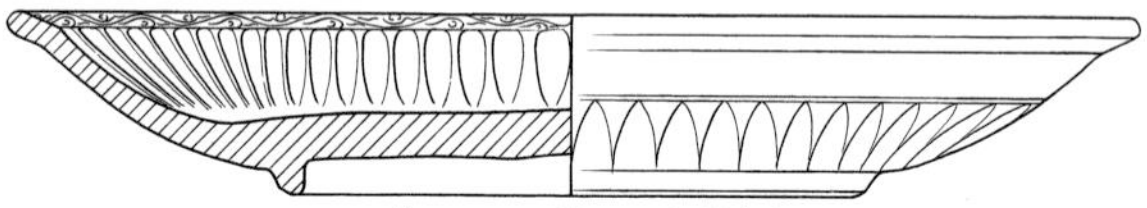 237】TN10W3 ②：13（AⅥ盘） 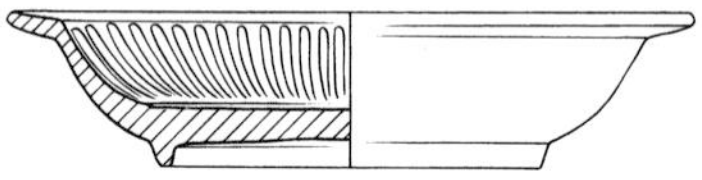 242】TN12W3 ③ W：7（AⅥ盘）
四期	七组	 244】TN15E4 ⑮：23（AⅦ盘） 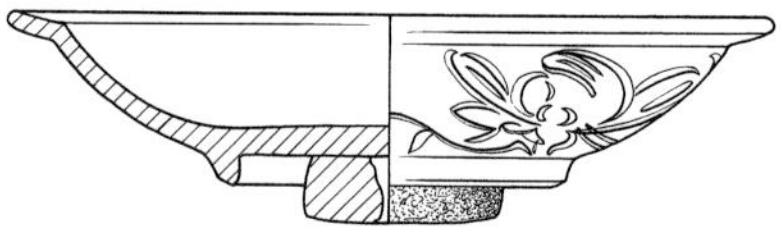 258】TN15E4 ⑮：49（AⅦ盘） 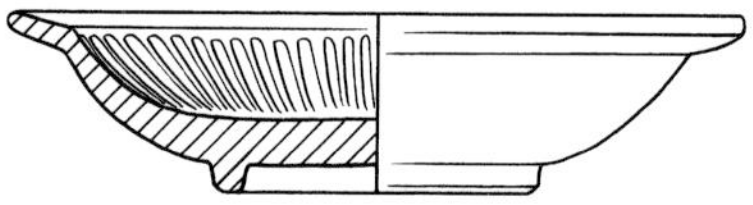 274】TN15E4 ⑩：18（AⅦ盘） 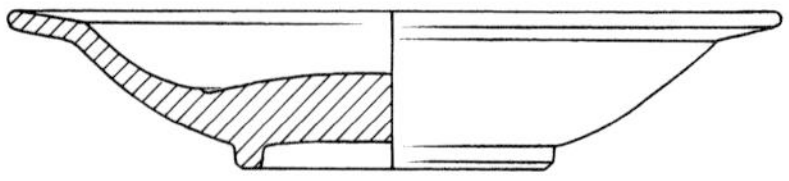 291】L10：3（AⅦ盘）
	八组	

盘	
Ba	Bb
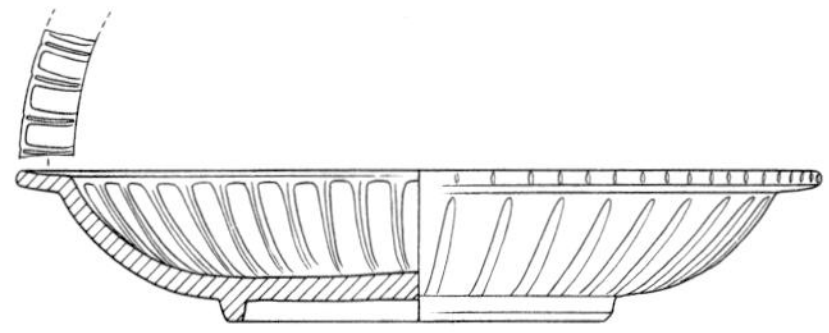 235〗TN8E3 ⑥ b：12（Ba 盘）	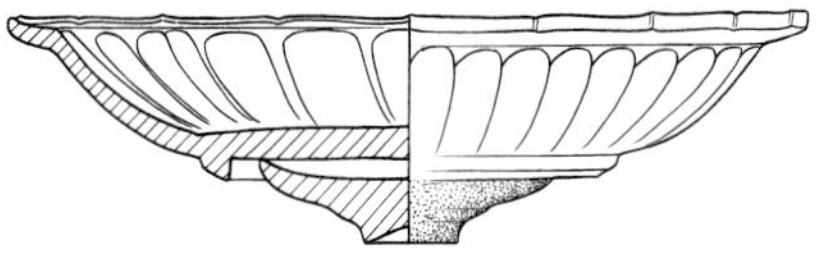 293〗TN10W6 ③ a：21（BbⅠ盘）
	 310〗TN18E9 ①：14（BbⅡ盘） 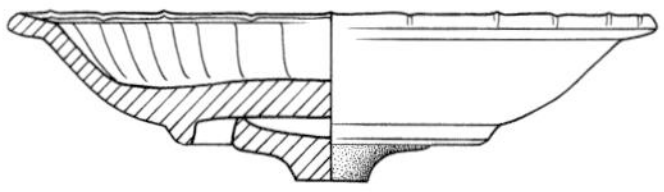　　311〗TN16W3 ⑥ a：81（BbⅡ盘）
	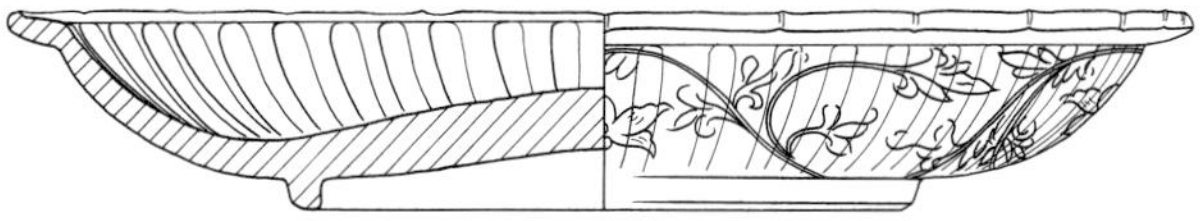 314〗TN15E4 ⑮：25（BbⅢ盘）  337〗TN10W3 采：24（BbⅢ盘） 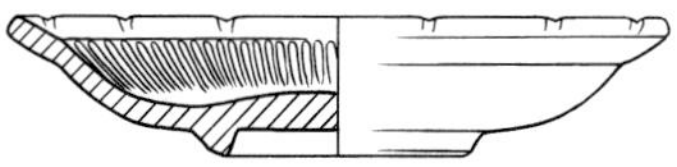　　349〗TN17E5 ①：46（BbⅢ盘） 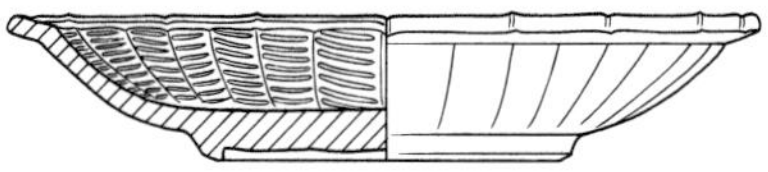 335〗TN15E4 ⑦：18（BbⅢ盘）

附图 5-7　民用瓷器典型器物型式演化图——盘

类型 分期		盘	
		Ca	Cb
一 期	一 组	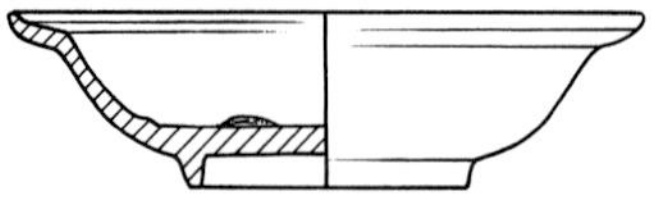 357】TN9W3 ④ N：12（CaⅠ盘）	
二 期	二 组	 361】TN10W6 ⑤：8（CaⅡ盘）	419】TN14W7 ⑧：32（CbⅠ盘） 416】TN10W6 ③ a：16（CbⅠ盘）
三 期	三 组		
	五 组	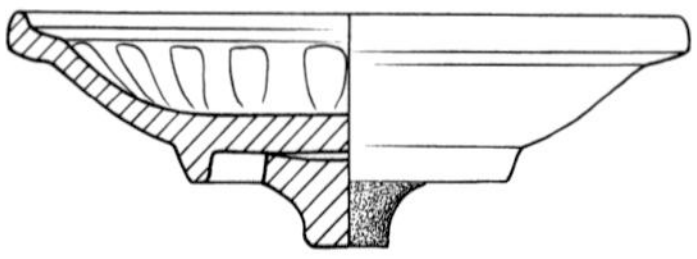 366】TN12W3 ③ S：50（CaⅢ盘）	426】TN16W3 ⑪：3（CbⅡ盘） 466】TN16W3 ⑬：13（CbⅡ盘）
四 期	七 组	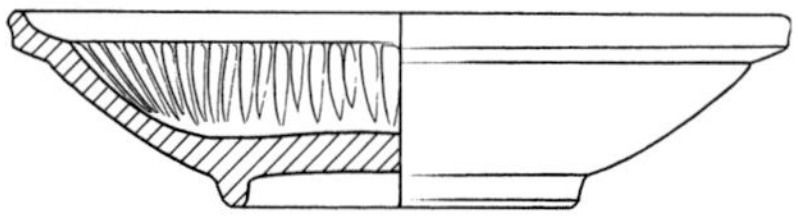 368】TN15E4 ⑪：52（CaⅣ盘） 404】TN18E5 ③ N：10（CaⅣ盘）	478】TN15E4 ⑬：18（CbⅢ盘）
	八 组		

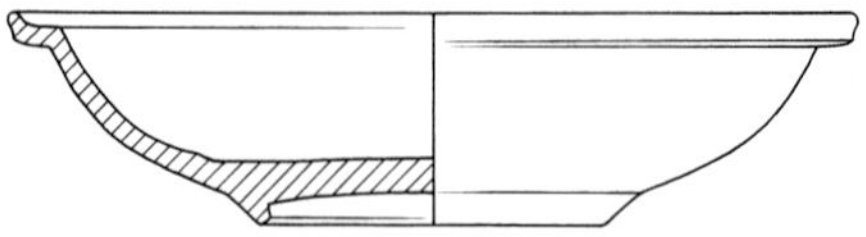

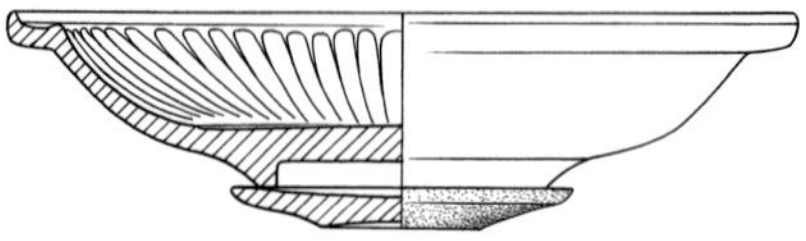

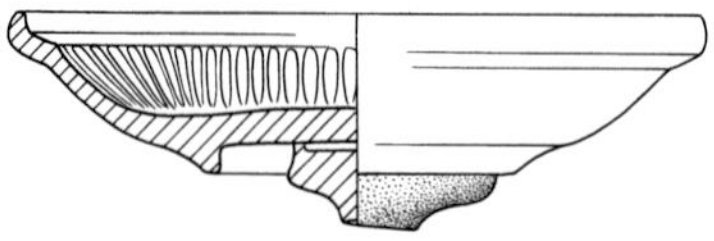

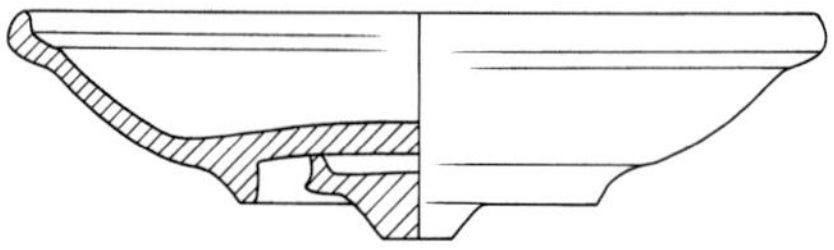

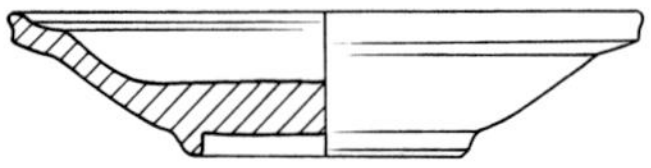

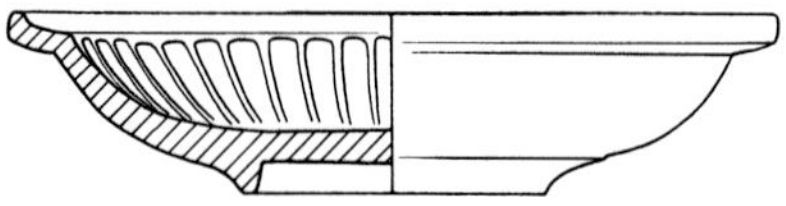

盘	
Cc	D
	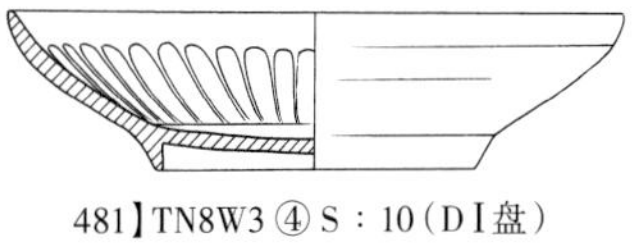 481】TN8W3 ④ S：10（DⅠ盘） 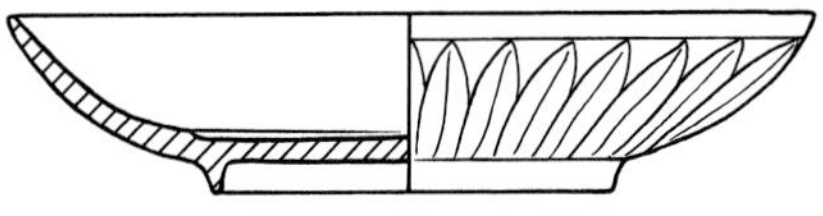 483】TN9W3 ⑧：2（DⅠ盘）
 480】TN14W7 ⑦：7（Cc 盘）	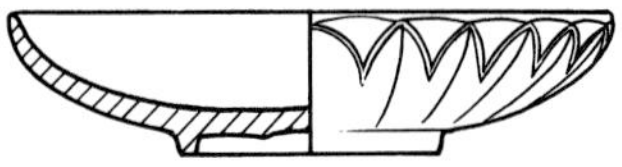 484】TN14W7 ⑦：11（DⅡ盘） 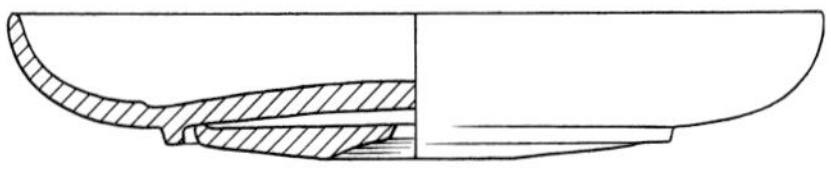 486】TN14W7 ⑥：11（DⅡ盘） 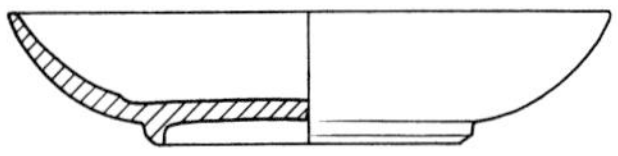 500】TN10W3 ③ S：25（DⅡ盘） 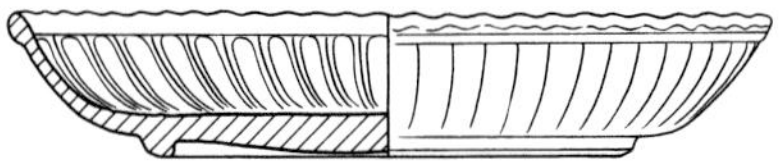 503】TN8E3 ⑧：14（DⅡ盘）
	 508】TN12W3 ③ N：18（DⅢ盘）  509】TN16W3 ④：49（DⅢ盘） 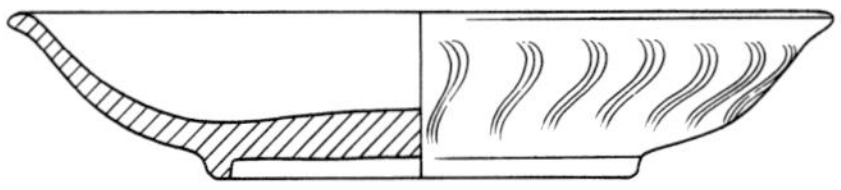 515】TN16W3 ①：15（DⅢ盘） 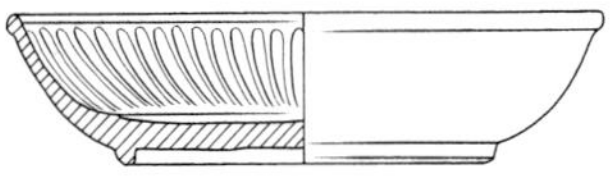 523】TN16W3 ⑬：23（DⅢ盘） 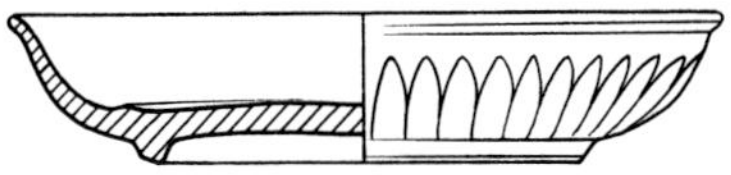 535】TN16W3 ⑧：15（DⅢ盘）
	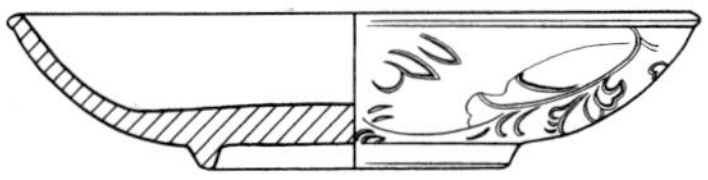 539】TN15E4 ⑫：26（DⅣ盘） 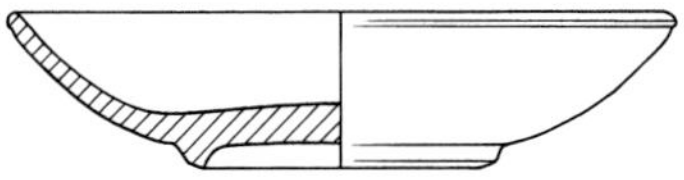 545】TN15E4 ⑦：27（DⅣ盘） 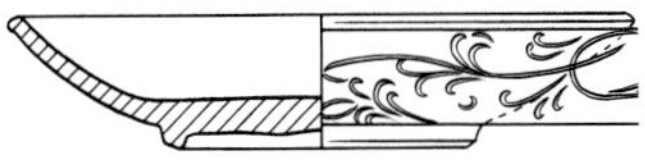 549】TN15E4 ⑬：21（DⅣ盘） 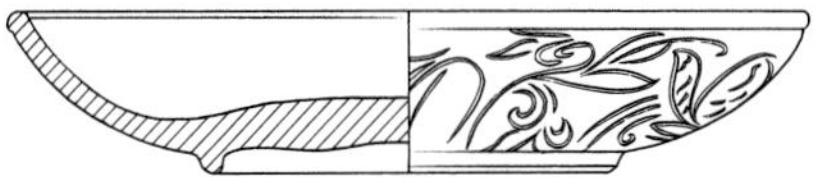 550】TN15E4 ⑮：45（DⅣ盘）

附图 5-8　民用瓷器典型器物型式演化图——盘

类型 分期		盘 E	盘 F
一期	一组	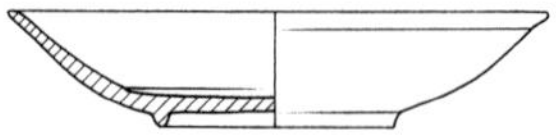 552】TN8W3 ③ N：12（EⅠ盘） 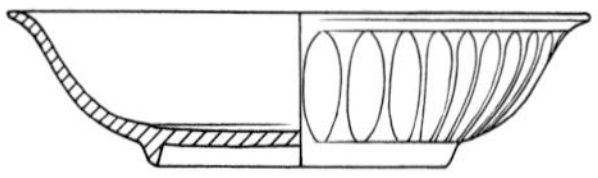 554】TN10W3 ⑪ N：4（EⅠ盘）	
二期	二组	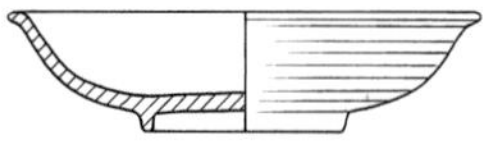 556】TN7E1 ③：2（EⅡ盘）	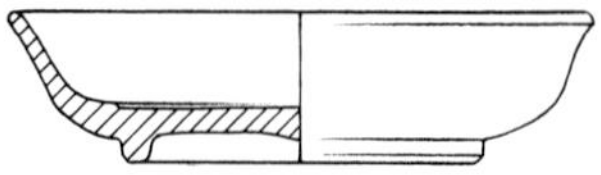 568】TN18E9 ①：10（FⅠ盘） 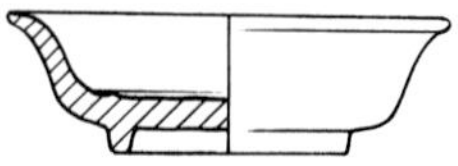 569】TN14W7 ⑥：13（FⅠ盘）
三期	三组		
	五组	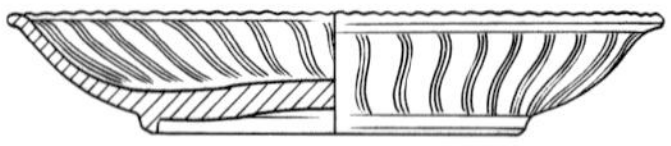 561】TN12W3 ⑤ N：58（EⅢ盘）	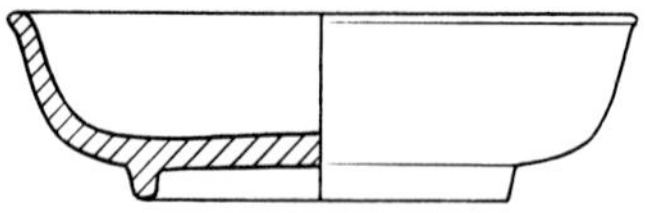 575】TN16W3 ⑦：82（FⅡ盘）
四期	七组	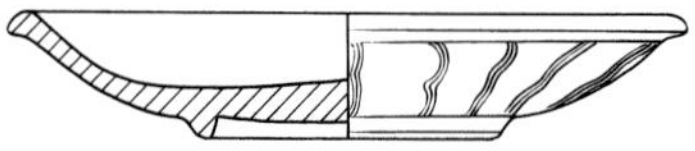 566】TN10W1 ⑤：10（EⅣ盘）	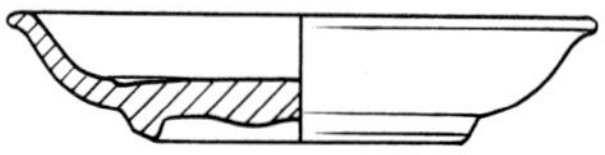 592】TN7W1 南扩④：7（FⅢ盘） 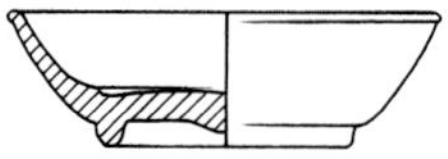 598】TN10W3 东扩⑥ c：9（FⅢ盘） 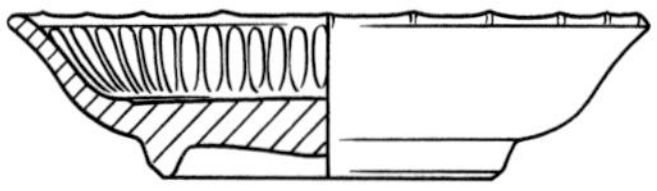 599】TN10W3 ②：21（FⅢ盘）
	八组		

盘		
Ga	Gb	H
601〕TN8W3 ③ N：29（GaⅠ盘）		
602〕TN16W3 ⑥ b：29（GaⅡ盘）		558〕TN16W3 ⑦：115（H 盘）
606〕TN16W3 ⑧：12（GaⅢ盘）		
610〕TN18E3 ③ S：54（GaⅣ盘） 623〕TN10W1 ④：1（GaⅣ盘） 625〕TN18E3 ②：31（GaⅣ盘）		
	631〕TN7W1 南扩④：1（Gb 盘） 632〕TN18E3 ⑥ S：31（Gb 盘）	

附图 5-9　民用瓷器典型器物型式演化图——洗

分期	类型	洗 A	Ba	Bb
一期	一组	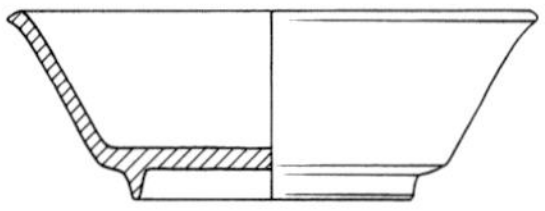 637】TN9W3⑦：2（Aa 洗） 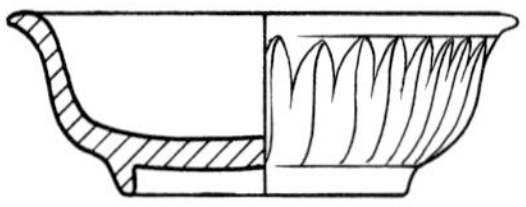638】TN8W3④S：2（AbⅠ洗）		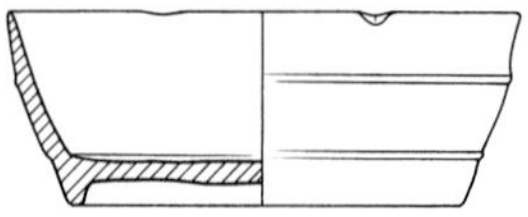 651】TN9W3③N：39（BbⅠ洗）
二期	二组		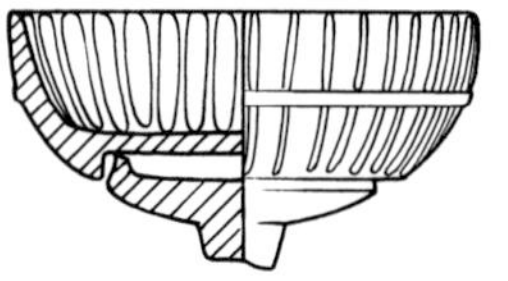 647】TN18E3③S：50（Ba 洗）	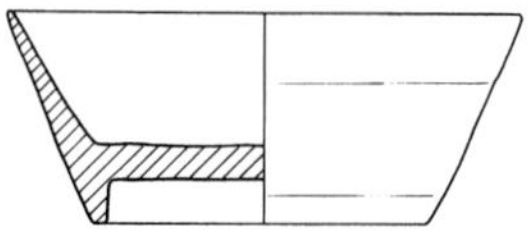 653】TN8W3③N：30（BbⅡ洗）
三期	三组			
	五组	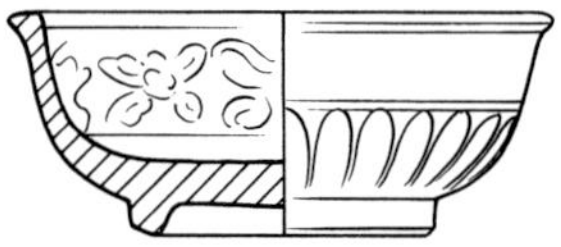 642】TN16W3⑥a：25（AbⅡ洗）		
四期	七组	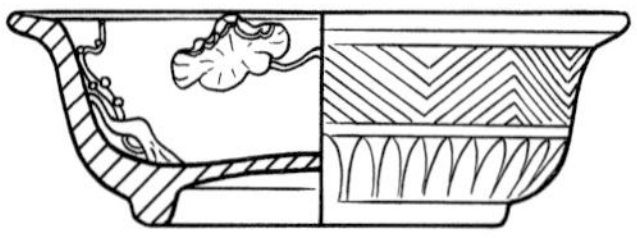 645】TN18E3③S：9（AbⅢ洗）		
	八组			

洗		
Ca	Cb	D
 654】TN10W6 ③ a：7（Ca I 洗）		
	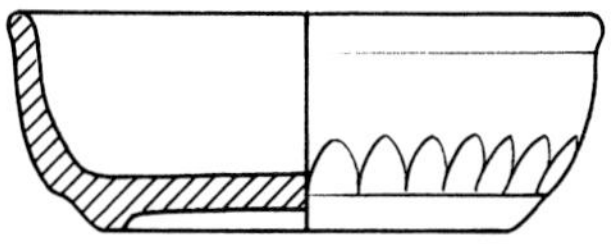 656】TN12W3 ④ N：29（Cb I 洗）	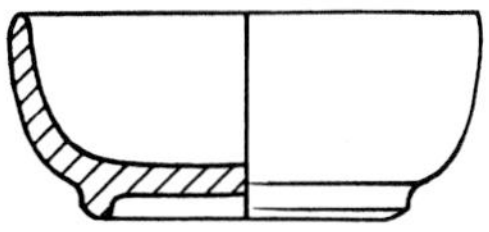 658】TN16W3 ④：54（D 洗）
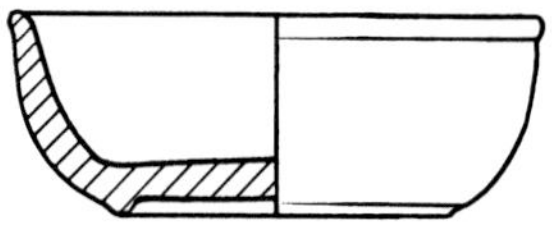 655】TN7W1 ④：40（Ca II 洗）	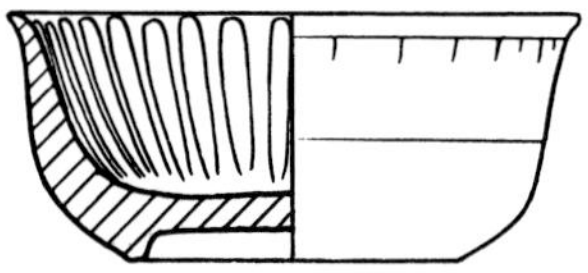 657】TN8E3 ⑥ b：19（Cb II 洗）	

附图 5-10　民用瓷器典型器物型式演化图——盆

类型 分期		盆		
		A	Ba	Bb
一期	一组			
二期	二组	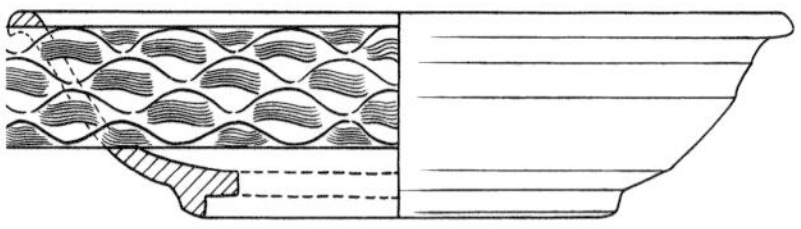 659】TN8E3 ⑥ b：21（A I 盆）		
三期	三组			
	五组			
四期	七组	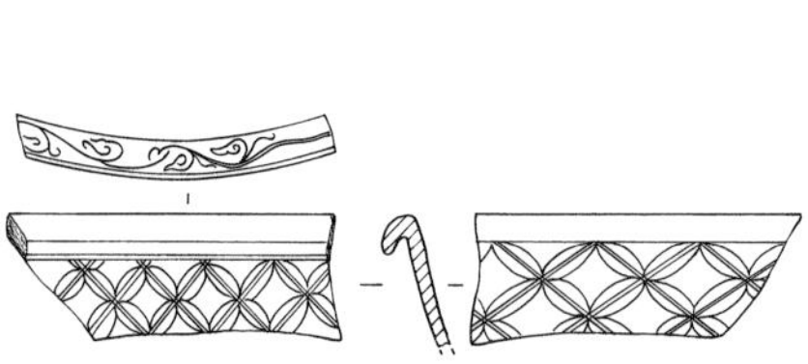 660】TN10W3 ②：19（A II 盆）	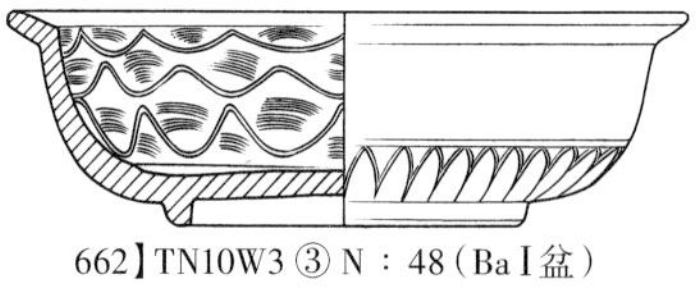 662】TN10W3 ③ N：48（Ba I 盆） 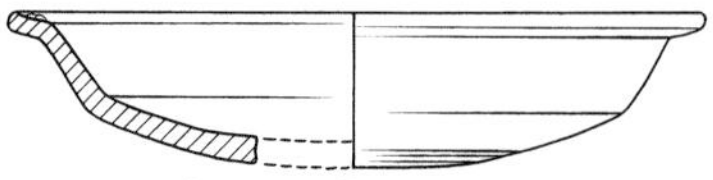 665】TN8W1 ①：1（Ba II 盆）	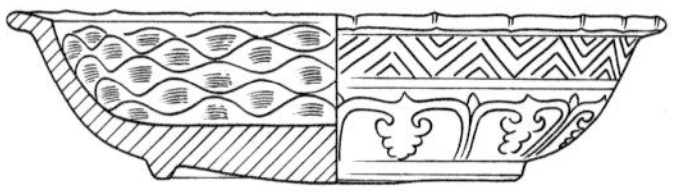 666】TN18E3 ③ N：8（Bb 盆）
	八组			

盆	
C	D
 667】TN10W6 ⑥：8（CⅠ盆）	
	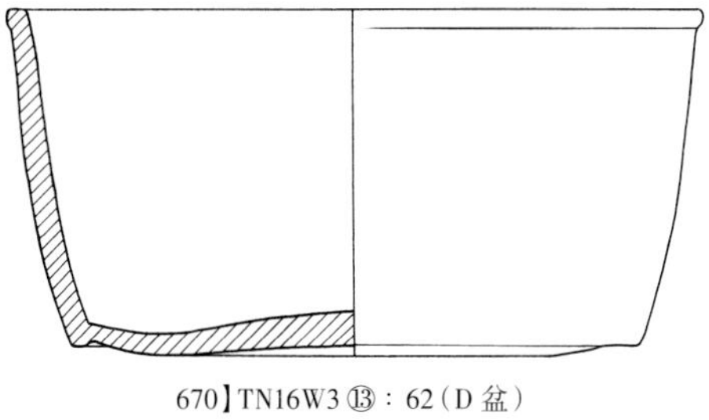 670】TN16W3 ⑬：62（D 盆）
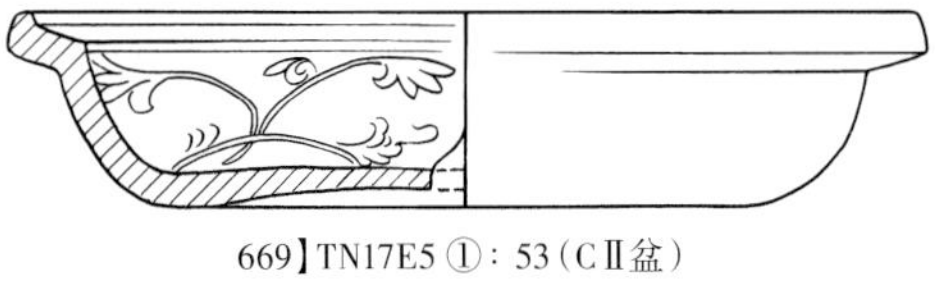 669】TN17E5 ①：53（CⅡ盆）	 671】TN17E5 ①：52（E 盆）

附图 5-11 民用瓷器典型器物型式演化图——碟、钵、盏托

类型 分期		碟			
		A	B	C	D
一期	一组	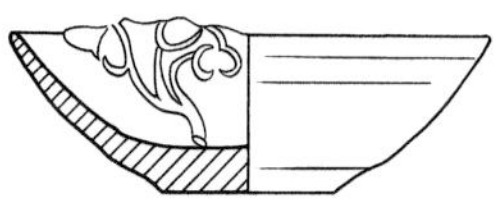 672】TN9W3 ③ N：40（A I 碟）	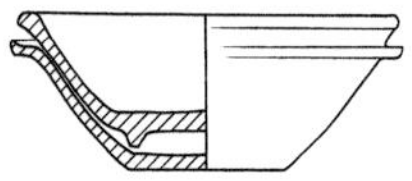 681】TN9W3 ⑥ N：5（B 碟）		
二期	二组	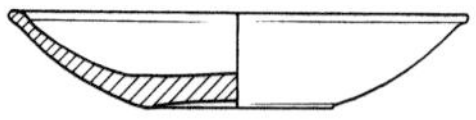 675】TN16W3 ⑩：41（A II 碟） 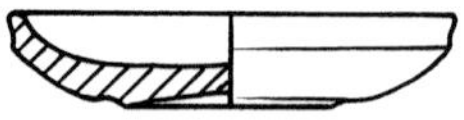 676】TN9W3 ②：18（A III 碟）			
三期	三组				
	五组	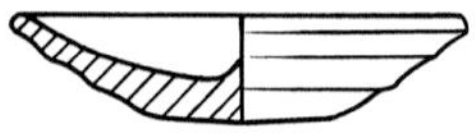 678】TN16W3 ⑤：71（A IV 碟）			
四期	七组	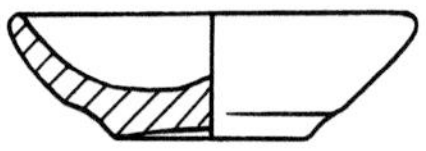 680】TN15E4 ⑬：22（A V 碟）		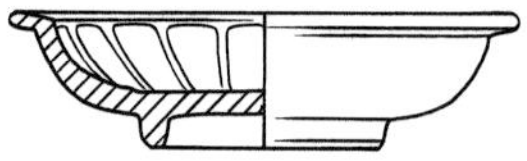 682】TN18E3 ③ S：49（C I 碟）	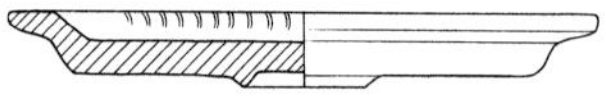 684】TN16W3 ④：17（D 碟）
	八组			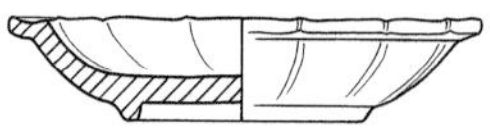 683】TN18E3 ⑤ S：7（C II 碟）	

钵		盏托	
A	B	A	B
685〕TN16W3 ④：18（A I 钵）			
686〕TN12W3 ④ N：7（A II 钵）		693〕TN12W3 ⑤ N：74（A I 盏托）	698〕TN10W3 ③ N：15（B I 盏托）
688〕TN12W3 ③ N：29（A III 钵）			
	690〕TN15E4 ④ S：5（B 钵）	697〕TN18E3 ⑥ N：1（A II 盏托）	700〕TN17E5 ①：97（B II 盏托） 701〕TN18E5 ①：6（B III 盏托）

附图 5-12　民用瓷器典型器物型式演化图——高足杯、爵杯

分期	类型	高足杯		
		Aa	Ab	B
一期	一组			
二期	二组	 702〕TN8E3 ⑥b：28（AaⅠ高足杯） 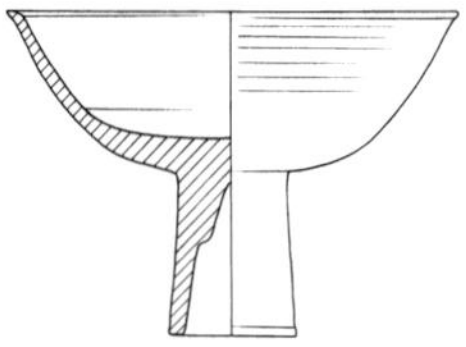 704〕TN14W7 ⑦：12（AaⅠ高足杯）		
三期	三组			
	五组	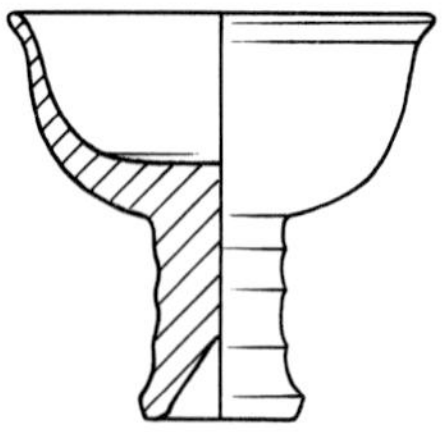 705〕TN15E4 ㉓：39（AaⅡ高足杯）	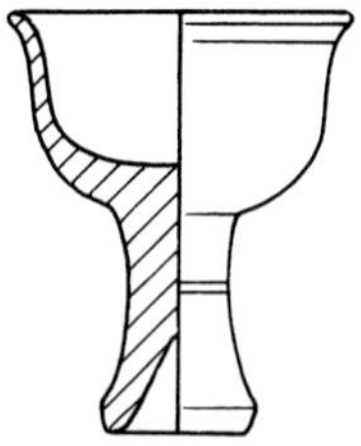 738〕TN15E4 ㉓：41（AbⅠ高足杯）	
四期	七组	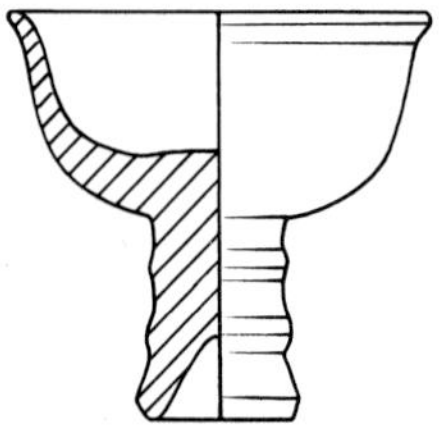 718〕G12：4（AaⅢ高足杯）	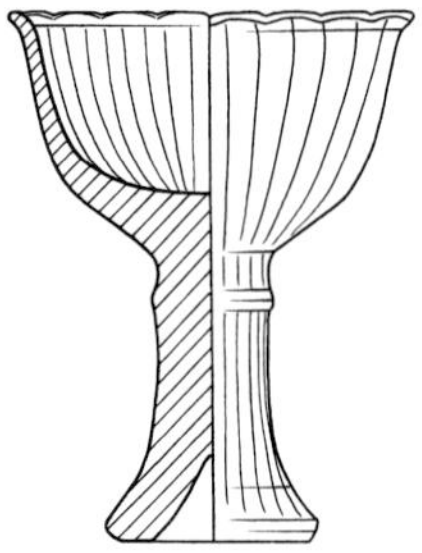 744〕TN15E4 ①：21 （AbⅡ高足杯） 　　745〕TN18E3 ⑥S：45 （AbⅡ高足杯）	 752〕TN18E3 ⑦S：5（B高足杯）
	八组			

高足杯			爵杯
C	D	E	
	756】TN14W7 ⑦：10（D I 高足杯）		
753】TN18E3 ⑥ S：42（C 高足杯）	757】TN18E4 ②：18（D II 高足杯）	758】TN17E5 ①：121（E 高足杯）	760】TN15E4 ⑪：6（爵杯）

附图 5-13　民用瓷器典型器物型式演化图——执壶、执壶盖、壶

分期	类型	执壶			
		Aa	Ab	Ac	B
一期	一组				
二期	二组	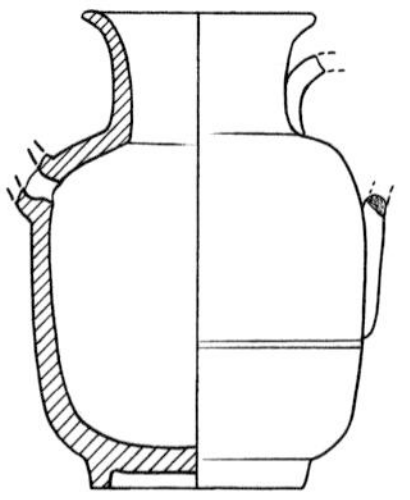 762】TN7W4 ②：3（AaⅠ执壶）			
三期	三组				
	五组	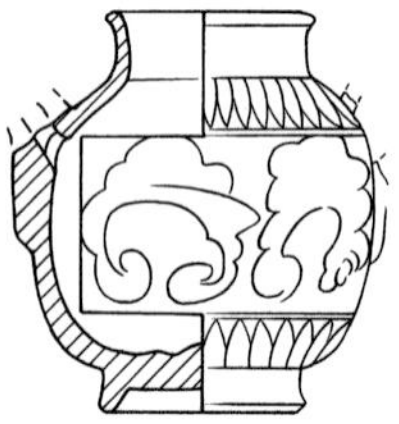 769】TN16W3 ⑦：6（AaⅡ执壶）	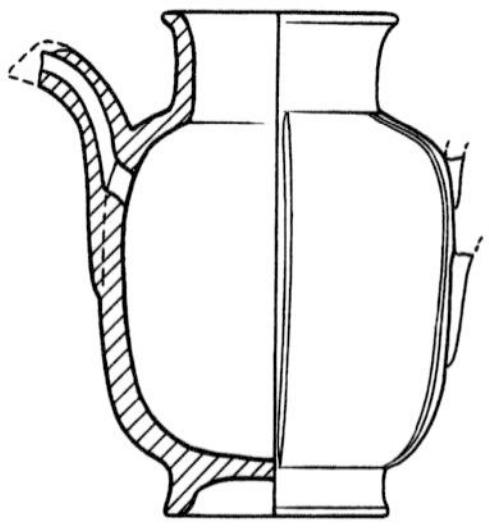 776】TN16W3 ⑥a：15（Ab执壶）	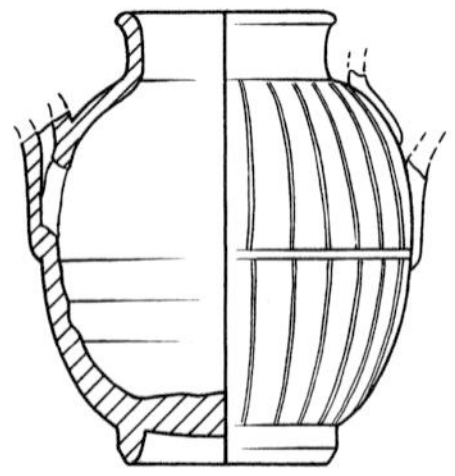 778】TN16W3 ⑤：23（Ac执壶）	
四期	七组	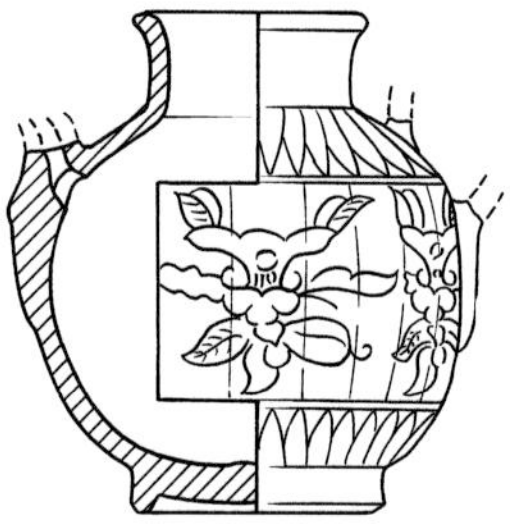 775】TN14W7 ④：1（AaⅢ执壶）			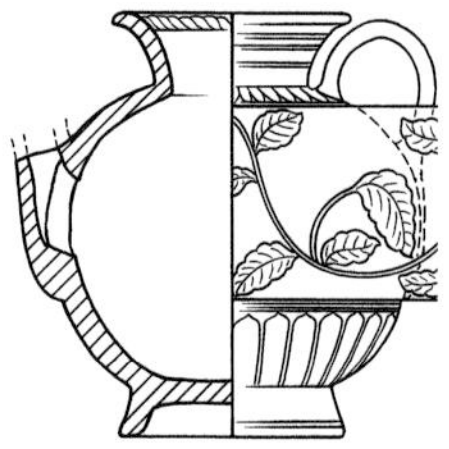 780】TN7W1 ⑥：27（B执壶）
	八组				

执壶	执壶盖	壶	
C		A	B
 791〕TN8W3 ③ N：32（C 执壶）	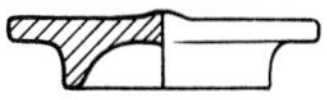 1132〕TN8W3 ②：13 （A 执壶盖）		
	 1133〕TN10W3 采：33 （B 执壶盖）	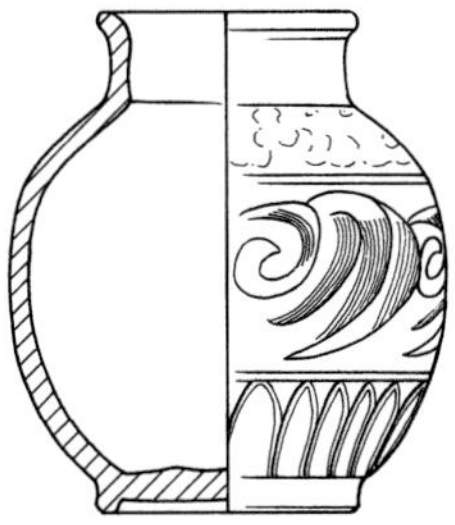 792〕TN14W7 ②：1（A 壶）	
	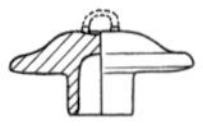 1134〕TN15E4 ③：4 （C 执壶盖）		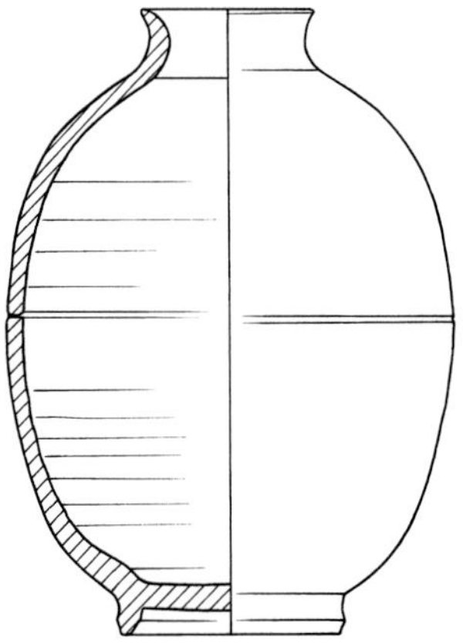 793〕TN7W1 ④：26（B 壶）

附图 5-14 民用瓷器典型器物型式演化图——罐

分期 \ 类型		罐	
		Aa	Ab
一期	一组		
二期	二组	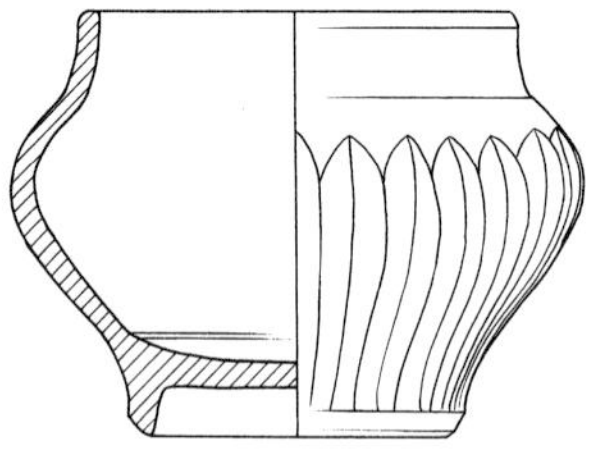 795】TN9W3 ③ N：20（AaⅠ罐）	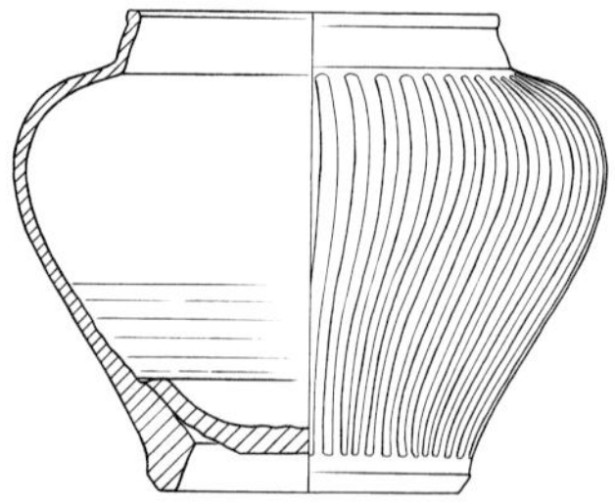 808】TN14W7 ⑥：2（AbⅠ罐）
三期	三组		
	五组	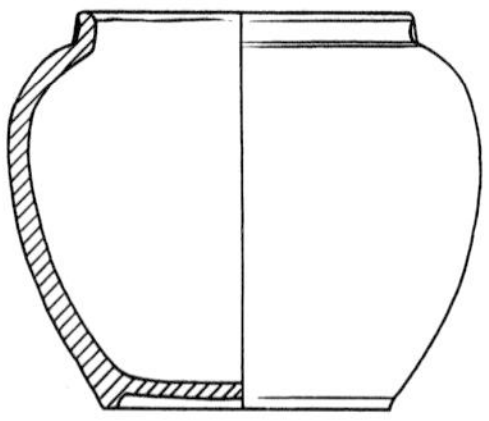 797】TN10W3 ③ N：29（AaⅡ罐） 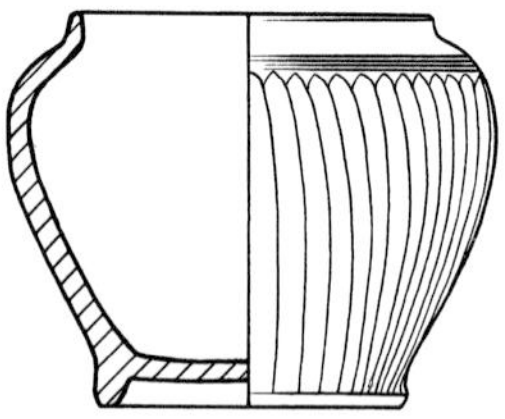 800】TN16W3 ⑥ a：97（AaⅡ罐）	 810】TN16W3 ⑨ a：63（AbⅡ罐）
四期	七组	 802】TN15E4 ⑦：33（AaⅢ罐）	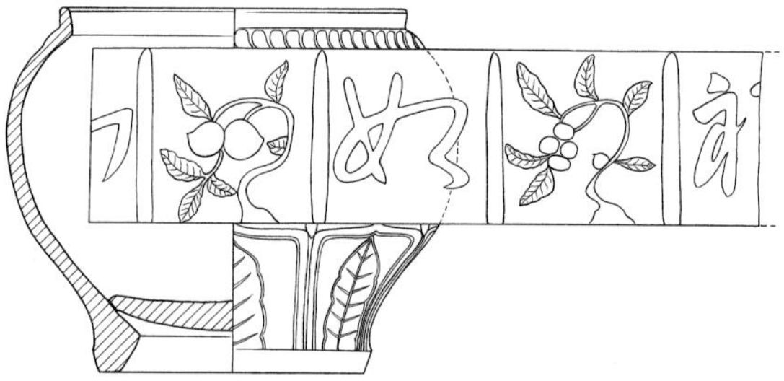 819】TN15E4 ⑮：62（AbⅢ罐）
	八组	 806】y1：29（AaⅣ罐）	

罐			
B	C	D	E

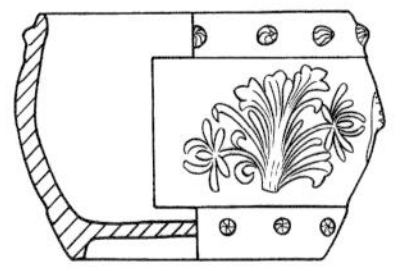

822〗TN9W3④N：6（B罐）

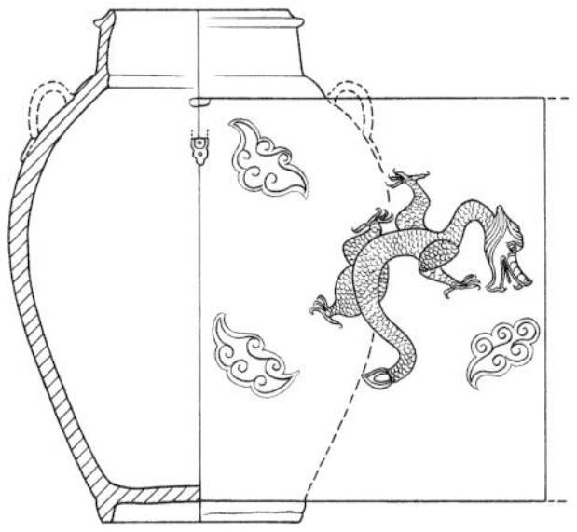

824〗TN18W3⑰：1（CⅠ罐）

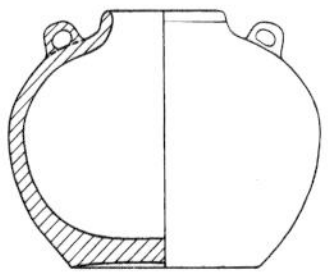

826〗TN12W3⑤N：87（D罐）

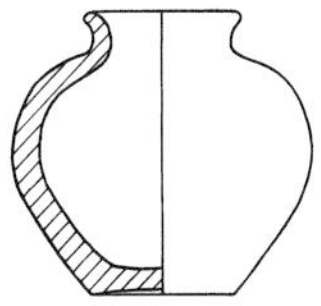

827〗TN9W3②：1（D罐）

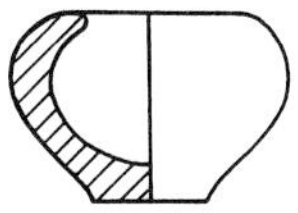

831〗TN8W3①：6（EⅠ罐）

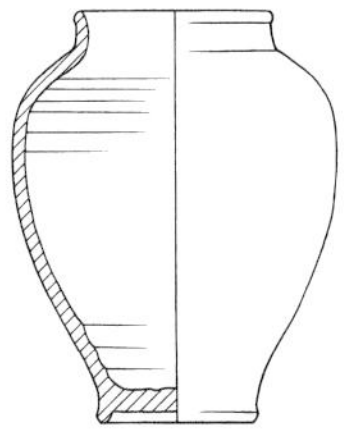

825〗TN14W3⑪N：6（CⅡ罐）

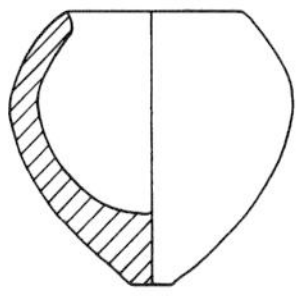

833〗TN12W3采：14（EⅡ）

附图 5-15　民用瓷器典型器物型式演化图——罐盖

类型 分期		Aa	Ab	Ac
一期	一组			
二期	二组	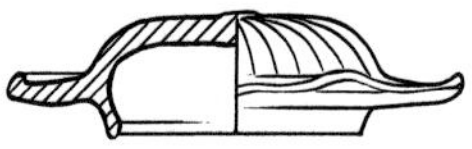 1010】TN14W7⑧：12（AaⅠ罐盖） 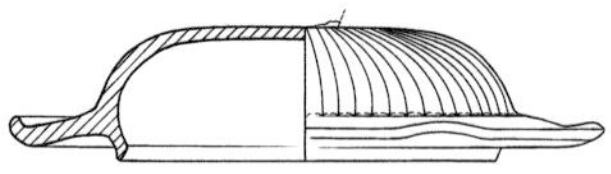 1011】TN14W7⑧：13（AaⅠ罐盖） 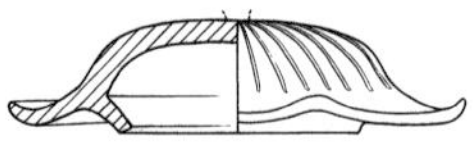 1017】TN14W7⑦：40（AaⅡ罐盖）	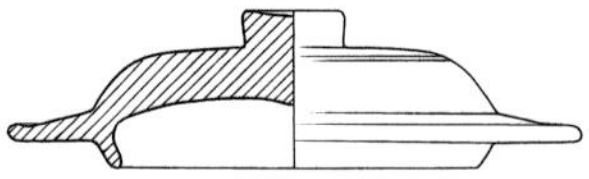 1034】TN8E3⑥a：25（AbⅠ罐盖）	
三期	三组			
	五组	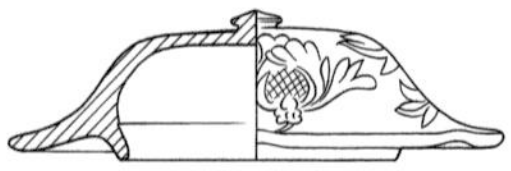 1027】TN16W3②：5（AaⅢ罐盖）	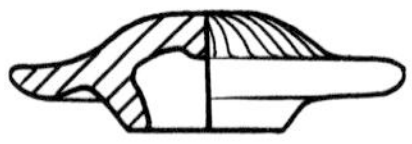 1039】TN16W3⑨a：66（AbⅡ罐盖） 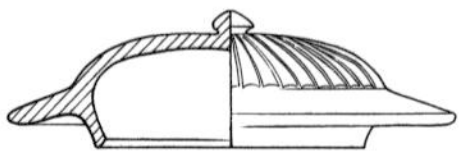 1048】TN16W3⑤：36（AbⅡ罐盖）	
四期	七组		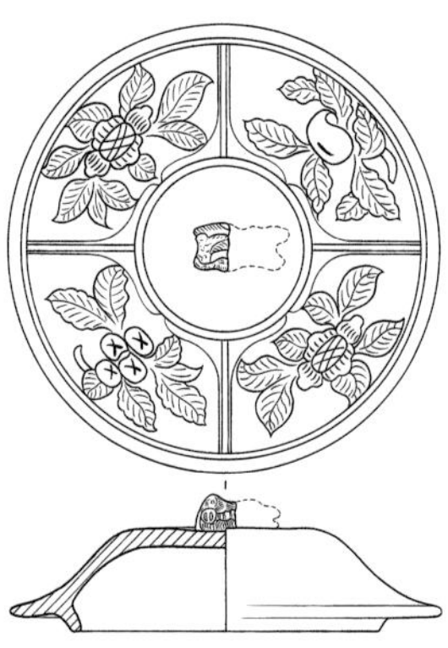 1068】TN17E5①：137（AbⅢ罐盖）	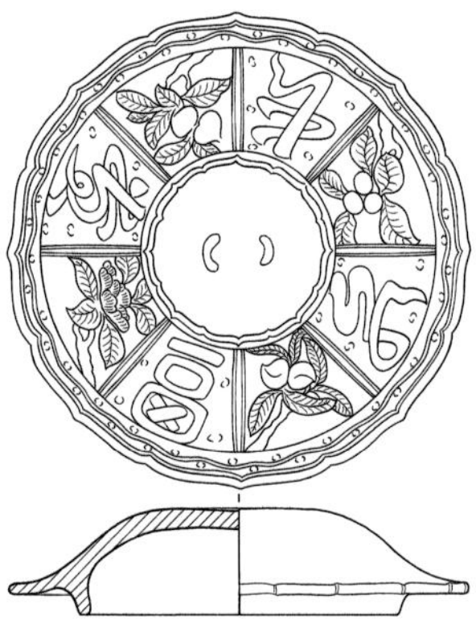 1106】TN15E4⑫：34（Ac罐盖）
	八组		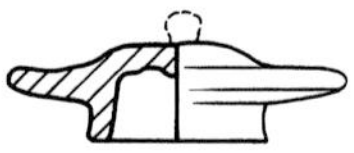 1102】TN17E5①：139（AbⅣ罐盖）	

罐盖				
Ad	Ae	B	Ca	Cb
			 1135〗TN8W1 ③：14（Ca 罐盖）	
		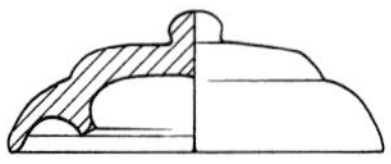 1118〗TN16W3 ④：66（BⅠ罐盖） 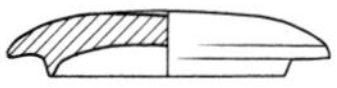 1120〗TN16W3 ⑤：37（BⅡ罐盖）		 1137〗TN14W3 ①：45（CbⅠ罐盖）
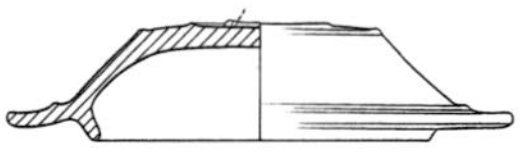 1112〗TN17E5 ①：131（Ad 罐盖）	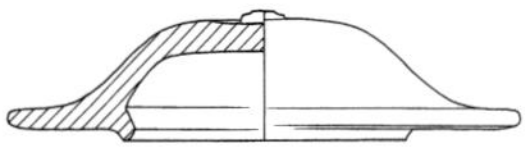 1113〗TN15E4 ⑤ S：17（Ae 罐盖）	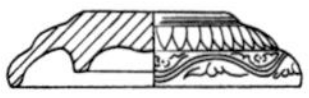 1123〗TN17E5 ①：148（BⅢ罐盖） 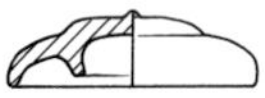 1129〗TN15E4 ⑬：30（BⅣ罐盖） 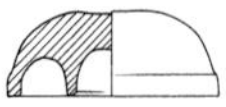 1130〗TN7W1 ⑥：28（BⅤ罐盖）		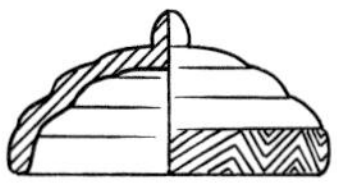 1138〗TN12W3 ④ W：20（CbⅡ罐盖）

附图 5-16 民用瓷器典型器物型式演化图——瓶

分期＼类型		瓶				
		A	B	Ca	Cb	Cc
一期	一组		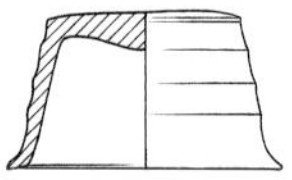 1140】TN10W1 ⑨ : 4（Ⅰ梅瓶盖）			
二期	二组			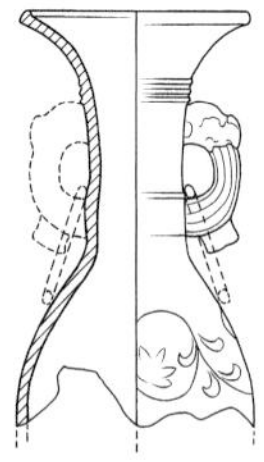 835】TN10W3 ③ S : 38（Ca 瓶）	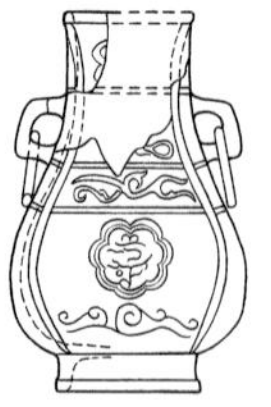 838】TN8W3 ③ N : 31（Cb 瓶）	
三期	三组					
	五组					
四期	七组		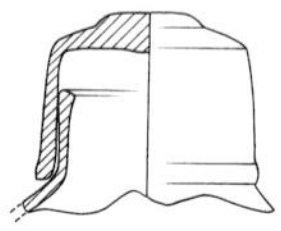 1142】TN18E3 ① : 7（Ⅱ梅瓶盖）  1143】TN15E4 ⑮ : 3（Ⅲ梅瓶盖）			 840】TN15E4 ④ S : 3（Cc 瓶）
	八组	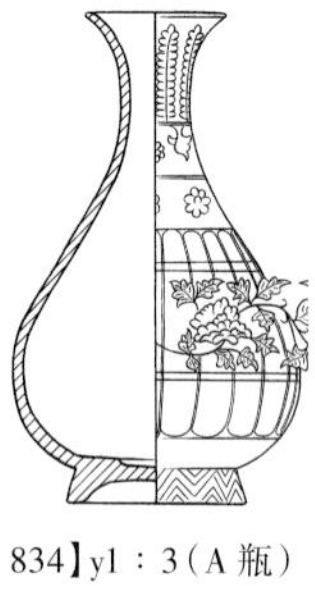 834】y1 : 3（A 瓶）				

瓶					
Cd	Ce	Cf	Cg	D	E
					847〕TN8W3 ④S：3（EⅠ瓶）
841〕TN12W3 ⑥S：5（Cd 瓶）					
	842〕TN18E3 ⑥S：1（Ce 瓶）				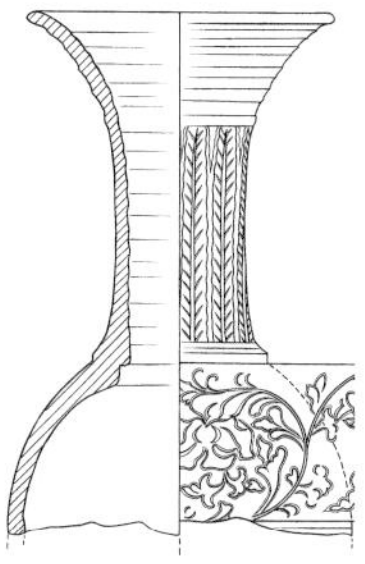 850〕TN15E4 ⑪：14（EⅡ瓶）
		843〕TN18E4 ④S：5（Cf 瓶）	 845〕y1：10（Cg 瓶）	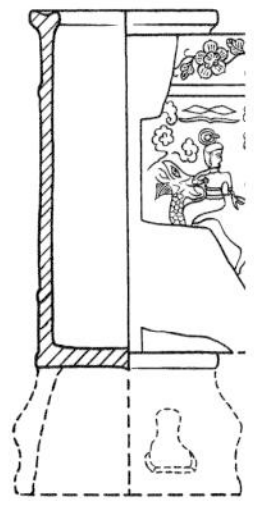 846〕TN18E3 ③S：75（D 瓶）	

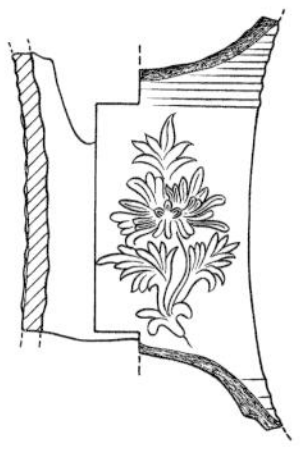

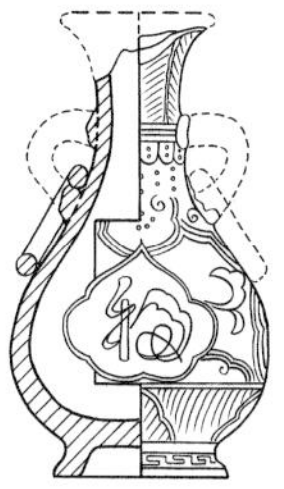

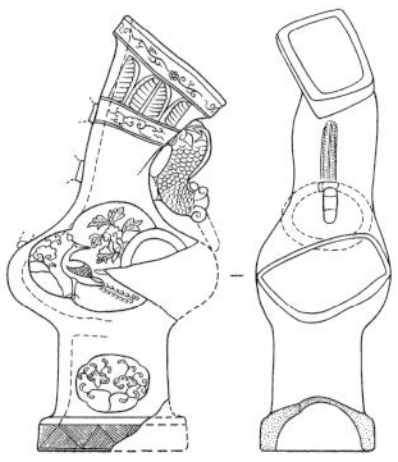

附图 5-17　民用瓷器典型器物型式演化图——烛台

类型 分期		烛台			
		Aa	Ab	Ac	Ad
一期	一组				
二期	二组				
	三组				
三期	五组	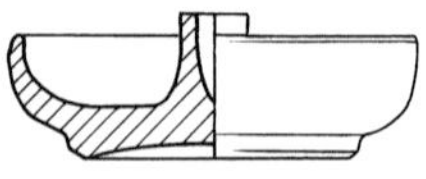 852〕TN10W3 ⑥ N：21（Aa I 烛台） 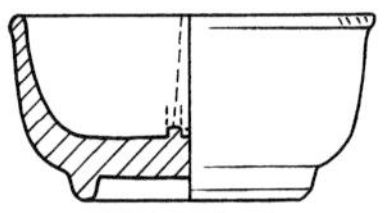 853〕TN16W3 ② ：60（Aa II 烛台）	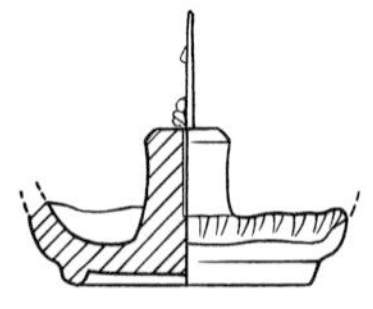 855〕TN14W3 ① ：18（Ab 烛台）  858〕TN17E5 ① ：98（Ab 烛台）	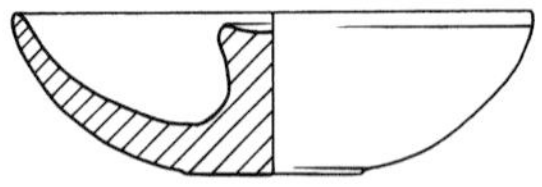 860〕TN12W3 ⑤ N：13（Ac I 烛台） 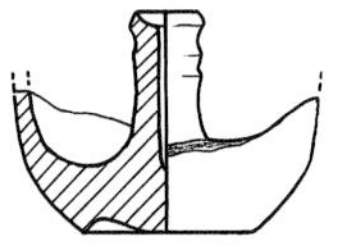 863〕TN16W3 ③ ：3（Ac II 烛台）	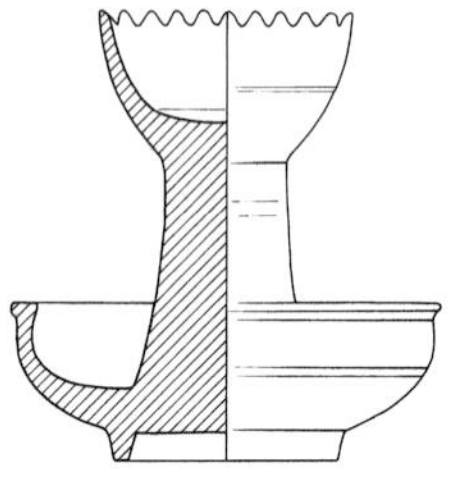 868〕TN16W3 ④ ：15（Ad 烛台）
四期	七组			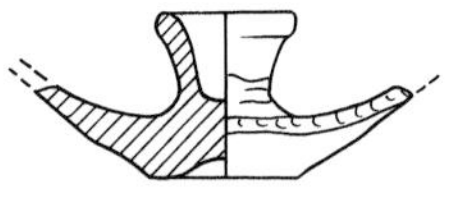 866〕TN18E4 ③ N：9（Ac III 烛台）	
	八组				

烛台					
B	C	D	E	F	G
870〗TN10W3③S：42（B 烛台）					
	871〗TN10W3③S：2（C 烛台） 872〗TN16W3④：22（C 烛台） 873〗TN16W3②：59（C 烛台）	876〗TN16W3⑦：9（D 烛台）			879〗TN14W3⑤N：11（G 烛台） 880〗TN16W3⑨a：11（G 烛台）
			877〗TN15E4④N：4（E 烛台）	878〗TN10W3①：16（F 烛台）	

附图 5-18 民用瓷器典型器物型式演化图——炉

类型 分期		A	Ba	Bb	Ca
一期	一组	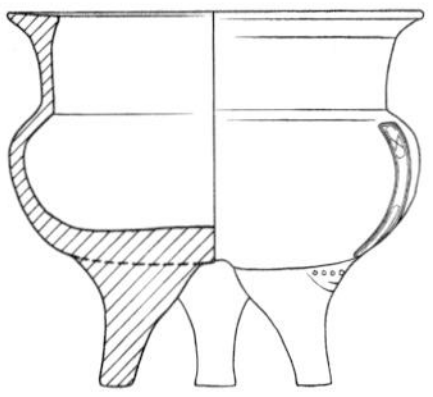 885〕TN9W3 ③ N：23（A I 炉）			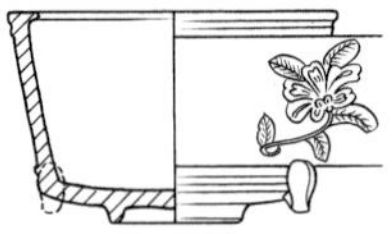 893〕TN8W3 ②：10（Ca I 炉） 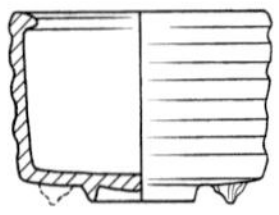 894〕TN8W3 ②：14（Ca I 炉）
二期	二组		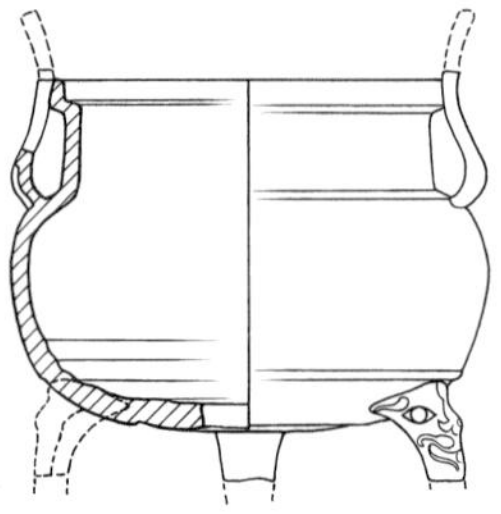 889〕TN9W3 ③ N：1（Ba 炉）	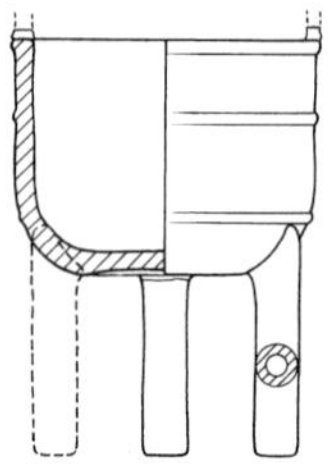 891〕TN8E3 ⑧：9（Bb 炉）	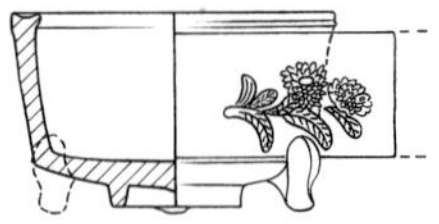 902〕TN10W6 ③ a：6（Ca II 炉） 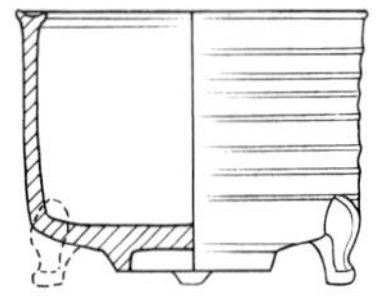 900〕TN9W3 ⑤ N：18（Ca II 炉）
三期	三组				
	五组				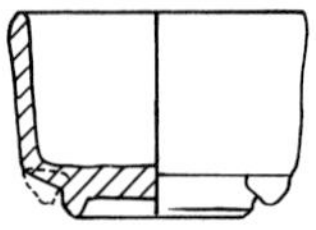 907〕TN16W3 ⑤：30（Ca III 炉） 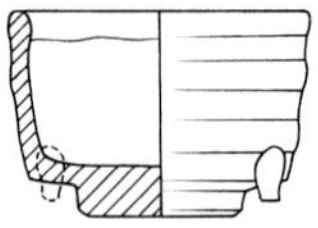 908〕TN12W3 ⑤ N：75（Ca IV 炉）
四期	七组	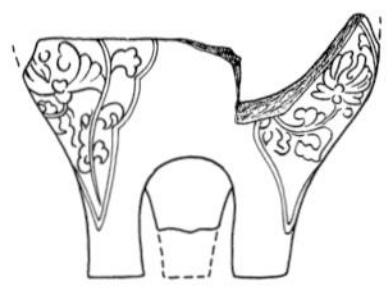 888〕TN15E4 ①：83（A II 炉）			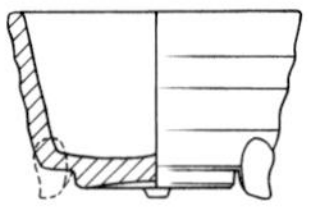 916〕TN18E3 ⑥ S：39（Ca V 炉）
	八组				

炉			
Cb	Da	Db	E

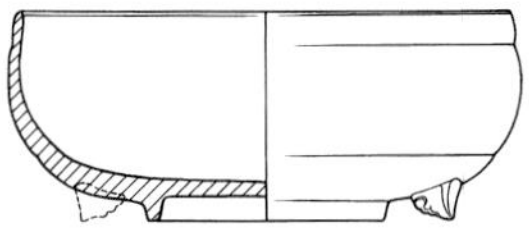

994】TN14W7 ⑦：4（Db I 炉）

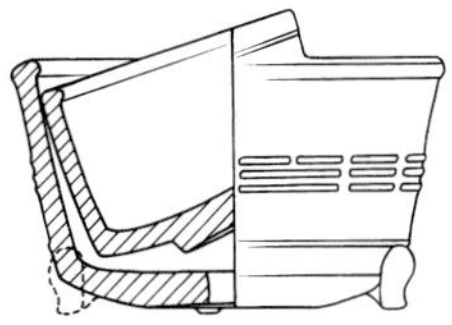

919】TN16W3 ⑦：95（Cb I 炉）

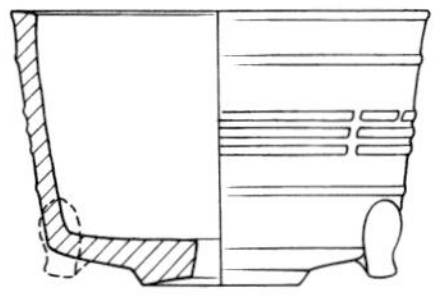

926】TN12W3 ④ N：4（Cb II 炉）

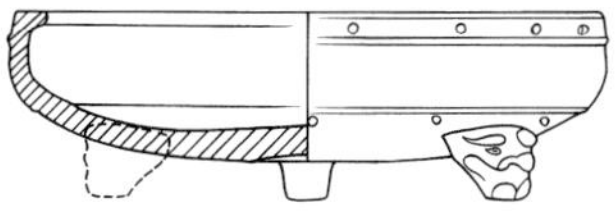

968】TN14W3 ⑤ N：35（Da I 炉）

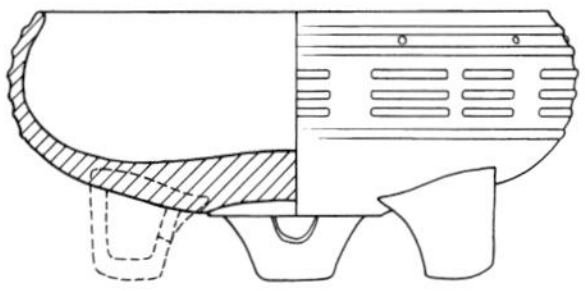

996】TN10W3 ⑥ N：22（Db II 炉）

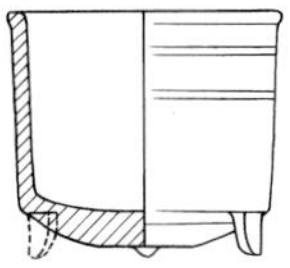

999】TN10W3 ③ N：11（E I 炉）

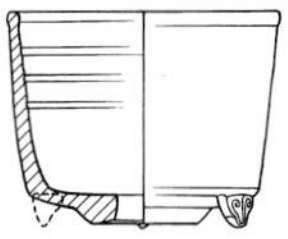

1000】TN15E4 ⑪：59（E II 炉）

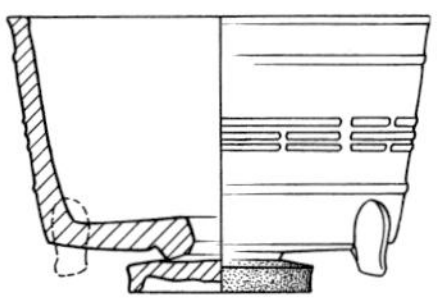

940】TN12W3 ③ S：12（Cb III 炉）

980】TN15E4 ⑭：1（Da II 炉）

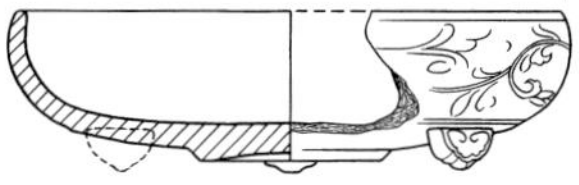

997】TN15E4 ⑪：64（Db III 炉）

1005】TN18E3 ⑥ S：6（E III 炉）

附图 5-19　民用瓷器典型器物型式演化图——炉、格盘、高足盘、漏斗、套瓶、瓿、簋、花盆

类型 分期		炉 F	格盘	高足盘	漏斗
一期	一组				
二期	二组		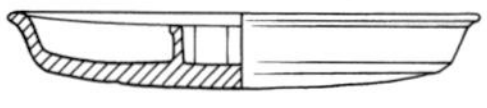 1208】TN8E3 ⑥ b：3（格盘）	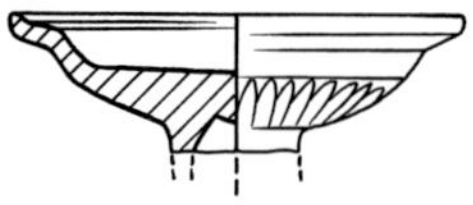 1211】TN8E3 ⑪：2（高足盘）	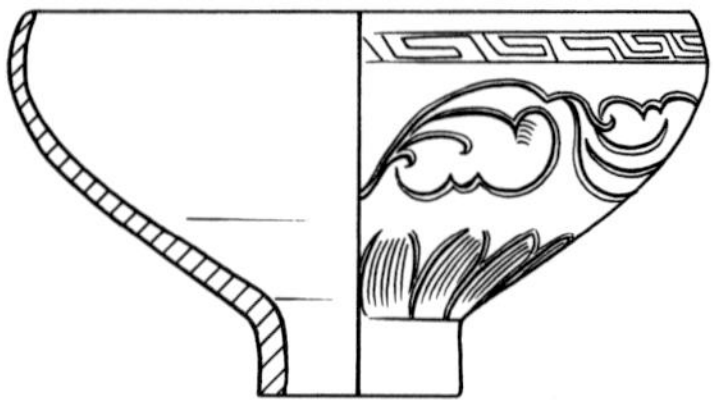 1210】TN14W7 ⑧：33（漏斗）
三期	三组				
	五组				
四期	七组	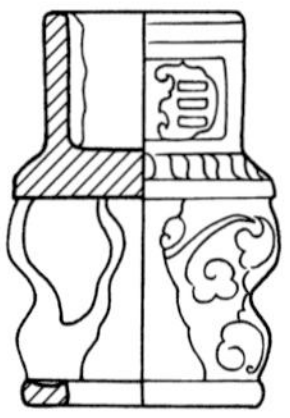 1161】TN15E4 ①：3 （F 炉）			
	八组				

套瓶	瓿	簋	花盆
			A
	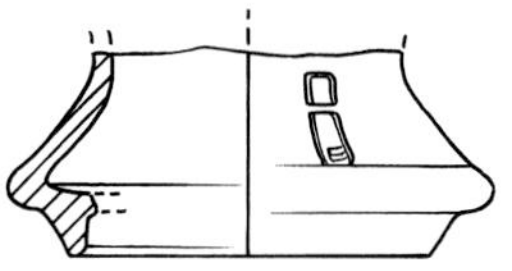 1223〗TN18E4 ③ N：12（瓿）		
			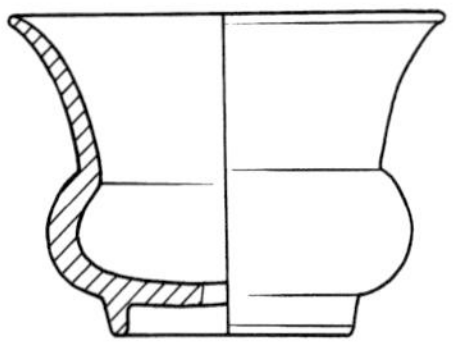 1150〗TN8E3 ⑥ a：24（A Ⅰ 花盆） 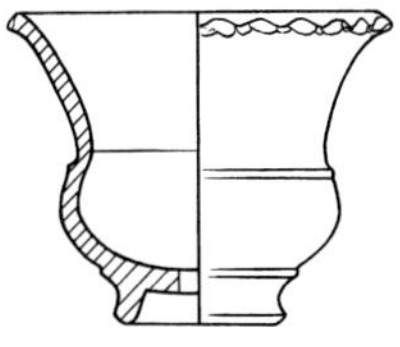 1151〗TN18E3 ④ S：2（A Ⅱ 花盆）
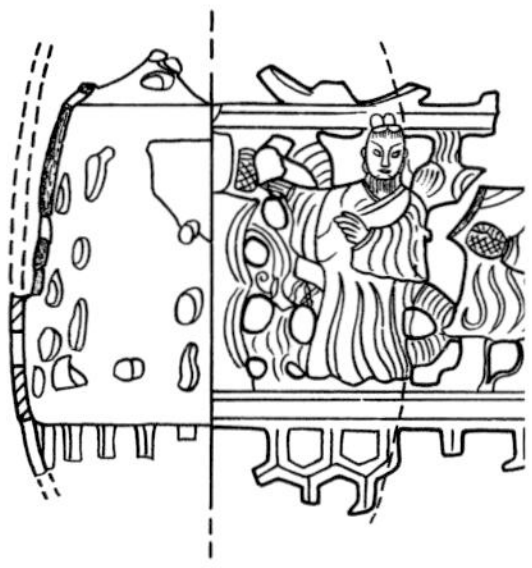 1219〗TN15E4 ⑫：5（套瓶）		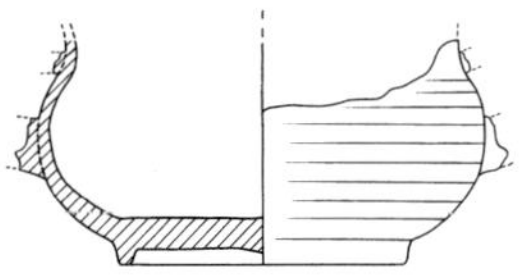 1209+〗TN18E3 ④ S：25（簋）	

附图 5-20　民用瓷器典型器物型式演化图——花盆、器座、盒、盒盖、砚台

分期	类型	花盆			
		B	C	D	E
一期	一组				
二期	二组				
三期	三组	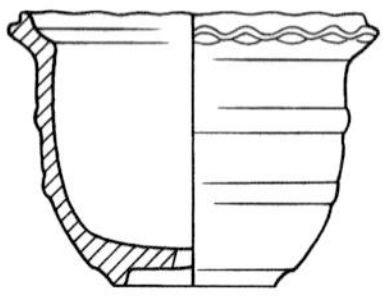 1152】TN10W3 ③ S∶39（BⅠ花盆）			
	五组				
四期	七组	 1153】TN15E4 ⑦∶43（BⅡ花盆）	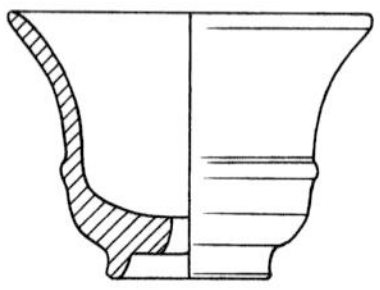 1154】TN18E3 ⑦ S∶8（CⅠ花盆） 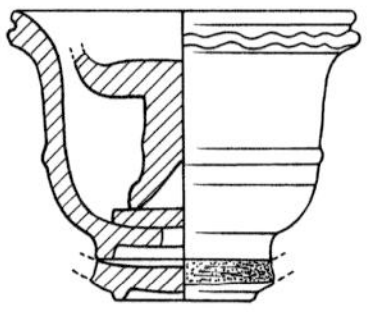 1156】TN15E4 ②∶1（CⅡ花盆）	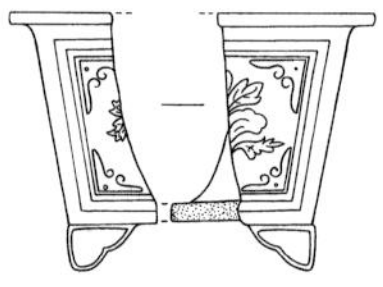 1218】TN10W3 ③ N∶19（D 花盆）	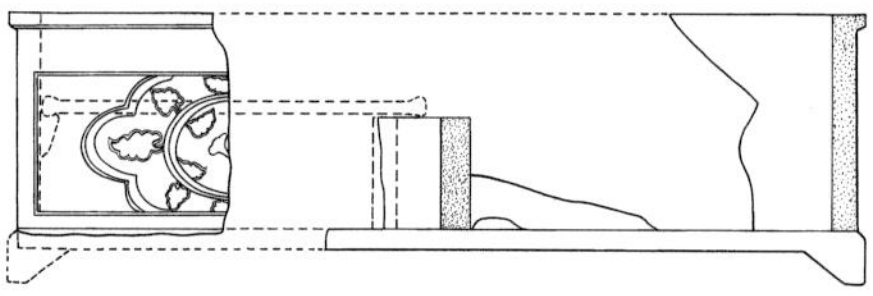 1157】TN17E5 ①∶119（E 花盆）
	八组				

器座	盒	盒盖	砚台
	1162】CH1：8（Ⅰ盒）		
	1163】TN9W3②：3（Ⅱ盒） 1164】TN9W3②：4（Ⅲ盒）	1144】TN10W3③S：40（Ⅰ盒盖） 1146】TN9W3③N：9（Ⅱ盒盖）	
			1165】TN16W3⑤：10（Ⅰ砚）
1158】TN15E4⑪：13（器座）		1147】TN17E5①：147（Ⅲ盒盖）	1166】TN12W3①：16（Ⅱ砚） 1167】TN10W3 东扩⑥a：9（Ⅲ砚） 1168】H5：1（Ⅳ砚）
		1148】TN17E5①：166（Ⅳ盒盖）	

附图 5-21 民用瓷器典型器物型式演化图——砚滴、笔架、卷缸、投壶、塑像、碾钵、杵、杵头

分期	类型	砚滴	笔架 A	笔架 B	卷缸	投壶
一期	一组					
二期	二组					
三期	三组					
三期	五组				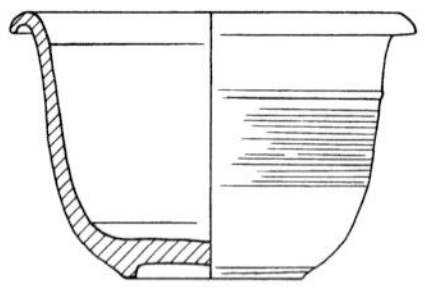 1175】TN16W3 ⑤：35 （Ⅰ卷缸）	
四期	七组	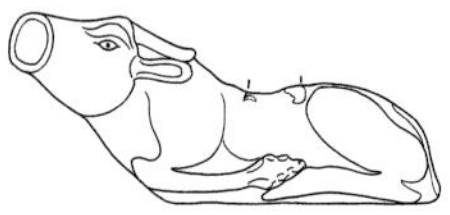 1169】TN15E4 ①：103 （砚滴） 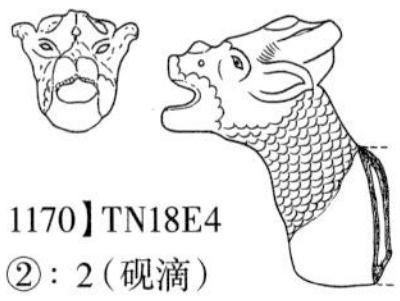 1170】TN18E4 ②：2（砚滴）	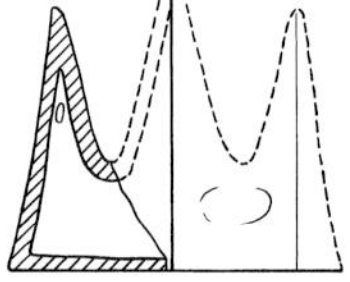 1171】TN17E5 ①：175 （A 笔架）	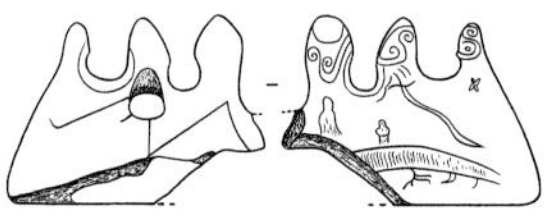 1173】TN16W3 ②：15（B 笔架）	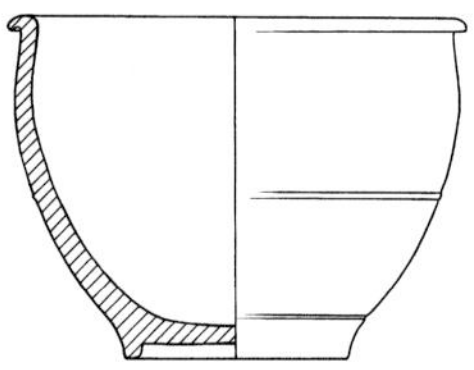 1176】TN7W1 ⑤：2 （Ⅱ卷缸）	
四期	八组					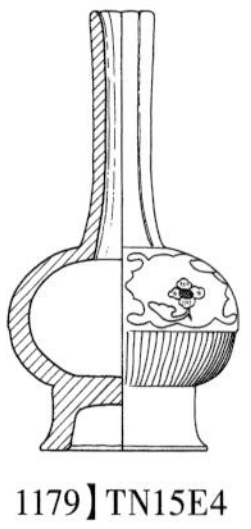 1179】TN15E4 ①：97（投壶）

塑像	碾钵		杵、杵头
	A	B	
1180〗TN10W3②：10（像）	1192〗TN8W3②：11（AⅠ碾钵） 1193〗TN9W3③N：35（AⅡ碾钵）	1196〗TN14W7⑦：2（BⅠ碾钵）	
1182〗TN10W3⑧N：2（像） 1183〗TN10W3⑧N：1（像）	1194〗TN12W3③N：28（AⅢ碾钵） 1195〗TN10W3③N：27（AⅣ碾钵）	1197〗TN16W3⑦：103（BⅡ碾钵） 1198〗TN16W3⑥a：95（BⅢ碾钵）	
1181〗TN18E5②：20（像）		1201〗TN15E4⑨：5（BⅣ碾钵） 1203〗TN15E4⑦：37（BⅤ碾钵）	1207〗TN12W3 采：3（杵头） 1205〗TN18E3 ③N：11（杵）
1189〗y1：8（像）			

第六章　纹饰和文字

　　出土器物的纹饰，按装饰技法可以分为贴花（这个贴花不同于后代的贴花，用堆贴更合适，只是已经习惯如此叫，下同）、刻划花、戳印花、浮雕、镂空和堆塑。各个时代流行不同的装饰技法。南宋末至元早期的纹饰，相对比较单一，主要是贴鱼和刻莲瓣。元代中晚期的装饰技法比较多，可以说集历代青瓷制作装饰技法之大成，刻划花、浮雕、镂空、印花、贴花、堆塑等都有。明代早期，承袭了元代的工艺，但贴花比较少见，其他技法也略有差异。明代中期主要以戳印印花为主，刻划花、剔刻花仅个别器形常见，稍晚还有了整体模制印花装饰。

　　另外，除了装饰于器物内外壁和内底的主纹外，还有辅纹，即装饰于器物沿面、沿下或圈足外壁等处的带状连续纹饰。辅纹的制作以划为主，也有用刻或整体模制手法制作。

第一节　纹　　饰

一　贴花装饰

　　贴花是元代龙泉窑盛行的装饰技法之一，几乎各种器形都能见到贴花的范例。特别是露胎贴花，别有一番风味。贴花的题材也丰富多彩，有梅花、牡丹、四爪龙纹、双鱼、乌龟等等，其中的缠枝牡丹贴花，图案几乎如模制般纤细流畅，堪称绝技。此种技法明代以后不常见。

　　（一）贴鱼

　　195】TN8E3⑧：4，AⅠ式盅，内底贴露胎双鱼；219】TN8W3③N：19，AⅠ盘，内底贴四鱼；221】TN10W6⑥：1，AⅡ盘，内底贴单鱼；232】TN8E3⑪：7，AⅣ盘，内底贴双鱼；357】TN9W3④N：12，CaⅠ盘，内底贴双鱼；638】TN8W3④S：2，AⅠ洗，内底贴双鱼；640】TN8E3⑪：13，AⅠ洗，内底贴双鱼；659】TN8E3⑥b：21，AⅠ式盆，内壁贴单鱼；796】TN18E4④N：2，AaⅠ罐，外底贴单鱼。

195】TN8E3⑧：4（贴鱼纹）　　　　　219】TN8W3③N：19（（贴鱼纹）　　　　　640】TN8E3⑪：13（贴鱼纹）

231】G10：1（贴龙纹）

220】TN9W3②：10（贴卷云纹）

117】TN9W3③N：2（贴梅纹）

672】TN9W3③N：40（贴荷花纹）

136】Q12：2（贴菊纹）

4001】TN18E3③N：9（贴菊纹）

（二）贴龙

231】G10：1，AⅢ盘，内底贴戏珠四爪龙纹；492】TN10W6⑤：17，DⅡ盘，内底贴四爪龙纹；824】TN18W3⑰：1，CⅠ罐，贴云龙纹。

4000】TN14W7⑦：1，盘圈足残片。足端无釉。内底贴戏珠四爪龙纹。胎体坚厚，釉层较薄。足径15.4厘米。

（三）贴卷云

220】TN9W3②：10，AⅠ盘，内底贴卷云纹。

（四）贴梅

111】TN8W3②：12，E碗，内底心贴梅花；117】TN9W3③N：2，FⅠ碗，内底心贴梅花；233】TN18E3⑤S：13，AⅤ盘，沿面贴梅花。

（五）贴荷花

672】TN9W3③N：40，AⅠ碟，内壁及口沿处贴荷花。

（六）贴菊

136】Q12：2，G碗，内底心贴团菊；899】TN8E3⑪：17，CaⅡ炉，中腹贴菊花纹。

4001】TN18E3③N：9，碗圈足残片。足端无釉。内底贴露胎菊花纹。足径9.4厘米。

（七）贴牡丹

822】TN9W3④N：6，B型罐，中腹贴花和铺首；823】TN9W3③N：5，B型罐，中腹贴花；847】TN8W3④S：3，EⅠ瓶，颈上贴花；895】TN8W3③N：24，CaⅠ炉，外壁贴花四处；1036】TN9W3⑤N：6，AbⅠ罐盖，盖面

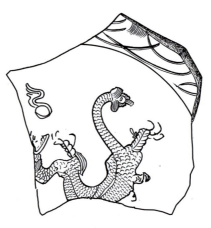

4001】TN18E3 ③ N：9（贴菊纹）

4000】TN14W7 ⑦：1（贴龙纹）

4000】TN14W7 ⑦：1（贴龙纹）

图 6-1　贴花装饰

4002】TN18E3 ④ S：7（贴仰莲纹）

822】TN9W3 ④ N：6（贴牡丹纹）

847】TN8W3 ④ S：3（贴牡丹纹）

903】TN17E5 ①：105（贴缠枝花纹）

4002】TN18E3④S：7（贴仰莲纹）

887】TN9W3 ③ N：21（贴铺首）

897】TN8E3 ⑥ a：1（贴"福"字）

贴牡丹纹三处。

（八）贴缠枝花

835】TN10W3 ③ S：38，Ca 瓶，腹部贴缠枝花；903】TN17E5 ①：105，Ca II 炉，中腹贴缠枝牡丹纹；1037】TN9W3 ③ N：8，Ab I 罐盖，盖面贴缠枝牡丹纹。

（九）贴仰莲

4002】TN18E3 ④ S：7，碗圈足残片。足端无釉。足径 7.2 厘米。

（十）贴铺首

887】TN9W3 ③ N：21，A I 鬲式炉，肩部贴铺兽；1224】TN18E4 ④ S：6，觚式瓶，贴条形铺首。

（十一）贴"福"字

897】TN8E3 ⑥ a：1，Ca II 炉，腹部贴一"福"字。

二　刻划花和剔地刻花装饰

刻划花是青瓷装饰中比较普遍的装饰技法。

元代中晚期，刻划花主要为斜刀浅刻，所刻线条圆滑流畅，题材主要为荷花莲叶，与纹饰表现相对应的是器物釉层相对较薄。此外，也存在着单线浅划和篦划的手法，如浮雕莲瓣叶外侧就用浅划手法勾勒。

明代早期，刻划花纹饰工整繁缛，多为斜刀深刻，特别是明初官器，所刻线条生猛刚劲，题材主要为缠枝莲、牡丹、菊等，与纹饰表现相对应的是器物釉层较厚。另外还有单线深划或双线深划，不仅仅作为辅助工艺技法，也成为构图的主要技法，如双线缠枝、卷草、回纹、莲瓣内的花纹等等。另外，在刻划花的基础上，此时还发展了剔地刻花的技法，使图案凸于器表，主要运用于盖罐的装饰中，题材主要为牡丹、菊等。

明代中期，刻划花深浅不一，纹饰构图随意简单、多变化，题材多为双线缠枝牡丹纹、莲瓣纹等。剔地刻花技法，除盖罐外还被运用于炉、执壶等器物的装饰中，题材除牡丹、菊外，还增加了海棠、桃、枇杷等花果枝叶，以及吉祥语"清香美酒"、"金玉满堂"、"福如东海"、"寿比南山"等。

（一）腹壁莲瓣纹装饰

①南宋晚期至元代早期

莲瓣纹通常饰于器物外壁，主要是碗、盘、洗、盖碗类。莲瓣中脊挺凸，莲瓣较瘦长，外侧以单线勾勒，上端弧尖。如：

115】TN10W3 ⑧ N：3，F I 碗；170】TN8W3 ③ N：13，P I 碗；219】TN8W3 ③ N：19，A I 盘；483】TN9W3 ⑧：2，D I 盘。

②元代中晚期

莲瓣纹通常饰于器物外壁，主要是盘、洗类。莲瓣中脊亦坚挺，但莲瓣略显矮胖，上端稍圆，外侧多以双线勾勒。如：

221】TN10W6 ⑥：1，A II 盘；232】TN8E3 ⑪：7，A IV 盘。

③明代早期

莲瓣纹与之前大相径庭，多以刻划方式装饰，主要用于碗、盘、高足杯、执壶、罐类，而且多装饰于器物的外壁下腹部，并在莲瓣纹上部有双弦纹。如：

70】TN16W3 ⑥ b：10，A V 碗；240】TN12W3 ⑤ N：40，A VI 盘；709】TN16W3 ③：38，Aa II 高足杯。

明代早期官器中的莲瓣纹，除了传统的莲瓣纹形态外，还有一种类似于壶门式样的大莲瓣纹，内中还刻划如意、花卉纹饰，装饰于大墩碗的下腹、高足杯外壁等。这种变形莲瓣纹明代早期民用器中也偶见使用。如：

1228】TN16W3 ⑦：14，大墩碗。

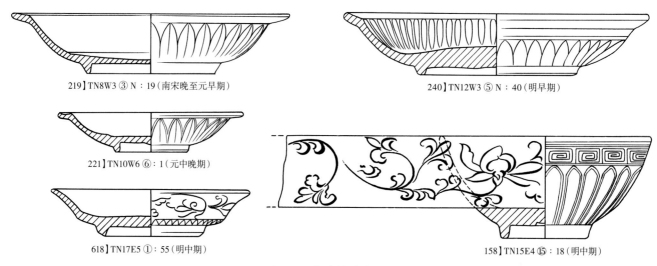

219】TN8W3 ③ N：19（南宋晚至元早期）　　　　240】TN12W3 ⑤ N：40（明早期）

221】TN10W6 ⑥：1（元中晚期）

618】TN17E5 ①：55（明中期）　　　　158】TN15E4 ⑮：18（明中期）

图 6-2　腹壁刻划莲瓣纹

④明代中期

莲瓣装饰分为两种形态：其一，仍装饰于器物外壁下腹，特别是高足杯、盘、洗等折腹器的下腹部，莲瓣简化为简单的三角形。如：

618】TN17E5 ①：55，Ga Ⅳ盘；635】TN18E3 ⑥ S：4，Gb 盘；750】TN15E4 ⑪：66，B 高足杯。其二，装饰于碗、盏、洗等器外壁，其叶尖呈三角状的形态已不像是莲瓣。如：

158】TN15E4 ⑮：18，L 碗；164】TN15E4 ④ N：15，N 碗。

（二）腹壁菊瓣纹装饰

此种纹饰其实就是莲瓣纹演变而来的变体，只是因为变得较窄、纹瓣的数量增多、纹瓣上下粗细较一致，类似菊瓣，故习惯称之为菊瓣纹。

①南宋晚期

出现于盘中。如：

481】TN8W3 ④ S：10，D Ⅰ盘。

②元代中晚期

菊瓣纹较粗，菱口盘菊瓣纹多为压模制作。如：

503】TN8E3 ⑧：14，D Ⅱ盘。

③明代早期

菊瓣纹较细较均匀，菊瓣纹压模、刻划均有。如：

523】TN16W3 ⑬：23，D Ⅲ盘。

④明代中期

菊瓣纹粗细均有，菊瓣纹压模、刻划均有。如：

544】TN15E4 ⑪：57，D Ⅳ盘。

（三）腹壁其他题材的刻划花装饰和剔地刻划花装饰

①元代中晚期

刻划卷叶纹为主要装饰，主要运用于盘、盆内壁以及盖碗、高足杯外壁等。如：

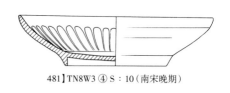

481】TN8W3 ④ S：10（南宋晚期）

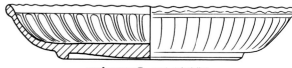

503】TN8E3 ⑧：14（元中晚期）

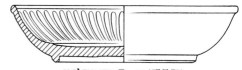

523】TN16W3 ⑬：23（明早期）

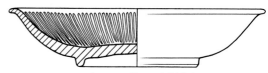

544】TN15E4 ⑪：57（明中期）

图 6-3　腹壁刻划菊瓣纹

174】TN14W7 ⑦：33，PⅡ碗；667】TN10W6 ⑥：8，CⅠ盆。

②明代早期

A、B、C 型盘中不见刻划花装饰。刻划卷叶纹和缠枝牡丹、菊花等装饰见于 D 型盘中。如：

508】TN12W3 ③ N ：18，DⅢ盘；511】TN10W3 东扩⑥ c ：10，DⅢ盘。

其他刻划花装饰见于碗、盏、盆、执壶、瓶、Cb 型炉、罐、罐盖等器形。如：

183】TN16W3 ⑨ a ：20，EⅡ盏；810】TN16W3 ⑨ a ：63，AbⅡ罐；811】TN10W3 ③ N ：30，AbⅡ罐；1023】TN16W3 ⑨ a ：16，AaⅢ罐盖；935】TN12W3 ⑥ S ：28，CbⅡ炉。

剔刻牡丹纹装饰见于炉、器盖、罐等。如：

817】TN16W3 ⑥ a ：38，AbⅡ罐；1049】TN10W3 ④ N ：9，AbⅡ罐盖；929】TN10W3 ④ N ：2，CbⅡ炉。

其他装饰题材还有鹅纹。如：

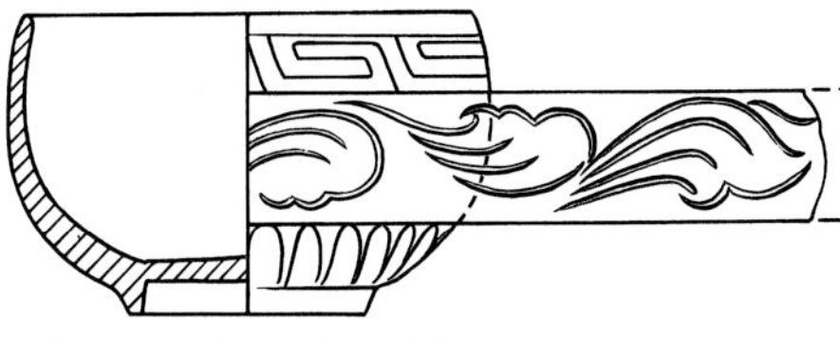

174】TN14W7 ⑦：33（元中晚期）

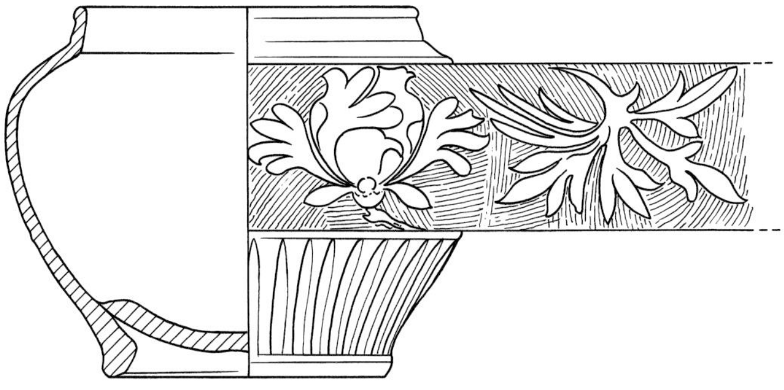

817】TN16W3 ⑥ a：38（明早期）

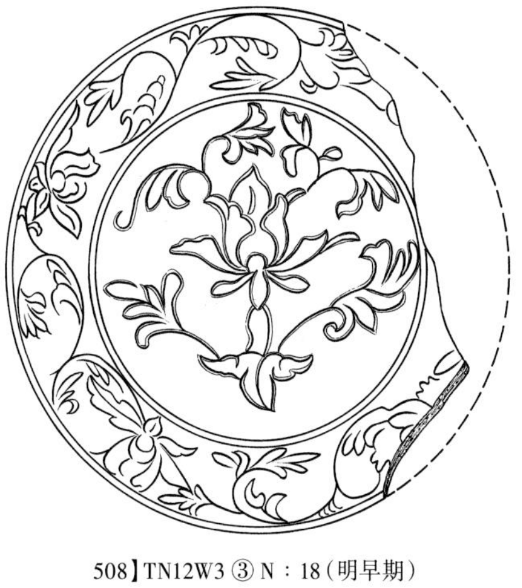

508】TN12W3 ③ N：18（明早期）

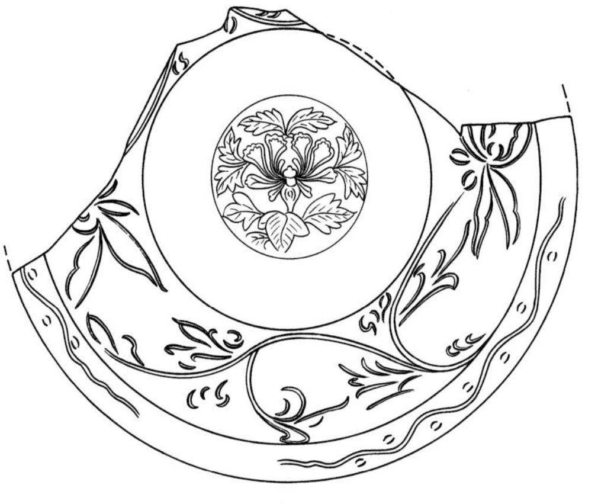

250】TN15E4 ⑦：20（明中期）

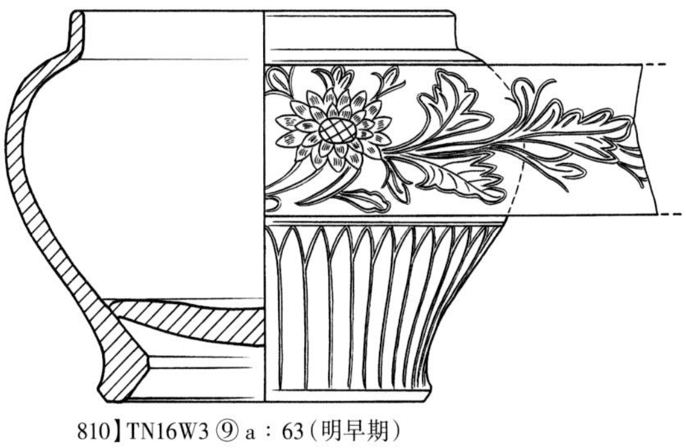

810】TN16W3 ⑨ a：63（明早期）

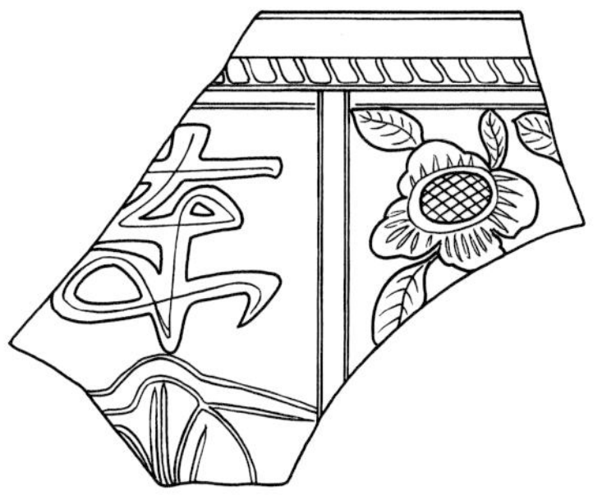

820】TN15E4 ⑮：63（明中期）

图 6-4 腹壁刻划花和剔地刻花

790】y2 ：22，B执壶，中腹剔刻波浪纹、鹅纹。

③明代中期

刻划花装饰运用于大多数器形中，如碗、盏、盘、高足杯等的内外壁，炉、器盖、罐、瓶、执壶等的外壁等，主要题材为双线缠枝牡丹花装饰。如：

250】TN15E4 ⑦：20，AⅦ盘。

剔地刻花的装饰主要运用于罐、器盖、炉等的外壁，题材丰富多样，除瓜果枝叶纹外，还有吉祥语。如：

820】TN15E4 ⑮：63，AbⅢ罐。

（四）内底刻划花装饰

①元代中晚期

内底刻划花题材主要为荷花莲叶纹。如：

4003】TN8E3 ⑥b ：25，盘底残片。刻划荷花纹。釉色青绿。外底刮釉一圈。足径23.4厘米。

4004】TN10W6 ⑤，盘底残片。刻划荷花纹。釉色青绿。残径8厘米。

②明代早期

内底刻划花器物绝大多数都是官器，可参见第四章第二节。洪武官器，如：

4006】TN16W3 ⑬：28，刻划金刚杵纹。圈足。釉色青绿。外底刮釉一圈。足径20.8厘米。

4007】TN16W3 ⑨a ：13，内底刻划锦地荷花纹。釉色青绿。外底刮釉一圈。底径23.6厘米。

永乐官器。如：

4008】TN12W3 ③S ：31，碗圈足残片。内底刻划荷花纹。釉色青绿。外底刮釉一圈。足径13.2厘米。

4009】TN18E7 ①：9，碗圈足残片。内底刻划牡丹纹。釉色青绿。外底刮釉一圈。足径20.6厘米。

4010】TN17E5 ①：72，碗圈足残片。内底刻划牡丹纹。釉色青绿。外底刮釉一圈。足径13.6厘米。

4011】TN14W3 ①：34，碗圈足残片。内底刻划桃果纹。釉色青绿。外底刮釉一圈，粘有垫具。足径6.4厘米。

4012】TN14W3 ①：42，碗圈足残片。内底刻划牡丹纹。釉色青绿。外底刮釉一圈。足径20厘米。

4013】TN14W3 ③W ：9，碗圈足残片。内底刻划枇杷纹。釉色青绿。外底刮釉一圈。足径6.8厘米。

也有一般民用瓷器。如：

423】TN12W3 ⑧S ：6，CbⅡ盘，刻荷花；507】

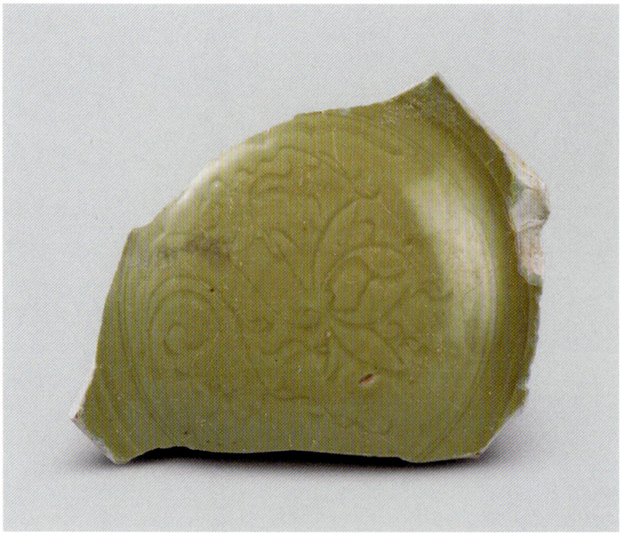

4003】TN8E3⑥b：25（内底刻划荷花纹，元中晚期）

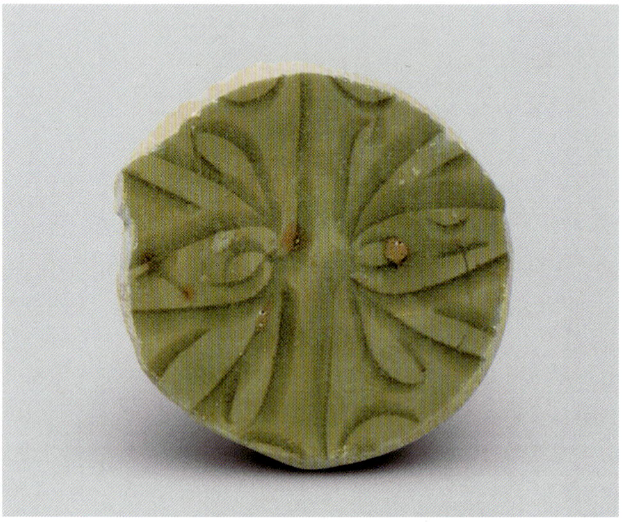

4004】TN10W6⑤：19（内底刻划荷花纹，元中晚期）

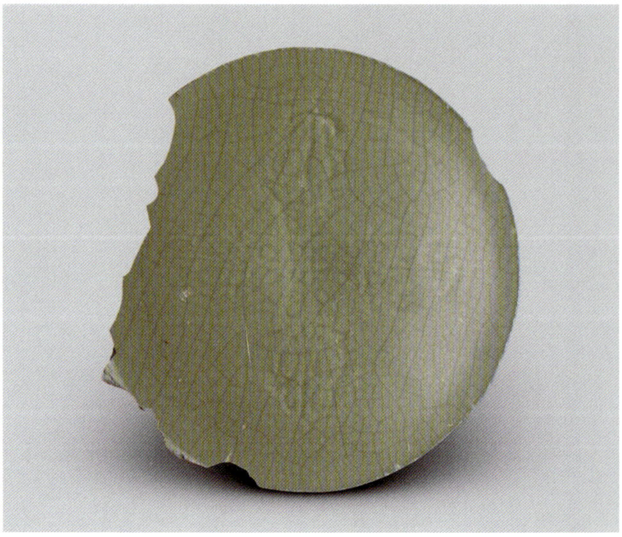

4006】TN16W3 ⑬：28（内底刻划金刚杵纹，洪武官器）

4007】TN16W3⑨a：13（内底刻划锦地荷花纹，洪武官器）

4008】TN12W3③S：31（内底刻划荷花纹，永乐官器）

4009】TN18E7①：9（内底刻划牡丹纹，永乐官器）

4010】TN17E5①：72（内底刻划牡丹纹，永乐官器）

4011】TN14W3①：34（内底刻划桃果纹，永乐官器）

4012】TN14W3①：42（内底刻划牡丹纹，永乐官器）

4013】TN14W3③W：9（内底刻划枇杷纹，永乐官器）

4005】TN14W3 ①：14（内底刻划荷花纹，明早期）

4014】TN17E5①：14（内底刻划葵花纹，明中期）

4015】TN15E4⑦：32（内底刻划荷花纹，明中期）

4016】TN15E4⑦：31（内底刻划荷花纹，明中期）

4017】TN15E4⑦：29（内底刻划海棠花纹，明中期）

4017】TN15E4 ⑦：29（海棠花纹，明中期）

4009】TN18E7 ①：9（牡丹纹，永乐官器）

4010】TN17E5 ①：72（牡丹纹，永乐官器）

4015】TN15E4 ⑦：32（荷花纹，明中期）

图 6-5　内底刻划花

TN16W3 ⑪：11，DⅢ盘，刻划牡丹纹。

4005】TN14W3 ①：14，盘底残片。刻划荷花纹。釉色青绿。外底刮釉一圈。足径9.6厘米。

③明代中期

内底刻划花较少，题材主要有海棠花、菊花、剔刻荷花纹、叠钱纹等。如：

4014】TN17E5 ①：14，碗圈足残片。内底刻划葵花纹。足径9厘米。

4015】TN15E4 ⑦：32，碗圈足残片。内底刻划荷花纹。釉色青绿。外底刮釉。足径15厘米。

4016】TN15E4 ⑦：31，碗圈足残片。内底刻划荷花纹。釉色青绿。外底刮釉一圈。足径13.4厘米。

4017】TN15E4 ⑦：29，碗圈足残片。内底刻划桃花果纹。釉色青绿。外底刮釉一圈。足径16厘米。

4018】TN17E5 ①：84，碗圈足残片。内底刻划茶花纹。外底刮釉一圈。足径15.6厘米。

4019】TN18E3 ⑤S：17，碗底残片。内底刻划菊花纹。釉色青绿。外底刮釉一圈。残高5.6厘米。

4020】TN18E3 ⑤S：18，碗圈足残片。内底剔刻荷花及篦划纹。釉色青灰。外底刮釉一圈。足径26.4厘米。

4018〗TN17E5①：84（茶花纹，明中期）

4019〗TN18E3⑤S：17（菊花纹，明中期）

图 6-6　内底刻划花

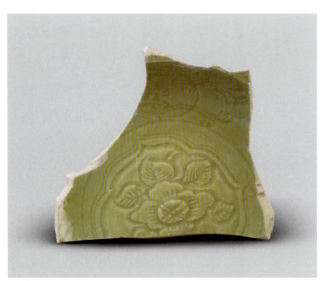

4018〗TN17E5①：84（内底刻划茶花纹，明中期）

4020〗TN18E3⑤S：18（内底剔刻荷花纹，明中期）

三　戳印印花装饰

　　戳印印花装饰是龙泉窑的主要装饰手段，常见于普通民用瓷器的碗、盘、碟、洗、炉、盖、高足杯等器物中。戳印印花装饰的表现形式一般有三种，其一是阴纹印花，纹饰主体或主体轮廓凹于器物底面。其二是阳纹印花，纹饰主体或主体轮廓凸于器物底面。其三是纹饰主体轮廓或主要线条有凹有凸，纹饰主体和器物底面基本持平，如金刚杵纹和葵花纹。本文器物描述中将能准确判断为阴纹印花或阳纹印花的都已明确说明，第三种表现形式或纹饰比较模糊不能准确判断的都称为戳印印花，本章节所指的戳印印花装饰则是涵盖了这三种形式。此外，戳印印花装饰有时也称为模印印花装饰，本文为区别于整体模制的印花装饰，故称为戳印印花装饰。

　　龙泉窑青瓷中的戳印印花装饰从元代中晚期开始大量出现，题材主要有牡丹、菊花、茶花、金刚杵等。明代早期戳印阴纹印花比较盛行，纹饰题材丰富，主要有牡丹、菊花、茶花、金刚杵、勾叶牡丹、葵花、海棠、双鱼、飞马等。明中期以后题材更加丰富多样。同种题材时代差异明显，表明戳印印模的使用年限较短，其原因之一可能是因为印花装饰需要和釉层的厚薄相适应，所以需要不断地摸索使用技术。为便于叙述，戳印印花纹样按时代编号：m1~m49 元代纹样；m50~m100 元末明初纹样；m101~m200 明代早期纹样；m201 以后为明代中期纹样。

（一）牡丹纹样

①元代纹样

m1. 曲枝。如：

498〗TN8E3 ⑧：13，D Ⅱ 盘。

m2. 折枝。如：

295〗TN12W3 ⑤ N：60，Bb Ⅰ 盘。

m3. 直枝。如：

363〗TN8W3 ③ N：33，Ca Ⅱ 盘。

m4. 两侧各有一朵小花。如：

4021〗TN14W3 ④ N：29，盘圈足残片。素烧。足径 18.8 厘米。

m5. 花蕊上单片叶子。如：

493〗TN8W3 ①：29，D Ⅱ 盘；298〗TN16W3 ⑦：84，Bb Ⅱ 盘。

m6. 花芯中有"吉利"二字。如：

4022〗TN8E3 ②：5，盘圈足残片。釉色青绿。外底刮釉一圈。足径 16 厘米。

m7. 花芯中有"福"字。如：

416〗TN10W6 ③ a：16，Cb Ⅰ 盘。

4023〗TN10W3 ②：23，盘圈足残片。釉色青黄。外底无釉。足径 20 厘米。

m8. 牡丹下曲枝。如：

417〗TN12W3 ④ N：27，Cb Ⅰ 盘。

4024〗TN10W6 ①：2，盘圈足残片。釉色青灰。外底刮釉一圈。足径 18.8 厘米。

m9. 双牡丹。如：

234〗TN18E9 ①：9，A Ⅴ 盘。

m10. 牡丹下三片叶子。如：

495〗TN12W3 ⑤ N：65，D Ⅱ 盘。

m11. 牡丹下单片叶子。如：

494〗TN8W3 ③ N：53，D Ⅱ 盘。

m12. 牡丹纹下有只小兔子。如：

4025〗TN8W3 ③ N：20，盘圈足残片。釉色青绿。刮釉一圈。足径 15.6 厘米。

m13. 花芯中有"陈"字。如：

4026〗TN17E5 ①：67，盘圈足残片。釉色青绿。外底刮釉一圈。足径 22 厘米。

m14. 有侧花。如：

4023〗TN10W3②：23（牡丹纹m7）

4024〗TN10W6①：2（牡丹纹m8）

4026〗TN17E5①：67（牡丹纹m13）

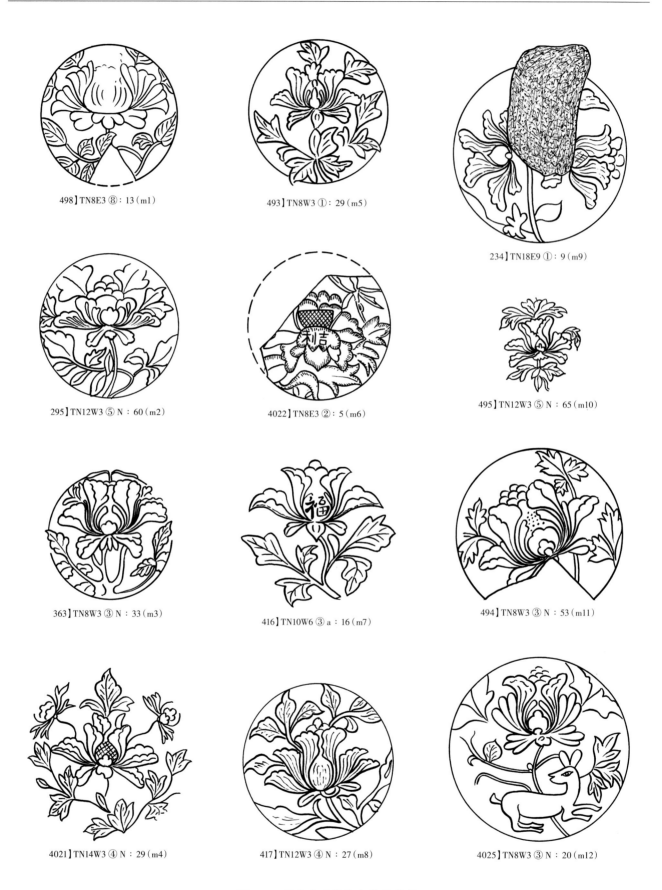

498〕TN8E3 ⑧：13（m1）　　　493〕TN8W3 ①：29（m5）

234〕TN18E9 ①：9（m9）

295〕TN12W3 ⑤ N：60（m2）　　4022〕TN8E3 ②：5（m6）

495〕TN12W3 ⑤ N：65（m10）

363〕TN8W3 ③ N：33（m3）

416〕TN10W6 ③ a：16（m7）

494〕TN8W3 ③ N：53（m11）

4021〕TN14W3 ④ N：29（m4）　　417〕TN12W3 ④ N：27（m8）

4025〕TN8W3 ③ N：20（m12）

图 6-7　元代中晚期戳印牡丹纹样

4026〗TN17E5①：67(m13)

294〗TN8E3⑥b：15(m14)

12〗TN15E4⑳：4(m50)

4027〗TN8E3⑥b：23
(m15)

10〗TN12W3③N：5(m51)

4028〗TN17E5①：70(m16)

图6-8　元代中晚期及元末明初戳印牡丹纹样

294〗TN8E3⑥b：15，BbⅠ盘。

m15.右曲枝。如：

4027〗TN8E3⑥b：23，盘圈足残片。釉色青绿。外底刮釉一圈。足径16.8厘米。

m16.直枝，顶有三叶。如：

4028〗TN17E5①：70，盘圈足残片。内壁刻菊瓣纹，内底内凹，周边有一凹圈，内心戳印牡丹纹。釉色青灰。足端刮釉。足径12.4厘米。

②元末明初纹样

m50.右曲枝，顶有三叶。如：

12〗TN15E4⑳：4，AⅣ碗；69〗TN16W3⑨a：40，AV碗；573〗TN12W3③S：24，FⅡ盘；649〗TN7W1④：41，Ba洗。

m51.右曲枝，叶似鸡爪。如：

10〗TN12W3③N：5，AⅣ碗。

③明代早期纹样

m101.下方有三片叶子，中间叶子右撇，花蕊两侧有叶子。如：

311〗TN16W3⑥a：81，BbⅡ盘；425〗TN16W3⑥a：54，CbⅡ盘；468〗TN16W3⑤：56，CbⅡ盘。521〗TN16W3⑤：65，DⅢ盘；1023〗TN16W3⑨a：16，AaⅢ罐盖。

m102.下方三片叶子，花蕊顶上有叶子。如：

453〗TN14W3⑤N：18，CbⅡ盘。

m103.下方三片叶子，花蕊上有朵小花，两侧为单叶。如：

240〗TN12W3⑤N：40，AⅥ盘；452〗TN14W3⑨N：13，CbⅡ盘；510〗TN10W3⑥N：11，DⅢ盘。

m105.左边一个花骨朵，顶部一朵小牡丹。如：

430〗TN17E5①：43，CbⅡ盘；532〗TN16W3⑬：26，DⅢ盘；967〗TN12W3③S：35，DaⅠ炉。

m106.下一段长枝和两片叶子，上方有单片叶子。如：

301〗TN16W3⑥a：32，BbⅡ盘；310〗TN18E9①：14，BbⅡ盘；454〗TN12W3⑤N：48，CbⅡ盘；504〗TN12W3④N：24，DⅡ盘。

4029〗TN10W3③N：51，盘圈足残片。釉色青绿。外底刮釉一圈。足径11.6厘米。

m107.有"月季"字样。如：

427〗TN16W3⑫：3，CbⅡ盘。仅见"季"字。有月，

4029〗TN10W3③N：51（牡丹纹m106）

4031〗TN10W3东扩⑥c：6（牡丹纹m109）

4032〗TN16W3⑤：80（牡丹纹m110）

没画出来。

m108.花蕊上有一朵小花，还有个"吉"字。如：

4030〗TN10W3东扩⑥a：17，盘圈足残片。釉色青绿。外底刮釉一圈。足径11.4厘米。

m109.下枝干左折，上方有两叶子，右侧有一"正"字。如：

608〗TN15E4⑲：1，GaⅢ盘。

4031〗TN10W3东扩⑥c：6，碗圈足残片。釉色青灰。外底无釉。足径6.2厘米。

m110.双牡丹，枝干单线。如：

303〗TN16W3⑦：32，BbⅡ盘；426〗TN16W3⑪：3，CbⅡ盘。

4032〗TN16W3⑤：80，盘圈足残片。釉色青绿。刮釉一圈。足径18.4厘米。

m111.双牡丹。如：

304〗TN16W3④：71，BbⅡ盘。

m112.下有二片叶子。如：

519〗TN14W3⑤N：25，DⅢ盘；560〗TN14W3①：10，EⅢ盘。

m113.下有三片叶子。如：

299〗TN16W3⑨a：43，BbⅡ盘；424〗TN16W3⑤：58，CbⅡ盘。

m114.花蕊上有小牡丹。如：

432〗TN14W3⑤N：2，CbⅡ盘。

m115.下方有四片叶子。如：

428〗TN16W3⑬：16，CbⅡ盘；530〗TN16W3⑩：11，DⅢ盘。

m116.左曲枝，顶上三片叶子。如：

431〗TN14W3⑤N：10，CbⅡ盘；517〗TN12W3⑦S：3，DⅢ盘。

m117.双牡丹，枝干双线。如：

434〗TN16W3②：35，CbⅡ盘；522〗TN14W3④N：24，DⅢ盘。

m118.下有四片叶子。如：

512〗CH1：4，DⅢ盘。

m119.花蕊上有朵小花。如：

243〗TN16W3⑨a：28，AⅥ盘；529〗TN14W3⑤N：27，DⅢ盘。

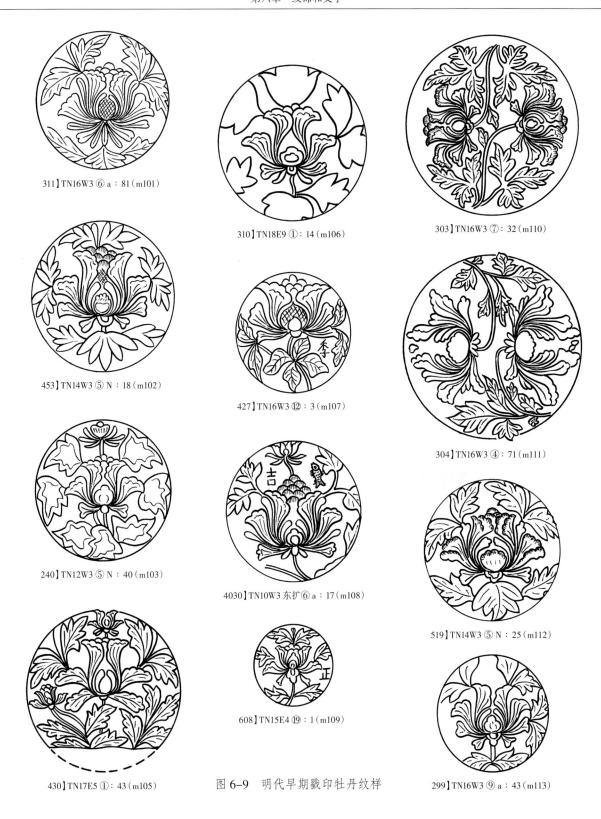

311〗TN16W3⑥a：81（m101）

310〗TN18E9①：14（m106）

303〗TN16W3⑦：32（m110）

453〗TN14W3⑤N：18（m102）

427〗TN16W3⑫：3（m107）

304〗TN16W3④：71（m111）

240〗TN12W3⑤N：40（m103）

4030〗TN10W3东扩⑥a：17（m108）

519〗TN14W3⑤N：25（m112）

430〗TN17E5①：43（m105）

608〗TN15E4⑲：1（m109）

图6-9　明代早期戳印牡丹纹样

299〗TN16W3⑨a：43（m113）

m120.下有单片叶子。如：

4033〗TN17E5①：78，盘圈足残片。釉色青灰。外底刮釉一圈。足径11.4厘米。

m121.左曲枝，花蕊上有小花。如：

4034〗TN16W3③：36，盘圈足残片。釉色青灰。外底刮釉，底心点釉。足径9.8厘米。

432〕TN14W3 ⑤ N：2（m114）

512〕CH1：4（m118）

520〕TN14W3 ④ N：25（m123）

428〕TN16W3 ⑬：16（m115）

243〕TN16W3 ⑨ a：28（m119）

4035〕TN12W3 ⑤ N：67（m124）

431〕TN14W3 ⑤ N：10（m116）

4034〕TN16W ③：36（m121）

16〕TN14W3 ④ W：1（m127）

434〕TN16W3 ②：35（m117）

518〕TN12W3 ⑦ S：5（m122）

4036〕TN15E4 ⑱：22（m128）

605〕CH1：2（m125）

15〕TN16W3 ②：20（m126）

4037〕TN16W3 ⑥ b：8（m129）

572〕TN12W3 ⑥ N：16（m130）

4038〕TN12W3 ⑤ N：3（m131）

图 6-10　明代早期戳印牡丹纹样

4033〗TN17E5①：78（牡丹纹m120）

4036〗TN15E4⑱：22（牡丹纹m128）

4037〗TN16W3⑥b：8（牡丹纹m129）

m122. 纹饰中有"山中人"字样。如：

518〗TN12W3⑦S：5，DⅢ盘。

m123. 顶上有两片叶子。如：

520〗TN14W3④N：25，DⅢ盘。

m124. 直枝，下有三片叶子。如：

4035〗TN12W3⑤N：67，盘圈足残片。釉色青灰。外底刮釉一圈。足径10.6厘米。

m125. 直枝。如：

605〗CH1：2，GaⅢ盘。

m126. 直枝。如：

15〗TN16W3②：20，AⅤ碗。

m127. 左曲枝。如：

16〗TN14W3④W：1，AⅤ碗。

m128. 曲枝，顶部两片叶子。如：

4036〗TN15E4⑱：22，碗圈足残片。釉色黄。外底无釉。足径6.2厘米。

m129. 左曲枝。如：

4037〗TN16W3⑥b：8，碗圈足残片。釉色青绿。外底刮釉一圈，底部粘有瓷质垫具，垫具下粘有泥饼。足径7.2厘米。

m130. 顶部有小花。如：

572〗TN12W3⑥N：16，FⅡ盘。

m131. 右曲枝。如：

4038〗TN12W3⑤N：3，碗圈足残片。釉色青灰。外底无釉。足径5.8厘米。

m132. 折枝。如：

433〗TN14W3⑤N：20，CbⅡ盘。花下有"字"。

④明代中期纹样

m201. 左下有三片叶子，花蕊上为两片叶子。如：

316〗CH3：6，BbⅢ盘；371〗TN15E4⑦：22，CaⅣ盘；429〗TN16W3⑥b：15，CbⅡ盘；615〗TN15E4⑦：28，GaⅣ盘。

4039〗TN16W3⑥b：32，盘圈足残片。釉色青绿。外底刮釉一圈。足径11.6厘米。

m202. 直枝，花中有"山中人"字样。

此种印纹出土极多。中期标本如：

159〗TN18E7①：3，L碗；251〗TN15E4⑪：43，AⅦ盘；265〗TN15E4⑬：14，AⅦ盘；320〗TN15E4⑪：40，BbⅢ盘；368〗TN15E4⑪：52，CaⅣ盘；472〗TN15E4⑫：22，

CbⅢ盘；550】TN15E4⑮：45，DⅣ盘；614】TN10W1⑤：11，GaⅣ盘；1064】TN15E4⑮：58，AbⅢ罐盖；1082】TN15E4⑩：32，AbⅢ罐盖。

4040】TN16W3⑤：81，盘圈足残片。釉色青绿。外底刮釉一圈。足径14.2厘米。

m203. 下三片叶子，花蕊上方两片叶子。如：

250】TN15E4⑦：20，AⅦ盘；278】TN15E4⑦：14，AⅦ盘；315】TN18E3②：14，BbⅢ盘；328】TN15E4⑮：31，BbⅢ盘；382】TN17E5①：30，CaⅣ盘；470】TN14W3①：36，CbⅢ盘；619】TN18E3②：32，GaⅣ盘；972】TN15E4①：87，DaⅡ炉；985】TN15E4⑦：6，DaⅡ炉；1079】TN15E4⑮：1，AbⅢ罐盖；1083】TN15E4⑮：59，AbⅢ罐盖；1106】TN15E4⑫：34，Ac罐盖。

m204. 下有三片叶子，花蕊上两片叶子，花芯中有倒“陈”字。如：

155】TN15E4⑮：16，LⅡ碗；258】TN15E4⑮：49，AⅦ盘；263】TN15E4⑥：6，AⅦ盘；326】TN15E4⑪：41，BbⅢ盘；374】TN15E4⑯：21，CaⅣ盘；509】TN16W3④：49，DⅢ盘；983】TN15E4⑫：30，

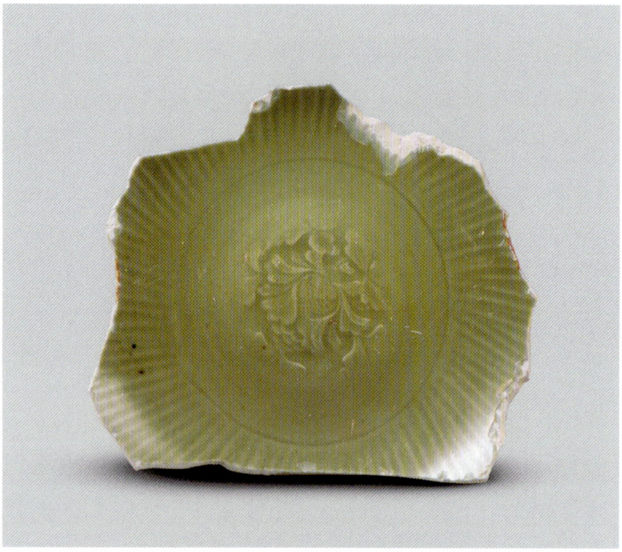

4039】TN16W3⑥b：32（牡丹纹m201）

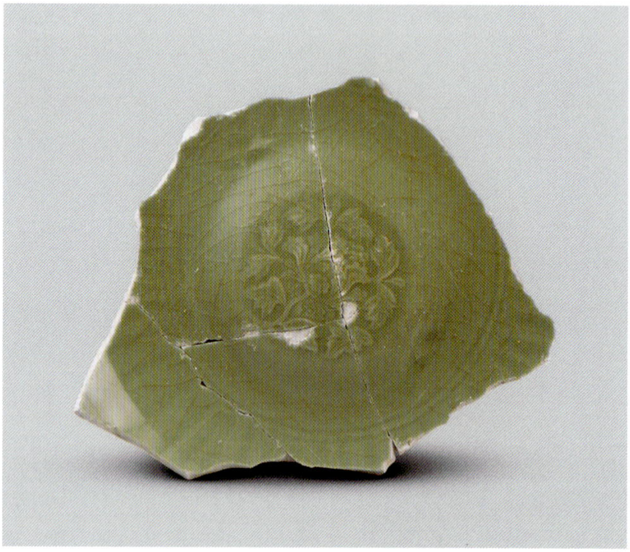

4040】TN16W3⑤：81（牡丹纹m202）

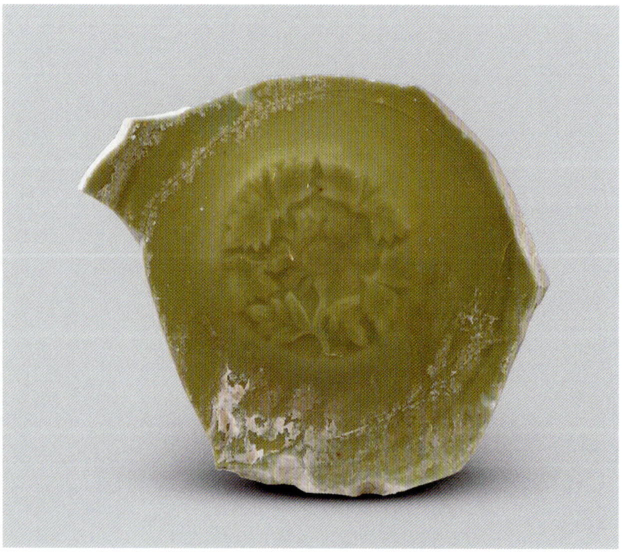

4041】TN17E5①：76（牡丹纹m205）

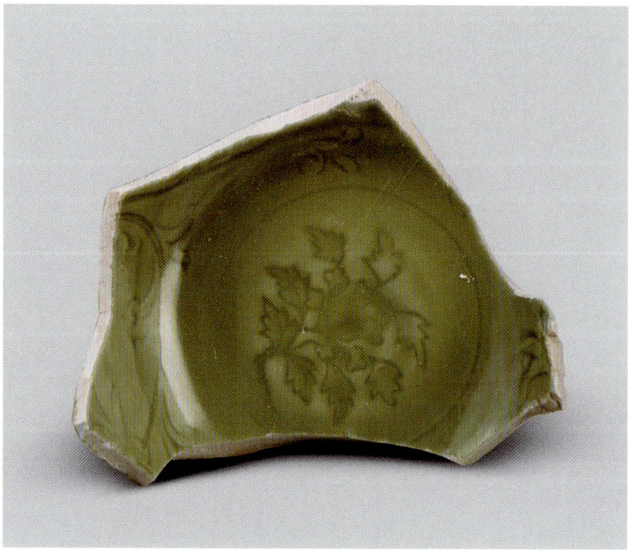

4042】TN18E7①：2（牡丹纹m206）

DaⅡ炉。

m205. 曲枝，有两片叶子，花芯中有“陈”字。如：

279】TN17E5①：180，AⅦ盘；471】TN15E4⑫：21，CbⅢ盘；1073】TN15E4⑮：2，AbⅢ罐盖；1080】TN8E3⑥a：10，AbⅢ式罐盖；1112】TN17E5①：131，Ad罐盖；984】TN15E4⑮：52，DaⅡ炉。

4041】TN17E5①：76，盘圈足残片。釉色青绿。外底刮釉一圈。足径12.4厘米。

m206. 阴纹，右曲枝。如：

248】TN15E4⑤S：11，AⅦ盘；264】TN15E4⑪：45，AⅦ盘；280】TN18E3④S：13，AⅦ盘；327】TN15E4⑫：15，BbⅢ盘；375】TN17E5①：29，CaⅣ盘；547】TN18E3②：28，DⅣ盘；973】TN15E4⑤S：16，DaⅡ炉。

4042】TN18E7①：2，盘圈足残片。釉色青绿。外底刮釉。足径11.24厘米。

m207. 下有二片叶子。如：

266】TN17E5①：66，AⅦ盘；549】TN15E4⑬：21，DⅣ盘。

m208. 下有三叶，上有单叶。如：

302】TN12W3⑤N：68，BbⅡ盘；372】TN15E4①：72，CaⅣ盘；1065】TN15E4⑪：12，AbⅢ罐盖。

m209. 右折枝。如：

341】TN8W1③：7，BbⅢ盘。

4043】TN18E3⑥S：37，盘圈足残片。釉色青绿。外底刮釉一圈。足径15.6厘米。

m210. 有竖文“大吉大利”。如：

262】TN10W1⑥：7，AⅦ盘；339】TN8W3①：11，BbⅢ盘；1091】TN15E4⑮：61，AbⅢ罐盖。

m211. 两侧有小牡丹。如：

321】TN15E4④S：16，BbⅢ盘。

m212. 两侧有小花。如：

531】TN17E5①：64，DⅢ盘，有“用”字。

4044】TN17E5①：77，盘圈足残片。釉色青绿。外底刮釉一圈。足径14.6厘米。

m213. 叶似鸡爪印。如：

373】TN15E4⑮：40，CaⅣ盘。

4045】TN15E4⑪：26，碗圈足残片。釉色青灰。外底无釉。足径5.8厘米。

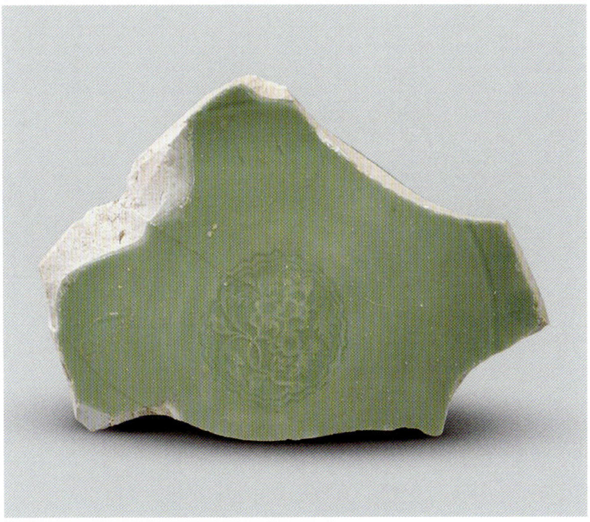

4043】TN18E3⑥S：37（牡丹纹m209）

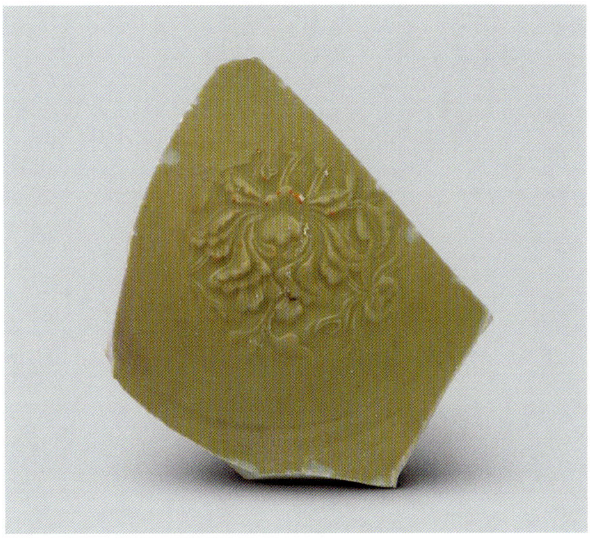

4044】TN17E5①：77（牡丹纹m212）

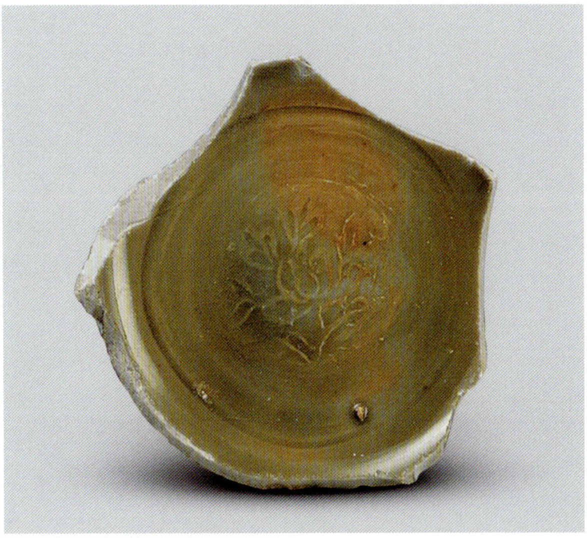

4045】TN15E4⑪：26（牡丹纹m213）

433〕TN14W3 ⑤ N：20（m132）

155〕TN15E4 ⑮：16（m204）

302〕TN12W3 ⑤ N：68（m208）

316〕CH3：6（m201）

279〕TN17E5 ①：180（m205）

341〕TN8W1 ③：7（m209）

159〕TN18E7 ①：3（m202）

248〕TN15E4 ⑤ S：11（m206）

262〕TN10W1 ⑥：7（m210）

250〕TN15E4 ⑦：20（m203）

266〕TN17E5 ①：66（m207）

321〕TN15E4 ④ S：16（m211）

图 6-11　明代早期及中期戳印牡丹纹样

4046 】TN17E5①：71（牡丹纹m214）

4048 】TN10W1⑥：9（牡丹纹m219）

4053 】TN12W3④S：11（牡丹纹m229）

m214. 内有"月"字。如：

1077 】TN17E5 ① ：136，Ab Ⅲ 罐盖。

4046 】TN17E5 ① ：71，盘圈足残片。釉色青绿。外底刮釉，底心点釉。足径 12 厘米。

m215. 曲枝。如：

628 】TN8W3 ① ：26，Gb 盘。

m216. 枝下连叶尖。如：

383 】TN18E4 ① ：5，Ca Ⅳ 盘。

m217. 下方有四叶，上方有两叶，和 m114 接近。如：

469 】TN12W3 ④ W ：9，Cb Ⅲ 盘。

m218. 阴印，直枝，顶有两叶，和 m206 接近。花心内似有"东"字。如：

4047 】TN12W3 ④ W ：13，盘圈足残片。釉色淡青。外底刮釉一圈。足径 16 厘米。

m219. 右曲枝。如：

4048 】TN10W1 ⑥ ：9，盘圈足残片。釉色青绿。外底刮釉。足径 11.4 厘米。

m220. 叶分三瓣。如：

4049 】TN17E5 ① ：73，盘圈足残片。釉色青绿。外底刮釉一圈。足径 12.4 厘米。

m221. 有"记"字。如：

1063 】TN7W2 ③ ：4，Aa Ⅲ 罐盖。

m222. 左曲枝，顶有三叶。如：

79 】TN15E4 ④ S ：4，A Ⅵ 碗；267 】TN15E4 ⑬ ：15，A Ⅶ 盘；617 】TN18E5 ③ N ：14，Ga Ⅳ 盘。

m223. 下有三叶，顶部两叶。如：

249 】TN7W1 ⑤ ：1，A Ⅶ 盘；268 】TN18E3 ③ S ：56，A Ⅶ 盘。

m225. 右曲枝。如：

566 】TN10W1 ⑤ ：10，E Ⅲ 盘。

m226. 下垂叶。如：

4051 】TN14W3 ② ：5，盘圈足残片。釉色青绿。外底刮釉一圈。足径 10.4 厘米。

m227. 下三叶。如：

4052 】TN15E4 ⑯ ：28，盘圈足残片。釉色青绿。外底刮釉一圈。足径 16.4 厘米。

m228. 叶似鸡爪印。如：

80 】TN15E4 ⑪ ：29，A Ⅵ 碗。

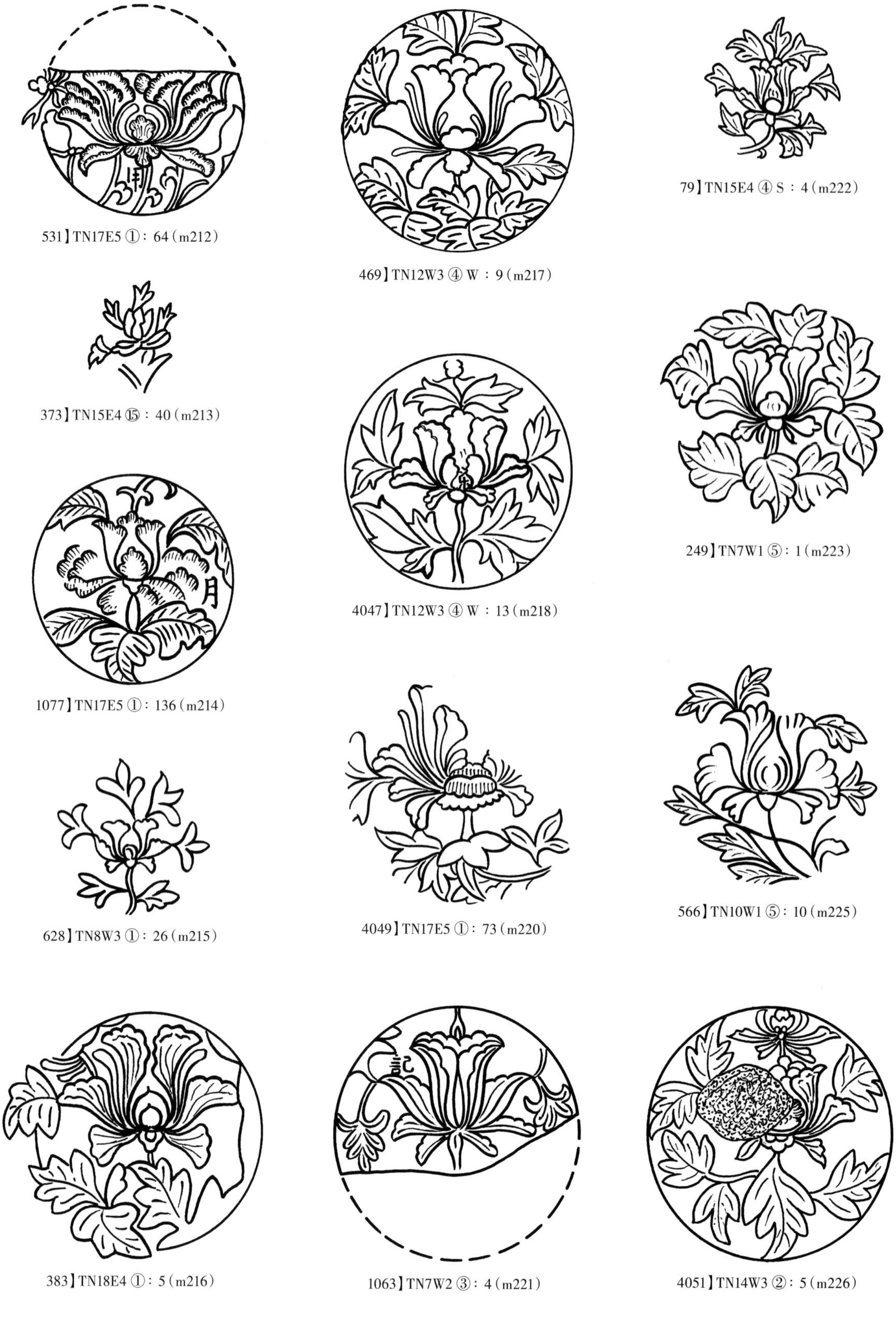

531】TN17E5 ①：64（m212）

469】TN12W3 ④ W：9（m217）

79】TN15E4 ④ S：4（m222）

373】TN15E4 ⑮：40（m213）

4047】TN12W3 ④ W：13（m218）

249】TN7W1 ⑤：1（m223）

1077】TN17E5 ①：136（m214）

628】TN8W3 ①：26（m215）

4049】TN17E5 ①：73（m220）

566】TN10W1 ⑤：10（m225）

383】TN18E4 ①：5（m216）

1063】TN7W2 ③：4（m221）

4051】TN14W3 ②：5（m226）

图 6-12 明代中期戳印牡丹纹样

4052〗TN15E4⑯：28（m227）

80〗TN15E4⑪：29
（m228）

4053〗TN12W3④S：11
（m229）

655〗TN7W1④：40
（m230）

图 6–13　明代中期戳印牡丹纹样

m229. 上左侧有小花。如：

4053〗TN12W3④S：11，碗圈足残片。釉色青灰。外底无釉。足径 6 厘米。

m230. 顶两叶。如：

655〗TN7W1④：40，CaⅡ洗。

（二）勾叶牡丹纹

似牡丹，叶尖勾曲。

①元代中晚期纹样

m1. 曲枝。如：

4054〗TN10W6③b：2，盘圈足残片。釉色青黄。外底刮釉一圈。足径 15.6 厘米。

②明代早期纹样

m101. 牡丹下交叉折枝，花蕊上是一长枝叶花骨朵。如：

19〗TN14W3⑨N：5，AⅤ碗；22〗TN16W3⑥b：9，AⅤ碗；436〗TN16W3④：40，CbⅡ盘；511〗TN10W3 东扩⑥c：10，DⅢ盘；574〗TN16W3⑥b：1，FⅡ盘；575〗TN16W3⑦：82，FⅡ盘；606〗TN16W3⑧：12，GaⅢ盘；714〗TN16W3⑨a：21，AaⅡ高足杯；911〗TN12W3⑥S：27，CaⅣ炉。

4054+〗TN12W3③S：41，圈足碗残片。釉色黄，外底无釉。足径 6 厘米。

m102. 有"太原"二字。如：

435〗TN16W3④：35，CbⅡ盘；523〗TN16W3⑬：23，DⅢ盘。

m103. 阳印双花。如：

306〗TN14W3⑤N：31，BbⅡ盘；437〗TN10W3 东扩⑥a：12，CbⅡ盘。

m104. 向左折枝，左上角有朵小牡丹。如：

305〗TN10W3 东扩⑥a：10，BbⅡ盘；455〗TN14W3④N：5，CbⅡ盘；516〗TN12W3⑥N：12，DⅢ盘。

4055〗TN12W3⑤S：8，盘圈足残片。釉色青绿。外底刮釉一圈。足径 11.4 厘米。

m105. 左折枝。如：

21〗TN10W3③S：19，AⅤ碗。

4056〗TN12W3④N：13，碗圈足残片。釉色黄。外底无釉。足径 6.4 厘米。

m106. 右折枝。如：

20〗TN16W3⑪：44，AⅤ碗。

m107. 顶两叶。如：

4054+〗TN12W3 ③ S：41（勾叶牡丹纹m101）

4055〗TN12W3 ⑤ S：8（勾叶牡丹纹m104）

4056〗TN12W3 ④ N：13（勾叶牡丹纹m105）

4057〗TN12W3 ③ N：2（勾叶牡丹纹m107）

4058〗TN17E5 ① ：6（勾叶牡丹纹m109）

4059〗TN16W3 ⑤：45（勾叶牡丹纹m110）

4054】TN10W6③b：2（m1）

4056】TN12W3④N：13（m105）

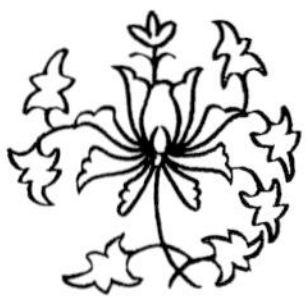

19】TN14W3⑨N：5（m101）

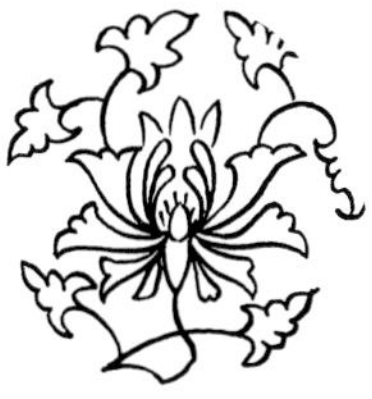

20】TN16W3⑪：44（m106）

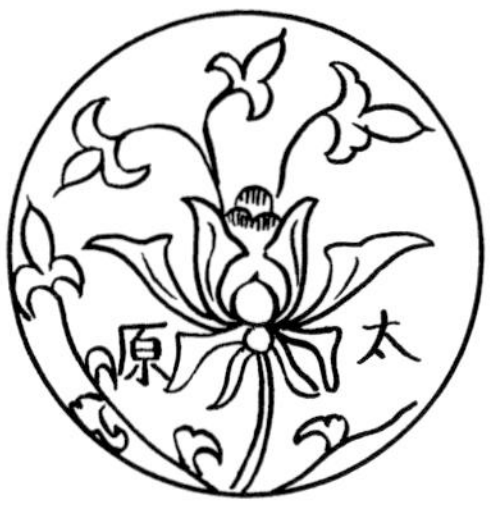

435】TN16W3④：35（m102）

4057】TN12W3③N：2（m107）

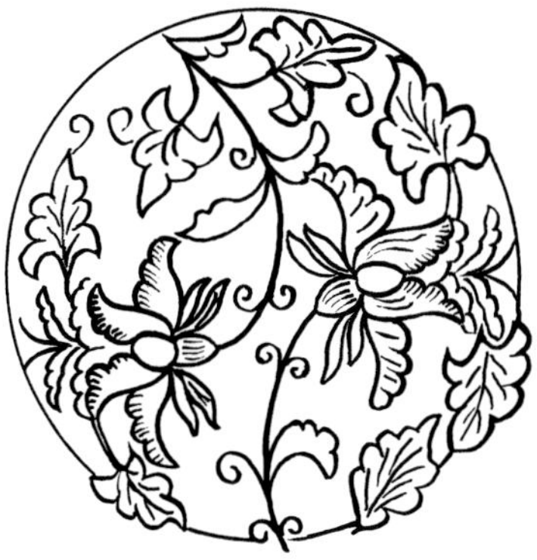

306】TN14W3⑤N：31（m103）

18】TN12W3③N：4（m108）

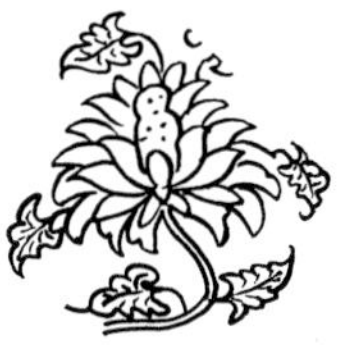

17】TN10W3③S：20（m109）

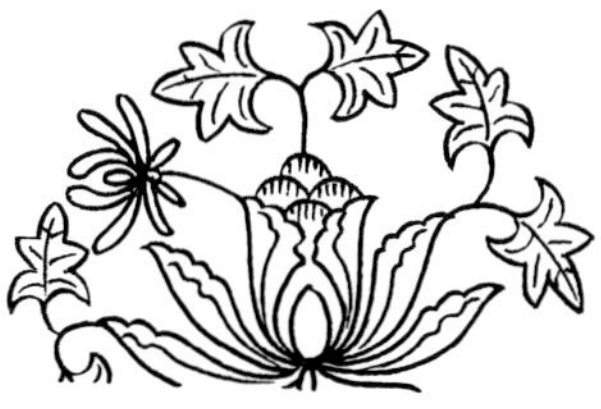

305】TN10W3东扩⑥a：10（m104）

4059】TN16W3⑤：45（m110）

图6-14　元代中晚期、明代早期戳印勾叶牡丹纹样

4057】TN12W3③N：2，碗圈足残片。釉色黄。外底无釉。足径6.5厘米。

m108. 右曲枝。如：

18】TN12W3③N：4，AⅤ碗。

m109. 左折枝。如：

17】TN10W3③S：20，AⅤ碗。

4058】TN17E5①：6，碗圈足残片。釉色青绿。外底刮釉。足径7.4厘米。

m110. 顶一花，左曲枝。如：

4059】TN16W3⑤：45，碗圈足残片。釉色青灰。足端及外底无釉。足径6.4厘米。

③明代中期纹样

m201. 右折枝，花芯中有“吉”字，花蕊上是一短枝花骨朵。如：

82】TN10W1⑥：1，AⅥ碗；386】TN18E3⑥S：34，CaⅣ盘；618】TN17E5①：55，GaⅣ盘。

m202. 右折枝，花芯中有“陈”字，花蕊上是一长枝叶花骨朵。如：

81】TN15E4⑪：5，AⅥ碗；385】TN15E4⑥：1，CaⅣ盘；595】CH1：7，FⅢ盘。

m204. 顶部两叶。如：

4060】TN14W3⑤N：32，碗圈足残片。釉色黄。外底无釉。足径6.2厘米。

m205. 右曲枝。如：

384】TN18E3③N：5，CaⅣ盘。

m206. 左粗枝。如：

4061】TN17E5①：68，盘圈足残片。釉色青绿。外底刮釉一圈。足径约16厘米。

m207. 右折枝。如：

122】TN15E4⑮：11，FⅣ碗。

m209. 右曲枝。如：

143】TN18E3④N：6，K碗。

m210. 左曲枝。如：

83】TN15E4⑯：8，AⅥ碗。

m211. 直枝。如：

4062】TN18E3③S：55，圈足。釉色青绿。外底心刮釉。足径7.6厘米。

m212. 右曲枝。如：

4063】TN8E3⑧：10，圈足。釉色青灰。外

4060】TN14W3 ⑤ N：32（勾叶牡丹纹m204）

4062】TN18E3 ③ S：55（勾叶牡丹纹m211）

4064】TN17E5 ①：83（勾叶牡丹纹m214）

4065】TN15E4 ⑱：20（勾叶牡丹纹m215）

底刮釉。足径 6.2 厘米。

　　m213. 右曲枝。如：

596】TN7W2 ④：2，FⅢ盘。

　　m214. 折枝。如：

4064】TN17E5 ①：83，盘圈足残片。釉色青灰。粘有垫具。足径 13.2 厘米。

　　m215. 阴印双花。如：

4065】TN15E4 ⑱：20，碗圈足残片。釉色青灰。外底无釉，粘有垫饼。足径 5.9 厘米。

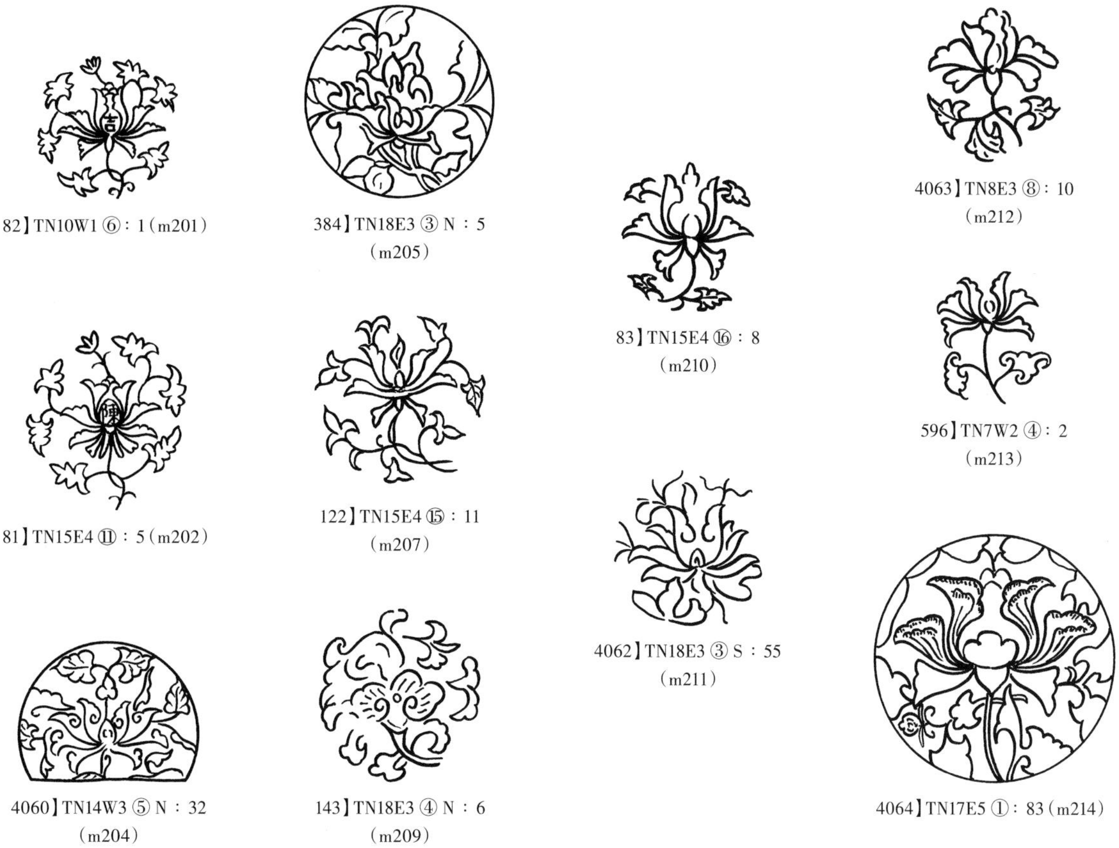
82】TN10W1⑥：1（m201）
384】TN18E3③N：5（m205）
83】TN15E4⑯：8（m210）
4063】TN8E3⑧：10（m212）
81】TN15E4⑪：5（m202）
122】TN15E4⑮：11（m207）
596】TN7W2④：2（m213）
4062】TN18E3③S：55（m211）
4060】TN14W3⑤N：32（m204）
143】TN18E3④N：6（m209）
4064】TN17E5①：83（m214）

图 6-15　明代中期戳印勾叶牡丹纹样

（三）荷花纹

多数带有莲叶，由于模印角度的不同，其中可能有些纹饰相同但未能分辨。

①元代中晚期纹样

m1. 有侧花。如：

500】TN10W3③S：25，DⅡ盘。

m2. 叶内翻。如：

499】TN8E3⑪：11，DⅡ盘。

m3. 双荷花。如：

4066】TN12W3③S：25，盘圈足残片。釉色青灰。足端刮釉。足径 11.8 厘米。

m4. 花芯中有一八思巴文字。如：

4067】TN12W3⑤N：72，盘圈足残片。釉色青灰。足端刮釉。足径 12.4 厘米。

m5. 叶平展。如：

4068】TN10W6⑤：18。足径 11 厘米。

m6. 莲瓣双线。如：

4069】TN12W3⑤N：25，碗圈足残片。釉色青。足端及外底无釉。足径 7.2 厘米。

m7. 花芯中有“卐”字。如：

4070】TN18E3③N：2，碗圈足残片。釉色青灰。足端及外底无釉。足径 6.1 厘米。

499】TN8E3⑪：11
（m2）

500】TN10W3③S：25（m1）

4068】TN10W6⑤：18（m5）

4066】TN12W3③S：25（m3）

4069】TN12W3⑤N：25（m6）

4067】TN12W3⑤N：72（m4）

4070】TN18E3③N：2（m7）

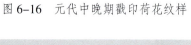

图6-16　元代中晚期戳印荷花纹样

4066】TN12W3③S：25（荷花纹m3）

4067】TN12W3⑤N：72（荷花纹m4）

4069】TN12W3⑤N：25（荷花纹m6）

4070】TN18E3③N：2（荷花纹m7）

4071】TN8W3③N：99（荷花纹m50）

4072】TN17E5①：93（荷花纹m101）

4073】TN14W3⑨N：4（荷花纹m108）

②元末明初纹样

m50. 右曲枝荷花莲叶纹。如：

26】TN16W3 ①：14，AⅤ碗；140】TN10W6 ③ a：20，HⅡ碗。

4071】TN8W3 ③ N：99，碗圈足残片。釉色青灰。足端及外底无釉。足径5.9厘米。

③明代早期纹样

m101. 有侧花，有莲蓬。如：

456】TN12W3 ⑤ N：41，CbⅡ盘。

4072】TN17E5①：93，盘圈足残片。釉色青灰。外底刮釉一圈。足径11.2厘米。

m102. 左曲枝。如：

439】TN16W3 ⑫：2，CbⅡ盘。

m103. 有侧花。如：

438】TN10W3 东扩⑥ c：7，CbⅡ盘。

m104. 莲瓣内加线。如：

913】TN12W3 ③ N：26，CaⅣ炉。

m105. 两侧各有一莲蓬，如：

23】TN16W3 ⑥ a：40，AⅤ碗。

m106. 左曲枝。如：

24】TN12W3 ④ W：3，AⅤ碗。

m107. 花中有一莲蓬，莲叶不清晰。如：

25】TN12W3 ⑥ S：8，AⅤ碗。

m108. 右曲枝。如：

4073】TN14W3 ⑨ N：4，碗圈足残片。釉色青绿。外底无釉。足径6厘米。

m109. 有侧花。如：

4074】TN8E3 ⑥ a：22，碗圈足残片。釉色青绿。外底无釉。足径8.8厘米。

m110. 两束荷花，对花对叶。如：

4075】TN7E1 ③：3，盘圈足残片。釉色青灰。外底刮釉一圈。足径11.6厘米。

m111. 顶上有小莲叶。如：

4076】TN16W3 ⑤：42，碗圈足残片。釉色青绿。外底无釉，粘有一泥质垫饼。足径6.8厘米。

④明中期纹样

m201. 左曲枝。如：

85】TN15E4 ⑩：16，AⅥ碗；729】TN8W1 ③：12，AaⅢ式高足杯。

456】TN12W3 ⑤ N：41（m101）

913】TN12W3 ③ N：26（m104）

4073】TN14W3 ⑨ N：4（m108）

439】TN16W3 ⑫：2（m102）

23】TN16W3 ⑥ a：40（m105）

4074】TN8E3 ⑥ a：22（m109）

24】TN12W3 ④ W：3（m106）

4075】TN7E1 ③：3（m110）

438】TN10W3 东扩⑥ c：7（m103）

25】TN12W3 ⑥ S：8（m107）

4076】TN16W3 ⑤：42（m111）

图 6-17　明代早期戳印荷花纹样

4074】TN8E3⑥a：22（荷花纹m109）

4076】TN16W3⑤：42（荷花纹m111）

85】TN15E4⑩：16（m201）

86】TN15E4⑯：7（m202）

986】TN15E4⑮：53（m204）

342】TN18E3④S：19（BbⅢ盘）（m205）

124】TN15E4⑤S：3（m206）

87】TN18E3⑥S：26（m207）

84】TN14W3②：1（m212）

4079】TN15E4④S：9（m208）

329】TN10W3②：14（m203）

4080】TN12W3③S：45（m209）

4081】TN15E4⑯：6（m210）

4082】TN15E4⑮：9（m211）

4083】TN15E4⑧：3（m213）

4084】TN18E9①：1（m214）

图6-18　明代中期戳印荷花纹样

4077】TN17E5①：173，碗圈足残片。釉色淡青黄。足端和外底无釉。足径8厘米。

m202. 右曲枝，莲叶不清晰。如：

86】TN15E4⑯：7，AⅥ碗；387】TN15E4⑬：17，CaⅣ盘；728】TN14W7⑤：3，AaⅢ高足杯。

m203. 有水草。如：

329】TN10W3②：14，BbⅢ盘。

4078】TN15E4④S：24，盘圈足残片。釉色青绿，刮釉一圈。足径14.2厘米。

m204. 有小莲叶。如：

986】TN15E4⑮：53，DaⅡ炉。

m205. 左曲枝。如：

342】TN18E3④S：19，BbⅢ盘。

m206. 下有一水草叶。如：

124】TN15E4⑤S：3，FⅣ碗。

m207. 小荷花。如：

87】TN18E3⑥S：26，AⅥ碗。

m208. 小荷花。如：

4079】TN15E4④S：9，碗圈足残片。釉色青灰。外底无釉。足径5.6厘米。

m209. 小荷花。如：

4080】TN12W3③S：45，碗圈足残片。釉色青灰。足端及外底无釉。足径6.4厘米。

m210. 小荷花。如：

4081】TN15E4⑯：6，碗圈足残片。釉色青绿。外底无釉。足径6厘米。

m211. 顶上有小荷花。如：

4082】TN15E4⑮：9，碗圈足残片。釉色淡青。外底无釉。足径6厘米。

m212. 小荷花。如：

84】TN14W3②：1，AⅥ碗。

m213. 叶瘦长。如：

4083】TN15E4⑧：3，碗圈足残片。釉色青灰。外底无釉。足径5.6厘米。

m214. 双荷花双莲叶。如：

4084】TN18E9①：1，碗圈足残片。釉色青灰。足端及外底无釉。足径5.6厘米。

4077〗TN17E5①：173（荷花纹m201）

4078〗TN15E4④S：24（荷花纹m203）

4079〗TN15E4④S：9（荷花纹m208）

4080〗TN12W3③S：45（荷花纹m209）

4081〗TN15E4⑯：6（荷花纹m210）

4082〗TN15E4⑮：9（荷花纹m211）

4083〗TN15E4⑧:3（荷花纹m213）

4084〗TN18E9①:1（荷花纹m214）

4085〗TN8E3②:6（仰莲纹m106）

4086〗TN18E5③N:2（仰莲纹m107）

（四）仰莲纹

①明代早期纹样

m101.八瓣。如：

30〗TN10W3 东扩⑤a:8，AV碗。

m102.六瓣。如：

31〗TN14W3⑧N:1，AV碗。

m103.六瓣，中间有"中"字。如：

29〗TN14W3⑤N:12，AV碗。

m104.六瓣，中间有"贵"字。如：

27〗TN16W3⑥b:6，AV碗。

m105.六瓣，中间为圆形方孔。如：

28〗TN16W3⑧:3，AV碗。

m106.六瓣，中间有"福"字。如：

576〗TN12W3⑤N:63，FⅡ盘。

4085〗TN8E3②:6，碗圈足残片。釉色淡青灰。足端及外底无釉。足径6.2厘米。

m107.六瓣，中间有"酒"字。如：

4086〗TN18E5③N:2，碗圈足残片。釉色青黄。外底无釉，底心微凸。足径6.2厘米。

②明代中期纹样

m201.六瓣。如：

126〗y5:1，FⅣ碗；145〗TN18E3③N:1，K碗；344〗TN18E5①:4，BbⅢ盘；388〗TN7W1④:15，CaⅣ盘；731〗TN18E3④S:23，AaⅢ高足杯。

m202.三个六瓣仰莲纹。如：

30〗TN10W3 东扩⑤a：8
（m101）

28〗TN16W3⑧：3（m105）

126〗y5：1（m201）

288〗TN10W3③N：16（m206）

31〗TN14W3⑧N：1
（m102）

576〗TN12W3⑤N：63
（m106）

161〗TN15E4⑪：33（m203）

657〗TN8E3⑥b：19（m207）

29〗TN14W3⑤N：12
（m103）

4086〗TN18E5③N：2
（m107）

125〗TN15E4⑦：8（m204）

4089〗TN15E4⑫：12（m208）

146〗TN18E3③S：17（m209）

27〗TN16W3⑥b：6
（m104）

289〗TN18E5③N：3（m202）

4088〗TN16W3②：16
（m205）

图6-19 明代早期、明代中期戳印仰莲纹样

627〗TN7W1④：9（m210）

289〗TN18E5③N：3，DaⅦ盘；987〗TN15E4⑧：11，DaⅡ炉。

m203. 八瓣。如：

161〗TN15E4⑪：33，L碗；390〗TN15E4⑫：28，CaⅣ盘；730〗G7：4，AaⅢ高足杯。

4087〗TN15E4⑪：25，碗圈足残片。釉色淡青灰。外底无釉。足径5.8厘米。

m204. 八瓣。如：

125〗TN15E4⑦：8，FⅣ碗；343〗TN15E4⑤S：8，BbⅢ盘；354〗TN18E4①：4，BbⅢ盘；389〗TN15E4④S：20，CaⅣ盘。

m205. 八瓣。如：

4087〕TN15E4⑪：25（仰莲纹m203）

4089〕TN15E4⑫：12（仰莲纹m208）

4090〕TN17E5①：172（仰莲纹m209）

4088〕TN16W3②：16，碗圈足残片。釉色淡青。外底粘有垫具。足径6.2厘米。

m206. 曲花瓣。如：

288〕TN10W3③N：16，AⅦ盘。

m207. 八瓣，中心为一八思巴文。如：

657〕TN8E3⑥b：19，CbⅡ洗。

m208. 八瓣。如：

4089〕TN15E4⑫：12，碗圈足残片。釉色青黄。足端及外底无釉。足径5.8厘米。

m209. 八瓣。如：

146〕TN18E3③S：17，K碗。

4090〕TN17E5①：172，碗圈足残片。釉色青绿。外底粘有垫具。足径5厘米。

m210. 四瓣，有"八祖公用"字。如：

627〕TN7W1④：9，GaⅣ盘。

（五）菊花纹

①元代中晚期纹样

m1. 三朵。如：

296〕TN18E3②：35，BbⅠ盘；502〕TN8E3⑥b：13，DⅡ盘。

m2. 单菊。如：

501〕TN14W7⑦：23，DⅡ盘。

m3. 右曲枝。如：

4091〕TN12W3⑤N：69，盘圈足残片。釉色淡青。外底刮釉一圈。足径15厘米。

m4. 直枝，三朵菊。如：

4092〕TN12W3③S：28，盘圈足残片。釉色青绿。外底刮釉一圈。足径15.2厘米。

m5. 三朵菊花。如：

4094〕TN12W3⑤N：70，盘圈足残片。釉色青绿。足端刮釉。足径11.6厘米。

m6. 单菊，右曲枝。如：

496〕TN10W3①：12，DⅡ盘。

②元末明初纹样

m50. 勾叶，双菊。如：

13〕TN15E4㉑：4，AⅣ碗；577〕TN16W3⑦：81，FⅡ盘；602〕TN16W3⑥b：29，GaⅡ盘；603〕TN15E4⑲：2，GaⅡ盘。

m51. 双菊。如：

296】TN18E3②：35（m1）　　501】TN14W7⑦：23（m2）　　4092】TN12W3③S：28（m4）　　496】TN10W3①：12（m6）

图6-20　元代中晚期戳印菊花纹样

4091】TN12W3⑤N：69（菊花纹m3）　　　　　　　　4094】TN12W3⑤N：70（菊花纹m5）

14】TN16W3⑪：37，AⅣ碗。

m52.单菊。如：

4095】TN12W3③S：47，碗圈足残片。釉色青黄。足端及外底无釉。足径7厘米。

m53.单菊。如：

4096】TN7W1④：29，碗圈足残片。釉色青绿。足端及外底无釉。足径6.2厘米。

m54.单菊，左曲枝。如：

4097】TN14W3①：31，碗圈足残片。釉色青灰。足端及外底无釉。足径6厘米。

m55.单菊，右曲枝。如：

4098】TN15E4⑲：14，碗圈足残片。釉色青灰。足端及外底无釉。足径6.2厘米。

m56.双菊，左曲枝。如：

4099】TN18E4②：12，碗圈足残片。釉色青黄。足端及外底无釉。足径6.2厘米。

③明代早期纹样

m101.双菊，直枝分叉，有"桂林用"三字。此种纹样在明中期地层中也有发现。早期地层的标本如：

4095〗TN12W3③S：47（菊花纹m52）

4096〗TN7W1④：29（菊花纹m53）

4097〗TN14W3①：31（菊花纹m54）

4098〗TN15E4⑲：14（菊花纹m55）

13〗TN15E4㉑：4（m50）

14〗TN16W3⑪：37（m51）

4095〗TN12W3③S：47（m52）

4096〗TN7W1④：29（m53）

4097〗TN14W3①：31（m54）

4098〗TN15E4⑲：14（m55）

4099〗TN18E4②：12（m56）

图6-21 元末明初戳印菊花纹样

4100】TN17E5①：90（菊花纹m101）

4101】TN15E4⑮：4（菊花纹m102）

4102】TN10W3⑥N：15（菊花纹m105）

440】TN16W3⑨a：7，CbⅡ盘；525】TN12W3⑤N：54，DⅢ盘；1056】TN15E4㉓：22，AbⅡ式罐盖。

明中期地层标本，如：

551】TN15E4⑮：46，DⅣ盘；1108】TN15E4⑮：55，Ac罐盖。

4100】TN17E5①：90，盘圈足残片。釉色青灰。外底刮釉一圈。足径12.2厘米。

m102. 四朵菊花，茎秆左侧有一“陈”字。如：

459】TN15E4①：64，CbⅡ盘；1052】TN15E4㉓：25，AbⅡ罐盖；1055】TN8W1①：2，AbⅡ罐盖；1057】TN15E4⑱：1，AbⅡ罐盖；966】TN15E4①：85，DaⅠ炉。

4101】TN15E4⑮：4，盘圈足残片。素烧。足径11.9厘米。

m103. 该纹样和永乐九年纪年印模同。如：

457】TN14W3⑧N：6，CbⅡ盘。

m104. 曲枝，三朵菊。如：

526】TN16W3⑤：64，DⅢ盘。

m105. 双菊，直枝分叉。如：

524】TN14W3⑤N：23，DⅢ盘。

4102】TN10W3⑥N：15，盘圈足残片。釉色青绿，釉层较厚。外底刮釉一圈。足径14.2厘米。

m106. 双菊。如：

460】TN16W3④：43，CbⅡ盘。

m107. 单菊。如：

441】TN16W3②：38，CbⅡ盘。

m108. 单菊，左曲枝，有“吉”字。如：

36】TN16W3⑦：17，AⅤ碗；579】TN16W3⑥a：12，FⅡ盘；715】TN16W3⑥a：93，AaⅡ高足杯。

4103】TN8W1⑥：7，碗圈足残片。釉色青灰。外底无釉。足径5.6厘米。

m109. 单菊，顶单叶，右曲枝。如：

35】TN12W3④S：10，AⅤ碗。

m110. 单菊。如：

73】TN16W3①：6，AⅤ碗。

m111. 单菊。如：

33】TN15E4⑯：11，AⅤ碗。

m112. 单菊。如：

32】TN14W3④N：17，AⅤ碗。

m113. 三朵菊。如：

34】G8 ：1，AⅤ碗；70】TN16W3⑥b ：10，AⅤ碗。

m114. 单菊，右曲枝。如：

38】TN12W3⑥S ：9，AⅤ碗。

m115. 单菊，直枝。如：

307】TN12W3③S ：29，BbⅡ盘；479】TN12W3⑤N ：51，CbⅡ盘。

m116. 双菊。如：

66】TN14W3⑤N ：14，AⅤ碗；968】TN14W3⑤N ：35，DaⅠ炉。

4104】TN18E3③S ：57，盘圈足残片。釉色青绿。外底刮釉。足径10厘米。

m117. 双菊。如：

442】TN16W3④：9，CbⅡ盘。

m118. 单菊，似金刚杵。如：

37】TN18E4③N ：7，AⅤ碗；580】TN10W3东扩⑥b ：11，FⅡ盘；620】TN16W3②：53，GaⅣ盘。

m119. 单菊。如：

4105】TN12W3③S ：27，盘圈足残片。釉色青绿。外底刮釉一圈，底心点釉。足径11厘米。

m120. 单菊，右曲枝。如：

4106】TN16W3④：27，碗圈足残片。釉色黄。外底无釉。足径6.4厘米。

m121. 双叠菊，右曲枝。如：

4107】TN16W3⑨a ：39，碗圈足残片。釉色青灰。外底无釉。足径5.8厘米。

m122. 单菊，右曲枝。如：

4108】TN14W3⑧N ：2，碗圈足残片。釉色青灰。外底无釉。足径6.2厘米。

m123. 双叠菊，左曲枝。如：

578】TN12W3⑥S ：26，FⅡ盘。

m124. 双菊，右曲枝。如：

458】TN14W3⑨N ：14，CbⅡ盘。

④明代中期纹样

m201. 右曲枝，顶部有小菊。如：

261】TN15E4⑮：32，AⅦ盘；281】CH3 ：2，AⅦ盘；330】TN15E4⑧：6，BbⅢ盘；392】TN15E4①：63，CaⅣ盘；474】TN17E5①：32，CbⅢ盘；980】TN15E4

4103】TN8W1⑥：7（菊花纹m108）

4104】TN18E3③S：57（菊花纹m116）

4105】TN12W3③S：27（菊花纹m119）

440）TN16W3 ⑨ a：7（m101）

524）TN14W3 ⑤ N：23（m105）

33）TN15E4 ⑯：11（m111）

37）TN18E4 ③ N：7（m118）

32）TN14W3 ④ N：17（m112）

4105）TN12W3 ③ S：27（m119）

459）TN15E4 ①：64（m102）

460）TN16W3 ④：43（m106）

34）G8：1（m113）

4106）TN16W3 ④：27（m120）

457）TN14W3 ⑧ N：6（m103）

441）TN16W3 ②：38
（m107）

38）TN12W3 ⑥ S：9（m114）

4107）TN16W3 ⑨ a：39（m121）

36）TN16W3 ⑦：17
（m108）

4108）TN14W3 ⑧ N：2（m122）

35）TN12W3 ④ S：10
（m109）

66）TN14W3 ⑤ N：14（m116）

578）TN12W3 ⑥ S：26（m123）

526）TN16W3 ⑤：64
（m104）

73）TN16W3 ①：6（m110）

442）TN16W3 ④：9（m117）

图 6-22　明代早期
戳印菊花纹样

479）TN12W3 ⑤ N：51（m115）

458）TN14W3 ⑨ N：14（m124）

4106】TN16W3④：27（菊花纹m120）

4107】TN16W3⑨a：39（菊花纹m121）

4108】TN14W3⑧N：2（菊花纹m122）

⑭：1，DaⅡ炉；1109】TN15E4⑮：56，Ac型罐盖；1115】TN15E4⑮：54，Ae型罐盖。

m202. 单菊。如：

253】TN10W1②：10，AⅦ盘；270】TN18E3③S：28，AⅦ盘；473】TN12W3④S：1，CbⅢ盘；979】TN18E3⑤S：3，DaⅡ炉；988】TN15E4⑤N：6，DaⅡ炉；271】F1：15，AⅦ盘；396】TN18E5①：5，CaⅣ盘；963】TN7W1④：18，CbⅢ炉。

4109】TN17E5①：89，盘圈足残片。釉色青绿。外底刮釉一圈。足径13.6厘米。

m204. 双菊，纹饰外有“尚”字。如：

269】TN15E4⑬：16，AⅦ盘；318】TN15E4⑪：39，BbⅢ盘；395】TN18E4⑤S：8，CaⅣ盘。

4110】TN15E4①：79，盘圈足残片。釉色青绿。外底刮釉一圈。足径15.8厘米。

m205. 单菊，多重花瓣。如：

160】TN15E4⑤S：5，L碗；974】TN18E3③S：60，DaⅡ洗式炉。

4111】TN18E3③S：58，盘圈足残片。釉色青绿。外底刮釉一圈。足径10.4厘米。

m206. 三朵小菊花，有“上”字。如：

252】TN10W1②：9，AⅦ盘；345】TN18E7①：4，BbⅢ盘。

m207. 单菊，双曲枝。如：

1081】TN15E4④S：2，AbⅣ罐盖。

m208. 单菊，直枝。如：

376】TN15E4⑬：20，CaⅣ盘；1113】TN15E4⑤S：17，Ae罐盖。

m209. 双菊，左折枝。如：

322】TN15E4①：107，BbⅢ盘。

m210. 双菊。如：

475】TN17E5①：87，CbⅢ盘。

4112】TN17E5①：88，盘圈足残片。釉色青绿。外底刮釉一圈。足径10.8厘米。

m211. 双菊，左曲枝。如：

346】TN7W1③：7，BbⅢ盘；352】TN18E9①：4 BbⅢ盘。

m212. 单菊，曲枝。如：

282】TN18E3④S：14，AⅦ盘。

m213. 单菊花。如：

340】TN7W1 南扩④：5，BbⅢ盘。

m214. 单菊，左曲枝。如：

394】TN17E5①：86，CaⅣ盘。

4113】TN15E4①：55，碗圈足残片。釉色青灰。外底无釉。足径 5.8 厘米。

m215. 单菊，右曲枝。如：

391】TN10W3①：10，CaⅣ盘。

4114】TN12W3⑤N：28，碗圈足残片。釉色青灰。外底无釉。足径 6 厘米。

m216. 单菊。如：

104】TN18E3⑥S：27，AⅥ碗。

m217. 双菊。如：

88】TN12W3④W：4，AⅥ碗。

m218. 单菊，双曲枝。如：

4115】TN6W4③W：22，碗圈足残片。釉色青灰。外底无釉。足径 5.4 厘米。

m220. 单菊，双重瓣。如：

4116】TN12W3⑤N：31，碗圈足残片。釉色青灰。外底无釉。足径 6 厘米。

m221. 单菊，左曲枝，左侧有小花。如：

4117】TN16W3②：19，碗圈足残片。釉色青灰。外底无釉。足径 6.4 厘米。

m222. 单菊。如：

4118】TN15E4⑧：4，碗圈足残片。釉色青黄。外底无釉。足径 5.8 厘米。

m223. 双菊。如：

4119】TN15E4⑪：27，碗圈足残片。釉色青灰。外底无釉。足径 6 厘米。

m224. 双菊。如：

4120】TN15E4⑮：12，碗圈足残片。釉色青灰。外底无釉。足径 6 厘米。

m225. 双菊，曲枝。如：

4121】TN17E5①：8，碗圈足残片。釉色青绿。足端及底部无釉。足径 6 厘米。

m226. 双菊。如：

4122】TN17E5①：5，碗圈足残片。釉色青灰。外底无釉。足径 6 厘米。

m227. 单菊。如：

4109】TN17E5①：89（菊花纹m202）

4110】TN15E4①：79（菊花纹m204）

4111】TN18E3③S：58（菊花纹m205）

4112】TN17E5①:88（菊花纹m210）

4113】TN15E4①:55（菊花纹m214）

4114】TN12W3⑤N:28（菊花纹m215）

4115】TN6W4③W:22（菊花纹m218）

4116】TN12W3⑤N:31（菊花纹m220）

4117】TN6W3②:19（菊花纹m221）

4119】TN15E4⑪：27（菊花纹m223）

4120】TN15E4⑮：12（菊花纹m224）

4121】TN17E5①：8（菊花纹m225）

4122】TN17E5①：5（菊花纹m226）

4123】TN18E3③S：18（菊花纹m227）

4126】TN15E4⑯：10（菊花纹m230）

261】TN15E4 ⑮：32（m201）

160】TN15E4 ⑤ S：5（m205）

322】TN15E4 ①：107（m209）

270】TN18E3 ③ S：28（m202）

252】TN10W1 ②：9（m206）

4112】TN17E5 ①：88（m210）

1081】TN15E4 ④ S：2（m207）

346】TN7W1 ③：7（m211）

269】TN15E4 ⑬：16（m204）

376】TN15E4 ⑬：20（m208）

282】TN18E3 ④ S：14（m212）

图 6–23　明代中期戳印菊花纹样

4123】TN18E3 ③ S ： 18，碗圈足残片。釉色青灰。外底无釉。足径 6.1 厘米。

m228. 单菊。如：

4124】TN18E4 ②： 11，碗圈足残片。釉色青灰。外底无釉。足径 6 厘米。

m229. 单菊，右曲枝。如：

4125】TN18E9 ①： 2，碗圈足残片。釉色青绿。外底无釉。足径 6.2 厘米。

m230. 单菊。如：

340】TN7W1 南扩④：5
（m213）
4113】TN15E4 ①：55
（m214）
4114】TN12W3 ⑤ N ：28
（m215）
104】TN18E3 ⑥ S ：27
（m216）
88】TN12W3 ④ W ：4
（m217）
4115】TN6W4 ③ W ：22
（m218）
4116】TN12W3 ⑤ N ：31
（m220）
4117】TN16W3 ②：19
（m221）
4118】TN15E4 ⑧：4
（m222）
4119】TN15E4 ⑪：27
（m223）
4120】TN15E4 ⑮：12
（m224）
4121】TN17E5 ①：8
（m225）
4122】TN17E5 ①：5
（m226）
4123】TN18E3 ③ S ：18
（m227）
4124】TN18E4 ②：11
（m228）
4125】TN18E9 ①：2
（m229）

图 6–24 明代中期戳印菊花纹样

393】TN16W3 ④：33，CaⅣ盘。

4126】TN15E4 ⑯：10，碗圈足残片。釉色青中泛灰。外底无釉。足径 6.2 厘米。

（六）茶花纹

①元代中晚期纹样

m1. 长枝干。如：

297】TN10W6 ③ a ：14，BbⅠ盘。

4127】TN8W3 ③ N ：67，盘圈足残片。釉色青绿，刮釉一圈。足径 15.6 厘米。

m2. 曲枝，有一八思巴文字样。如：

4128】TN12W3 ③ S ：2，盘圈足残片。釉色青绿。外底无釉。足径 10 厘米。

m3. 双茶花。如：

4129】TN10W6 ③ b ：3，盘圈足残片。釉色青灰。足端刮釉。足径 11.2 厘米。

m4. 曲枝。如：

4130】TN12W3 ⑥ N ：17，盘圈足残片。釉色青灰。足端刮釉。足径 12 厘米。

m5. 折枝。如：

236】TN18E3 ⑧ S ：11，Ba 盘。

m6. 右曲枝。如：

4127】TN8W3③N：67（茶花纹m1）

4128】TN12W3③S：2（茶花纹m2）

4130】TN12W3⑥N：17（茶花纹m4）

4131】TN9W3④N：18（茶花纹m6）

4132】TN15E4⑪：28（茶花纹m50）

4133】y2：64（茶花纹m51）

4134】TN12W3⑥S：31（茶花纹m105）

4135】TN14W3①：30（茶花纹m108）

4136】TN14W3⑩N：1（茶花纹m115）

4131】TN9W3 ④ N：18，碗圈足残片。釉色青绿。外底无釉。足径 7.4 厘米。

②元末明初纹样

m50. 左曲枝。如：

444】TN12W3 ④ N：41，CbⅡ 盘；568】TN18E9 ①：10，FⅠ盘；569】TN14W7 ⑥ ：13，FⅠ盘；581】TN16W3 ④：52，FⅡ盘。

4132】TN15E4⑪：28，碗圈足残片。釉色淡青。足端及外底无釉。足径 5.8 厘米。

m51. 直枝，下有三叶。如：

43】TN12W3 ⑤ N：30，AⅤ碗；703】TN10W3 东扩⑥c：12，AaⅠ高足杯。

4133】y2：64，碗圈足残片。釉色青绿，釉层较厚。足端及外底无釉。足径 6 厘米。

③明早期纹样

m101. 直枝，下有三叶。如：

45】TN16W3 ⑧：5，AⅤ碗。

m102. 直枝，下有三叶。如：

47】TN14W3 ⑥ N：4，AⅤ碗；48】TN10W3 ③ N：18，AⅤ碗。

m103. 曲枝。如：

44】TN16W3 ⑤：44，AⅤ碗。

m104. 下有大叶。如：

716】TN16W3 ⑦：100，AaⅡ高足杯。

m105. 右曲枝，有卦文符号。如：

46】TN12W3 ⑥S：10，AⅤ碗。

4134】TN12W3 ⑥S：31，圈足。釉色青绿。外底无釉。足径 6 厘米。

m106. 右曲枝。如：

41】TN12W3 ⑤ N：27，AⅤ碗。

m107. 右曲枝。如：

39】TN10W3 东扩⑥c：5，AⅤ碗。

m108. 右曲枝。如：

40】TN12W3 ④ W：25，AⅤ碗。

4135】TN14W3①：30，碗圈足残片。釉色青绿。外底无釉。足径 6 厘米。

m109. 直枝。如：

914】TN12W3 ⑤S：9，CaⅣ炉。

m110. 直枝，下有三叶。如：

42】TN12W3⑤N：29，AⅤ碗。

m111. 双茶花，直枝，有"陈延"二字。如：

461】TN16W3⑤：6，CbⅡ盘。

m112. 左曲枝，花顶有枝叶。如：

533】TN16W3⑥a：3，DⅢ盘。

m113. 两侧有小花。如：

466】TN16W3⑬：13，CbⅡ盘。

m114. 右曲枝。如：

563】TN15E4⑱：6，EⅢ盘。

m115. 左折枝。如：

4136】TN14W3⑩N：1，碗圈足残片。釉色青灰。足端及外底无釉。足径6厘米。

m116. 茶花和牡丹，曲枝。如：

4137】TN12W3④W：5，碗圈足残片。釉色青绿。外底无釉。足径6厘米。

m117. 有"异"字。如：

4138】TN12W3④W：14，盘圈足残片。釉色青绿。外底刮釉一圈。足径10.6厘米。

④明代中期纹样

m201. 下有四片叶子。如：

90】TN17E5①：7，AⅥ碗；272】TN15E4⑪：37，AⅦ盘；323】TN15E4⑧：5，BbⅢ盘；397】TN18E3③S：36，CaⅣ盘。

m202. 下有三片叶子。如：

398】TN15E4⑫：24，CaⅣ盘。

4139】TN15E4⑮：19，盘圈足残片。釉色青绿。外底刮釉一圈。足径9.4厘米。

m203. 右曲枝。如：

369】TN15E4⑫：23，CaⅣ盘。

m204. 右曲枝。如：

89】TN15E4⑮：10，AⅥ碗。

m205. 缠枝。如：

100】TN10W1⑤：5，AⅥ碗；157】TN15E4⑪：31，L碗；989】TN15E4⑦：34，DaⅡ炉。

m206. 直枝。如：

156】TN15E4⑪：34，L碗。

324】TN7W1④：33，BbⅢ盘。

m207. 有分叉枝干。如：

228】TN6W4③W：1，AⅢ盘。

4137】TN12W3④W：5（茶花纹m116）

4138】TN12W3④W：14（茶花纹m117）

4139】TN15E4⑮：19（茶花纹m202）

297〕TN10W6 ③ a：14
（m1）

4128〕TN12W3 ③ S：2（m2）

4129〕TN10W6 ③ b：3（m3）

4130〕TN12W3 ⑥ N：17（m4）

图6-25　元代中晚期、元末明初、
明代早期戳印茶花纹样

236〕TN18E3 ⑧ S：11
（m5）

4131〕TN9W3 ④ N：18（m6）

444〕TN12W3 ④ N：41
（m50）

43〕TN12W3 ⑤ N：30
（m51）

45〕TN16W3 ⑧：5
（m101）

47〕TN14W3 ⑥ N：4
（m102）

44〕TN16W3 ⑤：44
（m103）

716〕TN16W3 ⑦：100
（m104）

46〕TN12W3 ⑥ S：10
（m105）

41〕TN12W3 ⑤ N：27
（m106）

39〕TN10W3 东扩⑥ c：5
（m107）

40〕TN12W3 ④ W：25
（m108）

914〕TN12W3 ⑤ S：9
（m109）

42〕TN12W3 ⑤ N：29
（m110）

461〕TN16W3 ⑤：6
（m111）

533〕TN16W3 ⑥ a：3
（m112）

466〕TN16W3 ⑬：13（m113）

563】TN15E4⑱：6（m114）
398】TN15E4⑫：24（m202）
156】TN15E4⑪：34（m206）
4141】TN18E3②：3（m209）
4136】TN14W3⑩N：1（m115）
369】TN15E4⑫：23（m203）
4142】TN8E3⑩：9（m210）
4137】TN12W3④W：5（m116）
228】TN6W4③W：1（m207）
4143】TN15E4⑬：9（m211）
89】TN15E4⑮：10（m204）
4138】TN12W3④W：14（m117）
100】TN10W1⑤：5（m205）
4140】TN12W3③S：26（m208）
286】TN18E3③S：27（m224）
90】TN17E5①：7（m201）

图 6-26　明代早期、明代中期戳印茶花纹样

m208. 右曲枝。如：

4140】TN12W3③S：26，盘圈足残片。釉色青绿。外底刮釉一圈。足径 9.4 厘米。

m209. 上下各三片叶子。如：

4141】TN18E3②：3，碗圈足残片。釉色青黄。外底无釉。足径 5.8 厘米。

m210. 左曲枝。如：

4142】TN8E3⑩：9，碗圈足残片。釉色青灰。足端及外底无釉。足径 6.2 厘米。

m211. 有“吉”字。如：

4140】TN12W3③S：26（茶花纹m208）

4141】TN18E3②：3（茶花纹m209）

4143】TN15E4⑬：9（茶花纹m211）

4143】TN15E4⑬：9，碗圈足残片。釉色青黄。外底无釉。足径6厘米。

m224. 有“上”字。如：

286】TN18E3③S：27，AⅦ盘。

（七）葵花纹样

①明代早期纹样

m101. 小方格内圆，外曲线。如：

467】TN16W3③：18，CbⅡ盘；527】TN16W3④：7，DⅢ盘；1054】TN15E4㉓：24，AbⅡ罐盖。

m102. 小方格内圆，外曲花瓣。如：

308】TN16W3⑦：31，BbⅡ盘；49】TN14W3⑤N：15，AⅤ碗。

m103. 小方格内圆，外卷花瓣。如：

68】TN16W3⑪：38，AⅤ碗；535】TN16W3⑧：15，DⅢ盘；561】TN12W3⑤N：58，EⅢ盘。

②明代中期纹样

m201. 三重壶门形花瓣，中间有“福”字。如：

254】TN15E4⑮：20，AⅦ盘；283】TN15E4⑪：3，AⅦ盘；331】TN12W3④S：16，BbⅢ盘；377】F1：2，CaⅣ盘；476】TN15E4⑯：15，CbⅢ盘。662】TN10W3③N：48，BaⅠ盆；1067】TN16W3①：2，AbⅢ罐盖。

m202. 小方格内圆，外曲花瓣，中间有梅花。如：

990】TN15E4⑮：51，DaⅡ炉。

m203. 小方格内圆较大，外曲花瓣。如：

255】TN8W1③：6，AⅦ盘；399】TN10W1⑤：2，CaⅣ盘；964】TN16W3②：62，CbⅢ炉。

m204. 小方格内圆，外有6枚大花瓣。如：

127】TN18E3④S：5，FⅣ碗；622】TN17E5①：57，GaⅣ盘。

m205. 小方格内圆，外有7枚花瓣，有瓣尖。如：

4144】TN15E4⑫：13，碗圈足残片。釉色青绿。外底刮釉一圈。足径6.4厘米。

（八）海棠花纹

这里把类似四个花瓣的花卉归入海棠花类。

①明代早期纹样

m101. 右曲枝。如：

50】TN12W3③S：10，AⅤ碗；582】TN16W3④：57，FⅡ盘。

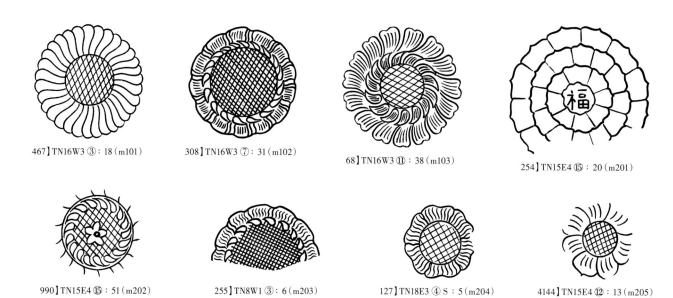

467〕TN16W3 ③：18（m101）　　308〕TN16W3 ⑦：31（m102）　　68〕TN16W3 ⑪：38（m103）　　254〕TN15E4 ⑮：20（m201）

990〕TN15E4 ⑮：51（m202）　　255〕TN8W1 ③：6（m203）　　127〕TN18E3 ④ S：5（m204）　　4144〕TN15E4 ⑫：13（m205）

图 6-27　明代早期、明代中期戳印葵花纹样

m102. 左曲枝。如：

607〕TN16W3 ⑤：18，Ga Ⅲ 盘。

②明代中期纹样

m201. 下有三叶。如：

445〕TN16W3 ②：34，Cb Ⅱ 盘；528〕TN16W3 ②：43，D Ⅲ 盘；978〕TN15E4 ⑨：4，Da Ⅱ 炉。

4145〕TN18E3 ⑧ S：5，盘圈足残片。釉色青绿。外底刮釉一圈。足径 12.4 厘米。

m202. 直枝。如：

1070〕TN15E4 ⑩：10，Ab Ⅲ 式罐盖。

4146〕TN17E5 ①：85，盘圈足残片。釉色淡青绿。外底刮釉一圈。足径 11 厘米。

m203. 下有三叶。如：

91〕TN15E4 ⑦：9，A Ⅵ 碗；133〕TN18E3 ③ S：16，F Ⅳ 碗；400〕TN15E4 ⑦：24，Ca Ⅳ 盘；732〕TN18E3 ⑥ S：47，Aa Ⅲ 高足杯。

m204. 双海棠花，有"吉"字。如：

4147〕TN18E3 ②：34，盘圈足残片。釉色青绿。外底刮釉一圈。足径 14.6 厘米。

m205. 直枝。如：

123〕TN15E4 ④ S：12，F Ⅳ 碗。

m206. 直枝。如：

4148〕TN15E4 ①：76，碗圈足残片。釉色青灰。外底无釉。足径 8 厘米。

m207. 左曲枝。如：

144〕TN18E3 ②：2，K 碗。

（九）桃纹

能确证为戳印桃纹的仅见于明代中期。

m201. 双桃纹。如：

50〗TN12W3③S：10
（m101）

607〗TN16W3⑤：18
（m102）

4147〗TN18E3②：34（m204）

445〗TN16W3②：34
（m201）

123〗TN15E4④S：12
（m205）

1070〗TN15E4⑩：10
（m202）

4148〗TN15E4①：76（m206）

91〗TN15E4⑦：9
（m203）

144〗TN18E3②：2
（m207）

图6-28　明代早期、明代中期戳印海棠花纹样

4149〗TN15E4③N：2，碗圈足残片。釉色青灰。外底刮釉一圈，底心点釉。足径5.8厘米。

（十）梅纹和梅树纹

①南宋晚期至元代早期纹样

m1.朵梅状。如：

203〗TN10W3③S：13，BⅠ盏。

②元代中晚期纹样

m2.阴印梅花树枝纹样。如：

4150〗TN18E3⑧S：3，碗圈足残片。釉色青绿。足端及外底无釉。足径6.2厘米。

③明代早期纹样

m101.梅花树干纹，并带一"正"字。如：

51〗TN12W3⑤S：6，AV碗；446〗TN12W3⑤N：42，CbⅡ盘。

④明代中期纹样

梅花纹多作为整体模制辅纹。例见整体模制印花装饰。

（十一）灵芝纹

均为明代中期纹样。

m201.戳印灵芝纹仅见于明代中期，题材较写意。如：

401〗TN15E4⑪：49，CaⅣ盘；621〗TN15E4⑤S：19，GaⅣ盘；734〗TN18E3⑧S：18，AaⅢ高足杯；750〗TN15E4⑪：66，B高足杯。

4151〗y1：14，碗圈足残片。釉色青中泛灰。外底刮釉，粘有垫具。足径6.1厘米。

（十二）石榴花纹

为明代早期纹样。

m101.阴印纹饰，中间为枝干，两侧各一朵石榴花，仅见于明代早期。如：

364〗TN12W3⑥S：16，CaⅢ盘；462〗TN10W3东扩⑤b：3，CbⅡ盘。

4152〗TN12W3④S：8，碗圈足残片。釉色青绿。外底刮釉一圈。足径5.4厘米。

（十三）红豆纹

为明代中期纹样。

m201.题材为三处圆豆果叶，仅见于明代中期。如：

4145】TN18E3⑧S：5（海棠花纹m201）

4146】TN17E5①：85（海棠花纹m202）

4149】TN15E4 ③ N：2（桃纹m201）

4150】TN18E3 ⑧ S：3（梅纹m2）

4151】y1：14（灵芝纹m201）

4152】TN12W3④S：8（石榴花纹m101）

4149】TN15E4 ③ N：2　　203】TN10W3 ③ S：13　　4150】TN18E3 ⑧ S：3　　51】TN12W3 ⑤ S：6　　401】TN15E4 ⑪：49

（桃纹m201）　　　　（梅纹m1）　　　　　（梅纹m2）　　　　（梅纹m101）　　　　（灵芝纹m201）

4152】TN12W3 ④ S：8　　92】TN15E4 ⑪：23　　229】TN8W3 ③ N：8　　443】TN16W3 ⑦：37　　57】TN16W3 ⑨ a：25

（石榴花纹m101）　　　（红豆纹m201）　　　（四季花卉m50）　　　（四季花卉m101）　　　（摇钱树纹m101）

图6-29　戳印纹样

92】TN15E4 ⑪ ：23，A Ⅵ 碗；274】TN15E4 ⑩ ：18，A Ⅶ 盘；351】TN15E4 ⑤ S：9，Bb Ⅲ 盘；402】TN15E4 ⑩：19，Ca Ⅳ盘；733】TN18E3 ⑥ S：46，Aa Ⅲ高足杯。

（十四）四季花卉纹

①元代中晚期纹样

m50.题材为春茶花、夏荷花、秋牡丹、冬菊花，中间有"大吉"二字，仅见于元代中晚期。如：

229】TN8W3 ③ N ：8，A Ⅲ 盘。

②明代早期纹样

m101.对称折枝菊花和折枝牡丹花纹

443】TN16W3 ⑦：37，Cb Ⅱ 盘。

（十五）摇钱树纹

为明代早期纹样。

m101.题材为枝干中间有一个圆形方孔钱，仅见于明代早期。如：

57】TN16W3 ⑨ a ：25，A Ⅴ 碗。

（十六）方格叠钱纹

为明代中期纹样。

有菱形外圈，中间双线方格，内有小方格呈半月状边，大小不同，都是明代中期纹饰。

m201.直径10厘米，方格较小。如：

256】F1：14，A Ⅶ盘；277】TN18E5 ②：12，A Ⅶ盘；353】TN18E3 ③ S：24，Bb Ⅲ盘；407】TN18E5 ③ N：15，Ca Ⅳ 盘；546】TN17E5 ①：63，D Ⅳ 盘；977】TN18E3 ⑥ S：40，Da Ⅱ 炉；981】TN17E5 ①：116，Da Ⅱ 炉；982】TN17E5 ①：117，Da Ⅱ 炉。

m202.直径9厘米，方格较大。如：

335】TN15E4 ⑦：18，Bb Ⅲ 盘；976】TN15E4 ⑩：31，Da Ⅱ 炉。

m203.方格直线较淡。如：

592〗TN7W1 南扩④：7，FⅢ盘。

m204.方格直线不明显。如：

347〗TN17E5 ①：28，BbⅢ盘。

（十七）米字纹

为明代早期纹样。

m101.米字格纹。如：

451〗TN16W3⑥b：14，CbⅡ盘。

（十八）金刚杵纹

基本表现为十字杵形，大小、胖瘦、中间纹饰各有不同。

①元代中晚期纹样

m1.中间八瓣花状，金刚杵较矮。如：

713〗TN8W3 ①：16，AaⅡ高足杯。

②明代早期纹样

m101.中间为梅花状，金刚杵较矮。如：

11〗TN12W3④S：2，AⅣ碗；53〗TN16W3⑨a：8，AⅤ碗；55〗TN16W3 ③：12，AⅤ碗；120〗TN12W3⑤N：26，FⅢ碗；365〗TN10W3④N：5，CaⅢ盘；450〗TN16W3⑥a：53，CbⅡ盘；465〗TN14W3⑨N：10，CbⅡ盘；558〗

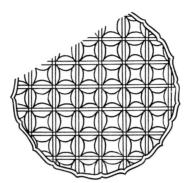

256〗F1：14（方格叠线纹m201）

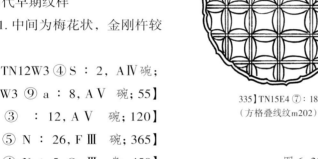

335〗TN15E4⑦：18
（方格叠线纹m202）

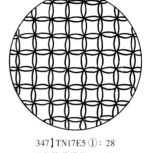

347〗TN17E5①：28
（方格叠线纹m204）

592〗TN7W1 南扩④：7
（方格叠线纹m203）

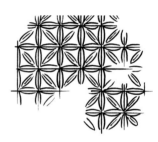

451〗TN16W3⑥b：14
（米字纹m101）

图6-30　戳印方格叠钱纹、米字纹

TN16W3⑦：115，H盘；587〗TN16W3⑥a：80，FⅡ盘；643〗TN14W3①：37，AⅡ洗；707〗TN16W3②：11，AaⅡ高足杯；708〗TN10W3③N：24，AaⅡ高足杯；709〗TN16W3③：38，AaⅡ高足杯；710〗TN16W3⑨a：2，AaⅡ高足杯；711〗TN16W3⑥a：92，AaⅡ高足杯；912〗TN16W3②：61，CaⅣ炉；1029〗TN16W3⑤：21，AaⅢ罐盖；1053〗TN12W3⑥N：22，AbⅡ罐盖。

m102.中间为方块状，金刚杵较矮。如：

54〗TN14W3①：32，AⅤ碗；589〗TN16W3⑤：19，FⅡ盘。

m103.中间四瓣花状，金刚杵较瘦长，有"季"字。如：

52〗TN16W3⑦：18，AⅤ碗；588〗TN16W3⑨a：26，FⅡ盘。

4153〗TN14W3①：27，碗圈足残片。釉色青黄。外底无釉。足径6.8厘米。

m104.中间大圆圈多花瓣状，金刚杵双线瘦长。如：

4154〗TN16W3⑧：4，碗圈足残片。釉色青灰。足端及足外底无釉。足径5.8厘米。

m105.中间大圆圈多花瓣状，金刚杵肥硕。如：

534〗TN12W3⑤N：66，DⅢ盘。

4155〗TN18E4③N：6，圈足。釉色青灰。足端斜削。足端及外底无釉。足径6.4厘米。

4153】TN14W3①：27（金刚杵纹m103）

4154】TN16W3⑧：4（金刚杵纹m104）

4155】TN18E4③N：6（金刚杵纹m105）

m106. 中间为双圆圈，金刚杵较瘦长。如：

464】TN10W3 东扩⑥ a ：5，CbⅡ盘。

m107. 中间为梅花状，金刚杵较瘦长。如：

463】TN12W3 ⑤ N ：47，CbⅡ盘。

m108. 中间为十字双线，金刚杵有鳞纹。如：

712】TN16W3 ⑬：55，AaⅡ高足杯。

m109. 中间为双圆圈带花瓣状，金刚杵较肥矮。如：

56】TN18E3 ⑧ S ：4，AⅤ碗。

③明代中期纹样

m201. 中间为梅花状，金刚杵较肥硕。如：

276】TN17E5 ①：24，AⅦ盘；544】TN15E4 ⑪：57，DⅣ盘；1074】TN17E5 ①：138，AbⅢ罐盖；1114】TN15E4 ⑦：38，Ae 罐盖。

4156】TN18E3 ④ S ：6，碗圈足残片。釉色青黄。外底无釉。足径 6 厘米。

m202. 中间梅花状较小，金刚杵瘦长，外有“金玉满堂”字样。如：

275】TN15E4 ①：60，AⅦ盘；381】TN15E4 ⑫：19，CaⅣ 盘；477】TN15E4 ⑮ ：38，CbⅢ 盘；1066】TN15E4 ①：90，AbⅢ罐盖。

m203. 中间为双圆圈，金刚杵较矮。如：

95】Q12 ：8，AⅥ碗。

m204. 中间为四瓣花纹状，金刚杵较扁。如：

128】TN15E4 ④ S ：11，FⅣ碗；284】TN18E3 ②：8，AⅦ盘；348】TN17E5 ①：92，BbⅢ盘；378】TN18E3 ②：24，CaⅣ盘；567】TN17E5 ①：35，EⅣ盘；629】TN18E3 ④ S ：17，GaⅣ盘。

m205. 中间为单圈多瓣花纹状，金刚杵较瘦圆。如：

334】TN18E3 ③ S ：48，BbⅢ盘。

4157】CH1 ：18。圈足。釉色青灰。足端斜削。外底无釉。足径 6 厘米。

m207. 中间为六个大花瓣纹状，金刚杵较矮。如：

97】y2 ：31，AⅥ碗。

m208. 中间为小方块状，金刚杵折角。如：

370】TN7W1 南扩③：1，CaⅣ盘。

m209. 中间为四瓣花状，金刚杵较小，四角有 4 个阴印杂宝纹。如：

597】TN8E3 ⑥ a ：19，FⅢ盘。

713】TN8W3 ①：16（m1）

11】TN12W3 ④S：2
（m101）

54】TN14W3 ①：32
（m102）

52】TN16W3 ⑦：18
（m103）

4154】TN16W3 ⑧：4
（m104）

534】TN12W3 ⑤N：66
（m105）

464】TN10W3 东扩⑥a：5
（m106）

463】TN12W3 ⑤N：47
（m107）

712】TN16W3 ⑬：55
（m108）

56】TN18E3 ⑧S：4
（m109）

276】TN17E5 ①：24
（m201）

275】TN15E4 ①：60
（m202）

95】Q12：8（m203）

128】TN15E4 ④S：11
（m204）

334】TN18E3 ③S：48
（m205）

97】y2：31（m207）

370】TN7W1 南扩③：1
（m208）

597】TN8E3 ⑥a：19
（m209）

96】TN17E5 ①：12
（m210）

4158】TN12W3 ⑤N：32
（m211）

4159】TN7W1 ③：6
（m212）

图 6-31　戳印金刚杵纹样

4156】TN18E3④S：6（金刚杵纹m201）

4158】TN12W3⑤N：32（金刚杵纹m205）

4159】TN7W1③：6（金刚杵纹m212）

m210. 中间为葵花状，金刚杵较瘦。有"字"字。如：

96】TN17E5①：12，AⅥ碗。

m211. 中间为重瓣花状，瓣尖，金刚杵勾卷。如：

4158】TN12W3⑤N：32，碗圈足残片。釉色青灰。外底无釉。足径6.2厘米。

m212. 中间为十字状，金刚杵较小。如：

4159】TN7W1③：6，碗圈足残片。釉色青绿。外底刮釉一圈。足径6.6厘米。

（十九）龙纹

①元代中晚期纹样

m1. 阳印四爪龙纹。如：

492】TN10W6⑤：17，DⅡ盘。

②明代早期纹样

m101. 阴印四爪龙纹。如：

4160】TN10W3东扩⑥c：14，碗圈足残片。内壁有刻划花纹，内底心阴印四爪龙纹，外壁刻划龙纹。釉色青绿。外底刮釉一圈。足径7.6厘米。

m102. 阳印四爪龙纹。如：

4161】TN8E3⑧：5，盘圈足残片。内壁刻菊瓣纹，内底心阳印四爪龙纹，在龙纹中有"大吉"二字。釉色青灰。外底刮釉一圈。足径12.8厘米。

（二十）凤纹

①元代中晚期纹样

元代凤纹有两种形态。

m1. 凤凰衔枝纹。如：

362】TN12W3⑤N：61，CaⅡ盘；420】TN10W6⑤：15，CbⅠ盘；418】TN10W6③a：17，CbⅠ盘；497】TN9W3④N：5，DⅡ盘。

m2. 双凤纹。如：

4162】TN10W6⑤：3，盘圈足残片。釉色青。足端无釉。足径10.8厘米。

②明代早期纹样

m101. 明早期的凤纹表现为阴印双凤凰纹，外带一圈卷草，本文称团凤卷草纹。如：

58】TN16W3⑬48，AⅤ碗；309】TN16W3⑥a：22，BbⅡ盘；449】TN16W3②：29，CbⅡ盘；583】TN16W3④：53，FⅡ盘；1026】TN16W3⑥b：2，AaⅢ罐盖；1027】TN16W3②：5，AaⅢ罐盖。

492】TN10W6 ⑤：17
（龙纹 m1）

4160】TN10W3 东扩 ⑥ c：14
（龙纹 m101）

4160】TN10W3 东扩 ⑥ c：14（龙纹 m101）

362】TN12W3 ⑤ N：61
（凤纹 m1）

4162】TN10W6 ⑤：3
（凤纹 m2）

4161】TN8E3 ⑧：5（龙纹 m102）

58】TN16W3 ⑬：48
（凤纹 m101）

421】TN10W6 ⑥：3
（鹿纹 m1）

59】TN16W3 ③：14
（鹿纹 m101）

60】TN12W3 ⑥ S：32
（鹿纹 m102）

4163】TN10W3 东扩 ⑥ c：4
（雁纹 m1）

图 6-32　戳印龙、凤、鹿、雁纹

4162】TN10W6 ⑤：3（凤纹 m2）

4163】TN10W3东扩⑥c：4（雁纹m1）

225】TN10W6⑤：1（鱼纹m1）

4164】TN8E3⑥b：2（鱼纹m3）

（二十一）鹿纹

①元代中晚期纹样

m1. 鹿头向左，呈奔跑状。如：

421】TN10W6⑥：3，Cb Ⅰ盘。

②明代早期纹样

明代鹿纹有两种题材。

m101. 鹿头向左，上端有"福"字。如：

59】TN16W3③：14，AⅤ碗；717】TN16W3⑪：22，AaⅡ高足杯。

m102. 鹿头向右。如：

60】TN12W3⑥S：32，AⅤ碗。

（二十二）雁纹

元代中晚期纹样。

m1. 飞雁衔枝状。如：

4163】TN10W3东扩⑥c：4，碗圈足残片。内底阴印展翅飞翔大雁，嘴衔树枝。釉色青。足端及外底无釉。足径6.8厘米。

（二十三）鱼纹

戳印鱼纹的题材有单鱼、双鱼、四鱼，各时代鱼的形态不同。

①南宋晚期到元代早期纹样

南宋晚期到元代早期的鱼纹为贴鱼装饰。

②元代中晚期纹样

元代中期始有戳印鱼纹，通常为阳印双鱼纹饰，双鱼中间有的有"式号"、八思巴文、杂宝盘肠结、"卐"字符号等。

m1. 双鱼中间有"式号"。如：

225】TN10W6⑤：1，AⅢ盘。

m2. 双鱼中间有"卐"字符号。如：

226】TN10W6⑥：6，AⅢ盘。

m3. 双鱼间有八思巴文字样。如：

224】TN14W7⑥：1，AⅢ盘。

4164】TN8E3⑥b：2，碗圈足残片。釉色青。足端及外底无釉。足径6.8厘米。

m4. 双鱼间有"天丁"二字。如：

4165】TN12W3③S：5，碗圈足残片。釉色青。足端及外底无釉。足径7.3、残高2.4厘米。

m5. 双鱼间有一"上"字。如：

4166】TN12W3⑤N：59，碗圈足残片。釉色

青绿。外底无釉。足径 7 厘米。

　　m6. 双鱼间有一符号。如：

　　4167】TN8E3⑪：8，碗圈足残片。釉色青中泛灰。外底刮釉一圈。足径 7.5 厘米。

　　m7. 双鱼间有一符号。如：

　　4168】TN10W6③a：30，碗圈足残片。釉色灰黄。足端及外底无釉。足径 8 厘米。

　　m8. 双鱼间有一杂宝盘肠结。如：

　　4169】TN14W7⑥：9，碗圈足残片。釉色青灰。足端无釉。足径 7.6 厘米。

　　m9. 双鱼间有水草纹。如：

　　4170】TN12W3④N：26，碗圈足残片。釉色青灰。外底无釉。足径 7.6 厘米。

　　③明代早期纹样

　　m101. 阴印双鱼纹，纹饰一致。如：

　　62】TN12W3⑤N：23，AV碗；191】TN12W3④N：8，F盏；366】TN12W3③S：50，CaⅢ盘；584】TN12W3⑤N：64，FⅡ盘；910】TN12W3⑤N：5，CaⅣ炉；926】TN12W3④N：4，CbⅡ炉。

　　4171】y2：61，圈足。釉色青灰。外底无釉。足径 6.2 厘米。

　　m102. 阳印双鱼纹。如：

　　312】TN17E5①：44，BbⅡ盘；559】TN15E4⑱：7，H盘。

　　4172】TN17E5①：40，碗圈足残片。釉色青灰。足端无釉，粘有垫具。足径 8.3 厘米。

　　m103. 阴印四鱼、中间有仰莲纹，四角有水波纹。如：

　　61】TN16W3⑥a：6，AV碗；448】TN16W3⑬：17，CbⅡ盘；585】TN16W3⑤：3，FⅡ盘；642】TN16W3⑥a：25，AⅡ式洗；932】TN10W3③N：22 上面叠烧的 CaⅢ炉。

　　④明代中期纹样

　　m201. 阴印双鱼纹内中两个“卍”字。如：

　　634】TN7W1④：31，Gb盘。

　　m202. 阴印双鱼中间有荷花莲叶纹。如：

　　93】TN15E4⑩：15，AⅥ碗；189】TN12W3④N：11，EⅣ盏；332】TN18E3②：11，BbⅢ盘；379】TN17E5①：42，CaⅣ盘；403】TN15E4⑪：48，CaⅣ盘；

4165】TN12W3③S：5（鱼纹m4）

4166】TN12W3⑤N：59（鱼纹m5）

4167】TN8E3⑪：8（鱼纹m6）

4169〗TN14W7⑥：9（鱼纹m8）

4170〗TN12W3④N：26（鱼纹m9）

4171〗y2：61（鱼纹m101）

4172〗TN17E5①：40（鱼纹m102）

4173〗TN15E4⑦：11（鱼纹m202）

932〗TN10W3③N：22（鱼纹m103）

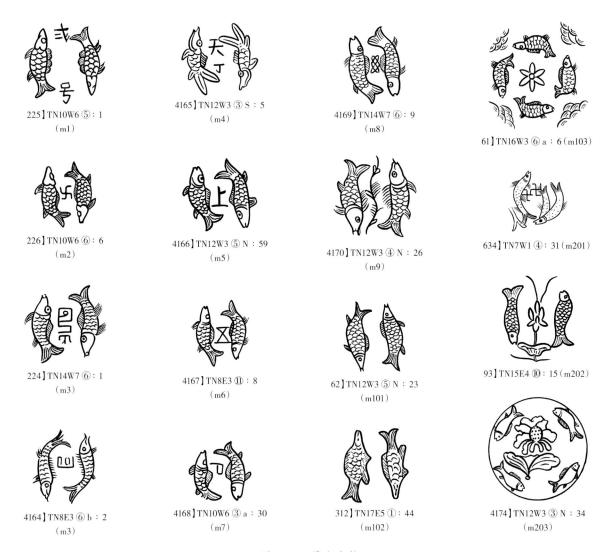

225〕TN10W6⑤：1
（m1）

4165〕TN12W3③S：5
（m4）

4169〕TN14W7⑥：9
（m8）

61〕TN16W3⑥a：6（m103）

226〕TN10W6⑥：6
（m2）

4166〕TN12W3⑤N：59
（m5）

4170〕TN12W3④N：26
（m9）

634〕TN7W1④：31（m201）

224〕TN14W7⑥：1
（m3）

4167〕TN8E3⑪：8
（m6）

62〕TN12W3⑤N：23
（m101）

93〕TN15E4⑩：15（m202）

4164〕TN8E3⑥b：2
（m3）

4168〕TN10W6③a：30
（m7）

312〕TN17E5①：44
（m102）

4174〕TN12W3③N：34
（m203）

图6-33　戳印鱼纹

598〕TN10W3 东扩⑥c：9，FⅢ盘。

4173〕TN15E4⑦：11，碗圈足残片。釉色青绿。外底无釉。足径9.4厘米。

m203.四鱼莲纹，中间荷花和早期不同。如：

4174〕TN12W3③N：34，碗圈足残片。釉色青绿。外底无釉。足径6.4厘米。

（二十四）马纹

有两种题材，飞马过海纹和人物牵马纹。飞马过海纹明代早、中期都有，但两者海涛数量和面积不同，飞马形态也有区别。陈万里先生在龙泉调查时曾经收集到一枚有"永乐三年"纪年的印模，其图案就是"飞马过海纹"[1]。不过笔者未能看到陈先生的原稿和实物，不能确定其纹饰是否和发掘所得的明代早期纹饰相同。

①明代早期纹样

m101.飞马过海纹，海涛纹数量较多，面积较小。如：

[1]"一九三九年一月十八，……嗣后又见飞马过海印模一，模背有永乐三年吴一植记文字，把手上方亦有一植二字"陈万里：《陈万里陶瓷考古文集》，紫禁城出版社·两木出版社，1990年，第62页。

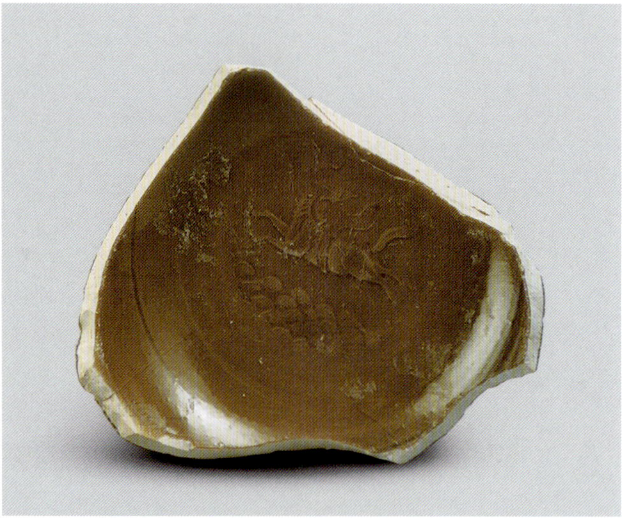

4175】TN10W3东扩⑥c：2（马纹m101）

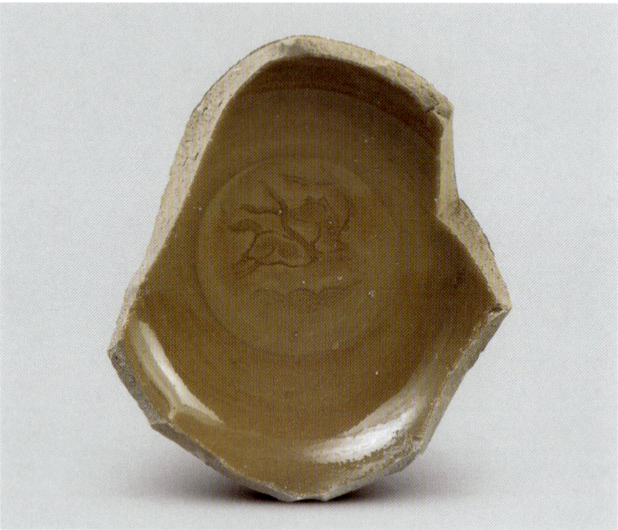

4176】TN15E4⑮：8（马纹m201）

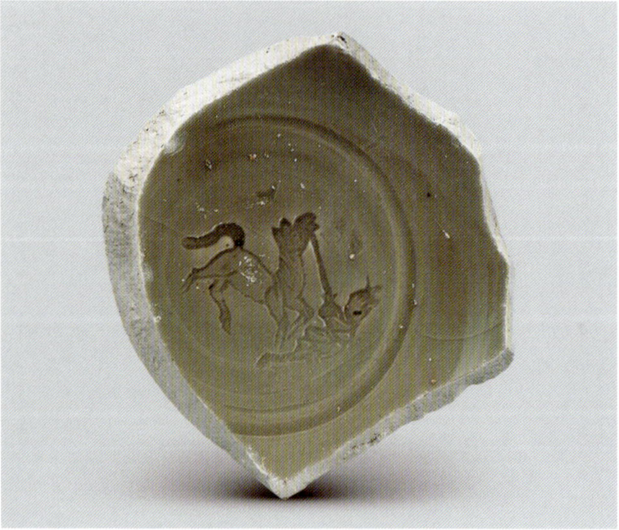

4177】TN15E4⑪：24（马纹m202）

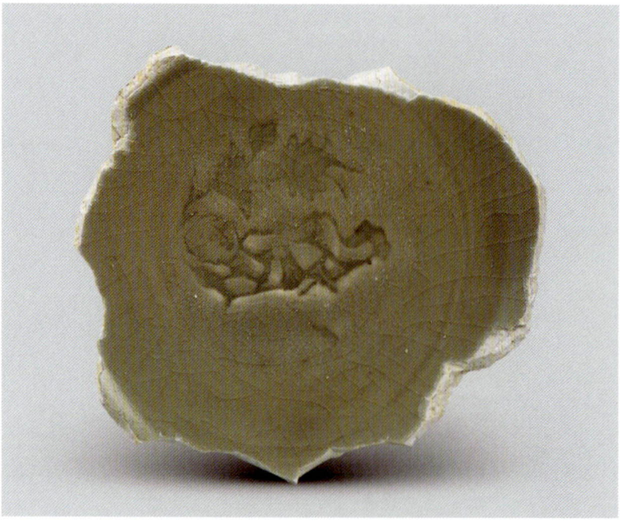

4179】TN9W3④N：26（荷下卧童纹m201）

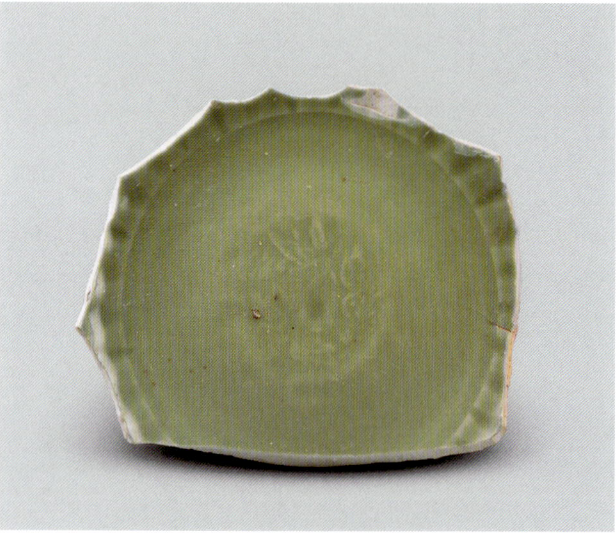

4178】TN16W3⑥a：82（鹅纹m101）

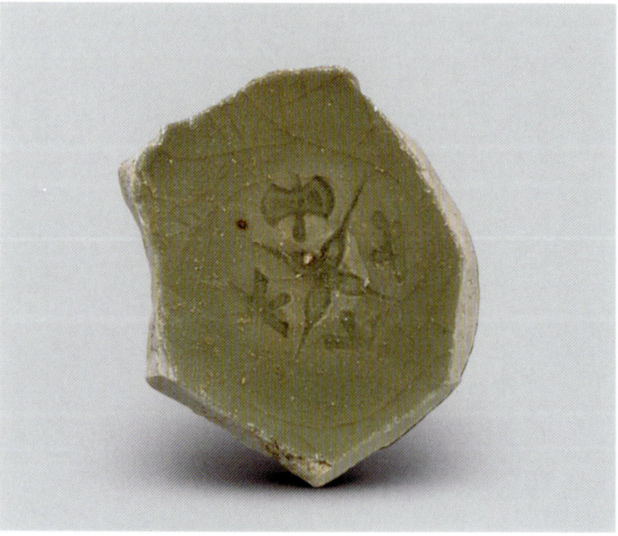

4180】TN18E5②：21（杂宝纹m201）

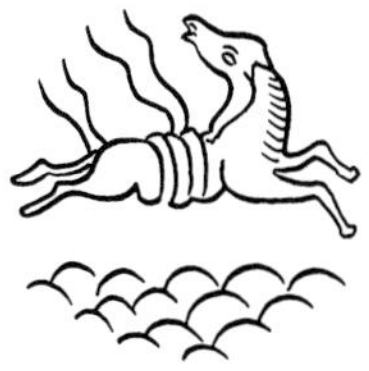

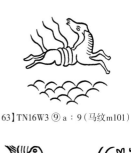

63】TN16W3 ⑨ a ∶ 9（马纹m101）

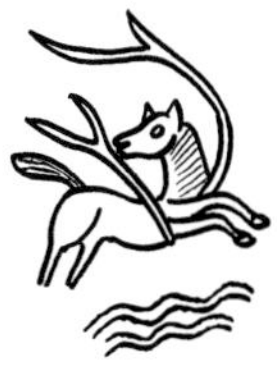

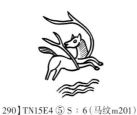

290】TN15E4 ⑤ S ∶ 6（马纹m201）

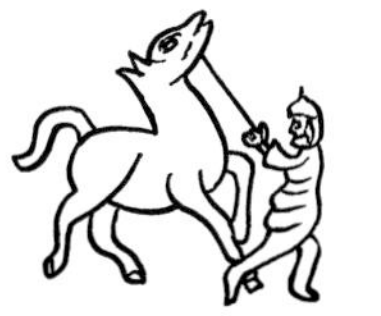

285】TN18E3 ⑥ S ∶ 30（马纹m202）

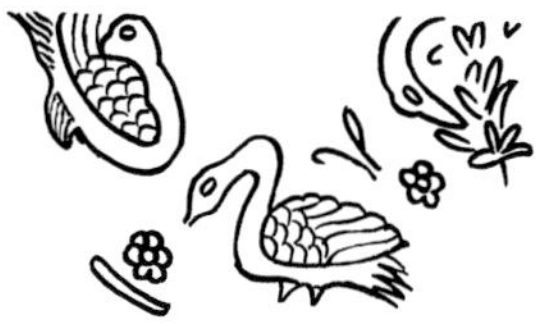

447】TN16W3 ⑥ a ∶ 50（鹅纹m101）

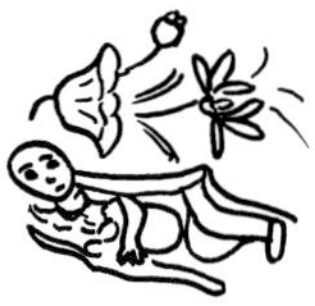

94】TN18E3 ③ S ∶ 6（荷下卧童纹m201）

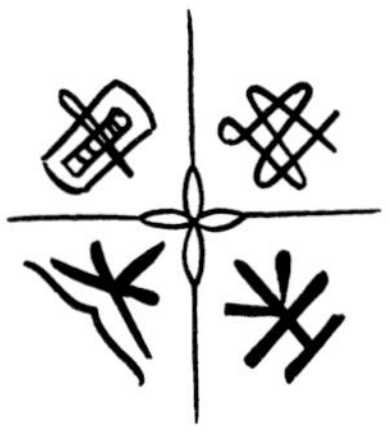

98】y1 ∶ 15（杂宝纹m201）

图 6-34　戳印马纹、鹅纹、荷下卧童纹和杂宝纹

63】TN16W3 ⑨ a ∶ 9，AⅤ碗；67】TN15E4 ⑲ ∶ 18，AⅤ碗；586】TN16W3 ⑬ ∶ 32，FⅡ盘。

4175】TN10W3 东扩⑥ c ∶ 2，碗圈足残片。釉色青黄。足端和外底无釉。足径 6 厘米。

②明代中期纹样

m201. 飞马过海纹，海涛纹数量较少，面积较大，与“顾氏”纹同出。如：

290】TN15E4 ⑤ S ∶ 6，AⅦ盘；355】TN18E3 ③ S ∶ 23，BbⅢ盘；404】TN18E5 ③ N ∶ 10，CaⅣ盘；691】TN18E3 ③ S ∶ 51，B 钵；721】TN18E3 ② ∶ 46，AaⅢ高足杯；735】TN18E3 ② ∶ 47，AaⅢ高足杯；752】TN18E3 ⑦ S ∶ 5，B 高足杯。

4176】TN15E4 ⑮ ∶ 8，碗圈足残片。釉色黄。外底无釉。足径 6.3 厘米。

m202. 人物牵马纹，仅见于明代中期。如：

285】TN18E3 ⑥ S ∶ 30，AⅦ盘；406】TN15E4 ⑪ ∶ 46，CaⅣ盘；722】TN18E3 ③ S ∶ 62，AaⅢ高足杯。

4177】TN15E4 ⑪ ∶ 24，碗圈足残片。釉色青。外底无釉。足径 6.6 厘米。

（二十五）鹅纹

明代早期纹样。

m101. 四鹅水草。仅见于明代早期地层。如：

447】TN16W3 ⑥ a ∶ 50，CbⅡ盘。

4178】TN16W3 ⑥ a ∶ 82，盘圈足残片。釉色青绿。外底刮釉一圈。足径 15.6 厘米。

（二十六）荷下卧童纹

明代中期纹样。

m201. 一横卧孩童，上有荷花莲叶。仅见于明代中期。如：

94】TN18E3 ③ S ∶ 6，AⅥ碗；405】TN18E3 ⑥ S ∶ 32，CaⅣ盘。

4179】TN9W3 ④ N ∶ 26，碗圈足残片。釉色青。外底无釉。足径 6.2 厘米。

（二十七）杂宝纹

明代中期纹样。

m201. 中间十字，四周有似银锭、盘肠结等四种杂宝纹样的图案，以寓吉祥有福之意。仅见于明代中期。如：

98】y1 ：15，AⅥ碗；260】TN15E4⑮ ：21，AⅦ盘；333】TN17E5①：167，BbⅢ盘；478】TN15E4⑬ ：18，CbⅢ盘；736】G7 ：3，AaⅢ高足杯；1071】TN15E4⑬：29，AbⅢ罐盖。

4180】TN18E5②：21，碗圈足残片。釉色青绿。外底无釉。足径6厘米。

四　整体模制印花装饰

整体模制印花装饰是指器物制作时，各种纹饰刻划于范内，合范成型后留在器物表面的装饰，其中有主纹和带状辅纹。辅纹有折枝菊花纹、卷云纹、梅花纹等，主纹有麒麟纹、仙女骑兽纹、双鱼纹、福鹿纹、缠枝牡丹纹等。如：

683】TN18E3⑤S ：7，CⅡ式碟；806】y1 ：29，AaⅣ式罐；834】y1 ：3，A型瓶；842】TN18E3⑥S ：1，Ce型瓶；843】TN18E4④S ：5，Cf型瓶；845】y1 ：10，Cg型瓶；1004】TN18E3⑥S ：5，EⅢ式炉；1148】TN17E5①：166，Ⅳ式盒盖；1187】TN15E4①：37，仕女像。

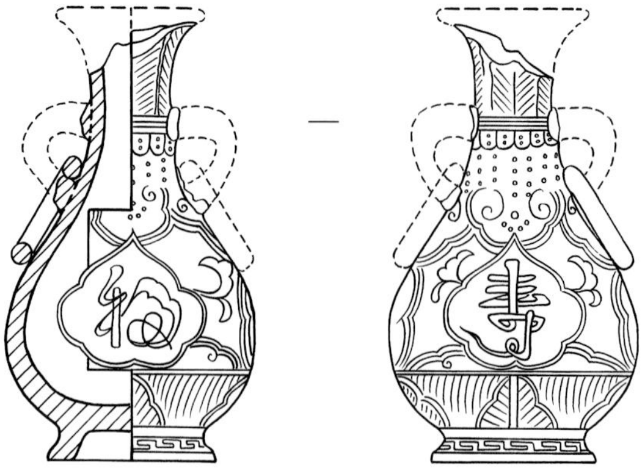

842】TN18E3⑥S：1（Ce瓶）

图6-35　模印花装饰

五　辅纹装饰

指装饰于器物口沿或腹底边缘呈带状连续的辅助性纹饰，一般以划为主。

①元代中晚期纹样

主要有斜回纹、折线点纹、鼓钉纹等。

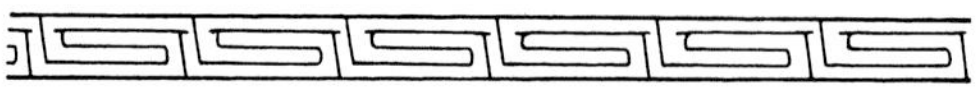

667】TN10W6⑥：8

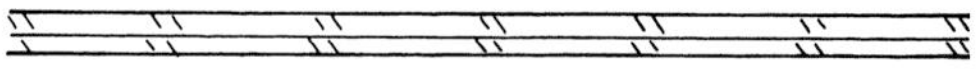

4198】TN10W6⑥a：32

图6-36　元代中晚期辅纹装饰

②明代早期纹样

盘类口沿上常有连续卷草纹、卷云纹等装饰。

洪武官器的辅纹有连续卷草纹、波浪纹、回纹等。

永乐官器的辅纹有连续卷草纹、回纹、折线太阳纹等。

③明代中期纹样

辅纹较多，主要有卷草纹、折线纹、四叶纹等。卷草纹通常不完全连续，分为两到三段。

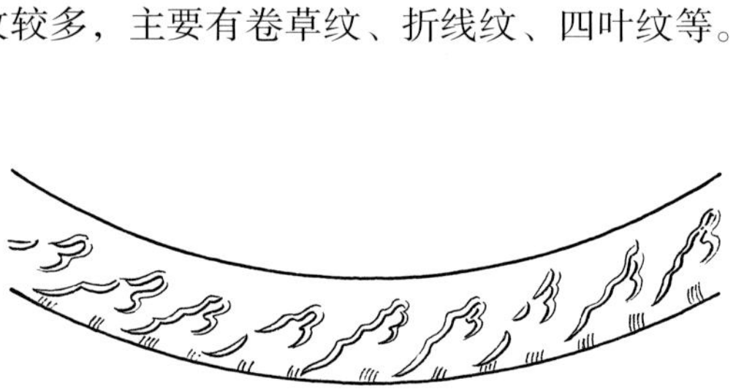

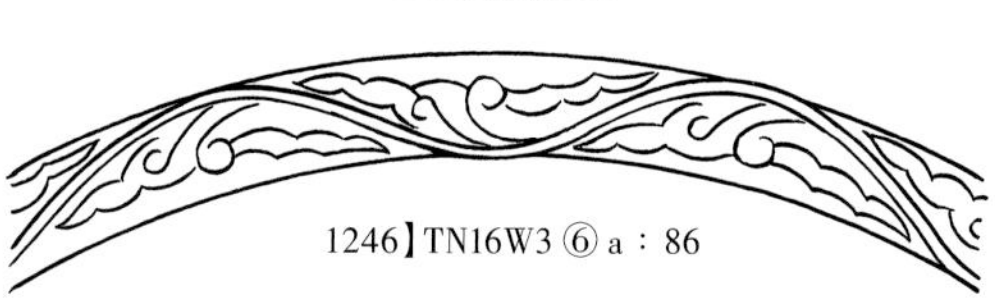

1246】TN16W3⑥a：86

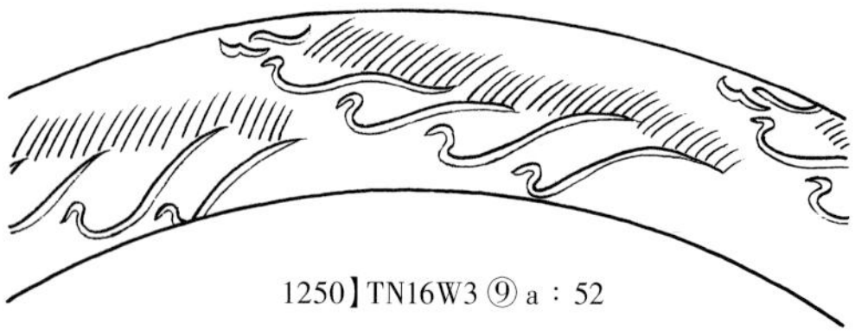

1250】TN16W3⑨a：52

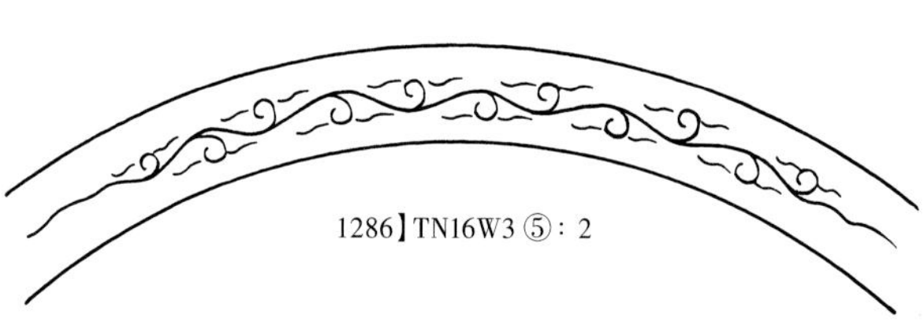

1286】TN16W3⑤：2

1254】TN16W3⑥a：71

图6-37　明代早期辅纹装饰

1263〕TN16W3 ⑤：103

1265〕TN16W3 ⑥ a：70

1268〕TN14W3 ①：25

1264〕TN16W3 ⑥ a：68

1229〕TN16W3 ⑦：19

图 6-38　明代早期辅纹装饰

1237〕TN10W3 ③ N：20

1236〕TN14W3 ④ S：20

1249〕TN17E5 ①：47

1281〕TN18E3 ④ N：17

1275〕TN14W3 ①：23

图 6-39　明代早期官器辅纹装饰

167〕TN18E3 ⑥ S：23

1003〕TN18E3 ⑦ S：7

154〕TN17E5 ①：16

760〕TN15E4 ⑪：6

1004〕TN18E3 ⑥ S：5

1105〕TN15E4 ⑫：33

663〕TN8E3 ⑥ b：18

151〕TN15E4 ⑨：1

1001〕TN18E3 ②：40

150〕TN7W1 ④：30

图 6-40　明代中期辅纹装饰

第二节　文　字

一　戳印文字

（一）"为善堂记"

见于明代早期器物中。如：

64】TN14W3 ④ N ∶ 4，A Ⅴ 碗；590】TN12W3 ③ S ∶ 8，F Ⅱ 盘。

（二）"顾氏"

有篆书、楷书、反书三种，周边都有葵花花瓣。都是明代中期纹饰。

a. 篆书。如：

590】TN12W3 ③ S ∶ 8　　　　　　　　　　　　　4181】TN15E4 ⑦ ∶ 7

690】TN15E4 ④ S ∶ 5　　　　　　　　　　　　　4182】TN15E4 ① ∶ 47

134】TN7W2 ③：1, FⅣ碗；148】TN18E5 ①：1,
K 碗；291】L10 ： 3, AⅦ 盘；338】TN17E5 ① ： 45,
BbⅢ盘；624】TN7W1 ②：1, GaⅣ盘。

4181】TN15E4 ⑦：7, 碗圈足残片。釉色青黄。
外底无釉。足径 6 厘米。

b. 楷书。如：

132】TN18E4 ③ N：5, F Ⅳ碗；623】TN10W1 ④：
1, GaⅣ盘；690】TN15E4 ④ S：5, B 钵；991】TN15E4 ①：
18, Da Ⅱ炉。

c. 反书。有菱形外圈，外圈有圈葵花花瓣。如：

336】TN15E4 ①：62, BbⅢ盘。

4182】TN15E4 ①：47, 碗圈足残片。釉色青灰。
外底无釉。足径 6 厘米。

（三）"王氏"

有两种。都是明代中期纹饰。

a. 单菊内"王氏"，周边有枝叶。如：

101】TN18E3 ⑥ S：24, AⅥ碗；349】TN17E5 ①：
46, Bb Ⅲ 盘；408】TN17E5 ① ： 41, Ca Ⅳ 盘；625】
TN18E3 ② ： 31, Ga Ⅳ 盘；632】TN18E3 ⑥ S ： 31,
Gb 盘；633】TN15E4 ④ N：23, Gb 盘；635】TN18E3 ⑥ S：
4, Gb盘。

4183】TN17E5 ①：91, 碗圈足残片。釉色青。
外底刮釉。足径 8.6 厘米。

b. 双菊，一菊中"王"，一菊中"氏"。如：

975 】TN18E3 ②：42, Da Ⅱ 炉。

（四）"石林"

篆书体，周边为方格纹，方格纹外有菱形外圈，
明代中期纹饰。如：

168】TN6W4 ③ W：4, N 碗；548】TN8W1 ⑥：1,
D Ⅳ 盘；630】TN6W4 ③ W ： 2, Gb盘，疑是"石林"字。

4184】TN18E3 ⑥ S ： 25, 碗圈足残片。釉色青灰。
外底刮釉。足径 6 厘米。

（五）"颍川祠堂"

明代中期器物。如：

99 】TN18E4 ⑥ S：3, AⅥ碗。

4185】TN18E5 ①：2, 碗圈足残片。釉色青灰。
外底无釉。足径 6 厘米。

（六）"金玉满堂"

四个花瓣内各印一字，中间有个小花蕊，仅见于

4183】TN17E5①：91

4184】TN18E3 ⑥ S：25

4185】TN18E5①：2

64〕TN14W3④N：4

4182〕TN15E4①：47

132〕TN18E4③N：5

4183〕TN17E5①：91

975〕TN18E3②：42

168〕TN6W4③W：4

99〕TN18E4⑥S：3

257〕TN17E5①：174

147〕TN18E3⑦S：3

409〕TN18E3④N：4

131〕TN15E4①：53

130〕TN15E4⑬：8

337〕TN10W3采：24
（方格叠线纹m205）

图6-41　戳印文字

明代中期。如：

257〕TN17E5①：174，AⅦ盘；292〕TN15E4⑦：12，AⅦ盘；319〕TN18E3④S：11，BbⅢ盘；350〕TN15E4⑥：5，BbⅢ盘；380〕TN15E4⑩：23，CaⅣ盘；410〕TN15E4⑩：22，CaⅣ盘；545〕TN15E4⑦：27，DⅣ盘；1084〕TN7W1③：3，AbⅢ罐盖；992〕TN15E4⑤S：1，DaⅡ炉。

另外，金刚杵纹中也有一种印"金玉满堂"字样的。

（七）八思巴文

147〕TN18E3⑦S：3，K碗；287〕TN17E5①：168，AⅦ盘；626〕TN15E4①：20，GaⅣ盘。

（八）"上"

409〕TN18E3④N：4，CaⅣ盘。

（九）"福"

131〕TN15E4①：53，FⅣ碗；751〕TN17E5①：123，B高足杯。

（十）符号或是印章

130】TN15E4 ⑬：8，F Ⅳ 碗；411】TN18E3 ②：37，Ca Ⅳ 盘；737】TN15E4 ⑦：36，Aa Ⅲ 高足杯。337】TN10W3 采：24，Bb Ⅲ 盘。

二 戳印印纹中出现的文字字样

①元代

有"大吉"、"弌号"、"天子"、"上"、"吉利"、"福"、"陈"、"卐"等。

②明代早期

有"正"、"月季"、"陈"、"山中人"、"福"、"太原"、"桂林用"、"中"、"贵"、"酒"、"陈延"、"季"等。

③明代中期

有"大吉大利"、"月"、"记"、"金玉满堂"、"中"、"吉"、"尚"、"上"、"异"、"字"、"八祖公用"等。

三 单独刻划的字样

①元代中晚期

a. "长命富贵"

293】TN10W6 ③a：21，Bb Ⅰ 盘。

b. "用"

1196】TN14W7 ⑦：2，B Ⅰ 碾钵。

c. "璧"，刻划于牡丹纹花芯

4186】TN17E5 ①：94，盘圈足残片。釉色青灰。足端无釉，粘有垫具。足径 19.2 厘米。

②明代早期

a. 纪年印模

1441】TN12W3 ⑥ N：1，"永乐九年十一月廿九日立毛字记号"。纹饰中有"中"、"毛"两字。

1442】TN18E5 ②：2，"永乐秋辛卯太岁吉日置号"。

b. "壶"字

765】TN12W3 ③ N：31，Aa Ⅱ 执壶。

c. "天"

4187】TN16W3 ⑩：6，盘圈足残片。素烧。足径 18.4 厘米。

d. "戍"字

1194】TN12W3 ③ N：28，A Ⅲ 碾钵。

e. "李记音□"

865】TN12W3 ④ N：10，Ac Ⅲ 烛台。

f. "李用记号"

860】TN12W3 ⑤ N：13，Ac Ⅰ 烛台。

4186】TN17E5①：94

4187】TN16W3⑩：6

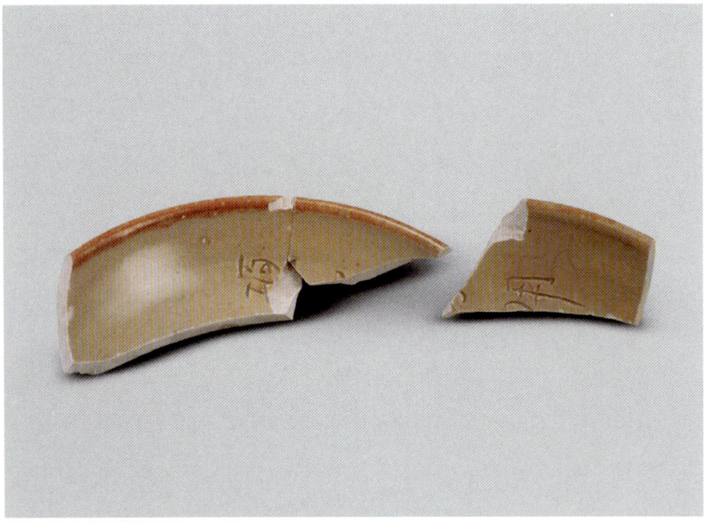

4189】TN16W3⑦：79

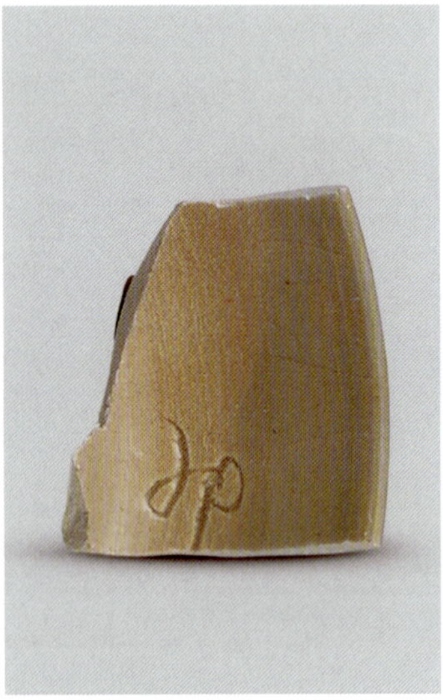

4190】TN16W3⑦：78

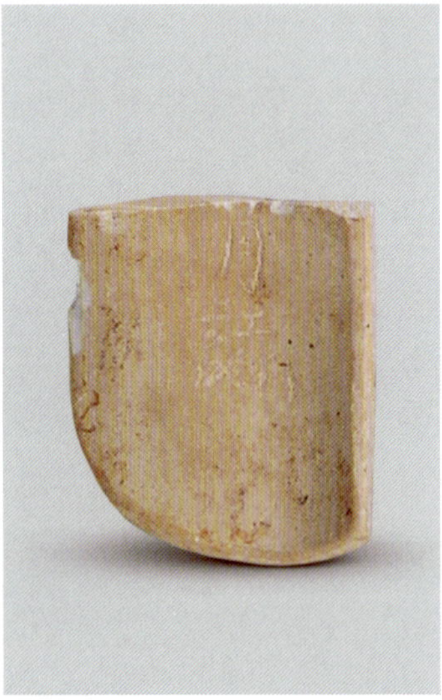

4191】TN8W1⑥：4

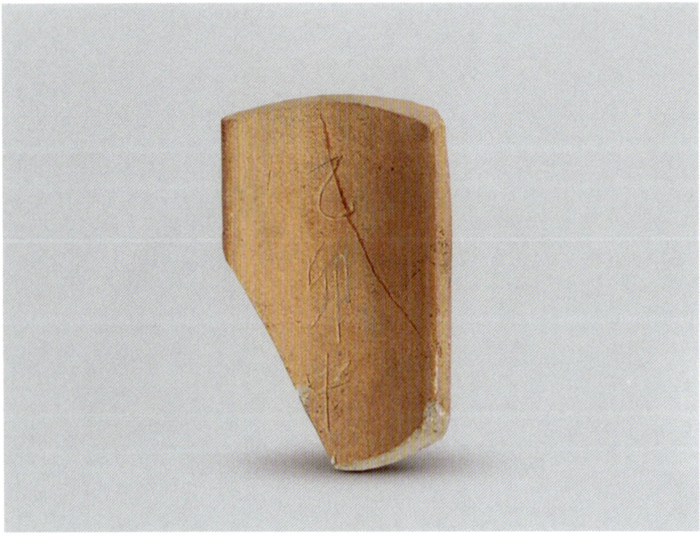

4192】TN10W3②：25

g.“永乐□年……初十日志……置用……，坐西方”

1215】TN12W3④S：6，烛台（？）。

h.“三样三个花　三样三个　内花一个　二样二个光　四样二个光　二样碗伍个花”等文字

1351】TN16W3②：4，BaⅢ垫具。

i.“为善”

1408】TN16W3③：8，H垫具。

j.“项字置用”

1198】TN16W3⑥a：95，BⅢ式碾钵。

k.“……二月吉……”

880】TN16W3⑨a：11，H烛台。

还发现了专门刻字用的字牌。如：

4189】TN16W3⑦：79，刻有“项□……□用”字样。

4190】TN16W3⑦：78，刻有“卯”字。

4191】TN8W1⑥：4，刻有“月志”字样。

4192】TN10W3②：25，刻有“乙卯中”字样。

4193】TN18E4④N：4，刻有一个花押。

③明代中期

a.“忠”

1443】TN18E5②：9，印模。

b.“姚陈皿”

1202】TN8W3③N：6，BⅣ碾钵。

c.“陈”

1167】TN10W3东扩⑥a：9，Ⅲ砚台。

d.“□火”

4194】TN15E4⑦：5，壶底，足径7.6厘米。

e.底部刻“下”

4195】TN17E5①：146，壶底，足径8.8厘米。

f.底部刻“吴”

4196】TN15E4⑮：64，壶底，足径8厘米。

g.外底刻“上”

864】G7：6，AcⅢ式烛台。

h. 外底有刻划花押

866】TN18E4 ③ N ：9，AcⅢ烛台。

i. “炮”字

4197】TN7W1 ④：2。

j. “□□存□□”等

1359】TN15E4 ⑮：6，BaⅣ垫具。

k. “仲年”等

1177】TN17E5 ①：144，Ⅱ卷缸。

l. “林”

1178】TN7W1 ④：25，Ⅱ卷缸。

m. “饮”字

753】TN18E3 ⑥ S ：42，C 高足杯。

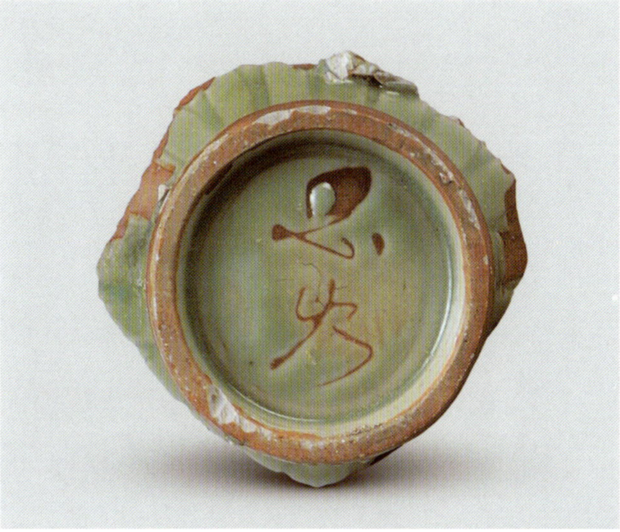

4194】TN15E4⑦ : 5

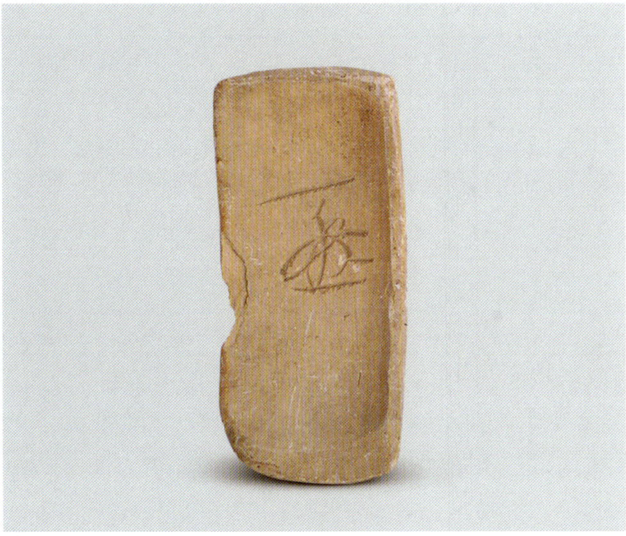

4193】TN18E4④N : 4

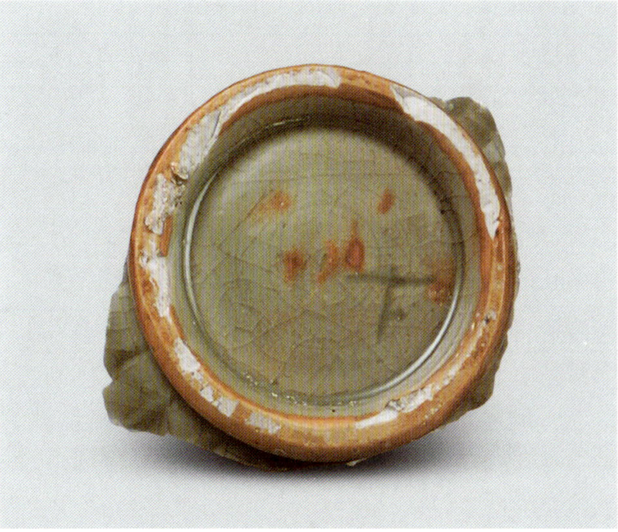

4195】TN17E5① : 146

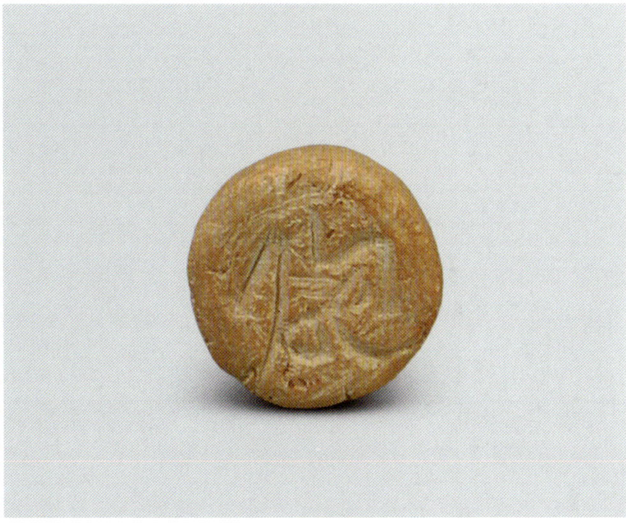

4197】TN7W1④ : 2

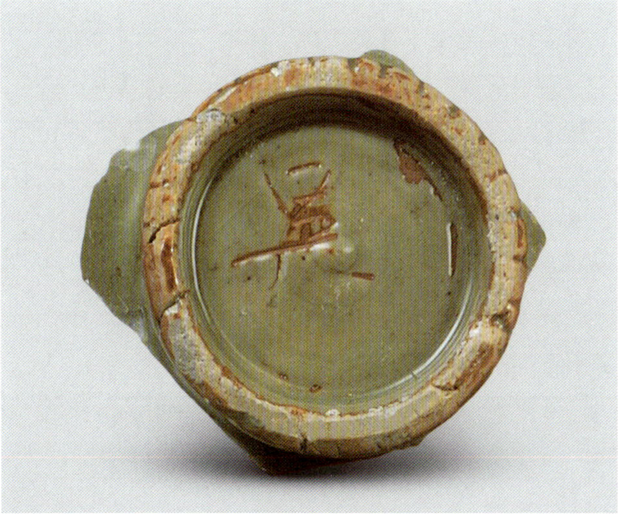

4196】TN15E4⑮ : 64

第七章　结　语

枫洞岩窑址的发掘,揭露了一批重要的遗迹,出土了大量的精美遗物,丰富并深化了我们对龙泉窑的认识。

一　揭露的一系列生产遗迹展示了陶瓷生产完整的工艺流程

对生产作坊遗迹的大规模揭露,是本次发掘的重要成果。整个陶瓷生产工艺流程中各个环节的遗迹,诸如堆料、成型、烧成、居住存货等遗迹,均有揭露,这在以往的陶瓷考古中是少有的。

1. 窑炉

清理出了至少有 7 次叠压打破关系的一处龙窑,说明这处窑场曾经在相当长的时间里持续生产,有着悠久的烧制历史。并且,窑炉保存有相当完整的火膛、炉箅、排烟室、投柴孔、通风孔等,是迄今为止发现的保存最为完整的龙窑遗迹,为研究龙窑的发展和龙泉窑的烧成工艺提供了翔实的资料。

在窑床尾部发现有直径达 70 厘米的大型匣钵,应是烧大型盘类器物的。根据以往的认识,窑尾由于风的抽力不够,一般达不到烧成所需要的温度,放小件器物都容易生烧,更遑论烧大型器物。我们在此窑窑尾两侧可以清晰地看到 7 个保存较好的投柴孔痕迹,孔与孔之间距仅 80 厘米,比以往发现的间距为 1 米左右的投柴孔的密度要大。投柴孔附近可以看到厚厚的窑汗,说明投柴孔附近的烧成温度很高。当时的窑工应该是用提高投柴孔的密度进而增加投柴数量来提高窑炉的温度,以达到大型器物的烧成温度要求。根据这样保存完整的遗迹,可复原当时生产构成,对于了解当时的烧造技术十分重要。

一般来说,由于窑址废弃已久,水土自然流失,加上生产生活活动的破坏,还有地方官有意捣毁窑炉[1],使得窑炉很难较好地保存,特别是窑炉的上部结构基本不清楚。人们对古代窑炉的认识,通常是根据保存的迹象以及与现代窑炉的比较并访谈老窑工等而做的一些推测。本窑址的窑炉,有些部位保留高度达 170 厘米,对我们认识古代窑炉尤其是窑炉上部的结构,是不可多得的材料。

2. 作坊区

作坊区发现了各类遗迹,体现了完整的制瓷工艺流程。

窑炉北侧的房屋建筑 F3,长 22 米,宽 11.8 米,由台基和院落组成。台基呈长方形,周边用卵石包边,台基中间有柱础。其西侧有院落,院落地面多用卵石铺成,而且铺砌的卵石组合成精美的菱形方格图案。院落的东南角有一门与窑炉烧成区域相通。尽管仅剩房屋基础,但从其结构看,显然并不适宜居住而适合作公共场所。其考究的建筑设施和精心选择的地理位置,显示出窑场主人的富有和气派。在房屋地面上出土有"颖川祠堂"瓷片,暗示此建筑可能为祠堂兼窑神庙性质的建筑。推测窑场的主人在祠堂祭祀后,通过院落的门进入烧成区,在窑炉的火膛点火,开始烧窑。如果推测无误,那么这是迄今为止仅有的发现,对研究当时的窑场生产组织制度,是极为重要的材料。

处于整个窑场西侧的 F4,呈长方形,已发掘的长度达 35 米,宽 7 米。地面的处理非常考究,先在地面铺一层厚达 20 多厘米的青泥,再在其上铺设砂性土,即平整又防潮。在其西侧的匣钵墙和东侧的坎墙上分布

---

[1] 宋李元弼《作邑自箴》卷第二:"塞空窑疏墓林警寇之一端也"卷第七:"空窑常须填塞墓林有丛密者告报墓行剥令稍疏恐藏贼盗。"

有对称的匣钵柱，推测其为单面坡式的屋面结构。周围铺设有排水沟。房屋西为考究的卵石路面，从南向北一直延伸，连接通向 F3 的台阶。根据其结构，推测其房屋的功能为居住存货区域。

另外，发掘还揭露了淘洗池、储泥池、辘轳坑及与之配套的卵石面、素烧炉、水井等，种种遗迹的组合，复原出了一个非常完整的陶瓷生产的工艺流程。特别是与堆瓷泥用的卵石面配套的辘轳坑的发现，在以往的考古中是没有过的。

二　确立了明代地层

本次发掘出土了数以吨计的瓷器，其烧成年代为元、明时期，为龙泉窑的分期研究提供了丰富的实物资料。特别是其中"永乐九年"（1411 年）、"永乐辛卯"（1411 年）、"乙卯中……"（洪武八年 1375 年）及八思巴文字等纪年文字和具有非常明确的使用年代的标本的发现，对龙泉窑的断代研究意义重大。

明代在龙泉窑的烧造发展史上是非常重要的时期，但至今尚未能引起足够的重视。由于龙泉窑在南宋时期的辉煌，加上早期龙泉窑的发掘和重要发现也以宋元时期为主，人们更多的关注宋元龙泉窑的研究。除了民国时期在龙泉溪口等地所做的民间淘宝活动以外，龙泉窑的科学考古发掘主要进行了两次：一是 20 世纪 50 年代末以为恢复龙泉窑生产提供研究材料为目的的小规模发掘，所出的较好的遗物基本上都是早期的，如宋代的；另一是 20 世纪 70 年代末为配合紧水滩水库的建设而进行的龙泉东区的发掘，多属元明时期，质量相对较差。而文献也有明代龙泉青瓷今不如昔的记载，如《龙泉县志》："青瓷窑，一都琉田，瓷窑昔属剑川，自析乡立庆元县，窑地遂属庆元，去龙邑几二百里。明正统时顾仕成所制者，已不及生二章远甚。化治以后，质粗色恶，难充雅玩矣。" [1] 故一直有龙泉窑至明代已衰落的说法。当然，在古代文献中也有记载处州龙泉窑是明代初期烧造宫廷用瓷的两个窑场之一，至少到成化年间，饶、处是并列的，也就是说，景德镇和龙泉的瓷器制造业的地位是相同的。

本次发掘枫洞岩窑址，除了 F4 部分特殊的区域，在许多探方内都发现了明确的明代地层并出土了大量精美的瓷器，尤其是 TN15E4Z-5.5 中明代地层厚达 6.5 米，分 23 层，这在过去的发掘中是前所未有的。明确的明代地层的确立及大量精美的明代瓷器的发现，是本次发掘的重大收获。

在出土的瓷器中，有碗、大墩碗、盘、格盘、执壶、高足杯、爵杯、荷叶盖罐、鸟食罐、炉、香熏、凤尾尊、洗、瓶、花盆、钵、盅、笔架、人物及动物塑像、灯、烛台、器座、器盖、砚台、砚滴、碾钵、饰件、大象壁挂、贴塑普贤像等，仅瓶就有福寿瓶、方瓶、玉壶春瓶、蒜头瓶、梅瓶、海棠口瓶、葫芦瓶、鱼耳瓶、小扁瓶、琮式瓶、塔式瓶、长颈牡丹瓶等。类型丰富，品种多样，器形端巧精致、形制新颖，胎质细腻，釉色莹绿润泽、沉着柔和。其制作工艺和装饰技法也十分丰富，采用刻、印、划、贴塑、压模、捏塑、开光和镂空等多种技法，每种技法在不同器物上的应用都恰如其分地表现出制作者的高超技术并体现出器物的主题，表明工匠们对制作技术的自如掌控。

出土模具多件，制作精细，其中既有花卉纹饰模具，也有器物造型模具。装饰纹样丰富，有龙纹、凤纹、双鱼纹、八卦纹、莲瓣纹、福禄寿寓意纹、人物故事纹、波涛纹、荔枝纹、海棠纹、牡丹纹、山茶花纹、芙蓉花纹、宝相花纹、开光花卉纹、双鱼纹、四花纹（牡丹、莲花、菊花、梅花）、折扇纹、飞马过海纹、回纹、钱纹及菊花、桃树等多种花卉果木纹饰，花纹繁缛，变化多样，组合巧致。人物故事纹饰最早出现于元代，很明显是受戏曲小说等世俗文学影响而产生的，到了明代则更加流行，反映了时代的情趣偏好和大众化的审美需求。

此外，瓷器和窑具上还发现了许多文字，既有标志使用者或制作者的铭记，如顾氏、颖川祠堂、王氏、

---

[1] 康熙二十七年《龙泉县志》卷之三《赋役、物产》。

毛字记号、李用记号、陈、陈置、姚陈皿、林、吴、山中人、为善堂记、桂林用、成、璧、仁、天、用等；又有吉祥用语，如金玉满堂、长命富贵、清香美酒、吉、大吉、贵、吉利、卍、卐、福、寿、福寿、二月吉、吉月等；更有制作样式和用途的记号，如"官"、"式号"、"三样三个……"等，以及纪年文字"永乐九年十一月廿九日立毛字记号"、"永乐秋辛卯太岁吉日置号"和八思巴文字。

这些文字材料对判断窑场的性质和年代有着不可替代的作用。而且印模上与年号同时出现的还有纹饰，这样的两相配合，对判断有这一类纹饰的器物的年代是非常重要的依据。

另外还出土了一些生产工具，如碓头、碓柱、石磨、荡箍、轴顶碗、火照（包括官字款火照）、火照钩、投柴孔塞、修坯刀等，很多都是极为难得的发现，对研究当时完整的制作生产过程具有较高的价值。

因为明代地层的确立，特别是纪年器物的出土，以前许多被认作是元代的产品，如今均可以明确为明代初期，对龙泉窑的编年断代具有重要的意义。

三　出土了一批与清宫旧藏相似的器物

明代发掘品中有一批制作工整、纹样精细、釉色滋润、器形庞大的瓷器，是以往龙泉窑瓷器中少见的。这些瓷器器形有梅瓶、玉壶春瓶、执壶、碗、盘、高足杯，其中碗、盘的数量最多。胎普遍较厚，胎色较白。多次施釉，釉色均匀莹润。分光素与刻花两种。梅瓶、玉壶春瓶、执壶等器形底足刮釉垫烧，碗、盘裹足施釉，外底部刮掉一圈釉，用来垫支具，其刮釉规整精致，令人赞叹。这批器物都发现于F4之上，根据现有的认识，基本处在明洪武、永乐时期。其与TN15E4Z-5.5出土之标本，尽管在年代上有一致之处，如TN15E4Z-5.5之19~23层均为明早期之地层，但其胎釉质量和精美程度，却是云泥之别。

常见的明代早期普通产品，器形有碗、盘、盆、盏、高足杯、剔刻花盖罐、镂空器座、盏托、烛台、砚台、碾钵、执壶、梅瓶、樽式炉、洗式炉、粉盒、梅瓶盖、荷叶形盖等，造型厚重，釉层厚，胎质并不十分细腻。碗、盘、洗等圈足器外底心多内凹，外底刮釉垫烧。器物多数有装饰，装饰手法主要是模印和刻划花、剔刻花，另外雕塑、镂空等也较多使用。印花题材有金刚杵纹、牡丹纹、菊花纹、荷花纹、莲花纹、双鱼纹、团凤纹、飞马过海纹等。刻划花装饰多用于壶、炉、盖罐和大型碗、盘，多数盘的内壁刻饰有较细的菊瓣纹，外壁莲瓣纹多刻于器下腹。剔刻花装饰仅见于大型的盖罐和炉，题材主要为缠枝牡丹和缠枝菊花等。

而这批明代精品瓷器集中堆放在F4，应该是F4在废弃后，因某种需要，从其东北角开始倾倒废品，再向西南角延伸。从发掘遗物初步判断，应该是从明洪武开始，至永乐结束。其不与同时期其他产品堆积在一起，即其废品之处理方式与一般产品是不同的，说明这类产品性质特殊。由于堆积中同时出土有"永乐九年十一月廿九日立毛字记号"、"永乐秋辛卯太岁吉日置号"的印模和"永乐□年……置用"等纪年的材料，使得对这批出土器物断年的可靠性大大增加。

这批器物厚胎厚釉，胎质细腻，足端裹釉圆润，外底刮釉后形成的涩圈规整，制作工整精巧，刻花精细，器形和装饰花纹题材同类器完全一致，题材也多为写实的花果枝叶。如洪武时期的大墩碗，其内外沿下刻划卷云纹带饰，内腹壁刻缠枝菊花和莲花纹，内底两道凹弦纹内刻牡丹纹，外壁中腹刻划荷叶莲花水草纹，下腹刻划变形莲瓣，莲瓣内刻划变形荷叶纹，圈足外壁刻划回纹。执壶，壶体与玉壶春瓶基本相同，只是腹部一侧有流一侧安把，流与壶颈之间有云片连接，把与壶体连接用铆钉固定，既美观又牢固。梅瓶直口，鼓肩，下腹向内斜收，上有盖。而盘的内外壁刻划分组的花卉纹饰，内底刻划松竹梅"岁寒三友"纹、牡丹纹、山石松树纹等。龙纹题材完全一致。其装饰工艺也达到了前所未有的艺术高度，刀法流畅娴熟，施釉恰到好处，釉层厚薄适中（施釉过厚影响到纹饰主题的体现，太薄则使器物胎体瑕疵显现，影响到器物的美观）。这些瓷器的精美程度是以往龙泉窑瓷器中少见的，特别是有些器形明显的不是一般的日用器，而是祭祀用器。

而且，在这批精品瓷器中，还有刻五爪龙纹和"官"字款的。《明史》卷六十八《志》第四十四载："器用之禁：洪武二十六年定，……不许用朱红及抹金、描金、雕琢龙凤文。"在明初，龙凤纹的使用是严格控制的，只有在御用的器物上才允许"用朱红及抹金、描金、雕琢龙凤文"。在枫洞岩窑址发掘的产品中，有多件器物上雕琢了龙纹，而且是五爪龙，如龙纹盘、龙纹高足杯等，这就不啻直接点明了这类器物的御用性质。在一件双鱼戏水纹洗的外底刻有一个"官"字，整个造型与故宫所藏四鱼洗完全一样，只是窑址出土的刻"官"字洗刻有对称的两条鱼，而故宫所藏洗刻有四条鱼。器物底部刻有"官"，正说明此器物是为中央王朝制作，以示与普通民用产品的区别。在一件圆锥形火照上，也刻有"官"，这应该是在烧成时提醒窑工和监烧的官员，在此窑位烧造的不是普通的产品，而是官器的标记，其烧成的质量是需要特别关注的。我们经常可以看到官员因为完不成烧制任务而被处分的记载，也有许多窑工为了完成宫廷的烧制任务献身祭窑的传说，说明为宫廷烧窑需要格外的警醒。"官"字款火照，可能正有这样的警示的作用。这些性质明确的窑址实物，也对文献中关于处州烧造宫廷用瓷的记载作了很好的诠释。

文献中有关于处州烧造宫廷用瓷的明确记载。《大明会典》卷一百九十四"陶器"条述："洪武二十六年定：凡烧造供用器皿等物，须要定夺样制，计算人工物料。如果数多，起取人匠赴京，置窑兴工；或数少，行移饶、处等府烧造。"《明宪宗实录》卷一"天顺八年正月"条记载"江西饶州府、浙江处州府，见差内官在彼烧造磁器，诏书到日，除已烧完者照数起解，未完者悉皆停止，差委官员即便回京，违者罪之。"说明明代从洪武时期开始，至少到天顺时期，处州一直都在烧制宫廷用瓷。

与这批特殊瓷器精品相类似的传世实物，主要见于两岸故宫和伊朗阿德卑尔回教寺院、土耳其托普卡比宫[1]等高等级处。如故宫收藏的元龙泉窑云龙盘、流与壶身有一云头连片的明龙泉窑执壶、明龙泉窑暗（刻）花缠枝石榴玉壶春瓶、明龙泉窑暗（刻）花缠枝莲梅瓶、明龙泉窑暗（刻）花牡丹纹大碗、明龙泉窑暗（刻）花葡萄纹大盘等均与枫洞岩窑址所出别无二致。另外故宫所藏之四鱼洗与枫洞岩窑址出土之"官"字款双鱼戏水纹洗基本一致。这不仅为清宫旧藏龙泉窑瓷器找到了产地，而且说明这批精品瓷器的性质不是普通的民用产品，而应是宫廷用瓷。

同样，同类的传世品即使是在明代贵族墓的随葬品中也很难找到。从南京地区明初功臣墓出土的器物来看，不管是洪武二十一年余通海夫人於氏墓，还是洪武二十八年张云墓，元末明初的宋晟母亲墓、永乐五年宋晟墓、永乐十四年徐膺绪墓、永乐十六年宋晟夫人叶氏墓，其墓中出土器物确实可以在枫洞岩窑址中找到类似的器物，但基本都是普通的民用产品，如张云墓出土的Ⅰ式碗，宋晟夫人叶氏墓出土的Ⅱ式盘、罐，宋晟墓出土的Ⅲ式盘、炉等。而枫洞岩窑址出土的典型官器，这批功臣墓中却一件也未见出土。尽管有些墓主人的官阶很高，如宋晟，永乐三年（1405年）封西宁侯，永乐五年（1407年）卒，追封"郓国公"并赐葬南京雷家山西麓；徐膺绪则是开国公徐达之子。只有永乐十二年平江伯陈闻墓中出土的一件玉壶春瓶，似可以列入官器行列。这些都说明这些产品的流向应该不是民间，而是宫廷。

四　出土的宫廷用瓷与景德镇珠山明代御器厂产品有共同的"样"

枫洞岩窑址出土宫廷用瓷器在器物造型、纹饰以及尺寸上与景德镇珠山明代御器厂遗址出土的明代早期瓷器几乎一样，不同的只是釉色和装饰手法：一个是青釉或有刻花，一个是透明釉青花。如牡丹纹碗，造型与景德镇洪武时期的青花釉里红碗非常接近，纹饰的布局也基本一致；牡丹纹大盘，除了盘口为菱花口，纹饰完全一样；龙纹高足杯，与景德镇釉里红龙纹高足杯一致。从器形、纹饰、体量等方面，两个窑场的产品均表现出相当高的一致性。但同时又与同时期其他窑场的产品质量和烧造特色有着很大的区别。这种细节的高度一致性，无法用窑场之间的传播影响来解释，也无法用当时社会对瓷器的普遍审美风尚来解释。它们应

[1] 加藤腾久：《托普卡普宫殿的中国陶瓷》第二卷（青瓷），株式会社 讲谈社，昭和62年。

当来源于同一个"样"，而这种"样"，在龙泉窑自身发展史上既找不到来源，之后也没有继承，毫无疑问是来自一种特别的要求。

"明承元制，凡朝廷烧制瓷器，必由内府定夺样制。"《大明会典》给出了元和明在朝廷瓷器烧造上的一致性。

而洪武二年文告谓："凡军、民、医、匠、阴阳诸色户，许各以原报抄籍为定，不许妄行变乱，违者治罪，仍从原籍。"[1]表明明初洪武政权对元代的匠籍制度也是直接继承。

在元代就有龙泉窑为宫廷烧造用瓷的情况。

《元史》祭器篇有"中统以来，杂金宋祭器而用之。至治初，始造新器于江浙行省，其旧器悉置几阁"[2]。这个江浙行省应该指龙泉或者至少包括了龙泉，因为《元史》记载"昊天上帝色皆用青，皇地祇色皆用黄"，还提到"青瓷牲盘"、"毛血盛以豆或青瓷盘"[3]等，而在当时青瓷生产以龙泉最负盛名。

《明太祖实录》"洪武元年三月丁未"条，太庙祭祀用"白色登三、铏三、笾豆各十二、簠簋各二、酒樽三、金爵八、瓷爵十六，上列各色祭器以瓷爵数量最大，四处共用六十四只"[4]。各色祭器，也应包括青瓷器。

在枫洞岩窑址出土的元代实物中，就有双鱼盘内印有"式号"字样。"式号"应是一个器物给的样的型号，是按照宫廷给的样制作的样品。接到样单，必须严格按照要求的式样图制作，其中有很多型号。

出土的一件明代垫具上，划写有"三样三个花；三样三个内花一个；二样三个光；四样二个光；二样碗五个花"等文字。景德镇珠山明代御器厂遗址的发掘中也发现不少瓷样标本，如"四十九号十八样"、"十一号十二年样"、"二十年戊七十号"、"五十七年样"等共十三件。而且枫洞岩窑址出土的明代宫廷用瓷，其器形和纹样与景德镇珠山明代御器厂出土的宫廷用瓷相同，应该是采用了相同的图样制作，验证了文献中记载的"须要定夺样制"的规定，说明这是当时宫廷用瓷的主要生产方式。

本窑址发掘出土的垫具上的"光"、"花"的字样，也和出土的宫廷用瓷分光素和刻花两种不同装饰的器物类型相印证。而"三样三个花；三样三个内花一个；二样三个光；四样二个光；二样碗五个花"，说明这个"样"还不是成品，而是根据宫廷给的图样制作的样品，也就是试验品。宫廷给样有几种形式，一是瓷器实样，在宝丰清凉寺汝窑遗址中，就出土了质量非常高的越窑小杯，这应是宫廷给的瓷器实物样；二是竹木器样，在《中兴礼书》卷五九《明堂祭器》中就有明确的记载："（绍兴元年）四月三日，太常寺言，条具到明堂合行事件下项：一、祀天并配位用匏爵陶器，乞令太常寺具数下越州制造，仍乞依见今竹木器祭样制烧造"；三是画样。可能最多的是画样。而根据平面图样制作的立体器物，再高超的工匠，都不可能做的很完美。在这种情况下制作的产品，还处于宫廷用瓷生产的中间环节，有待宫廷审核认可后，才能批量制作，如果没有达到标准，还得根据反馈的意见进行修改或重新制作。此垫具的发现，不但说明了样品的型号，而且还给出了样品制作的数量。

五　枫洞岩窑址不是官窑，其烧造宫廷用瓷是朝廷"制样须索"

尽管枫洞岩窑址出土了一批宫廷用瓷，但尚不足以据此认定其窑场为官窑。

虽然枫洞岩窑址出土的这批宫廷用瓷其废品不混杂于一般的民用品，而是单独堆放，但作为窑场来说，并不是纯粹的官窑窑场，即使是明代早期，也是各种类型、精粗不同的产品同时烧造。出土宫廷用瓷的同时，

[1]《大明会典》，江苏广陵古籍刻印社刻明刊本，卷十九，85页。

[2]《元史》卷七十四，志第二十五，祭祀三。

[3]《元史》卷七二，祭祀一"三曰笾豆登俎。昊天上帝、皇地祇及配帝，笾豆皆十二，登三，铏二，簠二，簋二，俎八，皆有匕箸，玉币篚二，匏爵一，有坫，沙地一，青瓷牲盘一。"（1798页）"五曰牲齐庶器，……毛血盛以豆，或青瓷盘。"（1799页）

[4]《明太祖实录》，台北"中研院"校印本，卷三一，0543页。

枫洞岩窑址还出土不同时期的各种姓氏铭记，如顾氏、颖川祠堂、陈、王氏、姚陈皿、毛字记号、李用记号、陈置、山中人、桂林用等。这在官窑窑场中是不应该出现的。还有刻"官"字的瓷片，就是为了区别于民用产品，如果全烧官用器物，就没有必要再刻"官"字了，南宋官窑、景德镇御窑厂即不见"官"字名款的。特别是刻"官"字的火照，只是表明这一部位的待烧品是官家的。在越窑发掘时，除了在器物上面，还在匣钵上、龙窑投柴孔的塞子上发现刻了"官"字的，应该就是表明从这个投柴孔到那个投柴孔之间的窑位，或者是从这个匣钵柱到那个匣钵柱之间是要烧官家用瓷的。枫洞岩窑址的发掘表明其窑场尚处于"制样须索"模式。

"官窑"的概念并不仅仅代表器物，而应是器物和窑场的综合体。虽然"官窑"的界定尚未有统一的标准，但也是有标准的，"京师自置窑烧造，名曰官窑"，宋代文献给出了这样的标准，我们至少可以按这个标准来认定。

中国宫廷用瓷的取得途径经历了三个模式，时间上有先后也有重合：第一个是"贡窑"模式。主要是唐代及以前，一般是地方政府以土产的形式进贡给皇帝。贡窑对产品的制作在很大程度上取决于生产者或进贡者的意愿（也可能掺杂着对宫廷意图的揣摩）。第二个模式是"制样须索"。是宫廷给样，下地方烧造，并且定量。相当于订制的性质，订户就是宫廷。所以"制样须索"在很大程度上取决于上面的意图，或者说取决于宫廷对瓷器的爱好。"制样须索"可能是从五代后周时期开始的。有一条文献沿用至今，是官员请示柴世宗烧造器物形式，回答是："雨过天青云破处，这般颜色作将来"。这可能就是"制样须索"的最早记载。四川邛窑窑址曾发现过官样纪年铭模："乾德六年二月上旬造官样杨全记用"[1]，这是最早的实物标本。所以我们推测"制样须索"方式从五代开始。制样须索这种方式在北宋时期的越窑已经常使用，多次发现在外底刻有"官样"铭文的越窑器物，这应该就是朝廷"制样须索"的真实反映。而刻"官"、"新官"等字样的器物，也应是这种模式下的产品。禁庭制样须索龙泉窑产品也是有着悠久历史的。上述"处州龙泉县……宣和中，禁庭制样须索，益加工巧"[2]的记载表明，北宋时禁庭就经在制样须索龙泉窑产品了，而且其延续的时间也很长，至少到明代一直存在着。"制样须索"不同于"官搭民烧"。第三种模式才是"官窑"，就是完全由宫廷自己组织生产、自己管理、自己控制产品的流向，是一种非常特殊的模式。现在有北宋官窑、南宋官窑的记载，北宋官窑的情况尚未明朗，郊坛下窑址经过了发掘，证明是朝廷自己组织生产的南宋官窑，出土的"大宋国物"[3]窑具，完全不同于越窑的"用烧官物"[4]。官窑有自己的生产和管理制度，有自己对产品的处理方式。景德镇御窑厂其实就是宋代文献所称的"官窑"模式的进一步发展。

多数学者认为，枫洞岩窑址的性质与景德镇明初窑场的性质应该是一致的，景德镇窑场既然是御窑性质的，那龙泉窑也应相同。不管是文献，还是窑场并产品，这两个窑均表现出了高度的一致性，我们也认同这一现象。景德镇窑场虽然大家都称为御器厂，但笔者认为还值得进一步探讨。与龙泉枫洞岩窑场一样，在"御器厂"里除了生产官器以外，也生产许多普通的民用器物。对这样的窑场，我们如何定性？景德镇是否在明初如洪武时期已经是御器厂？这都值得深入探讨。

其实龙泉的窑业从其产生伊始，即与宫廷有着密切的联系。

叶寘《坦斋笔衡》记载："本朝以定州白瓷器有芒，不堪用，遂命汝州造青窑器，故河北唐、邓、耀州悉有之，汝窑为魁。江南则处州龙泉县窑，质颇粗厚。政和间，京师自置窑烧造，名曰官窑。"这一段文献经常被引用，而且人们常以"质颇粗厚"四字来理解龙泉窑在北宋末时质量之差，可如果把整段文献通盘考察，就会发现，与龙泉窑做比较的都是非同一般的窑场，无论是"不堪用"的定窑，还是"命造青器"的汝窑，或者直接为

［1］李子军：《邛崃市发现纪年铭文印模》，《成都文物》1996年第1期。
［2］［宋］庄绰：《鸡肋编》，中华书局，1983年。
［3］中国社会科学院考古研究所等：《南宋官窑》，中国大百科全书出版社，1996年。
［4］上林湖文保所采集一细质垫环，上刻铭"美头人鲍五郎者用烧官物，不得乱将恶用"。

宫廷服务的官窑，都与宫廷有着密切的联系，即这几个窑场在当时都为宫廷烧造瓷器，也就是说在北宋末龙泉窑就已经进入皇家的视野，已经在为宫廷烧造瓷器了。在这之后，特别是宋室南渡后，其他几大窑场均在金人统治之下，南宋宫廷在龙泉烧造瓷器本就是顺理成章的事。还有一段文献也常常被引用，即宋人庄绰的《鸡肋编》记载："处州龙泉县多佳树，地名豫章，以木而著也……又出青瓷器，谓之秘色。钱氏所贡，盖取于此。宣和中，禁庭制样须索，益加工巧。"[1]，人们往往因为有"又出青瓷器，谓之秘色。钱氏所贡，盖取于此"这样的记载而怀疑此书的真实性，而"处州龙泉县多佳树，地名豫章，以木而著也" 却是实实在在存在的，如果把这一段记载与《坦斋笔衡》记载内容结合起来考察，时间符合，内容也一致。

　　唐宋以来对瓷器的需求量是巨大的，特别是把瓷器作为外交手段的吴越国和明代，需求量就更大。如《明史·琉球传》记洪武七年（1374 年）命刑部侍郎李浩"赍赐文绮、陶、铁器，且以陶器七万、铁器千就其国市马"[2]，《明史·占城·真腊·暹罗》载，洪武十三年赏赐三国贡使瓷器共五万七千余件[3]，从文献屡见的"处器"、"青器"、"青瓷器"等观察，龙泉窑青瓷在其中应占了很大的份额。中央王朝本身需要的各种用途的瓷器的数量也是巨大的，《大明会典》记载仅光禄寺每年需要的缸坛瓶就是一个庞大的数字："凡河南及真定府烧造，宣德间题准，光禄寺每年缸坛瓶，共该五万一千八百五十只个。分派河南布政司钧、磁二州，酒缸二百三十三只，十瓶坛八千五百二十六个，七瓶坛一万一千六百个，五瓶坛一万一千六百六十个，酒瓶二千六十六个。"在大量需求的背景下，在古代龙窑产品烧成率低下的情况下，要满足其需要，用一座或几座窑炉承担烧造任务是远远不够的。龙泉窑在明初为宫廷烧造瓷器的窑址也应不止一处。即使是在大窑，尚有地名"官厂"的明代窑场遗存，也有一直被许多学者称为"官窑"、或者"仿官"的宋代窑场遗存，这都需要我们进一步的工作。其实在 1960 年 1 月初至 3 月底第一次对龙泉大窑发掘的过程中，就发现了一些制作精良的明代宫廷用器物，但因将其判为元代，所以没有引起足够的重视。

　　对枫洞岩窑址不宜称为官窑的判定，并不表示整个龙泉窑的性质为民窑，枫洞岩窑址只是龙泉窑业遗存中一个具体的点。总之，枫洞岩窑址不是官窑，但按"制样须索"模式烧造各式宫廷用瓷。

————————————

［1］［宋］庄绰《鸡肋编》，中华书局，1983 年。

［2］《明史·琉球传》，8361 页。

［3］《明史·占城·真腊·暹罗》，8394 页。

附录一

枫洞岩窑址出土青瓷的核分析研究

冯松林[1]　李丽[1]　冯向前[1]　闫灵通[1]　徐清[1]　沈岳明[2]　徐军[2]

（1 中国科学院高能物理研究所　2 浙江省文物考古研究所）

枫洞岩窑址位于龙泉大窑，是龙泉窑烧造的中心区。2006 年 9 月至 2007 年 1 月，浙江省文物考古研究所、北京大学考古文博学院和龙泉青瓷博物馆联合对枫洞岩窑址进行了考古发掘，出土了大量窑具和瓷器残片标本。瓷片标本釉色莹绿，做工精细。在明代初年洪武—永乐的地层里出土了一批制作工整、纹样精细、釉色滋润、器形庞大的"官用"瓷器，确定大窑枫洞岩窑址是承接和生产官府用瓷的窑场。

为了从外观特征和内在物理化学性质两方面研究这批出土残片，对这些标本的化学组成进行核分析研究是十分有意义的。古陶瓷中主量和微量成分种类及其含量等信息是由制瓷原料和烧制工艺决定的，它具有一定的产地属性和年代特征，这些信息几乎不随年代变迁而变化，是研究古瓷内在物理和化学性能、产地和年代特征以及工艺技术发展特点的重要依据。能量色散 X 射线荧光（EDXRF）适合古陶瓷胎釉中元素组成的无损定量分析，能够分析古陶瓷胎和釉中约 20 种化学成分的含量，是一种便捷和灵敏的元素组成分析方法。这些出土残片的科学分析，将有助于研究原料配方和烧制技术发展。

一　实验

1. 枫洞岩窑址青瓷标本的筛选

为了较全面分析大窑龙泉窑枫洞岩窑址青瓷胎和釉的化学组成，使分析数据具有代表性和统计意义，通过认真筛选，挑选出元代早期和中晚期、明代早期和中期共 4 个文化期，每个文化期选 3 种典型的民用瓷器器形，明代永乐和洪武共挑选了 5 种官瓷器形，各文化期的每种器形收集 15~20 件不同个体的残片样品，共 17 组 281 件标本，如表 1 所示。器形有盘、碗、洗、菱花盘、炉、墩式碗、莲子碗和梅瓶共 8 种。瓷胎普遍呈灰白色，胎质普遍较细，瓷胎截面中有微气孔，瓷釉层普遍肥厚。样品的具体信息列在附表 1 中。

2. 样品制备

用石英砂轮片从每件瓷片上切下约 10mm × 30mm 的 2 小块，其中一块磨去釉层及表面受侵蚀的部分用于瓷胎的有损分析，纯瓷胎样品在超声波清洗器中先后用自来水和超纯水分别清洗 3 遍，在烘箱中以 105℃烘烤 4 小时后，用玛瑙研钵将瓷胎样品研磨成 200 目的粉末，保存在干燥器中待用。在另一块瓷片断面上用抛光片进行磨平和抛光，去除表面可能污染的部分，用于瓷胎和瓷釉中化学组成的无损分析。制备后的样品在超声波清洗器中先后用自来水清洗 3 遍，在烘箱中以 105℃烘干后待用。

3. 实验方法和分析质量控制

本分析研究报告原计划将用仪器中子活化（INAA）和能量色散 X 射线荧光（XRF）两种方法、有损和无损分析瓷胎和瓷釉中的化学组成，应用实验数据进行原料配方、产地属性、不同器形之间的原料差异和内在

表1 大窑枫洞岩窑址青瓷样品背景信息表

组号	器形	时代	年代组号	质料	胎色	釉色	数量	备注
1	盘	元早		细	灰白	青	16	
2	碗	元早	1	细	灰白	青	16	
3	洗	元早		细	灰白	青	15	
4	盘	元中晚		细	灰白	青	16	
5	菱花盘	元中晚	2	细	灰白	青	15	
6	洗	元中晚		细	灰白	青	17	
7	炉	明早		细	灰白	青	16	
8	盘	明早	3	细	灰白	青	15	
9	碗	明早		细	灰白	青	17	
10	炉	明中		细	灰白	青	15	
11	盘	明中	4	细	灰白	青	18	
12	碗	明中		细	灰白	青	20	
13	墩式碗	永乐官		细	灰白	青	17	素面
14	莲子碗	永乐官	5	细	灰白	青	19	
15	梅瓶	永乐官		细	灰白	青	17	
16	碗	洪武官	6	细	灰白	青	16	
17	盘	洪武官		细	灰白	青	16	

联系、生产工艺和烧制技术等研究。由于中国原子能研究院的重水反应堆超寿命停堆,新反应堆还未投入使用,因此INAA实验数据本报告中未列出。

瓷胎和瓷釉中化学成分的无损定量分析是在本实验室的超大样品室X射线荧光能谱分析系统(Eagle III μ –Probe)上和相同实验条件下完成的,X射线束斑直径为 Φ =1mm,工作电压40kV,工作电流250 μ A,样品置于真空室中,每个样品的能谱测量活时间为300s。测量时探测器和出光口到样品表面的位置保持固定,用高倍、低倍CCD相机和三维步进电机把样品准确定位到焦点上进行测量。为了提高分析数据的准确性,依据高能所自制的古陶瓷无损定量分析标准样品,经过国标GSD的校验后,采用基本参数法分别无损定量分析了每个样品的瓷胎和瓷釉中 Na_2O 、 MgO 、 Al_2O_3 、 SiO_2 、 P_2O_5 、 K_2O 、 CaO 、 TiO_2 、 MnO 、 Fe_2O_3 、 CuO 、 ZnO 、 Rb_2O 和 ZrO_2 等化学组成的含量,受篇幅限制,大窑枫洞岩窑址每组样品中列出5个瓷胎和瓷釉的化学成分含量数据(如附表1和附表2所示)。受仪器设备性能限制,其中 Na_2O 和 MgO 数据的准确度偏差,只供参考。

二 青瓷胎和釉中主量化学组成的特征

为了分析大窑枫洞岩窑址出土青瓷中化学组成的内在特征,依据XRF实验数据,通过对这批样品瓷胎和瓷釉中的含量数据进行离散性、平均值变化规律和统计分析,进一步研究瓷胎原料配方改变和烧制工艺发展以及产地属性和年代特征。

不同文化期不同器形样品组的化学成分离散性幅度彼此之间没有给出显著性的差异,初步表明制胎原料的来源相近。从离散性分布特点分析,只有明洪武官瓷胎料中的 Fe_2O_3 存在直观的区别。在各组样品中瓷釉的化学成分含量变化特点亦彼此相近，瓷釉中化学成分含量数据的离散性不仅反映不同时期瓷釉原料配方，而且与生产工艺密切相关。

1. 枫洞岩窑址青瓷胎和釉中化学组成平均值变化特点

离散性分布表明枫洞岩窑址青瓷胎和釉中化学成分的含量数据具有一定的变化范围，为了进一步定量比较不同文化期和不同器形之间的化学组成变化特点，将按样品组给出瓷胎和瓷釉中化学成分含量平均值和标准偏差，并结合平均值变化曲线比较分析。枫洞岩窑址出土青瓷胎中化学成分的含量平均值（Aver）和标准偏差（Std）列在表 2 中。化学成分含量平均值变化曲线如图 1–1～图 1–12 所示，纵坐标为化学成分的含量，横坐标为样品组号。

枫洞岩窑址青瓷胎中 Al_2O_3 含量的变化区间为 18.8%~23.8%，其中元代胎中 Al_2O_3 含量在 20.4%~23.8% 之间变化，明代瓷胎在 18.8%~22.3% 波动，明洪武至永乐官瓷胎中 Al_2O_3 含量的分布范围为 19.2%~21.9%。在图 1–1 中，元代早期的盘组和碗组（即第 1 组和第 2 组）瓷胎中 Al_2O_3 的含量平均值接近，如表 2 所示，分别为（22.0±0.6）% 和（22.3±0.8）%；元代早期的洗组（第 3 组）与元代中晚期的盘、菱花盘和洗组（即第 4、5、6 组）含量平均值接近，分别为（21.5±0.8）%、（21.5±0.5）%、（21.7±1.0）% 和（21.5±0.7）%；明代早期 3 组不同器形样品（第 7、8、9 组）的瓷胎中 Al_2O_3 的含量平均值存在差异，分别为（20.8±0.6）%、（21.3±1.0）%、和（20.3±0.7）%，比元代样品有所下降；明中期 3 组瓷胎样品（第 10、11、12 组）中的 Al_2O_3 的含量平均值比较接近，在（19.8±0.8）% ~（20.0±0.8）% 之间；明永乐墩式碗、莲子碗和梅瓶三组官瓷（第 13、14、15 组）胎中的 Al_2O_3 的含量平均值十分相似，明洪武官瓷碗（第 16 组）瓷胎中 Al_2O_3 含量平均值（20.4±0.5）% 低于官瓷盘（第 17 组）的（20.7±0.5）%。平均值数据表和平均值曲线表明 Al_2O_3 含量平均值在元代相对较高，明中期较低，明早期和官瓷介于两者之间。

瓷胎中 SiO_2 含量在 66.9%~73.6% 之间波动，其中元代瓷胎中 SiO_2 含量在 66.9%~71.9% 之间变化，明代民用瓷胎在 68.3%~73.6% 波动，明洪武至永乐官瓷胎中 SiO_2 含量的分布范围为 69.1%~73.0%，官瓷胎的含量变化范围小于民用瓷，表明瓷胎原料得到控制。在图 1–2 中，元代早期和中晚期 6 组样品瓷胎中 SiO_2 的含量平均值低于其他各组，在（69.1±1.1）% ~（69.8±1.1）% 之间；明代早期 3 组样品瓷胎中 SiO_2 的含量平均值存在差异，分别为（70.5±0.7）%、（70.0±1.4）% 和（71.4±1.1）%，明中期 3 组样品瓷胎中的 SiO_2 的含量平均值比较接近；明永乐三组官瓷胎中的 SiO_2 的含量平均值与洪武官瓷碗比较相近，明洪武官瓷盘（第 17 组）为（70.1±0.5）%，略低与其他官瓷样品组。

不同个体样品瓷胎中 P_2O_5 含量在 0.031%~0.063% 之间变化，其中元代瓷胎中 P_2O_5 含量在 0.033%~0.063% 之间振荡，明代民用瓷胎在 0.031%~0.062% 变化，明洪武至永乐官瓷胎中 P_2O_5 含量的分布范围为 0.034%~0.063%。在图 1–3 中，元代早期和中晚期 6 组样品瓷胎中 P_2O_5 的含量平均值彼此不同，在（0.045±0.006）% ~（0.050±0.008）% 之间；明代早期 3 组样品瓷胎中 P_2O_5 的含量平均值存在差异，分别为（0.045±0.004）%、（0.047±0.007）% 和（0.052±0.007）%，瓷碗组（第 9 组）相对最高；明中期的炉组（第 10 组）瓷胎的 P_2O_5 含量平均值为（0.052±0.005）%，与明早期第 9 组几乎相同，另两组的数值相似；明永乐 3 组和明洪武 2 组官瓷样品瓷胎中 P_2O_5 含量平均值彼此十分接近。

枫洞岩窑址青瓷胎中 K_2O 含量的变化区间为 3.94%~6.75%，其中元代的 K_2O 含量在 3.94%~6.18% 之间变化，明代民用瓷胎在 4.34%~6.75% 波动，明洪武至永乐官瓷胎中 K_2O 含量的分布范围为 4.34%~6.35%。如图 1–4 所示，元代早期 3 组青瓷样品瓷胎中 K_2O 的含量平均值接近，在表 2 对应（5.21±0.30）%、（5.11±0.40）% 和（5.14±0.37）%；元代中晚期 3 组样品瓷胎中 K_2O 的含量平均值明显差别，分别为（5.51±0.56）%、（5.20±0.50）% 和（4.71±0.45）%；明代早期 3 组样品瓷胎中 K_2O 的含量平均值彼此接近，在（5.03±0.54）% ~（5.47±0.35）% 之间；明中期 3 组样品瓷胎中的 K_2O 的含量平均值明显升高

表 2　枫洞岩窑址瓷胎中化学成分含量平均值（Aver）和标准偏差（Std）

Gn1	时代	器形	Na₂O (%)		MgO (%)		Al₂O₃ (%)		SiO₂ (%)		P₂O₅ (%)		K₂O (%)		CaO (%)	
			Aver	Std	Aver	Std	Aver	Std	Aver	Std	Aver	Std	Aver	Std	Aver	Std
1	元早	盘	0.84	0.15	0.32	0.05	22.0	0.6	69.4	0.8	0.047	0.006	5.21	0.30	0.051	0.016
2	元早	碗	0.81	0.15	0.34	0.03	22.3	0.8	69.1	1.1	0.045	0.006	5.11	0.40	0.055	0.019
3	元早	洗	0.99	0.19	0.32	0.04	21.5	0.8	69.8	1.1	0.048	0.006	5.14	0.37	0.057	0.016
4	元中晚	盘	0.85	0.10	0.32	0.05	21.5	0.5	69.4	0.8	0.050	0.008	5.51	0.56	0.060	0.029
5	元中晚	菱花盘	0.79	0.13	0.36	0.05	21.7	1.0	69.5	1.2	0.047	0.006	5.20	0.50	0.055	0.029
6	元中晚	洗	0.77	0.13	0.38	0.05	21.5	0.7	69.7	0.7	0.049	0.006	4.71	0.45	0.045	0.014
7	明早	炉	0.86	0.13	0.31	0.04	20.8	0.6	70.5	0.7	0.045	0.004	5.47	0.35	0.039	0.010
8	明早	盘	0.92	0.17	0.30	0.03	21.3	1.0	70.0	1.4	0.047	0.007	5.44	0.44	0.057	0.020
9	明早	碗	0.87	0.17	0.33	0.05	20.3	0.7	71.4	1.1	0.052	0.007	5.03	0.54	0.065	0.017
10	明中	炉	0.94	0.18	0.31	0.05	19.8	0.8	70.6	1.0	0.052	0.005	6.19	0.25	0.058	0.016
11	明中	盘	0.85	0.09	0.32	0.04	20.0	0.8	70.7	0.9	0.049	0.005	6.09	0.25	0.059	0.009
12	明中	碗	0.93	0.18	0.33	0.06	19.9	0.6	70.7	0.8	0.049	0.006	5.97	0.22	0.068	0.018
13	永乐官	墩式碗	0.85	0.15	0.33	0.05	20.6	0.3	70.8	0.6	0.049	0.005	5.28	0.36	0.062	0.013
14	永乐官	莲子碗	0.94	0.12	0.32	0.05	20.6	0.5	70.8	0.9	0.049	0.006	5.20	0.49	0.064	0.017
15	永乐官	梅瓶	0.90	0.14	0.33	0.04	20.6	0.6	70.6	0.8	0.048	0.006	5.48	0.40	0.086	0.097
16	洪武官	碗	0.77	0.12	0.32	0.03	20.4	0.5	70.8	0.8	0.048	0.006	5.37	0.31	0.040	0.009
17	洪武官	盘	0.79	0.10	0.36	0.05	20.7	0.5	70.1	0.5	0.048	0.007	5.59	0.29	0.042	0.019

Gn1	时代	器形	TiO₂ (%)		MnO (%)		Fe₂O₃ (%)		CuO (ppm)		ZnO (ppm)		Rb₂O (ppm)		ZrO₂ (ppm)	
			Aver	Std	Aver	Std	Aver	Std	Aver	Std	Aver	Std	Aver	Std	Aver	Std
1	元早	盘	0.157	0.026	0.076	0.021	1.80	0.09	40	4	65	7	195	10	231	14
2	元早	碗	0.165	0.034	0.078	0.019	1.89	0.10	41	5	65	9	195	12	242	15
3	元早	洗	0.154	0.031	0.086	0.014	1.78	0.10	39	3	67	13	196	13	236	6
4	元中晚	盘	0.192	0.061	0.106	0.032	1.92	0.19	38	4	66	6	207	19	240	13
5	元中晚	菱花盘	0.194	0.029	0.106	0.029	1.96	0.20	42	3	62	8	195	19	243	14
6	元中晚	洗	0.282	0.050	0.075	0.036	2.39	0.32	39	4	66	10	186	14	250	11
7	明早	炉	0.148	0.022	0.081	0.009	1.62	0.11	37	5	65	8	200	9	233	11
8	明早	盘	0.142	0.025	0.093	0.025	1.69	0.10	38	4	72	24	201	14	232	14
9	明早	碗	0.172	0.036	0.077	0.009	1.68	0.14	40	3	74	7	190	19	246	14
10	明中	炉	0.158	0.032	0.085	0.014	1.65	0.12	41	4	57	8	210	10	231	10
11	明中	盘	0.162	0.044	0.084	0.014	1.60	0.14	39	4	65	5	216	13	240	20
12	明中	碗	0.161	0.030	0.086	0.011	1.64	0.09	40	3	64	9	206	9	237	12
13	永乐官	墩式碗	0.168	0.028	0.089	0.013	1.68	0.10	39	3	67	10	193	12	238	6
14	永乐官	莲子碗	0.161	0.023	0.080	0.006	1.67	0.11	39	3	80	17	196	16	243	16
15	永乐官	梅瓶	0.154	0.023	0.095	0.016	1.63	0.14	39	4	69	11	200	13	235	16
16	洪武官	碗	0.228	0.029	0.082	0.010	1.88	0.06	40	4	67	7	209	15	249	18
17	洪武官	盘	0.264	0.035	0.092	0.008	1.98	0.10	40	4	69	7	219	7	241	11

到（5.97±0.22）%~（6.19±0.25）%之间，达到了枫洞岩窑址青瓷胎的最高值，它表明制瓷原料的差异；明永乐3组和洪武2组官瓷胎中 K_2O 含量平均值在（5.20±0.49）%~（5.59±0.29）%之间，不同器形组之间变化较小。

青瓷胎中 CaO 含量的变化区间为 0.012%~0.453%，元代瓷胎中 CaO 含量在 0.017%~0.121% 之间变化，明代民用瓷胎在 0.019%~0.112% 波动，明洪武至永乐官瓷胎中 CaO 含量的分布范围为 0.012%~0.453%。如图 1-5 所示，元代早期 3 组样品瓷胎中 CaO 的含量平均值接近，在表 2 对应（0.051±0.016）%、（0.055±0.019）% 和（0.057±0.016）%；元代中晚期第 4 组样品瓷胎中 CaO 的含量平均值为（0.060±0.029）%，明显高于第 5 和第 6 组；明代早期第 7 组样品瓷胎中 CaO 的含量平均值为（0.039±0.010）%，明显低于第 8 组的（0.057±0.020）% 和第 9 组的（0.065±0.017）%；明中期 3 组样品瓷胎中的 CaO 的含量平均值升高到（0.058±0.016）%~（0.068±0.018）% 之间；图 1-5 中，明永乐 3 组官瓷胎中 CaO 的含量平均值接近，表 2 中梅瓶组的平均值为（0.086±0.0.097）%，这是因为梅瓶组的 ZJFD0248 样品的 CaO 测量值为 0.453%，它是显著偏离的，表 2 给出的数值平均值，图中给出的是统计平均值；洪武 2 组官瓷胎中 CaO 含量平均值比较接近；永乐和洪武两个时期官瓷胎中的 CaO 含量平均值存在明显区别。

瓷胎中 TiO_2 含量的变化区间为 0.098%~0.366%，元代的 TiO_2 含量在 0.109%~0.366% 之间变化，明代民用瓷胎在 0.098%~0.247% 之间波动，明洪武至永乐官瓷胎中 TiO_2 含量的分布范围为 0.111%~0.354%。图 1-6 中元代早期 3 组青瓷样品瓷胎中 TiO_2 的含量平均值接近，在表 2 中对应（0.157±0.026）%、（0.165±0.034）% 和（0.154±0.031）%；元代中晚期第 4 组和第 5 组样品瓷胎中 TiO_2 的含量平均值接近，明显低于第 6 组的（0.282±0.050）%，元代中晚期瓷胎中 TiO_2 的含量平均值高于元代早期；明代早期 3 组样品瓷胎中 TiO_2 的含量平均值分别为（0.148±0.022）%、（0.142±0.025）% 和（0.172±0.036）%，整体上明显低于元代中晚期；明中期 3 组样品瓷胎中的 TiO_2 的含量平均值比较接近，在（0.158±0.032）%~（0.162±0.044）% 之间；明永乐 3 组官瓷胎中 TiO_2 含量平均值彼此接近，在（0.161±0.030）%~（0.168±0.028）% 之间；洪武 2 组官瓷胎中 TiO_2 含量平均值相互接近，与永乐时期官器相比明显上升。

枫洞岩窑址青瓷胎中 MnO 含量的变化区间为 0.032%~0.168%，其中元代胎中 MnO 含量在 0.032%~0.168% 之间变化，明代瓷胎在 0.048%~0.157% 波动，明洪武至永乐官瓷胎中 MnO 含量的分布范围为 0.061%~0.141%。在图 1-7 中，元代早期的盘组和碗组（即第 1 组和第 2 组）瓷胎中 MnO 的含量平均值接近，如表 2 所示，分别为（0.076±0.021）% 和（0.078±0.019）%，元代早期的洗组（第 3 组）瓷胎中 MnO 的含量平均值为（0.086±0.014）%，高于同期第 1 和第 2 组；元代中晚期的盘和菱花盘组（即第 4、5 组）含量平均值接近，分别为（0.106±0.032）% 和（0.106±0.029）%，明显高于第 6 组；明代早期 3 组不同器形样品（第 7、8、9 组）的瓷胎中 MnO 的含量平均值存在微弱差异，分别为（0.081±0.009）%、（0.093±0.025）% 和（0.077±0.009）%；明中期 3 组瓷胎样品（第 10、11、12 组）中的 MnO 的含量平均值比较接近，在（0.084±0.014）%~（0.086±0.011）% 之间；明永乐 3 组和洪武 2 组官瓷胎中 MnO 含量平均值在（0.80±0.006）%~（0.095±0.016）% 之间，不同器形组之间无显著差异。

青瓷胎中 Fe_2O_3 含量的变化区间为 1.26%~2.84%，元代的 Fe_2O_3 含量在 1.57%~2.84% 之间变化，明代民用瓷胎在 1.26%~1.92% 之间波动，明洪武至永乐官瓷胎中 Fe_2O_3 含量的分布范围为 1.38%~2.18%。图 1-8 中元代早期 3 组青瓷样品瓷胎中 Fe_2O_3 的含量平均值接近，在表 2 中对应（1.80±0.09）%、（1.89±0.10）% 和（1.78±0.10）%；元代中晚期第 4 组和第 5 组样品瓷胎中 Fe_2O_3 的含量平均值接近，明显低于第 6 组的（2.39±0.32）%，元代中晚期瓷胎中 Fe_2O_3 的含量平均值高于元代早期；明代早期 3 组样品瓷胎中 Fe_2O_3 的含量平均值彼此接近，在（1.62±0.11）% 和（1.69±0.10）% 之间；明中期 3 组样品瓷胎中的 Fe_2O_3 含量平均值比较接近，在（1.60±0.14）%~（1.65±0.12）% 之间，明代青瓷胎中 Fe_2O_3 的含量平均值低于元代；

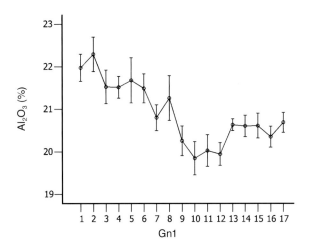

图 1-1　瓷胎中 Al_2O_3 含量平均值变化

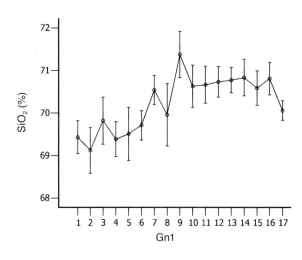

图 1-2　瓷胎中 SiO_2 含量平均值变化

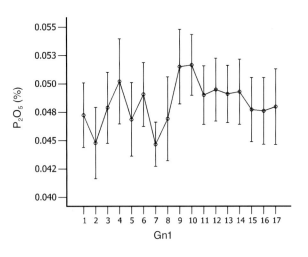

图 1-3　瓷胎中 P_2O_5 含量平均值变化

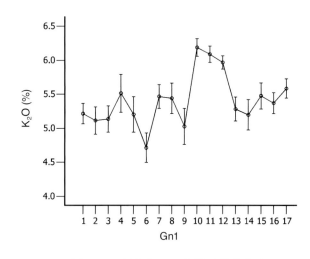

图 1-4　瓷胎中 K_2O 含量平均值变化

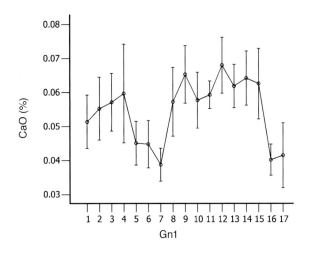

图 1-5　瓷胎中 CaO 含量平均值变化

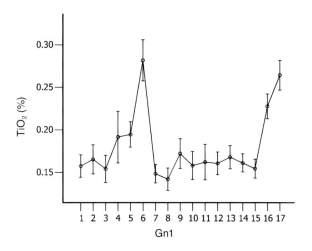

图 1-6　瓷胎中 TiO_2 含量平均值变化

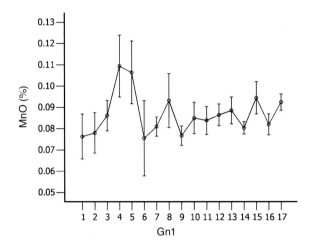

图 1-7　瓷胎中 MnO 含量平均值变化

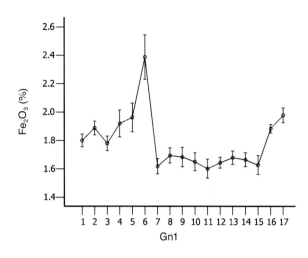

图 1-8　瓷胎中 Fe$_2$O$_3$ 含量平均值变化

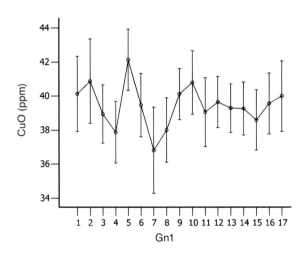

图 1-9　瓷胎中 CuO 含量平均值变化

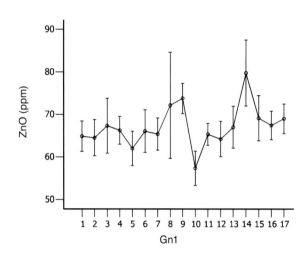

图 1-10　瓷胎中 ZnO 含量平均值变化

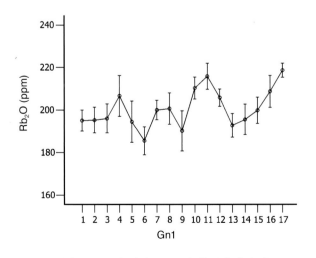

图 1-11　瓷胎中 Rb$_2$O 含量平均值变化

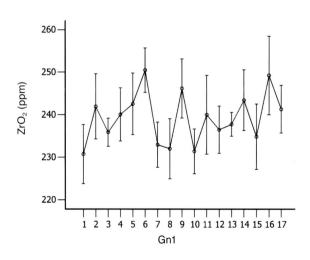

图 1-12　瓷胎中 ZrO$_2$ 含量平均值变化

明永乐 3 组官瓷胎中 Fe_2O_3 含量平均值彼此接近，在（1.63±0.14）%~（1.68±0.10）%之间；洪武 2 组官瓷胎中 Fe_2O_3 含量平均值相互接近，与永乐时期官器相比明显上升。瓷胎中 Fe_2O_3 含量平均值变化规律与 TiO_2 相似。

枫洞岩窑址青瓷胎中微量成分 CuO 和 ZnO 含量较低（如附表 1 所示），瓷胎中 CuO 的含量变化范围为 31ppm~51ppm，在不同时期和器形组样品中的含量平均值在（37±5）ppm~（42±3）ppm 之间，差异较小。瓷胎中 ZnO 的含量变化范围为 25ppm~129ppm，绝大多数瓷胎样品中的含量低于 100ppm，在不同文化期和器形组样品中的含量平均值在（57±8）ppm~（80±17）ppm 之间，存在微弱差异。瓷胎中微量成分 Rb_2O 含量在 158ppm~240ppm 之间波动，在不同文化期和不同器形组样品中的含量平均值在（186±14）ppm~（219±17）ppm 之间。微量成分 ZrO_2 含量在 211ppm~290ppm 之间变化，在不同文化期和不同器形组样品中的含量平均值在（231±14）ppm~（250±11）ppm 之间。

枫洞岩窑址青瓷釉中化学成分的含量平均值（Aver）和标准偏差（Std）数据列在表 3 中，化学成分含量平均值变化曲线如图 2-1~图 2-12 所示。

枫洞岩窑址青瓷釉中 Al_2O_3 含量的变化区间为 5.8%~19.8%，其中元代釉中 Al_2O_3 含量在 7.0%~15.2% 之间变化，明代瓷釉在 5.8%~14.5% 波动，明洪武至永乐官瓷釉中 Al_2O_3 含量的分布范围为 8.1%~19.8%。在图 2-1 中，元代早期的盘组和碗组（即第 1 组和第 2 组）瓷釉中 Al_2O_3 的含量平均值相同为（12.8±0.6）%，如表 3 所示，元代早期的洗组（第 3 组）比元代早期另两组略高为（13.1±0.3）%；元代中晚期 3 组样品瓷釉中 Al_2O_3 含量平均值接近，在（12.8±1.2）%~（13.2±0.7）%、之间；明代早期 3 组不同器形样品（第 7、8、9 组）的瓷釉中 Al_2O_3 的含量平均值存在微弱差异，分别为（13.0±0.5）%、（12.3±2.0）%、和（12.9±0.5）%，与元代样品十分接近；明中期 3 组瓷釉样品（第 10、11、12 组）中的 Al_2O_3 的含量平均值比较接近，在（12.7±1.1）%~（13.0±0.6）%之间；明永乐墩式碗、莲子碗和梅瓶三组官瓷（第 13、14、15 组）釉中的 Al_2O_3 的含量平均值十分相似；明洪武官瓷碗（第 16 组）瓷釉中 Al_2O_3 含量平均值（12.2±1.6）%略低于官瓷盘（第 17 组）的（12.6±0.5）%。平均值数据表表明瓷釉中 Al_2O_3 含量平均值在元代和明代、民用瓷和官瓷之间不存在明显差异。

瓷釉中 SiO_2 含量在 65.0%~84.7% 之间波动，其中元代瓷釉中 SiO_2 含量在 65.0%~79.2% 之间变化，明代瓷釉在 65.1%~80.7% 波动，明洪武至永乐官瓷釉中 SiO_2 含量的分布范围为 65.8%~84.7%。在图 2-2 中，元代早期 3 组样品瓷釉中 SiO_2 的含量平均值彼此接近，对应表 3 的数据分别为（69.9±1.4）%、（70.0±1.3）% 和（69.9±1.7）%；元代中晚期 3 组样品瓷釉中 SiO_2 的含量平均值比元代早期有所降低，分别为（68.9±3.0）%、（68.4±3.1）% 和（67.9±1.7）%，这 3 组之间相互接近；明代早期 3 组样品瓷釉中 SiO_2 的含量平均值回升到元代早期的水平，分别为（70.0±1.9）%、（70.7±3.8）% 和（70.5±1.2）%；明中期炉组（即第 10 组）样品瓷釉中的 SiO_2 的含量平均值（68.9±1.5）%低于盘和碗组（第 11、12 组）；明永乐和洪武 5 组官瓷中，第 13 组样品釉中 SiO_2 的含量平均值（68.9±1.0）%，第 17 组为（69.9±1.2）%，比其他 3 组略低一些。同时期不同器形样品组瓷釉之间 SiO_2 含量平均值无显著差异，相对而言，元代中晚期的最低。

不同个体样品瓷釉中 P_2O_5 含量在 0.051%~0.413% 之间变化，其中元代瓷釉中 P_2O_5 含量在 0.109%~0.290% 之间振荡，明代瓷釉在 0.093%~0.413% 变化，明洪武至永乐官瓷釉中 P_2O_5 含量的分布范围为 0.051%~0.264%。在图 2-3 中，元代早期 3 组不同器形样品瓷釉中 P_2O_5 的含量平均值彼此接近，分别为（0.16±0.02）%、（0.16±0.02）% 和（0.15±0.03）%；元代中晚期 3 组样品瓷釉中 P_2O_5 的含量平均值比元代早期明显升高，在（0.21±0.04）%~（0.23±0.05）% 之间，在 4 个文化期中是最高的；明代早期 3 组样品瓷釉中 P_2O_5 的含量平均值回到到元代早期的水平，即（0.16±0.04）%~（0.17±0.05）% 之间变化；明中期的炉组（第 10 组）瓷釉的 P_2O_5 含量平均值为（0.22±0.06）%，比同期的第 11 和第 12 组略高，第 11 和第 12 组两组的数值相似；

表3　枫洞岩窑址瓷釉中化学成分含量平均值（Aver）和标准偏差（Std）

Gn1	时代	器形	Na₂O (%)		MgO (%)		Al₂O₃ (%)		SiO₂ (%)		P₂O₅ (%)		K₂O (%)		CaO (%)	
			Aver	Std	Aver	Std	Aver	Std	Aver	Std	Aver	Std	Aver	Std	Aver	Std
1	元早	盘	0.66	0.10	0.40	0.08	12.8	0.6	69.9	1.4	0.16	0.02	5.92	0.23	7.89	0.99
2	元早	碗	0.58	0.13	0.40	0.07	12.8	0.6	70.0	1.3	0.16	0.02	5.64	0.46	8.12	0.90
3	元早	洗	0.65	0.21	0.37	0.07	13.1	0.3	69.9	1.7	0.15	0.03	5.94	0.26	7.75	1.76
4	元中晚	盘	0.55	0.15	0.52	0.10	12.8	1.2	68.9	3.0	0.21	0.04	5.69	0.65	8.28	1.49
5	元中晚	菱花盘	0.56	0.14	0.60	0.12	12.9	1.7	68.4	3.1	0.23	0.05	5.35	0.66	8.94	1.30
6	元中晚	洗	0.56	0.14	0.54	0.08	13.2	0.7	67.9	1.7	0.23	0.03	5.49	0.36	8.99	1.24
7	明早	炉	0.78	0.14	0.45	0.08	13.0	0.5	70.0	1.9	0.17	0.05	6.13	0.55	6.82	2.31
8	明早	盘	0.65	0.17	0.43	0.10	12.3	2.0	70.7	3.8	0.16	0.04	5.68	0.82	7.18	1.90
9	明早	碗	0.64	0.19	0.45	0.13	12.9	0.5	70.5	1.2	0.16	0.04	6.26	0.65	6.22	1.58
10	明中	炉	0.67	0.15	0.55	0.10	13.0	0.6	68.9	1.5	0.22	0.06	6.13	0.22	7.67	1.09
11	明中	盘	0.63	0.12	0.53	0.10	12.8	1.6	70.3	2.9	0.17	0.04	6.19	0.65	6.52	1.58
12	明中	碗	0.63	0.14	0.48	0.13	12.7	1.1	70.4	1.8	0.17	0.03	6.39	0.38	6.90	1.07
13	永乐官	墩式碗	0.68	0.15	0.49	0.07	13.0	0.2	68.9	1.0	0.18	0.03	5.95	0.33	7.87	1.13
14	永乐官	莲子碗	0.70	0.21	0.48	0.10	13.3	1.6	70.6	1.1	0.15	0.04	6.01	0.33	5.91	1.67
15	永乐官	梅瓶	0.70	0.17	0.47	0.09	13.0	1.0	70.3	2.5	0.16	0.03	6.13	0.31	6.29	1.47
16	洪武官	碗	0.66	0.17	0.45	0.07	12.2	1.6	70.6	4.5	0.18	0.04	5.72	1.10	7.30	2.39
17	洪武官	盘	0.66	0.19	0.51	0.13	12.6	0.5	69.9	1.2	0.19	0.03	6.26	0.30	7.06	1.31

Gn1	时代	器形	TiO₂ (%)		MnO (%)		Fe₂O₃ (%)		CuO (ppm)		ZnO (ppm)		Rb₂O (ppm)		ZrO₂ (ppm)	
			Aver	Std	Aver	Std	Aver	Std	Aver	Std	Aver	Std	Aver	Std	Aver	Std
1	元早	盘	0.14	0.02	0.44	0.14	1.54	0.23	49	5	66	20	170	12	225	17
2	元早	碗	0.15	0.02	0.42	0.08	1.56	0.17	51	5	68	19	165	8	225	17
3	元早	洗	0.15	0.03	0.38	0.12	1.47	0.22	46	4	63	15	169	9	219	12
4	元中晚	盘	0.20	0.02	0.78	0.20	1.83	0.21	51	8	81	34	178	10	233	13
5	元中晚	菱花盘	0.21	0.02	0.82	0.14	1.85	0.21	56	5	92	42	174	17	240	12
6	元中晚	洗	0.21	0.02	0.85	0.22	1.83	0.36	56	8	77	32	172	8	236	12
7	明早	炉	0.18	0.04	0.46	0.11	1.84	0.29	46	5	70	27	173	14	225	10
8	明早	盘	0.18	0.02	0.56	0.13	1.94	0.36	47	7	94	35	169	17	224	16
9	明早	碗	0.20	0.03	0.56	0.14	1.94	0.18	47	7	69	23	180	11	232	16
10	明中	炉	0.20	0.02	0.72	0.16	1.77	0.36	53	10	78	34	178	14	237	21
11	明中	盘	0.21	0.04	0.65	0.17	1.84	0.26	47	6	103	38	183	18	228	13
12	明中	碗	0.20	0.03	0.52	0.10	1.49	0.26	48	7	67	43	179	12	222	12
13	永乐官	墩式碗	0.18	0.02	0.60	0.09	2.06	0.16	52	6	77	18	178	9	228	10
14	永乐官	莲子碗	0.20	0.06	0.57	0.14	1.92	0.27	49	5	92	22	183	12	227	15
15	永乐官	梅瓶	0.20	0.04	0.58	0.13	2.05	0.27	50	6	84	30	180	9	229	19
16	洪武官	碗	0.21	0.04	0.51	0.15	1.99	0.15	51	6	98	31	175	10	237	34
17	洪武官	盘	0.19	0.02	0.52	0.13	2.02	0.09	50	6	93	24	180	11	223	10

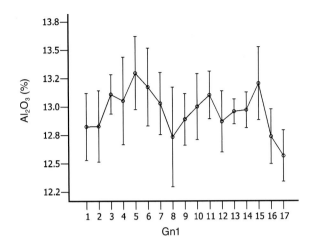

图 2-1　瓷釉中 Al_2O_3 含量平均值变化

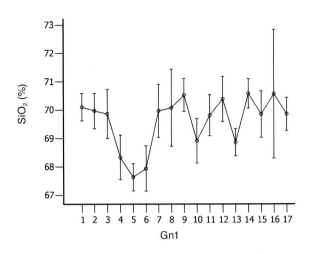

图 2-2　瓷釉中 SiO_2 含量平均值变化

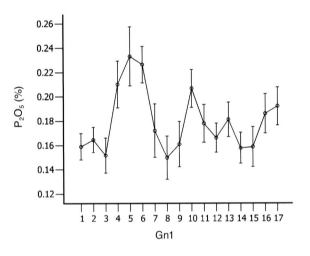

图 2-3　瓷釉中 P_2O_5 含量平均值变化

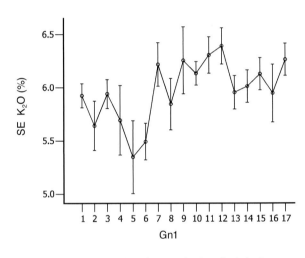

图 2-4　瓷釉中 K_2O 含量平均值变化

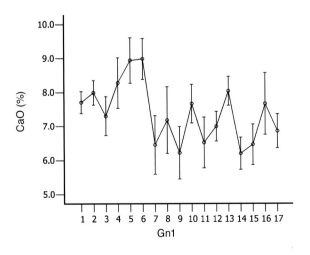

图 2-5　瓷釉中 CaO 含量平均值变化

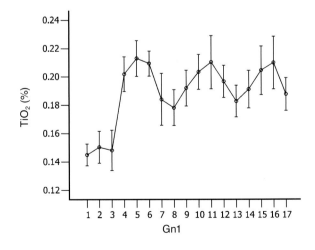

图 2-6　瓷釉中 TiO_2 含量平均值变化

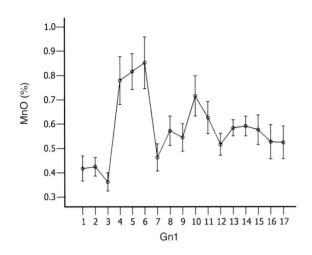

图 2-7 瓷釉中 MnO 含量平均值变化

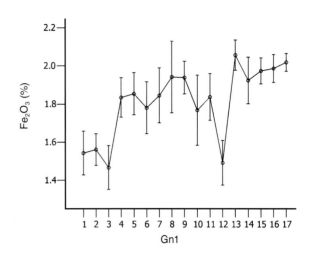

图 2-8 瓷釉中 Fe_2O_3 含量平均值变化

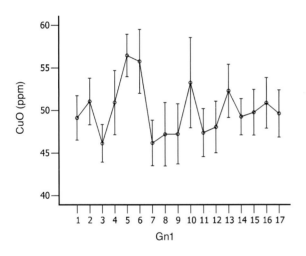

图 2-9 瓷釉中 CuO 含量平均值变化

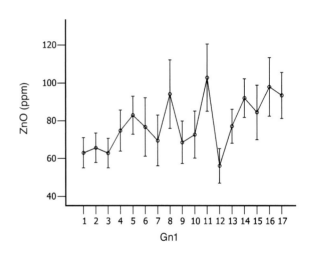

图 2-10 瓷釉中 ZnO 含量平均值变化

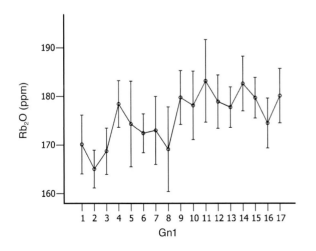

图 2-11 瓷釉中 Rb_2O 含量平均值变化

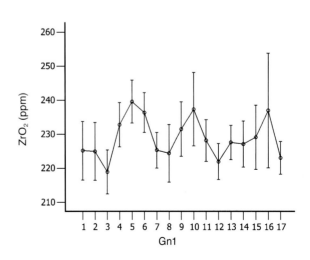

图 2-12 瓷釉中 ZrO_2 含量平均值变化

明永乐 3 组和明洪武 2 组官瓷样品瓷釉中 P_2O_5 含量平均值彼此接近，第 14 组和第 15 组相对比其他 3 组略低一些。

枫洞岩窑址青瓷釉中 K_2O 含量的变化范围为 2.11%~7.49%，其中元代的 K_2O 含量在 3.82%~6.48% 之间变化，明代瓷釉在 3.26%~7.49% 波动，明洪武至永乐官瓷釉中 K_2O 含量的分布范围为 2.11%~6.69%。在图 2-4 中，元代早期 3 组青瓷样品瓷釉中 K_2O 的含量平均值接近，表 3 中分别对应（5.92 ± 0.23）%、（5.64 ± 0.46）% 和（5.94 ± 0.26）%；元代中晚期 3 组样品瓷釉中 K_2O 的含量平均值与元代早期相比略有降低，不同器形组之间存在微小差别；明代早期第 7 和第 9 组样品瓷釉中 K_2O 的含量平均值分别为（6.13 ± 0.55）% 和（6.26 ± 0.65）%，比元代中晚期明显增加，第 8 组瓷釉为（5.68 ± 0.82）%，与元代早期的接近；明中期 3 组样品瓷釉中的 K_2O 的含量平均值与明代早期相近，不同器形组之间的差异不明显，整体上明代瓷釉中 K_2O 的含量平均值比元代高一些；第 17 组瓷釉中 K_2O 含量平均值为（6.26 ± 0.30）%，在明永乐 3 组和洪武 2 组官瓷釉中是最高的，其余 4 组官瓷釉之间变化不大。在全部瓷釉样品中 K_2O 含量平均值在相对明代较高，元代较低，官瓷在前两者之间。

青瓷釉中 CaO 含量的变化区间为 0.45%~12.56%，元代瓷釉中 CaO 含量在 4.96%~11.53% 之间变化，明代民用瓷釉在 2.76%~12.56% 波动，明洪武至永乐官瓷釉中 CaO 含量的分布范围为 0.45%~10.86%。在图 2-5 中元代早期 3 组样品瓷釉中 CaO 的含量平均值接近，表 3 对应（7.89 ± 0.99）%、（8.12 ± 0.90）% 和（7.75 ± 1.76）%；元代中晚期第 4 组样品瓷釉中 CaO 的含量平均值为（8.28 ± 1.49）%，低于第 5 和第 6 组，这 3 组样品瓷釉中 CaO 的含量平均值高于元代早期；明代早期 3 组样品瓷釉中 CaO 的含量平均值明显低于元代全部样品组，这 3 组不同器形样品之间存在差异，分别为（6.82 ± 2.31）%、（7.18 ± 1.90）% 和（6.22 ± 1.58）%；明中期第 11 组与第 12 组样品瓷釉中的 CaO 含量平均值降低到彼此相近，第 10 组样品较高为（7.67 ± 1.09）%；在图 4-5 中，5 组官瓷样品瓷釉中 CaO 的含量平均值在（5.91 ± 1.67）%~（7.87 ± 1.13）% 之间变化，不同器形组之间存在一定的差别。

瓷釉中 TiO_2 含量的变化区间为 0.11%~0.43%，元代瓷釉的 TiO_2 含量在 0.11%~0.25% 之间变化，明代瓷釉在 0.12%~0.30% 之间波动，明洪武至永乐官瓷釉中 TiO_2 含量的分布范围为 0.14%~0.43%。图 2-6 中元代早期 3 组不同器形青瓷样品瓷釉中 TiO_2 的含量平均值接近，元代中晚期 3 组样品瓷釉中 TiO_2 的含量平均值明显增加且彼此接近；明代早期第 7 和第 8 组样品瓷釉中 TiO_2 的含量平均值相似，比第 9 组的（0.20 ± 0.03）% 低，相对元代中晚期有所降低；明中期 3 组样品瓷釉中的 TiO_2 的含量平均值比较接近，在（0.20 ± 0.02）%~（0.21 ± 0.04）% 之间变化；5 组官瓷样品瓷釉中 TiO_2 的含量平均值在（0.18 ± 0.02）%~（0.21 ± 0.04）% 之间变化，不同器形组之间存在微小变化。

枫洞岩窑址青瓷釉中 MnO 含量的变化区间为 0.10%~1.17%，其中元代釉中 MnO 含量在 0.20%~1.17% 之间变化，明代瓷釉在 0.31%~1.03% 波动，明洪武至永乐官瓷釉中 MnO 含量的分布范围为 0.10%~0.82%。在图 2-7 中，元代早期 3 组不同器形样品瓷釉中 MnO 的含量平均值接近，如表 3 所示，分别为（0.44 ± 0.14）%、（0.42 ± 0.08）% 和（0.38 ± 0.12）%，洗组（第 3 组）瓷釉中 MnO 含量平均值相对较低；元代中晚期 3 组样品瓷釉中 MnO 的含量平均值彼此接近，在（0.78 ± 0.20）%~（0.85 ± 0.22）% 之间，且明显高于元代早期；与元代中晚期相比，明代早期 3 组不同器形样品瓷釉中 MnO 的含量平均值明显下降，分别为（0.46 ± 0.11）%、（0.56 ± 0.13）% 和（0.56 ± 0.14）%，炉组样品相对较低；明中期第 10 组和第 11 组样品瓷釉中 MnO 的含量平均值相对明早期有所增加，分别为（0.72 ± 0.16）% 和（0.65 ± 0.17）%，第 12 组与明早期接近；明永乐 3 组和洪武 2 组官瓷釉中 MnO 含量平均值在（0.51 ± 0.15）%~（0.60 ± 0.09）% 之间变化，不同器形组之间无显著差异。

青瓷釉中 Fe_2O_3 含量的变化区间为 0.95%~2.69%，它亦是元代 Fe_2O_3 含量变化范围，明代民用瓷釉在

1.04%~2.48% 之间波动，明洪武至永乐官瓷釉中 Fe_2O_3 含量的分布范围为 1.39%~2.68%。图 2-8 中元代早期 3 组青瓷样品瓷釉中 Fe_2O_3 的含量平均值接近，在表 3 中对应于（1.54 ± 0.23）%、（1.56 ± 0.17）% 和（1.47 ± 0.22）%；元代中晚期 3 组样品瓷釉中 Fe_2O_3 的含量平均值彼此接近，在（1.83 ± 0.21）%~（1.85 ± 0.21）% 之间，明显高于元代早期，元代早期和中晚期 Fe_2O_3 的变化规律与 MnO 相似；明代早期第 8 组和第 9 组样品瓷釉中 Fe_2O_3 的含量平均值彼此接近，略高于第 7 组的（1.84 ± 0.29）%，与元代中后期相比有微弱上升趋势；明中期 3 组样品瓷釉中的 Fe_2O_3 含量平均值存在差异，分别为（1.77 ± 0.36）%、（1.84 ± 0.26）% 和（1.49 ± 0.26）%，与明代早期比较，出现下降趋势；在 5 组官瓷釉中 Fe_2O_3 含量平均值彼此接近，在（1.92 ± 0.27）%~（2.06 ± 0.16）% 之间波动，整体上官瓷釉中 Fe_2O_3 含量平均值高于民用瓷。

枫洞岩窑址青瓷釉中微量成分 CuO 和 ZnO 含量较低（如附表 2 所示），瓷釉中 CuO 的含量变化范围为 34ppm~80ppm，在不同时期和器形组样品中的含量平均值在（46 ± 4）204ppm~（56 ± 8）ppm 之间，差异较小；瓷釉中 ZnO 的含量变化范围为 31ppm~204ppm，如图 2-10 所示，绝大多数瓷釉样品中 ZnO 的含量低于 100ppm，在不同文化期和器形组样品中的含量平均值在（63 ± 15）204ppm~（103 ± 38）ppm 之间，存在微弱差异。瓷釉中微量成分 Rb_2O 含量在 131ppm~223ppm 之间波动，在不同文化期和不同器形组样品中的含量平均值在（165 ± 8）204ppm~（183 ± 18）ppm 之间。微量成分 ZrO_2 含量在 188ppm~295ppm 之间变化，在不同文化期和不同器形组样品中的含量平均值在（219 ± 12）204ppm~（240 ± 12）ppm 之间。枫洞岩青瓷胎和釉中微量成分的变化规律表明：微量成分 CuO 和 ZrO_2 含量平均值在瓷胎和瓷釉彼此接近，瓷釉中 ZnO 含量略高于瓷胎，瓷胎中 Rb_2O 高于瓷釉。

通过枫洞岩窑址青瓷胎和釉中化学成分含量数据的变化特点分析，获得以下结果：瓷胎和瓷釉中任何一种化学成分的含量数据都不能区分同文化期不同器形的样品，可能分辨个别不同文化期的样品，但不能区分所有文化期；瓷胎中只有 TiO_2 和 Fe_2O_3 的含量平均值变化规律相似；瓷釉中 TiO_2、MnO 和 Fe_2O_3 含量平均值变化规律存在某些相似性。

2. 枫洞岩窑址青瓷胎料和釉料的器形特征分析

分析枫洞岩窑址青瓷胎料和釉料中化学成分的器形特征，研究同文化期不同器形青瓷胎料和釉料是否采用了相同的原材料配方，对研究古代制瓷技术和工艺发展具有参考价值。

元代中晚期盘、菱花盘和洗三种不同器形瓷胎中化学主成分（Al_2O_3、SiO_2、K_2O、TiO_2、MnO、Fe_2O_3）的主因子（PCA）分析结果如图 3-1 所示，三种器形的瓷胎数据点分布区域不同，但彼此存在交叉重叠，说明部分个体瓷胎原料存在区别。

明代早期炉、盘和碗三种不同器形瓷胎中化学主成分（Al_2O_3、SiO_2、K_2O、TiO_2、MnO、Fe_2O_3）的 PCA 分析结果如图 3-2 所示，三种器形的瓷胎数据分布特点与元代中晚期相似。

明洪武青瓷碗和盘两种器形瓷胎中化学主成分（Al_2O_3、SiO_2、K_2O、TiO_2、MnO、Fe_2O_3）的 PCA 分析结果如图 3-3 所示，尽管存在部分数据点相互重叠，但两种器形瓷胎数据分布的差异是明显的，说明部分不同器形的官瓷采用了有区别的瓷胎原料。

明洪武青瓷碗和盘两种器形瓷釉中化学主成分（SiO_2、P_2O_5、K_2O、CaO、TiO_2、Fe_2O_3）的 PCA 分析结果如图 3-4 所示，官器碗（第 16 组）的瓷釉数据点分布区域较大，表明不同个体的釉料成分区别较大，官器盘（第 17 组）的瓷釉数据点分布区域较小，表明不同个体的釉料成分差异较小，釉料配方可能得到人为地控制。

元代早期 3 种不同器形青瓷胎和瓷釉、元代中晚期和明代早期的瓷釉、明代中期和明永乐时期不同器形青瓷胎和瓷釉中化学组成都没有显示出器形差异，说明在相同文化期内，用于制作不同器形的胎料和釉料来源是相同的，其加工工艺也相同。

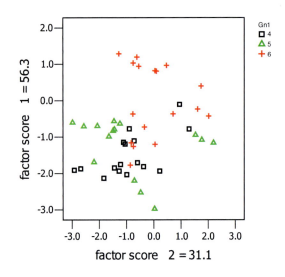

图3-1　元中晚期瓷胎中化学主成分PCA分析

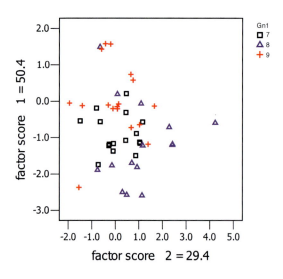

图3-2　明早期瓷胎中化学主成分的PCA分析

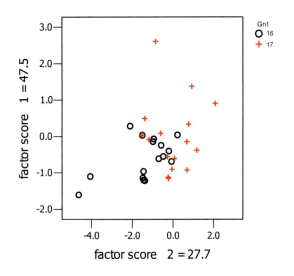

图3-3　明洪武官瓷胎中化学成分的PCA分析

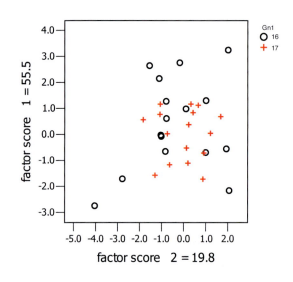

图3-4　明洪武官瓷釉中化学成分的PCA分析

3. 枫洞岩窑址青瓷胎中化学组成时代特征的统计分析

为了进一步研究枫洞岩窑址出土的不同文化期烧制的青瓷化学组成的内在联系和特征，应用SPSS统计分析软件，分别对瓷胎和瓷釉的实验数据进行主因子（PCA）分析，研究不同文化期青瓷胎料和釉料的配方变化。在上节的分析中，仅有少数文化期不同器形的瓷胎和瓷釉化学组成存在一些差异，因此本节只对不同文化期（年代组号参见表1）的青瓷进行统计分析。

元代早期和中晚期青瓷胎中 TiO_2 和 Fe_2O_3 含量数据的二维分布如图4-1所示，元代早期的瓷胎数据点相对集中分布在左下角的较小区域，元代中晚期的瓷胎数据点分布在较大区域，它由两部分构成，一部分与元代早期样品点重叠，一部分独立分布在右上角的区域，瓷胎化学组成的这种差异表明元代中晚期部分青瓷沿用了元代早期的瓷胎原材料和其配方，另一部分瓷器的瓷胎原料有了改变，胎料中 TiO_2 和 Fe_2O_3 含量平均值高于元代早期。瓷胎中主量化学成分（Al_2O_3、SiO_2、K_2O、TiO_2、MnO、Fe_2O_3）的PCA分析结果如图4-2所示，它验证了二维数据点分布的结果。

元代中晚期和明代早期青瓷胎中 MnO 和 Fe_2O_3 含量数据的二维分布如图 4-3 所示，明代早期的瓷胎数据点相对集中分布在图左边偏下的较小区域，元代中晚期的瓷胎数据点分布在较大区域，它们可以分为两部分，各有少数样品数据点与明代早期重叠。瓷胎中 TiO_2/Fe_2O_3-MnO/Fe_2O_3 比值的二维分布如图 4-4 所示，明代早期和元代中晚期青瓷胎的差异得到验证，表明明代早期的胎料配方有了变化。

元代中晚期和明代早期青瓷胎中主量成分（Al_2O_3、SiO_2、K_2O、TiO_2、MnO、Fe_2O_3）的 PCA 分析结果如图 4-5 所示，瓷胎数据点的分布显示了两种胎料的差异，进一步说明明代早期胎料在元代中晚期的基础上得到改进，瓷胎中 TiO_2 和 Fe_2O_3 含量降低佐证了这个结论。瓷胎中微量成分（CuO、ZnO、Rb_2O、Y_2O_3、ZrO_2）的 PCA 分析结果如图 4-6 所示。

明代早期和中期青瓷胎中 K_2O 和 CaO 含量数据的二维分布如图 4-7 所示，明代早期的瓷胎数据点分布在图中心偏下的较大区域，明中期的瓷胎数据点分布在中心偏上的相对较小区域。瓷胎中主量成分（Al_2O_3、SiO_2、K_2O、TiO_2、MnO、Fe_2O_3）的 PCA 分析结果如图 4-8 所示，与图 4-7 构成互为佐证，部分数据点重叠显示明代中期部分青瓷沿用了早期的瓷胎原料和配方，大部分采用了改进的原料配方。

明永乐和洪武时期官瓷胎中 TiO_2 和 Fe_2O_3 含量数据的二维分布如图 4-9 所示，永乐官瓷胎数据点分布在图左边偏下的区域，洪武官瓷数据点在右边中间区域，官瓷胎中 TiO_2/Fe_2O_3-MnO/Fe_2O_3 比值的二维分布如图 4-10 所示，这两个图清晰表明之处洪武和永乐官瓷采用了不同的胎料配方，部分数据点的交叉重叠显示前后的继承特点。瓷胎中主量成分（Al_2O_3、SiO_2、K_2O、TiO_2、MnO、Fe_2O_3）的 PCA 分析结果如图 4-11 所示，瓷胎中微量成分（CuO、ZnO、Rb_2O、SrO）的 PCA 分析结果如图 4-12 所示，主量和微量成分数据点的分布显示了洪武和永乐两种官瓷胎料的差异，它说明永乐官瓷的胎料在洪武时期的基础上进行了改进。

明早期民用瓷与永乐和洪武时期官瓷胎中 MnO 和 TiO_2 含量数据的二维分布如图 4-13 所示，它们的 TiO_2/Fe_2O_3-MnO/Fe_2O_3 比值的二维分布如图 4-14 所示，绝大多数洪武官瓷胎的数据点与民用瓷是独立分布的，在两幅图中洪武的瓷胎数据点分布在偏上区域，民用瓷分布在偏下的较大区域，永乐官瓷胎的数据点都分布在民用瓷内的较小区域，这种分布特点表明永乐官瓷胎料与明早期民用瓷胎料接近，具有类似的配方，但是在加工过程中得到了较好的控制。瓷胎中主量成分（Al_2O_3、SiO_2、K_2O、TiO_2、MnO、Fe_2O_3）和微量成分（CuO、

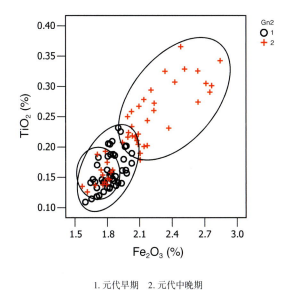

1. 元代早期　2. 元代中晚期

图 4-1　元代青瓷胎中 TiO_2-Fe_2O_3 二维分布

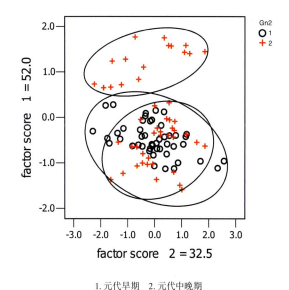

1. 元代早期　2. 元代中晚期

图 4-2　元代青瓷胎中化学成分 PCA 分析

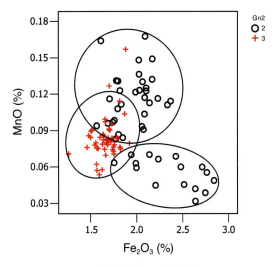

2. 元代中晚期　3. 明代早期

图 4-3　元明瓷胎中 MnO-Fe$_2$O$_3$ 二维分布

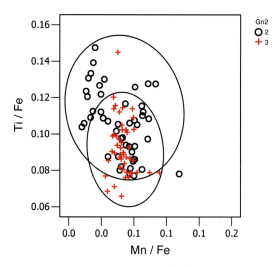

2. 元代中晚期　3. 明代早期

图 4-4　瓷胎中 TiO$_2$/Fe$_2$O$_3$-MnO/Fe$_2$O$_3$ 二维分布

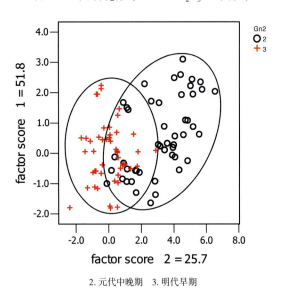

2. 元代中晚期　3. 明代早期

图 4-5　元明青瓷胎中主成分 PCA 分析

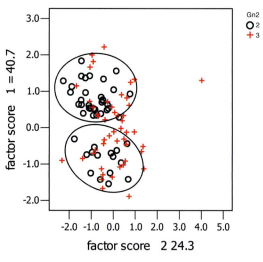

2. 元代中晚期　3. 明代早期

图 4-6　元明青瓷胎中微量成分 PCA 分析

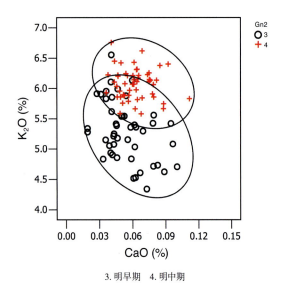

3. 明早期　4. 明中期

图 4-7　明代瓷胎中 K$_2$O-CaO 二维分布

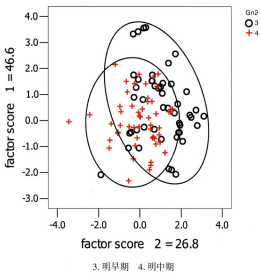

3. 明早期　4. 明中期

图 4-8　明代青瓷胎中化学主成分 PCA 分析

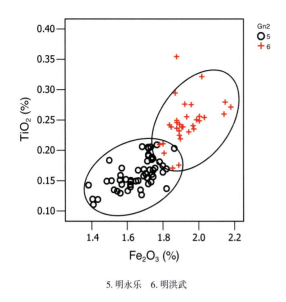

5. 明永乐　6. 明洪武

图 4-9　官瓷胎中 TiO_2-Fe_2O_3 二维分布

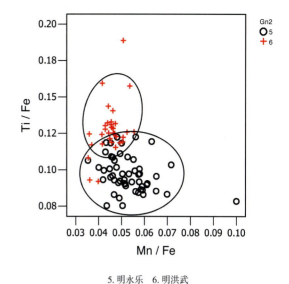

5. 明永乐　6. 明洪武

图 4-10　官瓷胎中 TiO_2/Fe_2O_3-MnO/Fe_2O_3 二维分布

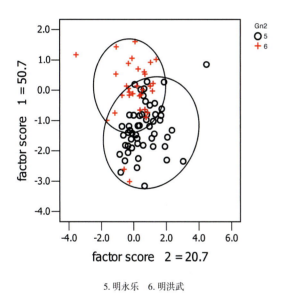

5. 明永乐　6. 明洪武

图 4-11　官瓷胎中化学主成分 PCA 分析

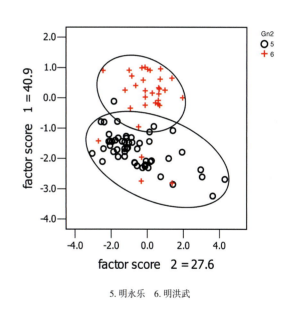

5. 明永乐　6. 明洪武

图 4-12　官瓷胎中化学微量成分 PCA 分析

ZnO、Rb_2O、SrO）的 PCA 分析结果分别如图 4-15 和图 4-16 所示，主量和微量成分数据点的分布进一步显示了洪武和永乐两种官瓷胎料的差异，永乐官瓷胎料与明早期民用瓷更接近的关系。

　　明中期民用瓷与永乐和洪武时期官瓷胎中 K_2O 和 CaO 含量数据的二维分布如图 4-17 所示，它们的 TiO_2/Fe_2O_3-MnO/Fe_2O_3 比值的二维分布如图 4-18 所示，明中期民用瓷胎数据点的分布与明早期不同，图 4-17 中 K_2O 和 CaO 数据点二维分布显示了明中期瓷胎与洪武和永乐官瓷的差异及其相关性，图 4-18 则指出明中期胎料与永乐官瓷更接近。

　　瓷胎中主量成分（Al_2O_3、SiO_2、K_2O、TiO_2、MnO、Fe_2O_3）和微量成分（CuO、ZnO、Rb_2O、SrO）的 PCA 分析结果分别如图 4-19 和图 4-20 所示，主量和微量成分数据点的分布说明明中期瓷胎化学成分与永乐官瓷更接近，明中期民用瓷胎料沿用永乐官瓷胎料的配方。

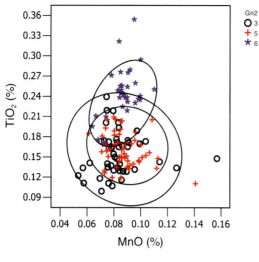

3. 明早期　5. 明永乐　6. 明洪武

图 4-13　瓷胎中 TiO_2-MnO 二维分布

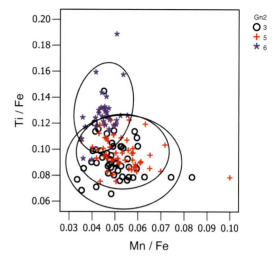

3. 明早期　5. 明永乐　6. 明洪武

图 4-14　瓷胎中 TiO_2/Fe_2O_3-MnO/Fe_2O_3 二维分布

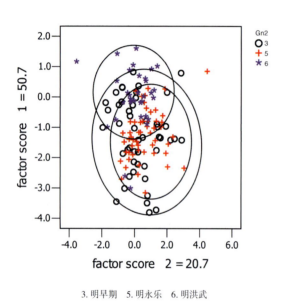

3. 明早期　5. 明永乐　6. 明洪武

图 4-15　瓷胎中化学主成分 PCA 分析

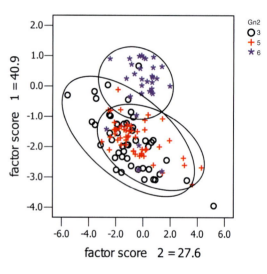

3. 明早期　5. 明永乐　6. 明洪武

图 4-16　瓷胎中化学微量成分 PCA 分析

　　通过以上瓷胎中部分化学成分数据的二维分布和 PCA 统计分析，结果表明：元代中晚期部分青瓷沿用了元代早期的瓷胎原材料和其配方，大部分瓷器的瓷胎原料有了改变，胎料中 TiO_2 和 Fe_2O_3 含量平均值高于元代早期；明代早期胎料在元代中晚期的基础上得到改进，瓷胎中 TiO_2 和 Fe_2O_3 含量降低；明代中期部分青瓷沿用了早期的瓷胎原料和配方，大部分采用了改进的原料配方；明永乐官瓷的胎料在洪武时期的基础上进行了改进；永乐官瓷胎料与明早期民用瓷胎料接近，具有类似的配方，但是在加工过程中得到了较好的控制；明中期民用瓷胎化学成分与永乐官瓷更接近，明中期沿用了永乐官瓷胎料的配方。在枫洞岩窑址青瓷胎料的年代特征、制瓷工艺发展和原料改进的研究中，主量成分（Al_2O_3、SiO_2、K_2O、TiO_2、MnO、Fe_2O_3）和微量成分（CuO、ZnO、Rb_2O、SrO）是特征化学成分。

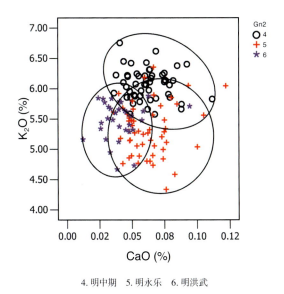

4. 明中期　5. 明永乐　6. 明洪武

图 4-17　瓷胎中 K₂O-CaO 二维分布

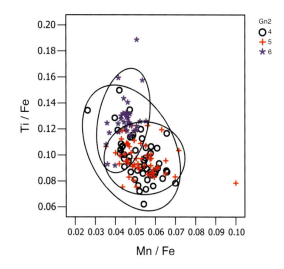

4. 明中期　5. 明永乐　6. 明洪武

图 4-18　瓷胎中 TiO₂/Fe₂O₃-MnO/Fe₂O₃ 二维分布

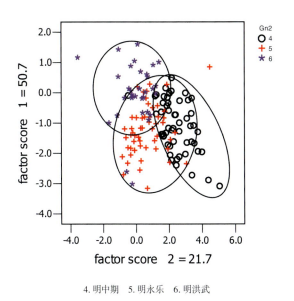

4. 明中期　5. 明永乐　6. 明洪武

图 4-19　瓷胎中化学主成分 PCA 分析

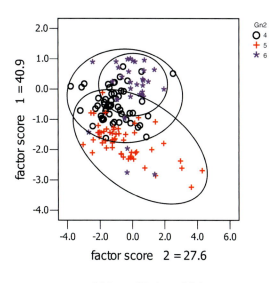

4. 明中期　5. 明永乐　6. 明洪武

图 4-20　瓷胎中化学微量成分 PCA 分析

4. 枫洞岩窑址青瓷釉中化学组成时代特征的统计分析

元代早期和中晚期青瓷釉中 TiO₂ 和 Fe₂O₃ 含量数据的二维分布如图 5-1 所示，元代早期的瓷釉数据点相对集中分布在中间偏左下的区域，元代中晚期的瓷釉数据点分布在中间偏右上的区域。瓷釉中 TiO₂/Fe₂O₃ 与 MnO/Fe₂O₃ 比值的二维分布如图 5-2 所示。两个文化期的数据点显然将瓷釉分为两种类型，表明先后采用了不同的釉料配方，部分数据点的重叠说明前后的延续性。在平均值变化曲线图中 SiO₂、P₂O₅、CaO、TiO₂、MnO、Fe₂O₃ 和 CuO 都出现了明显区别。

瓷釉中主量成分（SiO₂、P₂O₅、K₂O、CaO、Fe₂O₃）和微量成分（Sc₂O₃、CuO、ZnO、Rb₂O、SrO）的 PCA 分析结果如图 5-3 和图 5-4 所示，它与二维数据点分布形成互证。

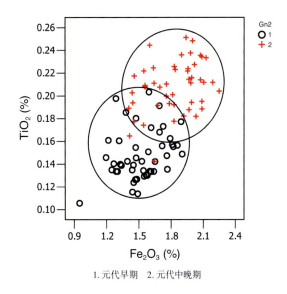

1. 元代早期　　2. 元代中晚期

图 5-1　元代瓷釉中 TiO_2–Fe_2O_3 二维分布

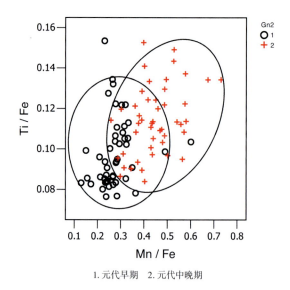

1. 元代早期　　2. 元代中晚期

图 5-2　瓷釉中 TiO_2/Fe_2O_3–MnO/Fe_2O_3 二维分布

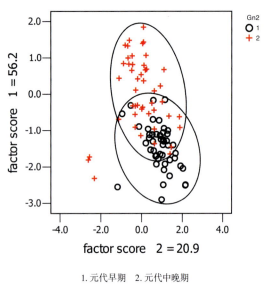

1. 元代早期　　2. 元代中晚期

图 5-3　元代瓷釉中主成分 PCA 分析

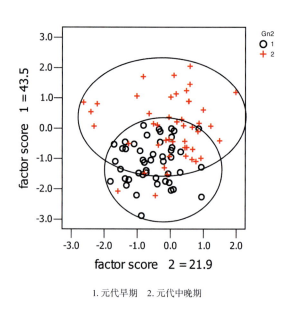

1. 元代早期　　2. 元代中晚期

图 5-4　元代瓷釉中微量成分 PCA 分析

　　元中晚期和明早期青瓷釉中 K_2O 和 CaO 含量数据的二维分布如图 5-5 所示，元代中晚期的瓷釉数据点相对集中分布在左上角区域，明代早期的瓷釉数据点分布在右中部区域。瓷釉中 TiO_2/Fe_2O_3 与 MnO/Fe_2O_3 比值的二维分布如图 5-6 所示，两个文化期的数据点分布区域不同。数据点显然将瓷釉分为两种类型，明代早期在元代中晚期的基础上改变了釉料配方，部分数据点的重叠说明前后的延续性。在平均值变化曲线图中 SiO_2、P_2O_5、CaO、TiO_2、MnO 和 Fe_2O_3 都显示这种区别。

　　瓷釉中主量成分（Al_2O_3、SiO_2、P_2O_5、K_2O、CaO、TiO_2）和微量成分（Sc_2O_3、CuO、ZnO、Rb_2O、SrO）的 PCA 分析结果如图 5-7 和图 5-8 所示，它进一步显示明代早期在元代中晚期的基础上改变了釉料配方。

　　明早期和明中期青瓷釉中 TiO_2 和 Fe_2O_3 含量数据的二维分布如图 5-9 所示，明代早期和明代中期的瓷釉数据点彼此交叉地分布在图的较大的中心区域，难以分辨。瓷釉中 TiO_2/Fe_2O_3 与 MnO/Fe_2O_3 比值的二维分布

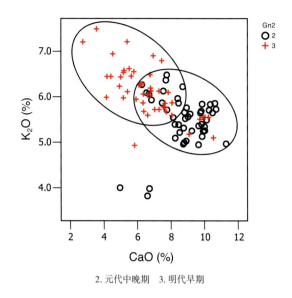

2. 元代中晚期　3. 明代早期

图 5-5　元明瓷釉中 K_2O–CaO 二维分布

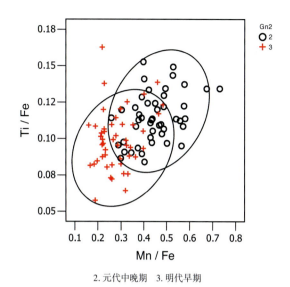

2. 元代中晚期　3. 明代早期

图 5-6　瓷釉中 TiO_2/Fe_2O_3–MnO/Fe_2O_3 二维分布

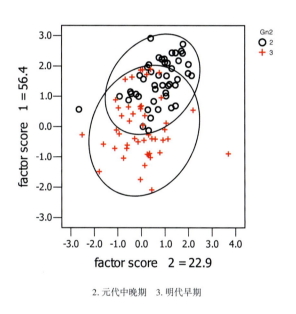

2. 元代中晚期　3. 明代早期

图 5-7　元明青瓷釉中化学主成分 PCA 分析

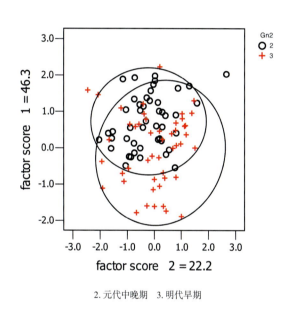

2. 元代中晚期　3. 明代早期

图 5-8　元明青瓷釉中化学微量成分 PCA 分析

如图 5-10 所示，两个文化期的数据点分布与图 5-9 相似。瓷釉中主成分（SiO_2、P_2O_5、CaO、TiO_2、Fe_2O_3）和微量成分（CuO、ZnO、Rb_2O、SrO）的 PCA 分析结果如图 5-11 和图 5-12 所示，它进一步证明这两个文化期的瓷釉原料和配方基本没有变化，明中期延续使用了明早期的瓷釉原料和加工技术。在平均值变化曲线图 2-1~ 图 2-11 中，没有化学成分在这两个文化期瓷釉的出现明显变化，也许是明代早期枫洞岩青瓷的制瓷工艺和烧制技术已达到最高水平。

明洪武和永乐官瓷釉中 TiO_2 和 Fe_2O_3 含量数据的二维分布如图 5-13 所示，洪武和永乐官瓷釉数据点同样彼此交叉地分布在图的较大的中心区域，没有显示出前后的釉料差异。瓷釉中 TiO_2/Fe_2O_3 与 MnO/Fe_2O 比值的二维分布如图 5-14 所示，两种官瓷釉的数据点分布与图 5-13 相似。瓷釉中主成分（Al_2O_3、SiO_2、$K2O$、TiO_2、MnO、Fe_2O_3）和微量成分（CuO、ZnO、Rb_2O、SrO）的 PCA 分析结果如图 5-15 和图 5-16 所示，它表

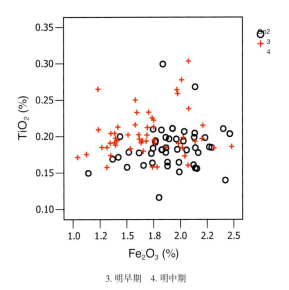

3. 明早期　4. 明中期

图 5-9　明代瓷釉中 TiO_2-Fe_2O_3 二维分布

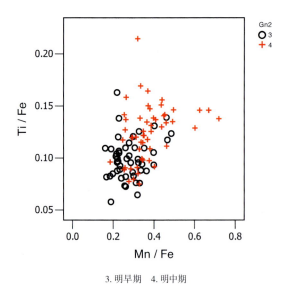

3. 明早期　4. 明中期

图 5-10　瓷釉中 TiO_2/Fe_2O_3-MnO/Fe_2O_3 二维分布

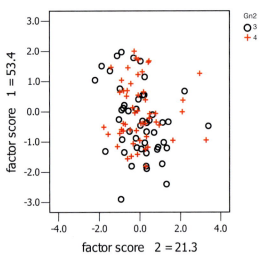

3. 明早期　4. 明中期

图 5-11　明代青瓷釉中主成分 PCA 分析

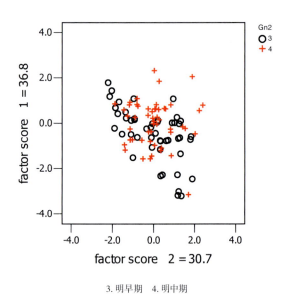

3. 明早期　4. 明中期

图 5-12　明代青瓷釉中微量成分 PCA 分析

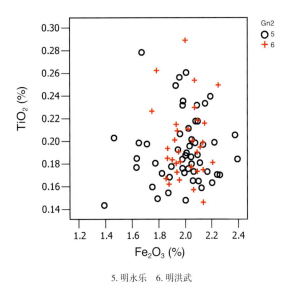

5. 明永乐　6. 明洪武

图 5-13　官瓷釉中 TiO_2-Fe_2O_3 二维分布

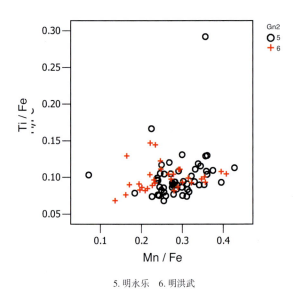

5. 明永乐　6. 明洪武

图 5-14　官瓷釉中 TiO_2/Fe_2O_3-MnO/Fe_2O_3 二维分布

明两种官瓷釉料原料和配方基本没有明显变化，明永乐时期延续使用了洪武时期的瓷釉原料和加工技术。在平均值变化曲线中，这两个时期官瓷釉料成分没有出现明显变化。

　　明代早期民用瓷与洪武和永乐官瓷釉中 TiO₂ 和 MnO 含量数据的二维分布如图 5-17 所示，民用瓷和官瓷釉数据点也彼此重叠地分布在图的较大中心区域，没有显示出民用瓷和官瓷的釉料差异。瓷釉中 TiO₂/Fe₂O₃ 与 MnO/Fe₂O₃ 比值的二维分布如图 5-18 所示，两种瓷釉的数据点分布与图 5-17 相似。瓷釉中主成分（SiO₂、P₂O₅、CaO、MnO、Fe₂O₃）和微量成分（CuO、ZnO、Rb₂O、SrO）的 PCA 分析结果如图 5-19 和图 5-20 所示，它表明民用瓷和官瓷釉料原料和配方是相同的，明洪武和永乐时期烧制的官瓷是使用了明代早期民用的瓷釉原料和烧制技术。它表明枫洞岩窑址进入明代后，瓷釉原料的配制和加工方法没有出现技术变革，保持了延续性。

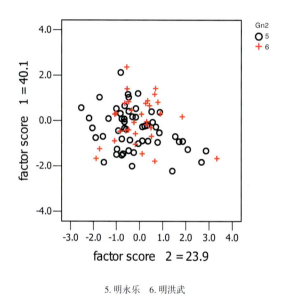

5. 明永乐　6. 明洪武

图 5-15　官瓷釉中化学主成分 PCA 分析

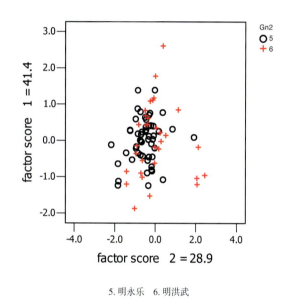

5. 明永乐　6. 明洪武

图 5-16　官瓷釉中化学微量成分 PCA 分析

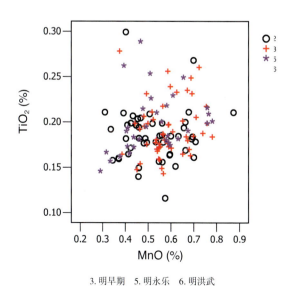

3. 明早期　5. 明永乐　6. 明洪武

图 5-17　瓷釉中 TiO₂-MnO 二维分布

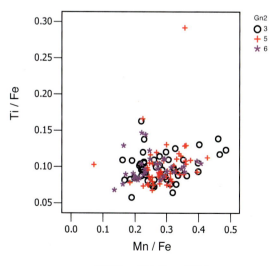

3. 明早期　5. 明永乐　6. 明洪武

图 5-18　瓷釉中 TiO₂/Fe₂O₃-MnO/Fe₂O₃ 二维分布

明代中期民用瓷与洪武和永乐官瓷釉中 K₂O 和 CaO 含量数据的二维分布如图 5–21 所示，明中期民用瓷和明代官瓷釉数据点同样彼此交叉地分布图的较大中心区域，没有显示出民用瓷和官瓷的釉料差异。瓷釉中 TiO_2/Fe_2O_3 与 MnO/Fe_2O_3 比值的二维分布如图 5–22 所示，两种瓷釉的数据点分布与图 5–21 相似。瓷釉中主成分（SiO_2、P_2O_5、CaO、MnO、Fe_2O_3）和微量成分（CuO、ZnO、Rb_2O、SrO）的 PCA 分析结果如图 5–23 和图 5–24 所示，指示明中期民用瓷和官瓷釉料原料和配方是相同的，使用了明代早期民用瓷釉原料和烧制技术。它表明枫洞岩窑址进入明代后，民用瓷和官瓷釉原料的配制和加工方法是相同的。

通过以上瓷胎中部分化学成分数据的二维分布和 PCA 统计分析，结果表明：元代中晚期瓷釉原料和配方在元代早期基础上进行了改进，其年代特征不同于元代早期，平均值变化曲线图中 SiO_2、P_2O_5、CaO、TiO_2、MnO 和 Fe_2O_3 都显示出这些区别，部分重叠数据点说明了前后的延续性；明代早期在元代中晚期的基础上又

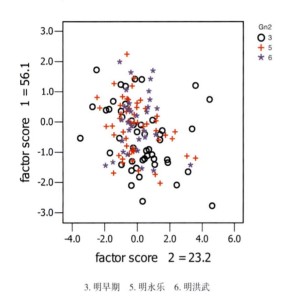

3. 明早期 5. 明永乐 6. 明洪武

图 5–19　瓷釉中化学主成分 PCA 分析

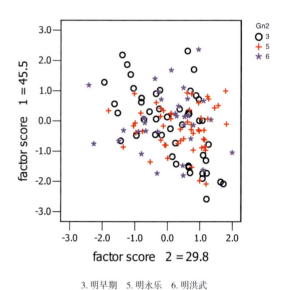

3. 明早期 5. 明永乐 6. 明洪武

图 5–20　瓷釉中化学微量成分 PCA 分析

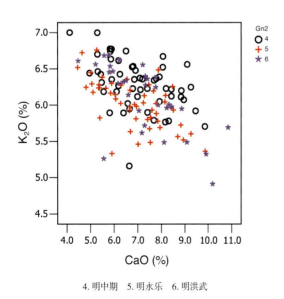

4. 明中期 5. 明永乐 6. 明洪武

图 5–21　瓷釉中 K₂O–CaO 二维分布

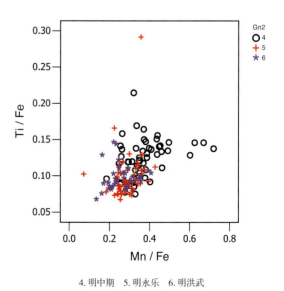

4. 明中期 5. 明永乐 6. 明洪武

图 5–22　瓷釉中 TiO_2/Fe_2O_3–MnO/Fe_2O_3 二维分布

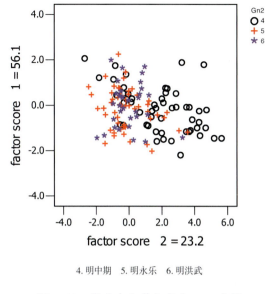
4. 明中期　5. 明永乐　6. 明洪武

图 5-23　瓷釉中化学主成分 PCA 分析

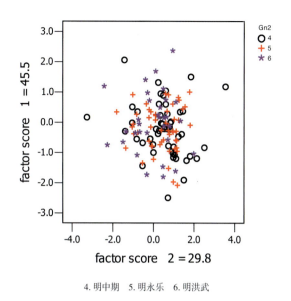
4. 明中期　5. 明永乐　6. 明洪武

图 5-24　瓷釉中化学微量成分 PCA 分析

改变了釉料配方，在平均值变化曲线图中 SiO_2、P_2O_5、CaO、TiO_2、MnO 和 Fe_2O_3 出现了对应的变化；明早期和明代中期民用瓷、明洪武和永乐时期官瓷一直使用明代早期民用瓷釉料的原材料和配方，它们的釉料是无区别的，显示出明代早期枫洞岩青瓷的制瓷工艺和烧制技术已达到最高水平。

三　结论

通过大窑龙泉窑枫洞岩窑址出土的 281 件青瓷胎和釉中化学成分含量数据的平均值变化规律和统计分析，获得以下结论：

瓷胎和瓷釉中的化学成分含量数据都具有一定的离散性，即使是官瓷也是具有这种特点；瓷胎和瓷釉中任何一种化学成分的含量数据都不能区分同文化期不同器形的样品，能分辨个别不同文化期的样品，但不能区分所有文化期的青瓷；瓷胎中只有 TiO_2 和 Fe_2O_3 的含量平均值变化规律相似，瓷釉中 TiO_2、MnO 和 Fe_2O_3 含量平均值变化规律存在某些相似性。

元代早期三种不同器形青瓷胎和瓷釉、元代中晚期和明代早期的瓷釉、明代中期和明永乐时期不同器形青瓷胎釉中化学组成都没有显示出器形差异，说明在相同文化期内，用于制作不同器形的胎料和釉料来源是相同的。

元代中晚期部分青瓷沿用了元代早期的瓷胎原材料及其配方，大部分瓷器的瓷胎原料有了改变，胎料中 TiO_2 和 Fe_2O_3 含量平均值高于元代早期；明代早期胎料在元代中晚期的基础上得到改进，瓷胎中 TiO_2 和 Fe_2O_3 含量降低；明代中期部分青瓷沿用了早期的瓷胎原料和配方，大部分采用了改进的原料配方；明永乐官瓷的胎料在洪武时期的基础上进行了改进；永乐官瓷胎料与明早期民用瓷胎料接近，具有类似的配方，但是在加工过程中得到了较好的控制；明中期民用瓷胎化学成分与永乐官瓷更接近，明中期沿用了永乐官瓷胎料的配方。在枫洞岩窑址青瓷胎料的年代特征、制瓷工艺发展和原料改进的研究中，Al_2O_3、SiO_2、K_2O、TiO_2、MnO、Fe_2O_3、CuO、ZnO、Rb_2O、SrO 是特征化学成分。

元代中晚期瓷釉原料和配方在元代早期基础上进行了改进，其年代特征不同于元代早期，平均值变化曲线图中 SiO_2、P_2O_5、CaO、TiO_2、MnO 和 Fe_2O_3 都显示出这些区别，部分重叠数据点说明了前后的延续性；明代早期在元代中晚期的基础上又改变了釉料配方，在平均值变化曲线出现了对应的变化；明早期和明代中期民用瓷、明洪武和永乐时期官瓷一直使用明代早期民用瓷釉料的原材料和配方，它们的釉料是无区别的，显示出明代早期枫洞岩青瓷的制瓷工艺和烧制技术已达到最高水平，在当时工艺条件下无进一步改进的必要。

致谢：本项目得到中国科学院知识创新项目（KJCX3.SYW.N12），NSFC（10675143，10705032，11175190）和北京市基金（1082009）的资助。

附表 1　浙江龙泉枫洞岩窑址瓷胎分析 XRF 数据表

样品号	部位	时代	器形	Na₂O %	MgO %	Al₂O₃ %	SiO₂ %	P₂O₅ %	K₂O %	CaO %	TiO₂ %	MnO %	Fe₂O₃ %	CuO ppm	ZnO ppm	Rb₂O ppm	ZrO₂ ppm
ZJFD0001	TN9W3③N	元早	盘	0.66	0.31	21.8	70.3	0.051	4.50	0.059	0.180	0.095	1.95	43	75	178	224
ZJFD0002	TN9W3③N	元早	盘	0.76	0.29	21.7	69.8	0.050	5.20	0.047	0.152	0.070	1.83	42	59	193	241
ZJFD0003	TN9W3③N	元早	盘	0.94	0.38	22.9	68.4	0.058	5.16	0.040	0.158	0.060	1.84	38	75	191	216
ZJFD0004	TN9W3③N	元早	盘	0.68	0.36	22.1	69.4	0.045	5.20	0.057	0.144	0.082	1.86	42	63	199	242
ZJFD0005	TN9W3③N	元早	盘	0.64	0.21	22.2	69.1	0.051	5.52	0.056	0.210	0.129	1.85	40	66	211	229
ZJFD0017	TN9W3③N	元早	碗	0.72	0.30	22.1	70.3	0.046	4.44	0.035	0.133	0.054	1.82	38	68	186	236
ZJFD0018	TN9W3③N	元早	碗	0.84	0.39	23.8	67.2	0.048	5.37	0.077	0.140	0.087	1.93	45	63	205	231
ZJFD0019	TN9W3③N	元早	碗	0.87	0.33	23.0	68.6	0.043	4.92	0.027	0.161	0.071	1.94	40	57	187	275
ZJFD0020	TN9W3③N	元早	碗	0.65	0.34	22.4	68.4	0.049	5.91	0.040	0.141	0.090	1.90	49	77	221	234
ZJFD0021	TN9W3③N	元早	碗	0.83	0.37	21.8	70.0	0.040	4.78	0.038	0.136	0.052	1.88	38	67	189	224
ZJFD0033	TN9W3③N	元早	洗	0.62	0.30	21.7	69.9	0.051	5.22	0.100	0.146	0.094	1.75	39	59	191	238
ZJFD0034	TN9W3③N	元早	洗	1.02	0.29	20.9	70.4	0.059	5.22	0.053	0.143	0.080	1.69	40	62	190	239
ZJFD0035	TN9W3③N	元早	洗	0.84	0.29	21.6	69.6	0.051	5.14	0.037	0.202	0.078	1.98	39	84	194	242
ZJFD0036	TN9W3③N	元早	洗	0.90	0.27	20.4	71.3	0.036	4.83	0.058	0.188	0.076	1.86	38	66	179	231
ZJFD0037	TN9W3③N	元早	洗	1.11	0.31	21.8	69.9	0.043	4.45	0.080	0.157	0.098	1.98	38	95	174	239
ZJFD0048	TN9W3③N	元中晚	盘	0.81	0.34	20.9	70.6	0.046	5.17	0.064	0.137	0.096	1.69	35	60	193	223
ZJFD0049	TN9W3③N	元中晚	盘	0.95	0.28	21.2	70.1	0.058	5.26	0.050	0.138	0.098	1.76	36	61	201	232
ZJFD0050	TN9W3③N	元中晚	盘	0.80	0.35	21.0	70.5	0.045	4.42	0.030	0.325	0.053	2.34	38	74	176	260
ZJFD0051	TN9W3③N	元中晚	盘	0.81	0.42	21.8	69.5	0.059	4.73	0.032	0.244	0.149	2.17	35	68	189	249
ZJFD0052	TN9W3③N	元中晚	盘	0.98	0.27	21.6	69.2	0.049	5.26	0.107	0.217	0.130	2.07	40	64	187	267
ZJFD0064	TN9W3③N	元中晚	菱花盘	0.76	0.34	22.3	69.1	0.049	4.97	0.037	0.179	0.125	2.11	44	58	194	242
ZJFD0065	TN9W3③N	元中晚	菱花盘	0.66	0.33	21.2	69.5	0.051	6.10	0.075	0.188	0.116	1.71	42	53	232	230
ZJFD0066	TN9W3③N	元中晚	菱花盘	0.55	0.36	22.7	68.7	0.044	5.08	0.035	0.201	0.113	2.14	45	57	190	245
ZJFD0067	TN9W3③N	元中晚	菱花盘	0.88	0.37	23.2	68.0	0.046	5.00	0.048	0.190	0.123	2.11	47	65	189	261
ZJFD0068	TN9W3③N	元中晚	菱花盘	0.71	0.41	22.2	69.0	0.055	5.11	0.044	0.222	0.117	2.09	41	57	196	259
ZJFD0079	TN9W3③N	元中晚	洗	0.55	0.34	21.7	69.7	0.045	4.45	0.079	0.291	0.039	2.75	37	64	190	252
ZJFD0080	TN9W3③N	元中晚	洗	0.66	0.40	22.5	69.4	0.043	3.94	0.024	0.274	0.032	2.64	42	62	158	258
ZJFD0081	TN9W3③N	元中晚	洗	0.80	0.47	21.2	69.6	0.060	5.00	0.049	0.231	0.114	2.37	35	77	207	284
ZJFD0082	TN9W3③N	元中晚	洗	0.77	0.34	22.1	69.2	0.051	4.30	0.059	0.305	0.060	2.71	39	61	175	247
ZJFD0083	TN9W3③N	元中晚	洗	0.65	0.35	21.7	69.6	0.058	4.36	0.055	0.302	0.055	2.76	36	71	182	249
ZJFD0096	FN12W3⑥S	明早	炉	1.09	0.27	20.5	70.4	0.045	5.85	0.041	0.130	0.080	1.56	31	55	209	232
ZJFD0097	FN12W3⑥S	明早	炉	0.56	0.28	20.8	70.6	0.046	5.83	0.036	0.165	0.090	1.52	30	58	203	220
ZJFD0098	FN12W3⑥S	明早	炉	0.91	0.36	21.3	69.9	0.039	5.54	0.050	0.140	0.075	1.58	40	69	215	224
ZJFD0099	FN12W3⑥S	明早	炉	0.92	0.33	20.9	70.0	0.040	5.99	0.047	0.111	0.076	1.46	27	59	213	219
ZJFD0100	FN12W3⑥S	明早	炉	0.88	0.28	21.8	69.8	0.048	5.06	0.039	0.146	0.084	1.79	35	58	191	239
ZJFD0112	FN12W3⑥S	明早	盘	0.73	0.28	21.5	70.1	0.044	5.25	0.043	0.132	0.096	1.73	43	75	191	216

续附表 1

样品号	部位	时代	器形	Na$_2$O %	MgO %	Al$_2$O$_3$ %	SiO$_2$ %	P$_2$O$_5$ %	K$_2$O %	CaO %	TiO$_2$ %	MnO %	Fe$_2$O$_3$ %	CuO ppm	ZnO ppm	Rb$_2$O ppm	ZrO$_2$ ppm
ZJFD0113	FN12W3⑥S	明早	盘	0.92	0.31	21.1	70.0	0.054	5.36	0.058	0.173	0.104	1.87	37	110	182	245
ZJFD0114	FN12W3⑥S	明早	盘	0.93	0.30	20.1	71.8	0.043	4.83	0.033	0.168	0.086	1.64	42	89	189	256
ZJFD0115	FN12W3⑥S	明早	盘	0.88	0.29	22.3	68.3	0.041	6.13	0.060	0.129	0.087	1.63	36	55	219	214
ZJFD0116	FN12W3⑥S	明早	盘	0.74	0.30	21.2	70.0	0.043	5.88	0.054	0.116	0.086	1.48	38	81	214	229
ZJFD0127	FN12W3⑥S	明早	碗	0.53	0.39	20.6	70.5	0.049	5.62	0.041	0.219	0.080	1.92	41	62	223	239
ZJFD0128	FN12W3⑥S	明早	碗	0.71	0.28	20.5	71.2	0.054	5.08	0.097	0.174	0.073	1.75	38	83	194	226
ZJFD0129	FN12W3⑥S	明早	碗	0.71	0.30	20.5	71.1	0.054	5.22	0.043	0.173	0.071	1.75	42	68	193	253
ZJFD0130	FN12W3⑥S	明早	碗	0.92	0.30	19.9	71.7	0.043	4.91	0.042	0.201	0.083	1.79	43	77	180	267
ZJFD0131	FN12W3⑥S	明早	碗	0.90	0.34	20.7	70.5	0.062	5.43	0.079	0.172	0.091	1.70	44	73	199	247
ZJFD0144	TN15E4⑥	明中	炉	0.81	0.28	20.2	70.4	0.040	6.10	0.044	0.152	0.105	1.74	42	56	217	212
ZJFD0145	TN15E4⑥	明中	炉	1.13	0.25	20.1	70.2	0.055	6.21	0.047	0.139	0.108	1.69	39	61	211	232
ZJFD0146	TN15E4⑥	明中	炉	1.14	0.27	20.1	70.0	0.043	6.20	0.047	0.220	0.076	1.85	45	60	211	248
ZJFD0147	TN15E4⑥	明中	炉	1.10	0.32	20.0	70.6	0.060	5.86	0.079	0.143	0.079	1.65	40	57	211	215
ZJFD0148	TN15E4⑥	明中	炉	0.97	0.27	18.8	71.6	0.054	6.21	0.060	0.146	0.085	1.66	34	64	208	236
ZJFD0159	TN15E4⑤	明中	盘	0.81	0.28	20.0	70.7	0.048	6.43	0.061	0.107	0.080	1.45	35	55	226	230
ZJFD0160	TN15E4⑤	明中	盘	0.95	0.36	19.4	71.4	0.050	5.58	0.049	0.236	0.083	1.75	38	60	201	247
ZJFD0161	TN15E4⑤	明中	盘	0.81	0.30	19.8	70.9	0.053	6.23	0.074	0.129	0.081	1.51	40	65	226	235
ZJFD0162	TN15E4⑤	明中	盘	0.70	0.30	20.9	70.0	0.052	6.07	0.053	0.158	0.089	1.62	43	66	225	223
ZJFD0163	TN15E4⑤	明中	盘	0.97	0.31	21.3	69.3	0.046	6.14	0.061	0.130	0.099	1.50	39	65	227	237
ZJFD0177	TN15E4⑪	明中	碗	0.73	0.31	19.8	71.2	0.061	5.95	0.048	0.173	0.071	1.62	36	61	199	229
ZJFD0178	TN15E4⑪	明中	碗	0.79	0.34	20.8	69.9	0.057	6.07	0.060	0.129	0.100	1.70	38	62	209	232
ZJFD0179	TN15E4⑪	明中	碗	0.97	0.38	19.7	70.8	0.050	5.97	0.063	0.152	0.103	1.69	37	68	203	234
ZJFD0180	TN15E4⑪	明中	碗	0.94	0.26	19.7	71.1	0.050	6.06	0.079	0.138	0.092	1.48	41	65	210	228
ZJFD0181	TN15E4⑪	明中	碗	0.89	0.35	19.1	71.7	0.044	5.85	0.049	0.163	0.075	1.68	40	83	202	237
ZJFD0197	TN14W3③	永乐官	墩式碗	0.97	0.37	20.8	70.3	0.048	5.57	0.066	0.152	0.104	1.59	38	64	204	239
ZJFD0198	TN14W3③	永乐官	墩式碗	0.98	0.32	20.5	70.5	0.045	5.47	0.048	0.137	0.092	1.82	41	74	183	243
ZJFD0199	TN14W3③	永乐官	墩式碗	0.87	0.37	20.6	70.7	0.058	5.24	0.059	0.168	0.100	1.73	36	70	194	238
ZJFD0200	TN14W3③	永乐官	墩式碗	0.84	0.40	20.8	70.6	0.057	5.48	0.049	0.149	0.086	1.48	37	64	201	230
ZJFD0201	TN14W3③	永乐官	墩式碗	0.61	0.23	20.7	70.8	0.040	5.39	0.050	0.209	0.080	1.77	40	73	200	245
ZJFD0214	TN12W3⑥S	永乐官	莲子碗	0.84	0.26	20.8	71.0	0.044	4.89	0.056	0.182	0.080	1.71	41	61	185	232
ZJFD0215	TN12W3⑥S	永乐官	莲子碗	1.04	0.39	20.4	71.0	0.055	4.80	0.061	0.203	0.085	1.86	42	84	185	264
ZJFD0216	TN12W3⑥S	永乐官	莲子碗	1.00	0.27	20.7	71.0	0.041	5.05	0.054	0.151	0.076	1.62	39	79	193	231
ZJFD0217	TN12W3⑥S	永乐官	莲子碗	1.00	0.37	19.9	71.8	0.063	4.84	0.074	0.167	0.075	1.66	47	82	185	254
ZJFD0218	TN12W3⑥S	永乐官	莲子碗	1.01	0.38	21.6	69.1	0.052	5.85	0.080	0.150	0.084	1.51	36	82	209	244
ZJFD0233	TN14W3③W	永乐官	梅瓶	0.94	0.27	20.2	71.5	0.041	4.90	0.066	0.171	0.089	1.76	34	54	177	232
ZJFD0234	TN14W3③W	永乐官	梅瓶	1.14	0.34	20.1	71.1	0.047	5.27	0.052	0.171	0.083	1.57	44	68	203	232

续附表 1

样品号	部位	时代	器形	Na₂O %	MgO %	Al₂O₃ %	SiO₂ %	P₂O₅ %	K₂O %	CaO %	TiO₂ %	MnO %	Fe₂O₃ %	CuO ppm	ZnO ppm	Rb₂O ppm	ZrO₂ ppm
ZJFD0235	TN14W3③W	永乐官	梅瓶	1.10	0.33	20.1	71.1	0.053	5.14	0.048	0.187	0.096	1.74	38	63	178	248
ZJFD0236	TN14W3③W	永乐官	梅瓶	0.67	0.34	21.4	69.8	0.042	5.52	0.048	0.148	0.113	1.73	37	71	206	232
ZJFD0237	TN14W3③W	永乐官	梅瓶	0.88	0.40	20.3	70.8	0.047	5.66	0.051	0.135	0.090	1.53	39	62	200	216
ZJFD0250	TN16W3⑥B	洪武官	碗	0.93	0.31	20.5	70.5	0.039	5.32	0.051	0.255	0.085	1.93	45	66	219	261
ZJFD0251	TN16W3⑥B	洪武官	碗	0.78	0.33	20.4	70.6	0.043	5.51	0.031	0.243	0.088	1.89	41	73	214	219
ZJFD0252	TN16W3⑥B	洪武官	碗	0.76	0.31	19.7	72.3	0.055	4.67	0.038	0.211	0.067	1.80	43	69	174	275
ZJFD0253	TN16W3⑥B	洪武官	碗	0.71	0.35	21.1	69.8	0.052	5.78	0.042	0.210	0.074	1.78	45	65	213	258
ZJFD0254	TN16W3⑥B	洪武官	碗	0.73	0.28	20.2	70.7	0.046	5.66	0.040	0.276	0.085	1.92	35	63	223	254
ZJFD0266	TN16W3⑦	洪武官	盘	0.65	0.38	20.5	70.6	0.043	5.32	0.045	0.254	0.090	2.03	43	67	216	237
ZJFD0267	TN16W3⑦	洪武官	盘	0.89	0.42	20.3	70.0	0.058	5.83	0.028	0.251	0.110	1.99	38	64	218	231
ZJFD0268	TN16W3⑦	洪武官	盘	0.81	0.29	21.3	69.4	0.056	5.63	0.059	0.322	0.084	2.02	45	68	217	257
ZJFD0269	TN16W3⑦	洪武官	盘	0.81	0.32	20.5	70.7	0.052	5.16	0.030	0.256	0.086	2.00	41	82	215	255
ZJFD0270	TN16W3⑦	洪武官	盘	0.65	0.45	20.5	70.1	0.054	5.55	0.050	0.260	0.096	2.14	44	67	215	264

附表 2　浙江龙泉枫洞岩窑址瓷釉分析 XRF 数据表

样品号	部位	时代	器形	Na₂O %	MgO %	Al₂O₃ %	SiO₂ %	P₂O₅ %	K₂O %	CaO %	TiO₂ %	MnO %	Fe₂O₃ %	CuO ppm	ZnO ppm	Rb₂O ppm	ZrO₂ ppm
ZJFD0001	TN9W3③N	元早	盘	0.77	0.39	12.7	70.6	0.164	6.06	7.31	0.161	0.401	1.32	49	46	171	231
ZJFD0002	TN9W3③N	元早	盘	0.55	0.35	12.7	71.0	0.157	6.20	7.16	0.146	0.383	1.20	52	37	172	270
ZJFD0003	TN9W3③N	元早	盘	0.59	0.30	12.1	71.5	0.136	5.92	7.32	0.114	0.354	1.49	45	86	177	226
ZJFD0004	TN9W3③N	元早	盘	0.72	0.36	12.7	70.8	0.154	6.19	7.17	0.135	0.386	1.25	51	39	162	201
ZJFD0005	TN9W3③N	元早	盘	0.64	0.50	13.7	66.1	0.227	5.72	10.74	0.134	0.776	1.29	53	90	179	230
ZJFD0017	TN9W3③N	元早	碗	0.38	0.34	12.5	70.0	0.181	5.39	8.64	0.136	0.503	1.77	53	47	168	268
ZJFD0018	TN9W3③N	元早	碗	0.74	0.34	12.7	69.3	0.170	5.94	8.57	0.143	0.453	1.39	53	92	176	228
ZJFD0019	TN9W3③N	元早	碗	0.48	0.38	12.6	70.4	0.192	5.89	7.75	0.134	0.410	1.64	54	66	160	219
ZJFD0020	TN9W3③N	元早	碗	0.47	0.47	13.4	68.4	0.187	5.23	9.25	0.155	0.421	1.82	53	69	173	225
ZJFD0021	TN9W3③N	元早	碗	0.56	0.36	12.1	70.9	0.161	5.60	7.91	0.172	0.447	1.61	55	45	162	227
ZJFD0033	TN9W3③N	元早	洗	0.69	0.29	13.3	69.3	0.148	5.94	8.15	0.134	0.368	1.54	42	52	179	223
ZJFD0034	TN9W3③N	元早	洗	0.68	0.29	12.9	72.7	0.109	6.07	5.08	0.168	0.255	1.69	47	68	179	219
ZJFD0035	TN9W3③N	元早	洗	0.49	0.33	13.1	71.4	0.125	6.41	6.24	0.198	0.297	1.29	45	71	172	222
ZJFD0036	TN9W3③N	元早	洗	0.67	0.34	13.8	70.6	0.127	6.09	6.87	0.106	0.300	0.95	48	69	156	206
ZJFD0037	TN9W3③N	元早	洗	1.15	0.39	13.0	71.5	0.142	5.66	6.25	0.140	0.360	1.27	49	95	167	198
ZJFD0048	TN9W3③N	元中晚	盘	0.40	0.47	13.4	65.8	0.249	5.86	10.62	0.195	0.780	2.09	56	76	172	226
ZJFD0049	TN9W3③N	元中晚	盘	0.43	0.48	13.2	66.8	0.230	5.84	9.86	0.182	0.796	2.03	63	94	177	233
ZJFD0050	TN9W3③N	元中晚	盘	0.57	0.67	13.5	65.0	0.290	5.73	10.69	0.216	1.140	1.99	64	77	168	224

续附表 2

样品号	部位	时代	器形	Na$_2$O %	MgO %	Al$_2$O$_3$ %	SiO$_2$ %	P$_2$O$_5$ %	K$_2$O %	CaO %	TiO$_2$ %	MnO %	Fe$_2$O$_3$ %	CuO ppm	ZnO ppm	Rb$_2$O ppm	ZrO$_2$ ppm
ZJFD0051	TN9W3③N	元中晚	盘	0.44	0.61	11.9	70.1	0.190	4.96	8.74	0.194	0.620	1.99	50	56	166	243
ZJFD0052	TN9W3③N	元中晚	盘	0.29	0.68	14.0	68.9	0.214	5.93	6.84	0.228	0.761	2.02	43	111	189	237
ZJFD0064	TN9W3③N	元中晚	菱花盘	0.50	0.46	13.4	67.7	0.235	5.86	8.45	0.212	0.906	2.10	63	56	185	241
ZJFD0065	TN9W3③N	元中晚	菱花盘	0.71	0.63	13.1	66.8	0.242	5.68	9.81	0.178	0.797	1.83	49	50	178	238
ZJFD0066	TN9W3③N	元中晚	菱花盘	0.44	0.70	13.7	67.1	0.227	5.56	9.03	0.215	0.921	1.97	60	67	185	242
ZJFD0067	TN9W3③N	元中晚	菱花盘	0.57	0.70	13.5	68.3	0.234	6.13	7.54	0.201	0.781	1.82	58	76	194	245
ZJFD0068	TN9W3③N	元中晚	菱花盘	0.56	0.60	13.4	67.2	0.258	5.76	8.94	0.238	0.911	1.98	53	75	186	242
ZJFD0079	TN9W3③N	元中晚	洗	0.40	0.57	13.6	65.9	0.270	5.49	10.13	0.212	1.099	2.19	61	85	166	250
ZJFD0080	TN9W3③N	元中晚	洗	0.69	0.72	13.4	65.6	0.256	5.24	9.93	0.226	1.085	2.69	71	84	177	254
ZJFD0081	TN9W3③N	元中晚	洗	0.43	0.51	13.7	69.3	0.184	5.09	8.25	0.189	0.697	1.41	44	70	169	231
ZJFD0082	TN9W3③N	元中晚	洗	0.52	0.37	10.8	70.4	0.230	4.95	9.65	0.209	1.051	1.56	62	91	154	223
ZJFD0083	TN9W3③N	元中晚	洗	0.48	0.68	13.6	65.5	0.271	5.71	10.28	0.222	1.059	1.95	59	86	181	234
ZJFD0096	FN12W3⑥S	明早	炉	0.98	0.43	13.0	71.4	0.127	6.44	5.02	0.197	0.410	1.89	39	63	182	225
ZJFD0097	FN12W3⑥S	明早	炉	0.98	0.41	13.0	71.4	0.123	6.23	4.94	0.207	0.434	2.04	41	73	182	229
ZJFD0098	FN12W3⑥S	明早	炉	0.84	0.41	12.4	69.8	0.176	5.68	7.72	0.157	0.547	2.14	48	90	164	231
ZJFD0099	FN12W3⑥S	明早	炉	0.71	0.52	13.0	70.8	0.159	6.46	5.64	0.182	0.460	1.97	51	66	174	221
ZJFD0100	FN12W3⑥S	明早	炉	0.60	0.40	12.5	71.6	0.128	6.28	6.28	0.172	0.424	1.42	46	45	169	213
ZJFD0112	FN12W3⑥S	明早	盘	0.50	0.47	13.8	67.9	0.210	6.10	7.84	0.198	0.519	2.23	52	130	178	226
ZJFD0113	FN12W3⑥S	明早	盘	0.47	0.38	10.4	75.2	0.139	4.93	5.84	0.182	0.488	1.83	58	125	164	224
ZJFD0114	FN12W3⑥S	明早	盘	0.37	0.39	12.9	70.4	0.137	6.28	6.16	0.204	0.455	2.46	48	54	181	256
ZJFD0115	FN12W3⑥S	明早	盘	0.73	0.31	5.8	80.7	0.108	3.26	6.39	0.116	0.575	1.80	46	85	131	188
ZJFD0116	FN12W3⑥S	明早	盘	0.68	0.67	12.6	66.5	0.257	5.10	10.54	0.211	0.874	2.40	54	105	143	237
ZJFD0127	FN12W3⑥S	明早	碗	0.48	0.26	13.4	69.4	0.133	6.91	6.95	0.210	0.393	1.75	34	44	187	224
ZJFD0128	FN12W3⑥S	明早	碗	0.40	0.69	12.5	68.5	0.260	5.18	9.10	0.199	0.849	2.13	50	72	172	224
ZJFD0129	FN12W3⑥S	明早	碗	0.79	0.38	12.7	72.5	0.118	6.45	4.43	0.199	0.425	1.86	40	43	188	216
ZJFD0130	FN12W3⑥S	明早	碗	0.70	0.54	12.4	70.2	0.162	5.78	7.55	0.164	0.595	1.74	56	100	165	222
ZJFD0131	FN12W3⑥S	明早	碗	0.63	0.52	12.4	71.8	0.135	6.54	5.18	0.271	0.448	1.96	43	47	188	215
ZJFD0144	TN15E4⑥	明中	炉	0.54	0.50	12.8	69.5	0.196	6.21	7.11	0.198	0.700	2.03	52	67	178	219
ZJFD0145	TN15E4⑥	明中	炉	0.70	0.42	12.5	70.0	0.174	6.12	6.99	0.173	0.657	2.04	51	73	182	267
ZJFD0146	TN15E4⑥	明中	炉	0.64	0.42	12.6	70.7	0.164	5.95	6.65	0.225	0.759	1.74	43	93	162	239
ZJFD0147	TN15E4⑥	明中	炉	0.73	0.50	14.1	67.6	0.187	6.12	8.42	0.213	0.527	1.42	50	41	156	220
ZJFD0148	TN15E4⑥	明中	炉	0.75	0.59	13.0	68.3	0.235	6.05	7.92	0.197	0.630	2.20	47	63	179	238
ZJFD0159	TN15E4⑤	明中	盘	0.60	0.57	12.9	67.6	0.235	6.22	8.42	0.215	0.832	2.21	58	168	190	233
ZJFD0160	TN15E4⑤	明中	盘	0.71	0.53	13.5	70.5	0.152	6.43	5.44	0.191	0.578	1.76	47	101	182	223
ZJFD0161	TN15E4⑤	明中	盘	0.54	0.50	12.8	68.2	0.215	6.20	8.85	0.194	0.566	1.68	44	153	188	228
ZJFD0162	TN15E4⑤	明中	盘	0.77	0.64	13.6	69.9	0.191	6.46	5.31	0.185	0.811	2.02	54	107	202	237

续附表 2

样品号	部位	时代	器形	Na$_2$O %	MgO %	Al$_2$O$_3$ %	SiO$_2$ %	P$_2$O$_5$ %	K$_2$O %	CaO %	TiO$_2$ %	MnO %	Fe$_2$O$_3$ %	CuO ppm	ZnO ppm	Rb$_2$O ppm	ZrO$_2$ ppm
ZJFD0163	TN15E4 ⑤	明中	盘	0.38	0.65	13.6	68.4	0.228	6.35	6.85	0.303	1.029	2.07	49	108	223	241
ZJFD0177	TN15E4 ⑪	明中	碗	0.47	0.37	12.5	70.2	0.173	6.36	7.78	0.265	0.395	1.23	46	32	164	223
ZJFD0178	TN15E4 ⑪	明中	碗	0.53	0.52	12.4	71.7	0.142	7.00	5.29	0.188	0.686	1.40	46	47	194	221
ZJFD0179	TN15E4 ⑪	明中	碗	0.75	0.38	13.6	70.0	0.164	6.53	6.81	0.171	0.386	1.04	45	48	179	220
ZJFD0180	TN15E4 ⑪	明中	碗	0.71	0.48	8.8	75.5	0.160	5.16	6.64	0.158	0.452	1.78	45	40	165	215
ZJFD0181	TN15E4 ⑪	明中	碗	0.53	0.35	12.3	70.5	0.145	6.37	7.09	0.190	0.367	1.98	52	86	178	227
ZJFD0197	TN14W3 ③	永乐官	墩式碗	0.71	0.52	12.9	69.3	0.199	5.83	7.55	0.181	0.537	2.11	49	63	183	224
ZJFD0198	TN14W3 ③	永乐官	墩式碗	0.47	0.51	13.2	69.2	0.228	5.49	7.54	0.240	0.821	2.19	56	69	175	237
ZJFD0199	TN14W3 ③	永乐官	墩式碗	0.57	0.45	12.9	68.8	0.186	5.89	7.79	0.184	0.667	2.39	58	72	180	242
ZJFD0200	TN14W3 ③	永乐官	墩式碗	0.70	0.40	12.6	69.0	0.171	5.97	8.43	0.148	0.452	2.00	42	97	168	222
ZJFD0201	TN14W3 ③	永乐官	墩式碗	0.57	0.56	12.6	67.9	0.202	5.61	9.26	0.170	0.680	2.26	59	61	173	235
ZJFD0214	TN12W3 ⑥ S	永乐官	莲子碗	0.68	0.49	12.9	71.0	0.158	6.31	5.90	0.428	0.522	1.46	46	60	172	215
ZJFD0215	TN12W3 ⑥ S	永乐官	莲子碗	0.89	0.54	12.2	71.1	0.163	5.47	7.02	0.185	0.699	1.63	49	91	152	223
ZJFD0216	TN12W3 ⑥ S	永乐官	莲子碗	0.47	0.44	13.0	71.5	0.130	6.24	5.35	0.172	0.548	1.99	59	113	192	232
ZJFD0217	TN12W3 ⑥ S	永乐官	莲子碗	0.79	0.48	12.9	70.4	0.161	5.98	6.68	0.160	0.546	1.75	50	93	171	217
ZJFD0218	TN12W3 ⑥ S	永乐官	莲子碗	0.63	0.48	12.6	71.8	0.151	6.45	5.01	0.176	0.550	1.98	51	64	184	216
ZJFD0233	TN14W3 ③ W	永乐官	梅瓶	0.71	0.50	13.8	68.9	0.203	6.01	6.87	0.249	0.688	1.93	50	75	188	282
ZJFD0234	TN14W3 ③ W	永乐官	梅瓶	0.93	0.61	15.3	65.8	0.194	5.94	7.61	0.202	0.651	2.68	58	73	186	226
ZJFD0235	TN14W3 ③ W	永乐官	梅瓶	0.75	0.61	13.5	68.0	0.181	6.04	7.25	0.180	0.674	2.64	58	84	188	231
ZJFD0236	TN14W3 ③ W	永乐官	梅瓶	0.58	0.44	13.3	70.6	0.143	6.17	5.86	0.211	0.517	2.02	49	126	174	215
ZJFD0237	TN14W3 ③ W	永乐官	梅瓶	1.01	0.42	13.2	71.1	0.131	6.18	5.11	0.199	0.499	2.07	44	54	172	212
ZJFD0250	TN16W3 ⑥ B	洪武官	碗	0.84	0.41	8.1	84.7	0.063	2.11	1.43	0.227	0.287	1.75	43	126	154	191
ZJFD0251	TN16W3 ⑥ B	洪武官	碗	0.76	0.35	8.4	76.9	0.158	5.27	5.57	0.162	0.377	1.88	47	113	172	219
ZJFD0252	TN16W3 ⑥ B	洪武官	碗	0.63	0.58	13.7	66.6	0.227	5.33	9.92	0.201	0.782	1.92	50	168	163	238
ZJFD0253	TN16W3 ⑥ B	洪武官	碗	0.44	0.45	12.7	66.3	0.235	5.70	10.86	0.250	0.655	2.25	65	91	173	249
ZJFD0254	TN16W3 ⑥ B	洪武官	碗	0.58	0.35	12.0	72.8	0.121	6.61	4.47	0.181	0.462	2.21	49	144	190	207
ZJFD0266	TN16W3 ⑦	洪武官	盘	0.73	0.63	12.4	68.7	0.238	6.01	8.32	0.182	0.632	1.96	59	79	180	227
ZJFD0267	TN16W3 ⑦	洪武官	盘	0.84	0.58	12.7	69.9	0.180	6.32	6.39	0.230	0.609	2.07	55	97	186	215
ZJFD0268	TN16W3 ⑦	洪武官	盘	0.60	0.28	12.7	71.4	0.134	6.54	5.84	0.167	0.317	1.85	43	104	187	220
ZJFD0269	TN16W3 ⑦	洪武官	盘	0.75	0.35	12.3	71.4	0.142	6.69	5.58	0.146	0.290	2.14	41	67	187	215
ZJFD0270	TN16W3 ⑦	洪武官	盘	0.56	0.65	11.8	70.0	0.218	6.01	7.88	0.185	0.586	1.86	59	86	160	247

附录二

器物标本索引

311】TN16W3 ⑥ a：81（Bb Ⅱ盘） 141/144/563/607/609 页
312】TN17E5 ①：44（Bb Ⅱ盘） 141/145/657/659 页
313】TN15E4 ⑩：34（Bb Ⅲ盘） 141/144 页
314】TN15E4 ⑮：25（Bb Ⅲ盘） 141/145/563 页
315】TN18E3 ②：14（Bb Ⅲ盘） 146/147/612 页
316】CH3：6（Bb Ⅲ盘） 147/148/611/614 页
317】TN15E4 ⑦：13（Bb Ⅲ盘） 146/147 页
318】TN15E4 ⑪：39（Bb Ⅲ盘） 147/148/635 页
319】TN18E3 ④ S：11（Bb Ⅲ盘） 147/149/666 页
320】TN15E4 ⑪：40（Bb Ⅲ盘） 147/149/611 页
321】TN15E4 ④ S：16（Bb Ⅲ盘） 147/150/613/614 页
322】TN15E4 ①：107（Bb Ⅲ盘） 147/151/635/639 页
323】TN15E4 ⑧：5（Bb Ⅲ盘） 147/150/643 页
324】TN7W1 ④：33（Bb Ⅲ盘） 152/643 页
325】TN15E4 ③ S：4（Bb Ⅲ盘） 152/153 页
326】TN15E4 ⑪：41（Bb Ⅲ盘） 152/153/612 页
327】TN15E4 ⑫：15（Bb Ⅲ盘） 152/153/613 页
328】TN15E4 ⑮：31（Bb Ⅲ盘） 152/154/612 页
329】TN10W3 ②：14（Bb Ⅲ盘） 152/154/625 页
330】TN15E4 ⑧：6（Bb Ⅲ盘） 152/155/633 页
331】TN12W3 ④ S：16（Bb Ⅲ盘） 152/155/156/646 页
332】TN18E3 ②：11（Bb Ⅲ盘） 152/155/657 页
333】TN17E5 ①：167（Bb Ⅲ盘） 155/156/662 页
334】TN18E3 ③ S：48（Bb Ⅲ盘） 155/156/652/653 页
335】TN15E4 ⑦：18（Bb Ⅲ盘） 156/563/650/651 页
336】TN15E4 ①：62（Bb Ⅲ盘） 156/665 页
337】TN10W3 采：24（Bb Ⅲ盘） 156/157/158/563/666/667 页
338】TN17E5 ①：45（Bb Ⅲ盘） 156/157/665 页
339】TN8W3 ①：11（Bb Ⅲ盘） 156/157/158/613 页
340】TN7W1 南扩④：5（Bb Ⅲ盘） 157/158/636/640 页
341】TN8W1 ③：7（Bb Ⅲ盘） 158/159/613/614 页
342】TN18E3 ④ S：19（Bb Ⅲ盘） 158/159/625 页
343】TN15E4 ⑤ S：8（Bb Ⅲ盘） 158/159/628 页
344】TN18E5 ①：4（Bb Ⅲ盘） 158/159/627 页
345】TN18E7 ①：4（Bb Ⅲ盘） 158/160/161/635 页
346】TN7W1 ③：7（Bb Ⅲ盘） 158/160/635/639 页
347】TN17E5 ①：28（Bb Ⅲ盘） 158/161/651 页
348】TN17E5 ①：92（Bb Ⅲ盘） 158/161/652 页
349】TN17E5 ①：46（Bb Ⅲ盘） 158/161/563/665 页
350】TN15E4 ⑥：5（Bb Ⅲ盘） 158/161/666 页
351】TN15E4 ⑤ S：9（Bb Ⅲ盘） 158/162/650 页
352】TN18E9 ①：4（Bb Ⅲ盘） 159/162/163/635 页
353】TN18E3 ③ S：24（Bb Ⅲ盘） 159/164/650 页
354】TN18E4 ①：4（Bb Ⅲ盘） 159/163/164/628 页
355】TN18E3 ③ S：23（Bb Ⅲ盘） 163/164/661 页
356】TN9W3 ④ S：3（Ca Ⅰ盘） 163/164 页
357】TN9W3 ④ N：12（Ca Ⅰ盘） 163/164/564/594 页
358】TN9W3 ⑧：8（Ca Ⅰ盘） 163/164 页
359】TN14W7 ⑥：7（Ca Ⅱ盘） 164/165/166 页
360】TN9W3 ②：8（Ca Ⅱ盘） 164/165/166 页
361】TN10W6 ⑤：8（Ca Ⅱ盘） 164/166/167/564 页
362】TN12W3 ⑤ N：61（Ca Ⅱ盘） 164/168/654/655 页
363】TN8W3 ③ N：33（Ca Ⅱ盘） 164/166/168/605/606 页
364】TN12W3 ⑥ S：16（Ca Ⅲ盘） 165/169/648 页
365】TN10W3 ④ N：5（Ca Ⅲ盘） 165/168/651 页
366】TN12W3 ③ S：50（Ca Ⅲ盘） 165/166/169/564/657 页
367】TN15E4 ⑧：8（Ca Ⅳ盘） 167/169 页
368】TN15E4 ⑪：52（Ca Ⅳ盘） 167/169/564/611 页
369】TN15E4 ⑫：23（Ca Ⅳ盘） 167/169/643/645 页
370】TN7W1 南扩③：1（Ca Ⅳ盘） 167/169/652/653 页
371】TN15E4 ⑦：22（Ca Ⅳ盘） 170/171/611 页
372】TN15E4 ①：72（Ca Ⅳ盘） 170/171/613 页
373】TN15E4 ⑮：40（Ca Ⅳ盘） 170/171/613/616 页
374】TN15E4 ⑯：21（Ca Ⅳ盘） 170/171/612 页
375】TN17E5 ①：29（Ca Ⅳ盘） 170/171/613 页
376】TN15E4 ⑬：20（Ca Ⅳ盘） 170/171/635/639 页
377】F1：2（Ca Ⅳ盘） 171/172/646 页
378】TN18E3 ②：24（Ca Ⅳ盘） 171/172/652 页
379】TN17E5 ①：42（Ca Ⅳ盘） 171/172/657 页
380】TN15E4 ⑩：23（Ca Ⅳ盘） 171/172/666 页
381】TN15E4 ⑫：19（Ca Ⅳ盘） 171/172/652 页
382】TN17E5 ①：30（Ca Ⅳ盘） 171/175/612 页
383】TN18E4 ①：5（Ca Ⅳ盘） 167/169/615/616 页
384】TN18E3 ③ N：5（Ca Ⅳ盘） 171/173/619/621 页
385】TN15E4 ⑥：1（Ca Ⅳ盘） 171/173/175/619 页
386】TN18E3 ⑥ S：34（Ca Ⅳ盘） 171/173/175/619 页
387】TN15E4 ⑬：17（Ca Ⅳ盘） 172/173/625 页
388】TN7W1 ④：15（Ca Ⅳ盘） 172/173/627 页
389】TN15E4 ④ S：20（Ca Ⅳ盘） 172/173/628 页
390】TN15E4 ⑫：28（Ca Ⅳ盘） 172/174/628 页
391】TN10W3 ①：10（Ca Ⅳ盘） 173/174/175/636 页
392】TN15E4 ①：63（Ca Ⅳ盘） 173/174/633 页

967〕TN12W3 ③ S：35（Da Ⅰ炉） 405/407/607 页
968〕TN14W3 ⑤ N：35（Da Ⅰ炉） 405/587/633 页
969〕TN14W3 ③ N：12（Da Ⅰ炉） 405/407 页
970〕TN16W3 ⑬：51（Da Ⅰ炉） 405 页
971〕TN15E4 ①：86（Da Ⅱ炉） 405/407 页
972〕TN15E4 ①：87（Da Ⅱ炉） 405/406/612 页
973〕TN15E4 ⑤ S：16（Da Ⅱ炉） 405/406/613 页
974〕TN18E3 ③ S：60（Da Ⅱ炉） 406/407/635 页
975〕TN18E3 ②：42（Da Ⅱ炉） 407/408/665/666 页
976〕TN15E4 ⑩：31（Da Ⅱ炉） 407/408/650 页
977〕TN18E3 ⑥ S：40（Da Ⅱ炉） 407/408/650 页
978〕TN15E4 ⑨：4（Da Ⅱ炉） 407/409/647 页
979〕TN18E3 ⑤ S：3（Da Ⅱ炉） 407/409/635 页
980〕TN15E4 ⑭：1（Da Ⅱ炉） 409/410/587/633 页
981〕TN17E5 ①：116（Da Ⅱ炉） 409/410/650 页
982〕TN17E5 ①：117（Da Ⅱ炉） 409/410/650 页
983〕TN15E4 ⑫：30（Da Ⅱ炉） 409/411/612 页
984〕TN15E4 ⑮：52（Da Ⅱ炉） 411/412/613 页
985〕TN15E4 ⑦：6（Da Ⅱ炉） 411/412/413/612 页
986〕TN15E4 ⑮：53（Da Ⅱ炉） 411/412/625 页
987〕TN15E4 ⑧：11（Da Ⅱ炉） 411/413/628 页
988〕TN15E4 ⑤ N：6（Da Ⅱ炉） 412/413/635 页
989〕TN15E4 ⑦：34（Da Ⅱ炉） 412/413/643 页
990〕TN15E4 ⑮：51（Da Ⅱ炉） 412/413/646/647 页
991〕TN15E4 ①：18（Da Ⅱ炉） 412/413/665 页
992〕TN15E4 ⑤ S：1（Da Ⅱ炉） 412/413/666 页
993〕TN15E4 ⑪：65（Da Ⅱ炉） 412/413 页
994〕TN14W7 ⑦：4（Db Ⅰ炉） 412/413/414/587 页
995〕TN9W3 ②：5（Db Ⅰ炉） 412/413/414 页
996〕TN10W3 ⑥ N：22（Db Ⅱ炉） 413/414/587 页
997〕TN15E4 ⑪：64（Db Ⅲ炉） 414/415/587 页
998〕TN15E4 ⑬：27（Db Ⅲ炉） 414/415 页
999〕TN10W3 ③ N：11（E Ⅰ炉） 415/416/587 页
1000〕TN15E4 ⑪：59（E Ⅱ炉） 415/416/587 页
1001〕TN18E3 ②：40（E Ⅱ炉） 415/416/663 页
1002〕TN18E3 ②：41（E Ⅱ炉） 415/416 页
1003〕TN18E3 ⑦ S：7（E Ⅱ炉） 415/416/663 页
1004〕TN18E3 ⑥ S：5（E Ⅲ炉） 416/417/419/662/663 页
1005〕TN18E3 ⑥ S：6（E Ⅲ炉） 416/417/418/587 页
1006〕TN18E3 ⑥ S：7（E Ⅲ炉） 416/417/418 页
1007〕TN9W3 ⑦：5（Aa Ⅰ罐盖） 310/311/312 页

1008〕TN10W3 ③ S：37（Aa Ⅰ罐盖） 310/311/312 页
1009〕TN8W3 ③ N：44（Aa Ⅰ罐盖） 310/311 页
1010〕TN14W7 ⑧：12（Aa Ⅰ罐盖） 310/311/580 页
1011〕TN14W7 ⑧：13（Aa Ⅰ罐盖） 310/311/312/580 页
1012〕TN8E3 ⑥ a：12（Aa Ⅰ罐盖） 310/311/312 页
1013〕TN8E3 ⑥ a：23（Aa Ⅱ罐盖） 310/311/312 页
1014〕TN14W7 ⑦：13（Aa Ⅱ罐盖） 310/311/312 页
1015〕TN18E3 ②：67（Aa Ⅱ罐盖） 310/311 页
1016〕TN14W7 ⑦：14（Aa Ⅱ罐盖） 310/313 页
1017〕TN14W7 ⑦：40（Aa Ⅱ罐盖） 310/312/313/580 页
1018〕TN18E3 ②：69（Aa Ⅱ罐盖） 310/312/313 页
1019〕TN15E4 ㉒：3（Aa Ⅲ罐盖） 311/313 页
1020〕TN16W3 ⑦：105（Aa Ⅲ罐盖） 311/313 页
1021〕TN14W3 ⑥ N：2（Aa Ⅲ罐盖） 311/313 页
1022〕TN14W3 ⑥ N：12（Aa Ⅲ罐盖） 311/314/318 页
1023〕TN16W3 ⑨ a：16（Aa Ⅲ罐盖） 311/314/318/599/607 页
1024〕TN12W3 ④ W：19（Aa Ⅲ罐盖） 311/315 页
1025〕TN14W3 ⑤ N：1（Aa Ⅲ罐盖） 313/315 页
1026〕TN16W3 ⑥ b：2（Aa Ⅲ罐盖） 313/316/654 页
1027〕TN16W3 ②：5（Aa Ⅲ罐盖） 313/316/318/580/654 页
1028〕TN16W3 ⑩：43（Aa Ⅲ罐盖） 313/317 页
1029〕TN16W3 ⑤：21（Aa Ⅲ罐盖） 313/317/318/651 页
1030〕TN9W3 ⑦：16（P 碗碗盖） 94/95 页
1031〕TN7E1 ⑥：2（P 碗碗盖） 94/95/558 页
1032〕TN7W4 ②：2（P 碗碗盖） 94/95 页
1033〕TN8W3 ③ N：45（P 碗碗盖） 94/95 页
1034〕TN8E3 ⑥ a：25（Ab Ⅰ罐盖） 313/319/580 页
1035〕TN9W3 ②：17（Ab Ⅰ罐盖） 313/318/319 页
1036〕TN9W3 ⑤ N：6（Ab Ⅰ罐盖） 313/318/319 页
1037〕TN9W3 ③ N：8（Ab Ⅰ罐盖） 313/318/319/597 页
1038〕TN12W3 ⑦ S：8（Ab Ⅱ罐盖） 319/320 页
1039〕TN16W3 ⑨ a：66（Ab Ⅱ罐盖） 319/320/580 页
1040〕TN16W3 ⑥ a：29（Ab Ⅱ罐盖） 319/320 页
1041〕TN12W3 ⑤ N：14（Ab Ⅱ罐盖） 319/320 页
1042〕TN15E4 ㉓：28（Ab Ⅱ罐盖） 319/320/321 页
1043〕TN12W3 ⑤ N：86（Ab Ⅱ罐盖） 319/320/321 页
1044〕TN12W3 ⑥ N：23（Ab Ⅱ罐盖） 319/320/321 页
1045〕TN16W3 ⑤：16（Ab Ⅱ罐盖） 319/320 页
1046〕TN16W3 ②：67（Ab Ⅱ罐盖） 319/320 页
1047〕TN10W3 ③ N：14（Ab Ⅱ罐盖） 319/320 页
1048〕TN16W3 ⑤：36（Ab Ⅱ罐盖） 319/320/321/580 页

后　记

　　2002 年之前我们一直在慈溪上林湖一带做越窑的调查、发掘和研究工作，2002 年越窑寺龙口窑址发掘报告完成并出版，我们就有了将工作重心逐步转向龙泉窑的想法。从研究本身考虑，龙泉窑需要做一些工作，因为偌大的龙泉窑址，仅 20 世纪 50 年代和 70 年代进行过考古发掘。50 年代的发掘，主要目的是为恢复龙泉窑的生产提供考古学上的依据，所以发掘面积不大；而 70 年代的发掘则主要位于龙泉东区，其产品不能代表龙泉窑的全部内涵。尽管全国范围内的墓葬、窖藏和遗址中也出土了不少龙泉窑瓷器，但若想复原龙泉窑的整个发展历史，这些材料是远远不够的。另一方面，龙泉窑在社会上影响很大，一直是关注焦点，考古工作有点跟不上时代的发展要求。

　　从 2002 年开始，我们即着手对龙泉窑的工作。工作正式开展之前，我们对龙泉窑研究中存在的主要问题进行了梳理，找出了龙泉窑研究中需要重点研究以及比较迫切需要解决的问题，其中就有文献记载的明代初年龙泉窑为宫廷烧造瓷器这一问题，不过最先列入议事日程的是宋代黑胎青瓷问题。

　　在向我所前辈牟永抗先生请教关于龙泉窑考古工作时，牟先生说出了自己对黑胎青瓷考古工作的担忧：生产典型的龙泉黑胎青瓷的溪口瓦窑垟窑址，自民国以来经历了大规模的盗掘，其原生地层堆积恐怕已经无存。所以牟先生建议对龙泉窑的考古研究工作是否考虑先从晚段做起。我们接受了牟先生的建议，决定从明代龙泉窑做起。那么，明代初年龙泉窑是否为宫廷烧造瓷器这一问题就自然而然地摆到了我们的面前。事有凑巧，台北故宫博物院的蔡玫芬先生，当时正在整理台北故宫保存的一类元明时期青釉刻花厚釉产品，因对其来源有些困惑，所以带着问题来到浙江。我们一起在丽水、龙泉等地考察，均没有发现类似的产品。后来考虑到早年丽水地区属于温州管辖，当年工作时的标本有可能存放在温州，我们随即又转到温州。当时因为温州博物馆要搬新馆，所有藏品包括瓷片标本等已打包等待装运，但在伍显军同志的大力协助下，我们终于找到了相关产品。这次考察的收获很大，也更坚定了我们先解决明代初年龙泉窑是否为宫廷烧造瓷器这一问题的决心。此后数年我们一直向国家文物局申报，要求发掘明初龙泉窑。

　　对于考古工作者而言，我们的发掘必须严格按照国家规程进行，申报审批的程序比较复杂。在申报过程中的 2005 年，一些不法分子对大窑枫洞岩窑址进行了盗掘。尽管面积不大，但永乐时期的堆积基本被盗掘完了，所以在随后的发掘中，永乐时期的堆积发现不是很多，所幸洪武时期的堆积基本没有被盗。盗掘活动客观上也加快了审批的进程。

　　2006 年 9 月至 2007 年 1 月，经国家文物局批准，浙江省文物考古研究所和北京大学考古文博学院、龙泉青瓷博物馆联合对大窑枫洞岩窑址进行了发掘。发掘共布探方 26 个，发掘面积 1700 余平方米。揭露了窑炉、作坊、房址、储泥池等遗迹，出土瓷器总数达 16.3 万多件，重量 50 余吨，并采集了大量的匣钵、窑具等标本。

　　由于发掘标本数量大、种类多，仅仅把所有标本过一遍就要花费很长时间，还要进行拼对、修复、统计、排队分析等，工作量巨大，整理工作耗时较长，自 2007 年 3 月一直持续到 2009 年 1 月。

　　报告的编写完成，凝聚了许多人的心血。报告由徐军、沈岳明撰写而成，其中第二章、第三章、第四章、第五章、第六章由徐军撰写，前言及第一章、第七章由沈岳明撰写，最后沈岳明对全书进行了统稿。期间，秦大树、申浚等也对报告的编写提出了具体的意见。报告摄影由李永嘉、沈岳明、徐军完成。报告线图由齐东林、吴学功、李巧玲绘制。中国科学院高能物理研究所冯松林教授和他的团队，对发掘出土标本进行了理化分析、测试并提供了分析报告。中国社会科学院考古研究所乔玉翻译了英文提要。一并致谢。

编　者
2014 年 5 月

Dayao Fengdongyan Kiln Site in Longquan

(Abstract)

The Fengdongyan 枫洞岩 site is located in a valley north to the Dayao 大窑 Village, Xiaomei 小梅 Township, Longquan 龙泉 County, Zhejiang 浙江 Province. The cooperative team of Zhejiang Provincial Institute of Archaeology and Cultural Relics, School of Archaeology and Museology, Beijing University and Longquan Celadon Museum conducted an excavation at the site from September 2006 to January 2007, which exposed and area of 1700 sq m and found the remains pertaining to celadon manufacture together with a large number of artifacts.

A stamp with the inscribed characters " 永乐九年十一月廿九日立毛字记号 " (*Yongle jiunian shiyiyue nianjiuri li maozi jihao*, Mao workshop on November 29th the ninth year of Yongle Reign) was unearthed in the deposit, indicating that all the remains are later than 1411 (the ninth year of Yongle Reign of the Ming 明 Dynasty 1368–1644). This is one of the most important discoveries in the excavation which is crucial for the chronological research on the remains. Chapter Two of this monograph provides a detail introduction of the stratigraphy of the excavated area.

Another important discovery is the workshop remains including one longyao 龙窑 dragon-kiln which had been broken by 7 later features, two *pits* for setting hoisting tackles, one furnace for pre-burning, three *pits* for clay storage, one well, six houses, 11 pebble paved roads, 14 drainage ditches, and 23 walls made of stones and *xibo* 匣钵 vessel containers. These remains pertain to almost every steps of celadon manufacture. Remained parts of the kiln include the burning room, the entrance, the chimney pit, and holes for adding firewood. Stone plinths, supporting walls and drainage ditches were found at two sides of the kiln. House F3 was found to the north of the kiln. It is a yard surrounded by several rooms. Foundations of the rooms have stone rims. The yard is also paved by pebbles in diamond designs. A door at the southeastern corner of connects the yard with the kiln area. This finely designed building clearly shows the wealth and power of its owner. Chapter Three focuses on this building.

Celadon objects unearthed can be divided into two groups: common celadon and official celadon. Common celadon includes the bowl, lidded bowl, *zhan* 盏 plate, *zhong* 盅 cup, plate, grid plate, *xi* 洗 bowl, *die* 碟 plate, *bo* bowl, *zhihu* 执壶 handled pot, high-foot cup, *jue* 爵 cup, lidded pot, small pot for bird feeding, burner, flower pot, *fushou* 福寿 pot, *yuhuchun* 玉壶春 vase, *zun* 尊 shaped pot, pen rack, pen container, candlestick, pedestal, inkstone, *yandi* 砚滴 kettle (for dropping water to the inkstone), *nianbo* 碾钵 mortar bowl, human and animal figurine, and ornament. All of them can be dated from the end of 13th century to middle of the 15th century. The pre-Ming objects are light, thin and light green in glaze color. Objects of the Ming period are relatively heavy, thick and bright green in glaze color.

A large number of finely made elegant official celadon objects are eye-catching discoveries of the excavation. Types of these objects include the *meiping* 梅瓶 flower vase, *yuhuchun* vase, *zhihu* handled pot, *dunwan* 墩碗 bowl, lotus-seed-shaped bowl, plate, *dou* 豆 stemmed plate, high-foot cup, *xi* bowl and box. The *dunwan* bowl and plate are especially large in number. The celadon's body is thick and white in color, and had been glazed for several times to achieve a shinning appearance. Some vessels have carved designs on the surface. The foot of the *meiping* flower vase, *yuhuchun* vase, *zhihu* handled pot had been specially cut to make them easier be piled one above another when being burned. The bowl and plate was firstly totally glazed and then the glaze on the bottom was scraped off to fit the supporter. Marks of the supporter can be recognized on the bottoms of many objects. The standard shape, lovely glaze and complex carved designs indicate that all the objects are elaborately made by skillful hands. The shape, size and surface designs are similar with official porcelain objects found at other Ming Dynasty official kilns. The five-fingers dragon design, and the inscription *guan* 官 (official) on some objects further demonstrate these objects had been made for the royal court. This confirms the records pertaining to royal porcelain manufacture in Chuzhou 处州 (ancient name of Longquan area) in ancient texts. Most of these official celadon can be dated to the Yongle 永乐 reign (1403–1424) of the Chengzu 成祖 Emperor of the Ming Dynasty. Some may have been made in the late years of Hongwu 洪武 reign (1368–1398) of the Taizu 太祖 Emperor. They might be the utensil for royal ritual ceremony and feasting.

Besides, some tools, such as the tilt hammer head and arm, stone mill, *danggu* 荡箍 ring and *zhoudingwan* 轴顶碗 bowl (both are parts of a porcelain making machine), *huozhao* 火照 testing sherd, hook for taking out the *huozhao*, stopper for plugging the firewood hole and knife for clay body shaping, are also unearthed. They are rare and valuable artifacts for understanding of the porcelain manufacture process.

Chapter Four will tell details of all these artifacts and provides a typological analysis.

Chapter Five focuses on a chronological research on all the remains based their stratigraphy and typological analysis. The remains are divided into four phases including six sub-phases, dating from the late Song 宋 Dynasty through the Yuan 元 Dynasty to the middle Ming Dynasty. Each phase has its own characteristic products.

Products of the kiln are very complex and rich in manufacture techniques and decoration methods. Designs were carved, pasted, stamped, drawn, pressed finger kneaded on the surface. Types of designs include the dragon, phoenix, double fishes, *bagua* 八卦 (the eight diagrams), lotus petal, images indicating *fu* 福 (lucky and fortune), lu 禄 (high post) and shou 寿 (long life), story scene, wave, flying horse crossing the sea, 回 (*hui*) pattern, coin pattern and plants such as the chrysanthemum and peach tree. One object may have several gracefully combined designs to make various complex surface decorations. In addition, Chinese characters are stamped or wrote on some objects. Some, such a *gushi* 顾氏 and *wangshi* 王氏 , might be maker marks; some, such as jinyumantang 金玉满堂 (gold and jade fill the hall) and qingxiangmeijiu 清香美酒 (delicate fragrance fine alcohol), are lucky words; some, such as guan 官 (official) and gong 供 (offering), tell the type and function of the objects; some, such as yongle jiunian 永乐九年 (the ninth reign of Yongle), tell the date of manufacture. Phags-pa characters are also found on some objects. Al these designs and characters are irreplaceable data for our study on the production and management, as well as date of the kiln. Chapter Six is a comprehensive research on them.

In the last Chapter, we give a general discussion on the discoveries with the conclusion that the Ming Dynasty had been an important period for the development of Longquan kilns.